2013中国粮食年鉴
CHINA GRAIN YEARBOOK 2013

图书在版编目（CIP）数据

2013中国粮食年鉴/国家粮食局主编. —北京：经济
管理出版社，2013.12
ISBN 978-7-5096-2885-0

Ⅰ. ①2… Ⅱ. ①国… Ⅲ. ①粮食—工作—中国—
2013—年鉴 Ⅳ. ①F 326.11-54

中国版本图书馆CIP数据核字（2013）第304052号

出版发行：经济管理出版社
北京市海淀区北蜂窝8号中雅大厦11层
电话：（010）51915602　邮编：100038

印刷：北京盛通印刷股份有限公司　　　　　经销：新华书店

责任编辑：张　艳　赵喜勤　丁慧敏

技术编辑：乔　炜

880mm×1230mm/16　　　　　　　　40.5印张　　1150千字
2013年12月第1版　　　　　　　　2013年12月第1次印刷
印数：1—3000册　　　　　　　　　　定价：380.00元
书号：ISBN 978-7-5096-2885-0

任正晓同志在黑龙江省调研粮食工作

任正晓同志在湖南检查指导早籼稻收购工作

聂振邦同志慰问北京军区某部

张桂凤同志在北京参加"放心粮油宣传日"主题活动

曾丽瑛同志在四川调研军粮供应工作

吴子丹同志在四川调研粮食库存检查工作

赵中权同志在江苏调研廉政风险防控工作

卢景波同志在内蒙古检查指导秋粮收购工作

2013
中国粮食年鉴编辑委员会

委员

孙鉴奇	国家粮食局办公室主任
徐京华	国家粮食局人事司司长
刘韧	国家粮食局外事司司长
周冠华	国家粮食局调控司司长
颜波	国家粮食局政策法规司司长
程传秀（女）	国家粮食局监督检查司司长
贾骞	国家粮食局财务司司长
何毅	国家粮食局流通与科技发展司司长
刘小南	国家发展和改革委员会经济贸易司副司长
方言（女）	国家发展和改革委员会农村经济司副司长
曹长庆	国家发展和改革委员会价格司司长
叶贞琴	农业部种植业管理司司长
盛来运	国家统计局国民经济综合统计司司长
黄秉信	国家统计局农村社会经济调查司副司长
吴永顺	国家粮食局直属机关党委专职副书记
王黎明（女）	中纪委、监察部驻国家粮食局纪检组、监察局 正司级纪律检查员、监察专员（国家局正司级）
张普	国家粮食局离退休干部办公室主任
王亚平	国家粮食局机关服务中心主任
何松森	中国粮食研究培训中心主任
尚强民	国家粮油信息中心主任
何贤雄	国家粮食局军粮供应中心主任
唐瑞明	国家粮食局标准质量中心主任

委　员

杜　政	国家粮食局科学研究院院长
夏吉贤	中国粮食经济杂志社社长兼主编
田雨军	国家粮食局发展交流中心主任
宋丹丕	中国粮食行业协会副会长兼秘书长
胡承淼	中国粮油学会副理事长兼秘书长
李广禄	北京市粮食局局长
杨振江	天津市粮食局局长
张　宇	河北省粮食局局长
杨随亭	山西省粮食局局长
冯有恩	内蒙古自治区粮食局局长
刘长江	辽宁省农村经济委员会主任、粮食局局长
沈启地	吉林省粮食局副巡视员
胡东胜	黑龙江省粮食局局长
盖国平	上海市粮食局局长
陈　杰	江苏省粮食局局长
韩鹤忠	浙江省粮食局副局长
孙良龙	安徽省粮食局局长
陈则生	福建省粮食局局长
熊根泉	江西省粮食局局长
杨丽丽（女）	山东省粮食局局长
苗永清	河南省粮食局局长
张爱国	湖北省粮食局局长
张亦贤	湖南省粮食局局长
张　军	广东省发展和改革委员会副主任、粮食局局长
黄显阳	广西壮族自治区粮食局局长
杨树岷	海南省粮食局局长
陈国华	重庆市商业委员会副主任
张书冬	四川省粮食局局长
沈　健	贵州省粮食局局长
马红跃	云南省粮食局局长
张　虹（女）	西藏自治区粮食局局长
吴新成	陕西省发展和改革委员会副主任、粮食局局长
韩卫江	甘肃省粮食局局长
顾艳华	青海省粮食局局长

委　员

刘金定	宁夏回族自治区粮食局局长
米尔扎依·杜斯买买提	新疆维吾尔自治区粮食局局长
李建伟	新疆生产建设兵团发展和改革委员会（粮食局）副主任
郑　斌	大连市粮食局副局长
何开波	青岛市粮食局办公室主任
杜钧宝	宁波市粮食局局长
卢晓东	厦门市粮食局局长
谢建民	深圳市经济贸易和信息化委员会副主任

撰稿人员
（按姓氏笔画为序）

丁保春	卜轶彪	万劲松	万富世	于 涛	于振峰	马珊珊	从 雯
孔伟娟	尹 坚	方 言	王 弘	王 旭	王 江	王 萍	王 强
王正元	王正友	王永圣	王仲涛	王国强	王金云	王骄阳	王鸿鸣
王耀鹏	付艳丽	史京华	玄红建	田雨军	石恩祥	龙伶俐	任华妮
任昌坤	关浚哲	刘 轫	刘中平	刘冬竹	刘仲秋	刘全光	刘宇宁
刘妍杉	刘爱珍	刘莉华	刘绪斌	刘惠标	匡广忠	向玉旭	吕潇潇
孙丽娟	孙洪波	成 军	曲贵强	朱之光	纪 展	许 晶	许 策
许 瑶	许发辉	齐朝富	何 毅	余 莲	吴龙剑	吴传文	吴征光
张 云	张 江	张 强	张永强	张永福	张庆娥	张延华	张成志
张步先	张近祥	张美勇	李 可	李 伟	李 红	李 玥	李 洵
李 涛	李亚莉	李红东	李金团	李桂萍	李寅铨	杜建斌	杨 正
杨卫路	杨凌志	杨绪珍	杨雪丽	肖 玲	肖春阳	肖哲伟	邱 杰
陈 华	陈书玉	陈正义	陈玉中	陈军生	陈成云	陈志伟	陈学坪
陈家积	周 波	周 辉	周冠华	周晓耘	周望军	孟昭虎	林 华
林 燕	林凤刚	林明亮	林善为	欧立中	欧阳建勋	罗文娟	罗俊雄
郁士祥	金 田	金 刚	金 贤	鱼金明	姚秀敏	姜在峰	洪 荣
祝志光	胡承淼	胡银利	胡瑶庆	荆 霞	贺 伟	贺 娟	赵 奕
赵宇红	赵素丽	郝胜龙	原海明	唐 茂	唐继发	唐铁军	唐瑞明
徐利群	徐京华	徐晶莹	徐超前	秦玉云	耿晓頔	袁玉生	贾 骞
郭洪伟	郭晓虹	陶 英	高 波	寇 荣	常成宝	常雪艳	曹颖君
梅 伟	阎豫桂	麻 婷	麻国杰	黄大山	黄加才	黄培根	龚娣群
智振华	曾令清	曾丽明	曾衍德	程传秀	程继伟	蒋光尧	蒋兴宏
韩兆轩	韩继志	韩静涛	蔡正融	谭大海	谭本刚	樊宗贤	颜 波
黎 霆	魏 然						

编审组
（按姓氏笔画为序）

孙鉴奇　严　涛　何松森　周冠华　夏吉贤　颜　波

编辑部

主　　任：何松森
工作人员：刘珊珊　崔菲菲　朱　蓉

编写说明

为全面、准确地反映国家和地方粮食工作，国家粮食局从2006年开始组织编撰《中国粮食年鉴》。《中国粮食年鉴》是经原国家新闻出版总署批准出版、由国家粮食局主办并委托中国粮食研究培训中心组编的政府部门年鉴，是粮食行业实用性、资料性工具书。

《中国粮食年鉴》全面、系统地记述了上一年度中国粮食工作的主要情况，刊载有重要的粮食政策法规文件和统计资料，与国家粮食局主办并委托中国粮食研究培训中心组编的《中国粮食发展报告》成为姊妹篇。本期年鉴由综述、专文、全国粮食工作、各地粮食工作、粮食政策与法规文件、附录等六部分组成。年鉴收集的数据和资料均未包括我国香港特别行政区、澳门特别行政区和台湾地区。各省（自治区、直辖市）的排列顺序，按照全国行政区划的统一规定排列。年鉴涉及的单位名称、人员姓名和职务均以截稿日期为准。

本期年鉴在编辑出版过程中得到了国家粮食局、国家发展和改革委员会、农业部、国家统计局以及各省（自治区、直辖市）、计划单列市及新疆生产建设兵团粮食行政管理部门的大力支持，在此，我们表示衷心的感谢！不足和疏漏之处，敬请读者批评指正。

《2013中国粮食年鉴》编辑委员会

中国粮食研究培训中心

2013年9月30日

目 录

第四篇　各地粮食工作　　158

第五篇 粮食政策与法规文件 377

附 录 531

1

第一篇

综 述

2012年全国粮食工作综述

2012年，是实施"十二五"规划承上启下的重要一年，是加快转变粮食流通发展方式、推动粮食行业科学发展的关键之年。各级粮食部门坚持稳中求进的工作总基调，围绕年初确定的"稳市场保供给、强产业促发展"的中心任务，求真务实，开拓进取，努力克服经济增长下行压力的影响，积极应对国际市场粮价大幅波动的冲击，较好地完成了各项工作任务，为保障国家粮食安全，促进经济社会持续健康发展作出了积极贡献。

一　切实抓好粮食收购，有效保护种粮农民利益

国家继续在主产区对稻谷和小麦实行最低收购价政策，早籼稻、中晚籼稻、粳稻价格水平比上年分别提高0.18元/斤、0.18元/斤和0.12元/斤，白小麦、红小麦、混合麦价格水平比上年分别提高0.07元/斤、0.09元/斤和0.09元/斤；继续对油菜籽、大豆实行临时收储措施，价格水平比上年分别提高0.2元/斤、0.3元/斤。进一步完善粮食最低收购价预案和临时收储工作方案，严格委托收储企业资格条件，健全预案启动机制和补贴机制。各级粮食部门认真贯彻执行国家粮食收购政策，在组织好政策性收购的同时，积极引导企业自主收购，督促企业严格执行"五要五不准"收购守则，确保国家粮食收购政策落实。2012年全国各类粮食企业收购粮食29015万吨（贸易粮，下同），其中收购政策性粮食3487万吨、油菜籽364万吨。据测算，由于政策性收购的托市作用，促进种粮农民增收350亿元以上。

二　加强和改善粮食宏观调控，粮食市场和价格保持基本稳定

各级粮食部门认真贯彻落实中央关于保供稳价的政策措施，积极应对全球粮食减产和价格剧烈波动的冲击，综合利用政策性粮食竞价销售、储备粮油轮换、适时进口转储、组织跨省移库和产销衔接等手段，有效实施粮食宏观调控，保障了市场有效供给，维护了粮价基本稳定。2012年，国家适时适量安排1850万吨政策性粮食投放市场，组织政策性粮食跨省移库325万吨，举办各类粮食产销衔接会、贸易治谈会，粮油产销对接2435万吨。

进一步加强中央储备粮油管理，采取直接收购、自主轮换收购、进口划转等多种方式充实中央储备库存，及时下达中央储备粮年度轮换计划并指导和督促落实。利用粮食连续增产的有利时机，进一步充实地方粮油储备，增加成品粮油和小包装粮油储备，优化库存粮食品种结构和区域布局。加强粮食应急、军粮供应和统计信息工作。认真组织开展粮食应急培训，提高粮食部门应对突发事件的能力和水平。稳步推进军粮供应网络体系建设和应急保障工作，加强军粮供应质量监管和规范化管理，军粮供应体系的综合保障能力不断提升。认真履行全社会粮食流通统计职能，组织开展社会粮油供需平衡调查，不断健全粮油市场监测网络，加强分析研究和对国内外粮油市场的动态实时监测预测，为国家宏观调控提供可靠的决策依据。

三　深化粮食流通体制改革，国有粮食企业改革发展取得新进展

进一步培育和发展多元粮食经营主体，搞活粮食流通，繁荣粮食市场。各地认真贯彻实施全国粮食市场体系建设与发展"十二五"规划，粮食收购、零售、批发各类市场稳步发展。做好国家粮食交易中心的建设和管理工作，强化粮食批发市场在协调处理政策性粮食竞价交易出库、资金结算方面的工作责任，进一步健全全国统一的粮食竞价交易系统，在配置粮食资源、服务宏观调控中发挥了重要载体作用。2012年底，全国各类粮食批发市场达473家，年交易量超过2200亿斤。在全国23个省（区、市）组织开展小麦、稻谷、油菜籽产销和成本利润调查，及时研究提出政策性收购粮食价格水平建议，进一步完善粮食价格形成机制。

国有粮食企业产权制度改革步伐加快。国家粮食局会同中国农业发展银行印发《关于进一步加强合作，推进国有粮食企业改革发展的意见》，提出推动战略重组、积极协调和争取地方政府支持、发挥金融政策性支持作用等改革措施，支持地方国有粮食企业改革发展。加强与国有粮食企业改革和发展工作联系点的沟通联系，指导国有粮食企业深化改革、强化管理。各地继续推进国有粮食企业兼并重组，企业经营活力有所增强，经济效益稳步提高。2012年全国国有粮食企业统算盈利79.5亿元，同比增长12.8%，自2007年以来连续6年实现全系统统算盈利。

四　贯彻实施行业规划，粮食产业发展迈上新台阶

认真贯彻实施《粮食行业"十二五"发展规划纲要》，加强粮食行业发展的规划指导。加快粮食流通基础设施建设，全年中央补助粮油仓储、物流、市场、质检设施建设和仓房维修的投资28.78亿元，带动地方和企业投资178亿元。粮食质量安全检测监管能力明显提高，行业信息化建设和储运监管物联网示范工程启动。农户科学储粮专项建设步伐加快，以总体技术支撑单位为依托、以各省粮食科研院所为支撑、以基层粮食仓储企业为基础的三级农户储粮技术服务体系基本建立。继续扩大农户科学储粮专项实施范围，为全国22个省（区、市）165.6万农户配置了储粮装具。

加强粮食行业科技创新，积极利用新工艺、新技术、新装备等科技成果，为粮食产业发展提供强有力的支撑。以加快发展主食产业化为突破口，推进粮油工业结构调整和产业转型升级，在向消费者提供绿色、健康、优质的粮油产品，满足广大消费者对粮食的新需求等方面发挥了重要作用。粮油加工业保持平稳运行，产品产量稳定增长，企业规模不断扩大。继续深入推进"放心粮油"工程，全国建立"放心粮油店"和示范销售店6000家以上，"放心粮油"销售网点23万个以上，其中农村网点7万多个。

五　加强粮食依法行政和依法管粮，有效维护粮食流通市场秩序

积极推进粮食立法工作，认真配合有关部门做好《粮食法（草案）》的研究、论证、征求意见和报审等工作。抓紧制（修）订《粮食质量安全监管办法》、《粮食批发市场管理办法》和《国家粮油仓库仓储设施管理试行办法》。

组织开展《粮食流通管理条例》颁布实施八周年宣传贯彻活动,研究制定《2012年全国粮食行业普法依法治理工作要点》,积极指导各地粮食部门依法严格办理粮食收购资格申请,加强监督检查,维护正常粮食收购秩序。开展了两批中央储备粮代储资格认定工作,并加强对已经取得资格企业的管理。认真组织粮油库存清查,重点检查浙江、江西、湖北、湖南、贵州、青海等6省近两年收购的国家临时存储油库存、临储菜籽油加工集并及入库储存政策落实情况。组织开展中央事权粮食委托在地检查试点,委托辽宁、江苏、安徽、河南、广西、四川等6省(区)的省、市两级粮食行政管理部门对中央储备粮进行在地检查。

加强质量监管和仓储管理,继续开展全国收获粮食质量调查和质量安全监测,及时通报并妥善处理部分地区存在的粮食质量安全隐患,粮食质量安全和库存管理水平进一步提高。积极开展"打非治违"专项行动,粮食行业安全生产工作得到加强。

六   扎实抓好行业建设,促进粮食行业全面协调发展

认真组织全系统深入学习贯彻党的十八大精神。不断加强粮食系统党的建设和作风建设,全面推进粮食流通工作持续健康发展。加强党风廉政建设,建立健全廉政风险防控机制。认真组织开展粮食系统对口支援西藏工作,推动西藏粮食流通工作跨越式发展。做好粮食行业职工培训教育、职业技能培训和鉴定等工作,人才队伍建设取得显著成绩。加强粮食重大战略性问题研究、软科学课题研究,积极开展对外交流与合作,举办世界粮食日、科技活动周、全国爱粮节粮宣传周等活动。做好粮食新闻宣传和政务信息公开工作,正确引导舆论,稳定市场预期。

2

第二篇

专文

进一步推进主食产业化 全面提升口粮供应保障水平

——在全国粮油加工业暨主食产业化工作会议上的讲话
国家粮食局党组书记、局长 任正晓
2012年5月30日

同志们:

这次全国粮油加工业暨主食产业化工作会议,是组织动员全国粮食行业全面贯彻落实中央关于"稳中求进"的总基调和"稳增长、控物价、调结构、惠民生、抓改革、促和谐"的总要求,着力转变粮油加工业发展方式、进一步推进主食产业化科学发展、全面提升口粮供应保障水平的一次重要会议。首先,我代表国家粮食局,向应邀出席这次会议的、长期以来关心支持粮油加工产业发展的国家发展改革委、工业与信息化部、中国农业发展银行等部门和单位以及中储粮、中粮、中纺集团等中央企业的有关负责同志表示热烈的欢迎和衷心的感谢!向长期辛勤奋战在粮油加工产业发展第一线、为不断提高城乡居民口粮供应保障水平、确保国家粮食安全作出突出贡献的广大粮油加工企业的企业家、生产工作者和所有粮油科研教育机构的专家学者、科技人员表示诚挚的问候和崇高的敬意!

我们这次会议在河南召开,得到了河南省委、省政府的高度重视。河南省是我国十分重要的商品粮主产省。长期以来,省委、省政府高度重视粮食生产和流通工作,致力于多产粮、多储粮、多调粮、多加工、多外销,为保障国家粮食安全作出了卓越的贡献。这次会议选定在河南郑州召开,河南省不仅给我们提供了优质周到的会议服务,更重要的是给我们提供了典型经验和示范现场。刚才,刘满仓副省长作了一个重要讲话,既给我们介绍了河南省稳定发展粮食生产、做大做强粮油加工产业、大力推进主食产业化所取得的成绩和经验,也给我们阐释了河南省未来着力打造粮油加工大省、主食产业大省、粮食经济强省的发展前景和推进举措,使我们进一步增强和坚定了加快发展粮油加工产业和推进主食产业化的信心和决心。

在今天上午的会议上,吴子丹副局长将就加快粮油加工业转型升级、促进粮油加工业和主食产业化又好又快发展的各项工作作出安排部署;国家发展改革委产业协调司贺燕丽巡视员还将就大力推进粮油加工业产业结构调整、促进粮油主食产业科学发展的理论与实践问题作专题报告。两位的讲话和报告,请大家深刻领会、准确把握,结合实际、狠抓落实。下面,我想专门就进一步推进主食产业化、全面提升口粮供应保障水平的问题讲几点意见,供大家贯彻落实这次会议精神参考。

一 全国粮食行业主食产业化发展取得显著成效

主食产业化是在我国全面放开粮食购销市场、实行粮食市场化改革的大背景下逐步形成、发展起来的。2004年5月,温家宝总理在新华社关于山东省章丘市粮食部门转变职能、发展馒头等主食生产、建立农村粮油购销兑换网点的报道上作出重要批示:章丘粮食局的做法关键在于面向市场,转换机制，主动服务，这一点可供国有粮食企业改革参考。国家粮食局认真落实总理批示精神，随即与山东省政府在章丘市召开现场会，总结推广山东章丘推进国有粮食企业改革和发展主食产业化的做法和经验。近些年，各地粮食部门在深化粮食流通体制改革和国有粮食企业改革的进程中，全方位、多元化地推进粮油加工业发展，通过大力开展"放心粮油"进农村进社区和"主食厨房"工程等活动，积极推进主食加工工业化、主食经济产业化。天津市政府作出"抓好'放心馒头'工程生产供应体系建设，让'利达'馒头惠及更多天津百姓"的部署。西安、济南、合肥、成都、贵阳、廊坊等地积极培育主食产业化龙头企业，增加社区服务网点，不断提高主食产品质量和服务水平。河南省政府一直支持粮食部门大力发展主食产业，今年3月还下发了《河南省人民政府关于大力推进主食产业化和粮油精深加工的指导意见》，明确由省粮食局牵头在全省范围内全面推进主食产业化发展，并制定了一系列主食产业化的推进措施和扶持政策。经过这些年的努力，全国粮食行业主食产业化的发展取得了明显成效。

一是产品产量大幅增加，极大地丰富了城乡居民生活。据我局统计数据表明，近10年全国粮食行业的大米、小麦粉、食用植物油加工产量分别比2002年增长了3.37倍、2.13倍和2.14倍；2011年工业化主食品产值已达到1121亿元。传统的粮油加工业由生产成品粮油为主向成品粮油、主食品种同步发展转变，各类米、面工业化制品开始走上多样化、便利化、优质化的发展轨道。目前，各类方便米饭、米粉、米糕、方便粥、挂面、鲜湿面、馒头等米面制品，以及各种速冻主食产品和预加工主食半成品，已走进了遍布城乡的超市和"放心粮油"网点，走进了千家万户，极大地方便和丰富了城乡居民的生活。

二是供应体系逐步健全，口粮供应保障能力明显增强。各地粮食部门通过设立销售专卖点、利用"放心粮油"网点、军粮供应站点和粮食应急供应网点等销售平台，逐步建立健全主食供应网络体系，提高了口粮供应保障能力。天津市建成目前全国规模最大的放心馒头生产线，直接销售专卖网点达260家，产品销售覆盖全市城区和部分近郊区。山西省政府连续三年拨出专项资金，支持各市县粮油主食生产销售网点建设，已建成规范运营的市级配送中心14个，县级配送中心133个，城乡连锁店和经销店1.17万个，覆盖全省2／3以上的人口。山东省粮油主食服务网点已发展到2.2万个，建成配送中心60个，日配送能力达到3500多吨。

三是产品质量稳步提升，企业品牌意识明显增强。《食品安全法》及相关法规实施以来，主食生产加工企业的质量意识、安全意识、诚信意识和服务意识普遍增强，产品质量稳步提升，主食产品总体合格率不断提高。馒头、挂面等主食标准的颁布实施，进一步健全了主食产品标准体系。主食生产加工企业利用多种形式，提升企业品牌形象，提高产品市场占有率，近些年涌现了一大批获得中国名牌产品、中国驰名商标及AAA级信用的企业，如河南的三全食品、兴泰食品、思念食品、白象食品，湖南的金健米业，上海的良友食品，安徽的同福食品等都得到了社会的广泛认可。

四是创新能力不断增强，企业和社会效益显著提高。近年来，粮食科研机构和主食产业化龙头企业立足自主研发，积极走产、学、研相结合之路，加快新产品的开发以及新工艺、新技术、新装备的研究和推广应用，对推进主食工业化快速发展起到了积极的促进作用，取得良好的经济效益和社会效益。由我国企业自主研发的优质馒头智能化生产线和饺子成型机已成功推广使用，大大提高了主食劳动生产率。据我局统计，2011年全国米面油加工及工业化主食品总产值达到1.28万亿元，占粮油加工业总产值的66.7%，三年增幅达85.5%。其中工业化主食品总产值同比增幅50%，销售收入利润率为

4.8%，比粮油加工业的平均利润率高一倍。

五是产业集聚优势凸显，对地方经济发展带动作用明显。各地积极加强政策引导，推动主食加工企业将产业链向原料主产区和重点销区延伸，向重要粮食物流节点集聚，初步形成了一批市场占有率高、生产自动化、加工标准化、配送连锁化和供应社会化的骨干企业和企业集团。部分主食产业化龙头企业通过建立种植基地，与农户签订单，以及发展包装、物流、服务相关产业等方式，带动农民增收，吸收了下岗粮食职工再就业和扩大城镇就业，增加了上缴利税，对促进地方经济发展发挥了积极作用。河南、山东、江苏、安徽、河北、湖北、湖南、广东、广西、陕西等省区的粮油主食加工业已经成为支撑省内区域经济发展的支柱产业。

我们在充分肯定主食产业化取得显著成效的同时，也应当看到目前还存在一些不容忽视的问题。一是主食产业化整体水平还不高。发达国家主食产业化率平均水平在70％左右，高的达90％以上。我国主食生产目前仍没有从根本上摆脱小作坊、摊贩式的生产经营模式，规模小，工业化、产业化程度整体偏低，龙头企业数量少。二是自主创新能力还不强。目前我国主食产业科研投入少，主要设备仍然依赖进口，大部分主食产品仍然沿用传统工艺和设备，产品保鲜时间较短。三是发展水平很不平衡。从产品结构看，面制品工业化程度相对较高，米制品工业化程度相对较低；从区域布局看，粮食主产省和经济发达地区主食产业化发展较快，其他地区相对发展滞后；从企业构成看，国有粮食企业主食产业所占比重较小。此外，一些地方还存在对发展主食产业的思想认识不一致、发展规划不协调、标准质量控制体系不健全和物流成本高、扶持政策少等问题。所有这些问题都必须引起我们的高度重视，在下一步全面推进主食产业化的进程中尽快加以克服和完善。

二　全面推进主食产业化是新时期粮油加工业发展的历史使命

近些年来，全国粮食行业的广大理论与实际工作者加强对主食产业化的理论研究与实践探索，各方面对主食和主食产业化的认识逐步趋于一致。从粮食的基本特性和当前粮食行业的产业特征来分析，主食是城乡居民为了生存、生活必须食用的主要粮食制成品，既包括米饭、馒头、面条、杂粮等主食制品，也包括大米、小麦粉等主食原料。而主食产业化，则是在构建从田间到餐桌的粮食全产业链过程中形成的，以粮食生产基地化、主食加工工业化、营销供应配送化为主要特征的，具有中国膳食特色的新型主食产业发展方式。推进主食产业化是粮食部门践行"为耕者谋利、为食者造福"行业理念的具体体现，是对传统粮油加工业发展方式和传统粮食供应保障方式的深刻变革，是粮食行业提升口粮供应能力、保障和改善民生、促进小康社会建设的行业使命。

首先，推进主食产业化是满足城乡居民饮食需求，实现"为食者造福"的现实需要。当前，我国正处于全面建设小康社会的关键时期。随着经济、社会的发展，以及工业化、城镇化进程的加快推进，人民群众的收入水平稳步提高，膳食结构和生活方式也在发生改变，对家务劳动社会化、主食供应社会化提出了新要求，对主食品质的营养化和安全性寄予了新期待。近些年来，部队官兵在米、面、油供应得到可靠保障的基础上提出了主食制成品供给的新需求，学校特别是高等院校以及企事业单位的后勤社会化改革也迈出了重要步伐。这些改变和变化，使城乡居民以及部队、学校和企事业单位对粮油食品特别是主食制品的需求，越来越呈现出社会化和多样化、优质化、营养化、方便化的趋势，自给型消费降低，商品型消费增加。这些改变和变化，要求我们加快推进粮油加工业产业升级和结构调整步伐，进一步推进主食产业化发展，促进城乡居民膳食结构、营养结构的改善和生活品质的提高，确保粮油主食的质量安全。

其次，推进主食产业化是促进种粮农民增收，实现"为耕者谋利"的有效途径。主食产业化的加快发展，必将促进粮油加工业升级改造和产业结构、区域布局调整，从而有效引导粮食生产结构调整，延伸粮食产业链，促进粮油资源综合利用和转化增值，提高种粮综合效益。主食产业化龙头企业通过"公司+基地+农户"等形式，建立优质粮源基地，开展订单生产订单收购。同时主食产业可以实现粮食原料的产地加工，有利于农民就地就业，有利于建立稳固的农、工利益联结机制，让种粮农民分享粮食加工增值的收益，这是促进粮食增产和农民增收的重要途径。

第三，推进主食产业化是保证口粮有效供应，改善粮食宏观调控的必然要求。保障粮食正常供给和维护粮油市场稳定，是粮食部门最基本、最重要的职责之一。保障口粮有效供应是保障粮食安全的重中之重。当前，国际国内经济形势、粮食供求形势复杂多变，国内自然灾害呈现多发频发的趋势，稳定国内粮油市场仍面临较大压力，必须更加注重保障粮食供应，特别是保证口粮供应的能力。各级政府的粮食应急预案中都明确要求保持一定数量的成品粮储备，健全粮食应急加工网络。主食产业化的大力推进，有利于更为及时、有效地把原粮转化为成品粮和主食制品，满足应急状态下的口粮供应，从而稳定粮食市场和价格。在抢险救灾等紧急状态下，以主食供应的方式保障军粮供应和受灾地区居民的口粮供应，对于稳定人心、稳定市场、稳定社会具有更加特殊重要的意义。特别需要强调的是，保障人民解放军、武警部队的粮油供应，是党中央、国务院赋予粮食部门的行业职责和政治任务。随着部队遂行非战争军事行动的增多和部队后勤保障改革的深化，部队官兵对军粮供应提出了"产品粮与主食熟食并重"的新要求，特别是武警后勤保障系统已经主动联合军粮供应部门开展军粮主食化的调研和试点。部队的军粮新需求就是粮食部门的新使命，因此，从履行行业职责、紧贴部队需求出发，我们也必须把推进主食产业化摆上行业发展的重要位置。

第四，推进主食产业化是实现粮食企业增效、职工增收，促进地方经济平稳较快增长的重要举措。目前，粮食企业特别是基层国有粮食企业改革和发展仍面临着诸多制约因素，多数企业还没有走出"买原粮、卖原粮"的传统经营方式。这些企业大多具有发展主食产业化所需要的场地、粮源和销售网络等优势。因地制宜开展主食产业化，不但能够充分利用企业的存量资源搞活经营，提高企业的经济效益，增加职工的收入，而且通过将粮食产业链从田头延长到餐桌，使粮食附加值大幅提升，促进粮食产业的发展，从而形成对当地经济社会发展的贡献和带动作用，使粮食主产区从根本上摆脱"产粮越多、财政越穷"的困境。因此，从一定意义上说，大力推进主食产业化发展，也是促进粮食经济和地方经济平稳较快发展的一个重要增长点。

最后，推进主食产业化是扩大下岗职工再就业，实现粮食行业振兴的战略选择。近些年来，随着粮食市场流通全面放开，一些基层粮食部门职能萎缩，基层粮食企业被边缘化，"主渠道"的地位和作用有所弱化，有的地方还出现了一些下岗粮食职工生活困难的家庭。要扭转改革改制后粮食行业的这种困境，必须突破粮食部门传统的经营模式和产业格局，大力推进主食产业化，拓宽经营领域，延伸产业链条，增加就业岗位，从而提升企业的盈利能力和积累水平，吸收更多的企业下岗职工实现再就业，从根本上消除下岗职工困难家庭"零就业"现象。企业做大了，产业发展了，队伍壮大了，粮食行业也就有了坚实的生存基础和旺盛的发展后劲，从而使粮食部门在新的发展起点上实现行业振兴，更好地肩负起粮食行业使命，为保障国家粮食安全发挥更加持续可靠的作用。

三　把进一步推进主食产业化作为调整粮油加工产业结构的突破口

当前，我国粮食加工产业正处于"调结构、转方式"的关键时期。各级粮食行政管理部门和广大粮食企业必须从惠民生、保安全、增实效、强产业的高度出发，把推进主食产业化作为调整粮油加工产业结构、转变粮油加工产业发展方式的突破口，稳健实施，全面推进。

（一）明确工作思路，坚持规划引领

主食产业化要以保障国家粮食安全、保障和改善民生为宗旨，以增强口粮供应能力和提升城乡居民生活品质为目标，以科技进步和装备创新为先导，坚持走中国特色的新型工业化道路。用产业化运行模式，加快推进以传统蒸煮米面制品为代表的主食品社会化生产和供应，努力构建多元化、多层次的现代化主食产业体系。各级粮食行政管理部门要把推进主食产业化作为发展现代粮食流通产业的一项重要工作，根据《粮食行业"十二五"发展规划纲要》和《粮食加工业"十二五"发展规划》，认真研究制定发展规划并组织实施。国家粮食局正在会同国家发展改革委研究拟定《关于进一步推进主食产业化全面提升口粮供应保障能力的实施意见》，这次会议上要将《实施意见》印发与会代表征求意见、建议。各地要根据会后正式印发的《实施意见》的要求，从实际出发，明确发展目标和工作重点，把握机遇，发挥优势，充分调动各方面力量，将推进主食产业化的各项工作抓紧、抓实、抓好。

（二）积极争取支持，形成发展合力

各级粮食行政管理部门要积极争取地方党委和政府的支持，切实加强组织领导，做到领导到位，组织到位，责任到位，措施到位。要切实履行行业管理和指导职能，对区域内各类主食产业化企业加强政策引导，加强协调服务，加强监督管理。要及时总结和积极推广主食产业化的典型经验，从各地实际出发，积极探索大中城市和市县乡镇的多种发展模式。要认真抓好主食产业统计监测、质量标准、政策研究、行业服务等基础性工作，提升主食产业化整体水平。要加快建立部门合作、上下联动的工作机制，积极争取当地发展改革、财政、商务、工信、工商、质检等相关部门的支持，加大投入力度，形成工作合力。粮油科研单位和具有研发能力的企业，要充分利用科研资源优势，积极开展自主创新研究，引领主食产业化科学发展。中央和地方大型骨干粮油企业要积极延长产业链条，促进产业转型升级，发挥在主食产业化科学发展中的主力军作用和示范带动作用。

（三）壮大龙头企业，实现行业联动

各地要在项目、园区建设和技术升级改造等方面，加大对主食产业化龙头企业的政策支持力度，着力发展一批具有较大产能、较高科技含量和产品适销对路的大型主食加工企业；着力通过强强联合、技改扩大等方式，培育一批主食加工龙头企业；着力支持龙头企业扩大产能规模、提高产品档次、创立知名品牌；着力支持龙头企业产业链向产前和产后延伸，实现一二三产业融合发展；鼓励主食加工企业与其他粮食企业、机构开展协作，打造以粮食收储、加工和物流配送为一体的主食产业集群。各地要整合行业内现有的销售平台，实行行业联动，充分利用现有"放心粮油"网点、军粮供应站点和粮食应急供应网络，加快建立健全主食销售及物流配送网络，降低物流成本，扩大主食产品覆盖率。

（四）推进科技创新，强化质量安全

加大投入力度，有效整合资源，面向主食产业化需求开展生产设备和主食制品研发。推动企业与科研院所、高等院校合作，开展主食加工关键技术攻关，改进加工工艺、开发新品种、提高产品质

量、延长保质货架期限，提升产业发展水平。进一步完善主食产业化标准和检验方法标准，完善主食全程质量控制体系，健全安全事故应急、追溯体系试点等制度，确保规范生产，安全配送，提高安全保障水平。进一步推进"主食产品"、"放心粮油"进农村进社区，扩大网点范围，提高服务水平。

同志们，大力推动主食产业化科学发展，是粮食行业服务"三农"、服务民生和转变经济发展方式的一项重要任务，责任重大，使命光荣。我们要在党中央、国务院的坚强领导下，深入贯彻落实科学发展观，扎实工作，开拓创新，奋发有为，早日使放心主食走进机关、学校、部队和企事业单位，走进城乡千家万户，开创主食产业化和口粮供应保障工作的新局面，以优异的成绩迎接党的"十八大"胜利召开！

在全国粮食系统对口援藏工作会议上的讲话

国家粮食局党组书记、局长　任正晓
2012年8月23日

这次全国粮食系统对口援藏工作会议，是在全党、全国各族人民喜迎党的十八大的重要时刻召开的，是全国粮食系统全面贯彻落实中央关于推进西藏实现跨越式发展和长治久安的战略决策，进一步动员全行业的力量对口支援西藏粮食工作，促进西藏粮食流通产业科学发展，确保西藏粮食安全的一次重要会议。在这次会议召开之前，国家粮食局按照中央第五次西藏工作座谈会精神的要求，于2012年6月专门制定了《关于全国粮食系统支持西藏粮食流通工作跨越式发展的实施意见》，提出了对口支援西藏粮食流通工作的政策措施，并组织各地粮食部门和中央企业与西藏粮食部门进行了对口支援的衔接工作，22个省（区、市）粮食部门和4大中央企业都提出了明确具体的援藏措施。这些富有成效的前期工作，为这次会议的顺利召开奠定了良好的基础。

西藏自治区党委、自治区人民政府一直高度重视粮食生产、流通工作，对全国粮食系统对口援藏工作给予了全力支持，陈全国书记、白玛赤林主席专门给这次会议发来了贺信，自治区政府副主席宫蒲光同志亲自出席会议并作了重要讲话。这些年来，西藏自治区粮食部门在自治区党委、政府的正确领导下，全力做好粮食流通各项工作，有力地保障了全区粮食安全，促进了西藏的经济发展、民族团结和社会和谐。在此，我谨代表国家粮食局党组向西藏自治区党委、自治区人民政府，向尊敬的陈全国书记、白玛赤林主席和宫蒲光副主席表示衷心的感谢和崇高的敬意！向辛勤奋战在雪域高原粮食工作第一线的西藏自治区和川、滇、甘、青四省藏区的广大粮食干部职工表示亲切的问候和良好的祝愿！

国家粮食局党组对粮食行业对口援藏工作一直高度重视，局党组全体同志出席了这次会议。在今天下午的会议上，子丹同志将作会议工作报告，对前一阶段粮食系统对口援藏工作的成绩和经验进行回顾总结，对进一步做好对口支援西藏粮食工作作出具体部署，请大家认真贯彻、抓好落实。下面，我讲几点意见。

一　深化认识，进一步增强粮食系统对口援藏工作的责任感和使命感

西藏是我国重要的边疆民族地区，西藏工作在党和国家战略全局中具有重要地位。中央强调，西藏工作的主题是推进跨越式发展和长治久安。西藏粮食工作是整个西藏工作的重要组成部分，粮食系统开展对口援藏，就是要深入贯彻落实中央关于西藏工作的决策部署，认真做好对西藏粮食流通工作的对口支援，为保障西藏粮食安全和推动西藏粮食流通工作跨越式发展贡献全行业的力量。

第一，做好全国粮食系统对口援藏工作，是落实中央关于新形势下西藏工作重大部署的政治责任。党中央、国务院高度重视对口援藏工作，2010年1月召开的中央第五次西藏工作座谈会明确提

出，做好西藏工作，事关全面建设小康社会全局，事关中华民族长远生存发展，事关国家安全和领土完整，事关我国国际形象和国际环境，绝不容忽视，绝不能松懈。大力实施中央关心、全国支援同西藏各族干部群众艰苦奋斗相结合的方针，动员和组织全国各地的力量支援西藏跨越式发展和长治久安，是社会主义制度优越性的充分体现，是各民族共同团结奋斗、共同繁荣发展的生动实践，是实施西部大开发战略、推进区域协调发展的重大举措。我们必须充分认识到，对口支援西藏既是中央提出的要求，也是全国各级粮食部门必须肩负的政治责任。各级粮食行政管理部门要认真学习、深刻领会中央关于对口援藏工作的精神和要求，切实把思想和行动统一到中央的决策部署上来，进一步增强做好对口援藏工作的责任感和使命感。

第二，做好全国粮食系统对口援藏工作，是促进粮食流通工作全面协调发展的行业使命。目前，西藏粮食流通工作与全国平均发展水平特别是与发达地区相比还有一定差距。没有跨越式发展，西藏粮食流通工作就不可能跟上全国粮食行业的发展步伐；没有科学发展，西藏粮食流通工作的跨越式发展就难以持久。同时，西藏粮食安全是西藏长治久安的重要保障，也是全国粮食安全的重要组成部分。因此，通过开展对口支援，有利于加强东中部地区与西藏在发展粮食产业、保障粮食安全方面的交流合作，有利于将先进发达地区的资金优势和管理经验送到西藏去，促使西藏独特的粮食资源优势转化为粮食经济优势，加快实现西藏粮食流通工作的跨越式发展，逐步缩小西藏粮食流通工作与发达地区的差距，促进全国粮食流通工作的全面协调发展，为全面实现西藏经济社会跨越发展和长治久安作出积极贡献。

第三，做好全国粮食系统对口援藏工作，是推动西藏粮食流通工作跨越式发展的客观要求。近些年来，西藏粮食工作保持良好发展势头，粮食生产稳步发展，粮食流通体制改革深入推进，粮食宏观调控能力不断增强，粮食流通基础设施条件逐步得到改善，西藏粮食事业发展取得了很大的成绩。但由于自然、历史等多种原因，目前西藏粮食流通工作仍面临很大困难和挑战。西藏区内粮食产需仍有缺口，粮食品种结构和区域结构不平衡的矛盾较为突出，宏观调控的难度较大；粮食储备体系还不够完善，粮食应急保障能力比较脆弱；粮食流通基础设施水平比较落后，现有乡镇粮库大多建于上世纪六七十年代，年久失修，仓储条件简陋落后，粮食收储存在较大的安全隐患，农户储粮的设施和方式也亟需改进和提升；粮食质检机构不健全，全区尚未建立起完善的粮油质检体系，质检设备老化，粮情监测手段落后，所有这些问题都严重制约着西藏粮食流通事业的跨越式发展。通过开展对口支援，有利于促进这些困难和问题的有效解决，加快西藏粮食流通产业结构调整，培育新的粮食经济增长点，提升粮食安全保障能力和粮食流通产业发展水平，推动西藏粮食流通工作跨越式发展。

第四，做好全国粮食系统对口援藏工作，是弘扬粮食行业优良传统的重要体现。"天下粮食一盘棋、天下粮食一家亲"。团结互助、相互支援、相互促进是粮食部门的优良传统。举全系统之力，集全行业之智，推进西藏粮食流通工作跨越式发展，是全国粮食系统广大干部职工的重要共识和共同心愿。通过开展对口支援，各省（区、市）粮食部门全力支持西藏粮食流通工作发展，齐心协力把西藏粮食流通工作搞上去，加快提升西藏粮食产业发展水平，使西藏广大的粮食企业和粮食职工和我们并肩奋进，使西藏各族人民吃上优质、营养、健康、安全的粮油，这就是全国粮食系统弘扬粮食行业互助精神、发扬粮食行业优良传统的生动体现，也就是全国粮食部门贯彻落实中央西藏工作决策部署的实际行动。

二　开拓思路，全面提升粮食系统对口援藏工作的水平

　　根据西藏粮食流通工作面临的新形势和对口支援西藏工作的新要求，当前和今后一个时期粮食系统做好对口援藏工作的指导思想是：高举中国特色社会主义伟大旗帜，以邓小平理论和"三个代表"重要思想为指导，深入贯彻落实科学发展观，认真贯彻落实中央第五次西藏工作座谈会精神，以保障粮食安全为中心，以提升粮食产业发展水平为重点，以保障和改善民生为根本，切实加大对口支援西藏粮食工作的力度，建立健全政策、资金、项目、人才、科技等全方位支援的科学援藏工作机制，走有中国特色、西藏特点的粮食产业发展之路，全面推进西藏粮食流通工作跨越式发展，切实保障西藏粮食安全。通过开展对口支援，促进西藏粮食宏观调控能力显著提高，粮食流通基础设施水平明显改善，粮食市场体系不断健全，粮油食品质量安全保障体系全面建立，西藏粮食流通产业与东中部地区的发展差距加快缩小，全区粮食安全保障水平迈上新台阶，为西藏的跨越发展和长治久安提供坚实可靠的粮食安全保障。支援四川、云南、甘肃、青海四省藏区粮食流通事业发展的工作，也要按照这一指导思想突出重点、统筹推进。

　　做好新形势下的粮食系统对口援藏工作，必须进一步拓宽思路，开阔眼界，认真学习、借鉴中央国家机关各部门、各省（区、市）和中央企业开展对口支援西藏工作的宝贵经验，全面提升对口支援的工作水平，切实做到"四个体现"：

　　第一，对口支援要体现中央西藏工作精神。中央第五次西藏工作座谈会明确提出了"坚持一个中心、抓好两件大事、实现四个确保"的西藏工作要求和目标，即以经济建设为中心，紧紧抓住发展和稳定两件大事，确保经济社会跨越式发展，确保国家安全和西藏长治久安，确保各族人民物质文化生活水平不断提高，确保生态环境良好。全国粮食系统在推进对口援藏的工作进程中，我们所提出的工作思路、目标任务、政策措施，都必须符合中央提出的西藏工作精神和援藏工作部署，按照中央的要求，不折不扣地完成好对口支援西藏的各项工作任务。同时，粮食部门对口援藏工作还要体现中央提出的"五个始终"的工作要求：即要始终按照全面、协调、可持续发展的要求，因地制宜，建立健全政策、资金、项目、人才、科技、企业等全方位、多层次的对口支援长效工作机制；要始终把保障和改善民生作为对粮食系统对口支援工作的首要任务，把资金和项目进一步向西藏粮食产区和种粮农民倾斜，促进粮食增产和农民增收；要始终坚持提高西藏粮食系统的自我发展能力，以支援促合作、促发展，积极挖掘合作潜力，拓展合作领域，实现支援方和受援方互利共赢、共同发展；要始终加强对口支援干部的选拔、使用和培养工作，积极选派有培养前途的业务骨干、技术人才在对口支援工作实践中锤炼意志、增长才干，使他们为西藏粮食流通工作跨越式发展作出积极贡献；要始终注重总结对口支援工作经验，不断提高粮食系统对口支援工作能力和水平，更好地发挥对口支援工作对西藏粮食流通工作的强大推动作用。

　　第二，对口支援要体现科学发展观的要求。粮食系统对口援藏必须突出科学发展这个主题，紧紧围绕转变经济发展方式这条主线，科学制定和实施对口支援工作方案，扎实有序地推进各项工作。特别是要牢牢把握住今年中央经济工作会议提出的"稳中求进"的工作总基调，服从经济社会发展大局，科学开展对口援藏工作。要把对口支援的重点放在推动西藏粮食流通产业结构优化升级、促进西藏粮油科技创新与推广、提高西藏粮食行业可持续发展能力等方面，多干打基础、转方式、调结构、利长远的好事、实事。在支援西藏粮食流通产业发展过程中，要坚持把培育资源节约型企业、建设环

境友好型行业放在更加突出的位置，实现西藏粮食行业经济效益与社会效益、生态效益的有机统一。要鼓励承担对口支援任务的粮食企业以品牌、标准和服务为重点，健全质量管理体系，强化社会责任，带动西藏粮食经济走集约发展、品牌发展、绿色发展的路子。

第三，对口支援要体现西藏粮食产业发展的实际需要。西藏地理自然条件和经济社会条件特殊，不能照搬照抄其他地方的发展模式，必须把对口支援同西藏粮食流通发展的实际需要紧密结合起来，采取多种形式开展综合支援，切实增强对口支援的针对性和实效性，创新方式方法，促进西藏粮食流通工作发展质量的提高。全国粮食系统要把西藏粮食行业当前迫切需要、粮食干部职工热切期盼、条件基本具备的事情先干起来，确保在西藏粮食流通工作最重要、最直接的问题上早见实效，力争在一些制约西藏粮食行业发展的瓶颈问题上尽快有所突破。当前，要做到"硬件、软件两个建设同步抓"。一方面，要抓紧提高西藏粮食流通的"硬件"水平，加快西藏粮食流通基础设施的建设步伐，要抓紧对接、落实一批粮油仓储、加工、市场建设项目，立足于早规划设计、早开工建设、早投入使用、早发挥效益。同时，各地也要充分发挥市场机制的作用，鼓励和引导有实力的粮油企业到藏区粮食部门去投资、兴业、办厂，促成一批粮食流通基础设施项目在藏区落地。另一方面，要在改善西藏粮食流通的"软件"条件上下功夫，解决好藏区粮食行业发展人才不足的问题。除了加强内地与西藏粮食行业的干部人才交流、培训以外，支援省（区、市）要通过实施对口支援项目、骨干专业人才"传帮带"等方式，把上项目、促发展与育人才、带队伍结合起来，让"为耕者谋利，为食者造福"的粮食行业精神在藏区粮食企业和粮食职工中发扬光大，为藏区粮食流通事业的长远发展提供持续可靠的人才资源保障。

第四，对口支援要体现粮食部门的行业特点。对口支援西藏要从粮食部门工作的特点出发，围绕促进粮食生产、保证粮食供应、提升消费水平、保障质量安全等环节，紧贴藏区高原地区、民族地区的实际，走出一条具有粮食行业特色的援藏之路。一是在促进粮食生产上，支持藏区发展特色粮油品种，帮助农牧民增产增收；二是在保障粮食供应上，满足藏族同胞口粮消费的特殊需求，突出供应品种的民族特色；三是在发展粮油加工上，开发适合农牧民消费需求的主食品种，提升藏族同胞的粮油消费水平；四是在保障质量安全上，增配适合藏区地域特征、粮油品种特点的质量检测检验仪器装备，守护好粮油食品的质量安全。同时，对口支援要注重挖掘部门潜力，发挥行业优势，使援助在更大空间、更广范围开展。除了实施资金和项目支援以外，对口援助还应当包括粮食产销衔接、粮油品牌代理等方面的援助，这也是突出粮食部门特色。通过加强粮食产销衔接，有利于藏区解决粮食产需缺口和品种结构、区域结构不平衡的矛盾；通过开展粮油品牌代理，有利于让更多的内地优质粮油产品尽快进入藏区市场，丰富藏区人民的粮油食品消费。

三　精心组织，确保全国粮食系统对口援藏工作取得实效

新形势下的对口援藏工作是一项涉及面广、政策性强的系统工程，时间紧迫，任务繁重，使命光荣。各对口支援方要牢固树立政治意识、大局意识、责任意识，认真贯彻落实中央关于对口援藏的重大决策部署，按照《国家粮食局关于全国粮食系统支持西藏粮食流通工作跨越式发展的实施意见》的具体要求，加强组织领导，细化支援措施，创新援助形式，促进互利合作，确保"三个到位"，使对口支援工作落到实处、取得实效。

第一，确保对口支援组织机构到位。国家粮食局成立了全国粮食系统援藏工作领导小组。希望各

对口支援省（区、市）粮食部门和中央企业，也要尽快成立由本单位参加全国粮食系统援藏工作领导小组负责同志牵头的援藏工作领导机构，并落实具体处室和具体责任人。"一把手"要亲自过问、亲自抓。要尽快建立上下衔接、协调有序、高效运转的对口支援工作机制，抓紧建立并不断完善由国家粮食局统筹协调、各对口支援方参与、西藏及四省藏区粮食部门具体组织实施的工作格局。全国粮食系统援藏工作领导小组要切实履行职责，搞好统筹协调，抓好衔接落实；各对口支援省（区、市）粮食部门和中央企业要把援藏工作作为一项重要的政治任务，纳入本单位的重要议事日程，切实承担起对口支援的责任，扎实做好各项对口支援工作。

第二，确保对口支援的政策措施到位。目前，不少对口支援省（区、市）粮食部门以及中央企业已陆续推出了一系列支援西藏粮食流通工作的具体措施，有些省（区、市）粮食部门已经开展了前期的基础性工作，会后将去西藏进行对口衔接，整个对口支援工作有了好的开头、好的起步。下一步工作中，要重点抓好各项支持措施的落实。特别是要抓好已签订援建协议资金、项目的落实，做到件件有人抓，事事有着落。对于本部门职责范围内的支援事项，要明确责任人，把政策措施细化、实化，提出具体的目标任务和进度安排，确保各项工作落到实处。后续的各项援藏政策措施也要赶紧跟上，分步推进，狠抓落实。

第三，确保对口支援的监督管理到位。对口支援事关重大，各项工作都要坚持高标准、严要求，建立完善的援建监管制度，加强援助资金管理，提高资金使用效率，把钱用在刀刃上，绝不能搞脱离藏区发展实际的形象工程。所有粮食援藏项目一定要坚持质量第一，经得起历史和人民的检验。按照中央关于加强援藏工作督促检查的要求，各对口支援方要定期组织检查，考核对口支援工作任务完成情况和实施效果。全国粮食系统援藏工作领导小组也要及时了解工作进展情况，适时组织开展监督检查，解决对口支援中的实际困难和问题。要做到阳光援建、廉洁援建，确保援建工程安全、资金安全、干部安全，确保各项对口支援工作规范管理、顺利实施。最关键的是要项目到位、资金到位，做到真投入、见实效。

最后，我还想对西藏粮食系统的同志们提一点希望。西藏的发展既要靠"输血"，更要靠"造血"，正确处理好"离不开"与"不依赖"的关系。西藏自治区各级粮食部门要在区党委、政府的正确领导下，进一步解放思想，深化改革，牢牢抓住全国粮食系统对口援藏的这一良好机遇，把中央的关心、全国的支援转化为加快发展的强大动力，充分发挥自身比较优势和后发优势，充分调动西藏粮食系统广大干部职工的积极性、主动性、创造性，促进思想观念转变和发展模式创新，学习借鉴各地的成功经验，切实增强西藏粮食行业的自我发展能力。要加快营造良好的体制机制和投资环境，认真做好各项受援准备工作，主动加强与各对口支援方的衔接和协调配合，把每一个援建项目都建设好、管理好、经营好、发展好。要继续发扬"老西藏"精神，振奋精神，自强不息，团结奋斗，立足依靠自身力量推动西藏粮食流通工作又好又快发展，为保障西藏粮食安全和推动西藏粮食流通工作跨越式发展作出更大的贡献。同时，我们也希望川、滇、甘、青四省藏区粮食部门也要借这次会议的东风，在各兄弟省区、州市的关心支持下，继续发扬自强奋进、艰苦创业的精神，努力实现四省藏区粮食流通事业的跨越发展、科学发展。

同志们！当前和今后一个时期，西藏和四省藏区推进粮食流通工作跨越式发展和保障粮食安全的任务艰巨，责任重大，使命光荣。让我们在党中央、国务院的坚强领导下，深入贯彻落实科学发展观，认真贯彻好落实好中央关于西藏工作的各项决策部署，抓住机遇，开拓进取，励精图治，扎实工作，不断开创西藏以及四省藏区粮食流通工作跨越式发展的新局面！

稳定市场　提升产业　大力推动粮食行业科学发展

——在全国粮食局长会议上的工作报告
国家粮食局原党组书记、局长　聂振邦
2012年1月9日

这次会议是经国务院批准召开的。会议的主要任务是，认真贯彻落实党的十七大及历次全会、中央经济工作会议、中央农村工作会议精神，总结2011年粮食流通工作，分析当前面临的新形势，研究部署2012年粮食流通各项工作。

一　紧紧围绕国家宏观调控中心任务，为"十二五"粮食流通工作开好局起好步

2011年是"十二五"的开局之年，各级粮食部门认真贯彻落实党中央、国务院的决策部署，认真执行国家粮食政策，抓好粮食收购，改善宏观调控，加强市场监管，推动产业发展，深化体制改革，实现了稳市场、保安全、强产业、惠民生的工作目标，为保障国家粮食安全，实现国家宏观调控目标，促进经济社会平稳较快发展作出了积极贡献。

（一）保供稳价成效显著

面对2011年国际粮价高涨、国内农产品价格剧烈波动和管理通胀预期的压力，各级粮食部门按照中央关于把稳定物价总水平作为宏观调控首要任务的要求，认真落实保供稳价措施，打好"组合拳"，一手抓粮食收购，保护农民利益，促进粮食生产；一手抓市场调控，保证有效供给，稳定粮食市场。

1.认真抓好粮食收购，有效保护了种粮农民利益。2011年，国家继续在主产区执行小麦、稻谷最低收购价政策，最低收购价比上年提高了5.6%到21.9%；继续对油菜籽、大豆实行临时收储政策，价格比上年分别提高0.35元/斤、0.10元/斤，还对新疆的小麦和东北地区的玉米实行了临时收储政策。各级粮食部门把抓好粮食收购作为服务"三农"、促进农民增产增收的重要工作，加强形势分析和科学研判，及时提供粮食市场信息，强化督导检查，确保全年收购工作顺利完成。据统计，2011年全国各类粮食经营企业收购粮食6224亿斤，同比增加175亿斤，其中国有粮食企业收购2534亿斤，同比减少136亿斤；全年收购托市粮食75亿斤，油料66亿斤。初步测算，由于收购价格提高，促进农民增收约300亿元，有效地保护了种粮农民利益和生产积极性，有力地促进了粮食生产的"八连增"。

2.综合施策调控市场，保障了市场供应和价格基本稳定。各级粮食部门认真贯彻落实中央的部署，全力做好保供稳价工作。一是适时适量安排政策性粮食投放市场。2011年，采取竞价销售、定向销售和邀标销售等方式，累计销售成交国家政策性粮食780亿斤，食用植物油152万吨；全国14个省（区、市）与国家协同运作，共向市场投放地方储备粮21.6亿斤，食用植物油2.3万吨，保障了居民口粮和企业用粮需要。二是抓好粮食移库和调运。在各地的积极配合下，国家向华北、西北和南方主销

区安排小麦跨省移库计划65亿斤，已完成55亿斤，向西南、西北旱灾地区调运稻谷11亿斤，充实了薄弱地区粮食库存，保证了灾区粮食供应。三是深化粮食产销合作。举办各类粮食产销衔接会、贸易洽谈会，粮油产品交易总量达460亿斤，促进了产区粮食有稳定的销路，销区粮源有可靠的保障。粮食宏观调控政策的有效实施，在消费品价格指数上涨压力较大、其他农产品价格波动剧烈的情况下，确保了粮食市场供应和价格基本稳定。

3.充实储备粮库存，夯实调控市场的物质基础。国家采取直接收购、自主轮换收购、商品粮就地划转和进口划转等多种方式补充中央储备和国家临时存储库存。调整中央储备品种结构，适当增加粳稻收储数量。及时下达中央储备粮年度轮换计划并指导和督促落实，及时追加玉米轮换计划，满足饲料和养殖企业用粮。各地按照国家部署，落实粮食省长负责制，进一步充实地方粮油储备，增加成品粮油和小包装粮油储备，东南沿海等主销区调整地方储备结构，增加粳稻储备数量。2011年底，全国地方储备粮、油库存同比分别增长6.5%、15.9%，其中成品粮、油储备库存分别增长18%、16.5%。储备库存的充实和品种结构的调整，为保障供应、稳定市场奠定了坚实的物质基础。

4.粮食应急、军粮供应和粮油统计、市场监测工作进一步加强。目前，各地确定的粮油应急加工定点企业增加到4826家，应急供应定点企业增加到13535家。军粮供应管理工作制度化建设、全天候军粮供应战备应急保障体系建设得到加强，进一步提升了军粮供应管理水平、服务水平和保障能力。认真履行全社会粮食流通统计职能，完善调查方案，改进调查方法，加强分析研究和对国内外粮油市场的动态实时监测预测，为国家宏观调控提供可靠的决策依据。

（二）积极推进依法管粮

服务于国家宏观调控和保障食品安全的需要，加强依法行政和制度建设，加强对政策性粮食的监督检查和全社会粮食流通的监管，做到了让政府心中有数，让群众感到放心。

1.粮食监督检查工作深入推进。经国务院批准，2011年开展了新中国成立以来首次全国食用植物油库存清查，在各级粮食部门的共同努力和相关部门的大力支持下，检查企业5243家，油罐24506个，圆满完成了清查任务。清查结果显示，全国各类油脂库存数量真实，质量总体良好，储存比较安全。这次清查摸清了库存家底，推动了各项标准制度的建立和完善，提高了油脂库存管理水平。继续开展全国粮食库存年度例行检查，及时组织对最低收购价、国家临时收储等政策落实情况以及政策性粮食销售出库的监督检查。继续巩固和完善监督检查体系，加强对全社会粮食流通的监督检查，累计参加检查人员45.06万人次，检查企业39.25万家次，查处纠正违法违规行为2.05万例，维护了正常的粮食流通秩序。

2.粮食质量监管工作进一步加强。认真履行国务院食品安全委员会成员单位职责，建立粮食质量安全监管考核评价等制度，落实监管责任，组织对东北三省的食品安全督查。扎实做好粮食质量安全检验监测和库存粮食、食用植物油的质量安全抽查。认真做好粮油标准制修订工作，完成标准制修订27项，发布实施标准62项。积极推进粮食质量监测体系建设，安排中央专项补助投资，加强检验监测能力建设。

3.粮食行政许可制度进一步完善。认真组织开展收购资格审核和中央储备粮代储资格审核，加强对资格企业的检查和指导，规范收购市场秩序和代储行为。目前全国具有粮食收购资格的经营者达到8.6万家，其中国有及国有控股企业1.64万家，其他经济组织等多元主体6.96万家。共有1841户企业取得中央储备粮代储资格，其中粮食类企业1665户，取得资格仓容1802亿斤；油脂类企业176户，取得资格罐容268万吨。

4.粮食依法行政积极推进。认真做好《粮食法》的起草和报审工作。贯彻落实国务院的部署，研究制定粮食行政管理部门深入推进依法行政的意见，发布实施粮食行业"六五"普法规划。推进两部《条例》的实施，加强督促检查和指导，粮食最低、最高库存制度得到较好落实。

5.粮食仓储制度建设和安全生产工作得到加强。基本完成粮食储藏技术规范制修订工作。14个省份出台了《粮油仓储单位备案管理办法》。高度重视安全生产工作，及时召开会议分析形势，部署工作，制订防范措施，加强对典型安全生产事故的现场调查，通报事故案例，防止同类事故再次发生。各地区、各单位加大安全生产培训力度，加强监督检查，认真排查治理安全生产隐患。

（三）现代粮食流通产业稳步发展

2011年国家发布实施了《国民经济和社会发展第十二个五年规划纲要》，各级粮食部门认真贯彻落实规划纲要精神，紧密结合粮食行业特点和发展需要，编制行业发展规划，并加强政策和资金扶持，现代粮食流通产业实力得到提升。

1.编制发布粮食行业"十二五"发展规划纲要。国家发展改革委、国家粮食局联合发布《粮食行业"十二五"发展规划纲要》，明确粮食行业主要任务是"深化一项改革，健全六大体系，重点建设六大工程"。编制发布粮食基础设施建设、市场体系建设、加工业发展、科技发展等四个专项规划。各地粮食部门编制完成了"十二五"设施建设等规划并发布实施，加大政府投资规模，为推动粮食流通产业科学发展提供了有力保障。

2.粮食流通基础设施和物流体系建设得到加强。制定具体措施贯彻国务院物流业健康发展实施意见，与有关部门联合印发了"十二五"农户科学储粮专项规划和管理办法。2011年，国家有关部门安排中央补助投资24.78亿元，用于粮油仓储设施、粮食现代物流项目、农户科学储粮专项以及实施最低收购价政策地区仓房的维修改造。2011年下达的141.8万套标准化农户储粮专项进展顺利，今年夏粮收购前投入使用。各地积极筹措资金，加大投入力度，加快中心粮库、物流产业园区、信息化等设施建设，粮食流通基础设施建设成效显著。

3.粮食市场体系和信息体系建设稳步推进。完善全国统一粮食竞价交易系统，加强交易市场内部控制制度建设，规范政策性粮油结算资金的管理。国家粮食交易中心总数达到25个，在国家宏观调控中发挥了"稳定器"作用。粮食收购、零售、批发、期货市场稳步发展，大中型区域性、专业性粮食批发市场70家，各类粮食批发市场448家，年交易量超过2200亿斤，促进了产销衔接，在保障当地城镇居民口粮供应和应急保障中发挥积极作用。粮油市场信息体系基本形成，大型批发市场电子商务交易信息系统快速发展，地方粮食信息网络继续保持良好发展势头。

4.粮食加工业和产业化经营稳步发展。截至2011年6月底，粮油加工业重点企业主要产品产量同比增幅超过15%，产品销售收入同比增长26.7%，粮油加工业继续保持平稳较快发展势头。山东、江苏、河南、安徽和湖北等五省的粮油工业总产值超过了千亿元。稻谷、小麦、油脂加工龙头企业建设取得明显进展，促进了产业结构调整和升级。截至2011年底，全国国有粮食企业中规模以上产业化龙头企业达到1012家，同比增加83家。配合有关部门严格控制玉米深加工用粮和产能增长初见成效，用粮同比增幅回落。加强对稻谷、大豆加工产业政策的研究并开展专项调查，有关政策建议已纳入国家产业结构调整指导目录。

5.积极推进粮食科技创新。实施以节能增效和产后减损为主要内容的"十二五"科技项目，以

RFID技术为核心的信息技术在江苏试点成功并逐步全面推广，积极推广以生物科学为主的绿色环保储粮技术在粮食储藏和质量检测的应用，国家发展改革委批准的5个粮食产后国家工程实验室建设全面启动，粮食流通社会化科技创新体系初步形成。

6.“放心粮油”工程深入推进。制定《放心粮油示范企业经营服务规范》等行规行约，开展放心粮油示范企业创建和信用评价试点工作。继续推广放心粮油进农村进社区工程，各地共发展销售服务网点近20万个，其中农村网点6万多个。山东省放心粮油网点2.2万个，天津粮油集团每天生产放心馒头100万个，西安市放心馒头市场占有率达到60％以上。很多地方将放心粮油工程作为党委、政府的“民生工程”强力推进，深受广大消费者的欢迎。

（四）粮食流通体制改革取得新进展

加大财政、税收和政策支持力度，加强工作指导，积极推进粮食流通体制改革，国有粮食企业改革和发展取得新成效。

1.国有粮食企业改革发展环境得到改善。2011年中央财政安排924.1亿元，帮助主产省（区）消化1998年以前的政策性粮食财务挂账。在近三年逐步取消主产省粮食风险基金地方配套98亿元的基础上，从2011年起将全国粮食风险基金规模从302亿元增加到382亿元。协调有关部门对储备粮承储企业免征印花税、房产税、城镇土地使用税和财政补贴收入免征所得税，明确从2011年起将中央政策性粮食保管费用补贴标准统一提高到每年每斤0.05元。

2.国有粮食企业改革和发展积极推进。不断加强国有企业扭亏增盈信息通报和重点企业经营情况定期分析，进一步完善重点国有企业联系制度，及时推广典型经验，国有粮食企业改革和发展迈出新步伐。截至2011年底，全国国有粮食企业通过改制重组调整到15472个，同比减少1077个，企业布局、结构和资产进一步优化，市场竞争力和影响力不断增强，经营管理水平进一步提高。初步统计，2011年全国纳入统计的国有粮食企业实现统算盈利63.6亿元，其中国有粮食购销企业统算盈利52.3亿元，26个省（区、市）实现了盈利。

3.完善粮食价格形成机制有新进展。积极组织开展粮食产销和成本利润调研，在全国23个省（区、市），对8个主要粮油品种进行深入调研，加强对粮食产销和成本收益变化情况的分析，研究提出最低收购价原则和完善粮食支持保护政策的措施建议，为稳步提高小麦、稻谷最低收购价水平和合理确定玉米、大豆、油菜籽临时收储价格提供决策依据。

（五）党风廉政建设和人才队伍建设进一步加强

深入开展创先争优和庆祝建党90周年活动，全面推进党的思想、组织、作风、制度和反腐倡廉建设。粮食系统各级纪检监察机构深入贯彻十七届中央纪委六次全会、国务院廉政工作会议精神，围绕确保粮食安全，服务粮食工作大局，纠正行业不正之风，扎实推进反腐倡廉各项工作。抓好干部培养锻炼，开展行业高级职称评审和高层次专业技术人才队伍培训，继续做好高技能人才培养工作。成立全国粮食行业职业教育教学指导委员会，加强行业人才交流，组建示范性全国粮食行业职业教育集团。紧密结合保障国家粮食安全和深化粮食流通体制改革、发展现代粮食流通产业的实际，加强粮食战略性问题研究。积极采取多种方式，宣传国家粮食政策和粮食流通各项工作。成功举办“世界粮食日”、行业会展和“全国爱粮节粮宣传周”等活动，首次建设中小学生爱粮节粮教育社会实践基地，增强社会公众的爱粮节粮意识。继续加强粮食储藏、物流、加工、科技、信息和生物技术等方面的对外交流与合作，扩大国际合作领域。

二　正确把握新形势，把思想和行动统一到中央对粮食工作的决策部署上来

各级粮食部门要抓住主题把握主线，把思想和行动统一到中央经济工作会议强调的稳中求进的工作总基调和稳增长、控物价、调结构、惠民生、抓改革、促和谐的精神上来，贯彻中央农村工作会议提出的强生产保供给、强科技保发展、强民生保稳定的要求，落实全国发展和改革工作会议关于加强重要商品特别是生活必需品的产运销衔接、充实粮油库存、合理安排粮油收储和投放的部署，紧紧围绕保障国家粮食安全和服务"三农"工作大局，加快推进粮食流通发展方式转变，加强粮食流通设施建设，创新流通方式，完善市场调控，切实保证粮食稳定均衡供给，大力推动粮食行业科学发展。

（一）正确把握宏观调控新形势，把稳定市场作为推动粮食行业科学发展、转变粮食流通发展方式的首要任务

从国内粮食供求形势看，在国家一系列强农惠农富农政策作用下，我国粮食生产实现连续八年增产，2011年粮食总产量达到11424亿斤，创历史新高，为保证市场供应、稳定市场价格提供了坚实的物质基础。但是，粮食消费继续增长，小麦、稻谷平衡略余，玉米供求偏紧，大豆及油脂油料对外依存度较大，稳定国内粮食市场仍将面临着较大压力。从国际粮食供求形势看，据联合国粮农组织（FAO）2011年12月份发布的报告，2011/2012年度世界谷物产量预计为23.23亿吨，比上年度提高3.5%；库存消费比为21.8%，比上年度增加0.1个百分点；全球小麦和大米期末库存增长，玉米期末库存下降。全球粮食市场价格受金融因素和经济走势影响明显。加强和改善宏观调控，促进增产增收，利用两个市场、两种资源，合理引导市场预期，维护市场基本稳定，任务更加艰巨。

面对粮食安全新形势，必须深入贯彻落实中央确定的宏观调控政策，认真落实粮食省长负责制的要求，充分发挥好中央和地方两个积极性，牢牢把握粮食安全的主动权。要进一步健全粮食宏观调控体系和应急保障体系，进一步完善粮食最低收购价政策和直接补贴办法，安排落实好政策性粮食收购和销售，统筹运用储备调节、价格杠杆、财政补贴和进出口等手段科学调控，防止"谷贱伤农"和"米贵伤民"，保护种粮农民利益，促进粮食生产稳定发展，保护消费者利益，促进民生改善。各地要切实落实省级人民政府粮食安全责任的要求，注重与国家调控的协同配合，既要确保供需总量平衡，又要解决好区域、品种结构平衡问题，保障粮食供应，维护市场稳定。

（二）正确把握产业发展新形势，把提升产业作为推动粮食行业科学发展、转变粮食流通发展方式的根本途径

在国际国内粮食市场联系日益紧密的情况下，未来粮食市场的竞争越来越表现为产业的竞争，国家粮食安全在很大程度上取决于产业安全和产业实力。2007年全国粮食局长会议提出积极推动现代粮食流通产业发展的任务后，得到了各有关方面的共识和重视。2008年国务院制订印发的《国家粮食安全中长期规划纲要（2008—2020年）》对积极推进现代粮食流通产业发展提出了明确要求，各地高度重视，特别是江苏、安徽、湖北、湖南、黑龙江等省人民政府实施了一系列含金量高的政策措施，积极推进粮食流通产业发展。经过五年的实践，现代粮食流通产业稳步发展，取得明显成效，为进一步提升产业发展水平打下了良好基础。但从总体上看，粮食流通产业的发展还不能适应经济发展和人民生活水平日益提高的要求，基层粮食仓储设施老化，粮油仓储设施地区布局不够合理，全国散粮运输推广进度较慢，收购市场整体组织化程度较低，粮食产业化经营水平不高，粮食市场监测、预测、预警体系还不够完善。这也说明，现代粮食流通产业的发展还有很大的提升空间。

当前，要着眼于提升粮食流通服务功能、降低流通成本、提高流通效率，抓紧实施粮食行业"十二五"发展规划纲要及各专项规划，大力推进现代粮食流通产业发展。重点是要进一步加大对粮食流通基础设施和物流体系建设的投入，加大对基层粮食仓储设施维修改造、城市粮食应急保障设施建设的力度；进一步健全粮食市场体系，发展多元化的粮食市场主体，搞活粮食流通；推进粮油加工业升级改造和资源整合，优化产业布局，提高产品附加值、科技含量和综合利用率；推进粮食产业化经营，提高粮食经营的组织化程度，促进农民增收、企业增效；进一步推进"放心粮油"进农村进社区，加大投入力度，扩大网点范围，提高产品质量和服务水平。

（三）正确把握体制改革新形势，把深化改革作为推动粮食行业科学发展、转变粮食流通发展方式的重要举措

经过多年的改革，中央宏观调控下的粮食省长负责制不断完善，主渠道保稳定、多渠道活流通的粮食流通新格局基本形成。国有粮食企业改革和发展取得重大进展，"三老"问题基本解决，经营机制不断完善，结构布局趋于合理，整体竞争力明显提升。但是，基层国有粮食购销企业仍受到经营性财务挂账等历史遗留问题影响，企业资产质量较差，风险承受能力较弱，融资能力不强，"小、散、弱"的状况没有根本改变，经营方式单一，缺乏发展后劲，迫切需要加快推进国有粮食企业改革和发展。

国有粮食企业是粮食流通工作的重要载体和抓手。国有粮食企业能不能做优做大做强，主渠道作用发挥得好不好，直接关系到种粮农民利益的保护和国家粮食安全的大局。推进国有粮食企业改革和发展，要着眼于增强国家粮食宏观调控能力，着力于推进企业战略性重组。重点是要整合资源，优化布局，推进基层粮食购销企业兼并重组，支持中央和地方大型粮食经营企业的培育和发展；大力推进企业转换经营机制，改进经营方式，提高经济效益和市场竞争力；积极争取金融、财税、土地等优惠政策，为企业发展营造良好的外部环境。

（四）正确把握市场监管新形势，把依法管粮作为推动粮食行业科学发展、转变粮食流通发展方式的有效措施

《中央储备粮管理条例》、《粮食流通管理条例》颁布实施以来，粮食行业依法行政和依法管粮迈出重要步伐，《粮食法》立法进程取得重大成果，粮食流通监督检查和质量监管等工作的长效机制逐步形成。但有关条例规章还需要进一步完善，有的规定和相关配套制度还未完全落实到位，有的地方相关配套法规制定进展缓慢；基层粮食行政管理机构弱化，执法经费短缺，制约了依法行政、依法管粮的有效开展；粮食质量监管制度和体系建设还需进一步完善和加强，粮食经营者的质量安全义务和各级粮食行政管理部门的监管责任需要进一步明确。

当前，要从保障国家粮食安全、维护粮食市场稳定的大局出发，进一步推进依法行政和依法管粮。重点是要认真贯彻落实全国依法行政工作会议精神和《国务院关于加强法治政府建设的意见》要求，大力推进粮食依法行政，加快推进粮食法制建设；进一步健全粮食最低最高库存量制度和收购资格、代储资格审核制度，加强对资格企业的监管和对违法违规企业的查处力度；进一步加强监督检查和标准质量体系建设，稳定执法机构和队伍，增加行政执法经费；加强对监督检查人员培训力度，提高执法能力和业务水平；进一步健全粮食质量监管责任制，完善粮食质量标准和检验方法标准。

三　以稳市场保供给、强产业促发展为中心任务，全力做好2012年各项粮食流通工作

2012年是实施"十二五"规划，推动粮食行业科学发展的关键之年。做好粮食流通工作的总体要求是：全面贯彻党的十七大和十七届三中、四中、五中、六中全会精神，以邓小平理论和"三个代表"重要思想为指导，深入贯彻落实科学发展观，按照中央经济工作会议、中央农村工作会议的要求以及全国发展和改革工作会议的部署，加快推进粮食流通发展方式转变、结构调整和科技创新，坚持"为耕者谋利，为食者造福"的服务理念，以"稳市场保供给、强产业促发展"为中心任务，以"抓好收购促增收、加强调控保安全、深化改革转方式、提升产业惠民生、科学管粮上水平"为工作目标，切实做好各项粮食流通工作，为保障国家粮食安全和促进国民经济平稳较快发展作出新的贡献。

（一）组织好粮食收购工作，促进粮食增产农民增收

组织好粮食收购，是粮食部门最重要的基础性工作，是促进粮食增产农民增收和政府掌握粮源、稳定粮食市场的重要手段。各级粮食部门要高度重视精心组织粮食收购工作，规范粮食流通秩序，确保国家粮食收购政策落到实处。

一是切实组织好政策性粮食收购。2011年我国粮食生产获得了历史性的大丰收，为做好收购工作提供了充足的粮源保障。为保护种粮农民利益，国家又提高了收购价格，当前大豆、玉米临时收储价格提高到2.0元/斤、0.99元/斤左右，中央储备补库粳稻价格1.40元/斤、籼稻价格1.30元/斤。2012年小麦最低收购价提高到1.02元/斤，稻谷最低收购价也将进一步提高。要利用粮食丰收的有利时机，抓好中央储备稻谷收购补库。要认真总结经验，进一步完善2012年粮食收购政策，健全政策性粮食收购的启动、监管和补贴机制。要创新收储方式，充分发挥市场机制作用，调动各方面参与托市收购的积极性。粮食部门要主动加强与农发行等金融机构的沟通协调，企业也要多方筹措，确保收购资金，满足农民售粮需要；要加大仓储设施建设和维修改造力度，满足收储需要，确保储粮安全；收购期间要深入一线加强指导、督促，及时研究解决存在的矛盾和问题，继续开展粮食收购政策落实情况的监督检查。中央粮食企业和地方国有粮食企业要带头执行国家政策，在粮食收购工作中作表率。进一步加强粮食产销和成本利润调研工作，为稳步提高粮食最低收购价，合理确定价格水平提供决策依据。

二是积极指导市场粮食收购。市场粮食收购是畅通农民售粮渠道、掌握粮源的重要途径。在抓好政策性粮食收购的同时，各级粮食行政管理部门要积极指导各类粮食企业做好市场粮食收购。要深入研究分析粮食供求形势和价格走势，及时提供供求、价格等市场信息服务。要积极协调、多方筹措收购资金，为粮食购销企业收购粮食创造有利条件。要培育和规范粮食经纪人队伍，搞活粮食流通。

三是进一步提高服务水平保护农民利益。各级粮食行政管理部门和中储粮系统、粮食收购企业，以及其他托市收购政策执行主体要加大政策宣传力度，及时将中央各项强农惠农富农政策传导到基层，让农民家喻户晓。粮食部门要指导和督促收购企业严格执行收购质价政策，进一步强化为农服务意识，改善服务方式，提高服务质量。执行最低收购价和临时收储政策的地区，要进一步加强与有关部门和单位的沟通协调，相互支持，密切配合，合理布设收购库点，方便农民售粮。

（二）加强宏观调控，保持粮食市场稳定

做好粮食宏观调控工作，必须根据供求形势变化，确保市场供应，加强粮食调运和产销衔接，促进粮食区域和品种结构总体平衡，保持粮食市场基本稳定。

一是采取有效措施保障粮食供给。根据宏观调控需要和市场价格情况，继续分期分批安排政策性粮油竞价销售，并适时调整销售品种、数量和底价，稳定市场预期，保证市场供应。各级粮食行政管理部门要结合本地实际，抓住重点地区和薄弱环节，加强货源组织调度。对贵州、云南、重庆、广西、湖南、甘肃、四川等旱灾较重地区，要加快移库进度，积极组织货源，做好应急准备，确保受灾地区粮油供应。鼓励和支持粮食产区、销区开展各种形式的产销合作，扩大合作范围，提升合作水平，丰富合作内容，促进粮食有序流通。

二是进一步加强储备粮管理，充实储备优化结构。强化中央储备粮管理，把"三严格、两确保"和"三个维护"真正落到实处，确保数量真实、质量良好、储存安全，为做好国家粮食宏观调控发挥重要作用。按照"优先保证口粮安全，同时兼顾其他用粮"的原则，继续调整优化中央储备粮地区分布和品种结构，进一步增加库存薄弱地区储备规模，使中央储备粮区域布局规模与市场调控需要相适应。地方储备粮要择机补充库存，销区要根据辖区内人口数量和消费需求变化调整储备粮规模、品种结构和原粮、成品粮比例。36个大中城市及价格易波动地区的地方成品粮油储备，原则上要达到当地15天以上市场供应量，并确保能够随时投放市场。

三是加强粮食应急体系、军供保障体系和统计制度建设。各地要进一步修订和完善粮食应急预案，细化操作方案，完善工作制度，按照有关要求增加成品粮油应急储备。完善军粮供应管理体制，以建立"平战结合、军民融合"的军粮供应保障体系为目标，增强综合保障能力为主要内容，加快推进全天候军粮供应保障体系建设。继续完善统计制度，积极构建高效、便捷的统计信息化支撑体系和统计服务体系，提高统计数据质量。适应形势发展需要，有针对性地开展专项调查，对大型骨干企业建立重点联系制度，及时掌握市场动态。

（三）加快科技创新，推进现代粮食流通产业发展

各级粮食部门要认真组织实施好粮食行业"十二五"发展规划，大力发展现代粮食流通产业，提升产业实力，夯实国家粮食安全基础，带动和促进地区经济发展。

一是加快粮食行业科技创新。加大粮食储藏、运输、加工等环节的科研投入，加快粮食流通社会化科技创新体系建设。建立科技创新体系管理机制，加强科研项目和资金管理。完善科技成果推广转化的管理方式和机制，积极推进生物、绿色、节能、信息等技术在粮食储藏、加工、物流、质检等方面的推广应用，推动数字粮库及智能化管理技术集成试点示范，提升粮食流通现代化水平。

二是加强粮食流通基础设施和物流体系建设。加大投资力度，加快主要大型粮食装（卸）车点、粮食物流节点建设，开通"北粮南运"散粮铁路运输通道，加快一线收纳库仓房维修改造。积极推进大中城市成品粮应急储备库建设试点，支持粮食主产区和西部地区维修改造收储仓库。2012年安排中央补助投资28.78亿元，可带动投资178亿元，用于粮油仓储设施、粮食现代物流、仓房维修改造和农户科学储粮专项建设。今年投资计划下达早，各地要落实好地方财政配套资金，抓紧开工建设，加强项目和资金管理，力争早日发挥投资效益。

三是推动粮油加工业发展和产业升级。加大对食品安全检测、主食品工业化、综合利用等扶持力度。加强行业管理，完善玉米深加工和大豆、稻谷加工等产业政策，严格控制玉米深加工企业加工用量，确保饲料、养殖业用粮需求。加强对加工企业及其他多元市场主体的引导、服务，防止产能盲目扩张和资源浪费，促进企业提高经济效益和社会效益。倡导粮油适度加工和健康消费理念，提高副产品综合利用水平。加快产业升级，鼓励扶持企业自主研发和生产安全优质、营养健康的粮油产品。

四是推进粮食市场体系和信息体系建设。组织实施全国粮食市场体系建设"十二五"规划，促进

粮食市场科学布局、有序发展。进一步健全全国粮食竞价交易系统运行机制，扩大联网范围，完成好政策性粮食竞价销售任务。完善重点粮食批发市场联系制度，加强市场建设指导。加快区域性、专业性粮食批发市场和大中城市成品粮批发市场建设，促进产销衔接，保证居民口粮供应。健全市场信息和价格监测体系，加大对价格易波动地区和重要粮油品种的监测力度，有效开展粮油供求分析和国内外粮油市场预测预警工作。

五是抓好"放心粮油"工程。进一步搞好放心粮油示范企业创建工作，加强城乡销售服务网点建设，扩大网点覆盖面。加强放心粮油宣传推广，增强质量意识、安全意识，普及食品安全知识，真正把这一"民生工程"办实办细办好，让广大城乡居民安全消费、放心消费、健康消费。加强信用体系建设，搞好信用评价试点工作，增强信用意识，提高信用水平。

（四）完善体制机制，推动国有粮食企业改革和发展

顺利完成"稳市场保供给、强产业促发展"的中心任务，必须进一步完善体制，健全机制，转变职能，大力推进国有粮食企业改革和发展。

一是加大对基层国有粮食购销企业产权改革力度。以优势骨干粮库为主体，实行跨区域兼并重组，组建公司制、股份制粮食购销企业，并以此为依托构建区域性粮食购销网络，作为国家掌握粮源、保护农民利益的重要基础。粮食主产县要保留必要的国有独资或国有控股粮食购销企业，以及必要的收购网点，方便农民售粮。粮食主销区和产销平衡区也要结合当地实际情况，适当掌握一部分国有独资或国有控股粮食购销企业，保障市场供应。

二是加大对粮食产业化龙头企业扶持力度。择优筛选一批国有粮食产业化龙头企业，纳入国家重点支持的农业产业化龙头企业范围，培育名优品牌，提升企业核心竞争力。争取财政专项补助或贷款贴息等政策措施，支持重点粮食产业化龙头企业发展。加快企业发展方式转变，形成以粮食产业化企业为龙头、农民专业合作组织为纽带、粮食生产基地为依托的新型粮食经营服务体系，通过订单收购等方式，发挥产业化龙头企业对粮食增产、农民增收以及地方经济发展的促进和带动作用。

三是支持大型粮食企业提升整体实力引领行业发展。着力培育若干个国有或国有控股的区域性地方大型粮食企业，支持中央和地方大型粮食经营企业通过跨区域兼并重组、强强联合以及体制机制创新，延伸产业链条，加快产业布局，完善经营体系，实现优势互补，增强市场竞争力，发挥服务粮食宏观调控的积极作用。鼓励大型粮食经营企业和骨干产业化龙头企业对基层粮食购销企业的兼并重组，延伸购销网络，增强购销服务功能。

四是加强对粮食企业经营管理工作的指导。加大力度推进国有粮食企业尽快完善法人治理结构，建立现代企业制度。在积极协调农业发展银行对企业自主收购贷款支持力度的同时，指导企业拓宽融资渠道，支持企业入市收购。各地要按照国家有关部门要求，切实落实各项税收优惠减免政策。企业要加强内部管理和市场形势分析，增强经营风险防控意识，进一步提高经营管理水平。

（五）推进依法管粮，切实维护正常粮食流通秩序

加强法治建设，推进依法行政，实行依法管粮，维护市场稳定，保障粮食安全，是新形势下对粮食流通工作提出的新要求，也是正确履行职责、顺利完成工作任务的重要保障。

一是积极推进粮食立法。积极配合有关方面做好对《粮食法（草案）》稿的修改完善，开展研究和论证，推动法律草案报审工作。认真开展调查研究，及时推进对现行两部粮食行政法规的修订工作。各地要根据粮食流通工作新形势，结合本地区实际，加快法制建设进程，制修订相关配套法规规章，推进依法管粮。

二是深入推进依法行政。各级粮食行政管理部门要继续深入贯彻落实《粮食流通管理条例》，提高粮食依法行政能力和水平。认真贯彻《国家粮食局关于粮食行政管理部门深入推进依法行政的意见》，提高依法行政的执行力和公信力。按照相关法律法规，继续做好粮食收购资格和中央储备粮代储资格审核工作，规范资格企业行为。按照全国粮食行业"六五"普法规划和年度普法要点确定的工作任务，继续做好行业普法工作。

三是加强粮食监督检查工作。强化粮食库存监管，继续做好粮油库存检查工作，完善检查方案，优化检查方法，建立和完善粮油库存检查专家库，按照在地检查原则，重点加强对中央储备粮、国家临储粮等粮食库存的检查力度，夯实粮食安全的物质基础。强化政策性粮食购销检查工作，重点抓好粮食最低收购价政策、国家临时收储政策落实情况，以及政策性粮食出库的监督检查，确保国家宏观调控政策落实到位。强化对全社会粮食流通的检查，对未按规定取得粮食收购资格而从事粮食收购活动的要坚决制止，加大对违法违规行为的查处力度，维护粮食流通秩序，确保粮食市场平稳运行。各地要巩固和扩大监督检查体系建设成果，深入开展全国粮食流通监督检查示范单位创建活动，加强行政执法队伍建设，推动各项行政执法监督检查工作。

四是加强粮食标准质量工作。进一步落实粮食经营者的质量安全主体责任和各级粮食行政管理部门的质量安全监管责任，加强粮食收购、储存、运输和政策性粮食购销活动中的粮食质量检验监测与监管。按照国务院食品安全办的有关要求，进一步制定和完善粮食质量安全事故应急、追溯等制度。加大粮油标准体系建设力度，积极做好粮油食品安全标准制修订工作，全面推进粮食质量检验监测能力建设。

五是抓好粮食仓储管理和安全生产工作。各地区要认真贯彻落实《粮油仓储管理办法》，抓紧出台《粮油仓储单位备案管理办法》，积极开展备案工作。继续深入开展粮油仓储企业规范化管理活动，加强政策性粮食仓储管理工作，提高粮油仓储企业规范化和信息化管理水平。各地区、各大型企业要切实履行安全生产管理责任，加强粮食安全生产工作，完善安全生产绩效考核办法，严格安全生产责任追究制度，对安全事故多发的企业要加大安全培训和监管力度，切实落实企业安全生产主体的责任。

（六）加强行业建设，进一步提高行业素质

认真学习贯彻党的十七届六中全会精神，弘扬粮食行业优秀文化，践行"为耕者谋利、为食者造福"的理念，丰富文化内涵。全面推进党的思想、组织、作风、制度和反腐倡廉建设。扎实推进加强廉政风险防控、规范权力运行，加强领导干部廉洁自律，继续抓好粮食行业作风建设。加强行业行政管理人才、高层次专业技术人才、企业经营管理人才、高技能人才队伍的培训和建设工作。加强粮食战略性问题研究。进一步扩大对外交流与合作，办好粮食行业会展，做好世界粮食日、全国爱粮节粮宣传周活动，继续支持中小学生爱粮节粮教育基地的培育。加强电子政务建设，提高粮食工作信息化水平。充分发挥粮食部门政府网等媒体的作用，积极开展新闻宣传，做好舆论引导工作。进一步发挥粮食行业协会、学会作用，服务粮食流通中心工作。

同志们，2012年粮食流通工作任务艰巨，责任重大。让我们紧密团结在以胡锦涛同志为总书记的党中央周围，认真落实中央确定的各项方针政策，突出重点，统筹兼顾，扎实工作，奋发有为，全力做好粮食流通各项工作，为确保国家粮食安全、促进经济平稳较快发展和社会和谐稳定作出新的贡献，以优异的成绩迎接党的"十八大"胜利召开！

加强粮食文化建设 弘扬优秀粮食文化 推动粮食流通事业科学发展

——在全国粮食系统党建研究交流会上的讲话

国家粮食局原党组成员、副局长 张桂凤

2012年10月30日

同志们：

我们这次党建研究交流会的主要任务是：认真贯彻落实党的十七届六中全会精神，总结交流粮食文化研究成果和弘扬优秀粮食文化、践行"为耕者谋利、为食者造福"理念，加强机关党建的经验做法，研究今后一个时期粮食文化建设工作，推动粮食文化发展繁荣，为粮食流通事业科学发展营造健康向上的文化氛围，提供强大精神动力。刚才，6个省市粮食局的同志从不同侧面作了大会发言，介绍了各自推进粮食文化建设的一些做法和体会。大家的发言既有理论性，又有实践性，讲得很好，听了很受启发。下面，我就进一步加强粮食文化建设，弘扬优秀粮食文化，推动粮食流通事业科学发展讲几点意见。

一 深刻认识加强粮食文化建设对粮食流通事业科学发展的重要意义

粮食文化是中华民族优秀文化和社会主义先进文化的重要组成部分。从总体上讲，粮食文化是指人们在粮食生产、流通、消费过程中创造的具有粮食特色的物质文化和精神文化的总和，包括粮食行业在长期的生产、经营、服务和管理等活动中所形成的价值取向、历史传统、道德规范、行为准则、公众形象以及组织制度等。在中国共产党领导下的粮食行业的发展奋斗史是一部孕育、形成先进文化的光荣历史，一代又一代的粮食人历经炮火洗礼、艰苦岁月，走过了漫长曲折的道路，迈出的每一步都深深印下了文化的烙印，创造了许多优秀文化传统。

胡锦涛总书记在党的十七大报告中指出，要"兴起社会主义文化建设新高潮，激发全民族文化创造活力，提高国家文化软实力"。文化作为一种"软实力"，代表一个国家、一个行业的整体形象，具有不可忽视的影响力和竞争力。加强粮食文化建设对于我们这样一个具有良好历史传承的行业，意义显得尤其重大。

第一，加强粮食文化建设是推动现代粮食流通产业发展的客观需要。当前，我国进入了全面建设小康社会的关键时期和深化改革开放、加快转变经济发展方式的攻坚时期，文化越来越成为民族凝聚力和创造力的重要源泉，越来越成为综合国力竞争的重要因素，越来越成为经济社会发展的重要支撑。随着粮食流通市场化改革的不断深入，特别是《粮食法》即将颁布施行，粮食行政管理部门的职能由计划管理、微观管理向宏观调控、依法管粮和行业服务转变，新的形势任务给我们提出了新的要求、新的定位。现代粮食流通产业的科学发展不仅包括粮食流通的科学化、集约化、精细化、产业化和信息化等物质成果的发展，也包括粮食流通的人文环境如粮食行业精神文化、管理文化、行为文化和粮食系统从业人员的道德品质、文化素质等精神成果的精神面貌、从业理念的发展。我们要实现粮食流通产业的科学发展，就必须更加注重用先进的思想理念、用先进的文化武装员工头脑，充分发挥粮食文化的导向、凝聚和激励作用，充分调动粮食人的积极性，为推动现代粮食流通产业发展提供强大的精神动力、智力支持和人才支撑，以保证新目标、新任务的顺利完成。所以，加强粮食文化建设是与时俱进、应对未来的根本方略，是提升粮食核心竞争力的根本途径，也是粮食事业又好又快发展的必然选择。

第二，加强粮食文化建设是建设和谐粮食行业的必然要求。文化的第一要义在于塑造共同的价值观。共同的价值观是引领行业前进的旗帜，通过共同的信仰宗旨、价值理念、行业精神、目标使命、发展战略等，把各方面各层次的力量紧密地团结起来，使粮食行业发展目标与成员个人发展目标一致起来，全体成员自觉地把个人命运同粮食行业的发展紧密联系起来，在行业内部营造和衷共济、共同创业的和谐氛围，与行业同呼吸、共命运、心连心，围绕确保国家粮食安全这一光荣使命而努力奋斗，形成推动行业不断向前发展的强大动力。优秀的粮食文化能够改善粮食部门的公众形象，形成粮食产业经济发展的良好外部环境。大家知道，随着粮食流通体制改革的深入和粮食产业经济的发展，粮食部门在社会生活中已涉及到生产、经营、教育、科研、服务、管理和执法等各个领域，粮食行业要发展，离不开社会方方面面的关心和支持。加强粮食文化建设有利于营造全社会关心粮食工作、理解粮食工作和支持粮食工作的浓厚氛围，能够改善粮食部门的形象，提升粮食部门的公信力，为粮食工作创造良好的外部发展环境，从而更好地推动粮食行业和谐发展。

第三，加强粮食文化建设是培养和造就高素质干部职工队伍的重要途径。粮食行业受计划经济影响时间长，职工队伍庞大、人员分散、流动性大且成分复杂，管理的点多、线长、面广，价值观念、能力素质差异较大。尤其是在经济全球化背景下，随着我国经济社会不断发展，人们的思想观念更加多元，文化需求更加多样，粮食流通事业面临新的发展机遇，同时也面临严峻考验。粮食流通事业要与时俱进繁荣发展，不仅要求干部职工必须具备较高的政治思想觉悟、丰富的科学文化和业务知识、较强的组织协调管理能力和良好的身体心理条件，还要有勇于进取、追求卓越、甘于清贫、吃苦奉献、诚实守信的精神。通过建立粮食文化导向，发展粮食文化事业，转变人的思想，关心人的情感，约束人的行为，提高人的素质，激发人的潜能，可以提高粮食行业干部职工整体素质，实现粮食行业从业人员的全面发展，为粮食系统培养和储备大批优秀人才，进而促进粮食流通事业的科学发展。

二　认真总结各地积极探索实践加强粮食行业文化建设的做法和成效

近年来，面对改革发展的繁重任务和严峻复杂的形势，各地粮食部门深入贯彻落实科学发展观，坚持社会主义先进文化前进方向，坚持继承、创新、发展，积极培育构建粮食行业核心理念，总结提炼行业精神，加强价值体系建设，着力搭建文化载体，在推进粮食文化建设方面进行了许多有益的研究和探索，推出了一些研究成果，摸索出了许多符合粮食行业特点、契合当地实际的做法，在实践中发挥了很好的作用，为我们今后加强粮食文化建设打下了良好的基础，需要我们认真总结并坚持下去。

第一，积极加强粮食核心价值体系建设，发挥对粮食流通事业改革发展的引领作用。围绕"如何做好粮食流通工作，履行好保障国家粮食安全的使命"这个根本问题，我们认真学习实践"三个代表"重要思想和科学发展观，着力构建粮食特色鲜明、内涵深刻、符合实际的粮食核心理念和价值体系，引领全行业的科学发展。近些年，国家粮食局提出"为耕者谋利，为食者造福"的工作理念，生动揭示了粮食行业生存发展的价值使命、职责定位和勇于承担社会责任的庄严的承诺，高度概括了粮食工作一头连着生产者、一头连着消费者，服务对象是包括生产者和消费者在内的全体人民的鲜明特点，彰显了为人民服务的宗旨意识，体现了科学发展观"以人为本"的核心要求和"执政为民"的行政理念，集中反映了做好新时期粮食工作的内在规律和理想追求，很快形成共识，成为全行业共同的核心价值理念。同时，各地粮食部门也进行了大量探索。比如，新疆生产建设兵团粮食局用社会主义核心价值体系引领粮食行业文化建设，将"以农为本、安全至上、诚信服务、和谐发展"作为自己的核心价值理念；贵州省粮食局在广泛征求全省粮食系统干部职工的意见的基础上形成了"崇德、奉献、创新、卓越"的核心价值观；黑龙江省粮食局提炼出以"敬业、求实、创新、奉献"为核心内容的龙粮精神；四川省粮食局总结出以"求实、拼搏、创新、向上"为核心的川粮精神；江苏省粮食局把"风清气正，恪守天职；创先争优，造福于民"作为江苏粮人精神；江苏扬州市粮食局确立了以"诚信、朴实、创新、奋进"为主题的扬粮精神，建立了以"积谷惠民"为核心价值观的精神文化体系；等等。粮食核心价值体系的确立，为粮食流通事业改革发展指明了方向，成为粮食人行动的最高准则，化为一种深入人心、坚定不移的精神信念，激发出强大的创造智慧和力量，为实现粮食流通的科学发展共同努力奋斗。

第二，积极加强粮食文化宣传，扩大了粮食行业的社会影响力。国家粮食局成立以来，利用网站、报刊、杂志和粮油精品展示交易会、世界粮食日、粮食科技周等载体，广泛交流宣传粮食物质文明和精神文明建设取得的成果，取得了良好的社会影响。从2006年开始，国家粮食局决定将每年5月的第三个星期为粮食科技周，每年确定一个主题，组织动员全国粮食行政、事业、企业部门单位，在城乡开展科技宣传咨询活动，通过科普讲座、图片展示、发放资料、现场演示、科技大篷车等形式，广泛宣传普及粮油科技成果，增长全民粮油科技知识。每年10月16日在全国各地举办的"世界粮食日"纪念活动和"爱粮节粮宣传周"活动，通过在公共场所张贴宣传标语图画，在电视、报刊等媒体进行爱粮节粮宣传报道，发表纪念文章，特别是今年组织全国粮食部门干部职工自愿开展"饥饿24小时体验"活动，引起了全社会对粮食问题的关注，营造了"节约粮食光荣，浪费粮食可耻"的社会风尚。各地粮食部门积极丰富载体和手段，大力开展粮食文化宣传活动，加强粮食文化知识学习宣传和舆论引导，调动干部职工参与粮食文化建设的积极性，营造了浓厚的文化氛围，树立了粮食系统干部职工的良好形象。如甘肃省粮食局采取教育倡廉、读书思廉、网络传廉、公开明廉、制度保廉等方法，大力加强廉政文化建设，营造了"以廉为荣，以贪为耻"的良好氛围。贵州省六盘水市商务粮食局以文化建设为突破口，坚持不懈培育党建品牌，培育了"商务之声"文艺品牌、《党员学刊》内刊、"凉都商务党建网"等品牌，被授予"全国机关党建文化试点先进单位"、"全国组织文化示范单位"等称号，开展文化党建活动的做法入选"全国基层党建理论实践创新案例库"。

第三，大力推进专业文化、制度文化、行为文化建设，全面提高广大干部职工的业务素质。一是积极培育粮食专业文化。粮食行业专业性较强，有不少特有工种。为提高干部职工的专业素质，我们组织编写了大量的专业培训教材、操作手册，制定岗位工作指引，组织各类专业技术人员进行集中培训，形成了自己的专业文化体系。特别是近几年，我们在粮食科研方面取得了很大成绩，2011年，由国家粮食局科学研究院牵头的完成的《粮食储备"四合一"新技术研究开发与集成创新》科研成果获得国家科技进步一等奖，这是粮食行业获得的国家科技最高荣誉，是对粮食行业科技创新成果的一次突破。二是切实抓好粮食制度文化建设。制度文化建设在行业文化建设中具有极其重要的作用。我们注重建立和完善制度体系，2004年国务院颁布《粮食流通管理条例》后，我们在粮食流通以及机关内部管理的各个层面，制定了大量的制度规定，近两年积极推进《粮食法》立法，取得重大成果。各级粮食部门把学习掌握、有效落实各项制度作为制度文化建设的主要内容来抓，努力实现制度与文化理念的对接，把发挥价值体系导向作用与强化制度规范较好地结合在一起，提高了制度的执行力和执行效果，依法管粮、靠制度管人、按制度办事成为干部职工的自觉行动。三是扎实推进行为文化建设。严谨的工作行为规范，是正规工作秩序、改进工作作风、提升单位形象、提高工作效益的根本保证和有效途径。通过完善管理制度、操作规程、工作标准，制定职工行为规范等措施，培养职工规范的职业行为，养成良好的职业习惯，行业文化的价值内涵落实到了工作实践和干部职工的行为上，塑造了良好的职业形象。

第四，积极开展粮食文化建设的研究和实践，增强了广大干部职工的文化自觉和文化认同。加强粮食文化建设，首先要学习研究粮食文化，实现粮食文化的自觉和认同。一是粮食文化研究成果初显。近些年，广大粮食工作者特别是许多基层一线的粮食工作者，深入研究粮食文化，提出了很多有见地的意见，发表了一些研究成果。无锡市粮食局和粮食经济学会编印了《中国无锡米市史话》，尤其是宁夏粮食局的李建成同志，在繁忙的工作之余，撰写出版了《中国粮食文化概说》一书，阐述了粮食文化的概念、特征、构成要素及结构形式，多层面、多角度地展示了中国粮食文化的精粹，梳理了中国粮食文化发展的脉络和核心精神，从学理上搭建了粮食文化的主要框架，得到了行业内外的充分肯定和认同。二是粮食文化物质载体建设不断推进。1997年，中央粮食人民委员部旧址按原貌修复开放，成为全国粮食系统爱国主义教育基地和全国重点文物保护单位；2011年，国家粮食局和教育部联合评审确定了湖南粮食集团有限责任公司等10家单位为首批"全国中小学爱粮节粮教育社会实践基地"。河南郑州粮食批发市场建立了"粮食文化陈列馆"，用大量的古代粮食器物展示了先民的勤劳智慧，体现了中国粮食文明的博大精深；浙江余杭区粮食局建设的余杭"四无"粮仓陈列馆，通过图片和实物形象展示了"宁流千滴汗，不坏一粒粮"的粮食人精神；江苏宿迁粮食博物馆，以粮食物流园为载体，通过文字、图片、影像、实物、模型，借助声、光、电等高科技表现手段，全方位展示粮食历史文化积淀及其演进过程和深刻的人文内涵，打造成了综合性的粮食文化教育和旅游园区，2011年被首批命名为"全国中小学爱粮节粮教育社会实践基地"，目前正在申报四星级特色粮食文化旅游基地；江苏各地还建设了一些农博院、农耕园和粮食文化主题公园；河北柏粮集团等许多企业还建设了自己的荣誉室，展示企业的发展历程和经营理念，对职工进行企业文化教育。这些设施在粮食文化建设中都发挥了很好的作用。三是基层开展文体活动非常活跃。国家粮食局书画协会成功举办6次全国性的书画展览。各级粮食部门结合自身实际和地域特点，把行业文化建设与学习型组织建设，党的建设、精神文明建设、思想政治工作有机结合，广泛开展精神文明先进单位、青年文明号、职工之家、文明示范岗等创建活动，积极开展开展座谈讨论、知识竞赛、专题讲座、文艺演出、歌咏大会、运动会、书法美术摄影作品展等一系列丰富多彩的文化活动，营造了健康向上的文化氛围，丰富了员工文化生活，提高了文化素养。

与此同时，我们也必须清醒地看到，虽然随着粮食流通改革发展，粮食文化建设发展较快，但是与深入贯彻落实党的十七届六中全会的要求相比，还存在较多的差距和不足：主要是有些领导干部对加强粮食文化建设的重要性认识还不够，没有从促进粮食流通事业改革发展稳定的战略高度去把握，抓粮食文化建设的自觉性、主动性不强；粮食文化建设的理论研究不够，缺乏总体规划措施和政策指导，目标不够明确，内容不够丰富，抓不住关键环节，工作还处于自发、零散状态，没有形成体系；粮食文化建设的资金保障不够，缺乏人才支撑，活动层次不够，缺乏自有文化品牌；粮食文化建设在各地、各领域的发展不够平衡，创新精神不足，方式方法比较单一，吸引力不够强，文化资源未得到有效发掘；粮食行业员工的文化认同、习惯养成、责任意识还需要进一步加强；等等。这些问题需要采取有力有效的措施，认真研究解决。

三	正确把握粮食行业文化建设的指导思想和基本原则，扎实推进粮食文化建设

党的十七届六中全会对推动社会主义文化大发展大繁荣作出了战略部署，为加强粮食文化建设指明了方向。贯彻落实十七届六中全会精神，加强粮食文化建设，要求我们必须高举中国特色社会主义伟大旗帜，以马列主义、毛泽东思想、邓小平理论和"三个代表"重要思想为指导，深入贯彻落实科学发展观，坚持社会主义先进文化前进方向，紧紧围绕经济社会发展和粮食工作大局，以继承发展弘扬优秀粮食文化为主题，以培育粮食行业核心价值观为根本任务，以满足粮食人精神文化需求为出发点和落脚点，以改革创新为动力，以彰显粮食特色优势为重点，努力建设粮食行业精神鲜明、核心价值观先进、发展理念创新、行业内外和谐的文化体系，为全面做好粮食流通工作，推进现代粮食流通产业又好又快发展，保障国家粮食安全，提供强有力的文化保障和智力支持。

正确把握上述指导思想，要求我们必须要坚持社会主义先进文化前进方向，坚持以人为本，坚持把社会效益放在首位，坚持改革开放，不断探索粮食文化建设的新内容和新载体。当前和今后一个时期，要重点做好以下几个方面工作：

第一，抓紧制订出台加强粮食文化建设的指导意见。国家粮食局党组高度重视加强粮食文化建设，把"弘扬粮食行业优秀文化，践行'为耕者谋利、为食者造福'的理念，丰富文化内涵"列入今后的工作任务之中。局党组书记、局长任正晓同志专门作出批示，要求机关党委牵头研究起草加强粮食文化建设的框架性意见。局机关党委认真学习中央关于推动文化改革发展的指导思想、重要方针、目标任务和政策措施，在认真调查研究的基础上组织起草了《加强粮食文化建设的指导意见》，并征求了局机关各司室、直属联系单位和系统内对粮食文化研究有专长的部分同志的意见，形成了现在的这个征求意见稿，已印发给大家，今天还要在会上组织讨论。同志们回去之后，要向主要负责同志汇报，组织征求干部职工意见建议并及时反馈修改意见，我们将进一步修改，尽快出台。同时，各地粮食局也要制定符合本地特点的粮食文化建设发展规划和具体措施，建立行业文化建设考评机制，通过规划引导、政策配套，加大组织、指导、协调、督促力度，积极推动粮食行业文化发展。

第二，进一步培育构建粮食核心价值观和具有鲜明特色的粮食精神体系。粮食核心价值观和粮食精神是粮食文化的灵魂，是行业形象的本质体现。培育构建粮食核心价值观、总结提炼并大力弘扬粮食精神，是新时期粮食系统学习践行社会主义核心价值体系、推进社会主义先进文化建设的本质要求。当前，"为耕者谋利，为食者造福"的理念，已经成为全行业的初步共识，成为粮食行业的核心价值观，下一步还需要进一步研究、阐释，大力宣传，增强广大干部职工的文化认同。同时，还要适应新形势新要求，按照体现行业特征、积极向上、主题鲜明、简明扼要的基本原则，从精神、行为、物质等层面认真研究总结，提炼出干部职工普遍认同的粮食精神，构建起粮食精神文化体系。比如，坚持"全国一盘棋"，把党和国家利益放在首位的顾全大局精神；"宁流千滴汗，不坏一粒粮"的艰苦奋斗精神；"保管万吨粮，不流一滴汗"的改革创新精神；"守着大粮仓，坚决不动一粒粮"的遵纪守法精神；"宁可亏本也要履行合同"的诚实守信精神；"天下粮食是一家"的团结协作精神；等等。国家粮食局将适时召开座谈交流会，研究归纳提炼出具有中国特色、粮食特点、行业特征并体现时代精神的粮食行业精神。

第三，积极开展基层文化活动，创建粮食文化品牌。我们粮食部门历史文化资源丰厚，系统中热衷于文化建设的人才较多，为我们开展粮食文化活动提供了较好的条件，我们要深入挖掘并充分利用粮食文献、文物、遗址、古迹等资源较多的优势，运用互联网、手机等现代远程传播手段，积极传播优秀粮食文化和精品佳作。把开展基层文化活动作为粮食文化建设的有效载体，使趣味性、知识性和思想性紧密结合，引导群众在粮食文化建设中自我宣传、自我教育、自我服务。广泛开展群众性文化体育活动，组织引导干部职工积极参加读书、演讲、研讨、书画、摄影、歌舞、拳操、棋牌、球类、登山、健步行走等各类文化体育活动，为干部职工沟通思想、联络感情、增长知识、提高本领、强身健体搭建平台。在开展文化活动中，要注意提高活动品位，赋予活动深刻而丰富的文化内涵，避免图形式、走过场，特别是要着力培育符合本地特色的粮食文化品牌，确立鲜明的品牌定位，充分利用各种强有效的内外部传播途径广泛宣传，形成干部职工对粮食文化品牌的高度认同。

第四，着力加强诚信文化建设，建立粮食行业诚信体系。粮油食品关系亿万人民的身体健康和生命安全，关系经济发展和社会稳定。在全面推进粮油购销市场化改革的新形势下，加快粮油食品安全诚信体系建设，是认真贯彻落实科学发展观、践行我党以人为本执政理念的具体举措，是进一步规范粮油食品市场秩序，保障人民群众身体健康的根本措施，也是广大人民群众的殷切盼盼。要把粮食行业诚信体系建设作为粮食行业文化建设的重要内容，通过完善信用评价、信用记录、失信惩戒制度，建立行业自律规范，加强舆论引导宣传，传承企业诚信，弘扬"重道尚义、经世济民、兼顾义利"的中国粮食行业优秀文化传统，建立以"公平"、"诚信"为核心的粮食职业道德体系，深入推进放心粮油工程，使重合同、守信誉、文明经营、公平竞争，成为粮食人自觉的文化价值追求，切实履行社会责任，在全行业营造诚信经营、和谐交易的氛围，促进行业经济健康发展，维护粮食流通秩序。

四　加强组织领导，完善保障措施，确保粮食文化建设有序推进

第一，要高度重视，切实加强粮食文化建设的组织领导。各级领导同志一定要充分认识加强粮食文化建设的重要意义，切实把粮食文化建设摆上重要位置，纳入粮食流通事业发展整体规划，列入党组重要议事日程，切实加强组织领导。各级粮食部门要建立健全粮食文化建设工作机制和管理模式，成立粮食文化建设领导小组及其办公室，选派得力人员从事这项工作，建立党委（党组）统一领导、书记负总责、分管领导具体抓、领导小组办公室策划协调、各有关职能部门分工落实的运行机制，努力形成党政工团齐抓共管、各部门互相支持配合、上下联动、全员参与、层层抓落实的工作格局。充分利用各种社会文化资源，搭建政府主导、市场引导、部门合作、共同推进粮食文化建设工作的平台，形成浓厚的粮食文化建设氛围。各级领导干部要身体力行，带头实践，做好表率，充分发挥干部职工在粮食文化建设中的主体作用，尊重群众在粮食文化建设中的创造活动，推动粮食文化创新，促进粮食文化建设深入开展。

第二，要加大投入，完善制度，为粮食文化建设提供有力保障。各级粮食部门要进一步统一思想，树立对粮食文化建设的投入就是对粮食流通中心工作发展投资的观念，从人力、物力、财力等方面为粮食文化建设提供有力保障。要逐步加大粮食文化建设经费投入，将粮食文化建设资金列入部

门预算，专款专用，务求实效。促进建立多渠道、多方式的粮食文化建设经费投入机制，鼓励和引导社会资金参与粮食文化建设。重点扶持公益性粮食文化事业发展、粮食文化创新、粮食文化遗产保护，支持重大粮食文化项目建设。各地要结合实际，建立健全粮食文化建设的考核评价和激励机制，制定粮食文化建设的管理标准、工作标准和考核标准，把粮食文化建设纳入干部职工业绩考核体系，列入年度考核目标范围，促进粮食文化建设各项工作的落实。

第三，要强化人才培养，为粮食文化建设提供人才支撑。要加强粮食文化骨干培训，制定实施粮食文化人才培训计划，推进粮食文化知识进学校、进课堂，强化教育机构在粮食文化人才培养中的责任，发挥教育机构知识密集、人才密集和文化氛围浓厚的优势，研究探索粮食文化人才培养与传承的思路和方法，在人才培养的全过程中融入粮食文化理念与实践，努力培养建设一支涵盖研究、教学、传播、推广、宣传、管理等方面，专业结构合理、业务素质较高、思想作风过硬的粮食文化建设人才队伍。要建立优秀粮食文化工作者评选表彰制度，表彰在粮食文化领域有突出贡献的单位与个人，激发粮食文化人才的积极性和创造性，保障粮食文化建设顺利开展。

第四，要加强研究宣传，把粮食文化建设逐步推向深入。要充分利用报刊、网站、广播、电视等媒体，开设粮食文化专栏，大力宣传粮食文化建设的生动实践和先进典型，持续宣扬粮食行业的核心理念和价值体系，大力弘扬优秀粮食文化，进一步激发广大干部职工的责任感和使命感。要积极支持开展粮食文化创作，鼓励广大干部职工从粮食流通事业改革发展实践中汲取素材进行创作，讴歌先进的粮食思想文化和粮食干部职工先进事迹。要积极开展粮食文化研究，充分利用全国粮食系统党建研究会这个平台，把系统内研究粮食文化有专长的人才吸纳进来，对粮食文化的概念、特征及其在粮食行业建设中的地位作用，粮食人的核心理念和价值体系，粮食文化建设的主要内容，机关党组织和各群众组织在粮食文化建设中发挥作用的主要途径等问题，进行深入研究，为深入推进粮食文化建设提供理论支持。

同志们，粮食文化建设是一个长期渐进、不断完善、不断丰富、不断提升的过程，也是一项复杂的系统工程。粮食文化建设任重道远，需要我们各级领导干部精心组织，需要广大干部职工积极参与。让我们在党的十七届六中全会和即将召开的十八大精神指引下，不断加强粮食文化建设，大力弘扬优秀粮食文化，切实增强文化自觉自信，为促进粮食流通事业科学发展而努力奋斗！

明确任务　加强调控　切实维护粮食市场稳定

——在全国粮食调控与统计工作会议上的讲话
国家粮食局党组成员、副局长　曾丽瑛
2012年3月28日

同志们：

这次会议的主要任务是，认真贯彻落实全国粮食局长会议精神，回顾总结去年的粮食调控与统计工作，会审汇编2011年度全国粮油统计年报，研究分析2012年粮食形势，安排部署今年粮食调控与统计工作，并公布2011年度全国粮食流通统计工作考核结果。国家粮食局高度重视粮食调控和统计工作，党组书记、局长任正晓同志对这次会议作了重要批示，我们要认真学习，深刻领会，抓好贯彻落实。下面，我讲两个问题。

一　强化手段狠抓落实，粮食宏观调控成效显著

2011年是"十二五"时期开局之年，在十分复杂的国内外背景下，粮食调控战线的广大干部职工坚持以科学发展观为指导，积极贯彻落实党中央、国务院的决策部署，认真执行国家粮食政策，抓好粮食收购，做好粮食销售，加强监测预警，夯实储备基础，健全应急体系，改善宏观调控，在消费品价格指数上涨压力较大、部分农产品价格波动剧烈的情况下，确保了粮食市场供应和价格基本稳定，有效地满足了居民口粮消费和企业用粮需要。为保障国家粮食安全，实现国家宏观调控目标，促进经济社会平稳较快发展作出了积极贡献。

（一）强化调控的针对性，保障了粮食市场和价格基本稳定

一是开创性开展粮油定向销售。针对粮食市场复杂多变的形势，国家有关部门加大工作力度，创新工作机制，采取多种办法完善销售方式，增强了调控的针对性和有效性。2010年12月起，对政策性粮油品种实行定价定向销售，定点加工后投放市场，先后6次安排对大型面粉加工企业、大型油脂加工企业定向销售，累计定向销售小麦、大豆、食用油121.2亿公斤。2011年6月起，按国家政策性籼稻与地方储备籼稻1:2的比例，对重点骨干大米加工企业实行邀标销售，要求企业均衡有序加工投放市场，并承诺保持大米销售价格稳定，共销售国家政策性籼稻3.1亿公斤，浙江、安徽、福建、江西、湖北、广东、广西、四川等8省（区）地方储备籼稻6.6亿公斤。

二是政策性粮食竞价销售顺利推进。根据市场需求和调控需要，国家有关部门适时调整销售节奏和力度，进一步完善交易细则，加强了对竞买企业的资格审核；地方各级粮食行政管理部门加强了对政策性粮食销售的监督检查，对违规违法行为进行了严肃处理；各地批发市场认真做好资格审核、交割结算和商务处理等相关工作，保证了竞价销售工作的顺利进行。2011年全年累计成交政策性粮食（含中央储备）272亿公斤、食用油91万吨，有效地满足了企业用粮需要。

三是适时动用储备粮油调剂市场。根据市场供求形势和价格走势，适时动用部分中央储备粮油投放市场，并追加下达2011年度中央储备玉米轮换计划37亿公斤。同时，有多个省（区、市）与国家协

同运作，及时向市场投放地方储备粮油，保障了居民口粮和企业用粮需要。

四是强化重点时段保供稳价工作。在日本核泄漏事故引发国内食盐抢购风波，以及国庆、元旦、春节等重要时段，及时下发通知，要求各地区高度重视，精心组织，加强市场监测，搞好货源调度，适时投放储备，保证市场供应。要求36个大中城市及价格易波动地区的地方成品粮油储备，原则上提高到确保当地15天的市场供应量，并抓紧落实到位，保证能够随时投放市场，发挥应急保障作用。

五是及时补充灾区粮食库存。国家有关部门向华北、西北等小麦主要消费区和南方主销区安排下达小麦跨省移库计划28亿公斤，向西南、西北旱灾地区调运粮食10亿公斤。截至2012年2月底，两批跨省移库计划共完成30.4亿公斤，优化了库存布局，发挥了储备粮"柜台前移"的作用。

六是引导粮食市场有序流通。各地积极加强产销合作，举办各类粮食产销衔接会、贸易洽谈会，粮油产品交易总量达460亿斤，保障了产区粮食有稳定的销路，销区粮源有可靠的保障，有效地促进了粮食区域平衡。

（二）全力抓好粮食收购，有效保护了农民利益和生产积极性

一是及时部署粮食收购工作。夏季粮油、早籼稻、中晚稻、玉米收获前，分别召开收购工作座谈会，分析生产和市场形势，部署收购工作。收购期间，派出多个工作组深入主产区检查指导粮食收购工作，确保收购工作顺利进行。

二是进一步完善粮食最低收购价政策。2011年国家在主产区继续实行小麦、稻谷最低收购价政策，国家有关部门及时制定并完善了小麦、稻谷最低收购价执行预案，优化了预案启动机制，适当提高了最低收购价水平，严格了委托收储企业资格要求，细化了中储粮总公司及委托收储企业的责任，强化了地方政府督促协调和部门监督检查的责任，有力地促进了最低收购价政策的贯彻落实。

三是适时启动国家临时收储。根据生产形势和市场价格情况，及时安排部署油菜籽、大豆、玉米等临时收储工作。冬、春播油菜籽临时收储工作于2011年6月、11月先后在17个省（区、市）启动。大豆、玉米临时收储先后于2011年11月、12月在东北4省（区）启动，敞开收购农民余粮。继续对新疆小麦实施国家临时收储，及时下达计划并启动收储工作。国家临时收储政策的顺利实施，有效地保护了种粮农民的利益。

（三）完善储备和应急体系，进一步增强了粮食调控与应急保障能力

一是中央储备库存得到及时充实。2010年底至2011年初，通过直接收购、轮换收购、进口转储备等方式补充中央储备玉米、大豆和食用油库存，使中央储备达到了既定规模。新粮上市后，抓住粳稻丰收的有利时机，及时安排中央储备稻谷补库和增储计划，进一步夯实了宏观调控的物质基础。

二是地方储备调控保障能力显著增强。各地进一步充实地方粮油储备，特别是成品粮油和小包装粮油储备，东南沿海等主销区增储部分粳稻，优化储备结构。2011年末全国地方粮食储备库存同比增长7%，其中成品粮库存增长16%；地方储备食用油库存同比增长14%，其中成品油库存增长15%，地方政府调控市场的能力进一步增强。

三是粮食应急加工供应网络更加完善。各地加强了粮食应急体系建设，积极组织开展粮食应急演练，建立健全应急粮油加工和供应网点体系，2011年底粮油应急加工定点企业和应急供应定点企业已分别增加到4826家和13535家，为更好地满足粮食应急工作需要奠定了基础。

（四）统计和市场监测水平不断提升，为粮食宏观调控提供了可靠依据

一是统计执行能力不断提高。切实履行粮食流通统计职责，认真贯彻执行《国家粮食流通统计制度》，大力推进粮食统计方法改革，着力提高统计调查数据的准确性、真实性、及时性。认真做好粮

食统计旬（月）报、价格监测周报、季节性粮油收购进度等常规统计工作，并建立了大型粮食企业直报制度。对承担国家政策性粮食定向加工销售任务的企业实行单独统计，及时掌握国家保供稳价政策措施的贯彻落实情况。及时向国务院和有关部门报送统计数据和分析材料，通过网络、杂志等媒体发布统计信息，有效发挥了统计信息职能。去年，江苏、黑龙江、江西、陕西、安徽和山东等省粮食统计工作表现比较突出，在全国统计工作评比中名列前茅。尤其需要指出的是，西藏自治区进步明显，还被评为2011年度全国粮食流通统计工作先进单位。

二是社会粮油供需平衡调查稳步推进。认真总结供需平衡调查经验，完善调查方案，培训调查人员，进一步提高了调查质量，全面掌握了我国粮食和食用植物油生产、流通、消费和库存等供求基本情况，形成了年度报告，为分析判断我国粮油供求形势和发展趋势提供了可靠依据。江苏、陕西、天津、江西、山东、青海和河南等省市调查工作比较扎实，调查报告内容丰富，全面客观地反映了本地区粮油供需基本情况、主要特点和发展趋势。

三是粮食市场监测预警机制更加健全。进一步完善粮油市场信息监测点布局，目前已覆盖全国31个省（区、市）。加强了对重点地区和重要品种的跟踪监测，建立了市场异动即时反馈机制，动态反映粮食市场价格行情。适时调整价格监测频率，秋粮收购期间，在主产区实行了日监测报告制度。各地加强了对信息直报点的督促和业务指导，信息报送数量和质量都有所提高。其中，黑龙江、浙江、福建、陕西、广东、北京、西藏、青海、新疆和海南等地信息报送更为及时、准确。

四是统计信息化水平和人员素质不断提高。为推进统计管理的标准化、规范化，组织开发了统计信息网络直报应用软件，实现了统计信息系统的升级换代。新系统将从这次年报汇总开始正式投入使用。同时，举办了粮油流通统计培训班，进一步提高了统计人员的专业知识水平和业务技能。

五是粮食形势分析进一步加强。组织开展新形势下粮食安全问题的研究，对影响粮食安全的新因素进行了深入分析并形成报告，增强了粮食宏观调控的前瞻性、预见性和针对性。各级粮食部门密切关注粮食形势和市场动态，认真分析粮食供需形势、市场运行情况等，积极提出宏观调控措施建议，为领导决策提供可靠依据。

同志们，2011年的粮食宏观调控工作成效显著、成绩突出，这与大家的辛苦努力是分不开的。在过去的一年里，大家同心同德、团结奋斗、兢兢业业、任劳任怨，为粮食宏观调控工作付出了大量心血和汗水。在这里，我谨代表国家粮食局对粮食调控战线的全体干部职工表示衷心的感谢和亲切的慰问！

二　完善政策夯实基础，切实做好2012年粮食调控各项工作

今年是实施"十二五"规划承上启下的重要一年，我们党将召开十八大。做好今年的粮食宏观调控工作，对巩固经济社会发展良好势头，为党的十八大胜利召开创造良好环境，具有十分重要的意义。当前，经济社会发展势头良好，国民经济继续朝着宏观调控预期方向发展，物价涨幅回落并有望进一步趋稳。中央继续加大强农惠农富农政策力度，强调要坚持不懈抓好"三农"工作。粮食生产稳步跃上新台阶，产需总量保持基本平衡，库存处于较高水平，粮食宏观调控物质基础进一步增强，为粮食调控工作创造了有利条件。但同时世界经济复苏缓慢，国际金融市场剧烈动荡，各类风险明显增多，国内经济增长存在下行压力，粮食稳定增产难度加大，保持粮食产需总量平衡，以及维持粮食市场和价格稳定面临一些困难和挑战。我们要充分认识到今年粮食宏观调控工作的艰巨性和复杂性，认真分析国内外粮食形势，提早谋划，沉着应对，不断提高调控能力和水平，确保粮食市场供应和价格基本稳定，保障国家粮食安全。

2012年做好粮食宏观调控工作的总体要求是：全面贯彻党的十七大和十七届三中、四中、五中、六中全会精神，以邓小平理论和"三个代表"重要思想为指导，深入贯彻落实科学发展观，按照中央经济工作会议、中央农村工作会议的要求以及全国发展和改革工作会议、全国粮食局长会议的部署，牢牢把握稳中求进的总基调，坚持政府调控与市场机制的有机统一，坚持"为耕者谋利，为食者造福"的服务理念，以"稳市场保供给"为中心任务，以"抓好收购促增收、加强调控保安全"为工作目标，切实做好粮食宏观调控各项工作，为保障国家粮食安全和促进国民经济平稳较快发展作出新的贡献。2012年粮食宏观调控和统计工作的主要任务是：

（一）认真分析粮食供求形势，为搞好宏观调控提供可靠依据

一是深入分析粮食供求形势，促进粮食总量、区域和品种平衡。当前，粮食宏观调控面临的形势更加复杂，任务更加艰巨，我们在粮食调控工作中要更加注重对重大问题的研究，为宏观决策提供可靠依据。要进一步加强对粮食生产、消费、库存、价格和进出口变化情况的分析预测，准确判断粮食供求形势发展变化趋势，既要分析供求总量，又要研究区域布局和品种结构；既要分析国内市场，又要研究国际市场；既要注重当前，又要兼顾长远。在科学分析判断粮食形势的基础上，把握好宏观调控的方向、重点、力度和节奏，统筹好国内外两个市场，提出积极有效的应对措施，及时解决苗头性、倾向性问题，努力增强粮食调控的前瞻性、灵活性、针对性和有效性。

二是适时召开收购形势座谈会，为做好粮食市场调控工作打好基础。在主要粮食品种上市前，继续组织召开收购形势座谈会，全面分析粮食生产、收购形势和价格走势，认真抓好相关政策措施的贯彻落实。为了更加科学准确地把握粮食收购和市场形势，各级粮食部门要加强与农业、统计、气象等部门的联系和沟通，随时掌握粮食生产形势变化情况。同时，要深入一线开展调查研究，掌握第一手材料和更多的活情况，把我们的收购形势分析会开成有情况、有分析、有建议、有成效的会议，为做好粮食收购和市场调控工作打好基础。

（二）切实抓好粮食收购，促进粮食增产农民增收

一是继续完善最低收购价执行预案和临时收储政策。为保护农民种粮积极性，促进种粮农民持续增收，国家继续稳步提高小麦和稻谷最低收购价格。2012年小麦最低收购价提高到1.02元/斤，早籼稻、中晚籼稻、粳稻最低收购价格分别提高到1.20元/斤、1.25元/斤、1.40元/斤。同时，今年将继续在部分粮油主产区实行临时收储政策。我们将加强与有关部门的沟通协调，进一步完善最低收购价和临时收储等政策措施，完善启动、监管和补贴机制，创新收储方式，充分发挥市场机制作用，调动各方面参与托市收购的积极性。实施政策性粮油收购的地区和企业要及早动手，提前做好各项准备工作。

二是切实落实国家粮食收购政策。各级粮食部门要加强对国有粮食企业收购工作的具体指导，支持企业发挥好主渠道作用，同时要积极引导各类粮食企业理性入市，既不能压级压价损害农民利益，也不能抬级抬价扰乱市场秩序。要主动加强与农发行等金融机构的沟通协调，确保企业收购资金，满足农民售粮需要。要加大仓储设施建设和维修改造力度，满足收储需要，确保储粮安全。收购期间，要深入基层，加强指导，及时研究解决存在的问题和矛盾。要加强对收购工作的组织协调，认真落实好各项政策措施，让政府放心，让农民满意。

三是提高服务水平方便农民售粮。各级粮食部门和托市收购政策执行主体要加大政策宣传力度，及时将中央各项强农惠农富农政策传达到基层，让农民家喻户晓。进一步强化为农服务意识，确保执

行政策不走样，落实政策不缩水。积极改善服务方式，提高服务质量，让农民交上舒心粮。执行最低收购价和临时收储政策的地区，要进一步加强与有关部门和单位的沟通协调，相互支持，密切配合，合理布设收购库点，方便农民售粮，确保收购工作顺利进行。

（三）积极采取有效措施，确保粮食市场供应和价格基本稳定

一是继续做好政策性粮食销售工作。国家有关部门将根据宏观调控需要和市场价格情况，继续分期分批安排政策性粮油竞价销售，并适时调整销售品种、数量和底价，稳定市场预期，保证市场供应。各地和各有关单位要按照规定和要求，督促承储企业认真履行合同，严格按规定及时出库，保证政策性粮食销售工作顺利进行。

二是做好重点地区重要时段保供稳价工作。今年国家继续把抑制食品价格过快上涨作为稳定物价的重点。各地要按照粮食省长负责制的要求，把做好粮油保供稳价工作作为一项重要任务，切实抓好落实。要结合本地实际，提前谋划，制定和完善粮油保供稳价工作方案。五一、中秋、国庆、元旦、春节等节日以及党的十八大会议召开期间，要加强货源组织调度，确保成品粮油市场供应充足，品种丰富，不断档、不脱销，保持粮油市场价格基本稳定。

三是组织好粮食移库和调运工作。为确保西南旱灾地区粮食供应和价格基本稳定，国家有关部门将2011年调往西南旱区的跨省移库计划延长至2012年3月。为缓解主产区仓储压力，优化储备布局，保障市场供应，我局会同有关部门和单位已经下达2012年第一批国家政策性粮食跨省移库计划10.8亿公斤。根据市场情况和调控需要，将及时研究下达后续批次跨省移库计划。中储粮总公司和各地要组织好政策性粮食的调运，协调解决运输等问题，确保政策性粮食跨省移库计划的顺利完成。

四是积极推动粮食产销合作。鼓励产区与销区建立多形式、深层次、长期稳定的粮食产销合作关系，探索建立生产与消费有效衔接、灵活多样的产销模式，减少流通环节，降低流通成本。采取有效方式，努力扩大合作规模和范围，提升合作水平，丰富合作内容，不断巩固和发展粮食产销合作成果，促进粮食有序顺畅流通。

（四）加强粮食储备和应急体系建设，增强宏观调控能力

一是充实库存优化结构。继续调整优化中央储备粮地区分布和品种结构，进一步增加库存薄弱地区储备规模，使中央储备粮区域布局规模与当地经济发展水平、人口及粮食消费需求和市场调控需要相适应。目前地方储备规模尚未达到国家指导性计划的地区，要进一步加大工作力度，尽快落实到位。各地要根据辖区实际情况，适时优化调整储备规模、品种结构和成品粮油比例，健全地方储备粮油库存动态调整机制。东南沿海省市等主销区要适当增加粳稻储备。36个大中城市及价格易波动地区要按要求落实地方成品粮油储备数量，保证能够随时投放市场，发挥应急保障作用。

二是完善储备粮调控机制。努力提高中央储备粮管理水平，逐步形成调控有力、高效灵活、规范运作的运行机制。继续推进中央和地方储备粮轮换通过规范的粮食批发市场公开进行，加强对轮换工作的指导，确保储备粮数量真实、质量良好和储存安全，确保轮换服于宏观调控需要。对于区域性粮油市场波动，各地要结合本地实际，适时通过地方储备粮吞吐调控当地市场，保证市场供应。

三是贯彻落实《国家粮油储备体系发展规划》。《国家粮油储备体系发展规划》是《国家粮食安全中长期规划纲要》的重点专项规划之一。国家有关部门已经编写了草案，并进行了多次研究讨论和调研，进一步修改完善后将印发执行。中储粮总公司和各地要按照职能分工，积极抓好贯彻落实，推动国家粮油储备体系科学健康发展。

四是健全粮食应急体系。各地要进一步健全粮食应急体系，细化地方粮油储备应急动用方案。完善应急协调联动机制，落实应急保障资金和应急保供载体。健全应急粮油加工和供应网点体系，提高应急保障能力。按照粮食应急日加工能力基本满足辖区内口粮需求的原则，合理布局加工企业，按照"每10万人口至少设立1个应急供应点"的要求确定应急供应点。当市场出现异常情况时，要按有关规定及时启动预案，切实维护粮食市场稳定。西南等旱灾较重地区要有针对性地制订粮油应急供应预案，组织好货源，做好应急准备，确保受灾地区粮油市场货源充足，保证受灾群众的口粮供应。为进一步增强应对突发事件的能力和水平，我局将开展新一轮应急工作业务骨干培训，各地也要做好应急预案的培训和演练等工作，切实提高实战能力。

（五）认真做好粮食统计工作，为宏观调控提供可靠的信息服务

继续做好粮食流通统计各项工作，全面提高统计数据质量。要强化对粮食收购环节的统计，严格按照统计制度的规定，指导企业科学把握粮食收购统计指标的内涵，准确填报收购数字，坚决避免重复统计。要充分利用统计人员掌握大量数据和情况的优势，积极开展统计分析，形成一批有数字、有情况、有分析、有建议的高质量统计分析报告，更好地为宏观调控服务。进一步健全粮油市场监测预警体系，有针对性地加强对重点地区和重点品种的监测力度，适当增加直报点的数量，增强市场反应的灵敏性和准确性。积极做好社会粮油供需平衡调查，科学遴选样本，突出调查重点，提高调查质量，科学准确地反映粮油供需变化趋势。今年将重新修订《国家粮食流通统计制度》，希望大家结合工作实际，主动探索粮食统计工作的新思路、新方法，积极建言献策，共同做好统计制度修订工作。同时，我们将对各地贯彻执行统计法律法规以及《国家粮食流通统计制度》的情况进行巡查，以进一步提高统计工作水平。各地要加大对统计制度和有关政策的宣传力度，引导企业认真履行统计义务，努力把所有涉粮企业纳入统计范围，扩大粮食统计覆盖面，进一步增强统计数据的全面性和可靠性。

同志们，2012年是我国发展进程中具有特殊重要意义的一年。粮食宏观调控工作任务艰巨，责任重大。让我们紧密团结在以胡锦涛同志为总书记的党中央周围，坚定信心、锐意进取、扎实工作、攻坚克难，巩固和发展"十二五"时期开局良好势头，全面做好粮食宏观调控各项工作，为确保国家粮食安全、促进经济平稳较快发展和社会和谐稳定作出新的贡献，以优异的成绩迎接党的"十八大"胜利召开！

转方式 调结构 加快推进粮油加工业转型升级

——在全国粮油加工业暨主食产业化工作会议上的讲话

国家粮食局党组成员、副局长 吴子丹
2012年5月30日

同志们：

今天我们召开全国粮油加工业暨主食产业化工作会议，是在贯彻全国粮食局长会议精神、落实"十二五"规划纲要的重要时刻下召开的。对粮油加工行业的管理和指导，一直就是国家赋予粮食行政管理部门的职能任务。按照中央粮食宏观调控决策部署，近年来全国粮油加工业体系在服务粮食安全、执行"保供稳价"政策等方面发挥了重要作用。对这次会议的召开，国家粮食局党组高度重视，局党组书记、局长任正晓同志亲自出席这次会议，并且刚才还作了重要讲话，明确了今后粮油加工业工作的总体要求，深刻阐述了新时期大力推进主食产业化的重要意义，我们要认真学习、全面贯彻。下面，围绕落实《粮油加工业"十二五"发展规划》，就转方式调结构，加快推进粮油加工业转型升级等产业发展的任务，我讲几点意见：

一 当前粮油加工业发展情况和存在的问题

（一）粮油加工业结构调整初见成效

"十一五"是粮油加工业快速发展的黄金时期，供应保障能力进一步增强。一是应急加工供应体系不断健全。近年来，大批具备资质的加工企业承担了"托市收购加工"、"定向供应原粮、定向加工销售"等政策性任务。2011年底全国确定的粮油应急加工定点企业已达到4826家，应急供应定点企业已达到13535家，较好地完成了"保供稳价"任务，并经受住了重大自然灾害和突发事件的考验。二是主要产品产量稳步增长。据国家粮食局2011年粮油加工业统计，大米总产量达8218万吨，比2005年增加1.8倍；面粉总产量达8524万吨，增加1.4倍；食用植物油总产量达2267万吨，增加0.8倍。产品结构明显改善。主要以北京、天津、山东、河南、陕西、安徽、湖南、广西等省（区、市）为代表，营养健康新产品产量增加较快，主食产业化进程明显提速。三是粮油产品质量不断提高。产品质量抽检合格率比2005年提高5个百分点，其中北京等大城市的小麦粉、大米抽检合格率达到99%。品牌效应显著增强，古船、五得利、福临门、北大荒、三全、思念、白象、乐惠等一批知名品牌市场占有率迅速提升。四是民营、国有、外资等多元主体竞争发展格局已经形成。民营企业数量占88.9%。规模以上企业实力明显增强，有力带动了农民增收。前二十位企业大米的产量是总产量的13%，比2005年增加1.7倍；前二十位企业小麦粉的产量是总产量的17%，增加0.7倍；前二十位企业食用植物油的产量是总产量的55%，增加1.3倍。五是粮机装备国产化程度提高。稻谷、小麦、主食加工、玉米深加工等技术进步明显，转化增值技术等实现了产业化，数字化色选机、淀粉加工成套设备等一批具有自主知识产权的装备达到国际先进水平。江苏、湖北等省，已经初步建成了粮机装备基地。六是产业布局向主产区集中趋势显现。已形成一批初具特色的黑龙江建三江、吉林长春、山东日照、安徽合肥、湖南长沙、江苏靖江、四川成都、江西吉安等100多个粮油加工产业园区。2011年粮油加工业总产值1.9万亿元，同比增幅超过25%，山东、江苏、河南、安徽、湖北、河北、广东等七省的总产值都分别超过了千亿元。中粮、中纺集团等央企粮油加工业销售收入保持较高增速，良友、吉粮、京粮、重粮及江苏、湖南、天津、江西等地方国有粮油集团实力明显增强，市场份额不断扩大。

为了粮油加工业的发展，各级粮食部门都做了大量富有成效的工作：一是高度重视加工规划的引领。国家粮食局和黑龙江、安徽、湖北、内蒙古、重庆等20多个省份都编制了"十一五"加工规划，明确了发展的目标和任务，拓宽了项目投资渠道，充分发挥了规划对行业发展的引领作用。尤其是落实《国家粮食安全中长期规划纲要》的要求，我局起草和发布了《粮油加工业"十二五"发展规划》，为引导行业发展发挥了重要作用。二是深入开展粮油加工产业政策研究。贯彻落实国家关于保供稳价、行业准入等政策精神，配合有关部门，积极参加相关玉米深加工调整整顿行动，严格控制玉米深加工用粮和产能增长初见成效，用粮同比增幅回落。开展大豆产业、稻谷加工、外资行业准入等产业政策研究。粮油加工业结构调整全面纳入新修订的《产业结构调整指导目录》，明确了行业发展方向。三是粮油加工业统计监测体系不断健全。2008年底以来实施了新的粮油加工业统计制度，并通过网络直报，统计工作取得了明显成效，体系更加健全，统计范围扩大，企业数量比2005年统计数增加了30%，承办了多批共五千余家企业申请政策性托市收购加工任务的资格审查。完成了2011年上半年玉米深加工等专项调查，为服务粮食调控发挥了基础性作用。四是各地粮油加工行业管理工作得到加强。各地结合实际，深入推进粮油加工产业发展，河南、江苏、山东、湖北、黑龙江、安徽、湖南、江西等省粮食部门积极履行行业管理职能，部分主产省还建立了以粮食局牵头协调机制，落实扶持措施，每年通过地方财政用于扶持粮油加工业发展的资金共5亿多元，在推进结构调整、加工园区建设等方面取得了突出成绩，为全国树立了很好的样板。

（二）存在的问题

一是行业发展方式粗放。目前加工业的发展仍然依赖数量扩张，产能过剩问题突出。2011年我国稻谷加工、油料处理产能利用率分别为45%、57%，呈继续下降趋势，产能过剩主要是落后产能比重较大。企业规模化、集约化水平低；产业集中度较差，企业核心竞争力不强。二是区域和行业发展不平衡。主产区粮食加工、沿海地区大豆及沿江地区油菜籽加工产能扩张过快；玉米深加工用粮达5600万吨，同比增幅8.7%，本来去年国家控制目标是总量减少，但结果还在增长，特别是非食用玉米深加工消费需求增长过快，玉米供需趋紧矛盾逐步显现。三是自主创新能力不强。研发投入低，产品附加值低，资源综合利用率低；关键装备仍主要依赖国外技术，自主知识产权的核心技术少；民族产业抵御跨国资本竞争力差。四是粮油食品安全保障体系不够完善。食品安全检测监测能力有待加强，部分产品存在过度加工，浪费资源的现象。五是行业管理体制不健全。存在职能交叉，扶持政策和管理手段亟待充实，粮食生产与加工互为促进的机制有待健全。

粮油加工业转变经济发展方式已经刻不容缓，对此，我们要增强紧迫感，迎接挑战，抓住机遇，主动出击。面临保障粮食安全的新形势，要站在新的历史高度，切实增强做好粮油加工业工作的使命感和责任感。要把思想认识和行动统一到中央关于粮食工作的决策部署上来，加快推进粮油加工业结构调整，努力满足城乡居民粮油食品消费新期待。

二　加快粮油加工业"十二五"发展规划的落实

　　"十二五"时期是加快发展现代粮食流通产业的重要战略机遇期，是加快转变粮油加工业发展方式的攻坚时期。根据粮食行业和食品工业"十二五"发展规划要求，今年初我局发布了《粮油加工业"十二五"发展规划》，明确了未来发展的目标和任务。目前全国已有吉林等8个省市正式发布了粮油加工规划，有14个省已将加工内容列入了当地行业发展规划，并加大政策支持力度，为规划的落实开了个好头。

（一）"十二五"粮油加工业发展的战略思路

　　落实国家"十二五"规划，关键在于加快经济发展方式的转变，其内涵包括：经济发展要在转向集约型经济增长的基础上，逐步实现产业结构的优化升级，促进收入合理分配，提高人民群众生活水平和生活质量，节约能源资源，保护和改善环境等总体要求，这是国家的总体要求。结合粮油加工业发展实际，就是要由注重规模速度向以质量和效益为中心转变，由消耗传统生产要素向更多依靠科技进步、劳动者素质和管理创新转变，由外延粗放式向内涵集约式转变，要把粮油加工业真正建立在创新驱动、集约高效、环境友好、惠及民生、内生增长的基础上。按照"转方式、调结构、强创新、重质量、上水平、促升级、保安全"的要求，把思想和行动统一到中央经济工作会议强调的"稳中求进"的工作总基调上来，加快结构调整，优化布局，促进转型升级，全面推进主食产业化。要贯彻市场引导、政府扶持，统筹兼顾、协调发展，安全卫生、营养健康，创新驱动、节能减排的原则，增强粮油加工业保障供给安全的能力，努力推动"十二五"粮油加工业发展迈上新台阶。

（二）"十二五"粮油加工业发展的目标

　　到2015年，形成结构优化、布局合理、安全营养、绿色环保的现代粮油加工体系，结构调整取得明显改善，布局进一步合理，质量安全水平大幅提升，加工保障供给安全不断增强。产业规模和效益平稳增长，粮油加工业总产值年均增长12%左右；主食产业化的水平明显提高；企业组织结构不断优化，形成一批带动能力强、优势明显的大型加工企业和产业集聚区，及大中小型企业分工协作共同发展的格局；自主创新能力明显增强，粮机装备自主化率提高到60%左右；资源利用和节能减排成效明显。这些目标在规划中都有数字要求。

（三）"十二五"粮油加工业发展的七大任务

　　一是提高口粮供给保障能力。大力发展粮油食品加工业、全面推进主食产业化。继续支持饲料加工业发展，严格限制非食用粮食深加工产能增长，确保口粮、饲料用粮供给安全。完善政府储备体系和商品粮加工体系的配套衔接，加强特大城市及重点、敏感地区的加工供应能力保障体系建设。我们要求各地都有一定的成品粮应急储备，原来是10天，现在国家提出要求要提高到15天，为什么要对特大城市和大中城市都有成品粮储备要求呢？也是基于前几年雨雪冰冻灾害，还有日本福岛地震带给我们的教训。出现严重自然灾害的时候，往往是道路和电力都中断，在此情况下作为一个大城市，能不能在所有外界资源都暂时中断的情况下自保，起码能坚持10天左右等待外援，这是一个很重要的问题。日本在福岛地震后长达一个多月的时间，不能保证灾区居民每人每天2个饭团的供应，只能提供给老人和小孩，成年人还得自己想办法，而且电力中断、交通中断、汽油也没有，在这么一个发达国家出现这么严重的情况，值得我们借鉴。我国"5·12"大地震发生在山区，没有发生在人口密集的地区，如果再发生像唐山地震或者福岛地震这样的自然灾害，可能情况更为严重，所以我们必须要提高应急加工能力和应急成品粮保障能力。我们鼓励具备资质的加工企业继续承担"托市收购加工"、"定向供应原粮、定向加工销售"等保供稳价政策性任务，保护种粮农民利益和消费者利益。

二是加快推进产业结构调整。做大做强做优龙头企业，鼓励和引导大型粮油加工企业加快升级换代，加快淘汰落后产能，提高产业集中度，增强企业核心竞争力和抗风险能力。推进粮食产业化经营，支持龙头加工企业通过发展"订单农业"和建立优质粮油规模化生产基地，逐步实现加工原料的专用化、规模化和标准化。刚才刘满仓副省长谈到，河南省在加快土地流转，正在建千亩方、万亩方？山东省土地流转也非常快，今天来到会场的产业化龙头企业，有的一个企业的生产基地就达到了20多万亩，像这样的做法有利于实现原料的专用化、标准化、规模化。鼓励和支持中小微型企业走"专特精新"发展道路，提高产品质量。调整产业结构的重点以山东等前十位加工业发达的省份为主。要以高质量、高附加值的产品和增强企业核心竞争力为目标，避免单纯追求产值目标的现象。我们不提产值翻多少番，关键是增强核心竞争力。

三是加快产品结构调整。按照"安全、优质、营养、健康、方便、美味"的要求，加快系列化、多元化、营养健康粮油食品特别是主食产品的开发，提高优、新、特产品比重。从过去的"两白一黄"的米面油的普通产品过渡到适用于不同需要的专用制品、主食产品和预加工主食原料产品；从单一主粮加工到多种粮食和营养物的复合、强化产品；从过去简单的机械碾米、磨面加工产品到挤压膨化、分离分选、预发酵和预蒸煮冷冻等特色产品；从短链条、粗利用、低附加值产品到长链条、综合利用、高附加值产品，实现产品结构的提升。实施"食用油多元化战略"，发展具有特色的国产食用油，努力提高食用油自给水平。严格控制米面油等成品粮的过度加工，引导过去过精过白过细消费倾向。加快推进稻壳发电或供热、米糠制油等加工副产品规模化综合利用。

四是加快优化区域布局。按照区域主体功能定位，坚持产区为主、兼顾销区和重要物流节点的原则，形成一批具有较强竞争能力的产业聚集区。例如，长江中下游地区重点发展稻谷综合加工基地和菜籽油、米糠油、油茶籽油等特色油脂加工业；黄淮海等地区重点发展小麦、花生油加工基地；华北、西北、西南地区大力发展杂粮及薯类加工业；东北地区在发展稻谷、玉米综合加工基地的同时，要严格控制非食用玉米深加工企业的用粮增长；京、津、沪、渝等特大城市和东南部主要销区要与产区结合，发展产、购、储、调、加、销一体化的现代粮食产业集群；沿海地区要整合资源发展先进产能，继续控制大豆油加工产能过度扩张。要形成一批具有科技含量高、综合利用全、带动能力强的国家现代粮油加工基地，努力打造诸如天津临港食用油加工园区、黑龙江鹤岗稻米加工园区、郑州主食产业化园区、湖北荆州双低菜籽油加工园区等特色产业集聚区。

五是健全粮油食品安全保障体系。加快制修订符合国情的粮油加工产品标准、生产技术规范和检测方法标准。加大对省级、重点地市级和重点企业的粮油质量及食品安全检测能力建设的支持力度，满足主管部门和企业对原辅料、半成品、成品等的农药残留、真菌毒素、重金属等指标快速检测检验的需要，加快建立粮油食品质量安全产业链可追溯体系，全面提高粮油食品安全水平。国家"十二五"规划在全国建立粮食质量安全检验监测体系，中央和地方联合投入约23亿元，以增强粮食质量安全检测能力，中央投资去年安排1亿元，今年安排1亿元，从明年开始扩大到3亿元，地方也要投资配套一部分。

六是推动粮油加工科技进步与创新。推广先进实用技术装备、清洁生产技术，实施节能减排与产业升级示范。推进全谷物食品开发、高效低耗节能、深度开发转化增值和副产物综合利用等新技术的研发及产业化。推进主食品加工关键装备和技术创新，加快装备数字化设计与先进制造、智能控制等自主化进程。粮食科研院所和高等院校要积极引领行业的科技创新。江苏、湖北、湖南、河南、河北、浙江、广东等省要发挥优势，做大做强粮机装备企业。

七是完善应急加工供应体系。鼓励符合条件的粮油加工企业参与应急加工及供应体系建设，完善特大和大型城市的小包装成品粮油加工、储运配套设施和检测能力，建立快速反应、准确高效的应急加工和供应网络，以应对城乡居民和部队的粮油应急保障的需要。

为实现以上七项任务，要积极创造条件，突出重点，组织实施粮油加工业转型升级五大工程。即粮油加工园区建设的"百园工程"、技术改造升级工程、粮油食品安全检测能力建设工程、主食产业化示范工程、粮油应急加工与供应工程。这五个工程在规划中都有具体要求。

（四）关于落实规划的要求

各省级粮食管理部门要加强与发展改革、财政和工业信息等部门的沟通协调，密切配合。结合本地实际情况，制定本地区加工发展规划或意见，加强对重点项目的协调，认真做好本规划的贯彻落实。

三　开拓创新，扎实做好当前的几项重点工作

落实"十二五"粮油加工业发展规划，需要结合各地实际，采取有针对性的措施，为加快推进粮油加工业转型升级迈出实质性步伐。

（一）完善方案，全面推进主食产业化

刚才正晓同志已全面阐述推进主食产业化的重大意义、总体要求、重点任务和措施。我们要认真领会正晓同志的讲话，高度重视这项重要任务，明确目标，细化方案，抓好落实。主食产业化，为什么说是"从农田到餐桌"的一项重要的产业化项目呢？"从农田到餐桌"是粮食产业链条，但是我们现在就缺到餐桌的最后"一公里"，我们的主食产业化就是要解决最后"一公里"的问题。一是扎实做好《全面推进主食产业化增强口粮供应保障能力的实施意见》的编制和落实工作。《实施意见》目前已经经过国家粮食局局长办公会审议，在这次会上广泛听取意见修改完善后，正式与国家发展改革委联合印发。各地要按照本意见精神，结合本地区实际，抓紧研究制定贯彻落实意见。二是要狠抓落实，明确工作责任，制订及完善具体方案，细化目标，明确进度安排，积极协调有关资金支持，认真组织实施。三是健全部门间协作配合，合力推动，加大支持力度，规范运作，严格监管，确保质量。四是加强宣传，增强广大企业推进主食产业化服务民生的责任感和使命感，形成协力推进、社会广泛支持的良好氛围。

（二）加强统筹协调，全方位积极争取政策支持

一是要取得省级政府的重视和支持，在省级政府的统一领导下，加强统筹协调，积极协调解决制约发展的突出问题。二是省级粮食局要加强行业指导、协调和服务，创新工作思路，健全粮油加工行业管理机构，努力找到实实在在的工作抓手和载体，要在抓统计、抓规划、抓政策研究的基础上，进一步抓项目、抓园区、抓企业、抓科技、抓标准。发挥行业管理优势，会同有关部门共同推进，形成合力。三是积极协调沟通争取国家和本省市区有关部门的支持，争取相关专项资金支持力度，并争取农发行、国开行等政策性金融机构对加工企业融资授信的支持力度。落实国家现有的技术进步和改造、中小企业发展专项资金等政策措施，对符合条件的主食产业化、加工园区建设等重点项目加大支持力度，加强对重点企业规划、科技和金融对接等全方位服务。四是要转变作风，深入基层，深入企

业，了解和掌握行业发展的真实情况，办实事。通过报纸等媒体和举办粮食科技周、全国粮油精品展等重大活动，做好加工重点企业、先进典型等方面的宣传，营造全社会共同支持的良好氛围。

（三）加大技术改造项目组织力度，促进粮油加工企业技术进步

2009年以来国家企业技术改造专项支持粮油加工业的项目数量达700多项，中央投资补助资金合计12亿多元。一是按照"扶强、扶优、扶大"的原则，加大对主产区应急加工体系、综合利用、食品安全检测能力建设、装备自主化等项目支持力度。二是各省级粮食局要主动加强与省级发展改革委、工信厅的沟通协调，建立重点技改项目库，优先支持符合规划、有前景的项目纳入地方申报计划。三是积极争取国家有关部门加大对粮油加工业技改项目的支持力度，我们初步提出了粮油加工业技改项目申报遴选工作的征求意见方案，准备在现有申报渠道的基础上，组织遴选推荐一批高水平的示范项目，围绕品种质量、节能降耗、淘汰落后、改造工艺流程、提升产品质量，提高传统产业先进产能比重等方面做工作。

（四）加大对粮油加工产业政策研究力度，加强行业管理

在国家发展改革委指导下，发挥行业管理部门在规划引导、项目建设、行业准入、统计监测、标准制订等方面的作用。一是落实《产业结构调整指导目录》、《外商投资产业指导目录》。针对2011年玉米深加工用粮增速较快，与饲料养殖业争粮矛盾突出的问题，要认真贯彻国家玉米深加工调控政策，加大对重点企业和重点省的监督检查力度，遏制非食用玉米深加工产能和用量增长势头。二是深入开展稻谷、小麦加工产业政策研究。这次会上我们已经把产业政策研究初稿提供给大家，我们将会同有关部门修改完善《稻谷、小麦加工产业政策》，广泛征求意见后争取早日发布，大力引导适度加工和营养健康消费，各地对行业准入技术经济条件指标要认真研究后反馈意见。健全完善粮油加工业外商投资项目管理制度和并购安全审查机制，落实"走出去"政策措施，引导企业有序集群发展，建立稳定原料来源渠道，降低产业风险。三是落实国务院关于支持农业产业化龙头企业发展的政策措施，完善国家粮食局粮油加工业83家重点企业紧密联系制度，实行动态管理，培育壮大一批大型企业，着重在产业政策研究、加工统计产销运行形势分析、园区建设和技改项目、与科研单位联合攻关等方面予以扶持。

（五）扎实做好粮油加工统计监测分析，提高真实性、准确性

一是健全全国粮油加工业统计监测体系及网络直报系统，完善加工业统计制度，全面提升粮油加工统计年报、半年报和玉米深加工专项调查的数据质量，更好地服务宏观调控要求。统计数据质量是统计工作的生命，要着力提高获取统计数据的调查能力、规范化审核的能力、统计信息化、人才队伍和经费保障能力。二是当前要做好2012年上半年重点企业半年报、玉米深加工企业专项调查工作，启动主食产业化专项调查工作，提高统计数据完整性、真实性，努力扩大全社会加工统计覆盖面，与申请政策性任务资格审核要紧密结合。前不久在保供稳价任务中，有些加工企业找到我们，说为什么国家粮食局不给我们批定点原粮供应任务，为什么有的企业有，有的企业没有，我们也认真进行了核查，结果发现这些企业因为一直没有报统计报表，没有向当地粮食部门备案，因此没有享受到国家相关扶持政策。所以希望各粮油加工企业对我们的工作给予积极配合，将大家的真实情况反映上去，有利于争取国家的政策性支持。不填报加工统计报表、未通过资质审核的企业不得申请承担政策性任务。

同志们，粮油加工行业管理工作任务艰巨，责任重大。正晓同志已提出重要的要求，我们要认真学习贯彻。让我们坚定信心，解放思想，真抓实干，巩固和发展"十二五"时期开局良好势头，努力推进粮油加工业发展方式的转变，为国家的粮食安全和人民群众生活水平的提高提供坚实的保证！

在全国粮食系统政策法规工作会议上的报告

国家粮食局党组成员、纪检组长　赵中权
2012年7月31日

同志们：

这次全国粮食系统政策法规工作会议的主要任务是，进一步贯彻落实全国粮食局长会议精神，总结交流全国粮食政策法规工作的做法和成果，研究讨论粮食政策研究、法制建设、市场体系建设等方面的重大问题，安排部署下一步工作。国家粮食局对这次会议非常重视，局党组书记、局长任正晓同志出席会议，并将作重要讲话。会议期间，还将主持召开各省（区、市）粮食局长座谈会，就事关粮食行业发展的重大问题，听取大家的意见建议。这次会议在湖南省长沙市召开，省委、省人民政府给予了高度重视，会前省委书记周强同志、省长徐守盛同志分别会见了国家粮食局负责同志及有关会议代表，副省长徐明华同志亲临会议指导，并发表了热情洋溢的致辞。湖南省粮食局为开好这次会议进行了认真准备，做了周到的安排。这次会议是近年来召开的规格最高、规模最大的全国粮食系统政策法规工作会议，对做好下一步粮食流通工作，特别是政策法规工作必将产生重要的影响。会上，正晓同志将作重要讲话，我们要认真学习领会，全面深入贯彻。这里我先就粮食政策法规工作讲些意见，供大家参考。

一　科学规划，重点推进，粮食政策法规和市场体系建设工作取得显著成效

去年以来，全国各级粮食政策法规和市场体系建设工作机构紧紧围绕粮食流通中心工作，深刻学习领会党中央、国务院关于粮食工作的方针政策，坚决贯彻落实全国粮食局长会议的工作部署，粮食流通体制改革、政策研究、法制建设扎实推进，《粮食法》研究起草工作取得重要成果，粮食市场体系建设和新闻宣传工作进展顺利，充分发挥了领导参谋助手作用，为"十二五"粮食流通工作开好局、起好步提供了有力的政策支撑、法制保障和舆论支持，各项工作取得了显著成效。

（一）深入调查研究，提出粮食流通的工作思路和措施意见

1.认真起草全国粮食局长会议工作报告。根据党中央、国务院的一系列重要部署，在深入调查研究的基础上，研究起草了今年全国粮食局长会议工作报告。工作报告全面总结了过去一年的粮食流通工作，分析了2012年粮食流通工作面临的新形势，提出了做好2012年粮食流通工作的指导思想、总体思路和主要任务，为推动粮食工作科学发展起到了重要的指导作用。国务院和国家发展改革委领导对工作报告给予了充分肯定，并作出重要批示。

2.组织开展粮食战略性问题研究。2011年，围绕现代粮食流通产业发展、国家粮食安全、玉米供需平衡、粮食质量安全监测预警体系、粮食行政管理体制、国有粮食企业历史遗留问题等重点和难点问题进行深入研究，提出了一些有价值的政策建议，对制定粮食政策、指导实际工作具有重要参考作用。今年，将粮食消费结构与粮食安全监测预警体系、粮食流通成本与粮食现代物流体系、国有粮食购销企业改革发展模式、完善粮食省长负责制、粮食行业依法行政、粮食行业文化建设等六个问题确

定为战略性研究项目，通过公开招标方式组织研究，目前已确定中标单位，研究工作进展顺利。

3.加强粮食产销和成本利润调研。2011年，继续在河北等23个省（区、市）开展粮食产销和成本利润调研工作，先后形成了小麦、油菜籽和稻谷的成本利润调研及完善支持保护政策措施建议的报告，为制定最低收购价和临时收储价格水平提供了依据。总体上看，稻谷、小麦、玉米、大豆、油菜籽等主要粮油品种的产销和成本利润调研工作已在调查省份全面展开，调研工作的长效机制进一步形成。承担调研任务的各地粮食行政管理部门做了大量卓有成效的工作，较好地完成了调研任务。刚才，我们对陕西省粮食局等10个先进单位和史祝男等10名先进个人进行了表彰。同时，还将有关省（区）的调研报告汇编成册，供各地相互交流借鉴。

4.认真开展粮食软科学课题研究和调研报告评选工作。各地粮食行政管理部门对粮食软科学课题研究工作十分重视和大力支持，在一些针对性强、立意比较新颖、理论富有创新课题的研究方面，取得了一定成效。去年底，我们组织专家对各地报送的65项软科学研究成果进行了认真评审，共评出优秀软科学研究成果一等奖4项、二等奖10项、三等奖14项。同时对各地上报的百余篇粮食工作调研报告进行了评审，评选出一等奖8篇，二等奖14篇，三等奖18篇。对获奖的软科学课题和优秀调研报告，都已编印成册，供大家参考借鉴。

5.深入推动粮食流通体制改革。按照粮食省长负责制的要求，地方政府高度重视，出台了一系列粮食生产、流通和安全的政策措施。山西、浙江、广东、云南等省还制定了粮食安全责任考核办法，在发展粮食生产、搞好区域粮食供求总量平衡、保证市场供应和价格基本稳定、维护粮食市场秩序等方面发挥了积极作用。为进一步完善粮食省长负责制，通过调研和听取有关方面的意见，我们起草了《关于完善和落实粮食省长负责制的意见（讨论稿）》，已印发这次会上讨论，请大家提出意见。

为推动粮食流通体制改革的深入，我们对首批县级粮食流通体制改革联系点进行了调整，重新确定了34个县级粮改联系点，认真指导和总结联系点的主要做法和经验，及时刊发《粮改动态》，供各地相互学习和借鉴。

（二）加强粮食法制建设，积极推进依法行政依法管粮

1.继续做好《粮食法》的研究起草工作。一是积极推动《粮食法》报审工作。2011年12月，国家发展改革委审议并原则通过了《粮食法（送审稿）》，并于2012年1月将《粮食法（送审稿）》上报国务院。二是全力配合全国人大农委和国务院法制办做好《粮食法》立法相关工作。全国人大农委、国务院法制办高度重视《粮食法》起草工作，2011年，全国人大农委先后在江苏、北京、黑龙江等省（市）就《粮食法》立法工作进行调研，对《粮食法》研究起草工作给予了充分肯定。今年又两次召开专题会议，邀请国务院相关部门研究讨论《粮食法（送审稿）》，及立法工作的有关问题。《粮食法（送审稿）》报送国务院后，国务院法制办于2012年2月下旬面向社会公开征求意见。为推进《粮食法》立法进程，我们主动与国务院法制办联系，对国务院法制办收到的有关《粮食法》的意见建议进行了逐条整理汇总，并及时送国务院法制办参考，得到了国务院法制办的肯定。6月，国务院法制办调研组到国家粮食局就《粮食法》起草工作进行调研，明确表示要加快推进《粮食法》立法进程。三是地方粮食行政管理部门积极支持《粮食法》立法工作。各省级粮食行政管理部门认真研究《粮食法（征求意见稿）》，积极向政府报送意见和建议，有的粮食系统干部职工以个人名义，通过信函、电子邮件等形式向国务院法制办建言献策。北京、黑龙江、江苏等省（市）粮食局还积极配合我局做好全国人大农委《粮食法》立法调研的相关工作。

2.研究制定深入推进粮食依法行政的意见。根据全国依法行政工作会议精神和《国务院关于加强

法治政府建设的意见》，结合粮食工作实际，研究制定《国家粮食局关于粮食行政管理部门深入推进依法行政的意见》，对当前和今后一个时期全国粮食行政管理部门依法行政工作进行了安排部署，重点对提高依法行政的意识和能力、加强和改进制度建设、实行依法科学民主决策、严格规范公正文明执法、推进政务公开、强化行政监督和问责、加强组织领导和督促检查等方面明确了相应的制度措施。《意见》的出台有力地推动了各级粮食行政管理部门依法行政依法管粮，安徽、湖南等地根据《意见》精神，结合本地实际，研究制定了加快推进依法行政的具体措施。

3.研究制定全国粮食行业"六五"普法规划。根据《中共中央、国务院转发〈中央宣传部、司法部关于在公民中开展法制宣传教育的第六个五年规划（2011-2015年）〉的通知》精神，围绕粮食流通中心工作，研究制定《全国粮食行业法制宣传教育第六个五年规划（2011-2015年）》，提出了粮食行业"六五"普法的指导思想、主要目标、主要任务和宣传对象；明确了"六五"普法的组织领导和工作保障。河北、湖北、四川等地制定了本省粮食行业"六五"普法规划，对普法工作进行了安排部署。

4.组织开展《粮食流通管理条例》颁布八周年宣传活动。以"维护市场秩序，保障国家粮食安全"为主题，组织开展《条例》颁布八周年宣传活动。任正晓局长在国家粮食局政府网站，就当前粮食工作的热点问题接受在线访谈。召开《条例》颁布八周年座谈会，总结交流各地贯彻落实《条例》的有关情况，并邀请全国人大农委、全国人大常委会法工委、国务院法制办的有关负责同志到会指导。在国家粮食局政府网站开设宣传专栏，重点介绍国家粮食局和各地开展《条例》宣传活动的情况。各地也组织开展一系列宣传活动，如陕西在省政府大院举办《条例》颁布实施八周年专题展；江西将《条例》宣传活动纳入《全省粮食系统优胜单位考核评比》范畴；江苏开展"保障国家粮食安全"万人签名活动，倡导爱粮节粮、维护粮食安全；天津、四川结合粮食库存检查、粮食质量安全检查、粮食收购市场检查等专项执法活动，大力宣传粮食相关法律法规及粮食质量、卫生安全知识；辽宁、广东等通过电视、报纸等主流媒体宣传《条例》；上海积极推进"法律进社区"活动，通过街道副食品发放管理所、帮困粮油供应店等向社区居民宣传《条例》。

5.着手启动《粮食流通管理条例》、《中央储备粮管理条例》的修订。2012年3月，我们就两部条例的修订工作征求了各省级粮食行政管理部门、中央粮食企业的意见。在《条例》颁布八周年座谈会上，又听取了北京等8省（市）粮食局关于两部条例修订的意见建议。在此基础上，对两部条例进行了认真修改，形成了《粮食流通管理条例（修改稿）》（讨论稿）、《储备粮管理条例（修改稿）》（讨论稿），已作为这次会议的讨论文件，请大家对两部条例的讨论稿进行讨论。

6.加强对粮食立法工作的规划和指导。抓好有关粮食规章和规范性文件的立项和起草工作。《粮食批发市场管理办法》、《粮食质量监管实施办法（试行）》（修订）、《国家粮油仓库仓储设施管理试行办法》（修订）列入了国家发展改革委2012年规章立法项目，这些立法项目正在抓紧完成。认真研究制定《国家政策性粮食出库管理暂行办法》，并由国家发展改革委和国家粮食局颁布实施。继续指导、支持各地开展粮食立法工作。2011年以来，贵州省人大审议通过《贵州省粮食安全保障条例》；河北研究制定《河北省粮食行政处罚自由裁量权基准制度》和《河北省粮食行政处罚自由裁量权执行标准》；上海修订完善《上海粮食行政管理部门监督检查实施细则》；湖南研究制定《湖南省粮油仓储单位备案管理办法》。

（三）加强规划指导，推动粮食市场体系健康有序发展

1.做好《全国粮食市场体系建设与发展"十二五"规划》的编制和贯彻工作。粮食市场体系建设

与发展规划是粮食行业"十二五"规划的四个专项规划之一，在专题调研、专家论证、广泛征求意见的基础上，起草完成了粮食市场体系专项规划，并于2012年初印发。规划提出了"十二五"时期全国粮食市场体系建设与发展的指导思想、基本原则和发展目标，是当前和今后一个时期粮食市场体系工作的重要指导性文件。为促进规划落实，及时在国家粮食局政府网站进行宣传解读，对各地贯彻规划起到很好指导作用。目前，有12省（区、市）编制了粮食市场体系专项规划，其他一些省份在行业总体规划中就粮食市场体系建设提出了目标要求，作出了明确规定。这次会上，各地还将相互交流市场体系建设情况，研究提出贯彻落实的具体意见。

2.完善全国统一粮食竞价交易系统。2004年以来，国家粮食局陆续批准组建国家粮食交易中心，承担国家政策性粮食交易任务。截至目前，国家粮食交易中心达到25家，全国统一粮食竞价交易系统已累计交易粮食超过5500亿斤，在稳定粮食市场和价格、服务国家粮食宏观调控等方面发挥了重要作用。

3.加强对粮食批发市场建设发展的指导。2002年建立重点联系粮食批发市场制度以来，这项制度不断得到完善，联系范围逐年扩大，目前重点联系市场已达48家，其中商流市场22家，成品粮市场26家。这些重点市场在服务粮食宏观调控和配置粮食资源方面发挥了积极作用，起到了很好的示范带动效应。每年都专门召开重点联系市场主任会议，交流工作，研究问题，河北、浙江、安徽、福建、广东、陕西等省在粮食市场体系建设方面取得了一定成效。目前，全国大中型区域性、专业性粮食批发市场达70家，各类粮食批发市场448家，年交易量超过2200亿斤。

（四）认真做好粮食收购许可工作，严格规范粮食收购市场秩序

1.完善粮食收购市场准入制度。2011年7月，国家发展改革委、国家粮食局、国家工商总局联合发布了《关于加强粮食收购资格审核、规范粮食收购市场秩序的通知》，各地结合实际情况，对粮食收购市场准入制度进行了修改完善。山东、广东、湖南、甘肃等7个省对粮食收购活动实行全面许可制度；黑龙江、安徽等省提高了粮食收购资格的准入门槛；吉林对从事粮食收购活动的粮食质量检验能力和人员资质提出了明确要求。

2011年12月，国家发展改革委、商务部联合发布《外商投资产业指导目录（2011年修订）》，将粮食收购列入限制类。我们结合粮食收购资格审核工作实际情况，对《粮食收购资格审核管理暂行办法》进行了修改，形成了《粮食收购资格许可管理办法》。目前，我们正会同国家工商总局对办法进行修改完善。

2.认真做好粮食收购资格审核工作。各级粮食行政管理部门依法开展粮食收购资格审核，严格粮食收购资格核查。截至2011年底，全国具有粮食收购资格的经营者数量达到8.6万家，其中国有及国有控股粮食企业1.64万家，其他多元市场主体6.96万家。安徽、福建等地依法加强粮食收购市场监管，对粮食收购资格实行年度审核；河北积极推进便民和高效服务，提高审核效率，粮食收购许可平均办结时间缩短为1.5个工作日；湖南加强对粮食收购活动的监督检查，2011年全省共出动人员15735人次，检查企业14776个，暂停、取消收购资格66例。

（五）加强新闻宣传和网站建设，积极发挥舆论导向作用

1.紧紧围绕粮食流通中心工作开展宣传。根据全国宣传部长会议和全国粮食局长会议精神，研究制定国家粮食局2012年新闻宣传工作要点，及早谋划新闻宣传的工作思路和主要任务。充分利用中央电视台、人民日报、经济日报、粮油市场报、新华网、人民网、中央政府网、国家粮食局政府网站等主流媒体，通过发表署名文章、接受专访、开辟专题专栏、回答网友提问、参加展览等形式，广泛宣

传中央关于粮食工作的方针政策和国家的各项强农、惠农、富农政策，集中宣传当前粮食流通重点工作，展示粮食流通工作取得的成绩。据不完全统计，2011年，中央主流媒体共刊登和报道反映国家粮食局工作的信息近400篇。2012年上半年，中央电视台播出相关粮食新闻10条（次），纸质媒体报道30余篇。

2.充分利用政府网站做好信息发布工作。进一步规范政府网站信息发布内容、审核程序，实行上网信息保密审核和定期安全检查制度，确保网站信息的权威性和时效性。2011年，国家粮食局政府网站共发布信息4547条，其中123条被中国政府网采用。各地粮食行政管理部门积极配合和支持我局网站建设，报送各类粮食工作信息3811条，积极宣传地方粮食流通工作情况和经验。其中报送信息较多的有江苏、黑龙江、四川、江西、安徽、宁夏、陕西等省（区）。

总体来看，政策法规及市场体系建设工作在粮食流通工作中发挥了越来越重要的作用。这些成绩的取得，离不开国家粮食局党组的正确领导和高度重视，离不开地方各级粮食行政管理部门的大力支持和积极配合，离不开粮食政策法规、市场体系建设工作者的辛勤工作和共同努力。借此机会，对地方粮食行政管理部门对粮食政策法规、市场体系建设工作的重视和支持表示衷心的感谢！向默默奉献在粮食政策法规、市场体系建设工作岗位上的同志们表示诚挚的问候！

二　坚定信心，锐意进取，努力开创粮食政策法规和市场体系建设工作新局面

当前，我国已进入改革发展的关键时期，粮食行业和产业发展的任务比过去更加繁重，粮食政策法规工作将面临新的机遇和新的挑战，推动粮食工作科学发展，赋予我们的任务光荣而艰巨。

一是当前国内外粮食供求形势为粮食政策法规工作提出了新挑战。在国家一系列强农惠农富农政策作用下，我国粮食生产实现连续八年增产，夏粮生产实现九连增，为保证市场供应、稳定市场价格提供了坚实的物质基础，但粮食消费继续增加，全球粮食市场价格受金融因素和经济走势影响明显，稳定国内粮油市场仍将面临着较大压力。同时，外国政府和社会组织越来越关注我国的粮食政策和法律，在2012年世贸组织对我国贸易政策审议中，美国、欧盟等9个国家和地区提出28个关于我国粮食贸易政策的问题。美国、日本、新加坡等国家和地区的跨国粮商在我国粮食市场扩张明显加快。面对国外粮食供求形势的新变化、新特点，我们要密切跟踪分析，重点对事关国家粮食安全的全局性、战略性重大问题进行研究，强化各项政策建议的前瞻性和针对性，做好储备性政策研究，为准确研判粮食形势，科学决策提供可靠依据和政策支持。

二是现代粮食流通产业发展为粮食政策法规工作提出了新课题。未来粮食市场的竞争越来越表现为产业的竞争，国家粮食安全在很大程度上取决于产业安全和产业实力。2008年国务院制订印发的《国家粮食安全中长期规划纲要（2008-2020年）》对积极推进现代粮食流通产业发展提出了明确要求。经过5年的实践，现代粮食流通产业稳步发展，取得明显成效。但从总体上看，粮食流通产业的发展还不能适应经济发展和人民生活水平日益提高的要求。要转变粮食流通产业发展方式，实现现代粮食流通产业的跨越式发展，离不开政策的积极扶持和适宜的法制环境。这就要求我们对现代粮食流通产业发展的重大政策法律问题加强专题研究，积极发挥政策引导和法律规范的作用，为现代粮食流通产业发展提供良好的政策和法制环境。

　　三是人民群众法治意识的日益增强为粮食政策法规工作提出了新期待。随着粮食收购市场的全面放开，国有、民营、外资等多元市场主体纷纷进入粮食市场，粮食经营者的利益多元化、分层化现象日益突出，不同利益主体之间的矛盾明显增多。同时，随着经济社会发展，粮食生产者和粮食消费者的法律意识、权利意识、参与意识日益增强，仅2012年上半年，国家粮食局收到政府信息公开申请10余件，由于积极与申请者沟通和解释，我们的答复得到了申请者的认可，没有引起行政纠纷。据了解，有的国家部委由于个别工作人员对政府信息公开申请不够重视，给这些部门带来了行政复议、行政诉讼。我们在政策和法律制定过程中，要坚持科学立法、民主立法、开门立法，广泛听取粮食生产者、经营者、消费者、专家学者和社会公众的意见，充分考虑不同群体、不同阶层的实际需求，研究提出调研充分、统筹兼顾、切实可行的措施建议，最大限度地满足各方面的利益诉求，切实维护人民群众合法权益。

　　四是建立统一开放、竞争有序的现代粮食市场体系目标任务为市场体系建设工作提出新要求。2012年1月，国家粮食局下发了《全国粮食市场体系建设与发展"十二五"规划》，规划明确提出，到2015年，形成以粮食收购市场和零售市场为基础、批发市场为骨干、粮食期货交易稳步发展，统一开放、竞争有序的现代粮食市场体系。今年是贯彻落实"规划"的重要一年，有许多工作要做。目前，我国粮食市场体系建设中仍然存在一些亟待解决的问题，比如，粮食收购市场准入制度和规范收购秩序的问题，零售市场完善供应网络、扩大"放心粮油"覆盖范围的问题，粮食批发市场全面提升服务功能、科学合理布局的问题等，这些都对市场体系建设工作提出新要求，需要我们认真研究，采取切实有效的措施，加强规划和指导，推动粮食市场体系健康、有序、可持续发展。

　　2012年下半年，党的十八大将胜利召开。做好粮食政策法规和市场体系建设工作总的要求是：认真学习贯彻党的十八大精神，按照今年全国粮食局长会议提出的"加强法治建设，推进依法行政，实行依法管粮，维护市场稳定，保障粮食安全"的总体要求，紧紧围绕粮食流通中心工作，继续深化粮食流通体制改革，积极推进粮食法制建设，加强对粮食重大问题的研究，全面推进现代粮食市场体系建设，继续推进粮食依法行政工作，做好粮食新闻宣传工作，加强粮食政策法规队伍建设，不断提高粮食政策法规工作能力和水平，进一步发挥参谋助手作用，为粮食行业科学发展提供重要的制度保障。

（一）积极推进粮食法制建设，着力提高立法质量

　　1.继续推动《粮食法》的立法进程。《粮食法》作为粮食方面的基本法律，涵盖粮食生产、流通和消费整个产业链。各级粮食行政管理部门对做好《粮食法》立法工作责无旁贷。目前，《粮食法（送审稿）》已报送国务院，我们将全力配合国务院法制办做好调研以及提交全国人大常委会审议的相关工作。下一步国务院法制办将安排一系列针对《粮食法》的调研，我们将抽调骨干力量参与调研，做好调研相关工作。希望各地对粮食工作中的一些好经验、好做法进行提炼和总结并向我们反馈，我们将及时报送全国人大和国务院法制办，共同推动《粮食法》早日出台。

　　2.积极做好两部条例的修订工作。要与起草制定《粮食法》工作相衔接，重点对粮食流通和储备粮管理领域存在的主要问题和遇到的新情况，开展专题调研，组织专家论证，研究提出需要完善和新设立的主要制度，力争将两部条例的修订列入国务院2013年立法计划。

　　3.加强地方粮食立法工作。各地要按照本地立法计划的要求，主动争取政府法制工作部门的重视和支持，积极做好粮食立法项目的调研、起草工作，加强与有关部门的沟通、协调，力争尽早出台。同时，要紧紧把握《粮食法》研究起草的有利时机，不断加强粮食立法项目储备，积极开展粮食立法

的前期调研和研究论证工作，力争将工作需要、群众关注、领导关心的立法项目列入立法计划，推进粮食法制建设迈上新台阶。

（二）加强粮食政策理论研究，为粮食行业发展提供政策支持

1.加大粮食重大问题的研究力度。加强对粮食重大问题的研究，是提高粮食工作科学化、制度化水平的迫切需要。对此，各地要高度重视，加大工作力度。这次会议期间，正晓同志将主持召开局长座谈会，围绕如何全面贯彻落实粮食工作省长负责制、如何更好地把最低收购价等中央强农惠农富农政策落到实处、如何进一步落实保障国家粮食安全的粮食产业体系和行业管理体系，以及2013年的全国粮食流通工作抓什么、怎么抓等重大问题，听取大家的意见建议。各地可仿效国家粮食局的做法，领导干部每年集中一定时间对本地区粮食工作的重大问题进行研究，务虚与务实相结合，提出工作意见。各级粮食政策法规工作机构作为领导的参谋助手，要切实加强对事关粮食行业发展重大问题的研究，及时分析粮食行业发展中存在的突出问题和人民群众关心的热点问题，着力破解影响发展的全局性、深层次矛盾，研究提出相应政策建议，为领导决策提供参考。

2.继续做好粮食战略性课题研究、软科学和调研报告评选工作。今年的粮食战略性研究项目已经立项，我们将继续指导项目承担单位做好研究工作，组织好项目的评审。同时，希望各地继续对国家粮食局战略性课题研究的内容和方向提出意见和建议，并结合各地实际，加强对重大问题的调查研究。2012年，要重点完成对粮食流通工作、县级粮食流通体制改革、粮食省长负责制、现代粮食流通产业发展、主要粮食品种供求平衡等问题的研究。要进一步健全软科学和调研报告评选工作机制，引导各地加强对粮食流通领域难点、热点问题的调查研究，鼓励开展本地区内的软科学课题研究和优秀调研报告评选工作，提出切合本地实际的政策措施建议。

（三）以推进基层粮改和做好粮食产销和成本利润调研工作为重点，继续深化粮食流通体制改革

1.继续深入抓好基层粮食流通体制改革工作。继续以县级粮改为抓手，切实推进政企分开，把粮食行政管理部门的工作重心从微观管理具体企业转到宏观管理全社会粮食流通上来，为基层国有粮食企业改革和发展创造良好的外部环境。认真总结基层推进粮食流通体制改革和发展现代粮食流通产业的做法和经验，做好县级粮改联系点的相关工作，以点带面推进改革。

2.扎实做好粮食产销和成本利润调研工作。粮食产销和成本利润调研是研究制定粮食价格政策、完善粮食支持保护措施、服务粮食宏观调控的一项重要的基础工作。我们正在积极与财政部沟通协调，争取提高调查农户补助经费标准，并将成本利润调研工作经费列入财政预算专项，进一步推动这项工作开展。当前，冬播油菜籽调查工作已基本完成，小麦调查也接近尾声，希望承担这项工作的省份抓紧完成数据的统计和调研报告的撰写，并及时报送调研报告。

（四）以落实规划为契机，促进现代粮食市场体系建设

1.抓好"十二五"规划的组织实施。粮食市场在组织粮食流通、合理配置资源、服务粮食宏观调控和保障国家粮食安全中发挥着重要的作用。各地要高度重视粮食市场体系建设工作，要将贯彻落实国家粮食局和本地的粮食市场体系建设规划作为一项重要工作任务来抓，确保规划提出的任务落到实处。已经出台市场专项规划的各省（区、市），要抓好规划的组织实施，确保取得新进展；没有出台专项规划的地方，要按照总体规划中提出的市场体系建设内容，制定出落实的具体意见，进一步细化政策措施，确保市场建设工作有序推进，避免市场重复建设和资源浪费。各地要针对粮食市场发展过程中出现的新情况、新问题和新特点，开展深入的调查研究，提出推进各类粮食市场进一步发展的意见和建议。

2.继续健全全国统一粮食竞价交易平台。按照国家粮食宏观调控的需要，开展专题调研，对具备条件的批发市场批准组建国家粮食交易中心，扩大联网交易范围；加强对承担国家政策性粮食竞价交易的国家粮食交易中心的管理与指导，提出进一步完善和发展的工作思路。

3.进一步完善重点联系粮食批发市场制度。加强对重点联系粮食批发市场建设的指导，充分发挥重点联系市场在全国粮食批发市场中典型示范作用。希望各地粮食行政管理部门继续支持重点联系制度建设，督促本地区内的重点联系市场履行职责，配合我局开展工作，对不符合条件的市场适时进行调整。

（五）突出重点，不断推进粮食依法行政工作

1.要高度重视行政机关工作人员依法行政意识与能力的培养。各级粮食行政管理部门要建立健全法律知识学习培训制度，组织机关工作人员特别是领导干部定期学法，特别是要学习《宪法》、《行政许可法》、《行政处罚法》、《行政复议法》、《行政强制法》、《行政诉讼法》、《保密法》、《政府信息公开条例》，以及与履行职责相关的粮食法律法规，要把学习培训情况作为干部考核内容，并与干部选拔任用和奖惩挂钩，推动养成依法决策、依法行政、依法办事的习惯，切实提高运用法治思维和法律手段解决粮食流通工作中突出矛盾和问题的能力。

2.要深入开展粮食依法行政示范创建活动。各地要贯彻落实《国家粮食局关于粮食行政管理部门深入推进依法行政的意见》，积极开展县市级粮食行政管理部门依法行政示范创建活动，重点在依法决策、行政执法、政务公开、化解行政争议、依法行政考核考评等方面扎实推进。各省级粮食行政管理部门要将本部门推进依法行政的进展情况、主要成效、突出问题和下一步工作安排及时报送给我们。我们将加大对推进依法行政工作的督促指导、监督检查，研究制定依法行政示范标准，适时调整依法行政示范单位，对起不到示范作用的单位依法取消其荣誉称号，对示范创建活动中涌现出的先进单位，按照程序及时进行增补，进一步促进粮食行政管理部门依法行政总体水平的提高。

3.认真做好粮食收购许可工作。认真做好《粮食收购资格许可管理办法》向国务院有关部门征求意见的工作，并根据各部门反馈意见情况，抓紧修改完善，力争早日出台。同时，抓紧完善粮食收购资格信息系统，建立粮食收购资格信息网上报送制度。各地也要完善粮食收购市场准入制度，依法做好粮食收购资格审核工作，开展粮食收购资格审核层级督查，及时纠正不当行政行为，按要求报送粮食收购资格信息。

（六）围绕粮食流通中心工作，切实做好粮食新闻宣传

1.加大中央涉粮强农惠农富农政策宣传力度。粮食工作与农民利益密切相关，各级粮食行政管理部门要主动与主流媒体联系，把国家的各项强农惠农富农政策不折不扣地宣传到位，使农民和粮食企业及时了解和掌握国家的粮食政策，进一步提高信息发布的质量和数量，形成上下互动机制，共同做好粮食系统的新闻宣传工作，为党的十八大的胜利召开营造良好的舆论氛围。

2.努力增强新闻宣传的时效性和影响力。要提前谋划宣传思路，争取主动，做到关键时刻在主流媒体上有声音、有文字、有影像，在第一时间把握舆论导向，提高新闻宣传的应急水平，进一步增强粮食新闻工作的影响力。

（七）加强粮食政策法规队伍建设，进一步提高当好参谋助手的水平

1.切实加强对粮食政策法制建设的组织领导。各级粮食行政管理部门要把粮食政策和法制建设摆

在重要位置，同其他工作一起部署、一起落实。粮食部门的政策法规工作机构要充分发挥职能作用，切实担负起粮食政策法制建设的论证和起草制定工作。要积极争取同级政府法制部门和人大机关的重视和支持，把粮食政策和法制建设列入各级人大、政府政策和法制工作的整体部署之中。

2.切实提高粮食政策法制工作的质量。各级粮食行政管理部门要完善信息交流机制，及时反映基层和人民群众对粮食政策法制工作的意见和建议，及时反映政策法规在贯彻执行中的问题和难点，及时总结和推广好的做法和经验。要坚持科学立法、民主立法，遵循粮食法制建设的规律。要坚持走群众路线，广泛听取各方面意见，提高粮食政策法制工作的透明度和公众参与程度，不断提高粮食政策法制工作的质量。

3.切实加强粮食政策法制工作干部队伍建设。各级粮食行政管理部门的政策法规工作机构担负着研究、起草、制定粮食政策法规的重要职责。多年来，从事政策法规工作的干部刻苦学习、恪尽职守、勤奋工作、默默奉献，为粮食政策法制建设做了大量工作。随着粮食事业的发展，粮食政策法制建设的任务越来越繁重，必须大力加强粮食部门政策法规工作机构和干部队伍建设。要重视和尊重政策法规工作，加强对从事政策法规工作干部的培养和使用，创造条件使政策法规工作干部经历多岗位锻炼，开阔视野，增长才干，提高素质，健康成长。

同志们！回顾过去，我们成绩显著、令人鼓舞；展望未来，我们责任重大、催人奋进。让我们以积极进取的精神状态和求真务实的工作作风，振奋精神，知难而进，扎实工作，再接再厉，努力开创粮食政策法规工作新局面，以优异的成绩迎接党的"十八大"胜利召开！

3

第三篇

全国粮食工作

粮油生产

粮油生产情况

2012年，党中央、国务院着眼全局，出台了一系列强农惠农富农政策，地方各级党委、政府和农业部门坚决贯彻中央决策部署，紧紧围绕"千方百计确保国家粮食安全"的目标，凝心聚力，攻坚克难，粮食生产在高基数、高起点上，在灾害重、困难多的情况下再获丰收，再创新高。2012年粮食产量达到58958.0万吨，实现"九连增"。这九年是新中国成立以来粮食总产增加最多、单产提高最快的时期。油料生产继续保持较好的发展势头，面积、总产、单产"三增"，特别是总产和单产再创历史新纪录，总产量也实现自2008年以来的"五连增"。粮油稳定增产，为保障国家粮食安全，保持经济平稳较快发展发挥了重要作用。

（一）2012年粮食生产特点

1.粮食面积稳定增加。2012年粮食播种面积11120.5万公顷，比上年增加63.2万公顷，增幅0.6%，是新中国成立以来第一次连续九年增加。

2.粮食单产提高。2012年粮食平均单产每公顷5301.8公斤，比上年提高135.9公斤，增幅2.6%。

3.粮食总产连续第九年增产。2012年粮食总产58958.0万吨，比上年增产1837.1万吨，增幅3.2%，实现1959年以来第一次连续九年增产。

4.三季粮食季季增产。

夏粮增产：2012年夏粮播种面积2758.9万公顷，比上年增加3.2万公顷，增幅0.1%；总产12993.7万吨，比上年增产355.1万吨，增幅2.8%；单产每公顷4709.7公斤，比上年提高123.5公斤，增幅2.7%。

早稻增产：2012年早稻播种面积576.5万公顷，比上年增加1.5万公顷，增幅0.3%；总产3329.1万吨，比上年增产53.7万吨，增幅1.6%；单产每公顷5774.8公斤，比上年提高77.9公斤，增幅1.4%。

秋粮增产：2012年秋粮播种面积7785.1万公顷，比上年增加58.5万公顷，增幅0.8%；总产42635.1万吨，比上年增产1428.4万吨，增幅3.5%；单产每公顷5476.5公斤，比上年提高143.4公斤，增幅2.7%。

5.主要粮食品种"三增一减"。

稻谷增产：2012年稻谷播种面积3013.7万公顷，比上年增加8.0万公顷，增幅0.3%；总产20423.6万吨，比上年增产323.5万吨，增幅1.6%；单产每公顷6776.9公斤，比上年提高89.6公斤，增幅1.3%。

小麦增产：2012年小麦播种面积2426.8万公顷，比上年减少0.2万公顷，减幅不足0.01%；总产12102.3万吨，比上年增产362.2万吨，增幅3.1%；单产每公顷4986.9公斤，比上年提高149.7公斤，增幅3.1%。

玉米增产：2012年玉米播种面积3503.0万公顷，比上年增加148.8万公顷，增幅4.4%；总产20561.4万吨，比上年增产1283.3万吨，增幅6.7%；单产每公顷5869.7公斤，比上年提高122.2公斤，增幅2.1%。

大豆减产：2012年大豆播种面积717.2万公顷，比上年减少71.7万公顷，减幅9.1%；总产1305.0万吨，比上年减产143.5万吨，减幅9.9%；单产每公顷1819.6公斤，比上年降低16.7公斤，减幅0.9%。

（二）2012年油料生产特点

据统计，2012年全国油料总产达到3436.8万吨，比上年增产130万吨，增长3.9%，增产量和增长幅度都大于上年。2012年油料生产主要有以下特点：

1.油料增产主要靠单产。2012年全国油料平均单产每公顷2467.2公斤，比上年提高80.5公斤，增长3.4%，再创历史新纪录。单产提高增产油料110多万吨，占油料增量的85%。花生、油菜籽、芝麻、胡麻、向日葵五个油料作物单产均比上年增加，均创历史新纪录。其中，花生每公顷3598.5公斤，提高96公斤；油菜籽1884.8公斤，提高57.5公斤；芝麻1463.2公斤，提高77.8公斤；胡麻1228.5公斤，提高115.5公斤；向日葵2614.1公斤，提高154.4公斤。

2.面积稳中有增。在上年面积略减的情况下，2012年实现恢复性增加。全国油料面积1393万公顷，比上年增加7.5万公顷，增长0.5%。分作物看，主要油料作物增加，特色油料作物减少。其中油菜面积743.2万公顷，比上年增加8.4万公顷；花生面积463.9万公顷，增加5.7万公顷。向日葵、胡麻等其他特色油料作物面积减少，特别是向日葵面积减少5.2万公顷。

3.主要油料作物增的多。五个油料作物全面增产，增产最多的是花生和油菜。2012年全国花生产量达到1669.2万吨，实现连续6年增产，连续3年创新纪录，比上年增产64.6万吨，占油料增量的50%。油菜籽产量1400.7万吨，创历史新纪录，增产58万吨，占增量的45%。芝麻等其他作物增产7.4万吨，占增量的5%。

4.主产省增的多。全国11个油料总产量超100万吨的省（区）中，除湖南省减产7.5万吨外，其余10个省（区）均增产，共增产105.1万吨，占油料增量的80.8%。增产最多的是河南省，增产37.1万吨，占全国油料增量的28.5%。此外，内蒙古、吉林、安徽、山东、四川增产量都在10万吨左右。

5.食用植物油自给率总体稳定。2012年油料增产130万吨，棉花增产25万吨，大豆减产146万吨，茶籽油、玉米油、米糠油等稳中略增，扣除食用部分，国产油料折油总量1063万吨，比上年增产28万吨。按照2012年植物油食用消费量2530万吨测算，食用植物油自给率稳定在42%左右。

二　粮油高产创建

高产创建以万亩示范片为单元，以促进粮食稳定发展和农民持续增收为目标，强化行政推动、依靠科技进步、加大资金投入、推广集成技术，现已成为农业部门推进工作的重要抓手、农业科技成果转化的重要平台、粮棉油糖生产稳定发展的重要举措。

（一）基本情况

2012年种植业全面丰收、全线飘红，高产创建成效突出。农业部在全国建设了12500个高产创建万亩示范片，其中粮食11145片、油料680片、棉花500片、糖料175片。通过选择农田基础条件较好，工作基础扎实，农技推广网络健全，辐射带动能力强的万亩连片和整建制市、县、乡镇开展创建，在规定产量目标的基础上，以示范片单产水平比上年提高2%以上为要求，进一步推动高产优质品种和先进实用技术组装配套，促进了农业产业转型升级，提高了地方重农抓粮的积极性，辐射带动了所在县均衡增产。

（二）实施成效

高产创建充分挖掘作物增产潜力，不断创新运行机制，为实现粮食"九连增"、促进农业稳定发展发挥了重要作用。

1.创建规模不断扩大。2012年，国家进一步加大高产创建支持力度，中央财政安排资金20亿元，比上年增加5亿元，新增5000个万亩示范片。各地按照农业部要求，切实抓好各项措施落实，同时积极争取配套资金，加强省属示范片建设。山东省各级财政投入3.1亿元，建设高产创建示范片591个，其中市级463个、县级128个。江苏省级财政安排资金1.9亿元，建设省级万亩示范片420多个。四川省财政安排专项资金1.2亿元用于高产创建，比上年增加1500万元。通过上下合力，初步形成了以部级万亩示范片为核心，省（市）县万亩示范片为补充，整市、县、乡推进为试点的高产创建格局。

2.产量水平不断提升。各地创新技术推广方式，促进良种良法配套、农机农艺结合，涌现出一批高产典型。据测产验收，2400个小麦万亩示范片，亩产超600公斤的占45.1%。其中，河南省鹤壁市淇滨区万亩示范片平均亩产697.1公斤，比上年提高0.8公斤，再创万亩集中连片小麦高产纪录。3000个单季稻万亩示范片，亩产超700公斤的占65.6%。3545个玉米万亩示范片，亩产超800公斤的占38.9%。450个大豆万亩示范片，亩产超200公斤的占72.7%。此外，棉花、油菜、花生万亩示范片，也涌现出一批亩产超150公斤、200公斤、300公斤的高产典型。

3.带动效应不断增强。各地以万亩示范片和整建制试点为平台，在重要农时和关键生育期，展示示范深松整地、水稻集中育秧、玉米抗旱坐水种、小麦"一喷三防"、油菜"一促四防"等关键技术措施，辐射带动所在乡（镇）和县（市）平衡增产。据统计，2012年11145个粮食万亩示范片平均亩产610.2公斤，比全国平均亩产高73%，680个油料、500个棉花、175个糖料万亩示范片平均亩产分别比全国高30%、44%和32%。

4.整建制创建推进不断深入。在建设50个县（市）、500个乡（镇）整建制高产创建的基础上，选择山东德州、河北邯郸、河南鹤壁、黑龙江绥化、吉林四平等5个基础条件好、增产潜力大、科技水平高的产粮大市率先开展整市（地）高产创建试点。德州市狠抓重点乡镇、重点县、重点增产领域，全市1452万亩粮食，总产达到815万吨，比上年增加26万吨，实现"十连增"。四平市强化指导服务，狠抓关键措施落实，战胜了玉米大斑病、二代粘虫和"布拉万"台风等灾害，99个粮食万亩示范片共增产粮食12.5万吨，带动全市粮食总产达到790万吨，比上年增加35万吨。

（三）主要措施

高产创建率先落实抗灾增产技术，率先推进农机农艺结合，率先开展专业化服务，率先推进规模化经营，通过要素整合、技术集成、示范带动、重点培训，促进大面积均衡增产。

1.强化组织领导，变部门行为为政府行为。2012年高产创建覆盖范围更大、涉及部门更多、工作要求更高，各地根据农业部办公厅、财政部办公厅关于印发《2012年粮棉油糖高产创建项目实施指导意见》的通知（农办财〔2012〕62号）和农业部办公厅关于印发《2012年整建制推进高产创建实施方案》的通知（农办农〔2012〕36号），进一步抓好高产创建，主要领导亲自抓，分管领导具体抓。省、市、县、乡都成立行政领导负责的组织机构，将粮食生产作为各级政府绩效考核的重要内容，明确目标任务，强化资金支持，规范管理办法，层层落实责任，形成以行政推动为主导、涉农部门共同参与的工作机制，凝聚抓粮食生产的合力，促进项目有序展开。

2.强化技术指导，变单一推广为协作推广。目前全局突破性、区域带动性强的新品种、新技术储备不足，转基因等生物技术应用受到诸多限制，依靠单项技术突破大幅提高单产的难度越来越大。高产创建组织专家论证并推介一批高产、优质、多抗的主导品种，良种覆盖率达到100%；集成组装先进实用技术，推广一批适应不同区域、不同作物的抗灾增产关键技术，每个万亩示范片都有一张技术模式图。在重要农时和关键环节，组织专家和农技人员深入生产一线，开展科技指导服务，形成农科教产学研大联合、大协作的格局，搭建大面积科技推广应用的新平台。

3.强化机制创新，变传统农业为现代农业。各地以高产创建为载体，积极扶持培育种植大户、粮油合作社、专业化服务组织等，大力推行统一整地播种、统一肥水管理、统一病虫防治、统一机械收获。推进规模化种植、标准化生产、产业化经营，有效地整合了碎片化、粗放型、分散化、小规模的耕地资源，构建了扎实的粮食生产微观经济基础，提高生产组织化程度。推进高产创建与高标准农田建设结合，高标准农田建到哪里，高产创建就跟进到哪里，打造田间设施标准化、管理服务专业化、生产过程机械化的良田、良种、良法、良机、良制配套体系。

4.强化舆论引导，变零散宣传为系列宣传。部、省、市、县、乡逐级组织，开展层层培训、动员。通过现场会、观摩会、媒体宣传、展板展示和编印简报等多种方式，加大高产创建宣传力度，展示高产创建生产成效和工作成果，营造良好的舆论氛围，引导社会各界关注。每个示范片规范标牌、设立方位图，提供专业化服务和物化补贴，关键时节现场展示技术应用，树立起了普通农民看得见、学得会的样板，激发农民群众兴趣，扩大影响力。

三　基层农技推广体系改革与建设

为深入贯彻落实中央1号文件精神，加快推进基层农技推广体系改革与建设工作，2012年中央财政安排26亿元，在全国37个省（区、市）的2555个农业县（市、区、团、场，以下简称农业县）实施"全国基层农技推广体系改革与建设补助项目"，基本覆盖全国所有农业县。各省均按照要求制定省级实施指导意见，围绕种植业、畜牧业、渔业等主导产业，遴选和培训22.6万名技术指导员，建设约9840个农业科技试验示范基地，培育232万科技示范户，辐射带动3673万周边农户。农业部以项目为平台，加强监督管理，全力支撑基层农技推广体系改革与建设，全面推进农业科技进村入户，取得良好进展和明显成效。

（一）主要做法

1.加强领导，形成合力抓落实。农业部领导高度重视基层农技推广体系改革与建设工作，要求进一步做好基层农技推广体系改革与建设补助项目管理工作。各省和项目县结合实际成立协调机构，落实相关政策、制定实施方案、加强监督管理；形成部、省和项目县上下联动的行政工作体系。6月份，印发《农业部办公厅、财政部办公厅〈关于2012年基层农业技术推广体系改革与建设实施指导意见〉的通知》（农办财〔2012〕71号），通知对项目实施目标、主要任务、实施内容、工作要求等方面提出明确要求。7月份，召开2012年基层农业技术推广体系改革与建设补助项目管理培训班，解读项目指导意见，交流近年来在农业科技推广服务中的成功经验，邀请中国农科院信息所、同方知网农业分公司对项目信息报送工作以及农业科技网络书屋使用进行培训。

2.规范管理，加强督导严考核。统一编制了《技术指导员手册》和《科技示范户手册》，要求各地印发，用于记载项目实施过程中的情况。同时，重新开发了基层农技推广补助项目管理系统，对相关数据实行网上填报，实现信息化管理。农业部下派了8个督查组，对河北、黑龙江（含垦区）、辽宁、江苏、安徽、江西、山东、河南、湖北、湖南、重庆、宁夏、四川、浙江等14个省（区、市）的基层农技推广体系改革与建设情况进行了实地督导检查。督查组先后深入到50多个县的100个乡镇，召开座谈会，听取汇报，并实地考察了400多个农业科技试验示范基地、县乡农技站。

3.完善机制，辐射带动抓示范。各项目县依托本地推广、科研、教学单位专家，成立农技推广专家组，实行专家技术负责制，定点联系到县、乡，形成"包村联户"工作机制和"专家组＋试验示范基地＋农业技术人员＋科技示范户＋辐射带动户"的技术服务模式。建立健全县、乡、村农业科技试验示范网络，带动全国基层农业技术推广体系的改革与建设。各项目县农业行政主管部门按照公开、公平、公正和自愿的原则，按照主导产业分布，每个行政村遴选3～5个生产经营规模较大、种养水平较高的科技示范户，示范户带头学习和运用先进科学技术，示范带动周边10～20个农户。按照主导产业的分布，项目县依托现有科研教学推广单位试验示范基地、良种繁育场、种养大户、涉农企业、农民专业合作组织的基地等，遴选和认定2～3个试验示范基地，重点开展新品种、新技术、新机具引进、试验、示范、展示和技术培训等工作。

4.深化培训，提升能力重成效。按照各地农业主导产业及重点专业，从基层（以县为主）选拔1万名左右有较高知名度和专业技术权威的农技推广骨干。目前，农技推广骨干人才数据已全部入库，将陆续开展骨干人才培训工作。农业部委托农业部管理干部学院在河北玉田开办农民田间学校示范校，并选派老师分赴河北和安徽等地开展培训，共同探索农民田间学校在现代农业建设中的积极作用。2012年10月，在重庆万州举办全国首届农民田间学校经验交流现场会，采用参与式研讨方法开展交流活动。各省采取异地研修、集中办班和现场实训等方式，对农技人员开展分层分类分批培训。同时建立了农技人员培训档案，出台了农技人员培训管理制度，为建立健全基层农技人员长效培训机制奠定了坚实基础。

5.积极宣传，借助舆论树典型。围绕全国基层农技推广体系改革与建设补助项目，全面开展宣传工作，取得了良好社会效果。组织中央电视台、中央人民广播电台、人民日报、农民日报、中国农业信息网等媒体记者深入项目县进行采访宣传。新闻联播报道《我国今年农业科技贡献率超过54%》，《人民日报》头版头条刊发《科技支撑粮食大丰收　面积增了0.6%，总产多了3.2%》。为提升农业科技创新能力，增强科技服务能力，提高农业劳动者素质，农业部种植业管理司联合同方知网（北京）技术有限公司在全国农业系统开展"强科技促发展"主题征文活动。

（二）主要成效

1.粮食增产增收效果明显。各地将该项目作为粮食增产行动的重要内容，切实抓紧抓好。通过项目实施，有效促进了项目县先进适用技术的普及应用，带动提高了项目县的农业生产科技水平，为实现粮食"九连增"、农民收入持续增加提供了有力支撑。初步统计各地主导产业产量（产值）较2012年增长5%以上，特别是示范增产增收效果显著。辽宁省粮食总产达到2070.5万吨，农民人均纯收入达到9700元以上，实现粮食连续9年丰收，创历史以来最好水平。

2.农技人员培训扎实有效。据不完全统计，全国已培训基层农技人员20余万人次，通过对农技人员培训，切实加强了农民学科技用科技的热情。陕西省将2012年确定为全省农技体系培训年，整合资金2000万元，以市、县、乡三级体系为重点，按照"532"的培训机制（即省、市、县培训比例为5:3:2），对基层农技人员开展全方位、多层次、立体式培训。

3.示范基地建设稳步推进。项目县围绕优势农产品和特色产业发展，按照一业为主、多种示范和可持续的要求，认真选址建立农业科技试验示范基地，基地均按要求做到有标牌、有示范内容、有技术路线、有技术负责人、有工作任务，截至目前，农业试验示范基地建设已达9840个，辐射带动作用显著。

4.农业科技支撑能力显著增强。我国2012年农业科技贡献率超过54%，为现代农业发展注入强劲动力。农业部分区域遴选出2012年主导品种160个，主推技术100项。各项目县全部完成了遴选、发布主导品种和主推技术工作，使主推技术、主推品种到位率达到95%以上，覆盖率达到90%以上。省级考核结果显示，全国95%的示范户对农技服务满意，基层农技人员的作用得到了有效发挥，赢得了各级政府和广大农民的认可和信任。

四　农机购置补贴

农机购置补贴是国家强农惠农富农政策的重要内容。为实施好这项利国利民的好政策，全面实现政策目标，各级农机化主管部门始终把做好农机购置补贴各项工作作为一项义不容辞的政治责任，与财政部门密切配合，明确责任，精心组织，规范实施，加强监管，完善机制，开展了卓有成效的工作，取得了利农利工、利国利民、一举多效的好效果。

（一）基本情况

中央财政继续扩大农机购置补贴资金规模，2012年中央财政共安排农机购置补贴资金215亿元，比上年增加40亿元，实施范围继续覆盖全国所有农牧业县（场）。补贴机具种类达12大类46个小类180个品目机具，在此基础上，各地还可以在12大类内自行增加不超过30个品目的其他机具列入中央资金补贴范围。中央财政农机购置补贴资金实行定额补贴，即同一种类、同一档次农业机械在省域内实行统一的补贴标准。单机补贴限额不超过5万元，100马力以上大型拖拉机、高性能青饲料收获机、大型免耕播种机、挤奶机械、大型联合收割机、水稻大型浸种催芽程控设备、烘干机单机补贴限额可提高到12万元，甘蔗收获机、200马力以上拖拉机单机补贴额可提高到20万元，大型棉花采摘机单机补贴额可提高到30万元。

（二）主要做法

1.明确要求，落实责任。为进一步增强各级农机化主管部门的责任意识和大局意识，2012年，农机化司继续与各省（自治区、直辖市、计划单列市、新疆生产建设兵团及黑龙江省农垦总局、广东省农垦总局）的农机化主管部门签署落实农机购置补贴政策工作责任书，明确责任义务，细化任务目标，落实奖惩措施。绝大多数省也与市县层层签订责任状，严格落实"主要领导负总责、分管领导负全责、工作人员直接负责"的责任机制，做到了目标到岗、责任到人。

2.完善制度，规范管理。在认真贯彻落实党中央国务院决策部署和农财两部农机购置补贴资金管理办法及年度农机购置补贴实施指导意见的基础上，围绕加强实施主体监管，不断完善管理制度。2012年农业部对省级农机化主管部门落实农机购置补贴政策情况开展延伸绩效管理，并赴20多个省进行了实地核查。延伸绩效管理考核结果与下年度项目资金安排挂钩，对于评定为优秀档次的省份，在全国农业厅局长会议上予以表彰，并通报相关省级人民政府。同时，继续着力推进补贴信息公开、廉政风险防控等制度建设，确保农机购置补贴信息公开管理的规范化、常态化，努力构建覆盖权力运行全过程的农机购置补贴廉政风险防控机制。各地也纷纷制定了补贴经销商管理、投诉处理、信息公开等规章制度。

3.鼓励创新，推进试点。从实践看，农机购置补贴政策的实施办法和保障措施基本成熟，补贴对象、补贴机具、补贴标准比较科学，有力确保了政策目标顺利实现。但随着农机购置补贴资金规模逐年扩大，省级结算工作量成倍增长。为使省级农机化主管部门有更多的精力和时间去调查研究、加强监管，同时发挥地方政府积极性，农财两部大力鼓励各地在保证资金安全、让农民得实惠、给企业创造公平竞争环境的前提下，就补贴程序开展创新试点。2012年，农业部、财政部批复同意17个省（区、市）开展了试点工作。下半年还利用中央财政资金，在11个省份启动农机报废更新补贴试点，推动了老旧和高耗能机具报废更新，有效促进了农机装备结构优化和农机安全生产。

4.联合督导，加强监管。建立农机购置补贴实施多部门联动监督检查机制。年初农机化司、财务司、驻部组局联合制定农机购置补贴政策监督检查方案。春秋两季，农业部成立17个联合督导组，分赴23个省份开展农机购置补贴专项督导检查，对存在的问题及时指出，督促彻底整改。要求各地必须邀请纪检监察部门全程参与补贴实施，强化内部约束。明确县级财政部门应按照不低于购机农民10%的比例进行抽查核实。各地也加大了监督检查力度，如山西省专门成立了项目监管室，对农机购置补贴等进行专项全程监管；湖南省对补贴机具实行三级审核，乡镇进行初审、县级进行复查、市级进行抽查，确保补贴政策真正落实到位。

5.开展核查，严惩违规。坚决果断严厉地查处农机购置补贴过程中暴露出的违法违规问题。对举报投诉的问题和线索，坚持一件都不放过，凡报必查，一查到底。重大线索会同有关部门开展实地核查。对查实的案件，严肃处理，绝不姑息。各地也加大了违规处罚力度，全年共取消或暂停26家生产企业的产品补贴资格和46家经销企业补贴产品经销资格，有力地维护了农机购置补贴政策的严肃性，切实维护了广大农民群众和诚信经营企业的合法权益。

（三）主要成效

1.优化了农机装备结构，提高了农业综合生产能力。近年来，在补贴政策的有力推动下，农机装备水平明显提高。2012年全国农机总动力预计达到10.2亿千瓦，同比增长4.94%。农机装备结构和布局不断优化，重点作物关键环节机械大型化、复式化、配套化趋势明显，丘陵山区农机装备发展提速。先进适用的农业机械的广泛应用，促进了农业生产规模化、标准化、集约化和产业化，有效提高了土地产出率、劳动生产率和资源利用率，提升了农业综合生产能力，实现了农业节本增产。

2.加快了农机化发展进程，促进了农业生产方式转变。在补贴政策的强力促进下，农机作业水平持续提高。2012年农作物耕种收综合机械化水平达57.17%，同比提高2.35个百分点。薄弱环节机械化快速发展，水稻机械种植水平达31.67%，同比提高5.42个百分点；玉米机收水平达42.47%，同比提高8.88个百分点。黄河流域棉区机采棉实现零的突破。农机农艺进一步融合，精量播种、化肥深施、高产栽培、保护性耕作、高效植保等先进农业生产技术得以大面积推广。

3.培育了新型农业生产经营主体，激活了现代农业建设和新农村发展活力。通过农机购置补贴政策的实施，培育和壮大了农机合作社等一大批新型农业生产经营组织，2012年全国农机合作社数量超过3.4万个。新型农业生产经营组织的蓬勃发展，推进了农业生产经营体制创新，提高了农民组织化程度，推动了农业技术集成应用、农业节本增效和土地规模经营，激发了农村生产要素潜能，激活了现代农业建设和新农村发展活力，为构建集约化、专业化、组织化、社会化相结合的新型农业经营体系，加快农业现代化进程发挥了重要作用。

4.扩大了农村内需，拉动了农机工业发展。2012年中央财政共安排补贴资金215亿元，带动地方和农民投入568.7亿元，补贴购置各类农机具601万台（套），促进了农机制造业、农机流通业加快发展，农机企业生产规模不断扩大，新产品研发能力显著增强，农机产业集群初步形成，企业集中度不断提高，大型化、专业化、品牌化发展趋势明显。2012年规模以上农机工业总产值达3382亿元，连续6年保持20%左右的增速，始终在机械行业中处于领先地位，我国已成为全球农机制造第一大国。

总的看，农机购置补贴政策的实施推动农业机械化实现了跨越式发展，有效缓解了农业生产青壮年劳动力短缺的突出矛盾，有力保障了农业稳定发展，挖掘了粮食增产潜力，引领了耕作制度变革，推动了农业技术集成、节本增效和规模经营，加速了农业现代化进程，为实现粮食生产"九连增"、农民增收"九连快"作出了重要贡献。同时也为农业和农机化主管部门发展粮食生产和建设现代农业争取到有效的调控手段，真正使农民得实惠、农业得发展、企业得效益、政府得民心。

五　测土配方施肥

2012年，在中央财政支持下，农业部依托测土配方施肥补贴项目，启动实施了全国农企合作推广配方肥试点，着手解决测土配方施肥中配肥、施肥薄弱环节。一年来，通过各级农业部门和肥料企业的共同努力，配方肥推广应用面积和数量实现了较大幅度增长，各地也探索建立了许多配方肥进村入户到田的推广模式和工作机制，为深入开展测土配方施肥打下了坚实基础。

（一）搭建农企合作平台

配方肥推广应用涉及农业部门、肥料企业和农民三个主体。2012年，各级农业部门选择100个县（场）、1000个乡镇、10000个村开展了农企合作推广配方肥试点工作。农业部采取"百企连百县"的方式，认定中化化肥、山东金正大、安徽司尔特等100家大中型肥料企业为全国农企合作推广配方肥试点企业，与整建制推进测土配方施肥的100个示范县（场）进行产需对接，签订农企合作协议。省级、县级农业部门采取"一对一"的方式，组织农企合作企业与整建制推进测土配方施肥的1000个示范乡（镇）和10000个示范村进行对接，做到每个县（场）、示范乡（镇）和示范村都有明确的工作方案、推广模式和配方肥企业，初步形成了农业部门科学提供肥料配方、肥料企业严格按方生产、肥料经销网点根据测土配方施肥方案供应、农民凭施肥建议卡施用配方肥的良好格局。农企合作推广配方肥，找准了配方肥"应用难"的问题所在，抓住了"如何推广"的关键环节，以配方肥生产供应和推广应用为纽带，构建了农业部门、肥料企业与农户之间的互动平台，既增强了农业部门推广配方肥的责任意识，也极大地调动了肥料企业生产供应配方肥、农民施用配方肥的积极性。

（二）探索配方肥推广模式

我国幅员辽阔，农业生产条件各不相同，在农企合作推广配方肥试点工作中，各地因地制宜探索配方肥推广应用的有效模式。从试点情况看，有三种模式值得推广。一是农企合力推进模式。农业部门负责制定肥料配方和指导服务，肥料企业负责配方肥生产，经销网点负责配方肥销售。这种方式适合"中成药"配方肥的推广，结合了农业部门公益职能和企业经营行为两个方面的优势，有力推动配方肥应用落到实处。二是定点供销服务模式。通过筛选认定测土配方施肥定点供应服务网点，引导肥料经销网点装备智能化配肥设备，为农民提供现配现混服务，采取"中草药代煎"的方式，引导农民选用配方肥。三是农化服务组织带动模式。以种粮大户、家庭农场、农民合作社为载体，建立专业化农化服务组织，通过为农民提供统一测土、统一配方、统一供肥、统一施用的"四统一"农化服务，充分发挥农化服务组织的科学施肥技术优势，带动了配方肥进村入户、施用到田。

（三）建立推广工作机制

为确保工作顺利开展，各地从制度建设入手，在实践中探索建立了许多有效的工作机制，包括肥料配方发布机制。吉林、广东、陕西等地农业部门在取土化验、田间试验、配方研制的基础上，对各个"小配方"进行汇总、提炼、审定，将区域和作物相近、相似的肥料配方进行归类合并，形成适应较大区域的"大配方"，及时向社会发布，为肥料企业批量化生产供应配方肥提供便利。配方肥推广服务机制。辽宁、湖北、湖南等地农业部门把配方肥经销网点作为配方肥宣传推广重要阵地，实行统一授牌挂牌、统一管理、统一培训。在基层配方肥经销网点配备测土配方施肥专家系统（触摸屏），方便农民查询测土配方信息和作物施肥方案，提高经销网点技术服务水平。配方肥产品追溯机制。内蒙古、广西、新疆等地农业部门加强对配方肥生产销售的监督检查，要求肥料生产企业、经销网点建立健全配方肥生产、入库和销售台账（电子档案），做到了配方肥数量统计和质量的可追溯。工作绩效考评机制。各级农业部门按照农业部要求，建立"三定一评"制度，对农企合作推广配方肥试点工作情况进行考评。

（四）实现工作重心转移

为适应测土配方施肥工作新形势、新任务的需要，各级农业部门以技术普及和配方肥推广应用为重点，将工作重心由化验室转向到田间地头，由试验示范转向到推广普及，由单纯的测土配方转向配方肥推广应用。工作范围实现了由粮油作物向园艺作物拓展，向配肥、施肥环节深化，向改进施肥方式延伸。各级农业部门在推广应用配方肥过程中，主动与配方肥企业合作，加强产需对接，引导肥料产业由生产主导消费向消费主导生产的转变。

据统计，2012年全国已有831家肥料企业参与了农企合作推广配方肥工作，配方肥推广面积5亿多亩。全国100个整建制推进示范县配方肥用量占基施化肥比例60%以上，1000个示范乡镇、10000个示范村基本实现了耕地土壤类型、主要农作物测土配方施肥技术全覆盖。同时，先进施肥方式得到应用，化肥机械化深施技术推广了8.8亿亩，种肥同播技术5亿亩，分层施肥技术1.2亿亩，水肥一体化施肥技术8000万亩。全国减少不合理施肥150多万吨，相当于节约燃煤400万吨、减少二氧化碳排放量约1000万吨。

六　病虫害统防统治

近年来，农作物病虫害多发重发，严重威胁农业安全生产。病虫害防控是农业生产过程中技术含量最高、劳动强度最大、用工最多的环节。随着工业化、城镇化快速推进，大量农村青壮年劳动力向城镇和非农产业转移，一家一户防病治虫难的问题日益突出。加快转变病虫防控方式，创新专业化统防统治，是粮食持续增产、农民持续增收和提升农产品质量安全的迫切需要。按照中央1号文件"加快推进农作物病虫害专业化统防统治"要求，加强管理创新、机制创新、技术创新和服务创新，大规模推进专业化统防统治，努力实现虫口夺粮保丰收。

（一）以"四个创新"提升统防统治水平

1.管理创新。提早制定《专业化统防统治管理办法》，并按照有登记注册、管理制度、服务场所、专业人员、机械装备的"五有"标准发展专业化服务组织，强化统防统治服务队伍和服务质量管理；设计了全国统一的统防统治服务标识，提升服务品牌；成立领导小组，形成层层抓落实的责任制，加强检查督导。

2.机制创新。运行机制方面，按照"政府支持、市场运作、农民自愿、循序渐进"的原则，多元化发展组织，多形式开展承包防治。协作机制方面，强化与农业部内财务、计划、科技、农技等司局密切协作，种植业系统内有关处室明确分工、联合行动，系统外加强农科教企与专业组织紧密配合，形成了联合推进统防统治的良好机制。激励机制方面，农业部多方争取扶持措施，加大对500个规范化组织的资金、物资和技术等扶持力度，组织开展百强服务组织评选活动，评选出100个规模大、实力强、服务质量好的骨干组织，引领全国统防统治快速发展，江苏、山东、湖南等省也开展十佳服务组织评选。监督考评机制方面，对服务组织收费标准、防治效果等进行监督考核，引入统计部门参与实施效果评估。

3.技术创新。针对小麦赤霉病、水稻"两迁"害虫、玉米粘虫等防治难度大的问题，加强技术集成应用、示范引领和服务指导，每个省明确3～5名指导专家，每个重点组织确定1名植保技术指导员，完善防控技术方案，培训技术人员2万多人次。小麦产区创新了药剂统一拌种、赤霉病预防和"一喷三防"技术，水稻产区创新和病毒病、稻瘟病和"两迁"害虫联防联控技术，玉米产区创新了粘虫应急防治和赤眼蜂防治玉米螟等技术，园艺作物优势区创新了生物防治、物理诱控等绿色防控技术。同时，积极探索农机农艺结合的全程机械化防治模式，推广高效精准施药技术。

4.服务创新。根据不同区域病虫发生特点，结合农民实际需要，采取多种统防统治承包服务模式。南方稻区重点推行全生长季承包防治服务，黄淮海小麦产区重点推行关键时段的承包防治服务，在东北玉米和水稻产区重点推行粘虫、稻瘟病等关键病虫的承包防治服务。服务组织主要有合作社、企业、种植大户等类型，通过服务组织与农民签订服务合同、明确收费标准和防治效果，实行药剂的统购、统供、统配、统施"四统一"服务，深受农民欢迎。

（二）以"四个结合"扩大统防统治规模

1.与落实粮食增产任务紧密结合。为落实农业部2012年粮食生产目标，将统防统治作为抗灾夺丰收的关键措施，突出重点区域、重点作物和重大病虫，在800个粮食主产县和7500个粮棉油糖高产创建示范片，大规模推进专业化统防统治。农业部在重点区域和关键时节举办了8次统防统治现场观摩，开展"奋战60天、虫口夺粮保丰收"行动，全面打赢了以小麦蚜虫和赤霉病为主的春季防控战役、以水稻"两迁"害虫和稻瘟病为重点的夏季防控战役、以玉米粘虫为主的秋季防控战役，有力保障了2012年粮食"九连增"。

2.与促进农产品质量安全紧密结合。针对农药残留对农产品质量安全造成的隐患，农业部以专业化统防统治组织为载体，以100个国家级绿色防控示范区为引领，以600个园艺作物标准园为带动，大力推广生物防治、物理诱杀、科学用药等绿色防控技术，从源头上杜绝高毒农药使用，减少化学农药用量，控制农药使用风险，有效提升农产品质量安全水平。

3.与发展农民合作组织紧密结合。通过大力推进专业化统防统治，不仅发展培育了一批专门从事病虫害防控服务的专业防治组织，而且还吸收了一批技术条件好、装备水平高、服务能力强的农机专业合作社、种植专业合作社、种植大户参与病虫防治服务，拓展了这些组织的服务范围和生存发展空间，促进了农民合作社向集约化、专业化、组织化和社会化发展。

4.与相关扶持项目紧密结合。在推进专业化统防统治过程中，农业部充分利用现有植保工程建设、财政转移支付、阳光工程培训、农机购置补贴等项目资金，加大了对统防统治服务组织的技术、资金、物质装备等方面的扶持。同时，各地农业部门也多渠道争取资金扶持。据不完全统计，各级财政直接和间接扶持统防统治的资金累计约30亿元，中央、地方投入分别约占60%和40%。

通过以上"四个结合"，统防统治得到大规模推进。一是组织快速发展。目前，全国已发展工商部门注册、操作规范的病虫害专业化防治组织1.88万个，同比增加6200个，增幅32.4%；从业人员达132万人，同比增加19万人，增幅达14.4%，其中持证上岗43万人，同比增加6.6万人，增幅达18.1%。二是病虫防控能力显著提升。现有大中型植保机械拥有量49.7万台套，同比增加4.4万台套，日防控作业能力达5650万亩，同比增加1096万亩，增幅达24%。统防统治区防治效果普遍在95%以上。三是作业规模显著增大。初步统计，2012年累计实施病虫专业化统防统治面积8亿亩次（每季中晚稻防治4~6次，其他作物防治1~3次），同比增加1.5亿亩次，增幅为23%，其中全程承包防治服务面积1.39亿亩，同比增加2826万亩，增幅为25.5%，小麦、水稻、玉米等主要粮食作物产区的专业化统防统治覆盖率平均达到20%以上，江苏、安徽、湖南等重点区域统防统治覆盖率达到40%~50%，普遍比上年提高5个百分点（比预定目标18%增加2个百分点）。

（三）实施效果

通过创新专业化统防统治，探索出一条病虫害科学防控之路，防治效率、效果、效益显著提高，不仅促进了粮食"九连增"，而且经济效益、社会效益和生态效益显著。具体效果如下。

1.虫口夺粮促丰收效果显著。据河南、湖南等省统计部门评估表明，2012年专业化统防统治与农民一家一户自防相比，小麦亩均增产60公斤，增幅为15%左右；早稻亩均增产49公斤，增幅为12%；晚稻亩均增产50.5公斤，增幅为10%；玉米亩均增产65公斤，增幅为13%。在东北、华北实施玉米粘虫统防统治4500万亩，虫口夺粮500万吨；在南方实施水稻"两迁"害虫统防统治6200万亩，虫口夺粮375万吨。据初步统计，2012年全国统防统治项目区累计实现虫口夺粮1905万吨（减损就是增收），比上年增加618万吨，占全年粮食增产份额的33.6%，对促进粮食"九连增"做出了贡献。

2.农药减量使用促安全效果显著。据调查，通过实施专业化统防统治，化学农药使用次数一般减少1~2次，用药量降低15%~25%，2012年项目区节约农药用量2.88万吨。如江苏省18个县市调查表明，专业化统防统治区每季水稻平均亩用药量比农民自防区减少15.8%，湖南、湖南省水稻和小麦专业化统防统治区农药用量减少20%，农残检测合格率稳定在98%以上。统防统治从源头上控制了农药使用风险，对保障农产品质量安全和生态环境意义重大。

3.节本增效促增收效果显著。湖南、江苏、浙江、河南、山东、江西等多地实践证明，通过开展专业化统防统治，防治效率提高5~10倍，防治效果提高10~20个百分点。每季水稻亩均节省农药和人工成本40~50元，多挽回产量损失50公斤以上，亩均节本增收168元；每季小麦亩均节省农药和人工成本15~20元，多挽回产量损失60公斤以上，亩均节本增收137元；每季玉米亩均节省农药和人工成本10元，多挽回产量损失65公斤以上，亩均节本增收147元。

七　农业防灾减灾

（一）农业气象灾害

2012年我国农业气象灾害多发、重发、频发、连发，各级农业部门坚决贯彻中央的决策部署，立足科学抗灾，采取强有力措施，做到防在灾害前面、救在第一时间、抗在关键时点，最大限度地减轻了灾害损失。2012年全国粮食总产再创历史新高，实现了半个世纪以来首次连续九年增产、粮食产量连续六年稳定在5亿吨以上。

本年度，农业重大气象灾害发生总体偏轻，主要以干旱、洪涝为主，台风灾害偏重发生。2011年9月至2012年2月中旬，东北地区和内蒙古东部平均降水量接近30年历史最低值，形成春旱态势；西南地区初春干旱主要集中在云南中北部和东部的7个市（州）以及四川南部的3个市，四川旱情主要表现为水田缺水；黄淮海夏播区降水量异常偏少，加之持续高温天气影响，致使部分地区夏玉米、夏大豆等夏播农作物播期推迟，出苗不齐，也造成部分春播玉米、大豆、花生等农作物受旱较重。入汛以后，先后10余个台风及强热带风暴影响我国内陆及沿海地区，从华南到东北先后受到台风影响，对农业生产造成影响。8月28日，第15号台风"布拉万"从东北地区登陆，影响东北秋粮作物生长，造成玉米、水稻倒伏，农业生产基础设施建设损毁和东北地区秋收困难。

2012年，农作物受灾面积24962千公顷，比2012年减少7509千公顷，降低23%。其中，成灾面积11474千公顷，同比减少967千公顷，降低7.8%；绝收面积1826.3千公顷，同比减少1066千公顷，降低36.9%。全年因灾损失粮食2492.5万吨，同比减少992.5万吨，降低41.4%。其中，因干旱损失粮食704.9万吨，因洪涝损失粮食1068万吨，因台风损失粮食299.5万吨。

1.干旱。2012年全国农作物因干旱受灾面积9339.8千公顷，比2011年减少6964.4千公顷，其中成灾3508.6千公顷、绝收374千公顷，分别比2011年减少3090千公顷、1131.4千公顷。

2.洪涝。2012年全国农作物因洪涝受灾7729.6千公顷，其中成灾4144.5千公顷、绝收889千公顷，分别比2011年增加886.2千公顷、1305千公顷和110.3千公顷。

3.台风。2012年全国农作物因台风受灾面积3490.8千公顷，其中成灾1657.9千公顷、绝收206.3千公顷，分别比2011年增加1944.3千公顷、1293.5千公顷和124.6千公顷。

4.风雹。2012年全国农作物因风雹受灾面积2780.8千公顷，其中成灾1368.4千公顷、绝收213.4千公顷，分别比2011年减少528.5千公顷、增加20.5千公顷和减少89千公顷。

5.低温冻害。2012年全国农作物因低温冻害受灾面积1617.8千公顷，比2011年减少2829.3千公顷，其中成灾794.6千公顷、绝收142.9千公顷，分别比2011年减少496.3千公顷和68.2千公顷。

（二）主要做法

农业部高度重视农业防汛抗旱工作，年初即提出立足抗灾夺丰收，强化组织领导，强化预测预警，强化措施落实，扎实做好防汛抗旱和灾后恢复各项工作，努力把灾害损失降到最低程度。

1.高度重视，加强组织领导。国家防总2012年第一次全体会议后，农业部迅速传达会议精神，召开农业部防汛抗旱领导小组工作会议，安排部署汛期和全年农业防汛抗旱等防灾减灾工作。5月下旬，部领导带队赴河南、内蒙古等省区，检查农业防汛抗旱工作。8月23日，农业部防汛抗旱领导小组召开农业防台风专题会议，贯彻落实8月22日国家防总防御第14号强台风"天秤"和第15号强热带风暴"布拉万"异地视频会商会精神，研究部署农业防汛防台风工作，要求沿海各省（区、市）农牧渔业部门必须高度重视，强化责任落实，加强监测预警，确保措施到位，全力夺取防汛防台风的全面胜利。

2.未雨绸缪，早谋应对之策。针对2012年的不确定气候因素和农业生产的严峻形势，农业部提前研究农业防汛抗旱工作，提出应对方案措施，及早安排部署。一是提前制定技术指导意见。2011年底农业部即召开了农业部防灾减灾专家指导组会商会，2012年1月份又两次召开会商会，对全年农业气象条件和可能发生的灾害及其影响进行了预测预判，制定了《2012年农业气象灾害预判及应对工作意见》，分重点区域、主要作物和关键环节提出应对灾害的技术措施。二是强化农业汛前检查。按照《关于国家防总成员单位开展防汛抗旱检查工作的函》要求，农业部立即组织有关司局对本行业的防汛抗旱工作准备情况进行检查，特别是渔业局和农垦局，督导各地对管辖区内的堤坝、水库等防汛设施进行专题检查。三是加强灾害性天气会商。强化与中国气象局的联系，先后三次会商，分析汛期气象条件。及时下发种植业、畜牧业、渔业等分行业技术指导方案，提出有针对性的对策建议和技术措施，指导各地农业防汛抗旱工作，努力减轻灾害损失。

3.加强监测预警，及时采取响应。农业部密切关注天气变化，强化与气象、民政、水利等部门的沟通，启动汛期双人24小时值班制度，及时了解雨情、水情和灾情等信息，通过农情调度系统、渔政指挥系统及时发布预警信息，提早做好科学防灾减灾各种准备。在春播、"三夏"、"三秋"等关键农时季节，加强灾情调度，及时反映灾害影响，强化灾情应对和措施准备。年初以来，农业部先后下发防御台风紧急通知10个，启动三级应急响应1次。

4.积极沟通协调，广泛争取支持。针对春季农业防汛抗旱生产中存在的突出问题，农业部在春耕关键农时，积极协调有关部门，争取中央出台了农业防灾减灾稳产增产关键技术良法补助政策，先后两次安排资金共33.15亿元对东北水稻大棚育秧、南方早稻集中育秧、冬麦区小麦"一喷三防"、东北玉米抗旱"坐水种"、西南覆膜种植、油菜"一促四防"等6项关键技术进行补助，极大地调动了地方政府和农民群众春管春播的积极性，良法补助成为推动春季农业生产的有力手段。针对部分地区低温冻害、洪涝、台风等灾害偏重发生的情况，农业部积极与财政部沟通，先后协调下拨农业生产救灾资金8.6亿元，有力地支持了农业生产灾后恢复，促进了主动避灾、有效抗灾和恢复生产。

5.加强技术指导，有效减轻损失。年初以来，先后组派74个抗灾调查组、专家组和督导组，深入粮食生产主产区、灾害发生地区，开展工作督导和技术指导，实地调查了解灾情，推动地方政府和农业部门紧急投入抗旱保春播、夏播、夏管和灾后生产恢复工作，帮助和指导各地完善、落实抗灾技术措施。各地农牧渔业部门积极制定完善生产恢复方案，组织技术人员指导养殖场户开展生产自救，及时补种补栏，弥补灾害带来的损失。在防御第9、10号台风期间，农业部有关领导深入抗台一线，靠前指挥，帮助、指导各项防台措施的落实。

6.宣传引导，形成工作合力。根据不同阶段防汛抗旱工作特点，农业部提前制定宣传计划，及时提出宣传要点，并撰写新闻宣传稿，有步骤、有重点、有针对性地宣传农业防汛抗旱等防灾减灾技术措施。在关键农时季节，集中宣传各地落实农业减灾增产技术措施的好经验、好做法、好典型，推动春耕、三夏、三秋生产顺利进行。在防范台风、洪涝的关键时期，农业部防灾宣传一环紧扣一环。台风来临前有预警，到来时有措施，广泛宣传基层防灾减灾工作和取得的良好效果。

粮油生产基地建设

一 粮食生产基地建设

《全国新增1000亿斤粮食生产能力规划（2009—2020年）》（以下简称《规划》）启动实施以来，各地区、各有关部门高度重视，周密部署，扎实工作，切实加强粮食生产能力建设，落实高产稳产粮田建设任务。

（一）加大投入力度

增加资金投入，是完成规划建设任务的重要前提。近年来，各地区、各有关部门积极调整投资结构，努力增加规划建设资金，初步统计，2010—2012年累计安排中央投资690多亿元，投入力度之大前所未有。其中，国家发展改革委累计安排中央投资390多亿元用于800个产粮大县田间工程、大型灌区续建配套与节水改造、新建灌区、大型灌排泵站更新改造、抗旱应急水源工程等项目建设；财政部将800个产粮大县全部纳入农业综合开发范围，累计安排250亿元左右用于产粮大县中低产田改造、中型灌区节水改造。国土资源部在安排新增建设用地土地有偿使用费、土地开发整理工程等项目资金时积极向产粮大县倾斜，加大土地复垦开发和基本农田建设保护力度。同时，有关部门努力提高中央投资补助比例，减轻地方配套投资压力。国家发展改革委将田间工程建设地方配套比例由以往的50%降至25%，并要求省级投资占地方配套一半以上。财政部将粮食主产区中低产田改造地方配套比例由1:0.49调整为1:0.41，并取消产粮大县县级财政配套。各地区也结合本地实际出台了扶持政策，如河南省省级配套资金占地方配套56%，并督促县级财政落实配套，77个产粮大县落实了县级配套资金；江苏省明确"十二五"期间田间工程项目地方配套资金全部由省级承担。

（二）提高了粮食产能

在各地区、各有关部门的共同努力下，《规划》实施取得了明显成效，800个产粮大县灌排设施等农业生产条件明显改善，粮食生产抵御自然灾害的能力显著增强。初步统计，项目区累计新打或修复机井8.5万眼，铺设各类输水管道5万多公里，修建灌排渠道6.3万公里，排灌泵站2.7万个，桥涵闸等4.8万个，集蓄水设施9040个，机耕路3万多公里，水稻育秧大棚11.6万栋，培肥地力300多万亩，平整土地2100多万亩，改造中低产田2450万亩，建成高产稳产粮田4000多万亩，新增和改善有效灌溉面积2000多万亩，形成了一批田成方、渠相连、旱能灌、涝能排的粮食生产基地，提高了耕地的产出水平，为粮食稳步增产奠定了坚实的基础。汇总各地上报数据，2012年，800个产粮大县粮食播种面积约9.81亿亩，比2009年增加近2000万亩；粮食产量近4亿吨，比2009年增加3300多万吨，约占同期全国粮食增产量的80%左右，为粮食连年增产做出重要贡献。同时，有关部门按照要求加大产粮大县农业科技推广力度，加快优良品种和先进栽培技术的推广应用，项目区粮食良种覆盖率达到95%以上，商品化供种水平达到85%以上，高产栽培技术推广到位率达到95%以上，粮食生产的科技水平明显提升，加上粮食生产基础设施条件的改善，产粮大县的粮食单产水平显著提高。2012年，800个产粮大县粮食平均亩产超过400公斤，比2009年提高25公斤，高出全国平均亩产50公斤左右。

二　油料生产基地建设

根据国务院办公厅印发的《关于促进油料生产发展的意见》（国办发〔2007〕59号）和国家发展改革委编制的《全国油料生产能力建设规划》，2012年国家继续安排中央投资用于油料生产基地建设，扶持主产区开展新品种培育、良种繁育、土地平整、灌排渠系、机耕路、地力培肥等田间工程设施，以及机械化生产示范等项目建设，加快高产、优质、早熟和适合机械化收获的新品种及配套高产栽培技术研究，形成旱能灌、涝能排、规模化、标准化的高产稳产田，促进油料生产的发展。截至2012年，国家发展改革委累计安排中央投资11.4亿元，按照突出重点、择优选建、发挥优势的原则，先后在湖北、四川、湖南、安徽、江苏等长江流域油菜籽主产区，以及河南、河北和山东等花生主产区建成了一批油料生产基地，改善了主产区育种研究、良种扩繁和田间基础设施条件，提高了油料单产水平和含油率，带动了其他地区油料生产的发展，为实现全国油料增产、缓解食用植物油供需矛盾、促进农民增收发挥了积极作用。

粮食流通

一 粮食商品量增加，商品率提高

2012年全国粮食商品量36505万吨，比上年增加2045万吨；粮食商品率为62%，比上年提高2个百分点。近年来粮食商品量和商品率持续提高的主要原因：一是粮食连年增产，直接增加商品粮数量；二是粮食生产集约化发展，可提供的商品粮源增加；三是农村消费方式改变，农户卖原粮再买成品粮及其制品的情况变得越来越普遍。分地区看，湖北、吉林、内蒙古、河北、安徽、辽宁、黑龙江和江西等8个粮食主产省（区）商品量增加较多，增量均在100万吨以上，其中吉林省增量超过370万吨。分品种看，小麦、稻谷、玉米三大主要粮食品种商品量均有不同程度增加，大豆由于产量减少，商品量有所下降。

二 粮食收购总量增加，分品种"两增两减"

2012年，各类粮食企业（包括国有粮食企业、重点非国有粮食企业和转化用粮企业）共收购粮食29015万吨（贸易粮，下同），同比增加772万吨。其中，收购小麦8423万吨、玉米12700万吨，同比分别增加396万吨、513万吨；收购大米6414万吨、大豆1037万吨，同比分别减少96万吨、62万吨。

（一）国有粮食企业收购量增加较多

2012年国有粮食企业收购粮食12364万吨，同比增加1921万吨。分品种看，小麦4871万吨，同比增加221万吨；大米2574万吨，同比减少225万吨；玉米4261万吨，同比增加833万吨；大豆564万吨，同比增加98万吨。收购增加的主要原因：一是在河北等6个小麦主产省启动了小麦最低收购价执行预案，小麦收购量增加；二是在东北三省和内蒙古自治区对玉米和大豆实行了临时收储政策，玉米和大豆收购量有所增加。由于政策性粮食收购增加，2012年国有企业收购量占各类企业收购总量的比重达43%，比上年提高3个百分点。

2012年共收购最低收购价粮2456万吨，其中小麦2317万吨，大米139万吨；国家临时存储粮607万吨，其中小麦3万吨、玉米282万吨、大豆322万吨。

（二）重点非国有粮食企业和转化用粮企业收购量略有减少

2012年多元主体收购量占全社会各类企业收购总量的57%。重点非国有粮食企业粮食收购10753万吨，同比减少142万吨，其中小麦、玉米、大豆收购量分别同比减少14万吨、132万吨、149万吨，大米增加126万吨。重点转化用粮企业收购5898万吨，同比减少8万吨，其中玉米、大豆收购分别同比减少188万吨、10万吨，小麦、大米分别同比增加188万吨、4万吨。

三 国有粮食企业销售量大幅减少

2012年，国有粮食企业累计销售粮食16829万吨，同比减少2093万吨。分品种看，小麦销售6930万吨，同比减少412万吨；大米2971万吨，同比减少638万吨；玉米4548万吨，同比减少1291万吨；大豆2188

万吨，同比增加196万吨。

国家政策性粮食销售出库1232万吨，同比减少2046万吨。其中销售最低收购价小麦873万吨、大米23万吨，销售临时存储小麦33万吨、大米9万吨、大豆294万吨。

四 粮油市场价格总体趋稳

2012年，我国粮食连续九年增产，为粮油市场价格保持稳定奠定较好基础。玉米和稻谷价格基本平稳，小麦和大豆价格涨幅较大。据监测，2012年末，国内各主要粮食品种主产区每50公斤市场收购价格为：小麦111.7元、玉米108元、早籼稻129.9元、中籼稻132.6元、晚籼稻132.5元、粳稻143.7元、大豆230.8元，分别比上年同期增长8.6%、2.5%、6.3%、1.4%、0.5%、1.7%和13.4%。受原粮收购价格上涨的推动，成品粮油零售价格也出现不同程度上涨。2012年末全国晚籼米、粳米和小麦粉每50公斤平均零售价格分别为216元、245元、184元，同比分别上涨4.3%、3.4%、2.8%；豆油、菜籽油和花生油每50公斤零售价格为589元、659元和1154元，同比分别上涨5%、5.4%和9.9%。

五 库存总量继续增加

（一）国有粮食企业库存同比增加

2012年，国有粮食企业收购增加、销售减少，年末库存增加。分性质看，最低收购价粮、国家临时存储和地方储备库存均不同程度增加，中央储备库存略有下降，企业商品周转库存减少较多。分品种看，除小麦库存下降外，其他品种库存均不同程度上升，库存品种结构进一步优化。分地区看，主产区库存比例上升，主销区库存基本持平，产销平衡区库存有所下降，库存区域不平衡的矛盾依然存在。

（二）非国有粮食企业和转化用粮企业的粮食库存基本稳定

各级粮食部门积极引导各类粮食企业理性入市，采取多种措施引导和规范非国有粮食企业的经营行为，鼓励多元主体参与粮食流通、搞活粮食市场、促进粮食产业健康发展。非国有粮食企业和转化用粮企业粮食经营量继续维持在较高水平，年末非国有粮食企业库存略有增加，转化用粮企业的粮食库存略有减少。

（三）城乡居民存粮继续增加

据调查，2012年末全国农户存粮27940万吨，比上年增加2920万吨，增幅为11.7%。农户存粮继续增长的主要原因：一是粮食总产量特别是秋粮产量增加较多，而秋粮收购主要集中在当年10月至翌年3月，年末农户家中存有较多待出售粮食；二是受国家最低收购价和临时收储价格的支撑，以及种粮成本的提高，农民待价而售的心理增强；三是农户储粮条件改善，以及家庭收入的多元化，也使得许多农户不再急于卖粮变现。分品种和地区看，农户小麦、玉米、稻谷、大豆和其他杂粮存量均不同程度增加。农户存粮增加主要集中在粮食主产区，其中河南、山东的小麦，江西、湖北和江苏的稻谷，吉林、山东、内蒙古和黑龙江的玉米等年末农户存粮增加较多。

2012年末全国城镇居民户存粮755万吨，比上年增加34万吨，增幅4.7%。城镇居民户存粮增加主要是城镇化率进一步提高和进城务工人员较多，使得城镇家庭存粮继续增长。

粮食调控

2012年，粮食调控工作坚持以科学发展观为指导，深入贯彻落实党中央、国务院的决策部署，紧紧围绕年初确定的"稳市场保供给"的中心任务，认真执行国家粮食政策，抓好粮食购销，夯实储备基础，健全监测预警和应急体系，积极应对国际粮价大幅波动的冲击，有效保证了粮食市场供应和价格基本稳定，为保障国家粮食安全，实现国家宏观调控目标，促进经济社会持续健康发展作出了积极贡献。

一　认真抓好粮食收购，促进农民持续增收

（一）粮食收购总量继续增加

粮食收购事关种粮农民利益，各级粮食部门对此高度重视，及早做出安排部署。认真抓好政策性粮食收购，促农增收；同时积极引导企业开展市场化收购，搞活流通。各地积极探索粮食收购新模式，努力掌握粮源，浙江、福建、广西等地将粮食直补与储备粮订单收购挂钩；新疆将粮食直补与农民交售商品粮数量挂钩，敞开收购，敞开直补。收购期间，各级粮食部门及时派出工作组，深入一线检查指导收购工作，督促企业严格遵守"五要五不准"收购守则，规范收购市场秩序，确保了收购工作顺利进行。据统计，2012年全国各类粮食企业收购粮食29015万吨（贸易粮，下同），同比增加772万吨。其中国有粮食企业收购粮食12364万吨，同比增加921万吨。

（二）政策性收购托市效果明显

2012年国家继续在主产区实行小麦、稻谷最低收购价政策，及时在部分主产区启动玉米、大豆、油菜籽临时收储，继续对新疆小麦实施国家临时收储。国家有关部门不断完善相关政策，有关地方和企业积极抓好落实，确保国家强农惠农富农政策执行到位。全年共收购政策性粮食3487万吨（含中央储备），油菜籽364万吨。初步匡算，由于政策性收购带来的托市效应，促进农民增收350亿元以上。

（三）收购中出现的新情况新问题得到妥善处理

坚持把保护农民利益放在首位，及时解决收购中遇到的困难和问题。明确了部分地区赤霉病小麦收购政策，加强技术指导和服务，帮助农民减少损失。下达政策性粮食露天设施存储计划585万吨，解决了主产区因仓容不足影响粮食收储问题。适当放宽青海临储菜籽油入库质量标准并延长收购时限，避免了农民卖菜籽难的问题。适当降低东北地区政策性粳稻、玉米水分扣量标准，并对粳稻给予烘干费用补贴。明确将东北地区色变粒玉米纳入临储收购范围，鼓励企业为农民提供代烘干服务，防止发生坏粮问题。延长南方地区中晚稻最低收购价预案收购时限（从2012年12月底延长到2013年1月底）和东北三省和内蒙古临时存储玉米的收购时限（从2013年4月底延长到2013年5月底），满足农民售粮要求。这些措施的实施收到了良好效果，有效地保护了种粮农民利益。

二 多措并举，稳定了市场供应和价格

（一）政策性粮食销售操作稳健

坚持常年常时向市场投放国家政策性粮食，适时调整竞价销售品种、数量和底价，释放明确的调控信号，引导和稳定市场预期。比如，在小麦启动托市收购后适当减少市场投放数量，在托市结束价格上涨时果断加大投放力度，对稳定小麦市场价格发挥了重要作用，这也说明国家有关部门在调控市场的具体操作上日益成熟和稳健。全年共成交政策性粮食1850万吨，保证了市场有效供给，维护了市场稳定。

（二）储备吞吐调节规范有序

在加强中央储备粮计划管理的同时，根据市场供求形势适时调整轮换计划，指导企业把握好轮换时机和节奏，坚持高抛低吸、削峰填谷，发挥好"蓄水池"作用，使储备轮换成为顺应市场调控的"正能量"。各地着力做好保供稳价工作，及时动用地方储备增加市场供给，山西、福建、广东、广西、云南等地积极利用平价粮店等供应网点，适时投放平价粮油，保持了市场价格稳定。2012年，在国际市场玉米、大豆等价格波幅超过50%的严峻形势下，国内市场粮油价格保持总体平稳的良好态势。

（三）灾区市场供应及时有力

云贵交界地区发生地震后，国家粮食局及时下发电报指导做好灾区粮油供应工作；两省粮食部门第一时间采取应急措施，迅速组织救灾粮油投放。"7·21"特大暴雨后，北京动用区县储备成品粮220吨投放市场，河北省保定市向灾区调运、供应成品粮310吨、食用油24585升。山西省临县"7·27"特大洪灾后，省粮食局紧急支援100吨面粉，并启动市级粮食应急预案，有力地保障了灾区粮油供应。

三 完善储备和应急体系，保障能力进一步提升

（一）粮油储备库存继续得到充实和提高

通过直接收购、轮换收购、进口转储等方式，补充国家政策性粮油库存，进一步夯实了宏观调控物质基础。各地抓住粮食丰收的有利时机适时增加地方粮油储备库存，部分地区完成国家指导性计划后还适当增加了储备规模。当年地方储备库存增加较多的有河北、江苏、广西、黑龙江、甘肃、河南、云南、福建、北京等省（区、市），成品粮储备库存增加较多的有安徽、内蒙古、四川、黑龙江、山西等省（区）。2012年底，全国地方储备粮和储备油以及成品粮、油库存均有所增加，地方政府的市场调控能力进一步增强。

（二）粮食应急处置能力有所提升

各地注重加强应急网点建设，山西、广西等地粮食部门积极与财政等部门协调，加大资金投入，升级改造应急加工企业和供应网点，提高了应急保障能力。2012年底全国已确定粮油应急加工定点企业5125家、应急供应定点企业14987家。2012年国家粮食局组织举办两期培训班，交流应急工作经验，提升了应急管理水平。湖北、重庆等省（市）开展了省级应急演练，还有13个省（区、市）开展了地（市）级演练，应急实战能力进一步增强。

（三）粮食跨区流动和产销合作稳步推进

2012年共下达国家政策性粮食跨省移库调运计划350万吨，促进粮食跨区流动，优化了库存布局，提高了销区和库存薄弱地区应对市场波动的能力。黑龙江、福建等省成功举办金秋粮食交易洽谈会、七省粮食产销协作洽谈会等大型产销合作会议，全年共签订购销合同2435万吨，有力地促进了粮食区域平衡。

粮食流通体制改革

2012年，全国粮食系统紧紧围绕年初确定的"稳市场保供给、强产业促发展"的中心任务，进一步完善体制，健全机制，转变职能，深化粮食流通体制改革，推进国有粮食企业改革和发展。

一　贯彻中央精神，全面部署粮食流通体制改革工作

2012年是实施"十二五"规划的关键之年。年初，国家粮食局召开全国粮食局长会议，认真贯彻落实中央关于粮食工作的方针政策。要求各级粮食部门抓住主题把握主线，把思想和行动统一到中央经济工作会议强调的稳中求进工作总基调和稳增长、控物价、调结构、惠民生、抓改革、促和谐精神上来；贯彻中央农村工作会议提出的强生产保供给、强科技保发展、强民生保稳定的要求；落实全国发展和改革工作会议关于加强重要商品特别是生活必需品的产运销衔接、充实粮油库存、合理安排粮油收储和投放的部署，紧紧围绕保障国家粮食安全和服务"三农"工作大局，加快推进粮食流通发展方式转变，大力推进粮食行业科学发展。强调粮食部门要坚持"为耕者谋利，为食者造福"的服务理念，以"稳市场保供给、强生产促发展"为中心任务，以"抓好收购促增收、加强调控保安全、深化改革转方式、提升产业惠民生、科学管粮上水平"为工作目标，确保粮食流通各项工作再上新台阶。

年中，召开各省（区、市）粮食行政管理部门主要负责同志参加的座谈会，提出将推动全面贯彻落实粮食安全省长负责制，实施粮食收储供应安全保障工程即"粮安工程"，作为粮食部门今后一段时期的忠言任务。会议对于全国粮食系统进一步解放思想、统一认识、把握形势、坚定信心，对于进一步深化粮食流通体制改革，加强和改善粮食宏观调控，健全保障国家粮食安全的产业体系和链式行政管理体系，都具有十分重要的意义。

二　积极尝试探索，为继续深化改革积累宝贵经验

各地认真落实中央精神，在改革中注重制度建设、注重政策创新、注重市场调控、注重责任落实，粮食流通体制改革顺利推进。浙江、广东、云南等地结合本省实际，调整粮食行政首长负责制的考核项目和考核指标，加大考核和奖惩力度；广东、山西等地逐级签订粮食安全责任状，促进粮食工作责任落实；陕西将地方储备落实情况纳入省对市考核内容，地方粮食储备全部充实到位。山西、黑龙江等地推进省级粮食部门对市级粮食部门的工作考核，粮食流通工作推进有力。这些措施的实行，促进了区域粮食供求平衡和市场稳定，保障了区域粮食安全，为粮食安全省长负责制在全国推进积累了宝贵的经验。

国家粮食局继续组织23个省（区、市）粮食部门，对8个主要粮油品种的产销和成本利润情况进行调查，研究提出粮食最低收购价格原则的建议和进一步完善粮食价格形成机制、加强粮食支持保护的政策措施建议。新疆在全区开展小麦"价格补贴、敞开收购"，提高种麦农户收益，广西、福建、

浙江等地将粮食最低收购价、直接补贴与地方粮食储备轮换相结合，体现"多种粮、多售粮、多收益"的原则，保护和调动农户种粮积极性，为完善粮食价格形成机制、调整粮食补贴方式作出了有益的尝试。

三　总结做法经验，以点带面推进基层改革

年初，组织部分县级粮食流通体制改革联系点和相关省级粮食行政管理部门，总结交流基层在深化粮食流通体制改革、发展现代粮食流通产业等方面的做法和经验，针对存在的问题，提出解决的政策措施建议。目前基层粮食工作中存在的突出问题主要有：一是粮食行政管理机构和职能弱化。有的县级粮食行政管理机构被降为二级局，有的被合并到其他部门仅保留牌子，有的被撤销，部分行政职能由企业行使，粮食行政执法机构、人员、经费难落实，地方储备难到位，调控市场缺少抓手，一旦发生较重的自然灾害或突发事件，或者出现市场异常波动，区域粮食安全很难保障。二是国有粮食企业困难较多，企业小、散、弱的状况没有根本改变，仓储等基础设施严重老化，信贷没保障，政策支持少，抗风险能力较差，做大做强难。三是国家在取消主产区粮食风险基金配套的基础上增加了风险基金规模，但支出范围并没有调整，地方用于粮食流通基础设施建设、市场调控、产业发展等方面的资金不足，粮食风险基金支出范围不适应粮食流通工作的需要。四是多数地方再执行粮食直补政策时，以计税面积作为补贴依据，无论是否种粮、种粮多少都给予补贴，无形中降低了种粮农民的补贴标准，影响了农民种粮积极性，直接补贴政策需要进一步完善。

针对存在的问题，各地积极推进改革，取得了较好成效。一是根据管理全社会粮食流通、开展粮食行政执法和粮食流通统计工作的需要，争取党委、政府和有关部门支持，落实粮食流通行政执法、监督检查、统计调查等职责、机构和人员，落实工作经费，推进政企分开和粮食行政管理职能转变。二是加强基层粮食仓储、物流设施和产业园区建设，通过多种措施解决国有粮食企业历史遗留问题，推进兼并重组和产权制度改革，大力扶持龙头企业发展，促进基层国有粮食企业做大做强，促进种粮农民增收，推进县域粮食经济发展。三是进一步加强粮食收储网络体系和供应网络建设，落实地方粮食储备，健全应急预案，增强应急保障能力，加大粮食流通监督检查和执法力度，维护县域粮食流通正常秩序，保持县域粮食市场稳定。

国有粮食企业经营管理与改革

2012年，全国粮食部门认真贯彻落实党的十八大精神，按照有利于保障国家粮食安全，维护粮食市场稳定，调动种粮农民积极性，发挥国有粮食企业主渠道作用的原则，指导国有粮食企业加快改革步伐，促进发展方式转变，取得了阶段性成果。

一　国有粮食企业加快兼并重组步伐

2012年，通过建立政府和企业、中央企业和地方企业、国有粮食企业和民营粮食企业交流合作平台，促进粮食企业跨地区资产重组，实现粮食企业产权多元化。各地粮食行政管理部门依据当地实际，结合国有粮食企业情况，制定和实施当地国有粮食企业改革方案，推进企业兼并重组，整合资源。2012年，河北省继续实施国有粮食企业"三年振兴工程"，重点推进县级国有粮食购销企业兼并重组，提升县级企业集中度。黑龙江省实施"一县一企"、"一企多库"改革方案，整合基层国有粮食购销企业，构建粮食流通网络新格局。江苏省按照"整合资源、内联外引、转型升级、跨越发展"原则，培育县级骨干国有粮食购销企业。湖南省整合省内国有粮食企业资源，组建了湖南粮食集团、天下洞庭（集团）有限责任公司、军粮集团。截至2012年底，全国国有粮食企业总数14867个，比2011年减少605个，减少3.9%；国有粮食企业改制数为10251个，占企业总数的69.0%，比2011年提高了2.1%。其中，国有粮食购销企业10348个，比2011年减少590个，减少5.4%；国有粮食购销企业改制数为7620个，占购销企业数的73.6%，比2011年提高了3.7%。

二　国有粮食企业积极转变发展方式

各地粮食部门指导国有粮食企业加快发展方式转变，提高发展质量和水平。一是鼓励有条件的地方发展粮食产业园，支持国有粮食企业结合"退城进郊"向粮食产业园集中。依靠粮食企业集群，充分发挥粮食企业各自优势，形成整体合力，推动粮食产业发展。二是支持国有粮食企业的粮食产业化龙头企业发展，完善粮食产业链。推动有条件的粮食产业化龙头企业向粮食生产、收购、加工、销售一体化经营转变，增强企业竞争力。扶持一批粮食产业化龙头企业建立粮食生产基地，促进土地适度规模经营，提高市场畅销的优质粮食产量，提高企业带动力和影响力。三是发展城乡粮油连锁经营。充分利用国有粮食企业现有仓储设施和场地资源优势，完善城乡服务网络，推进放心粮油进农村和社区。同时，建设主食产业化工程。以企业为主体，政府鼓励和支持，兴建城乡粮油食品配送中心，发展快餐连锁经营。四是积极做好粮食流通服务工作。探索"粮食银行"发展模式，建立粮食产业发展融资平台，推动国有粮食企业与中介组织合作，搞活粮食流通。2012年，北京粮食集团有限责任公司以"古船"等品牌为核心，全力打造放心粮油，切实提高首都粮食市场的保障能力。重庆粮食集团已建超市11个，计划改造各区县粮食公司在当地城市中心的粮油门面，今后三年开设超市160个。陕西省合理建立粮食购销网点，大力推进放心粮油和主食产业化工程，促进资产、资源向优势企业集中。

截至2012年底，全国国有粮食企业的粮食产业化龙头企业981个。2012年，全国全社会粮食企业粮食收购总量29015万吨，其中国有粮食企业收购12364万吨，占全社会粮食企业粮食收购总量的比重为43％。与2011年相比，粮食收购总量增加772万吨，其中国有粮食企业增加921万吨，比重增加2％。

三   切实解决国有粮食企业历史遗留问题

粮食部门积极争取政府和有关部门的大力支持，按照先易后难的原则，逐步解决国有粮食企业历史遗留问题。一是分流安置国有粮食企业富余职工。各地采取多种方式增加粮食职工就业岗位，鼓励粮食职工自主创业、自谋职业。截至2012年底，全国国有粮食企业职工总数579841人，比2011年减少16512人，减幅2.8％。其中国有粮食购销企业职工数423399人，比2011年减少26883人，减幅6.0％。2012年度，全国国有粮食企业安置富余职工10821人，其中购销企业8028人。1998年至2012年累计，全国国有粮食企业安置富余职工1355199人，其中购销企业894193人。二是提出了解决河南、湖北等10省（区）"开仓借粮"遗留问题的方案。2012年，国家粮食局会同国家发展改革委、财政部、民政部、中国农业发展银行等部门对这一遗留问题进行全面调查后，经国务院批准，联合印发了《关于切实解决"开仓借粮"遗留问题的通知》（国粮财〔2012〕17号）。明确对10省（区）1998年以来"开仓借粮"占用的贷款本息和相关费用，由省级财政从取消粮食主产区粮食风险基金地方配套换出来的资金或从部门预算资金中解决。要求各地在2013年8月前将落实情况报国务院和有关部门。三是将黑龙江、吉林两省粮食市场化改革以前库存的保护价粮、陈化粮销售后产生的价差亏损等纳入政策性粮食财务挂账。

四   争取和落实国有粮食企业改革和发展的优惠政策措施

为了创造良好的国有粮食企业改革环境，粮食部门积极主动与有关各方协商，争取和落实财政、信贷、税收等政策。一是拓宽融资渠道。2012年，国家粮食局、中国农业发展银行联合印发了《关于进一步加强合作推进国有粮食企业改革发展的意见》（国粮财〔2012〕205号），明确保证地方储备粮食增加储备数量的资金要求，支持国有粮食企业开展粮食收储、科技创新、升级改造等方面的资金需要。各地积极探索以农发行为主，多渠道筹资的方式。河北与交通银行等9个商业银行建立了信贷合作关系。河南与邮政储蓄银行合作，设立省直国有粮食企业共同担保基金，2012年发放贷款8亿元。重庆粮食集团采取发行企业债券、中期票据、短期融资等方式，2012年融资10亿元以上。二是争取财政资金。粮食部门主动与财政部门协商，积极编制申请财政资金的粮食物流、仓储设施维修改造、粮油精深加工、主食产业加工、粮食产业化发展、放心粮油示范工程等专项，中央和地方财政对国有粮食企业的投入明显加大。黑龙江省从2012年开始，每年安排2亿元专项用于粮油精深加工。"十二五"期间，安徽省安排10亿元用于粮食流通产业项目扶持。湖北省2012年安排资金3.24亿元，用于粮食物流、粮食市场等项目建设。三是争取和落实优惠税收政策。粮食部门积极与税务部门沟通，将国有粮食企业的各项减免税收优惠政策落到实处。浙江、宁夏、安徽等省（区）将军供企业纳入了免税范围。河北把政策性储备粮承储企业纳入了免税范围。四是提高保管费用补贴标准。为确保储粮安全，增加企业收入，中央财政提高2011年中央政策性粮食保管费用补贴标准以后，全国绝大部分省（区、市）不同程度调高了地方储备粮食保管费用补贴标准。山东、江西、福建、海南、重庆、青海、广西、四川等省（区、市）将地方储备粮食保管费用补贴标准提高到每年每斤5分钱及以上。云南省从2011年开始，对承储省级储备粮食的企业实行定期考核，以奖代补。

五　国有粮食企业经济效益再上新台阶

国有粮食企业在改革中竞争力、影响力增强，经济效益显著提高，职工收入水平稳步增长。全国国有粮食企业统算，2012年实现利润79.5亿元，比2011年增长12.8%。全国27省（区、市）实现盈利，盈利面占87%。北京、山东、江苏、吉林、河北、广东、安徽、上海、新疆、浙江等10省（区、市）盈利都过亿元。

粮食流通监督检查

2012年，全国粮食监督检查工作紧紧围绕"稳市场保供给，强产业促发展"的中心任务，认真组织粮油库存检查，创新检查方式，强化问题整改落实，确保粮食库存安全。加强政策性粮食购销活动和社会粮食流通监督检查，严肃查处涉粮案件，维护粮食市场正常秩序，在推进监督检查体系建设和创建示范单位活动等方面取得新的进展。

一 创新检查方式，认真组织开展全国粮食库存检查

2012年，国家继续组织开展了粮食库存检查工作，对重点地区粮食库存开展全面清查。首次委托辽宁、江苏、安徽、河南、广西、四川等6个试点省（区）粮食部门，对行政区域内中央储备粮和纳入检查范围的所有粮食库存进行了在地清查。各地高度重视，加强组织协调，制定检查方案，培训检查人员，建立检查责任制，全面完成了委托检查任务。粮食库存委托检查，推动了中央和地方监管合力的形成，增强了检查效果，为在《粮食法》制定中强化中央储备粮库存监管提供了实践支撑，丰富了粮食安全省长负责制的内涵。国家粮食局对库存检查中发现的涉及中央事权粮食管理的问题，梳理了9类62项，向中储粮总公司发出了整改通知。中储粮总公司高度重视，严肃整改，对1个分公司、16个直属库进行了通报批评，对38名责任人给予了行政处分或经济处罚。各地对地方事权粮食库存管理中的问题，坚持边检查、边整改，完善库存管理责任制度。检查结果表明，各类性质粮食库存数量真实，质量总体良好，储存比较安全。粮食库存检查工作得到了国务院领导的高度重视，时任国务院总理温家宝同志在2012年全国粮食库存检查情况报告上作出了重要批示，要求建立责任制度，认真解决这次检查中发现的问题，切实加强各项管理措施。国家有关部门正在抓紧研究进一步强化粮食库存管理的措施意见，以推动粮食库存管理水平的进一步提高。

二 结合重点工作，首次组织开展国家临储油专项检查

为巩固2011年全国油脂库存普查成果，2012年下半年，国家粮食局首次组织开展了油脂库存专项检查工作，重点选择浙江、江西、湖北、湖南、贵州、青海6个油菜籽主产省，对2011年、2012年两年收购的国家临时存储油库存的账实相符、质量卫生和仓储管理情况，以及临储菜籽油加工集并和入库储存政策落实情况进行检查。这次检查主要针对重点地区、重点环节和重点品种，是增强工作针对性、检查方式多样化的一次探索，为下一步引入其他检查方式、建立灵活高效的检查工作机制积累了实践经验。

三 服务宏观调控，加强粮食购销政策落实情况和社会粮食流通的监督检查

收购监督检查。2012年夏、秋粮油收购工作开始前，国家粮食局认真分析粮食收购市场形势，

根据粮食最低收购价执行预案和国家临时存储政策，及时下发文件，指导各地粮食部门依据《粮食流通管理条例》和政策规定，结合本地实际，认真组织开展粮食收购专项检查。收购期间，国家粮食局派出工作组，深入安徽、江西、山东、湖北、湖南等主产省检查指导粮油收购工作。各地按照收购预案和国家粮食局开展夏、秋粮油收购检查通知的要求，精心组织部署，严格规范检查，督促委托收储库点遵守"五要五不准"收购守则，纠正、查处收购中"打白条"、压级压价、"转圈粮"等违规行为，维护了粮食收购市场秩序，促进了农民种粮增收和国家掌握必要的调控粮源。江苏各级粮食部门会同中储粮直属企业对托市收购库点进行全面检查。江西在启动中晚稻最低收购价预案后同步部署政策执行情况检查。新疆严肃查处国家临储小麦收购违规行为，对拒不履行处罚决定的企业，申请法院强制执行。2012年夏、秋粮油收购市场秩序总体平稳，抬级抬价抢购等违规现象得到有效治理，实现了收购数量稳中有增。

销售出库监督检查。2012年5月，国家发展改革委和国家粮食局印发了《国家政策性粮食出库管理暂行办法》（以下简称《办法》），进一步明确了有关部门和单位对政策性粮食销售出库工作的职责分工和纠纷处理程序，细化了违规法律责任。国家粮食局督促各地粮食部门切实按照《办法》要求，密切与粮食批发交易中心联系，跟踪政策性粮食竞价销售出库动态。各级粮食部门按照《办法》规定和国家粮食局要求，积极督促承储库点履行出库义务，严肃查处拖延阻挠出库、额外收取费用等违规行为。河北、山西、内蒙古、黑龙江等省（区）主动与粮食交易市场沟通，及时公开竞拍成交信息，组织有关市、县粮食部门全程跟踪检查。甘肃采取现场核查、电话问询等方式，督促承储企业履行出库义务，按质按量及时出库。山东、河南等省对政策性粮食出库违规行为进行了严肃查处。总体看，2012年政策性粮食销售出库总体顺畅，检查工作也有力推动粮食收购企业严把收购质量关，政策性粮食质量好于上年。

社会粮食流通监督检查。指导各地按照国家粮食局的要求，结合本地粮食流通实际，加强全社会粮食流通监督检查工作，普遍开展了粮食收购资格核查，加强了对地方储备粮监管、粮食质量监管、执行最高最低库存制度和落实应急预案情况检查，开展省际间联合执法等工作。河北、山西、吉林、浙江、福建、广西等省（区）对地方储备粮规模到位情况、出入库质量情况等开展了专项检查，新疆生产建设兵团对委托收储企业采取了巡回检查、驻库检查，江苏、湖南、广东、宁夏等省（区）加强对粮食经纪人的监管，天津、河北、湖北、贵州等省（市）对粮食经营企业履行最高最低库存量义务情况进行了检查，山西、山东、河南、四川、江西、贵州等省开展了粮食应急预案落实情况检查，安徽、江西、湖北三省毗邻地区建立了"三省八市（县）联席会议制度"。此外，江苏、上海、河南、海南、西藏等省（区、市）配合工商、质检等部门对粮油加工、销售经营行为开展检查。这些工作的扎实开展，有效维护了粮食流通秩序。

据统计，2012年各地开展各类检查91743次，其中政策性购销检查8966次，出动人员379236人次，检查企业324102个次。查办违规案件16915例，其中政策性粮食违规案件829例。

四 以示范带全面，扎实开展第二批示范单位创建工作

全国粮食流通监督检查示范单位创建工作始于2011年，首批确定了49个全国粮食流通监督检查示范单位，成效显著，较好地发挥了示范带头作用。2012年国家粮食局继续开展粮食流通监督检查示范单位创建工作，为确保示范单位质量，国家粮食局组成10个工作组，对各地推荐的候选单位进行了实

地审核。本着积极稳妥、优中选优的原则，确定了第二批全国粮食流通监督检查示范单位59个。这些示范单位基础工作实，监管制度全，监管方式新，执法力度大，工作较规范，形成了很强的示范效应。一些地方还开展了省级示范单位创建活动，取得了较好效果。通过创建活动，使粮食监督检查工作得到了地方党委政府的进一步重视，监督检查机构、人员、经费的支持力度进一步加大，执法力量得到加强，粮食行政执法的社会影响力得到提升。

五　强化粮食流通监督检查体系建设

一是机构和队伍基本稳定。截至2012年末，全国市、县两级粮食部门设立监督检查机构302个和1819个，分别占市、县总数的86%和74%；建立粮食执法队1548个，占市、县两级粮食部门总数的55%，河北等8省（市）85%以上的县（市）成立了执法队；取得粮食监督检查执法资格的人员约2.5万人，机构和队伍稳中有增。各地初步完成了省级粮油库存检查专业人才库建设，向国家专业人才库推荐业务骨干554名，为建设一支熟悉政策、精通业务、经验丰富、能胜任重大检查任务的专家型检查队伍奠定了基础。

二是各项基础工作进一步加强。各省（区、市）粮食局按照国家粮食局的要求，加强对基层粮食部门建立监督检查工作日志制度的指导，并将其作为实施层级监督的有力抓手。各地开展了形式多样的粮食监督检查行政执法培训，提高了检查人员的法律素养和业务能力。积极落实检查工作经费，配备调查取证工具，切实保障监督检查工作的正常开展。截至2012年末，各地粮食部门已对5.8万个粮食经营企业建立了监管信息档案，一些地方还通过档案管理电子化实现了信息共享，探索建立了粮食经营诚信评价体系。

粮食法治建设

2012年，粮食部门依法行政、依法管粮扎实推进，有效维护了粮食流通市场秩序。

一 积极推进《粮食法》立法工作

2012年1月9日，国家发展改革委将《粮食法（送审稿）》上报国务院。2月21日，国务院法制办面向全社会公开征求意见。全国粮食系统积极配合反馈意见建议。为推进《粮食法》立法进程，国家粮食局积极配合国务院法制办，对中央有关部门、地方人民政府、社会公众等反映的对《粮食法》的意见建议进行整理，及时提供相关资料和立法建议。积极配合国务院法制办、全国人大的立法调研，主动汇报沟通有关情况，积极推动相关工作。

二 继续做好粮食法制宣传教育工作

根据《全国粮食行业法制宣传教育第六个五年规划（2011–2015年）》，结合2012年粮食流通重点工作，研究制定2012年粮食行业普法依法治理工作要点。

在《粮食流通管理条例》颁布实施八周年之际，组织开展了八周年宣传活动。一是国家粮食局局领导就条例颁布实施情况、当前粮食工作的热点问题等进行在线访谈；二是召开条例八周年座谈会，总结交流各地贯彻落实条例的有关情况，并对进一步加强和完善粮食立法，提出意见建议；三是组织各地粮食部门开展形式多样的宣传活动；四是开设网上宣传专栏，对宣传活动进行及时报道。

三 认真开展行政审批制度改革工作

2012年，"地方粮库划转中央直属粮食储备库（站）审批"项目的实施机关由国家发展改革委、国家粮食局、财政部、农业部等4个部门调整为国家发展改革委、国家粮食局。研究提出了保留的行政许可项目建议。

2012年，各级粮食行政部门依照法定职责，加强对粮食收购资格的审核认定和已取得资格企业的管理。国家粮食局受理了3家中央企业粮食收购资格申请，授予资格2家。截至年底，全国取得粮食收购资格的经营者共8.25万家，其中国有企业1.57万家，多元市场主体6.68万家。组织开展了2批中央储备粮代储资格认定工作。截至2012年底，全国共有1761户企业取得了粮食类代储资格，取得资格仓容9717万吨；193户企业取得了油脂类代储资格，取得资格罐容332万吨。

四 扎实做好全社会粮食流通监管

（一）认真组织开展全国粮油库存检查

国家粮食局会同有关部门联合部署了全国粮食库存检查，并首次委托辽宁等6省（区）的省级和市级粮食行政管理部门在地检查中央储备粮库存。各地共组织了2653个企业自查督导组、719个市级普查组、245个省级复查组，按照规定程序和方法对粮食库存进行认真检查。加大督促整改力度，将涉及地方事权粮食库存管理的问题交地方粮食等有关部门边查边改，将涉及中央事权粮食库存管理的突出问题向中储粮总公司下达书面整改意见。组织浙江、江西、湖北、湖南、贵州、青海等6省开展了国家临时存储油库存专项检查，为进一步强化粮油库存检查和丰富检查方式提供了实践依据，取得了较好的效果。

（二）严肃查处涉粮案件

2012年，全国粮食行政管理部门加大了全社会粮食流通监管，严肃查处涉粮案件，重点加强了对粮食收购、政策性粮食购销、粮油库存管理、粮油质量管理等的监督检查。据统计，2012年各地共开展各类检查91743次，其中政策性粮食购销检查8966次，检查企业324102个次，查办违规案件16915例，其中政策性粮食违规案件829例。

（三）加强粮食质量安全监管工作

落实国务院食品安全委员会第四次全体会议精神和国务院办公厅《2012年食品安全重点工作安排》，加强粮食质量安全监管工作的组织领导，进一步细化和分解分工任务，制定具体落实措施和意见。完成了第四批72个国家粮食质量监测机构的授权挂牌工作。对省级粮食行政管理部门开展质量监管工作情况进行综合考核，建立粮食质量安全监管考核评价制度和监管责任追究制度。继续开展全国收获粮食质量调查和质量安全监测，及时通报部分地区存在的粮食质量安全隐患。组织开展库存粮油质量安全专项检查，严防不符合食品安全标准的粮食流入粮食市场。

粮油标准化与质量安全监管

一 粮油标准制修订和标准化体系建设

（一）标准制修订和实施工作

2012年，国家粮食局组织审定国家和行业标准67项，报批国家标准3项。国家标准委发布实施粮油国家标准1项；国家粮食局发布实施了粮食行业标准29项。

2012年，国家粮食局抓好重点标准制修订工作。为扭转《小麦粉》国家标准长期无法发布实施、标准严重滞后的现状，尽快规范小麦粉产品规格和生产，国家粮食局再次协调国家标准化主管部门，希望能尽快发布实施新的《小麦粉》国家标准；按照国务院食安办的要求，完成了《食品安全国家标准 食用植物调和油》标准草案的起草，并上报卫生部；积极参与《食品安全国家标准 食品添加剂使用管理标准》（GB2760）等食品安全标准的清理和制修订工作；配合商务部等部门做好进口大豆油溶剂残留限量标准工作，为争取国际贸易有利地位提供技术手段。

（二）国际标准化工作

2012年，作为国际标准化组织谷物与豆类分技术委员会秘书处具体承担单位，国家粮食局标准质量中心踏踏实实做好分委员会的管理、组织和协调工作，稳步推动谷物与豆类国际标准化各项工作向前进展；作为谷物与豆类分委员会的P成员国对口负责单位，代表国家认真履行P成员国义务，积极推进我国所承担的国际标准制修订项目按期完成，组织国内专家参与国际标准制修订文本的修改和投票。

2012年，秘书处按照ISO导则时间框架要求，稳步推进国际标准的制修订工作。发布了ISO11746：2012大米-籽粒生物学特性的测定、ISO11747米饭颗粒硬度测定、ISO5530-2：2012小麦粉-面团物理特性-第二部分：拉伸仪测定流变学特性3项标准；ISO5526名词术语、ISO5527词汇、ISO5530-1布拉本德粉质仪测定面粉吸水率和面团流变学特性、ISO11715小麦粉-安培法测定损伤淀粉、ISO17718全麦粉和面粉-混合升温对流变学特性影响的测定、ISO20483凯氏定氮法测定粗蛋白含量等6项标准项目推进到FDIS阶段；ISO6647-1大米-直链淀粉含量测定-参比法和ISO6647-2大米-直链淀粉含量测定-常规法两项标准项目推进到DIS阶段。

作为国内对口单位投票人，认真履行P成员国的义务，组织国内专家按期完成正在制修订中的10个不同阶段的项目的投票工作；对ISO/TC34/SC4复审的7项标准组织专家进行了文本研究并提出复审意见。

2012年，秘书处积极引导更多国家参与谷物与豆类国际标准化工作。通过利用各种机会与有关国家联络，埃塞俄比亚、爱尔兰和德国已经从观察员（O成员）升级为正式成员（P成员）国，奥地利和黑山成为O成员，参与分委员会国际标准化工作的程度进一步得到提高。

（三）粮油标准化基础工作

2012年，国家粮食局启动了全国粮油标准化技术委员会的换届，以及粮食与制品、贮藏与物流、油料与油脂和机械与仪器等四个分技术委员会的筹建准备工作，以进一步发挥全国粮食系统的科研院所、大学和大型企业的重要作用，为更广泛地动员社会力量参与粮油标准化工作打下基础。

2012年，为进一步提高全国粮油标准化研究、制修订的能力和水平，按照《标准化法》的要求，国家粮食局启动了国家粮油标准研究验证测试体系建设工作。拟在全国粮食质检机构和相关科研院所、院校、大型企业中，选择条件较好的单位进行挂牌，形成国家粮油标准研究验证测试体系，此举将进一步整合粮油标准技术力量，促进粮油标准的科学性、合理性。

2012年，国家粮食局积极推进《我国中筋小麦及蒸煮食品品质评价标准的研究》、《粮食安全储存主要指标与标准研究》等国家级标准科研项目的研究工作。已完成6项国家标准和行业标准的标准草案和立项申请，发表论文11篇，并在国际和国内学术会议上做学术报告7次。

2012年，在国家标准委的统一领导下，国家粮食局完成了对四个第六批全国农业标准化示范区的考核验收工作，对标准化示范区取得的成果进行了认真总结，对示范过程中遇到的问题进行了仔细研究，以推动标准实施工作更好的开展。

二　粮食质量安全监管体系建设

2012年，各级粮食行政管理部门认真贯彻落实党中央、国务院关于粮食质量工作的决策精神以及国务院食品安全委员会的各项工作部署，按照"机构成网络、监测全覆盖、监管无盲区、系统无风险"的工作目标，积极开展粮食质量安全监测和库存粮油质量安全检查，建立健全粮食质量安全监管长效机制，着力推进粮食质量检验监测体系和粮油标准体系建设，妥善处置应对突发性粮食质量安全事件，有效保障了流通环节粮食质量安全。

（一）加强粮食质量监管制度建设

2012年，许多省级和地市级粮食行政管理部门结合本地的实际情况，制定出台了一批地方法规和制度性文件，为依法开展粮食质量监管、规范粮食经营活动、维护粮食流通正常秩序提供了规章、制度保障。内蒙古自治区修订了军供粮源统筹管理暂行办法；湖北随州制定了《粮食质量经营规范实施细则》，湖北蕲春制定了《粮食收购质量安全承诺制度》；湖南长沙推进实施粮油食品安全工作月报、季报、半年报、年报制度，岳阳与多家粮油经营者签订质量安全责任状，切实落实企业质量安全主体责任；广东省制定了军粮质量管理暂行办法和规范粮食行政管理部门行政处罚自由裁量权的适用规则；陕西、宁夏等省（区）制定了粮食质量管理工作评估考核暂行办法；贵州省出台了粮食质量监管实施细则等。

（二）认真履行国务院食品安全委员会成员单位职责

1.贯彻落实国务院食品安全委员会第四次全体会议精神和国办《2012年食品安全重点工作安排》，加强粮食质量安全监管工作的组织领导。制订了《国家粮食局关于做好2012年粮食质量安全重点工作的通知》，对2012年粮食质量安全重点工作做出了安排和部署，并召开全国粮食质量安全监管工作会议，传达贯彻国务院食品安全委员会第四次全体会议精神。

2.研究制定贯彻落实国务院加强食品安全工作决定的具体意见。印发了《国家粮食局关于全面贯彻落实贯彻落实〈国务院关于加强食品安全工作的决定〉的通知》，对涉及粮食部门的工作进行了认真梳理，进一步细化和分解任务，制定具体落实措施和意见，要求各省级粮食行政管理部门贯彻执行。

3.认真做好食品安全宣传周工作。根据国务院食品安全办《关于进一步加强组织领导确保全国食品安全宣传周活动有序开展的通知》的部署，与国务院有关食品安全监管部门共同配合开展食品安全宣传周活动，并认真组织粮食局主题宣传日活动。通过开展放心粮油主题活动、粮油科普讲座、粮油科普展示、启动夏粮收购调研等活动，宣传普及粮食质量安全政策法规和科普知识，努力营造人人关注粮食质量安全的社会氛围，对粮食质量安全监管工作起到了积极的推动和促进作用。

4.认真做好食品安全督查工作。按照国务院食品安全委员会关于开展2012年食品安全督查工作的有关部署和要求，认真组织实施对内蒙古和湖南两省（区）食品安全督查工作。根据督查工作的具体要求，制订了督查方案和现场评估表，深入基层、深入一线现场开展督查工作，达到了督促和推动食品安全工作的实际效果。一些地方粮食行政管理部门也根据当地食品安全综合协调机构的要求，参与开展了食品安全督查，进一步推动了粮食质量安全工作。

（三）建立启动全国粮食质量监管工作评估考核机制

各地粮食行政管理部门全面加强对粮食质量安全监管工作的组织领导，所有省级粮食行政管理部门全部明确了粮食质量安全监管机构和职责，逐步推进粮食质量安全地方负责制。国家粮食局进一步加大对质量安全工作的督促检查和考核评价力度，逐步完善粮食质量安全工作奖惩约束机制。

1.制定《粮食质量监管工作评估考核暂行办法》。按照国务院关于加强食品安全工作评估考核和适时开展督促检查的要求，为强化监管责任落实，进一步推进粮食质量安全监管工作，于2012年制定出台了《粮食质量监管工作评估考核暂行办法》，自2012年起对省级粮食行政管理部门履行粮食质量安全监管职责等情况进行考核，考核内容和要求根据每年的质量工作年度计划确定。

2.组织开展了2011年度质量安全监管工作的考核。对各省（区、市）粮食行政管理部门落实《国家粮食局关于做好2011年粮食质量安全重点工作的通知》的有关情况进行了考评，考评采取各省（区、市）自查并报送自查报告和国家粮食局派员现场抽查的方式进行。考评结束后，国家粮食局根据综合成绩对被评为"2011年度全国粮食质量监管工作先进单位"的辽宁、陕西、湖北等16个省（区、市）粮食行政管理部门进行了全国通报。

（四）认真组织开展粮食质量安全监测抽查

1.积极开展粮食行业"潜规则"治理活动。2012年，针对食品行业"潜规则"问题突出、安全隐患凸显的现象，国家粮食局要求地方各级粮食行政管理部门进一步增强风险管理意识，坚持预防为主、防患于未然的原则，将隐患排查与日常监管、风险监测和专项抽查等工作相结合，全面梳理粮食质量安全隐患和监管薄弱环节，组织对粮食收购、储存、运输、加工和销售等环节可能存在的"潜规则"问题进行全面深入排查，认真梳理了现阶段的防范措施。在粮食扞样、送样、检验、结果报送等环节积极构建粮食行业防范和治理"潜规则"等问题的长效机制。同时加强对检验机构和检验人员的管理，确保检验数据的公平、公正和准确有效。通过加强督促和管理，坚决消除质量监管工作中的"潜规则"与隐性行为，确保不发生系统性粮食质量安全风险。

2.开展收获粮食质量安全监测。近年来，受种植环境污染和异常气候影响等因素，一些地方粮食质量安全隐患日益突出。为了加强监测预警，合理指导粮食收购，从国家层面不断对新收获粮食的质量安全监测。2012年，国家粮食局在全国31个省（区、市）采集新收获小麦、稻谷、玉米样品，进行卫生安全项目全面检验监测。同时要求各省级粮食行政管理部门结合本省（区、市）实际和近年来的监测结果，按照国家级监测计划扩大2～3倍采样量，组织开展省级收获粮食质量安全监测工作，切实起到预警和指导收购的前瞻性作用。2012年全国共采集样品近5200份，获得检验数据5.2万个。

3.督促做好新收获小麦质量安全把关工作。针对部分省份由于遭遇复杂多变气候，特别是小麦抽穗扬花或收获期间遭遇连续阴雨天气等原因，导致这些地区小麦存在不同程度的生霉和赤霉病粒等质量安全隐患。为确保流通领域粮食质量安全，国家粮食局紧急下发了《关于做好2012年新收获小麦质量安全把关工作的通知》，要求各地粮食部门切实加强组织领导，严格落实工作责任。相关省级粮食行政管理部门积极开展处置工作，指导有关地区一手抓好定向收储，一手抓好粮源管控，既帮助农民减少损失，又不让病害小麦流入口粮和饲料市场。另外，为帮助农民减少损失，合理利用粮食资源，有关省份各级粮食行政管理部门，对小麦赤霉病发生较重的地区，专门派出技术人员，积极为售粮农民提供技术服务与帮助，指导农民通过风扬、过筛、整晒等措施，对赤霉病小麦进行处理，尽量降低赤霉病粒含量，提高小麦质量等级和卫生合格率，最大限度地减少损失。并相应在2012年夏收、秋收中，加强了对执行标准和验质定等工作的调研和监督检查。由于工作部署早，相关省份动作快，措施得力，2012年粮食收购工作得以顺利完成，基本实现了"积好粮"的工作目标。

4.开展库存粮油质量安全专项检查。2012年粮食库存专项检查，全国31个省（区、市）的584个库点共扦取样品1183份，代表粮食数量224.3万吨，样品实行跨省交叉检验或就近集中检验，取得检验数据2.37万个。抽查结果显示：库存粮食质量总体良好，质量达标率为94.7%，宜存率为98.3%；但个别库点存在水分、杂质、不完善粒较高等储粮安全隐患问题。相关省份粮食行政管理部门针对问题粮食及时妥善处置，加强全程监控，严防不符合食品安全标准的粮食流入口粮市场。另外，对部分省份的政策性油脂进行了质量检查，共在27个企业抽检样品130份，代表数量28.4万吨，质量合格率98.5%。

（五）积极推进完善粮食质量检验监测体系

2012年，各级粮食行政管理部门抢抓机遇，按照《全国粮食质量安全监测能力"十二五"建设规划（2011－2015年）》要求，上下互动、多措并举，着力推进粮食质量安全检验监测体系建设，为粮食质量安全监管提供了坚强有力的技术支撑和保障。

1.全面加强体系建设。2012年，各地粮食部门重点推进了粮食主产地区及薄弱地区和不平衡地区的体系建设工作。截至2012年底，全国粮食检验机构共有742个，其中省级32个，地市级279个，县级431个。通过计量认证的机构共计422个。2012年，全国有39个粮食检验机构转为财政全额拨款单位，9个机构由自收自支转为财政差额拨款单位。目前检验机构在职人员5000余名。其中中级职称及以上的2000余名，占总人数的近一半；大专及以上学历的近4000名，占总人数的近80%。各级检验机构全年检测样品近30万份，为确保国家粮食质量安全、维护粮食流通秩序起到了重要作用。在此基础上，国家粮食局继续推进监测薄弱地区的国家粮食质量监测机构建设，2012年有29个检验机构通过考核纳入了国家粮食质量监测体系。

2.大力加强粮食检验能力建设。按照国务院关于加强食品安全监测能力建设的要求，各级粮食行政管理部门积极争取财政资金，加大监测机构的仪器设备投入，加强基础设施建设。2012年国家发展改革委下达粮食质量安全检验监测能力建设项目中央预算内投资3亿元，地方配套3亿元。截至2012年底，全国粮食检验机构办公场所和实验室总面积达34万平方米，现有2000元以上检验仪器设备2万余台套，仪器设备总原值近8亿元。粮食检验监测机构布局和检验检测技术资源配置得到进一步优化，各级监测机构充分发挥粮食质量安全技术服务和前哨作用，积极开展检验监测、社会公共服务和基础研究等工作，成为加强粮食质量安全监管的重要基础性技术力量。

　　3.进一步提升检验队伍技术水平。2012年，国家粮食局扩大了培训范围，重点组织260个国家粮食质量监测机构的技术骨干489人，开展了粮食中重金属项目检验技术专项培训和国家粮食质量监测中心现场比对考核工作。参加考核的30个单位中有22个单位获得"优秀"成绩，6个单位获得"良好"成绩。通过现场检验比对考核，及时发现了检验操作中存在的问题，机构间检验结果的一致性有了显著的提高。各省（区、市）也加强了本地区各级粮食检验机构的技术管理和培训考核，据统计，全年共培训质检人员近6000人次，粮食质检从业人员的技术水平和执业素质得到显著提升。

三　主要粮食收获质量与品质状况分析

　　2012年，国家粮食局继续组织开展国家级小麦、稻谷、玉米、大豆和油菜籽等主要粮食、油料作物收获质量调查和品质测报工作。收获质量调查继续采用统一采样、集中会检的方式进行，质量会检从20个省（区）的240个市860个县采集样品8095份，会检出数据近9万个。各有关省份按照统一部署，积极组织开展了省级收获粮食质量调查和品质测报工作，开展省级质量调查工作的14个省份，共计检验样品1.6万份，涉及144个市的726个县（区），取得检验数据18万个；12个省份开展了品质测报工作，这些省从124市600个县（区）共采集检测样品7917份，获得检验数据12.2万个。收获质量调查和品质测报结果比较客观地反映了全国粮食主产区新收获粮食的常规质量和内在品质状况。国家粮食局和各级粮食行政管理部门采取多种形式，及时发布通报了收获粮食质量调查和品质测报的质量信息，指导粮食收购和种植结构调整，促进产销衔接。

（一）稻谷质量和品质

1.早籼稻

收获质量。2012年，全国早籼稻整体质量基本正常。安徽、江西、湖北、湖南、广东、广西6省（区）质量会检结果是：出糙率平均值77.8%，一等至五等的比例分别为28%、41%、23%、6%、1%，等外品为1%，中等（三等，出糙率不低于75%）以上的占92%，较上年提高3个百分点；整精米率平均值57.3%，其中不低于50%（一等）的比例为91%，属正常年景；不完善粒平均值4.3%，为近年来最少。分省看，安徽整体质量为近年来较好水平，江西、湖北、湖南、广西基本正常，广东整精米率略有下降。

浙江省质量调查结果表明，全省中等以上比例为96%，与上年基本持平；整精米率平均值为54.9%，较上年有所下降，不低于50%的比例为80%，较上年略有提高，不低于44%的比例为97%，与上年持平。

品种品质。2012年，湖北、广东2省品质测报结果表明：湖北82个优质（优良）品种早籼稻样品全项目符合国家优质籼稻标准的比例为2.4%，较上年降低1.5个百分点，垩白度、垩白粒率偏高仍是制约达标的主要因素，直链淀粉含量较高、整精米率较低也影响了达标率。分地区和品种看，荆州市种植的两优287、黄冈市的天两优616、天门市的嘉育948等表现较好；武汉市的鄂早18、金优402、株两优112，宜昌市的湘早籼11号部分样品也表现出一定优质性状。

广东全项达标比例为8.4%，较上年提高6个百分点，不完善粒、垩白度仍是制约达标的最主要因素。分地区看，广州、汕头达标率超过50%；分品种看，广州市的粤华丝苗、韶关市的赤壳占、早银占、汕头的杂优、肇庆市的Y101、梅州市的深优、中山市的金农丝苗和云浮市的中软等品质表现较好。

2.中晚籼稻

收获质量。2012年，我国中晚籼稻总体质量较好，等级比例与往年基本持平，整精米率明显提高，不完善粒较少。湖北、湖南、江西、四川、安徽、广西、河南、广东8个主产省（区）质量会检结果为：出糙率平均值78.0%，一等至五等的比例分别为29%、48%、19%、3%、1%，中等以上的占96%；整精米率平均值63.3%，其中不低于50%的比例为95%，二项指标均为近年来最高；不完善粒平均值3.9%，为近年来较好水平；谷外糙米平均值0.3%，超标比例（大于2.0%）约占1%。分省看，江西、四川整体质量为近年来最好水平，湖北、湖南、广东整体质量正常，安徽、河南、广西为近年来较低水平。

浙江、福建、贵州3省质量调查结果表明：浙江整体质量正常，平均出糙率78.9%，中等以上的超过99%，平均整精米率59.8%，其中不低于50%的比例超过91%，各项指标均与上年基本持平。福建整体质量正常，平均出糙率77.5%，中等以上比例占96%，均与上年基本持平；平均整精米率57.9%，其中不低于50%的为85%，较上年下降5个百分点，大于等于44%的比例为99%，与上年持平。贵州平均出糙率77.9%，中等以上的为92%，整精米率平均值53.8%，其中不低于50%的比例为76%，不低于44%的比例为78%。

品种品质。2012年，浙江、福建、湖北、广东4省测报结果表明：优质（优良）品种中晚籼稻全项目符合国家优质籼稻标准的比例分别为：广东45.5%，较上年提高9.4个百分点；福建10.8%，较上年提高3.8个百分点；湖北6.6%，较上年降低5.2个百分点；浙江18.4%，较上年降低10.1个百分点。

浙江共采集样品359份，主要包括甬优9号、甬优12号、中浙优1号、中浙优8号、甬优15号等。食味品质、出糙率、胶稠度、不完善粒和垩白粒率5项指标达标率较上年提高，整精米率、直链淀粉含量和垩白度3项指标达标率较上年下降。垩白度过高是限制达标率的主要因素，垩白粒率过高、直链淀粉含量偏低也影响了达标率。分地区和品种看，杭州的甬优9号、甬优12号、甬优15号、中浙优8号和丰两优四号，宁波的甬优9号、甬优12号和甬优15号，温州的甬优6号、甬优9号和甬优15号，湖州的中浙优8号，绍兴的甬优9号、甬优12号和甬优15号，金华的甬优9号、甬优12号、甬优15号和中浙优1号，衢州的甬优9号、甬优12号和中浙优1号，丽水市丰两优四号等表现较好。

福建共抽取三明、南平、龙岩、宁德4个市204份样品，以两优、特优系列为主。样品各项指标情况与上年相近，食味评分、直链淀粉含量、胶稠度、整精米率等达标率较高；垩白度、垩白粒率过高仍是制约达标率的主要因素。各地区达标率相近。

湖北共采集样品442份，主要包括扬两优6号、Y两优系列、丰两优系列、深两优5814、广两优香66、两优1128、两优6326、鄂中5号、鉴真2号、新两优6号、丰优22、冈优188、金优207、培两优3076、两优培九、黄华占、金优928等。垩白粒率、垩白度仍是限制达标率的主要因素，直链淀粉含量较高也影响了达标率。分地区和品种看，鄂州的黄华占，荆门的鄂中5号、Y两优5845和丰两优6号，潜江的丰两优2号，襄阳的Y优5号，武汉的深两优5814，恩施州的深优9734和天华单优，荆门、武汉、襄阳的新两优6号表现较好。

广东112个测报样品各项品质指标达标率较上年有所提升，达标率最低的二项指标分别是垩白度和直链淀粉含量。分地区看，中山、河源、潮州、江门地区全项达标率超过70%，较上年有所减少。分品种看，广州市的粤华丝苗和新中软二占，韶关市的银粘、黄壳粘、美香占，江门市的金农丝苗、银湖香粘、象牙香占、优质谷和合丰占，茂名市的固广粘，肇庆市的丝苗粘，惠州市的黄壳粘，汕尾市的金花占，阳江市的软粘，清远市的新软粘等表现较好。

3.粳稻

收获质量。2012年，我国粳稻总体质量为近年来最好。黑龙江、吉林、辽宁、江苏、安徽5个主产省质量会检结果为：出糙率平均值82.2%，变幅73.8%～86.5%；一等至四等的比例分别为78%、18%、3%、1%，中等（三等，出糙率不低于77%）以上占99%。整精米率平均值72.3%，变幅28.3%～81.0%；不低于61%（一等）的比例为97%，不低于55%（三等）的比例为99%。不完善粒平均值2.7%，为近年来最少，变幅0.2%～10.3%，主要为未熟粒；平均谷外糙米1.1%，超标比例17%。分省看，东北三省整体质量均为近年来最好，一等品比例较正常年景提高20～30个百分点，整精米率也好于往年，黑龙江谷外糙米达标比例也有所提高。江苏、安徽整体质量也为近年来较好水平，一等品比例均达到或超过九成，为近年来最高。江苏整精米率较上年略有下降，黑龙江、安徽仍有个别地区整精米率较低。

浙江、宁夏两省（区）质量调查结果表明，浙江整体质量正常，平均出糙率81.5%，中等以上的超过99%，平均整精米率68.5%，不低于61%比例为96%，各项指标均与上年基本持平。宁夏等级良好但较上年略有下降，整精米率较上年大幅下降，中等以上比例为97%；平均整精米率56.1%，较上年下降7.6个百分点，其中不低于61%和55%的比例分别为42%和62%，分别较上年下降45个和35个百分点。

品种品质。2012年，辽宁、吉林、黑龙江、江苏、浙江、宁夏6省（区）品质测报结果表明：优质（优良）品种粳稻全项目符合国家优质籼稻标准的比例，辽宁为69.5%，较上年大幅提高；吉林为44.1%，较上年提高13.6个百分点；浙江为40.6%，较上年大幅提高16.6个百分点；宁夏为28%，较上年提高8个百分点；江苏为5.4%。

辽宁共采集优质稻谷样品300份，主要包括吉农大18号、盐丰47-12、盐丰456、丰民2102、铁粳7号、沈农9786等。垩白度和垩白粒率较高仍是制约达标的主要因素，不完善粒较高也影响了达标率。各地区品质表现较好的有：沈阳的吉农大18号、盐粳48、富粳357；大连的港元8；盘锦的盐丰47-10、盐丰47-12；丹东的盐丰456；营口的辽河5-1；铁岭的丰优307；锦州的禾丰968；辽阳的丰民8和辽粳912表现较好，但盐丰系列品种有所退化，垩白粒率和垩白度较高。

吉林共采集优质稻谷样品220个，主要包括超级稻、吉粳系列、稻花香系列、九稻39、宏科8号、吉大603、丰优307等品种。全项达标率明显提高，但食味评分略有下降；除不完善粒外，其他各项指标达标率均超过90%。各地区品质表现较好的有：长春的通玉836、巨丰12，吉林的辽星17，四平的同光1号、超级稻系列，松原、辽源的超级稻，白城的吉粳88，通化的通丰14，延边的松粳6号。

黑龙江共采集优质稻谷样品945份，采自11个地（市）35个县（市）208个乡镇。其中种植面积较大的有龙粳系列、空育131、垦稻系列、绥粳系列、垦鉴稻系列等品种。哈尔滨的稻花香，鸡西的龙粳、绥粳系列，鹤岗的绥粳系列，佳木斯的垦鉴、空育131，双鸭山的空育131以及农垦的空育131、垦鉴、龙粳系列等表现良好。

江苏共采集优质稻谷样品166份，主要包括徐稻4号、Ⅱ优系列、淮稻5#、连稻系列、南粳系列、武育粳系列、徐稻系列、镇稻系列及郑稻99号等。胶稠度、垩白粒率、垩白度、直链淀粉含量等是制约达标的主要因素。连云港的连粳7号表现较好。

浙江共采集优质粳稻样品197份，主要包括秀水134、秀水09、宁81、宁88、秀水114、秀水123、甬优8号、甬优538、秀水33、秀水03和嘉禾218等。与上年相比，垩白度、垩白粒率、不完善粒和直链淀粉含量达标率均明显提高。但垩白度和垩白粒率过高仍是限制达标率的主要因素，直链淀粉含量较低、不完善粒较高也影响了达标率。分地区和品种看，杭州的甬优8号、秀水09和秀水134，宁波的宁88、秀水134、宁81、甬优8号、秀水123和秀水114，嘉兴的秀水134、嘉禾218和秀水114，湖州的秀水03、甬优538和秀水33，绍兴的秀水134、秀水09、宁88、秀水03、甬优538和秀水123等表现较好。

宁夏测报品种在2012年宁粳系列和农科843、富源4号、吉粳105等基础上，增加了宁香4号、秋优88。与上年相比，食味品质一直保持较好水平，胶稠度、垩白粒率达标率有所提高，整精米率达标率明显下降。直链淀粉含量、垩白度达标率虽有所提高，但仍是限制优质稻谷达标率的主要因素。分地区和品种看，中卫市全项达标率较高，银川市的宁粳43号、富源4号、吉粳105号品种表现较好，石嘴山市的富源4号、宁粳43号、宁粳44号品种表现较好，吴忠市的宁粳43号、宁香4号品种表现较好，中卫市的宁粳43号、宁粳38号、宁粳41号品种表现较好。宁粳43号、富源4号在多数地区种植表现较好，具有较强的适应性。

（二）小麦质量和品质

收获质量。2012年，全国小麦平均容重与上年基本持平，但千粒重下降明显，中等（三等）以上比例较上年下降6个百分点；不完善粒正常，生芽粒和生霉粒不高。河北、山西、江苏、安徽、山东、河南、湖北、四川、陕西9省小麦质量调查会检结果为：容重变幅642～835 g/L，平均值776 g/L，与上年基本持平，一等至五等的比例分别为33%、31%、23%、9%、3%，等外品占1%；中等（三等）以上的占87%，较上年下降6个百分点。千粒重变幅26.2g～57.0g，平均值39.1g，较上年下降约3g。硬度指数变幅29～79，平均值63。不完善粒平均值3.9%，符合中等要求（≤8%）的比例为94%，其中生芽粒和生霉粒较少。降落数值变幅60s～492s，平均值329s。分省看，河北整体质量正常，江苏、安徽、湖北、河南为近年来较低水平，山西、四川小麦整体质量为近年来较好水平，山东、陕西保持了较好的质量水平。

宁夏质量调查结果表明，全区小麦整体质量为近年来最好，等级比例较上年明显提高。

品种品质。2012年，山西、江苏、河南、湖北、陕西5省测报结果表明：各省优质（优良）品种小麦全项符合国家优质小麦标准的比例，江苏为1%，较上年明显下降；河南为25%，较上年增加近15个百分点，其中达到一等强筋小麦标准的比例为8.8%；湖北为17.6%，较上年提高12.2个百分点。

山西共采集优质小麦样品100份，采自6市的26个区县，较上年明显增多，主要仍为临旱536、烟农19、晋麦47等，从测报样品来看，平均粗蛋白质含量（干基，下同）为13.5%，平均湿面筋含量为31.5%，均较上年有所下降，稳定时间超过7.0min的比例约为11%。

江苏共采集优质小麦样品96份，采自6个市，主要仍为淮麦系列、郑麦9023、烟农19、矮抗58、扬麦系列、宁麦系列等。从测报样品看，南通地区的扬麦13呈现了较好的弱筋特性，淮安地区的郑麦9023、淮麦系列和连云港地区的烟农19等品种等具有较好的中筋特性。

河南共采集优质小麦样品500份，采自18个市的104个县，主要包括矮抗58、周麦16、周麦22号、郑麦9023、西农979、周麦18、众麦1号、衡观35、豫麦18、豫麦49号、郑麦366、豫麦58号、豫麦70、西农9718、新麦26、郑麦7698等。从测报样品看，粗蛋白质、湿面筋和稳定时间平均值均达到国家强筋小麦标准。分地区看，周口、漯河、开封、商丘、许昌等地粗蛋白质、湿面筋含量较高，驻马店、新乡、商丘等地面团筋力较强，信阳地区粗蛋白质、湿面筋含量较低，济源、三门峡等地面团筋力较弱。分品种看，全省以中强筋小麦为主，矮抗58、周麦22号、周麦18等表现出较好的中筋品质，新麦26、郑麦366、西农9718、西农979、郑麦9023等表现出较好的强筋特性，豫麦18、杨麦15等具有明显的弱筋特性。

湖北共采集优质小麦样品68份，主要包括郑麦9023、豫麦18号、鄂麦17、鄂麦23、西农88、驻麦4号等。从测报样品看，湿面筋含量难以达到强筋小麦要求，粗蛋白含量难以符合弱筋小麦要求。分地区和品种看，随州、襄阳的郑麦9023表现出较强的强筋小麦性状；随州的鄂麦17、鄂麦18，孝感的鄂麦14表现出一定的弱筋小麦性状。

陕西共采集优质小麦样品141份，采自5个市，主要包括小偃22、西农889、西农979、西农9871、晋麦47、晋麦54等品种。测报结果显示，小麦湿面筋含量与2012年基本持平，蛋白质含量和稳定时间较上年有所提高，稳定时间达到优质强筋标准的占14%。分地区看，关中东部小麦各项指标均有较好的表现，小麦筋力适中；中部小麦整体筋力较强，稳定时间、最大拉伸阻力和拉伸面积较高；西部小麦沉淀值较高，而筋力较弱；渭北旱原小麦容重较高，粗蛋白含量较低。分品种看，西农889粗蛋白质含量较高，达14.1%；西农9871湿面筋含量较高，达35.3%；西农979稳定时间较高，达8.8min。

（三）玉米质量和品质

收获质量。2012年，全国玉米总体质量为近年来最好。河北、山西、内蒙古、辽宁、吉林、黑龙江、山东、河南、陕西9个玉米主产省（区）质量会检结果为：百粒重平均值34.8g，变幅20.2g～51.8g；容重平均值732 g/L，较上年提高17 g/L，为近年来最高，变幅593～801 g/L；一等至四等的比例分别为72%、22%、5%、1%，中等以上的占99%，其中一等品比例较正常年景提高约20个百分点；不完善粒平均值2.9%，为近年来最低，主要为破碎粒和生霉粒，最大为25.4%，符合中等要求（不超过8.0%）的比例为95%，属于正常年景。霉变粒较少，基本没有超标（超过2.0%）样品。黑龙江、吉林、内蒙古的局部地区，部分玉米出现色变粒（在自然条件下晾晒后，玉米籽粒表面色泽变为深褐色或紫黑色，但内在质量品质尚未发现发生明显变化）较多的现象。

分省看，山西、河北、辽宁、吉林、山东、河南整体质量均为近年来最好，一等品比例明显提高。陕西也为近年来较好水平；黑龙江质量正常；内蒙古中等以上比例有所下降。

品种品质。2012年，山西、辽宁、吉林、黑龙江、陕西5省测报结果表明：山西共采集优质玉米样品300份，采自11市50县，主要包括先玉335、先锋335、永玉3号、晋单56、吉东23、大丰30等。全部样品平均容重744 g/L，较上年大幅增加；平均淀粉含量71.1%，达到淀粉发酵工业用玉米国家标准要求的比例为99%；平均粗蛋白含量9.3%，基本全部达到饲料用玉米国家标准要求；平均粗脂肪含量4.1%。

辽宁共采集优质玉米样品570份，采自13个市，主要包括丹玉（405、402）、郑单958、先玉335、沈玉21、东单（60、90）等品种。全部样品中粗蛋白含量、淀粉含量均符合国家专用标准的比例为95%，与上年持平。分地区和品种看，淀粉含量较高的有：沈阳的沈玉21、中地77，锦州的郑单958，朝阳的先玉335、郑单958、东单206，大连的新单9，铁岭的先玉335、东单213等；粗蛋白含量较高的有：沈阳的沈玉29、郑单958，锦州的辽单系列，朝阳的丹玉638、先玉335，大连的新东单60、丹玉402、丹玉406，鞍山的丹玉601、丹玉808，葫芦岛的东单100、丹玉39等；粗脂肪含量较高的有沈阳的登海605、沈玉29，朝阳的丹玉638，大连的新单9、丹玉406，鞍山的丹玉601、丹玉808等。

吉林共采集优质玉米样品284份，主要包括先玉335、牡丹9、先玉696、良玉88、晋单42、博玉

6、郑单958、先锋335、林玉13、金庆707等。这些主要种植品种的平均容重744g/L，平均淀粉含量为73.4%，平均粗脂肪含量3.5%，均与上年基本持平。分地区和品种看，淀粉含量较高的有：吉林的先玉696、平安188、先玉554，四平的良玉208、吉单418、绿玉4118、荣玉78，通化的农大84，辽源的吉单198，白山的先玉335等。四平地区整体淀粉含量较高。

黑龙江共采集优质玉米样品1115份，采自10个地（市）33个县（市）172个乡镇，种植面积较大的有先玉、德美亚、绥玉、鑫鑫、龙单、吉单、郑单等系列。分地区和品种看，淀粉含量较高的有：哈尔滨的郑单958、沈玉系列，齐齐哈尔的绿单、平安等系列，鸡西的龙单、绥玉、吉单、鑫鑫等系列；粗蛋白含量较高的有：绥化的鑫鑫、平安等系列，牡丹江的绥玉、哲单等系列，双鸭山、鹤岗的哲单系列。

陕西共采集优质玉米样品315份，采自8个市，主要包括登海、户单、浚单、蠡玉、秦龙、先玉、榆单、豫玉、正大、郑单和中科等系列。全部样品平均容重730 g/L，较上年大幅提高；平均淀粉含量71.5%，达标率为100%；平均粗蛋白含量9.4%，较上年有所降低；平均粗脂肪4.3%，与上年持平。分地区看，西安市、咸阳市和铜川市淀粉含量较高，宝鸡市、铜川市和商洛市粗蛋白质含量较高，延安市粗脂肪含量较高；分品种看，淀粉含量较高的有户单、浚单、蠡玉、豫玉等系列，粗蛋白含量较高的有登海、先玉等系列，粗脂肪含量较高的有秦龙、正大和郑单等系列。

（四）大豆质量和品质

收获质量。2012年，黑龙江、吉林两省质量会检结果为：两省大豆整体质量为近年来较好水平，符合国标中等（三等，完整粒率不低于85%）以上比例为79%，较上年提高8个百分点。完整粒率平均值为89.1%，为近年来最高，变幅60.9%～99.3%，一等至五等的比例分别为15%、37%、27%、12%、7%，等外品为2%，中等以上的占79%，较上两年有所提高；损伤粒率平均值为7.5%，变幅0.4%～29.2%，其中符合等内品要求的（不大于8.0%）比例为60%，与上年基本持平。黑龙江损伤粒率（主要是病斑粒的虫蚀粒）仍然较高。

品种品质。2012年，吉林、黑龙江两省测报结果表明：吉林省共采集优质大豆样品48份，主要包括黑农48、绥农14、黑农38、绥农4、吉育46、临选1等。全部样品中粗脂肪含量符合高油大豆标准三等（粗脂肪含量≥20%）的比例为61%，较上年明显下降；粗蛋白质含量符合高蛋白大豆标准三等（粗蛋白含量≥40%）的比例为47%，较上年明显提高。分地区和品种看，粗脂肪含量较高的有延吉的黑农54，长春的九农26、吉育86，以及吉林地区；粗蛋白含量较高的有白山的临选1号，延吉的绥农4、黑农38，长春的吉林47、黑农48、长农13号等。

黑龙江省共采集优质大豆样品600份，采自9个地（市）27个县（市）103个乡镇。其中种植面积较大的有合丰、绥农、垦丰、黑河、华疆、东农、垦鉴豆等系列。分地区和品种看，双鸭山地区、绥化的合丰、垦丰等系列粗脂肪含量较高，平均超过20.5%；哈尔滨、绥化的东农系列，齐齐哈尔的华疆系列粗蛋白含量较高，平均超过40%。

粮油市场体系建设

一　粮食现货与期货市场发展情况

（一）粮食现货市场

2012年，是实施"十二五"规划承上启下的重要一年，国家粮食局积极推进全国粮食市场体系建设与发展，认真组织实施《全国粮食市场体系建设与发展"十二五"规划》，进一步加强对粮食收购、零售、批发市场发展的指导和支持，粮食市场体系建设取得成效，实现了粮食现货市场的稳步发展。

一是主要粮食品种现货市场保持基本稳定。2012年，稻谷供需形势进一步宽松，受大量低价进口大米的冲击，国内稻米市场价格整体呈现前高后低态势，下半年整体走弱，部分地区启动了中晚稻托市收购预案。国内小麦消费量维持较高水平，国家两次提高政策性小麦的竞价交易底价，在市场供应总量偏紧、市场需求扩大等因素的作用下，小麦价格从8月底开始连续4个月走高。国内玉米消费受到全球经济危机的间接影响，需求略显平淡，加上进口玉米达到历史峰值，使得玉米价格出现了明显的下跌走势。大豆现货价格整体呈现上扬走势，国内进口大豆数量继续增加，政策性大豆的竞价销售在一定程度上缓解了市场的大豆原料供应问题，国家于年底启动了大豆临时收储，并大幅提高了临储收购价格。

二是粮食市场"十二五"规划深入贯彻实施。2012年年初，国家粮食局印发了《全国粮食市场体系建设与发展"十二五"规划》，明确提出了"十二五"时期粮食市场体系建设的主要目标、任务和政策措施。8月，国家粮食局在湖南长沙组织召开了全国粮食市场体系建设工作座谈会，对贯彻实施市场规划进行了专题研究部署。各地粮食部门认真做好粮食市场"十二五"规划的贯彻实施工作，切实加强对市场的规划指导和规范管理，积极争取和落实相关扶持政策，加大资金投入力度，促进粮食市场健康有序发展。

三是粮食收购市场秩序总体良好。各地粮食部门加强粮食收购市场监管，严格粮食收购许可证的审核和发放，督促企业严格执行"五要五不准"收购守则，维护了良好的粮食收购市场秩序。截至2012年底，全国取得粮食收购资格的经营者达8.25万个，其中国有及国有控股企业1.57万个，占19%；其他多元主体6.68万个，占81%。2012年，全国各类粮食企业收购粮食29015万吨，其中国有企业收购12364万吨。

四是粮食零售业态呈现良好发展势头。2012年，各地粮食部门积极支持和引导粮食零售市场多渠道开展经营，粮食零售市场建设稳步推进，大型购物超市、大卖场、社区便利店已成为满足城市居民口粮需要的重要零售途径。同时，随着"万村千乡"市场工程的深入开展，粮油产品连锁经营、物流配送向乡村不断延伸，农村粮食零售市场交易活跃，功能日趋完善。以放心粮油工程为主的粮油销售网络进一步拓展，截至2012年底，全国建立放心粮油店和示范销售店6000家以上，放心粮油销售网点23万个以上，其中农村网点7万多个，创建示范配送中心达300多家。

五是粮食批发市场建设和发展取得新进展。2012年，各地加大对粮食批发市场的政策引导和扶持力度，各类粮食批发市场在主营业务发展、服务功能完善、基础设施水平提升等方面取得了新进展。据初步统计，目前全国共有各类粮食批发市场473家，年交易量超过2200亿斤，约占全社会商品流通量的35%，在服务国家粮食宏观调控和合理配置粮食资源方面发挥了重要作用。全国统一的粮食竞价交易平台不断健全和完善。全年国家通过全国统一竞价交易平台适时、适量、适价销售政策性粮食1850万吨，较好地完成了国家粮食宏观调控任务。

（二）粮食期货市场

2012年全国粮食期货成交量和成交金额为102899.78万手和443271.98亿元，比2011年分别增加了188.1%和126.7%。其中豆粕交易经历了前一年的低迷后出现强烈反弹，成交量、成交金额分别比上年增加了549.54%和612.24%；强筋小麦交易大幅走高，期货仓单数量创历史新高，成交量、成交金额分别比上年增加了226.21%和192.09%，总体上"政策市"的特征依然比较明显；黄大豆一号期货成交也比较活跃，成交量、成交金额分别比上年增长80.18%和88.75%，由于大豆市场对外依存度较强，国际市场对国内市场的影响较大，大豆期货价格走势与国际市场比较一致；玉米和油菜籽期货交易成交量、成交金额的涨幅均超过40%，是比较活跃的市场品种，其中玉米期货价格走势较为顺畅，在经历两轮较大幅度的起落后，于年底进入震荡整理期。值得注意的是，早籼稻期货交易受需求疲软以及进口大米的严重冲击影响，延续了2012年的低迷态势，成交量、成交金额继续下滑，仅为2010年高峰时期的15%左右。

二　粮油竞价交易

（一）粮油竞价交易工作为粮食宏观调控作出了积极贡献

一是粮油竞价交易在保供稳价中发挥了重要作用。面对2012年6月份以来受自然灾害、季节性波动和投机等综合因素影响国际市场农产品价格异动这种形势，为防止国际市场异常波动继续向国内传导，期货市场向现货市场传导，国家有关部门积极应对，通过统一平台，加大临储大豆销售力度，有效调控了市场。

二是全国粮食统一竞价交易平台客户已基本覆盖全国。目前统一平台已先后与25个省（区、市）的26家市场实现联网，共有交易会员1.6万余家，先后举办国家政策性粮食竞价销售交易会1700余场（次），累计成交超过2亿吨（其中2012年全年共举办交易会264次，成交974.81万吨），交易标的遍及29个省（区、市），交易品种由最初的最低收购价稻谷，逐步扩大为目前包括最低收购价和临时存储粮食等在内的5大类24种不同性质粮油，初步形成了全国统一、竞争有序的粮食竞价交易大平台。

三是及时为宏观调控提供信息支持和决策依据。每个交易日结束，各市场都及时将交易结果汇总并报送上级领导部门，每周编写上报交易快讯，使得国家有关部门第一时间掌握翔实的销售情况。

四是为批发市场体系建设打下了坚实基础。在各省粮食批发市场的基础上，国家粮食局组建了24个国家粮食交易中心，承担政策性粮食销售任务。

（二）不断完善全国粮食统一竞价交易体系

一是不断完善竞价交易系统软件，确保系统运转正常。2012年以来行政管理部门制定了新的国家临时存储粮食（东北粳稻）竞价销售交易细则、国家临时存储粮食（移库大豆）竞价销售交易细则、国家临时存储粮食（东北大豆）竞价销售交易细则、2次修订国家临时存储粮食（小麦）竞价销售交易细则，系统软件依交易细则要求进行相应的修改。

二是不断强化联网市场自身建设，增强统一平台大局观念。为确保统一平台安全运行，8月在内蒙古通辽召开批发市场主任联席会议，会议明确要求各联网市场自觉接受上级主管部门的监督、管理，切实贯彻国家发展改革委、国家粮食局发布的《国家政策性粮食出库管理暂行办法》；严格执行财务制度，保证结算资金安全；积极推进统一平台的各项业务正常开展，切实做好服务工作。

6月在河南召开了国家政策性粮食竞价交易业务座谈会，进一步明确会员资格年审及客户资格审核两项制度，提高系统管理人员的业务能力及总体服务水平，更好地服务宏观调控，做好交易商户服务工作。

三是继续开展市场联网及系统操作培训工作。2012年1月11日、4月11日，新疆、浙江市场先后与统一平台联网交易，市场管理员系统培训工作先行开展，确保统一平台整体平稳运行。

（三）完成《粮食批发市场统一竞价交易管理规范》国标项目的制定工作

2012年，由国家粮油信息中心牵头，合肥国家粮食交易中心、河北省粮油批发交易中心、哈尔滨国家粮食交易中心共同制定的《粮食批发市场统一竞价交易管理规范》国标项目，于8月中旬顺利通过了全国粮油标准化技术委员会举办的送审稿专家审订工作会议的审订，形成报批稿送至国家粮食局标准质量中心，进入待批阶段。

（四）大力推广地方粮食竞价交易系统的应用

为提高全国粮食统一竞价交易系统利用率，已有16家联网市场先后开通了地方粮食竞价交易系统，其中安徽、河北、甘肃、内蒙古等市场多次应用系统开展地方粮食竞价交易工作。2012年以来共有13家市场先后成功举办了140次地方粮食电子竞价交易会，累计成交75.19万吨。其中，122次竞价销售交易会，累计成交64.93万吨；18次竞价采购交易会，累计成交10.26万吨。

粮食竞价交易及时为宏观调控提供信息支持和决策依据，为批发市场体系建设打下了坚实基础，交易信息和交易价格成为粮油市场信息的重要组成部分。

三　粮油统计信息

（一）认真做好粮食统计日常工作

各级粮食部门克服人手少、经费不足等困难，较好地完成了购、销、存统计等各项基础性工作。认真开展统计专项检查，促进了数据质量的提高。及时报送和发布统计信息，提升了统计服务水平。

（二）强化市场信息监测

完善市场监测直报点布局，实时跟踪市场价格。加强重点地区重点时段的监测力度，适时调整监测频率，增强市场反应的灵敏度和准确度，及时掌握和反映市场动态变化情况，监测能力和水平有所提高。

（三）改进供需平衡调查工作

继续推进全社会粮油供需平衡调查工作，增加6个杂粮品种指标，并对转化用粮（油）企业消费情况开展了重点调查，更好地了解我国粮油生产、流通、消费和库存等供求情况，为有关部门和地方政府决策提供了重要参考。

（四）推进统计信息化建设

2012年，为适应粮食流通形势对统计工作的要求，开发了《粮油统计网络直报系统》，编制了视频教程，组织各省级粮食行政管理部门统计工作人员集中培训，并在全系统推广应用。该软件面向粮油企业和基层粮食行政管理部门用户，操作便捷、反应灵敏、运行稳定、传输迅速，提供了灵活的定制汇总查询功能，得到各地统计工作人员的好评。软件采用网络与离线相结合的运行模式，通过互联网报送数据，在单机版客户端进行审核和汇总，有效地确保了数据安全。同时，在直报系统软件中增设了专项模块，实际应用于基层企业及各级粮食行政管理部门各阶段检查中，方便了检查结果的生成，提高了工作效率。通过一年来的维护运行、改进升级、完善功能，提高了实用性、便捷性和时效性，为进一步实现统计数据结构扁平化打下了基础。

四　粮油市场信息体系建设

（一）粮油市场监测预测继续加强

国家粮油信息中心和各省（区、市）粮油市场信息机构认真做好市场监测工作，既重视对价格变化的跟踪调查，也重视对供应量的分析，还加强了对未来市场的预测，并及时提出一些有价值的政策性建议。随时关注市场变化，通过各类定期信息报告按时反映市场情况，基本做到"实时监测市场变化，对市场行情波动及时报告，对重大问题和事件不错报、不漏报"。国家粮油信息中心每月发布7份月报，20多份周报，170多份日报。分析人员踏实工作，市场信息报告质量进一步提高。2012年6～7月，积极开展"进村入户、进仓入库"调研活动，先后派出8个调研组，深入粮食产销一线，就国内玉米生产、流通、深加工情况，全国统一粮油竞价交易系统建设情况，夏粮产量、需求、收购情况开展调研活动。专门编发《粮油市场报告》37期，及时向国家粮食局领导和有关部门报告最新粮油市场情况。

（二）粮油市场信息体系建设不断推进

为进一步提高信息工作质量，应对国内外粮油市场出现的新变化，国家粮油信息中心和各省（区、市）粮油市场信息机构，积极开展信息工作，不断完善信息业务体系，加强队伍建设，不断提高工作效率和工作水平。各级粮油市场信息机构通过粮油市场信息服务网站、专业媒体、广播和电视、编发专业性的市场报告等多种手段，面向社会提供了大量有价值的信息，提供了比较优质的信息服务。

（三）积极开展面向社会服务，发挥信息引导作用

国家粮油信息中心分别在3月份和4月份召开了谷物市场和油脂市场形势分析会，12月份又如期召开一年一度的"中国粮油市场展望会"，到会代表将超过500人，扩大了信息中心在行业内的知名度和影响力，在统一思想、维护市场秩序、助力市场调控等方面，发挥了积极的作用。

中国粮食行业协会每年举办"中国粮食论坛"，为粮油企业家、专家学者、政府官员以及业内相关人士搭建一个开放互动的交流平台。通过这一平台，研究产业政策，沟通行业信息，分析市场行情，发展经贸合作，从而更好地为粮油行业和企业的发展服务，为国家粮食安全和宏观调控服务。

大连商品交易所和郑州商品交易所作为国务院批准并由中国证监会监督管理的两家农产品期货交易所，坚持规范运作，加强市场一线监管，安全组织交易，深化市场功能，期货价格已成为国内市场的主要价格之一，为相关各类生产经营企业提供了价格"指南针"和"避风港"的作用，并为国家宏

观调控提供了有效的价格参考。全国数百家期货经纪公司拥有一大批技术力量雄厚的研发团队，在农产品市场技术分析和数量分析方面有着很大优势，对期货市场与现货市场的关系有着深刻的认识和理解，也对国内粮油市场分析有着非常重要的引导和补充作用。

除粮食系统信息机构之外，其他一些与粮食经营有关的部门和企业建立的信息服务网站也是"百花齐放、百家争鸣"，如中华粮网、面粉网、大米网、大豆网、玉米网等。这些网站从不同的视角，跟踪粮油市场变化，提供粮油市场信息服务，是全国粮油市场信息服务的重要组成部分。

（四）进一步开展市场重点与热点问题研究，参加重大课题研究工作

中国粮食经济学会、中国粮食行业协会、中国粮食研究培训中心紧紧围绕国家粮食安全这一重大课题，开展了一系列的调查研究，提交有份量的课题报告，对政府决策提出政策建议，受到国务院领导同志和有关部门的高度重视，有关部门都进行了认真研究、吸收采纳。

国家粮油信息中心2012年与国务院发展研究中心、国家开发银行、农业部、大连商品交易所、美国Informa经纪公司等多家单位展开课题研究合作，均取得很好成果。

粮食流通与科技发展

一   粮食流通基础设施建设及投资统计

（一）粮食流通基础设施建设

2012年是落实"十二五"规划承上启下的关键之年，也是"粮安工程"前期筹划和准备之年，依据相关建设规划和实施方案，各级政府继续加强投资扶持力度，企业积极筹措资金，加强粮食流通基础设施建设。国家共安排中央补助投资28.8亿元用于支持粮油仓储设施、粮食现代物流设施建设、仓房维修改造、农户科学储粮专项和粮食质量安全检验监测能力提升等项目建设，取得了显著成效。

1.筹划"粮安工程"加强粮食流通基础设施建设工作。为保障国家粮食安全，国家粮食局拟在有关部门的支持下，从2013年至2017年全面启动实施以"打通粮食物流通道、加强粮油仓储设施建设、完善应急供应体系、保证粮油质量安全、强化粮情监测预警、促进粮食节约减损"为主要内容的"粮食收储供应安全保障工程"，即"粮安工程"。在已发布的"十二五"规划基础上，进一步细化和明确了2013～2017年粮食流通基础设施建设工作的目标及任务，为确保粮食流通基础设施建设工作的顺利开展打下坚实基础。"粮安工程"将加强粮食物流通道和重要节点建设，加强粮油仓储设施建设、成品粮应急低温储备库建设，加强农户科学储粮专项和粮食质量安全检验监测能力建设等，涵盖了粮食流通基础设施建设的各个主要方面。

2.农户科学储粮专项建设稳步推进。2012年国家安排中央投资补助4亿元，加上地方配套和农户自筹资金，总投资约16.6亿元，在河北、山西、内蒙古、辽宁、吉林、黑龙江、安徽、江西、山东、河南、湖北、湖南、广东、重庆、四川、贵州、云南、陕西、甘肃、青海、宁夏、新疆等22个省（区、市）为165.6万农户建设标准化小型粮仓。在总结前几年专项建设工作经验的基础上，各地多方积极落实地方财政资金，进一步加强专项建设管理工作，确保装具质量和资金使用安全，探索出了许多成功经验，确保了项目建设效果。初步测算，全部装具可存储粮食约300万吨，每年可减少储粮损失18万吨，为农户增收3.7亿元，减损增收效果十分显著。专项建设得到了各地政府和农民的普遍认可和欢迎，越来越多农民积极要求使用专项建设的粮仓，一些地方政府将专项作为一项民心工程或政府为民办实事来做，明确写入政府文件或相关工作计划。

3.粮食质量安全检验监测能力建设取得较大进展。为全面推进粮食质量安全检验监测体系建设，大幅提升粮食检验监测能力，保障国家粮食安全，经报国家发展改革委批准，国家粮食局印发了《全国粮食质量安全检验监测能力"十二五"建设规划（2011—2015年）》（国粮展〔2012〕177号）。规划期内拟安排396个国家粮食质量监测机构的粮食质量安全检验监测能力建设，包括4个国家粮油标准研究验证中心、32个国家粮食质量监测中心和360个国家粮食质量监测站，总投资为23亿元。其中，2012年度国家安排中央补助投资3亿元，为31个省（区、市）的检验机构配置粮食检验检测仪器设备，有效提升了全国粮食质量安全检验监测能力和水平。

4.粮油仓储设施建设继续推进。2012年国家安排中央预算内投资10亿元，用于补助184个粮油仓储设施项目。配合最低收购价政策的执行，中央财政安排4亿元补助资金，用于河北、内蒙古、辽宁、吉林、黑龙江、江苏、安徽、江西、山东、河南、湖北、湖南、广西、四川、新疆等15个启动最低收购价和临时收储政策省（区）的粮食收储库点仓房维修改造。国家粮食局积极推进成品粮应急低温储备库建设工作，开展了软课题《成品粮应急低温储备库相关问题研究》，印发了《成品粮应急储备库建设设计要点》，积极推动各地开展成品粮应急低温储备库建设试点工作。

5.粮食现代物流体系建设继续加强。国家安排中央补助投资6.78亿元，用于重点支持八大跨省流通通道和重要物流节点的98个粮食现代物流项目的建设工作，建设中转仓容及相应的接发设施。为推进粮食现代物流体系建设，加快推进散粮火车入关运营，打通"北粮南运"主通道，国家粮食局会同有关省市和中央企业，加强调研论证，积极协调和配合有关部门开通"吉林白城—安徽蚌埠"和"吉林松原—湖南岳阳"散粮火车运输线路，以及"辽宁开原—四川青白江"铁路集装箱散粮运输试点。为推动粮食现代物流示范单位规范化建设，加强对示范单位管理，国家粮食局制定了《国家级粮食现代物流示范单位管理暂行办法》（国粮办展〔2012〕132号），并启动示范单位申报遴选工作。

6.粮食系统对口援藏工作进展顺利。在继续做好粮食系统对口支援新疆工作的同时，为贯彻落实中央关于对口支援西藏工作座谈会精神，支持西藏粮食流通工作跨越式发展，国家粮食局制定了《国家粮食局关于全国系统支持西藏粮食流通工作跨越式发展的实施意见》（国粮展〔2012〕86号），提出了对口支援西藏粮食流通工作的重要意义和主要内容等，并成立全国粮食系统援藏工作领导小组。为切实做好粮食系统对口援藏工作，国家粮食局组织召开了全国粮食系统对口援藏工作会议，对具体工作进行了部署，广东、重庆、河北、陕西、辽宁等省粮食局与西藏自治区林芝、昌都、阿里、那曲等4个受援地区粮食局签订了援助项目框架协议。国家粮食局、四川省粮食局、成都粮食储藏科学研究所共同向拉萨市林周县和达孜县赠送260套农户科学储粮仓，各地积极开展项目建设、产销合作、人才培训和挂职等多种形式的援助，全国粮食系统援藏工作取得阶段性成果。

（二）粮食流通基础设施建设投资统计

1.统计结果总体情况。据统计，2012年度全国粮食流通基础设施建设项目共6892个，其中竣工项目5239个（占项目总数的76%），在建项目1260个（占18%），前期项目393个（占6%）；本年度新开工项目5339个，占项目总数的77%，占竣工和在建项目的82%。中央项目451个（占6.5%），地方项目6441个（占93.5%）。其中，中央项目中竣工项目占44%，地方项目中竣工项目占78%，后者明显高于前者。分项目类别看，各类项目进展程度存在较大差异。

2012年度全国粮食流通基础设施建设项目总投资834亿元，年度完成投资263亿元。总投资中，财政性资金168亿元（中央财政资金51亿元，地方财政资金117亿元），企业自有资金406亿元（其中退城进郊置换资金约57亿元）。年度完成投资中，财政性资金62亿元（中央财政资金24亿元，地方财政资金38亿元），企业自有资金141亿元（其中退城进郊置换资金约10亿元）。

2012年度新建仓容2150万吨，其中平房仓1692万吨，立筒仓207万吨（其中钢板筒仓61万吨），浅圆仓98万吨，其他仓型153万吨；上述仓容中成品粮应急储备仓97万吨。

新建油罐142万吨；维修改造仓容2651万吨（其中大修仓容925万吨）；新建粮食专用码头泊位54个，能力1421万吨；新建铁路专用线36千米，其中有效长度22千米；新建罩棚87万平方米，其中铁路罩棚33万平方米；新建地坪526万平方米；新增散粮接收能力2.5万吨/小时，发放能力2.0万吨/小时；新增烘干能力7004吨/小时；新增机械设备2.6万台套，其中散粮汽车570辆，散粮火车皮140节，散粮船舶4艘，检化验设备6418台套；新建办公、业务用房83万平方米。

2.统计结果反映的主要特点和问题。一是建设项目年度完成投资及年度完成规模较上统计年度有明显增加。2012年，中央和地方各级政府继续安排投资，大力推进粮食流通基础设施建设。与上年度相比，建设项目年度完成投资增加54.7亿元，增幅为26.2%。从年度完成规模看，与上年度相比，粮食仓容增加了72万吨，增幅为3.5%。其中，成品粮应急储备仓增幅最大，增加了3倍多，主要是因为2012年在全国积极推动应急储备建设。分仓型看，立筒仓有较大幅度增长，平房仓和浅圆仓呈下降趋势。维修改造仓容和大修仓容都有较大幅度增长，增幅分别为42.5%、26.6%。

二是政府引导性投资加大，企业投融资为主。2012年度项目总投资834亿元中，中央和地方财政投资约168亿元，占总投资的20%。2012年度项目完成投资263亿元中，中央和地方财政投资约62亿元，占总投资的24%。但项目投资仍以企业投资为主，项目总投资中，企业自有资金约占总投资的49%，银行贷款筹资方式仍占较大比例（25%）；年度完成投资中，企业自有资金约占总投资的53%，银行贷款约占18%。

三是粮食物流和粮油仓储项目投资占主导地位。2012年度内建设项目和已具备建设条件的前期项目总投资中，主要是粮食现代物流项目（占45%）和粮油储备库项目（占38%），两类项目约占总投资的83%。本年度各类项目共完成投资263亿元，主要是粮食现代物流项目（占37%）、粮油储备仓项目（占36%），两类项目约占完成投资总额的73%。

四是粮食现代物流项目各通道投资差异较大。粮食现代物流项目总投资为375.9亿元，年度完成投资97.7亿元。分通道看，各通道投资差异较大，不论是总投资还是年度完成投资，长江通道投资所占比重最大，其次是黄淮海和东北通道，最小为京津通道。从单个具体项目看，总投资在1亿元以上的粮食现代物流项目共有100个，主要分布在主产区，广东、广西和云南也有少数项目。该100个项目总投资约275亿元，占整个物流项目总投资的73%，占全部项目总投资的33%。

五是地区分布不平衡，西部地区投资能力弱。地方项目中，主产区项目总投资占61%，完成投资占66%；产销平衡区项目总投资占22%，完成投资占17%；主销区项目总投资占17%，完成投资占17%。四大中央粮食企业项目总投资约108亿元，占全国的13%；完成投资约30.4亿元，占全国完成投资总量的11%。

统计表明，2012年度粮食流通基础设施建设取得了显著成效。各地积极筹措资金，加强粮食流通基础设施建设，以保障粮食安全，推进粮食现代物流发展。从统计数据来看，年度完成投资较多的主要有江苏、山东、湖南、湖北、安徽、广东、黑龙江、吉林、浙江等省和中粮集团、中储粮总公司两家央企，都在1亿元以上。年度完成投资中地方财政投资额较多的省份主要有浙江、江苏、福建、广东、湖北、安徽、陕西、内蒙古和四川，都在1.5亿元以上。项目总投资中，中央财政投资较多的主要有中储粮总公司和四川、广西、黑龙江、湖北、安徽、青海、湖南、河南等省（区），都在1.6亿元以上。

统计反映，在当前设施建设投资管理中存在的最大问题是投资建设管理机制需要完善。从近几年投资统计工作开展情况看，由于粮食仓储、物流项目和仓房维修改造项目分属发展改革委、财政部门负责安排，部分省份粮食行政管理部门对中央补助投资和财政资金安排的项目情况不掌握，行业管理和指导力度较弱，在年度投资统计中对相关项目投资安排情况难以核查，对企业投资统计的监管也缺乏手段，一些项目单位干脆不报统计数据。因此，既不利于建设项目的监管，也对投资统计工作带来较大难度，以致部分地区的中央安排补助投资的项目难以全部统计或难以保证统计数据的准确性。

二 粮食仓储管理及设施统计

（一）召开会议，研究部署年度仓储工作

2012年3月19～21日，流通与科技发展司在湖北襄阳召开了"2011年度仓储设施统计和投资统计会议"，研究部署2012年粮油仓储工作，汇编2011年度全国粮油仓储设施统计数据。会议要求各地区、各单位要以《粮油仓储企业信息化建设指南》为指导，继续推动粮油仓储行业信息化进程，深入开展粮油仓储企业规范化管理活动，进一步完善粮油仓储管理制度体系，切实做好安全生产工作。

（二）全力推动粮油仓储单位备案制度落实

粮油仓储单位备案制度是部门规章《粮油仓储管理办法》规定的一项基本制度，建立粮油仓储单位备案制度有利于加强粮食部门与粮油仓储企业的联系。通过备案工作，粮食部门可以把好粮油仓储市场入口关，确保进入粮油仓储市场的企业具备基本的设施条件、专业人员和管理能力。2012年，北京等24个省份先后出台了本地区《粮油仓储单位备案管理办法》，开展了粮油仓储单位备案工作，并取得重要进展。初步统计，截至2012年底，北京、河北、内蒙古、辽宁、吉林、黑龙江、上海、江苏、浙江、安徽、福建、江西、山东、河南、湖南、广东、重庆、四川、贵州、西藏、陕西、青海、宁夏、新疆等24个省（区、市）完成了对16102户企业的备案工作，备案仓容3亿吨、罐容1000万吨。

（三）稳步推进粮油仓储信息化建设工作

粮油仓储信息化是粮食流通产业信息化的重要组成部分。2012年，出台了《粮油仓储信息化建设指南》，组织召开了以粮油仓储信息化为主题的第四届"粮食储藏技术与管理学术交流会议"。

1.发布了《粮油仓储信息化建设指南》。为解决信息孤岛和低水平重复建设等问题，在总结江苏常州城北国家粮食储备库、无锡粮食科技物流中心等仓储企业信息化建设经验的基础上，于2012年7月6日发布了《粮油仓储信息化建设指南》。指南确定了粮油仓储企业信息化的定义与功能、建设目标、建设原则、基本要求以及各管理系统主要功能、技术要求、保障措施等内容。指南将粮油仓储企业信息管理系统统一规划为远程监管系统、业务管理系统、自动化作业系统、智能仓储系统、办公自动化系统等5大模块，并分别给出每个模块的整体网络构架和技术标准。

2.组织召开了粮油仓储信息化专题学术会议。2012年9月13日，在四川省成都市组织召开了"第四届粮食储藏技术与管理学术交流会议"，会议主题为"信息化——开创粮油仓储管理新纪元"。来自大专院校、软件开发企业、粮食管理部门、粮食企业的16位专家作了大会演讲，全面总结了近年来粮油仓储信息化建设经验，探讨了"云计算"等信息新技术在粮食行业应用的前景，分析了实现粮油仓储企业信息化的最佳途径，交流了粮油仓储企业信息化建设成功案例的经验。同时，对粮油仓储信息化建设中的顶层设计、标准规范、安全保密、人员培训等问题进行了研讨。来自全国各地的500多位代表参加了会议。

3.各地稳步推进粮油仓储信息化建设工作。初步统计，北京、天津、山西、江苏、浙江、山东、河南、广东、海南、陕西、宁夏、新疆等12个省（区、市）和中储粮总公司已经开通了储备粮管理信息系统，实现了对储备粮的在线监管，显著提升了储备粮的仓储管理水平和应急管理能力。河北、辽宁、安徽、江西、湖北、湖南、广西、四川等省（区）正在或准备开发相应管理软件。结合地方储备粮管理信息系统，山东、江苏、河南等省还在软件内增加行政管理方面的功能，可以实现网上仓储单

位备案功能、仓储设施统计数据上报汇编功能、行政信息传送和共享功能等。

（四）深入开展粮油仓储规范化管理活动

2009年，国家粮食局发布了《粮油仓储企业规范化管理水平评价暂行办法》，在全国范围内开展了"粮油仓储规范化管理年活动"，第二年就表彰了326户粮油仓储规范化管理先进企业。2012年，粮油仓储规范化管理方面取得了新的进展。北京、辽宁、吉林、黑龙江、浙江、山东、云南、四川、甘肃、新疆、青海等地继续开展以规范化管理为核心的创建活动，不断夯实储粮安全工作基础。天津、山西、江西、湖北、河南、贵州等地坚持春、夏、秋三季储粮安全大检查活动和"一符四无"活动，强化企业仓储日常管理工作。江苏、安徽开展了粮油仓储规范化管理三年提升行动，就提高企业管理水平作出总体安排。

（五）全面完成2012年度粮油仓储设施统计工作

2012年度全国入统粮油仓储企业19229户，总仓容44145万吨，总罐容1927万吨，简易仓房容量4299万吨，罩棚1730万平方米，地坪21129万平方米。

1.企业规模构成分析。在入统的19229户企业中，仓容规模在2.5万吨以下的企业14289户，占企业总数的74.3%；2.5万吨～5万吨的企业2516户，占13.1%；5万吨～10万吨的企业1523户，占7.9%；10万吨以上的企业901户，占4.7%。

与上一年度相比，企业户数增加1003户。其中：国有企业11861户，较上一年度减少321户，减幅为2.6%；非国有企业7368户，较上一年度增加1324户，增幅为21.9%。非国有企业数量增加较多的省份有吉林、辽宁、江西、内蒙古、黑龙江、山东、江苏、河北等。

2.仓容状况构成。全国共有仓容44145万吨，其中：有效仓容38590万吨，待报废仓容853万吨，需大修仓容4702万吨。在有效仓容中，小于2.5万吨规模企业的仓容为9463万吨，占有效仓容的24.5%；2.5万吨～5万吨规模企业的仓容为7426万吨，占19.2%；5万吨～10万吨规模企业的仓容为8674万吨，占22.5%；10万吨以上规模企业的仓容为13027万吨，占33.8%。在有效仓容中，按仓型构成分，平房仓32517万吨，占全部有效仓容的84.3%；浅圆仓1655万吨，占4.3%；立筒仓3550万吨，占9.2%；楼房仓525万吨，占1.4%；地下仓343万吨，占0.9%。

3.其他储粮设施情况分析。全国共有简易仓容4299万吨，罩棚1730万平方米，地坪21129万平方米。共有油罐22256个，罐容1927万吨。共有1206户企业配备了铁路专用线，铁路专用线总长度1600千米，有效长度901千米；共有954户企业拥有专用码头，拥有泊位数2008个，泊位总吨位437万吨。共有22141万吨仓容实现了计算机测温，占有效仓容的57.4%；有16056万吨仓容实现了环流熏蒸，占有效仓容的41.6%；有30201万吨仓容实现了机械通风，占有效仓容的78.3%。

另外，全国共有烘干设备7032套，烘干能力86110吨/小时，全年实际烘干粮食6485万吨。共有从业人员76万人，其中：粮油保管员12.6万人，粮油质量检验员4.3万人。

（六）开展"危仓老库"专项调查工作

为了摸清家底，全面掌握我国"危仓老库"整体情况，国家粮食局于2012年5月10日发出了开展"危仓老库"专项调查的通知。经调查，截至2012年5月底，全国共有"危仓险库"8970.4万吨。其中：需大修仓房86376栋，仓容6024.4万吨，占仓容总量的19.9%；待报废仓房32678栋，仓容1324.2万吨，占总仓容的4.4%；简易仓容1609.5万吨。这些仓房大部分没有维修改造价值，需要逐步予以淘汰。待报废油罐729座，罐容12.4万吨，占总罐容的1.4%。

另外，县级粮食行政管理部门申请新建一线收纳库1525个，建设仓容1392.4万吨。

根据国家粮食局的初步测算，消除"危仓险库"需要资金253.9亿元。

三　中央储备粮代储资格认定

2012年，国家粮食局按照《中央储备粮代储资格认定办法》及其实施细则（以下简称《细则》）等的相关规定，于5月、10月开展了两批中央储备粮代储资格认定工作、一次代储资格延续工作、两次代储资格变更工作，取消了两批代储资格到期企业。

（一）2012年中央储备粮代储资格认定情况

2012年，共受理了412户企业的中央储备粮代储资格申请，其中：粮食类企业369户，申请仓容1545.5万吨，通过审核企业200户，授予资格仓容818.7万吨；油脂类企业43户，申请罐容110.7万吨，通过审核企业19户，授予资格罐容40.6万吨。

（二）中央储备粮代储资格企业延续情况

2012年下半年，共受理了26户企业的代储资格延续申请，其中：粮食类企业24户，申请仓容92.8万吨，通过审核企业16户，延续资格仓容66.6万吨；油脂类企业2户，申请罐容5.6万吨，通过审核企业2户，延续资格罐容5.6万吨。

（三）中央储备粮代储资格企业变更情况

在已取得资格企业有效期内，共受理了96户资格企业的代储资格变更申请。经审核，有92户企业通过审核，准予变更。

截至2012年底，全国共有1761户企业取得了粮食类代储资格，取得资格仓容9717.4万吨；有193户企业取得了油脂类代储资格，取得资格罐容332.0万吨。

四　粮食行业安全生产

（一）2012年粮食行业安全生产概况

2012年粮食行业安全生产继续保持平稳态势。全年共发生14起重大事故，死亡20人。事故数量同比减少2起，减幅为12.5%；死亡人数同比增加2人，增幅为11.1%。从隶属关系看，有9起事故发生在中央企业，占事故总数的64.3%，致死14人，占死亡人数的70.0%。从发生时间看，2012年安全生产事故集中在第一季度和6～8月，其中：第一季度发生事故4起，致死8人；6～8月发生事故9起，致死11人。从主要事故类型看，粮堆埋人事故5起，致死7人；机械倾倒事故3起，致死3人；仓房倒塌事故2起，致死3人。上述3类事故分别占事故总数和死亡总人数的71.4%、65.0%。从死亡人员构成看，有13人来自外包作业、运粮司机等相关方，占死亡总人数的65.0%。

（二）开展工作情况

1.实施"打非治违"专项行动。5月初，召开全国粮食行业集中开展安全生产领域"打非治违"专项行动电视电话动员会议，国家粮食局党组书记、局长任正晓，党组成员、副局长吴子丹出席会议并讲话，党组成员、纪检组长赵中权主持会议。各省（区、市）粮食局、省级集团公司及4大中央粮食企业的600余名代表在1个主会场、31个分会场参加了会议。会议要求切实遏制安全生产事故多发频发的趋势，对影响行业安全生产的"危仓老库"等15个内容进行重点整治，加大责任落实和追究力度，促进安全生产形势持续稳定好转。中旬，发出《国家粮食局办公室关于开展"打非治违"专项行动进展情况统计工作的通知》（国粮办展〔2012〕118号）。6月初，印制粮食行业安全生产领域"打非治违"专项行动用《粮食安全生产工作资料汇编》（上、下册），共收录了71篇相关文件、领导讲话、法规、规范。5月到10月，"打非治违"专项行动期间，全行业累计开展检查12926次，检查企业22802家，发现隐患16961件。各地区（单位）共发出整改通知书3468份，向有关部门移送案件33起，处罚企业6家，处罚责任人3名。各单位上报报表180份，相关信息242篇。

2.完成"危仓老库"专项统计。5月上旬，启动"危仓险库"专项调查工作；中旬，"危仓险库"专项调查软件上线运行。6月，"危仓险库"专项统计共完成对13080户粮食企业的调查，全国共有8970.4万吨仓房为"危仓险库"，占调查企业全部仓容的28.1%。7月初，完成对"危仓险库"调查数据的核对、汇总和分析工作，并汇编成册。根据专项统计数据，起草了报财政部申请仓房维修改造资金的报告初稿，拟在今后统筹解决。

3.加强与有关部委沟通协调。4月中旬，针对粮食企业熏蒸作业安全隐患，经与国家安全监管总局沟通协调，印发《国家粮食局办公室关于暂停使用自吸过滤式防毒面具的通知》（国粮办展〔2012〕90号），在粮食行业全面暂停使用"自吸过滤式防毒面具"。7月和10月，分别向国务院安委会报送打非治违行动进展情况和工作总结。8月中旬，与国资委就涉粮中央企业安全生产事故信息进行沟通。

4.加大事故现场调查力度。2012年，国家粮食局对造成人员伤亡的重大安全生产事故进行了现场调查剖析，总结教训，并进行通报。这些事故是：中储粮油脂公司日照粮油储备库进入筒仓作业事故、中央储备粮沈阳直属库粉尘爆炸事故、河南周口市西华县枣花面粉有限公司钢板筒仓倒塌事故、中央储备粮漯河直属库输送机侧翻砸人事故、陕西省汉中市粮油总公司北关粮库自制梯形作业车翻倒事故、江苏省句容市金禾面粉厂仓内隔墙坍塌事故、中央储备粮凯里直属库麻江分库触电事故、中央储备粮石家庄直属库粮堆埋人事故、中央储备粮建昌直属库地下药品库渗水事故、中央储备粮奇台直属库售粮农民卸粮时埋入粮堆事故。

5.重视安全生产宣传教育工作。在收购、汛期、"两节"等特殊时期，国家粮食局都发出有针对性的关于安全生产的工作通知，提出明确的防范事故的要求。为使粮食企业从以往事故中吸取教训，国家粮食局编写出版了《粮油仓储企业安全生产事故案例分析与防范》一书。该书针对粮食行业近年来发生的典型事故进行分类，从事故过程、原因分析、应急处置等方面进行案例剖析，作为安全生产培训教材、指导安全生产实践的工具书，并附19个事故动漫合集光盘。其后，又以近两年粮食行业发生的安全生产事故为素材，新制作第二辑共15个"粮食行业安全生产事故动漫"光盘，并对其中6个首次采用三维技术，增强了演示效果，提升了警示、教育作用。11月底，以《粮油仓储企业安全生产事故案例分析与防范》为教材，和中储粮总公司在南京举办了中储粮系统企业安全生产培训班，分专题对粮油仓储企业重点部位和关键环节的安全生产知识进行了讲解，并演示播放了第二辑事故动漫，约500名来自企业一线职工或直接从事安全生产工作人员接受了培训，反响良好。

五　粮食行业信息化

根据党的十八大有关促进工业化、信息化、城镇化、农业现代化同步发展的战略部署，国务院关于大力推进信息化发展和切实保障信息安全的若干意见，国家发展改革委"十二五"国家政务信息化工程建设规划，国家发展改革委、国家粮食局关于印发《粮食行业"十二五"发展规划纲要》的通知要求，为使粮食行业信息化发展健康有序，国家粮食局于2012年12月印发了《大力推进粮食行业信息化的指导意见》。该意见明确了粮食行业信息化发展的指导思想、总体目标、重点任务及保证任务完成的措施。

六　粮油加工业发展与指导

2012年，国家粮食局编制印发了《粮油加工业"十二五"发展规划》（国粮展〔2012〕5号），明确了提高供给保障能力、加快产业结构调整和产品结构调整、健全安全保障体系、推动科技进步与创新、促进产业集聚发展、完善应急加工供应体系等六项重点任务，规划了加工园区建设、技术改造升级、粮油食品安全检测、主食品工业化示范、粮油应急加工与供应五大工程。

为促进粮油加工业发展，国家粮食局在郑州召开"全国粮油加工业暨主食产业化工作会议"，研究部署了推进主食产业化等各项工作，将推进主食产业化作为适应城乡居民消费升级需求、保障粮油食品安全、提高农业比较效益的民生工程，推动产业结构调整升级，增强口粮供应保障能力。6月，会后印发《关于推进主食产业化增强口粮供给保障能力的指导意见》（国粮展〔2012〕164号），明确了推进主食产业化九项措施：加快开发主食新产品，推进产业升级；实施主食产业化工程；培育主食产业化企业，推进集聚发展；创新流通方式，完善主食供应体系；加强科技创新，提高核心竞争力；加快企业技术进步和改造，提高装备水平；健全主食质量安全保障体系，确保消费安全；实施品牌带动战略，丰富主食文化内涵；完善应急供应体系，服务宏观调控。

为解决企业发展资金问题，国家粮食局、中国农业发展银行联合印发《关于进一步加强合作推进国有粮食企业改革发展的意见》（国粮财〔2012〕205号），推动战略重组，扶持做大做强国有粮食企业；发挥政策性金融支持作用，加大信贷支持力度。对从事粮食储运、调销、加工的国有粮食企业给予流动资金贷款支持。

与此同时，财政部将玉米胚芽纳入《农业产品征税范围注释》中初级农产品的范围，适用13%的增值税税率，减轻了玉米深加工企业的税赋负担。

2012年，国家继续通过技术改造专项资金扶持粮油加工业企业，分别在东北等老工业基地调整改造、中小企业和技术改造专项中安排中央补助资金3.2亿元，扶持粮油加工业项目148个，带动投资34.9亿元。

国家粮食局继续加强全社会粮油加工业产能监测工作，全面完成粮油加工业年报表和重点企业半年报统计，2012年6月开展了2012年上半年玉米深加工和主食产业化专项调查，基本摸清了基本情况，编印了《2012年粮油加工业统计资料》、《2012年上半年玉米深加工业专项调查报告》和《2012年上半年及2011年主食产业化专项调查报告》。

七　粮油加工业统计

2012年度粮油加工业统计企业数量进一步增加，工业总产值和利税均保持超过18%增幅，产品产量继续保持平稳增长。

（一）企业数量同比增幅6.7%，民营企业数量占89.5%

至2012年末，全国粮油加工业企业共有19330家，比上年增加1219家，增幅6.7%。其中，湖南、广西、安徽、湖北新增企业较多，分别增加了184家、113家、109家、102家，增幅分别为15.4%、29.6%、9.7%、6.4%。分行业，稻谷加工企业9788家，比上年增加398家，同比增幅4.2%；小麦加工企业3292家，比上年增加68家，同比增幅2.1%；食用植物油加工企业1734家，比上年增加101家，同比增幅6.2%；粮食食品加工企业1262家，比上年增加467家，增幅58.7%；玉米加工业企业409家，与上年基本持平。

（二）粮油加工业规模持续上升，工业总产值同比增幅18.9%，增速比上年下降5.7个百分点，利税同比增幅19.0%，增速比上年下降了1.2个百分点

1.粮油加工企业实现工业总产值22797亿元，比上年增加3625亿元，增幅18.9%。食用植物油、饲料、稻谷、小麦、玉米、粮食食品6个行业加工业实现工业总产值都超过千亿元。其中，粮食食品加工业、杂粮及薯类加工业的工业总产值分别为1787亿元、307亿元，同比增幅较大，分别为59.3%、29.8%；玉米加工业工业总产值2448亿元，同比增幅9.6%。

2.粮油加工业企业实现工业增加值2981亿元，比上年增加522亿元，增幅21.3%。分行业，食用植物油加工业、稻谷加工业、饲料加工业的工业增加值列前3位，分别为702.2亿元、577.6亿元、513.6亿元，同比增幅17.9%、15.7%、24.2%。分地区，湖北、山东、江苏省工业增加值列前3位，分别为449.1亿元、338.8亿元、285.6亿元，同比增幅30.2%、7.0%、31.5%。

3.粮油加工业产品销售收入22638.8亿元，比上年增加3449.5亿元，增幅18.0%。销售收入超过500亿元的集团企业2家：益海嘉里集团1356.1亿元，中粮集团有限公司849.9亿元；销售收入超过100亿元的企业4家：长春大成实业集团有限公司437亿元、中粮东海粮油工业（张家港）有限公司180亿元、西王集团有限公司137亿元、大海粮油工业（防城港）有限公司104亿元，4家企业合计销售收入858亿元，占粮油加工业销售总收入的3.8%；销售收入超过50亿元的企业37家，这些企业合计销售收入2928亿元，占粮油加工业销售总收入的12.9%；销售收入超过20亿元的企业145个，合计销售收入6187亿元，占粮油加工业销售总收入的27.3%；销售收入过亿元的企业4232家，合计销售收入19359亿元，占粮油加工业销售总收入的85.5%。

4.粮油加工企业利税稳步提高。粮油加工业企业实现利税总额885亿元（利润总额586亿元），比上年增加142亿元，增幅19.0%（利润总额比上年增加97亿元，增幅19.8%），增速放缓1.5个百分点。其中，粮食食品加工业利税177.4亿元（利润108.4亿元），同比增幅82.3%（86.6%）；玉米加工业利税149.5亿元（利润82.1亿元），同比下降19.1%（−29.3%）。

（三）粮油加工业产量继续保持平稳增长，增幅平均在8%以上

1.大米产量同比增幅8%以上，增速同比下降4个百分点。稻谷加工业年处理稻谷能力共计3.1亿吨，比上年增加2325万吨，增幅8.2%，增速比上年下降8个百分点。大米统计产量8882万吨，为避免重复计算，稻谷加工业大米实际产量为8693万吨（已核减二次加工大米189万吨），比上年增加700万吨，同比增幅8.8%；实际处理稻谷1.37亿吨。稻谷加工业平均产能利用率44.5%，比上年下降了0.4个百分点。

2.小麦粉产量增幅13%。年处理小麦能力2亿吨，比上年增加2517万吨，增长14.2%；小麦粉产量9613万吨，比上年增加1104万吨，增幅13.0%；制粉用小麦消耗量1.3亿吨。小麦加工业产能利用率64.0%，比上年下降了0.7个百分点。

3.食用植物油产量增幅18.4%。2012年食用植物油加工业油料处理能力为1.61亿吨，比上年增加1039万吨，增幅6.9%；精炼能力5101万吨，比上年增加606万吨，增幅13.5%。全国食用植物油统计产量3975万吨，为避免重复统计，核减了外购国内原油精炼和外购国内成品油分装，全国食用植物油实际产量核算约为2685万吨，比上年增加418万吨，增幅18.4%；实际年处理油料8494万吨。

4.玉米加工产品产量首次同比下降2.3%。年处理玉米能力7592万吨，增幅7.1%；玉米加工企业产

品产量3439万吨，比上年下降2.3%。

5.粮食食品产量增幅较快达32.8%。粮食食品产量1967万吨，增幅32.8%。面制主食品产量873万吨，占比44.4%，同比增幅24.4%；米制主食品产量113万吨，占比5.7%，同比增幅28.4%；速冻米面制品产量143万吨，占比7.3%，同比下降4.7%；杂粮主食品产量15万吨，占比0.8%，同比下降42.2%。

6.饲料产量增幅7.8%。饲料加工企业年生产能力1.9亿吨，比上年增加1292万吨，增幅7.2%；产量1.5亿吨，比上年增加1054万吨，增幅7.8%。

7.杂粮及薯类产品产量增幅8.7%。杂粮及薯类加工企业年生产能力1156万吨，比上年增加187万吨，增幅19.3%；杂粮及薯类产品产量311万吨，比上年增加25万吨，增幅8.7%。杂粮加工品产量236万吨，占比75.9%；薯类加工品产量75万吨，占比24.1%，其中：薯类淀粉47万吨，薯类食品28万吨。

8.粮机设备产量下降32.1%。粮机设备制造企业年生产能力35.4万台（套），同比下降7.6%，年产量27.2万台（套），同比下降32.1%。

（四）粮油加工副产物综合利用率有待进一步提升

稻谷加工副产物米糠1331万吨，比上年增加65万吨，增幅5.1%，增速与大米产量增幅相比低3个百分点，其中：制油用米糠96万吨，占总量的7.2%，比上年增加9万吨，增幅10.3%。稻谷加工稻壳2519万吨，比上年增加167万吨，增幅7.1%。其中：发电用稻壳92万吨，比上年减少25万吨，降幅21.4%；供热用稻壳494万吨，比上年减少46万吨，降幅10.3%。小麦加工副产物3123万吨，增幅13.2%，其中小麦麸皮2989万吨。

（五）能源消耗增加较明显

粮油加工业企业用电量298.1亿千瓦时，比上年增加29.9亿千瓦时，增幅11.2%，其中，玉米加工业、小麦加工业电耗较高，占比分别为28.5%、22.2%；用水3.1亿吨，比上年增加0.4亿吨，增幅14.0%，其中，玉米加工业、粮食食品加工业、食用植物油加工业水耗列前3位，分别为1.4亿吨、4997万吨、4899万吨，占比分别为44.3%、16.0%、15.7%；用煤3258万吨，比上年增加371万吨，其中，玉米加工业、食用植物油加工业用煤量较高，分别为1188万吨、732万吨，增幅12.9%，占比分别为36.5%、22.5%。

（六）科技研发、节能减排投入、企业库房容量、油罐容量继续增加

粮油加工业企业科技研发投入经费43.9亿元，占销售收入的0.2%，比上年增加10.2亿元，增幅30.3%，分行业，玉米加工业、食用植物油加工业、粮食食品加工业的科技研发投入列前3位，分别为8.2亿元、7.5亿元、7.4亿元，占比分别为18.7%、17.1%、16.9%；获得专利3215件，降幅5.4%，其中：发明专利741件，与上年基本持平。粮油加工企业用于节能减排的支出为13.5亿元，占销售收入的0.06%。粮油加工企业现有国家级研发中心70个，省级研发中心494个。库房容量1.6亿吨，比上年增加1946万吨，同比增幅13.9%；油罐容量2092万吨，比上年增加379万吨，同比增幅22.1%。

（七）固定资产投资同比下降4.7%

资产总计1.3万亿元，比上年增长1777.2亿元，增幅15.5%；固定资产原值4810.7亿元，固定资产净值3453.0亿元，负债合计7101.2亿元，资产平均负债率53.6%，比上年下降1.8个百分点。按行业分，食用植物油加工业、稻谷加工业、玉米加工业、饲料加工业和粮食食品加工业资产总计较高，分别为4151.3亿元、2149.1亿元、1903.5亿元、1652.9亿元和1504.2亿元，同比增幅20.7%、12.4%、-13.4%、

14.4%和64.2%。粮油加工企业固定资产投资416.2亿元，比上年减少20.5亿元，同比下降4.7%；固定资产投资排在前两位的是玉米加工业和食用植物油加工业，分别为98.3亿元、91.2亿元。

（八）年末从业人数同比增幅7.0%

2012年末粮油加工业企业从业人员数总计148万人，比上年增加11万人，增幅8.0%，其中：在岗职工139万人（含专业技术人员15万人，技术工人25万人，经营管理人员15万人），其他从业人员9万人。按行业分，粮食食品加工业、饲料加工业、稻谷加工业对就业贡献较大，从业人员数分别为33万人、27万人、26万人，分别占总数的22.3%、18.2%、17.6%。企业从业人员数较多的前3位的省份是山东、河南和安徽，分别为17万人、15万人和12万人。

（九）产业化龙头企业数量同比增幅39.0%

国家级、省级产业化龙头企业2067家（其中省级产业化龙头企业416家，同比增幅31.6%），占企业数量的10.7%，比上年增加579家，同比增幅39.0%，实现工业总产值8781.3亿元，比上年增加558.2亿元，同比增幅6.8%。其中，米、面、油产业化龙头企业数量分别为602家、387家、404家，占比分别为6.2%、11.8%、23.3%；产能分别为6427万吨、5872万吨、7478万吨，占比分别为20.9%、28.9%、46.5%；产量分别为2957万吨、3746万吨、1501万吨，占比分别为33.3%、39.0%、37.8%。

（十）应急加工企业数量同比增幅27.9%

省、市、县级应急加工企业3773家，比上年增加823家，增幅27.9%，其中，省级应急加工企业790家，同比下降6.4%。其中，稻谷、小麦、食用植物油应急加工企业数量分别为2167、1070、402家，占比分别为22.1%、32.5%、23.2%，同比增幅21.9%、35.3%、33.6%；产能分别为10176万吨、8637万吨、7081万吨，占比分别为33.2%、42.5%、44.0%，同比增幅23.8%、40.4%、100.6%；产量分别为3838万吨、4539万吨、1499万吨，占比分别为43.2%、47.2%、37.7%，同比增幅19.4%、34.6%、49.6%。

（十一）放心粮油工程加工企业数量同比增幅20.2%

放心粮油工程加工企业2817个，其中中粮协认定示范企业568个，占比20.2%；省级及以下示范企业2249个，占比79.8%。工业总产值7158.8亿元，占粮油加工业工业总产值的31.4%，其中中粮协认定示范企业工业总产值3024亿元，占粮油加工业工业总产值的13.3%。分行业，稻谷加工业、小麦加工业、食用植物油加工业的产能分别为8566万吨、8272万吨、8648万吨，占比分别为27.9%、40.7%、53.8%；产量分别为3593万吨、4695万吨、1823万吨，占比分别为40.5%、48.8%、45.9%。

八　推进主食产业化

（一）召开"全国粮油加工业暨主食产业化工作会议"

2012年5月30～31日，国家粮食局在河南省郑州市召开了"全国粮油加工业暨主食产业化工作会议"。

会议围绕"转方式调结构稳中求进，保安全增实效惠及民生"的主题，总结了近年来粮油加工业和主食产业化工作进展，落实了粮食行业"十二五"发展规划纲要和粮油加工专项规划，研究部署推动粮油加工业转型升级、全面推进主食产业化的各项工作。局党组书记、局长任正晓在会上作了《进一步推进主食产业化，全面提升口粮供应保障水平》的重要讲话，吴子丹副局长作了《转方式调结构，加快推进粮油加工业转型升级》工作报告。会议明确了"十二五"粮油加工业以及主食产业化发展的七项主要任务。本次会议是国家粮食局近十年来第一次召开全国性的粮油加工专题会议，同时也是第一次全面系统提出主食产业化概念并对相关工作全面部署的会议。

（二）印发《推进主食产业化增强口粮供应保障能力的指导意见》

2012年8月，印发了《国家粮食局关于进一步推进主食产业化增强口粮供应保障能力的指导意见》（国粮展〔2012〕164号）。《指导意见》提出主食产业化的发展思路是：坚持市场导向、政府引导、企业运作的原则；坚持机制创新、主体多元、互利共赢的原则；坚持优质营养、健康美味、经济便捷的原则；坚持科技支撑、质量安全、装备先进的原则；坚持因地制宜、突出特色、稳步推进的原则。发展目标是：到2015年，面制、米制主食品工业化的比例分别提高到30%、20%左右；培育大型主食产业化龙头企业，形成主食产业化集聚示范区。发展任务是："加快开发主食新产品，推进产业升级"、"实施主食产业化工程，发挥示范作用"、"培育主食产业化企业，推进集聚发展"、"创新流通方式，完善主食供应体系"、"加强科技创新，提高核心竞争力"、"加快企业技术进步和改造，提高装备水平"、"健全主食质量安全保障体系，确保消费安全"、"实施品牌带动战略，丰富主食文化内涵"以及"完善应急供应体系，服务宏观调控"。

（三）开展了2011及2012上半年主食产业化专项调查

为落实《进一步推进主食产业化增强粮食口粮供应保障能力的指导意见》，全面摸清主食生产企业产能、产量、效益、供应、研发、装备、质量安全等情况，2012年7月，国家粮食局组织开展了"2011及2012上半年主食产业化专项调查"。

调查结果显示，主食产业具备巨大发展潜力，主食产量的增速高于大米、面粉产量增速7个百分点，面制品已具备一定规模；主食加工业增值率远高于粮油加工业，米制、面制主食品平均销售利润率是稻谷、小麦加工业的2.4倍、2.2倍；米制主食产业化处于起步阶段，但发展速度最快。同时调查也反映主食品行业存在质量安全保障体系薄弱，检测能力不足；主食产品档次偏低，不能适应消费升级需求等问题，并提出了相应的建议。

（四）各地推进主食产业化工作成效明显

河南省政府率先推进主食产业化，启动并壮大主食龙头企业，相继出台了《河南省人民政府关于大力推进主食产业化和粮油深加工的指导意见》及《河南省人民政府办公厅关于印发2012－2020年河南省主食产业化发展规划的通知》。2012年，河南省财政安排2亿多元专项补助，引导资金63亿元，支持主食产业化发展，启动新建和技术改造项目134个，总投资120亿元；申请贷款贴息资金1.51亿元，支持主食产业化和粮油深加工企业88个。在技术创新方面，河南兴泰科技公司在结合传统手工工艺特点和谷物化学研究成果的基础上，自主研发成功了"智能化仿生馒头生产线"，突破了馒头商品化、工业化过程中的装备瓶颈，设计开发了"主食产销数据采集及反馈系统"，并进行市场化推广，采取合作企业建立主食加工示范项目的模式，实现整体优势快速复制，带动产业升级。

陕西省西安市通过龙头企业示范引领，打造政府"放心馒头工程"成效显著，中央电视台新闻节目对此进行了宣传报道。西安爱菊粮油工业集团投资2300万元建设"放心馒头工程"；投资1.95亿元建设"放心豆制品工程"，形成放心粮油工程、放心馒头工程和放心豆制品工程三者相辅相成、相互依托的发展格局。在技术创新方面，该集团自主创新大型智能化馒头生产线，满机单线运转每天可以生产馒头48万个，极大地提高了生产效率。

山东省财政厅专项补助5000万元支持放心粮油工程，用于放心粮油配送中心、主食产业化，建设并配置放心快餐食品加工配送中心、社区快餐亭、物流配送车等。

天津粮食集团利达主食厨房打造"放心馒头工程"，投资1.06亿元建设三期主食加工工程，截至2012年已实现日产200万个馒头，建成200余个"放心粮油及主食品销售点"；在技术创新方面，该集团通过技术改造升级，建成了二期9条自动化生产线，日产馒头达到100万个。

九　"粮安工程"前期筹划

我国粮食生产在经过连续九年丰收后，继续连年增产的难度加大，出现减产甚至连续减产的可能性加大。而目前粮食流通基础设施落后、粮食物流通道不够通畅、粮食收储设施陈旧、保供能力脆弱、供应网络不够健全、粮食产业实力不强、粮食质量安全存在薄弱环节、粮食产后损失浪费严重等问题日益凸显，一旦发生灾荒或市场大幅度波动，难以保证粮食正常供应和价格基本稳定。

为贯彻党的"十八大"提出的"确保国家粮食安全和重要农产品有效供给"精神，落实习近平总书记在中央经济工作会议上强调"要把保障粮食供应能力牢靠地建立在我们自己身上、要把饭碗牢牢端在我们自己手中"的重要指示精神，居安思危，未雨绸缪，立足当前，着眼长远。为全面提升粮食收储和供应保障能力，切实做到敞开收购农民余粮、保障严重自然灾害和紧急状态下的粮食正常供应，落实国务院领导同志重要批示的要求，国家粮食局研究决定，从2013年开始，在国家有关部门的全力支持和地方各级党委政府的高度重视下，全面实施"粮安工程"（即粮食收储供应安全保障工程），以有效应对可能出现的粮食大减产、市场大波动，持续保证粮食正常供应，切实保障国家粮食安全。实施"粮安工程"也就是筑牢粮食流通的"守底线"工程。从全国层面考虑，"粮安工程"的主要内容是打通粮食物流通道、修复粮食仓储设施、完善应急供应体系、保证粮油质量安全、强化粮情监测预警、促进粮食节约减损等6个方面，实施时间计划为5年（2013－2017年）左右。国家粮食局组织了"粮食流通事业科学发展成就及'粮安工程'建设规划展望图片展"，集中展示"十六大"以来粮食流通事业科学发展的新成就，重点描绘今后时期将全面实施的"粮安工程"建设实施方案。

十　科技进步与创新

◆国家粮食局

2012年，粮食行业科技发展以行业科技创新为引导，以产业促进为目标，开展以粮食信息数字流通为主的粮食信息技术研究，深化以节能减损为核心的粮食共性技术研究，同时开拓了以工程实验室、粮食局重点实验室等为主的粮食科技创新平台建设，通过科技创新体系建设，推动"十二五"粮食科技发展，突出粮食科技创新的重点，提升粮食科技创新能力，构建开放式的粮食科技创新体系。

（一）印发《粮食科技"十二五"发展规划》

2012年初，国家粮食局印发了《粮食科技"十二五"发展规划》，提出以坚持"自主创新、重点跨越、支撑发展、引领未来"的指导方针，以保障国家粮食安全为中心，以促进粮食流通现代化为重点，以产业发展的需求为导向，以关键技术创新为突破，支撑粮食行业发展方式的转变和推动粮食产业结构升级，走可持续发展道路的指导思想。规划明确提出，到2015年，实现粮食科技自主创新能力进一步增强，科技创新体系建设进一步完善，粮食产业科技水平显著提高，形成一批具有自主知识产权的创新性成果的"十二五"科技发展目标。通过发展信息、生物、新材料技术等高新技术，以节能低碳技术、先进装备技术改造传统产业，在高新技术产业化应用方面取得一批突破性技术成果，粮食科技支撑流通产业发展的能力明显提高，将一批先进成熟技术在产业化应用上先行先试，实现一批企业技术创新的集成示范。

（二）落实科技大会精神，建设粮食科技创新能力

党中央、国务院《关于深化科技体制改革加快国家创新体系建设的意见》，强调要加快推进创新型国家建设，全面落实《国家中长期科学和技术发展规划纲要（2006－2020年）》，发挥科技对经济的支撑和引领作用，从深化科技体制改革、加快国家创新体系建设为着力点，坚持自主创新、重点跨越、支撑发展、引领未来的指导方针，促进科技与经济社会发展紧密结合为重点，深化科技体制改革，着力解决制约科技创新的突出问题，充分发挥科技在转变经济发展方式和调整经济结构中的支撑引领作用。

按照党中央、国务院的部署，科技创新大会后，国家粮食局号召全行业认真学习贯彻党中央、国务院科技创新体制改革要求，充分认识加快建设创新型国家对行业发展的新要求，进一步明确新时期粮食行业科技发展的重要任务，深刻理解发展依靠创新驱动、提高自主创新能力、深化科技体制改革、完善人才发展机制、优化创新环境和扩大科技开放合作的重要意义。按照国家的决策部署，落实以企业为技术创新主体，进一步促进科技创新与行业紧密结合，提高本土粮食企业的核心竞争力，通过企业研发中、深化产学研结合、建立资源开放共享机制、创建创新平台、促进粮食科技成果转化。粮食科技工作加强协同创新，提高粮食科技创新体系发展建设，强化科技创新资源的聚集效应，吸引粮食行业内外优势科研力量和资源，促进行业科技创新，促进粮食行业形成科学、严谨、求真、务实的学风，以科技支撑粮食行业快速发展提供支撑。

（三）印发《粮食科技"十一五"成果报告》

2012年出版印刷了《粮食科技"十一五"成果报告》，该报告展示了"十一五"粮食科技发展的全貌。成果报告在汇总了粮食科技创新投入情况、研究情况、成果产出、成果水平、创新平台建设的基础上，形成了对"十一五"粮食科技创新工作后评价报告，并汇总粮食科技创新成果形成了《粮食科技"十一五"成果报告》。该报告包括粮食科技后评价、粮食科技发展回顾及主要科技成果三个部分。在国家科技投入增加的大背景下，与"十五"相比，"十一五"期间粮食科技投入明显增加，投入的范围、领域不断拓展；粮食科技总体水平明显提升，关键技术有所突破，取得了一批重要成果，经济效益、社会效益和环境效益显著提高；粮食流通产业高新技术应用方兴未艾，电子、信息技术以及部分装备技术和工程化能力已初步具备；节能减排、生物技术展现出广阔的应用前景。粮食行业建设了一批国家级工程实验室、局级工程技术研究中心、重点实验室、农村科学储粮服务平台，构建了多层次的粮食科技创新平台。形成了具有粮食行业特色的科技创新体系。

（四）以物联网建设为核心，开展北粮南运示范工程建设

2012年，国家发展改革委、财政部同意包括粮食储运监管物联网示范工程在内的七个领域列为国家物联网重大应用示范工程，并下发《国家发展改革委办公厅、财政部办公厅关于同意在海铁联运等七个领域开展物联网重大应用示范工程的复函》（发改办高技〔2012〕2101号）。粮食领域主要围绕"北粮南运"，以黑龙江、江苏、上海、深圳及中储粮总公司为主，开展储运监管物联网应用示范工程建设，面向国家粮食宏观调控需求，利用自主物联网技术，构建覆盖"北粮南运"主要通道国

家三级储备粮库的智能监控系统，实现对储备粮收购、仓储、物流、加工、交易等关键环节的精细化控制，全面提高国家粮食保障与供应能力。示范工程将通过利用射频、传感器、数字虚拟等物联网技术，建设智能管理粮库管理系统、智能应急成品粮库系统、智能粮食流通监管系统，构建粮食储运物联网感知体系，加强储备粮质量、数量、保管状态、环境等监测，探索网络化监管新机制，完善粮食储运物联网技术应用标准体系。以温度、湿度、害虫、重量、气体传感器，构建粮食传感体系，通过"三省一市"和中储粮总公司进行示范，构建粮食流通物联网监管体系，优化粮食流通模式，促进粮食顺畅流通。通过示范工程，探索完善物联网技术应用模式，建立健全技术应用标准体系，形成相关成果，引领带动粮食传感器在内的高新技术成果的产业化，促进粮食储运相关物联网技术产业快速健康发展，并将促进粮食流通产业向信息化、高效化、高技术化迈进，形成与国际接轨的粮食流通产业和高效的粮食流通体系，促进粮食产业优化升级。

（五）开展物联网技术应用，促进传感器等高新技术产业化

在"十五"、"十一五"科技创新基础上，粮食行业开展了重量传感器、害虫传感器、网关硬件等物联网技术研究，并形成了新技术成果的产业化能力。2012年国家发展改革委批复了"基于物联网的国家粮食仓储数量检测系统研发及产业化项目"、"多种粮食专用智能感知设备研发与产业化"、"储粮害虫检测智能终端及远程监控关键技术研发及产业化项目"、"电化学式气体探测智能终端关键技术研发及产业化"等4个物联网技术研发及产业化项目。这些项目以促进粮食专用传感器生产能力形成为目标，开展重量、害虫、气体、网关等物联网相关的粮食传感器设备技术研究开发及产业化能力建设。粮仓数量传感器能够实时监控仓内粮食数量，实现粮仓害虫的仓外准确检测，并能实现粮仓内气体检测的实时监测，利用网关设备能够将多种传感器的信息进行集成，并将信息进行综合汇总。这些传感器建设能力项目均符合国家产业扶持政策，具备产业化前期条件，能够推动粮食物联网技术拓展，为粮食行业扩大物联网技术应用奠定了基础。

（六）国家粮食工程实验室等平台建设

2012年，粮食产后领域5个国家工程实验室积极开展建设工作，从储运、加工、装备、综合利用及新技术等领域，实现《全国新增1000亿斤粮食生产能力规划（2009－2020年）》和《国家自主创新基础能力建设"十一五"规划》的减少粮食损失的目标，以促进节粮减损技术创新为着力点，开展建设工作。粮食储运、小麦玉米加工、稻谷加工、粮食机械装备、粮食资源综合利用5个国家工程实验，利用自身创新优势，开展了粮食主要组分高效分离技术、主食工业化及功能性食品开发、副产物增值转化、粮食质量检测与控制以及节能降耗减排等多项国家科技计划研究，获得国家科技支持。"面粉高效清洁加工关键技术研究与集成示范"、"商品米品质提升与高效利用关键技术研究与示范"国家投入超1000万元，发酵领域也在开展多项重点攻关；装备实验室通过国家科技支撑计划项目"低菌小麦粉加工工艺与装备的研发"课题中开发了新型小麦擦皮器，转化了"高效冷粕器的转化"等技术成果，取得良好的效益。粮食领域国家工程实验室将加快培育和扶持企业的技术创新和技术转移能力，加快粮食科技成果的产品化、工程化、集成化应用的进程，形成"产学研结合、上下游协同"的粮食科技成果创新与应用机制，保障工程实验室科技成果尽快转化为生产力，为持续提高粮食生产能力提供强有力的支撑。

（七）国家粮食局重点实验室

2012年，国家粮食局启动重点实验室的组建工作。粮食行业科研院所及企业提出了"粮油质量安

全"、"粮油生物技术"、"粮食储藏"、"粮食信息感知与处理"、"粮食生物技术"、"粮食加工技术及装备"、"粮油加工与品质控制"、"油料加工"、"粮食加工"、"粮油食品环境与健康"、"粮食质量安全稻米品质检测"等11个重点实验室建设方案。当年，国家粮食局组织专家，对上述重点实验室候选项目的建设的条件、人员、学科建设、人才培养、管理机制、运行情况、发展潜力、对科技创新人才的培养作用进行综合考评基础上，批复了"国家粮食局粮食储藏重点实验室"、"国家粮食局粮油生物技术重点实验室"、"国家粮食局粮油质量安全重点实验室"等3个重点实验室。

（八）开展公益性行业科研专项启动工作

2012年，制定了公益性行业科研专项实施方案，提出了公益性行业科研专项实施规划，邀请粮食行业内外，包括院所、知名专家及相关业务单位行政领导，组成了公益性粮食行业科研专项管理咨询委员会。为提升粮食行业科技支撑发展的能力，规范和加强粮食公益性行业科研专项经费的管理，提高资金使用效益，根据财政部、科技部《公益性行业科研专项经费管理试行办法》（财教〔2006〕219号），制定了《粮食公益性行业科研专项经费管理暂行办法》，并于当年发布。该办法规定了公益性行业科研专项组织管理体系，项目申报及预算审批，项目申请的有关要求，项目实施及预算执行，项目验收与绩效考评，监督管理的全过程。

（九）做好项目管理政策体系建设，完善管理制度

2012年，国家粮食局制定了《粮食科技项目管理实施细则》，该细则体现了国家、粮食行业科技发展规划的精神，通过项目管理引导、优化科技经费使用，规范项目实施的管理，既促进科技创新研究，优化科技创新资源配置，又保证国家科技经费和计划管理的严肃性。该细则涉及国家粮食局组织实施的各类型国家及粮食行业科研计划项目，规定了粮食行业科技项目管理职责，明确了项目承担单位的资格、责任和义务，细化了粮食行业科技计划项目从备选、评审、推荐、立项、实施、验收、登记、评奖、后评价等全过程管理要求，并结合不同类型的粮食科技计划项目，细化了具体项目立项、实施过程、项目安排的要求，在关注项目管理的基础上，该细则着重强调了粮食科技经费管理的要求，保证粮食科技项目、粮食科技创新平台、产业技术成果能够更好地支撑粮食行业科技发展，实现粮食科技创新能力的显著提升。该细则的制定完善了粮食行业科技创新管理制度，规范了粮食科技项目实施，对粮食科技管理具有积极意义。

（十）成功举办粮食科技活动周，宣传小麦粉营养健康知识

国家粮食局于2012年5月19～25日成功举办了以"小麦粉的营养与健康"为主题的2012年粮食科技活动周。通过宣传画、图片、材料、手册、网上宣传、举行科普答疑等多种形式开展宣传活动，使广大人民群众了解了小麦粉营养与健康方面的相关知识，收到了很好的科普宣传效果。本次粮食科技活动周以"保障粮食安全、传承粮食文化、关注大众健康"为主要内容，重点宣传小麦粉营养、健康和食品安全生活常识、主食工业化的现状、发展趋势及文化内涵。国家粮食局举办了主题为"转基因技术与粮食安全"的第十一次专题科普讲座；参加了科技列车青海行活动，期间向种粮农户赠送了200套农户科学储粮仓，成功举办了4场粮食科技讲座，并为青海经济发展建言献策。南京财经大学、国家粮食局科学研究院"粮食科技周宣传日"开展了实验室开放活动。全国31个省（区、市）粮食局根据各自特点，分别开展了多种形式的科技周宣传活动。据不完全统计，全国31个省（区、市）在本次粮食科技活动周期间共设立展板、悬挂条幅3515张，发放相关宣传资料184.1万份，累计接受咨询12.6万人次，宣传受众约95.3万人，达到了预期目标。

（十一）开展国家重点计划项目研究，加强粮食行业共性技术研究开发

2012年共受理行业科技项目申报25项，当年批复立项9项。立项项目为科研院所技术开发专项2个，农业科技成果转化资金项目5个，软科学计划项目1个，火炬计划1项。

2012年"固态发酵制备高效、安全菜籽蛋白肽生产技术中试"等5个农业科技成果转化资金项目批复立项。项目主要侧重于粮油加工设备和工艺技术成果的转化与应用，对支撑产业技术升级有促进作用，对引导粮食行业科技创新，特别是干燥领域成果转化具有积极的促进作用。

"农户远红外对流粮食干燥技术开发及装备研制"院所技术开发专项项目，主要开展适合中小型粮食干燥机的远红外能量转换技术研究，开发稻壳、秸秆为燃料的全自动的热风炉，并配备新型粮食水分自动检测和控制技术与系统，摸索中小型粮食干燥机干燥过程水分迁移的规律，优选粮食水分在线检测方法，开发组合快装式小型远红外对流粮食干燥机，推广相关技术，并研究开发粮食干燥智能预测技术及检控系统，保证干燥后谷物的水分均匀和安全。

"4000t/d大豆脱皮膨化系统关键技术与装备国产化"院所技术开发专项项目，主要针对油料预处理工段的规模化装备较少的现状，对4000t/d大豆脱皮膨化系统的轧胚技术、脱皮技术、膨化技术、液压轧坯机、脱皮装置及脱皮膨化智能化系统进行研究，提高大豆脱皮率、压坯质量、膨化效果，减低皮中含仁率、满足生产需要，提高生产线的寿命，实现整条生产线智能化控制。

2012年国家软科学计划项目"粮食金融化趋势下我国粮食安全的量化研究"，主要对粮食金融化产生的原因、特征和可能产生的主要风险进行分析，研究全球化背景下国际粮食金融化形势发展的特征和趋势。

火炬计划项目"新型混合溶剂菜籽油浸出产业化项目"主要研究内容为：利用新型混合溶剂提高油脂浸出效率，优化浸出工艺，为减少残留提出新的工艺路线。

（十二）"十二五"国家支撑计划项目研究进展顺利

1. "粮食丰产科技工程（产后）"课题开发了适合农户储粮的新型粮食干燥设备，通过材质的研究和比选、储粮通风技术研究以及不同储粮生态区域对安全储粮的影响，研制与农村粮食物流相衔接的标准化粮仓，研制农户规模化储粮的新仓型及配套设备，研究适合农户储粮使用的无公害虫霉防治技术在不同区域的应用技术以及示范，在不同农户需求的鼠害防治技术应用模式基础上，集成农户粮仓、清理干燥设备、防霉、防虫技术并进行示范。

2. "节能增效绿色储粮关键技术研究与示范"主要研究储粮长期储藏温度水分调节控制技术，多杀菌素系列化合物的开发，真菌毒素生物降解剂的研发，储粮害虫生长调节剂的应用技术；进行干燥样机试验，建立试验仓和示范线，进行软件编制，完成能耗在线监控软件开发。设计合成具有高杀虫活性、合理分子量的多杀菌素系列化合物，开发出具有自主知识产权的玉米赤霉烯酮或呕吐毒素降解菌株。目前项目已开发出智能一体化水源热泵机、粮库专用能耗在线监测软件，电阻式粮食水分在线检测仪，余热热管回收技术工艺研究及装置开发，并开展了湿热区域低温储藏节能技术及装备的研发与示范，开展了地下节能型储粮新仓型关键技术的研发。针对我国粮食储藏过程中虫霉损失大、品质下降快以及过度依赖化学药剂等一系列突出问题，围绕小麦、稻谷、玉米储藏粮情关键生态因子、储粮害虫生物防护剂多杀菌素系列化合物以及昆虫生长调节剂和信息素、真菌毒素生物降解剂等方面进行研究和技术开发，开展ARTP诱变选育多杀菌素高产菌株研究，构建多杀菌素高产基因工程菌，优化发酵调控，并通过高通量筛选，获得高效降解玉米赤霉烯酮的降解微生物菌株。

（十三）"十二五"科技计划项目"数字化粮食物流关键技术研究与集成"项目申报顺利

针对对流通领域的每一个环节进行监控、跟踪和集成管理，减少流通领域的粮食损失，保证粮食质量安全的技术需求，构建食品安全风险评估、精准溯源与预警、食品质量安全标准体系。该项目主要研究并建立符合我国粮食收储环节要求的近红外检测仪器与检测标准，研发宜于推广的小麦硬度快速检测仪器和大米外观品质快速检测仪器，实现主要粮种（稻谷、小麦、玉米）品质及储藏过程特性的数字化模拟，系统掌握粮食产后品质特性变化、储藏过程动态变化规律，实现安全与生态储藏，研制粮仓储粮体积和密度传感器等仪器，及轻小型化研制、集成与应用，建立我国油脂质量安全的数字化、智能化、标准化、精准化和可视化的测控体系，构建粮食数字化全程追溯集成技术体系。开展粮食收购、仓储、物流、加工等粮食流通全过程的信息采集技术的集成研究，完成粮食流程全程质量管理，实现全程可追溯。通过粮油收购品质、储藏数量和质量安全检测、运输装卸、流通追溯方法与设备研制与应用示范，实现粮油数量和质量的跟踪管理，提高从收购、储藏到消费环节的粮油流通全程数字化检测与管理水平，提高粮食流通领域的信息化水平。

（十四）"十一五"国家科技计划项目完成验收

"十一五"国家科技支撑计划项目"储备粮减损新技术研究与示范"项目经过三年的实施，完成了各项研究任务，达到了考核指标，通过了科技部组织专家验收。

通过三年的研究，该项目开展了电子鼻对粮食中常见微生物菌种的识别研究，并建立了霉变粮食识别模型；开展储粮过程中不同温度、湿度（水分）、时间条件下，危害真菌的生长规律与CO_2浓度变化的相关性研究，建立了储粮真菌危害早期检测新方法。研制了具有自主知识产权的储粮真菌危害早期在线检测仪器（样机）2套，并在5000t玉米仓进行了储粮生物危害在线早期检测仪器示范应用；率先在国内建立了真菌毒素削减微生物菌株的筛选技术体系和功能基因克隆、高效表达研发平台，并获2株具有自主知识产权、对产毒真菌高效抑制的微生物，获得1株玉米赤霉烯酮（ZEN）高效降解微生物，并完成1个功能基因的克隆、高效表达；开发了对储粮害虫高毒力Bt菌株的筛选、效果测定技术，并筛选获得对印度谷螟具有高效杀虫活性的菌株1株、对谷蠹具有高效杀虫活性菌株2株、从鳞翅目高效菌株里筛选获得7种遗传特性不同的Bt菌株；开展了玉米赤霉烯酮降解酶，以及杀虫、抑菌菌株的发酵研究，并进行了中试实验，为发酵活性物质用于储粮防霉和真菌毒素污染低毒、无毒降解奠定了基础。该项目明确了富氮低氧条件下粮食品质变化基本规律、储粮霉菌抑制效果；深入地研究了富氮低氧条件下储粮害虫的发生规律，摸索出了控制关键技术；提出了富氮低氧储粮应用技术工艺与参数，形成了相关技术标准；优化比选出了适合粮库工程化应用的制氮设备，在我国南方不同的储粮地域进行了较大规模的应用示范，并取得了良好的经济、社会和生态效益。

项目建立了糙米出白率、碾白率和碎米的检测方法，起草了《糙米》和《糙米储存品质判定规则》国家标准；根据南北方气候条件下低温储藏的需要，研发了适合于房式仓包装糙米低温储藏制冷通风技术及专用设备，并进行了应用示范，起草了《包装糙米低温储藏工艺规程》行业标准；研制了糙米多规格集装单元及其灌装、拆卸料及移动式卸料专用接料装置，开发了仓内集装单元堆码技术装备，基于RFID技术的糙米集装单元储运品质溯源等多项技术与装备，并进行了示范；应用经济学理论和计量统计方法，形成了适合我国不同区域、需求、流量等条件下3个典型的糙米储运减损运行模式；对于袋装糙米的低温仓建设、集装储运机械化和保质减损具有示范和指导意义，填补了国内空白，达到国内先进水平。

项目集成了高水分稻谷的两步干燥技术，节约干燥能耗20%以上，提高了稻谷干燥品质，为高水分稻谷规模化干燥提供了解决途径；开发和应用了粮仓通风无线控制技术，设计开发了控制电路模块和软件程序，研发了粮堆专用下管器和起管器，解决了就仓干燥设备安装劳动强度大和移动不方便的问题，在13个粮库开展了高效干燥和就仓缓速干燥技术应用示范。

项目还进行了我国主要粮种平衡水分、粮堆导热系数、比热和热扩散系数、粮堆孔隙率等物性参数的研究、测定，开发了粮堆平衡绝对湿度和露点温度查定方法软件；提出了小麦粮堆力学特性、电学特性与密度之间的关系方程，在此基础上构建了筒仓、房式仓中小麦重量计算模型，开发了相应的计算软件；研究了仓储粮堆中的热质传递的二维多尺度耦合模型，研制开发了可用于粮堆静态仓储过程和机械通风过程中的温度分布及其变化规律的实仓模拟软件，并进行验证和示范。

（十五）农业科技成果转化资金项目验收

2012年国家粮食局组织实施了7个2010年度农业科技成果转化资金项目，经过两年的开发转化，各项目均完成了《合同书》中规定的转化任务，各项技术指标达到了预定要求，并取得了良好的社会经济效益，引导了粮食行业科技成果为产业服务，促进了成果向市场化过渡，提高了科技成果转化率，经科技部确认，7个项目全部通过验收。

（十六）软科学研究计划项目验收

2012年对软科学研究计划"粮食加工业发展若干重大问题研究"项目进行了验收。该项目全面研究分析了粮食加工领域的重大经济技术问题，提出了将粮食加工业定位为关系国计民生的基础性、战略性产业，同时保证粮食质量安全和产业安全，优化企业结构、产品结构、区域结构，提升粮食加工业自主创新能力，装备研制能力，资源利用能力和加工调控能力，提出了完善宏观调控体系，加大财税支持力度，增加科技研发投入，加强资源综合利用，推进园区建设和加强利用外资监管等六项建议。该项目的研究为制定"粮食加工'十二五'规划"、"食品工业'十二五'发展规划"等直接采用，对促进粮食加工业的健康发展起到了积极作用。"中部地区战略性产业机构布局研究"、"应用生物技术提升我国粮食储藏安全水平的对策研究"、"粮食物流现代化的市场运行体系及宏观监控战略研究"、"稳定粮食供需平衡，国家粮食安全调控机制的研究"、"促进我国粮食流通产业现代化的技术政策研究"等面上项目已经完成了任务书规定的各项考核指标。

（十七）科技成果登记管理

2012年度粮食行业科技成果统计工作涵盖粮食行业3所高校、3家科研院所（其中2家是转制院所）、4家企业，登记项目18项，涉及319人（次）成果完成人。

◆国家粮食局科学研究院

2012年，国家粮食局科学研究院（简称粮科院），在局党组正确领导和局各司室的大力支持下，围绕粮食中心工作，积极履行科技服务职责，大力推进科研、设计、产业发展，为促进粮食行业技术进步作出了积极贡献，在科技创新能力建设、人才队伍建设、科研条件建设、制度建设等方面取得新的成效。

（一）主要业务工作取得新成效

1.完善科技管理体制机制，发挥科技支撑作用。认真贯彻落实党的十八大和中央农村工作会议、全国科技创新大会精神，按照中央《关于加快推进农业科技创新持续增强农产品供给保障能力的若干意见》的有关要求，积极探索建立和完善有利于促进科技服务产业的体制机制，组织广大科技人员开展深入调研和讨论，按领域、按环节全面分析梳理行业需求和学科发展前景，研究确定了各公益研究团队的主要职责任务，引导科技人员主动面向行业及时发现和解决技术难题。

利用院的基本科研业务费建立公益科研稳定支持机制，围绕长远发展和当前急需，对公益科研工作给予稳定支持。实行院领导班子全员参与科研业务管理，加强了对科研工作的指导，广大科技人员服务行业意识明显增强。

积极推进全院科研、设计、产业一体化发展模式和机制建设，增强院的凝聚力。积极探索产学研相结合的新模式新机制，与中纺集团等大企业建立战略合作关系，积极探索粮食储运国家工程实验室（14家成员单位）运行机制等。

2.围绕行业需求，组织做好科技服务工作。积极开展技术推广服务。以"绿色储粮系列技术"为重点，采用上门服务和集中培训方式，为各级粮食部门和基层企业培训技术骨干700余人次，受到广泛好评。在16个省份示范推广应用粮科院自主研发的储粮生物危害早期预警技术和检测仪器，受到高度评价，显著提升了安全储粮技术水平。粮科院开发的"充环气调富氮低氧储粮"、"惰性粉防治抗性害虫"、"组合式粮食干燥储存仓"、"高杂粮豆含量营养健康挂面加工技术"等一批科技成果，在多家粮食企业投入实施和转化应用。

配合做好食品安全相关工作。圆满承办完成国家粮食局《2012年全国食品安全宣传周系列活动》，组织5省检验机构开展真菌毒素超标小麦加工过程毒素变化评价研究，开展市售塑料瓶装食用植物油塑化剂含量摸底调查等。

配合做好"十二五"规划相关工作。完成《修复粮食仓储设施实施方案》、《成品粮应急（低温）储备库相关问题研究》、《成品粮应急储备库建设设计技术要点》、《粮油仓储设施建设研究报告》等项目、课题、文件的研究和起草。

为局有关部门提供技术支撑服务。为《全国粮食动态信息系统》项目提供技术支持，完成《粮仓机械员职业资格标准》的起草，参与"高级粮油保管员职业资格考试"的出题和考试，编制全行业7大类别31个工种的信息采集表，参加沈阳直属库粉尘爆炸事故调查、进口美国玉米质量情况调研、黑吉两省秋粮收购情况检查等并参与编制报告，参与《粮油仓储企业安全生产事故案例分析与防范》汇编，完成国家粮食局粮食战略性问题研究课题"粮食流通成本与粮食现代物流体系研究"等。

3.做好科研项目立项和管理。全年取得新的国家和部门科研计划课题12项，包括：支撑计划主持1项，参与2项；"863"计划主持1项，参与2项；院所技术开发专项主持1项；公益性行业专项参与1项；其他省部级项目4项；在研国家标准24项。批复经费总额1170万元。围绕行业发展急需，组织实施院自选课题23项，安排经费383万元。签订横向技术服务项目18项。

2012年有在研课题，包括"863"计划、支撑计划、自然基金在内的纵向研究任务42项，院内课题23项（包括博士后3项）。年内通过验收结题：纵向5项，院内课题13项。

4.组织做好行业公益性科研工作。重点领域研究工作取得新进展：

一是开发出粮食中多种真菌毒素同时检测技术，并结合国家粮食局年度粮食质量安全监测工作，开展了主要产粮省份粮食中16种真菌毒素摸底调查。

二是真菌毒素污染粮食毒素生物降解技术研究取得重要进展，通过对燃料乙醇生产过程进行实地取样进行降解试验，表明粮科院开发的菌种对呕吐毒素和玉米赤霉烯酮的降解效果极为显著。

三是成功开发了"便携式储粮生物危害检测仪"，能够真实反映粮堆中储粮真菌生长状况，灵敏度高，操作简单快速，可在发热前1个月检测到危害真菌生长变化。

四是充环气调储粮、粮仓横向通风、远红外烘干、农户储粮、成品粮储存等技术研究取得新进展，进入示范应用阶段。

五是建立了我国小麦品质基础数据库，建立了小麦质量指标，包括水分含量、蛋白质含量、容重、降落数值、灰分、湿面筋值、干面筋值的近红外预测模型，研制出适用于小麦品质快速测定的便携式近红外分析仪。

六是参与6项国际标准的制修订工作，一些重要的举证意见得到采纳，促进国际标准与我国国家标准取得一致。

七是建立并完善了多杀菌素高产菌株的高通量筛选方法，开展了多杀菌素高产菌株的Co60、NTG、ARTP和神八、神九飞船搭载航空诱变选育，采用微观代谢流和多尺度优化原理进行了高产菌株的发酵工艺优化。

八是开发了益生菌微囊化发酵前包被新技术及规模化生产新工艺和新设备，解决了饲用乳酸菌长期以来活菌含量低、抗逆性差、成本高的"瓶颈"。

九是开展了多种油料的水酶法提油技术研究，突破了油料酶法提油技术中易形成乳状液、油脂提取率低的技术瓶颈，并成功应用于油茶籽、玉米胚芽中，油脂提取率和同步产物回收率居国际领先水平。

十是开展了棉籽粕、菜籽粕固态发酵菌种筛选和发酵条件优化，小试结果表明，在提高真蛋白质含量、小分子肽含量，降低抗营养因子及内源毒素含量，改善功能活性成分含量等方面效果显著。

5.组织开展工程设计咨询服务工作。完成大型设计项目5项，包括：大连北良公司20万吨大豆浅圆仓项目、大连北良公司综合输送廊道项目（3km）、中储油天津临港32万吨物流仓储项目（浅圆仓）、唐山3000t/d大豆压榨加工项目（包括预处理、浸出）、山东陵县粮油食品产业园500t/d面粉厂。中国民清运河粮食仓储博物馆脚本大纲及文本研究、长沙市放心粮油研究、国家救灾物资储备库研究、国家邮政公司邮件处理中心设计等。

完成大型咨询项目13项，包括：成都粮食现代物流发展规划、新疆稻米产业规划、贵州西南粮食现代物流生态产业园总体规划、万年贡米生态产业园总体规划、安徽现代粮食物流中心数字粮库信息化研究、北良东部港区规划、北良公司东莞20万吨物流节点仓储设施、中纺新沂粮油产业园规划、5个成品粮低温应急储备库项目等。

6.积极推进科技产业发展。粮科院所属北京东方孚德技术发展中心全年生产销售粉质仪、拉伸仪等粮食检测仪器和谷物冷却机等装备360余台套。在新产品研发方面，完成10台二代大米食味计小批量试制，大米测鲜仪、真菌毒素快速检测仪等样机已进入试验阶段。

7.积极开展学术交流活动。加强国际科技合作与交流。完成"引智"项目，引进外国专家3名，取得预期成效；与4家国外机构签订科技合作协议。完成人员出访计划，共派出16人次赴6个国家考察交流；接待了来自10多个国家的20多位专家来访；在国内及国外召开的国际学术会议上作报告20余人次。院信息网站全面改版，内容充实和信息更新速度明显好转。科技期刊《粮油食品科技》影响因子和办刊质量稳步提高。

8.加强人才队伍建设和人才服务。按计划及公开招聘程序完成了应届毕业生、课题聘用人员共计

31人的招聘；选派2人参加国家粮食局和中组部挂职锻炼；招收2名博士后进站；继续组织科技人员外语培训，提升外语水平，参加学习的有20多人；支持在职读博2人；为2名科技骨干申报解决了两地分居问题；完成职称评定，27人获得任职资格，其中9人获副高级、18人获中级。

严格按程序选拔配备了国贸院和后勤保障机构的领导班子，并申报将院属企业领导班子成员纳入党组备案管理，得到批准；加强人才的思想沟通和交流谈话诫勉等。

9.论文、专利和获奖情况。2012年，共发表学术论文91篇。授权国家发明专利8项。孙辉博士获得2012年度ICC（国际谷物科学与技术协会）国际谷物化学科学与技术研究领域杰出贡献奖（ICC Harald Perton Award），孙长坡博士获得ICC优秀青年科学家研究奖（Young Scientist Research Award），段章群博士获得ICC最佳张贴论文奖（Best Poster Award）。

Harald Perten奖设立于1990年，是为了表彰世界上在谷物科学领域从事科学研究和知识传播工作取得杰出成就的科学家，特别是在淀粉、面筋蛋白和酶的应用领域取得卓越成果的专家和学者。该奖每两年评选一次，并在ICC科技大会上颁奖。

10.申请食品检验机构资质认定。完成"国家粮食局粮油质量检验测试中心"内部检测体系调整，制订了检测中心程序文件和质量手册等文件，开展检测能力培训。经国家认监委组织的认定评审，取得食品检验机构资质，包括125个食品及原料产品全项参数，38个饲料及原料产品全项参数，42个饲料参数，123个食品参数。

（二）加强科研条件和基础设施建设

推进实施科研条件建设项目5个，总投资2010万元。其中设备采购类项目4个，总计采购设备63台套（含挤压中试生产线一套）。

完成小汤山中试基地整体规划设计，规划方案于2012年12月初得到局党组审定认可。实施了"小汤山中试基地锅炉'煤改气'"项目，已完成锅炉采购，燃气外线工程施工进入收尾阶段，锅炉房改造施工安排在本采暖季后进行。推进实施"粮食储运国家工程实验室配套项目"，完成建筑面积6000余平方米的粮食储运实验楼初步设计和勘察，正在推进办理北京市相关部门的行政许可手续并着手施工图设计。积极推进"大兴研发中试基地项目"立项研究工作。

◆中国粮油学会

在国家奖励办和国家粮食局、中国科协等有关部门的大力支持和指导下，根据《中华人民共和国科学技术进步法》、《国家科学技术奖励条例》和科学技术部《社会力量设立科学技术奖管理办法》，并按《关于组织申报和推荐2012年度中国粮油学会科学技术奖的通知》（中粮油学发〔2012〕11号）和《中国粮油学会科学技术奖管理办法》的要求，中国粮油学会本着认真扎实、客观公正、开拓创新的原则，较好地完成了2012年度中国粮油学会科学技术奖（以下简称粮油科技奖）的各项评审工作。评审委员按照评审程序规范进行评审，保证评审工作的科学性、公正性和权威性。评选出一批优秀的粮油科学技术成果以及为粮油科学技术进步作出突出贡献的科技人员和企事业单位，为加速粮油科技进步发挥了重要的作用。

中国粮油学会于2012年3月底至7月开展粮油科技奖的推荐与申报工作，截至7月初，共收到51个推荐单位的93个科研项目的申报材料，其中有61个项目通过了形式审查并在中国粮油学会网站上进行了受理项目的公示。根据本年度项目申报的实际情况，共划分为油脂、食品、物流、储藏、饲料、信息与自动化、质检、米制品和营养9个专业组，学会奖励工作办公室将受理项目的申报材料按专业分类提交相应的专业评审小组进行初评。各专业组分别聘请本领域的资深学者、专家百余人，于9~10月组织开展了各专业组的初评工作。各专业评审组分别召开了评审会议，并采取定量和定性评价相结合的方式进行，最终投票表决产生初评结果，专业组推荐项目共44项。11月23~25日召开综合评审会议，国家奖励办社会奖励处陈苏处长、国家粮食局流通与科技发展司何毅司长到会指导工作。经过评审委员26名专家评审、量化打分，无记名投票表决，理事长办公会复审及公示，最终评选出推荐获奖项目42项，其中一等奖5项，二等奖13项，三等奖24项。

粮食行业人才队伍建设

一　行业教育与培训

2012年全国粮食系统积极开展教育培训，大力加强理论知识和职业技能培训工作，全系统共组织职工参加职业技能、学历教育、各类政治理论和业务培训共258330人次，参训率达41.91%，参训人次同比增加3.86%。

从培训时间来看，参加12天以内短期培训235109人次，参加13天以上1个月以内培训16410人次，参加1个月至3个月培训5164人次，参加3个月以上培训1647人次。职工参加培训以12天以内短期培训为主。

从培训内容来看，2012年系统职工参加职业技能培训的人次有所增加，其中参加粮油保管员、粮油质量检验员、粮油竞价交易员、制米工、制粉工、制油工等粮食行业特有职业（工种）技能培训79121人次，同比增加3.89%。另外，公务员全年参加培训34338人次，参训率达90.87%；企事业管理人员全年参与培训55810人次，参训率为55.11%；专业技术人员全年参与培训43615人次，参训率为60.70%；工人全年参与培训共118937人次，参训率为40.83%。

从培训机构来看，粮食系统职工参加党校、行政学院培训26994人次，参加粮食系统教育培训机构培训118785人次，参加高校科研机构培训4703人次，参加其他培训机构培训107848人次。

此外，全国各级粮食部门共举办培训班16889期，同比增加1.20%；培训429687人次，同比增加16.84%。其中，中央单位举办培训班4744期，同比增加9.07%，培训116124人次，同比增加29.11%；省级粮食行政管理部门及下属机构举办培训班1773期，同比增加39.50%，培训80624人次，同比增加40.74%；省辖市级粮食行政管理部门及下属机构举办培训班2890期，同比减少14.80%，培训62412人次，同比减少3.35%；县级粮食行政管理部门及下属机构举办培训班7482期，同比减少2.54%，培训170527人次，同比增加9.34%。

二　高层次人才队伍建设

2012年，国家粮食局继续大力推进高层次人才的选拔、培养评价和表彰工作。

一是进一步加强粮食行业高层次专业技术人才培养工作，国家粮食局于2012年5月14～18日在河南省郑州市首次举办了全国粮食行业中青年高层次专业技术人才研修班。该研修班属于国家《专业技术人才知识更新工程2012年高级研修项目计划》的一部分，具有公益性、示范性和引导性，主要是以提升创新能力为重点，着力加强中青年后备专业技术人才培养。参加该培训班的55名学员均由各省（区、市）粮食行政管理部门从粮食院校、科研机构、企事业单位从事粮食专业技术工作或科研管理工作的人员中推荐，均在学术研究或工程技术、管理工作中有突出业绩，在国内本学科领域内有一定优势和较高的知名度，一般都具有副高级及以上职称。该研修班的举办，既为全行业遴选出了一批科技创新领军人才培养对象，又增强了这些人才的科研创新意识，提高了科研能力，达到了预期的效果。

二是做好高技能人才表彰激励工作。根据人力资源和社会保障部《关于推荐第十一届中华技能大奖全国积极数能手候选人和国家技能人才培育突出贡献奖候选单位候选个人的通知》（人社部函〔2011〕362号），国家粮食局组织各省（区、市）粮食行政管理部门和有关中央企业，经推荐、评选等工作，从粮食行业基层优秀职工中产生了2名"全国技术能手"、1名"国家技能人才培育突出贡献奖个人"、1家"国家技能人才培育突出贡献奖单位"，20名"全国粮食行业技术能手"、11名"全国粮食行业技能人才培育突出贡献奖个人"、11家"全国粮食行业技能人才培育突出贡献奖单位"。这些优秀单位和个人的不断涌现，既为粮食行业广大职工树立了先进榜样，又起到了引导广大粮食职工发扬爱岗敬业，扎实肯干优良传统的积极作用。

三是积极开展粮食行业职业技能竞赛。为充分营造"尊重知识、尊重技能、尊重人才"的良好氛围，拓宽高技能人才的成长渠道，2012年7月，国家粮食局正式启动第三届全国粮食行业职业技能活动。各省（区、市）粮食局和有关中央企业积极相应，组织开展省级初赛和地市级选拔赛。截至2012年12月，全国共有北京、辽宁、浙江、湖南、云南、陕西等6省（市）及其所辖数十个地市、中储粮总公司及其所属分公司举办了职业技能竞赛，全行业共有近万名职业报名参赛，按照全员参与、层层选拔原则组织的职业技能竞赛活动，注重从生产一线选拔优秀选手，社会影响显著扩大，激发了粮食行业职工学习技能的热情，在全行业掀起岗位练兵的新热潮。

三　职业技能培训与鉴定

（一）稳步开展粮食行业特有工种职业技能鉴定工作

2012年，全国共组织开展粮食行业特有工种职业技能鉴定156期，包括粮油保管员、粮油质量检验员、粮油竞价交易员、制米工、制粉工、制油工等6个职业（工种）。全行业共有12485人次参加鉴定，其中8677人次通过鉴定考核并获得相应职业资格证书，通过率为69.5%，比2011年上升3.1个百分点。从鉴定职业（工种）来看，粮油竞价交易员、制米工、制粉工、制油工职业鉴定人数逐年递增。参加粮油保管员鉴定6619人次，占鉴定总人数的53.0%；参加粮油质量检验员鉴定5038人次，占鉴定总人数的40.4%；参加其他4个职业（工种）鉴定828人次，占鉴定总人数的6.6%，比2011年上升1.8个百分点。从鉴定职业资格等级来看，参加初级工鉴定5323人次，占鉴定总人数的42.6%；参加中级工鉴定5106人次，占鉴定总人数的40.9%；参加高级工鉴定1647人次，占鉴定总人数的13.2%；参加技师、高级技师鉴定409人次，占鉴定总人数的3.3%。

（二）继续做好职业技能鉴定基础工作

1.编制《粮仓机械员职业国家职业标准》。针对储粮通风、输送、熏蒸、干燥等机械设备在粮库中已大规模应用、粮仓机械操作人员队伍业已形成的情况，为提高粮仓机械作业的规范性、准确性，提高生产效率，确保生产安全，国家粮食局组织有关科研院所、院校、大型粮仓机械生产厂家和大型机械化粮库的专家，在充分调研、论证的基础上，编制了《粮仓机械员职业国家职业标准》，并已形成送审稿报人力资源和社会保障部审批。

2.编制印刷新版粮油保管员职业技能培训教程。根据粮油储藏技术发展和安全生产需要，组织专家编制印刷了《新版粮油保管员——粮食行业职业技能培训教程》，提高了技能培训教程的时效性和适用性。

　　3.加强职业技能鉴定国家题库粮食行业分库建设。按照人力资源和社会保障部关于定期更新职业技能鉴定国家题库的有关规定，组织专家修订国家题库，淘汰长期使用的试题，编制新试题，并根据每年4月、9月全国统考的需要，专门审定统考试卷，确保考试的严谨、科学。

　　4.完成鉴定许可证考核换证工作。根据《粮食行业特有工种职业技能鉴定站管理办法》规定，国家粮食局对质量评估工作中合格的鉴定许可证已到期的49家粮食行业特有工种职业技能鉴定站进行了鉴定许可证的换发工作，保证了鉴定站工作的延续性和合法性。

（三）加强粮食行业特有工种职业技能鉴定质量管理工作

　　1.开展职业技能鉴定所（站）质量管理评估工作。根据人力资源和社会保障部《关于开展职业技能鉴定所（站）质量管理评估工作的通知》要求，在2011年完成自查自评、合格评估的基础上，经向人社部推荐，中国储备粮管理总公司粮食行业特有工种职业技能鉴定站被评为首批全国示范职业技能鉴定站（所）。

　　2.开展粮食行业特有工种职业技能鉴定保密自查工作。根据国家发展改革委办公厅《关于转发中央保密委员会开展国家考试保密自查的通知》要求，2012年5月，国家粮食局对粮食行业特有工种职业技能鉴定考试中涉及保密制度建设情况、保密责任制落实情况、涉密人员管理情况、涉密载体管理情况、计算机及移动存储介质使用管理情况、涉密场所管理情况等六方面问题开展了自查。经查，职业技能鉴定考试命题和考务管理保密制度健全，责任明晰，涉密人员、涉密计算机和涉密场所管理规范，符合国家考试保密管理工作要求。

（四）稳步推进高技能人才培训和鉴定工作

　　2012年7月，国家粮食局委托中国粮食行业协会举办粮油竞价交易师培训班，20名学员通过鉴定考评获得职业资格证书。10月，国家粮食局又分别委托河南工业大学、武汉工业学院举办了1期粮油保管员高级技师研修班和1期高级粮油质量检验师研修班，有57名学员通过鉴定考评，取得了相应职业高级技师职业资格。同时，江苏、浙江、湖南等省份和中储粮总公司也积极组织开展了技师等级的培训和鉴定工作，新增技师219人。截至2012年12月，全国粮食行业特有职业（工种）技师达1011人、高级技师达207人。

（五）大力支持西部少数民族地区技能人才培养工作

　　为贯彻落实国家粮食局"援疆"、"援藏"工作精神，大力支持西部少数民族地区粮食行业技能人才培养工作，2012年9月，国家粮食局组织参与《国家职业标准》制定和教程开发的专家赴新疆调研，深入了解新疆粮食行业技能人才工作现状，加强新疆与内地人才培养方面的交流合作向西藏自治区粮食局赠送了粮油保管员、粮油质量检验员职业技能培训教程共900册，选派了6名优秀专家进藏，并给予专项经费补贴，支持西藏自治区粮食职工参加技能培训和鉴定，以支持西藏自治区粮食行业特有工种职业技能培训和鉴定工作。

四　行业职业教育

（一）中等职业学校粮油饲料加工技术、粮油储运与检验技术专业享受免学费和国家助学金资助优惠政策

　　2012年10月，财政部、国家发展改革委、教育部、人力资源和社会保障部联合印发《关于做好扩大中等职业教育免学费政策范围进一步完善国家助学金制度有关工作的通知》（财教明电〔2012〕3

号），将中等职业学校粮油饲料加工技术、粮油储运与检验技术两个专业纳入涉农专业，享受减免学费和国家助学金资助的优惠政策。此项政策的实施，有利于提升粮食职业教育的吸引力，促进粮食职业教育又好又快发展；有利于完善粮食行业技能人才培养体系，提高粮食行业后备技能人才培养能力。

（二）重组全国粮食职业教育教学指导委员会

根据教育部《关于调整和增设全国行业职业教育教学指导委员会的通知》（教职成函〔2012〕9号），国家粮食局对全国粮食行业职业教育教学指导委员会（以下简称粮食教指委）进行了重组，从各级粮食行政主管部门、企事业单位和院校中遴选出50名优秀专家，组成新的粮食教指委。重组后的粮食教指委在保留粮油储检、粮油加工、实训与信息化三个分委员会的同时，考虑到行业对粮油购销、物流等专业人才培养的需求，增设了粮油购销与物流分委员会。

（三）开发工学结合一体化，中高职衔接的职业院校粮食类专业教学标准

在2011年底研讨确定工学结合一体化的职业教育粮食相关专业课程开发指导思想的基础上，国家粮食局从行业所属院校中遴选了骨干教师，组成粮油储检专业和粮油加工专业两个编写组，专门负责教学标准编制工作。2012年4月24～26日，国家粮食局召集编写组对粮食行业典型工作任务进行提炼，转化设计为学习情景和学习课程，下达教学标准编制任务。经过编写组的反复调研、修订，2012年10月，编写组顺利完成了《中等职业学校粮油储运与检验技术专业教学标准》、《高等职业院校粮油储藏与检测技术专业教学标准》、《中等职业学校粮油饲料加工技术专业教学标准》和《高等职业院校粮食工程专业教学标准》，涉及专业核心课程63门，总计约45万字。2012年11月，教育部和国家粮食局联合召开评审会，对教学标准提出了进一步的修改意见，并原则上同意颁布实施。

（四）依托示范性全国粮食行业职业教育集团推进校企合作

2012年5月15～16日，中粮集团有限公司组织召开"中粮集团—粮食院校校企合作启动会"，会议以开展订单培养、缓解企业"招工难"为切入点，由中粮集团下属粮油食品相关企业与粮食院校对接交流，达成了开展订单培养、共建实习实训基地、联合建设师资队伍等具体合作意向。截至2012年底，全国共有10余所粮食院校与有关粮食企业建立了人才培养合作关系，30余所院校向各类粮食企业输送了4000余名粮食专业毕业生。

粮食行业发展与交流

一　粮食政务信息体系建设

2012年是"十二五"时期承前启后的关键一年，国家粮食局深入学习实践科学发展观，紧密围绕粮食流通工作中心任务，进一步加强粮食政务信息体系建设。粮食信息报送工作进一步加强，政府信息公开进一步深化，政务信息网络和系统进一步完善，信息安全保护工作进一步推进。

（一）加强粮食政务信息报送工作

2012年，国家粮食局紧密围绕粮食流通工作中心任务，切实加大政务信息工作力度，健全政务信息工作制度，改进政务信息工作方式，及时主动地报送粮食政务信息，为各级领导决策提供重要参考。全年共上报中办、国办信息147期，得到了中共中央办公厅和国务院办公厅的充分肯定，并被国务院办公厅评为2012年度信息报送先进单位。认真做好《情况通报》和《粮食工作通讯》等信息刊物的编印工作，全年共编印《情况通报》及增刊92期、《粮食工作通讯》12期。中央领导同志多次对国家粮食局报送的《粮食信息》和《情况通报（增刊）》作出批示。各地方政务信息报送单位进一步充分利用粮食系统纵向网平台向国家粮食局报送政务信息，2012年度（2011年11月至2012年10月）各地共通过纵向网报送政务信息5700余条，较上年度报送量明显增加，信息内容涉及粮食工作各个方面，为各级领导及时了解各地粮食流通情况、指导粮食工作和宏观调控决策发挥了重要作用。

（二）做好政府信息公开工作

2012年，国家粮食局认真贯彻落实中央办公厅、国务院办公厅《关于深化政务公开加强政务服务的意见》和国务院办公厅印发的《2012年全国政务公开和政务服务工作要点》，进一步落实《政府信息公开条例》，形成了由办公室统一组织、各业务部门密切协作、纪检监察部门监督检查的工作机制，政府信息公开工作有序、有效地开展。在主动公开政府信息方面，2012年在中央电视台、新华社、人民日报等媒体刊登和报道反映国家粮食局工作的信息260余篇（次）；通过国家粮食局政府网站主动发布粮食政务信息569条，地方信息2809条；及时向中国政府网报送粮食系统信息，2012年共被中国政府网采纳信息150条，更好地宣传了粮食流通工作。在依申请公开政府信息方面，2012年，国家粮食局共收到政府信息公开申请13件，内容主要涉及公车采购、办公经费、人员编制等问题，已全部办结。

（三）进一步完善政务信息网络和系统

一是进一步完善电子政务网络系统，完善办公内网信息采集和处理系统，实施内网信息系统安全加固，确保信息安全。按照有关规定，国家粮食局启动了对局机关办公内网信息系统的分级保护工作。2012年3月，通过招标确定了内网分级保护项目集成单位，截至2012年底，项目实施工作已进入收尾阶段。二是加强中办、国办政务信息报送终端的维护管理，为政务信息报送提供可靠渠道。根据粮食系统电子政务发展需要，国家粮食局先后建设和接入了"二邮"系统、政务信息专网和国家电子政务外网，电子政务信息报送网络基本完善，实现了粮食信息处理和传输的安全、顺畅、高效。

二　国际交流与合作

2012年，国家粮食局围绕粮食行业中心任务，积极开展粮食领域的对外交流与合作，全年共接待国外来访团组近40个，来访外宾近300人次；举办国际研讨会3个；签订双边合作协议3个。

（一）促进粮食行业的对外交流与合作

2012年，国家粮食局继续将外事工作的重点放在促进粮食科技对外交流与合作方面，并取得了一些成效。2010年，国家粮食局科学研究院与阿根廷国家农牧业技术研究院签订了《合作谅解备忘录》，两个研究院在粮油科技研发、技术交流和人员培训等方面开展了交流与合作。为进一步促进我国与阿根廷在粮食领域的全面交流，经国家粮食局外事司与阿根廷驻华使馆农业处多次协商，拟订了《中国国家粮食局与阿根廷共和国农牧渔业部合作谅解备忘录》草稿，经征求有关单位意见，并报国家发展改革委和外交部批准，2012年6月下旬，在温家宝总理访问阿根廷期间，在温总理和阿根廷总统的见证下，国家粮食局任正晓局长与阿根廷农牧渔业部亚务哈尔部长共同签署了《合作谅解备忘录》。此备忘录的签订，有利于加强中阿两国在粮油质检、粮油科技、粮油信息等方面的交流与合作。

为加快粮食科技研发和新技术应用，11月12日，国家粮食局粮食科学研究院与瑞士布勒公司签订了《粮食科技合作框架协议》，该协议的签订将进一步加强双方在粮油科技研发、新技术推广和科技人员培训等方面的合作。在签订仪式前，布勒公司总裁葛瑞德先生一行还参观了粮科院有关实验室。

经过一年多的筹备，8月7日，中国粮油学会在北京成功承办了"国际谷物科技协会第十四届谷物科技与面包大会暨国际油料与油脂科技发展论坛"，该大会是第一次在亚洲举办。会议分设谷物储藏、谷物加工、食品质量与安全等7个专题和分会场，500多位国内外专家参加了此次会议。

为促进棕榈油的生产、加工和贸易，11月29日国家粮食局和马来西亚种植及原产业部在重庆共同主办了2012中国—马来西亚国际棕榈油贸易交流会，来自9个国家的300多位代表参加了此次会议，马来西亚种植及原产业部部长专程参会并致辞。

国家粮食局除邀请国外粮油专家来华参加会议与合作研究外，还派人赴新加坡参加东盟和中日韩大米储备工作会议，赴肯尼亚参加国际标准化组织食品技术委员会工作会议，赴加拿大参加国际真菌毒素削减北美会议，赴澳大利亚参加粮食科学协会谷物化学年会，赴荷兰参加第六届国际食品污染物法典委员会会议，赴土耳其参加第九届国际储藏物熏蒸和气调大会，赴日本参加中日稻谷储运加工与信息化技术研讨会，赴泰国参加亚太地区食品联合会第32次执委会，赴瑞士参加世界贸易组织农业委员会例会等，使我国的粮油专家和科技人员不仅及时地了解国际粮食市场供求形势、粮油科技发展最新动向和趋势等相关信息。我方与会人员也在会上介绍了我国的粮食生产、储藏、流通、质检、科技等情况，阐明了对世界粮食有关问题的看法和建议，扩大了我国在世界粮食领域的影响。

（二）接待国外来访的团组

2012年来国家粮食局访问的外国政府和跨国企业高级代表团较多，国家粮食局的领导分别会见和接待了阿根廷农牧渔业部长、马来西亚种植和原产业部长、巴基斯坦总理特别助理、加拿大农业部国际合作局副局长、国际谷物科技协会主席、联合国粮农组织总干事高级顾问、联合国粮农组织驻华总代表等政府和国际组织高级代表团以及美国谷物协会理事长、美国大豆协会会长、美国大豆基金会主席、瑞士布勒公司总裁、新加坡丰益集团董事长、新加坡益海嘉里董事长、美国ADM公司副总裁、瑞典波通公司执行董事、美国嘉吉公司大中华区总裁、法国路易达孚集团亚洲首席运营官、法国粮食出口协会主席等率领的农粮高级代表团。通过接待和交流，使来宾对我国粮食生产、消费、贸易、储藏、质检和科技等最新情况以及深化粮食流通体制改革的情况等有了明确的了解，进一步加强了国家粮食局与国外粮食主管部门、协会和企业的合作。国家粮食局有关司及直属单位的领导还分别会见了国外其他来访的团组，回答了外宾们所关心的问题，与他们探讨进一步加强在粮油流通领域交流与合作的方式及途径。特别是向来自巴基斯坦、东帝汶、柬埔寨、吉尔吉斯斯坦、缅甸、尼泊尔、文莱、伊拉克、也门、埃及、加纳、肯尼亚、卢旺达、马拉维、南苏丹、巴布亚新几内亚、牙买加等17个发展中国家的30位农业和粮食官员及专家介绍了我国粮食流通、储藏设施、技术与管理等情况，并希望今后加强与这些国家在粮食流通、储藏、物流技术等方面的交流与合作。2012年国家粮食局共接待国外来访团组近40个，来访外宾近300人次。

（三）借鉴国外粮食科学技术和管理经验

2012年，为提高我国粮食质量和标准化工作水平、解决粮食综合加工利用有关技术、油脂技术开发以及粮食储藏先进技术等方面的问题，国家粮食局组织局标准质量中心、粮食科学院、中粮营养健康研究院向国家外国专家局申请引进国外智力项目。国家外专局批准以上单位引进国外技术、管理人才项目7项，合计可聘请外国专家36人，资助项目经费75万元。在多方努力下，有6个项目已执行完成，有1个项目因多种原因没有执行。实际共聘请外国专家38人次，使用资助经费68万元。

粮科院的"营养健康功能油脂加工技术研究"项目，分别邀请英国人类营养研究所、德国吉森应用技术大学、美国农业部的3位专家来粮科院指导油脂营养加工和营养使用的研究，以防止我国油脂过度精炼减少有益健康的成分而产生不利油脂质量安全的有害因子，同时减少油脂过度精炼所增加的油料损耗和能耗。通过外国专家的指导、交流与合作研究，使粮科院有关科技人员及时了解国外在油脂科研和加工方面最新成果，对拓展学术视野、丰富研究方法、提高研究水平等有所帮助。通过此次引智项目，还使粮科院与国外有关单位在油脂加工、油脂营养等领域建立起长期合作关系，为解决我国居民食用油脂产品健康消费模式基础研究、油脂油料合理加工模式及其评价、油料综合利用，高新生物技术在油脂加工中的应用推广等方面的研究奠定合作基础。

中粮营养健康研究院的"粮油食品安全体系建设"项目，先后引进了6位国际知名专家来华对食品安全生产标准和检测检验技术进行指导、研讨和培训。通过海外专家的技术指导和学术研讨，中粮集团建立了集团新产品质量安全管理制度和新产品上市过程中的监督审核机制；举办了"食品安全应急机制建设高级研修班"，对70位各级食品安全管理人员和高级技术人员进行了培训，及时了解国际食品安全管理体系的先进做法、前沿技术和成功经验；初步建立和实施了部分食品质量与安全保障制度，有效地促进了研发、生产、市场等部门对每个环节食品安全的重视，并落实在各自实际工作中。

中粮营养健康研究院的"万吨级农业废弃物木质纤维素生物糖化关键技术"项目。木质纤维素生物质是可持续资源，能有效解决传统生物燃料"与人争粮"的问题。我国每年的农林废弃物总共约15亿吨，具有生产约3亿吨乙醇的潜力，其中每年秸秆产量为7亿吨。纤维素乙醇被认为是最有发展前途的非粮生物燃料之一，具有广阔的发展前景。目前，我国大力提倡开发以木薯、甜高粱和木质纤维素为原料的非粮燃料乙醇。2012年中粮营养健康研究院利用国家外专局的资助，分别邀请美国可再生能源实验室、美国华盛顿州立大学、德国汉堡工业大学和丹麦BIOGASOL生物公司的6位专家来华，分别就木质纤维素原料连续处理技术、纤维素乙醇原料预处理和高温发酵技术、纤维素乙醇生产副产物综合利用、C5糖转化技术，以及生物能源及生物基化学品技术创新等进行技术指导与合作研究。在外国专家和中粮研究院有关专家及技术人员的共同努力下，取得了一些新的研究成果，解决了纤维素乙醇技术研发和产业化示范中的一些重大问题。

在实施引智项目过程中，有关项目单位严格执行国家外专局的有关规定，缜密策划，精心组织，实施好这些项目，取得了较好的成效。通过这些引智项目的执行，项目单位与国外粮油科研机构建立起了良好的合作关系，及时了解和掌握国外最新的粮油科技成果与动态，有效地解决了当前我国粮油产业和科研中面临的一些问题，有力地促进了我国粮油科技水平的提高。

（四）组织好出国考察及培训

为了深化我国的粮食流通体制改革，借鉴国外在粮食管理、流通、储存、加工等方面的经验和技术，2012年国家粮食局的领导分别率团赴阿根廷和秘鲁，赴印度、印度尼西亚和柬埔寨，赴美国和墨西哥，赴匈牙利和波兰等国考察粮食流通体制和粮食管理政策，以及粮食储藏、检测和加工等情况，并取得了较好的考察成果。

2012年，国家外国专家局批准国家粮食局出国（境）培训项目3个：财务司的赴澳大利亚"粮食产业化发展及支持政策培训"项目；发展司的赴美国"粮食流通信息化管理培训"项目；行业协会的赴瑞士"小麦粉深加工技术与管理培训"项目。另外，还有中粮集团的赴美国"食品安全与谷物加工技术"项目。参加赴国外培训共计80多人次。各组团培训单位严格遵守国家有关出国（境）培训的规定，认真研究和设计培训内容，合理安排培训计划，严格选拔培训人员。通过赴国外培训，使地方粮食管理部门和企业的干部及技术人员，了解了国外的先进技术和经验，开阔了眼界，增长了知识，为提高粮食管理与储粮技术水平起到了积极的促进作用。

国家粮食局外事司与美国ADM公司合作，在美国首次举办"粮食流通管理和粮食安全高级研讨班"，组织十多个省粮食局局级领导参加。研讨班的内容涉及美国农业和农村发展政策及财政支持、粮食市场与价格风险管理、粮食供应链管理、粮食产后减损等。通过专家讲课，座谈交流，参观访问和实地考察等方式，比较系统地了解了美国农业和农村发展政策和粮食供应链管理等情况。参加研讨班的同志都感到开阔了视野，启发了思路，收获较大。

三　会展、世界粮食日

（一）2012年粮食行业会展情况

据不完全统计，2012年全国各级粮食主管部门和行业社团组织主办、承办或者参与的展（博）览会、经销洽谈会及各类专业会议、论坛共31个，其中国际性会展活动4个，全国性会展活动16个，省际会展活动4个，省内会展活动7个。

2012年，旨在促进粮油产品及设备技术贸易交流的第12届中国国际粮油产品及设备技术展览会、全国粮油产销企业订货会暨全国粮油经销商联谊会、黑龙江金秋粮食交易洽谈会、第8届七省粮食产销协作福建洽谈会、第14届湖北粮油精品展示交易会、第6届安徽粮油精品展示展销会暨第2届中国（芜湖）国际米业博览会等服务贸易展会，规模均较上年度有所扩大，全年服务贸易类展（博）览会展出总面积近15万平方米，参展企业总数近10000家；以购销经贸为主要组织形式的洽谈会共达成粮食购销协议2948.25万吨（含意向性合同），成交金额710余亿元；430余个粮油产业项目通过展览会、洽谈会吸引到了投资，达成了协议。其中唯一一个由国家粮食局主办的行业展览会——第12届中国国际粮油产品及设备技术展览会，展览总面积达26000平方米，比2012年增加了30%，参展企业总数1068家，成交总金额63.52亿元。

2012年，以大米、面粉、食用油、杂粮以及饲料为主要参展对象的专题会议、论坛和展览会与2011年相比，数量有所增加，特别是以杂粮为主要品种的展会，有中国（西安）杂粮精品暨设备展示交易会、第五届全国杂粮产业大会、山西粮食（小杂粮）交易合作洽谈会等3个，数量为历年之最。

2012年，公益性会展活动数量、档次均较上年有所提升。全国爱粮节粮宣传周、全国粮食科技活动周、粮油和食品安全宣传周、世界粮食日等公益性会展活动进一步增多，中国粮食论坛、全国小麦和面粉产业年会、全国粳米大会等行业论坛、会议的影响力进一步提高，在推动产业发展转型、推广行业新型技术、普及科学粮油消费理念等方面发挥了重要作用。本年度适值中国共产党召开第十八次全国代表大会，国家粮食局及地方粮食主管部门以此为契机，组织了多次主题书画、摄影展览，取得了良好宣传效果。

2012年，行业内组织的国际性会展活动较上年有所增加，像具有国际谷物科技界的"奥林匹克大会"之称的第十四届国际谷物科技与面包大会暨国际油料与油脂科技发展论坛，以促进国际棕榈油科技贸易交流为主要目的的2012中国—马来西亚棕榈油贸易交流会等高端国际会展活动，均在本年度举办且取得了良好效果，受到了业界的普遍好评。

与此同时，行业会展发展也还存在一些明显问题：会展规模普遍较小，展示内容多，交易效果和可持续发展能力有待提高；专业化、国际化和市场细分程度较差，重复办展问题突出；展览专业人才不足，展会服务滞后，严重制约展会服务水平的提高和社会效益、经济效益的增长。

（二）2012年世界粮食日宣传活动

2012年世界粮食日宣传活动由农业部、国家粮食局、联合国粮农组织和教育部共同主办，2012年世界粮食日的主题是"办好农业合作社，粮食安全添保障"。

1.组织开展了"2012年世界粮食日——烛光守夜"纪念活动。10月16日，围绕本年度世界粮食日宣传主题，在山东济南举办了纪念活动。参加活动的领导、嘉宾和来自济南市的400余名工人、农民、学生、解放军以及社区居民代表一起点燃了蜡烛，共同为全世界9亿多仍在忍受饥饿痛苦的人口守夜祈福。

活动现场播放了由联合国粮农组织提供的关于全球粮食安全方面的专题片。农业部、国家粮食局、联合国粮农组织驻华代表处、联合国粮食计划署的领导出席了活动。中央电视台、人民日报、新华社、新华网、中国政府网、经济日报、山东电视台、大众日报、齐鲁电视台、粮油市场报等新闻媒体对活动进行了宣传报道，新浪网、搜狐网等门户网站对活动进行了转载报道。

2.开展了中小学生爱粮节粮征文活动。2012年，国家粮食局继续与教育部紧密配合，在山东省、校外教育网所属少年宫开展了以"来之不易的粮食"为主题的征文活动，吸引了近百万名中小学生参加，300余名中小学生分别获得了比赛的一、二、三等奖。10月16日，在山东济南世界粮食日宣传活动主会场，为获奖学生代表颁发了奖章、奖状以及由联合国粮农组织驻华代表伯西米卡亲笔签名的感谢信。获奖学生代表现场配乐朗诵了征文比赛的一等奖作品。

3.倡议全国粮食行业干部职工自愿参与加纪念世界粮食日饥饿体验活动。为了纪念2012年的"世界粮食日"和积极参与"全国爱粮节粮宣传周"活动，国家粮食局向全国粮食行业广大干部职工发起倡议，自愿参加"纪念世界粮食日"的24小时饥饿体验活动。倡议发出后，得到了广大粮食干部职工的热烈响应。安徽、湖南、成都、杭州等多地的粮食干部职工在"世界粮食日"参加了体验活动。中央电视台、新华网、人民网等媒体对活动进行专题报道。

4.爱粮节粮形象大使现场说法，倡导全民爱粮节粮。世界粮食日和全国爱粮节粮宣传周形象大使张国立出席了主会场宣传活动，并发表了现场演讲。张国立以自己参演电影《1942》的经历，告诫大家，无论贫富贵贱，都没有权力浪费人类共同的宝贵资源——粮食，倡导大家从每一顿饭开始节约粮食。

四　爱粮节粮活动

（一）继续组织开展全国爱粮节粮宣传周活动

2012年，各级粮食行政管理部门及广大粮油企事业单位认真贯彻落实《国务院办公厅关于进一步加强节约粮食反对浪费工作的通知》（国办发〔2010〕7号）精神，按照《国家粮食局关于进一步加强节约粮食反对浪费工作的实施意见》（国粮调〔2010〕41号）及《国家粮食局办公室关于组织开展2012年"世界粮食日"和"全国爱惜粮食节约粮食宣传周"活动的通知》（国粮办发〔2012〕206号）的相关要求，以主会场、分会场分别开展活动的方式，组织开展了一系列宣传活动。

1.主会场宣传活动情况。2012年，全国爱粮节粮宣传周活动主会场设在山东济南。以宣传爱惜粮食、节约粮食、反对浪费为重点，采取多种形式，深入开展各类宣传活动：一是组织2012全国爱粮节粮公益展览，以近几年来在粮油仓储、物流、加工以及节粮科技等方面取得突出成绩的企事业单位为主体，通过大量翔实的图片、文字、数字宣传节粮成绩，树立节粮典型，传播节粮经验；二是专门编写、印刷《节粮宣传手册》，手册内容涉及世界粮食日、全国爱粮节粮宣传周历史背景，国家近几年关于爱粮节粮的有关政策，以及节粮新产品、新技术、新理念，日常节粮小窍门等。手册共印刷了15000册，宣传周期间在主会场、分会场同时发放。

2.分会场宣传活动情况。据不完全统计，2012年全国共有30多个省（区、市）粮食部门组织开展了"全国爱粮节粮宣传周"分会场活动。一是通过组织公益展览、专题晚会、书画摄影比赛、悬挂宣传横幅、粘贴宣传标语、散发爱粮节粮宣传单等形式，宣传节粮理念；二是在粮食交易市场等场所，利用周末、集会日等机会，设置宣传咨询点，宣传节粮小窍门和粮油质量安全卫生知识，为群众答疑解惑；三是积极宣传"农户科学储粮"等行业重点节粮工作，通过摆摊设点、送科技下乡、流动宣传、发放《农户安全储粮科普技术知识》、《农户安全储粮技术》学习手册、储粮技术光盘等多种形式，广泛宣传科学储粮知识；四是以此次宣传活动为契机，对部分粮食购销、加工企业进行专项检查，督促企业加强日常管理，减少收储、保管、运输、加工过程中的损失。通过以上各种形式的宣传活动，使广大人民群众树立了正确的粮食消费观，形成了良好的爱粮节粮氛围，爱粮节粮意识不断得到加强，弘扬了中华民族勤俭节约的传统美德。

（二）继续开展全国部分城镇及乡村粮油消费环节损失浪费情况调查

为贯彻落实《国务院办公厅关于进一步做好节约粮食反对浪费工作的通知》（国办发〔2010〕7号）和《国家粮食局关于切实加强节约粮食反对浪费工作的实施意见》（国粮调〔2010〕41号）要求，为相关部门进行节粮决策提供基础数据，国家粮食局委托发展交流中心，在2011年对北京、辽宁、湖北、甘肃4省（市）粮油消费环节损失浪费情况调查的基础上，2012年又对河北、江苏、广东、四川4省采用同样的方法进行了调查。

两年调查共涉及422家餐厅食堂，其中企事业单位食堂170家，不同规模营业性餐厅156家，各类宾馆所属餐厅90家；涉及790户居民家庭，其中城镇家庭440户，农村家庭350户，分布于七省一市的40个社区居委会和7个自然村。参与本次调查的组织管理人员共有960余人，4683人受到直接访问，其中餐饮场所工作人员1924人，城镇及农村居民2759人。调查对餐饮场所和居民家庭浪费的米、面及荤、素菜进行了19420次的分类称重，现场拍摄视频14小时，照片16000多张，获取了34万余个基础数据。所有调查样本以1周（7天）的数据为单位，剩餐称重共计134.83吨（折合米、面、油的数量为63.71吨），其中：米类剩餐27吨，面类剩餐17.29吨，素菜剩餐38.35吨，荤菜剩餐52.19吨。经过科学推算，初步得出了全国每年在粮油消费环节损失浪费的具体数据。

五　放心粮油工程

2012年，在党中央、国务院及各级党政部门的亲切关怀和正确领导下，在各级粮食行政管理部门和粮食行业协会坚持不懈地努力下，在广大粮油企业的积极参与和社会各方面的大力支持下，全国放心粮油工程稳步推进，深入发展，取得良好成效，得到业内外的充分肯定和广大消费者的普遍欢迎。

（一）放心粮油示范企业创建工作蓬勃开展

放心粮油工程开展十多年来有了很大的发展，放心粮油工程的作用日益显著。截至2012年底，全国放心粮示范企业已达9386家，中粮协认定的放心粮油示范企业占全国总数的10.7%。其中示范加工企业2253家、示范销售店（含放心粮店）6711家、其他示范企业422家。为带动粮油企业进一步强化质量管理，改善经营服务，中国粮食行业协会专门制定并印发了《放心粮油示范企业经营服务规范》和《放心粮油示范批发市场经营服务规范》，引导示范企业健康发展。

（二）大力推进放心粮油进农村进社区

各地粮食部门和粮食企业积极建设销售服务网点，发展主食厨房、连锁配送，开展便民服务，深受群众欢迎。贵州省已建成1430个放心粮油配送中心及放心粮店，覆盖1000多个乡镇和社区，安置就业3000多人，受惠群众1500多万人。同时，省粮食局和省教育厅合作开展放心粮油进学校工作，全省已有7000多所大中小学校参加，有的市县实现了全覆盖。天津粮油集团大力发展放心馒头工程，馒头生产能力达到200万个/日，销售专卖网点达到260多家，产品覆盖天津市内6区和部分城郊地区，计划在近期内馒头生产能力达到300万个/日。西安市粮食局重点建设放心馒头工程和放心豆制品工程，馒头生产能力达到160万个/日，豆制品（豆腐、豆芽）生产能力达到400吨/日，已建设销售网点980个，覆盖全市各大街办和社区，"放心馒头"市场占有率达到全市65%，放心豆制品市场占有率达到全市60%。据初步统计，截至2012年底，全国各地通过推进放心粮油进农村进社区，共发展粮油销售服务网点243340个，其中城市网点141680个，农村网点101660个。放心粮油企业发展的种植基地37066万亩。

（三）加快建设粮食行业信用体系

为加强行业信用体系建设，进一步增强企业的诚信意识和责任意识，促进企业健康发展，中国粮食行业协会于2012年制定并发布了《粮油企业社会责任指引》，并继续开展了企业信用评价试点工作，新增A级以上信用企业46家。截至2012年底，全国共有205家企业被确定为粮食行业信用评价试点企业，其中信用等级AAA级143家，AA级49家，A级13家。

（四）总结推广实施放心粮油工程的先进经验

中国粮食行业协会在贵州省贵阳市召开全国放心粮油进农村进社区经验交流会，总结交流十几年来实施放心粮油工程、推进放心粮油进农村进社区的经验和做法，研究部署放心粮油工程进老少边穷地区的方法和措施，听取了贵州、陕西、四川等8个省市粮食局、粮食行业协会及典型企业的经验介绍。同时，会上向高斌和李西安两位同志颁发了全国放心粮油工程突出贡献奖，为全国第三批放心粮油示范企业和信用评价试点企业授牌，并授予兴仁县"中国薏仁米之乡"称号。全体代表还参观了贵阳部分放心粮油示范企业。

（五）广泛开展放心粮油科普宣传

各级粮食管理部门、粮食行业协会和放心粮油示范企业积极组织开展"放心粮油宣传日"活动，并积极参加全国"食品安全宣传周"、"诚信兴商宣传月"、"质量月"、"粮食科技周"等活动，通过街头宣传、媒体宣传、产品展销、科普讲座、专家咨询等多种形式，宣传食品安全法规，普及食品安全知识，增强了企业和消费者的质量意识、安全意识，树立了品牌形象和企业形象。2012年6月16日，国家粮食局和中国粮食行业协会、北京市粮食局、北京市门头沟区人民政府、京粮集团等单位，在北京市门头沟区，面向社区居民联合举办了"放心粮油宣传日主题活动"，受到居民欢迎和新闻媒体关注，中央电视台当晚在"新闻联播"节目中做了报道。河北、内蒙古、江苏、福建、云南等省（区）也因地制宜开展放心粮油宣传日活动，为推进放心粮油工程、保障粮油质量安全营造良好的社会氛围。

通过实施放心粮油工程，有力地促进了粮油企业经营管理水平和产品质量水平的提高。经过多年来的努力，放心粮油工程不断深入人心，受到各方面的肯定和欢迎。目前，放心粮油工程已不仅是粮食部门的一项重点工作，而且成为许多省、市、县一项重要的"民生工程"，列入党委和政府工作计划。

科学研究

一　粮食战略性问题研究

2012年，国家粮食局继续组织开展粮食战略性问题研究，选择粮食消费结构与粮食安全监测预警体系研究、粮食流通成本与粮食现代物流体系研究等2个重点项目，国有粮食购销企业改革发展模式研究、完善粮食省长负责制研究、粮食行业依法行政研究、粮食行业文化建设研究等4个一般项目作为研究题目，面向全社会进行公开招标。经专家评审，确定武汉工业学院、国家粮食局科学研究院、黑龙江粮食职业学院、中国农业科学院农业经济与发展研究所、上海市粮食局、国家发展改革委产业经济与技术经济研究所分别作为6个研究项目的承担单位。

项目研究过程中，国家粮食局加强与承担单位的沟通，跟踪项目进展，要求各承担单位集中研究力量，确保项目如期完成。从研究成果看，各研究项目具有较强的理论价值和应用价值，对制定粮食政策、指导粮食工作具有较强的参考作用。

二　学术研究

2012年，国家粮食局围绕中心工作，积极组织开展粮食流通重大战略问题的理论研究工作，软科学课题研究工作取得了明显进展。

一是及时发布2013年度软科学研究方向。按照中央关于粮食工作的方针政策和2013年全国粮食流通工作会议部署，结合粮食流通重点工作任务，国家粮食局研究提出了完善粮食宏观调控和保供稳价机制、完善粮食收购政策我国粮食供求关系变化趋势、全面落实粮食安全省长负责制、加快粮食物流通道建设、健全粮食应急供应体系、完善粮食质量安全监测监管体系、健全粮食节约减损长效机制等20项软科学课题研究方向，并及时发布，局机关、各省（区、市）粮食局及河南工业大学、南京财经大学、武汉轻工大学三所高校将自行选择课题研究方向研究。

二是评选出一批高水平的优秀研究成果。2012年度粮食系统共完成81项软科学研究成果，经国家粮食局软科学专家评审委员会委员评审，获奖成果有31项，其中一等奖4项、二等奖8项、三等奖19项。

三是继续开展粮食工作优秀调研报告评选工作。对各地上报的百余篇粮食工作调研报告进行了评审，选出一批优秀的调研报告，内容涉及粮食安全、粮食购销、成本利润、企业改革、现代粮食流通产业、仓储建设、收购资格、"十二五"规划、监督检查、批发市场建设和人才队伍建设等方面，获奖报告40篇，其中一等奖8篇，二等奖14篇，三等奖18篇。

新闻宣传

◆国家粮食局

2012年是实施"十二五"规划承上启下的一年，在局党组的高度重视和正确领导下，局内各单位和地方粮食部门的大力支持下，全局新闻宣传工作紧紧围绕粮食流通中心任务，及时准确开展宣传报道，坚持正确舆论导向，突出重点，统筹兼顾对内对外宣传，较好地贯彻了中央精神，收到了良好的社会效果，为粮食流通工作营造了良好的舆论氛围。

一 加强新闻宣传工作的计划性和主动性

为扎实做好2012年的新闻宣传工作，根据中宣部、外宣办的要求，国家粮食局年初印发了《2012年粮食新闻宣传工作要点》，紧紧围绕全国粮食局长会议提出的"稳市场保供给、强产业促发展"中心任务，重点抓好全国粮食局长会议、粮食宏观调控、粮食法制建设、粮食产业发展、粮油科技进步、粮食流通体制改革等方面的新闻宣传，经提请局党组会议审议通过后印发实施，确保新闻宣传的计划性和主动性。在局领导的大力支持下，各业务司室密切配合形成合力，在工作忙、时间紧的情况下，积极配合接受记者采访、组织相关采访材料和及时报送新闻信息，为做好新闻宣传工作贡献了积极力量。加强与中央各主流媒体的沟通协调，争取了积极配合，确保了新闻宣传工作的顺利开展。

二 围绕迎接党的十八大胜利召开和学习宣传贯彻党的十八大精神，开展一系列宣传活动

根据中宣部关于做好迎接党的十八大胜利召开宣传报道工作的通知要求和局领导的指示精神，认真组织做好参加中宣部、国家发改委、解放军总政治部、北京市委等单位联合举办的"科学发展、成就辉煌"大型图片展览、国家发展改革委举办的"党的十六大以来发展改革十年工作展"的筹备工作。党的十八大召开前，认真研究制定粮食系统学习宣传贯彻党的十八大精神的工作方案，并认真抓好贯彻落实。党的十八大召开后，迅速掀起粮食部门学习宣传贯彻党的十八大精神活动高潮，组织在局政府网站、《中国粮食经济》、《粮油市场报》等粮食行业媒体上开设了学习贯彻活动专栏，目前专栏已刊发学习贯彻活动信息130多条。

三 围绕粮食流通中心工作开展重点宣传报道

围绕全局中心工作，重点宣传国家粮食流通政策，正面引导舆论，稳定社会预期。邀请新华社、《人民日报》、《经济日报》、《农民日报》、《粮油市场报》等媒体报道全国粮食局长会议，增

强公众对粮食工作的了解。针对国内粮食宏观调控和国家粮食安全新形势，在《求是》、《人民日报》、《人民政协报》等媒体发表局领导署名文章，宣传粮食流通政策和工作。据不完全统计，全年国家粮食局共接待主流媒体的新闻采访30多次，起草相关采访材料、新闻信息、访谈提纲20多份，在新华社、人民日报、经济日报、中央电视台、粮油市场报、中国粮食经济杂志等中央媒体和行业主流媒体上，共刊发反映粮食流通工作的新闻稿件110多篇。

四　全力做好粮食收购、爱粮节粮等重点工作的新闻宣传

围绕国家粮食局重点工作，充分利用各种媒体，有重点、有选择地积极开展有效的新闻宣传工作。一是切实做好粮食部门认真执行国家粮食收购政策，保护种粮农民利益，促进农民增收的宣传报道。积极报道粮食部门深入收购一线指导督促粮食收购政策落实的工作情况。中央电视台"新闻联播"2次宣传报道了国家粮食局粮食收购工作情况。二是积极宣传"农户科学储粮"工程，促进了农民减损增收。中央电视台财经频道专题介绍了国家"农户科学储粮"工程的实施情况和效果，协助央视电影纪录片厂拍摄了"农村实用科学储粮技术"的纪录片。三是积极开展保护消费者利益的宣传报道。在国家粮食局政府网站开设"放心粮油工程"、"粮食质量科普知识"2个专栏，开展专题宣传。中央电视台"新闻联播"专门宣传报道了放心粮油工程的实施情况，介绍了放心粮油进农村、进社区活动和放心粮油示范企业创建工作情况。同时，大力宣传粮食部门开展粮食质量安全监管监测工作的情况和成效，宣传新颁布的粮油质量标准，推进粮食质量检验监测工作。

五　认真做好局政府网站维护、信息发布工作

一是与公安部和北京市公安局密切配合，继续做好国家粮食局政府网站的信息安全等级测评工作。切实做好党的十八大期间局政府网站的安全运行维护工作，专门制定了工作预案，并安排专人连续12天24小时值班，保证了网站的安全运行。二是进一步规范国家粮食局信息发布内容、审核程序，严格落实局上网信息保密审核制度，只要不涉及保密内容的信息，均在第一时间通过局政府网站对外发布和宣传报道，确保网站信息的权威性和时效性。三是协调局内各司室、事业单位和各省级粮食部门及时提供网站信息，更新各相关栏目。据统计，全年局政府网站共发布工作信息3300多条，被中央政府网采纳150条。四是切实做好涉粮舆情监测引导工作，密切跟踪网上舆情，及时发现和掌握互联网上集中关注的涉粮热点、敏感问题，对关注度较高的涉粮信息进行筛选、整理、编辑，以《互联网粮食信息摘编》的形式反映，全年共编印《摘编》38期，局领导对多期作出重要批示。积极妥当地处理了媒体反映强烈的"河南省孟津县打白条11年"的涉粮新闻事件，一天内就平息了媒体和网络对该事件的炒作。在"世界粮食日"活动期间，切实做好国家粮食局首次倡导的"纪念世界粮食日、饥饿二十四小时"饥饿体验活动的舆情收集、汇总和上报工作。据统计，中央电视台"新闻1+1"栏目、凤凰网、新华网、人民网、新浪网、搜狐网等各大主流媒体和网站共刊发新闻、评论、体验文章近800篇，有近17万人（次）参与了相关话题的讨论，共发表相关评论近1万条，达到了唤起社会关注节粮爱粮的预期效果。五是研究制定国家粮食局微博客管理办法，加强对国家粮食局微博客账号开设、信息发布等工作的规范管理。

◆《中国粮食经济》杂志社

2012年，《中国粮食经济》继续深入贯彻落实科学发展观，主动适应粮食行业发展变化新形势和非时政类报刊改革需要，充分发挥机关刊物和行业主流期刊的优势，改进栏目设置，丰富杂志内容，坚持围绕国家粮食局党组制定的宣传重点和粮食行业大事、新事开展宣传报道，坚持正确的舆论导向，努力传播粮食行业正能量，进一步扩大了杂志的影响力和引导力。目前，《中国粮食经济》已成为粮食职工和关心粮食工作的人士获取粮食政策、市场等信息的重要渠道，发行量在粮食类期刊中居于首位。

2012年，共编辑出版《中国粮食经济》13期，其中包括放心粮油增刊1期。全年共甄选刊发稿件300余篇，消息230余条，信息公开近30则，共计140万字。

一　围绕中心，服务大局，把握舆论引导的主动权

作为唯一的国家级粮食经济类刊物，《中国粮食经济》2012年继续紧扣粮食中心工作、围绕粮食事业大局开展新闻宣传报道，保证了正确的舆论导向，营造了良好的舆论氛围。

（一）大力宣传粮食工作重要部署

一方面，在"专题"栏目多角度、深层次报道全国粮食局长会议、全国粮食纪检监察工作会议、全国粮食政策法规工作会议等重要会议精神，将国家粮食局重要工作部署全面、及时、准确地传达下去；另一方面，在"信息公开"栏目刊登国家有关部门发布的涉及粮食行业的重要文件，便于基层粮食部门学习了解。

（二）深入宣传2012年粮食中心工作

如对夏粮收购、纪念《粮食流通管理条例》颁布实施八周年等进行专题报道，对粮食行业打非治违、主食产业化、转变粮食产业发展方式等在"粮食论坛"、"区域粮食"等栏目进行重点宣传等。

（三）根据国家宏观调控需要加强对粮食形势的分析报道

2012年在"粮食形势"、"视点"等栏目刊登知名专家或权威机构对国内外粮食市场状况的分析预测，尤其对我国粮油进出口状况、国际粮价飙涨、美国旱情对市场影响等进行客观理性分析，确保导向正确。

二　主动适应形势需要，增设栏目，增加页码，丰富内容

（一）大力弘扬粮食文化

为深入贯彻落实党的十七届六中全会促进社会主义文化事业大发展大繁荣的精神，《中国粮食经济》2012年开设了"粮食文化"栏目，将其作为总结粮食文化、弘扬粮食文化、升华粮食文化的一个重要平台。一年来，该栏目刊登了一系列宣传粮食行业特有文化的文章，受到了读者的欢迎，稿件数量和质量均不断提升。

（二）关注协会、学会工作

根据非时政类报刊改革后面临的新形势，《中国粮食经济》增加了8页内容，增设了"协会动态"和"协会·学会"两个栏目，增加了对中国粮食行业协会、中国粮食经济学会工作尤其是放心粮

油工程的报道内容，并在"粮食企业"栏目增加了对会员企业的关注。2012年，还与协会联合出版了一期放心粮油增刊，从宏观、中观、微观多个层面对放心粮油工程实施情况及典型进行宣传报道，反响良好。

（三）尝试栏目创办新方式

与江苏省粮食局合作开设了"江苏粮食"专栏，对江苏省粮食工作进行系列报道，推广该省的先进经验并发布其重要调研成果。

三　重心下移，贴近基层

2012年，《中国粮食经济》在"工作研究"、"区域粮食"、"粮食企业"、"粮食物流"等栏目加强对基层粮食工作的关注，增加了相应文章的数量和版面，重点对基层粮食部门在国有粮食企业改革、农户科学储粮工程、粮食质量安全、军粮供应等方面的先进做法和经验进行宣传推广。

四　进一步美化版式

2012年，《中国粮食经济》在整体风格保持稳定的基础上，对一些栏目版式进行了完善，使版面更加轻松、活跃。在彩页制作上，除刊登广告和对重要会议或活动摄影报道外，继续刊登粮食职工赏心悦目的优秀摄影和书画作品，此外还针对科技活动周、世界粮食日等制作了公益宣传。

五　充分利用《〈中国粮食经济〉内部摘编》平台，反映系统内或与粮食行业相关的重要情况及问题

2012年共编辑《内部摘编》25期，重点编发了有关农民低价卖粮、民营粮企发展遇阻、大豆产业困局、粮食安全存隐患等问题，其中襄阳麦价走低、农民无奈低价卖粮等情况引起国家粮食局领导重视，批示有关部门解决。

六　继续发挥中国粮食经济网作为纸介质杂志的补充和服务作用

截至2012年底，中国粮食经济网共发布20000余条信息，电子版杂志107期。中国粮食经济网既为广大读者提供快捷、准确的阅读和征订方式，又为作者投稿提供了便利，为发稿扩展了空间，受到了读者、作者的关注和好评。

七　地方粮食期刊办出新水平

2012年，地方粮食期刊立足当地，放眼全局，丰富内容，完善版式，办刊水平进一步提高，宣传能力进一步提升。

在内容上，各地粮食期刊紧紧围绕本地区粮食中心工作开展宣传，一方面以特稿、论坛等形式报道重要会议或领导论述；另一方面开辟独具地方特色的栏目，如《广西粮食》的"粮食直补"、《齐

鲁粮食》的"放心粮油"、《黑龙江粮食》的"农垦天地"，《粮食问题研究》的"产业化经营"栏目等，均从当地实际出发，很好地宣传报道了当地粮食工作的重点或独具特色的粮食工作，受到读者的欢迎。此外，地方粮食期刊更加注重贴近基层，反映基层粮食工作实际，宣传基层典型经验和先进个人，如《安徽粮食》的"行业风采"、《福建粮食》的"企业之窗"、《广西粮食》的"仓储建设"等栏目以报道基层粮食部门、企业或个人为主，已逐渐成为期刊的精品栏目。在形式上，经过近几年的改革完善，各地粮食期刊无论是排版设计还是印刷水平均较以往有了显著提升，美观性、实用性都大大增强。

机关党建

　　2012年，在国家粮食局党组和上级党委的坚强领导下，局直属机关各级党组织以邓小平理论、"三个代表"重要思想、科学发展观为指导，坚持围绕中心、服务大局，扎实做好迎接、宣传、学习、贯彻党的十八大精神的各项工作，深入开展创先争优和基层组织建设年活动，全面推进党的思想、组织、作风、制度和反腐倡廉建设，为促进粮食流通事业科学发展提供了坚强保证。

一　认真做好党的十八大代表选举和会议精神的学习宣传贯彻

　　周密部署，严密组织，顺利完成党的十八大代表候选人预备人选推选工作。国家粮食局党组书记、局长任正晓同志当选党的十八大代表并出席了党的十八大。

　　坚持早谋划、早部署、早安排，采取一系列措施，开展多种形式的学习宣传活动，迅速兴起了学习贯彻党的十八大精神的热潮。十八大召开前，在全局开展了"做好本职工作，迎接十八大召开"的主题实践活动；十八大召开期间，组织局机关和各直属联系单位全体党员干部集体收听收看党的十八大开幕式和新一届中央领导集体会见中外记者实况，并在第一时间组织学习讨论，及时上报党员干部的思想反映；11月15日，党的十八届一中全会闭幕当天，印发了《中共国家粮食局党组关于认真学习宣传贯彻党的十八大精神的通知》；11月16日组织召开全局党员大会，传达十八大会议盛况和重要精神，并就全局认真学习领会、全面贯彻落实党的十八大精神作出安排部署。机关党委第一时间为党员干部发送了各类学习资料，请中央政策研究室有关领导为全局党员干部作了学习十八大精神专题辅导。

　　局党组带头学习，举办了党组理论学习中心组学习贯彻党的十八大精神学习班，局党组成员和各司室、直属联系单位主要负责同志30余人参加了学习班。通过观看专家辅导报告录像，原原本本地认真研读十八大文件，紧密联系粮食流通工作和个人思想实际进行深入思考，参加学习的每位同志都畅谈了学习体会，总结2012年的工作，提出贯彻落实十八大精神的工作思路和今后的主要工作打算，向局党组提出做好粮食流通工作的建议和意见。为加强对全国粮食系统学习宣传贯彻党的十八大精神的指导，印发了《关于在全国粮食系统掀起学习宣传贯彻党的十八大精神热潮的意见》。

　　各单位按照党组要求和机关党委的部署，组织党员干部开展了一系列学习讨论活动。局机关团委也对学习贯彻十八大作出安排部署，召开了青年干部学习十八大精神交流会。机关党委运用多种形式，加大学习宣传贯彻十八大精神的力度，在局政府网站开设了"学习宣传贯彻十八大精神专栏"，在局办公楼制作了学习十八大精神宣传栏，及时编发"学习贯彻党的十八大精神"专题简报，向中央国家机关工委和有关单位多角度、多层次地反映局机关和直属、联系单位学习宣传贯彻党的十八大精神的情况。其中向中央国家机关工委报送专报信息14篇，3篇被工委简报选用刊登；在中央国家机关工委紫光阁网上网11篇，其中，2期被中央政府网站刊登，还有2篇被粮油市场报刊登，有力地宣传和反映了国家粮食局学习宣传贯彻十八大精神的情况。

二　深入开展以"为中心服务、为大局立功"为主题的创先争优活动

按照中央创先办要求，组织对32个基层党组织和352名党员开展创先争优活动情况进行了群众评议。党组织参与评议率达到100%，在职党员参与评议率达到91.6%，对党组织的满意率达到100%，对党员的总体满意率达到97%以上。5月份，按照任正晓同志的批示要求，深入开展以"为中心服务、为大局立功"为主题的创先争优活动，组织党员、干部、职工开展"进村入户、进仓入库"调研攻关活动，对粮食流通科学发展需要解决的重点难题进行攻关，提出有针对性的对策建议，供领导决策参考。8月份，按照中央要求，对全局创先争优活动情况进行了认真总结，并向中央创先争优领导小组报告。同时，结合国家粮食局实际，初步建立了"创先争优公开承诺、践诺、评诺机制，党员干部直接联系和服务群众机制，创先争优党群共建机制"三项创先争优长效机制，推动创先争优常态化、长效化。

2012年，积极组织参加中央国家机关文明单位创建活动，在全局各单位共同努力下，国家粮食局连续9年被中央文明办评为"中央国家机关文明单位"。组织推荐财务司党支部参加了全国优秀基层党组织的评选，军粮中心综合处参加"全国军民共建社会主义精神文明先进单位"的评选，军粮中心综合处被中宣部、中央文明办、总政治部授予"全国军民共建社会主义精神文明先进单位"荣誉称号。

三　切实加强理想信念教育

在全局党员队伍中开展了"坚定理想信念，迎接党的十八大"主题教育实践活动，特别是胡锦涛同志"7·23"重要讲话新闻播发后，立即组织党员干部深入学习贯彻，进一步坚定了党员干部走中国特色的社会主义道路的理想信念。组织党员干部观看了反腐题材话剧《这是最后的斗争》，组织局机关和直属联系单位部分党员领导干部赴北京市反腐倡廉警示教育基地参观学习，认真学习党的反腐倡廉有关规定，进行警示教育，增强了党员干部的廉洁从政意识。印发了关于深入开展岗位学雷锋活动的通知，要求各单位结合粮食工作特点和职工岗位职责，引导、鼓励党员干部积极参与社会志愿服务，展示良好精神风貌。"6·29"新疆劫机事件发生后，按照局领导指示，迅速起草印发《关于向刘会军同志学习的决定》，在全国粮食系统深入开展向反劫机勇士刘会军同志学习活动。

四　不断推进基层组织建设年活动，加强基层组织建设

按照中央要求，结合工作实际，根据领导班子好、党员队伍好、工作机制好、工作业绩好、群众反映好的"五个好"标准，在组织党员群众认真评议的基础上，对全局各党支部进行了分类定级，全局32个党支部中有22个定为"好"，10个定为"较好"。之后各支部针对存在的问题，积极加强组织建设，开展晋位升级活动，学习、总结推广支部工作法，组织开展"我与支部共成长"、"我为支部

提建议"征文活动，有力促进了基层党组织建设。财务司党支部总结了"六字诀"支部工作法，并上报中央国家机关工委，在《紫光阁》网站进行了介绍推广；监督检查司和离退办上报的征文，分别获得中央国家机关工委三等奖和优秀奖。

按照党章和中央组织部有关规定，结合工作实际，制定印发了《国家粮食局直属机关党委关于加强党员组织关系管理的规定》，并对基层组织委员进行培训，加强了对党员组织关系的管理。同时，全年发展4名新党员，转正4名党员，为基层组织补充了新鲜血液。指导粮科院党委增补了2名党委委员、1名党委副书记，指导质检中心、军粮中心党支部进行了换届改选，进一步健全了基层党的组织。

2012年，国家粮食局党组和各司室直属联系单位以"认真学习贯彻党的十八大精神，改进工作作风，密切联系群众，扎实做好粮食流通工作"为主题，召开了民主生活会。为指导各单位开好党员领导干部民主生活会，进一步提高民主生活会的质量，针对形势任务，及时明确会议主题，做出安排部署。同时，对中央纪委、中央组织部的有关规定进行梳理，结合本局实际，研究起草了《关于进一步提高民主生活会质量的规定》，对召开民主生活会的程序、重点及会后工作等，作了详细具体的规定，加强了对司级党员领导干部民主生活会的指导。机关党委积极做好党组民主生活会的服务工作，把2011年度局党组召开民主生活会征求到的意见建议分解落实到有关单位，督促落实，年底收集汇总落实情况后向局党组报告。2012年度局党组民主生活会前代局党组广泛征求各有关单位、各地粮食局和本局干部职工的建议意见，进行归纳汇总，提交局党组成员参考。

五　积极推动粮食文化建设

认真贯彻落实十七届六中全会精神，按照局党组关于加强粮食文化建设，弘扬粮食行业优秀文化的部署，深入进行调查研究，掌握全国粮食文化建设情况，召开全国粮食系统党建工作交流会，总结交流粮食行业文化建设研究成果和弘扬优秀粮食文化、加强机关党的建设的经验做法，研究今后一个时期粮食文化建设工作，积极推动全系统粮食文化的发展。同时，认真征求粮食行业有关专家、局机关各单位和各地粮食部门的意见，组织起草了《国家粮食局关于加强粮食文化建设的指导意见》。积极开展党建理论研究，撰写的《在粮食文化建设中充分发挥机关党组织作用的几点思考》课题调研报告，在中央国家机关工委《机关党建研究》刊物上全文刊登并被评为三等奖。

六　组织开展公文写作技能大赛

根据中央国家机关工委通知要求，机关党委牵头成立了国家粮食局公文大赛筹备组，认真制定活动方案，深入动员部署，积极组织全局干部职工参赛。在各单位共同努力下，全局共提交参赛作品346篇，经过优中选优、认真评选，上报76篇优秀作品参赛并全部获奖，其中一等奖2篇，二等奖5篇，三等奖5篇，其余64篇均为优秀奖。同时还获得"首届中央国家机关公文写作技能大赛组织奖"。这次大赛，国家粮食局获奖数量在各部委名列前茅，在国家局中最多，受到中央国家机关工委领导关注和局领导表扬。

七   开展工青妇等群团组织建设

　　春节前组织以"健康幸福、欢乐和谐"为主题的迎新春团拜、联欢会，局党组成员与干部职工欢聚一堂，喜迎新春。积极开展党建带团建，局直属机关团委组织开展"走进一线"活动，引导青年干部深入基层，察民情、接地气，服务基层，收到良好效果。局直属机关工会积极组织开展送温暖活动，为26位干部职工发放4.85万元的慰问金，在干部职工有困难时及时看望，送上组织的关怀慰问。妇委会组织开展"女职工创先争优基层行"活动，组织60余位女干部职工开展"到基层去、向身边学"主题实践活动，开展家居及美容护理讲座、中医义诊等活动，受到女职工欢迎。六一儿童节组织机关职工子女开展了"大手拉小手"联欢活动。各文体协会积极组织开展太极拳、乒乓球、羽毛球、书画摄影、棋牌等文体活动。书画协会组织了国家粮食局第三届书画展；组织参加中央国家机关工委组织的太极拳、羽毛球、乒乓比赛，获得3个金奖、3个银奖、1个铜奖；摄影协会组织参加中央国家机关工委组织的"科学发展，岗位建功"摄影作品展，获三等奖1个，优秀奖2个。

八   做好扶贫工作

　　2012年，帮助四川省金阳县落实新农村建设项目资金50万元，帮助解决桃坪乡务科村190户583位村民自筹资金问题，推进了该村彝家新寨建设进程。投入6.4万元扶持贫困学生上学、为金阳县订《农民日报》50份。5月，组织参加月坛地区捐款活动，捐助资金1万元，援助贫困地区群众。

廉政建设

　　2012年，在中央纪委、监察部的领导下，驻国家粮食局纪检组监察局认真贯彻落实十七届中央纪委第七次全会和国务院第五次廉政工作会议部署，深入学习贯彻党的十八大精神，围绕粮食中心工作，认真履行监督检查职责，党风廉政建设和反腐败工作取得了新的成绩。

一　认真抓好中央纪委第七次全会、国务院第五次廉政工作会议关于党风廉政建设和反腐败工作的重要部署的贯彻落实

　　十七届中央纪委第七次全会、国务院第五次廉政工作会议和全国粮食局长会议召开后，驻国家粮食局纪检组监察局（以下简称"组局"）立即协助国家粮食局党组，先后召开局党组会议、局党组扩大会议、机关党员干部大会、全国粮食系统纪检监察工作会议和局学习贯彻中纪委第七次全会精神情况汇报会等会议，分层次、分步骤地学习贯彻会议精神，研究部署局机关和系统党风廉政建设工作。局党组成员、驻局纪检组组长赵中权同志主持召开学习贯彻中央纪委第七次全会精神座谈会并作讲话。在调查研究的基础上，研究制定了《2012年国家粮食局党风廉政建设和反腐败工作实施意见》，从十四个方面明确了粮食系统党风廉政建设和反腐败工作的工作安排、主要任务和责任分工，并以局党组名义下发各单位贯彻执行。按照《国务院办公厅关于贯彻落实国务院第五次廉政工作会议精神任务分工的通知》要求，结合国家粮食局的实际，起草下发了《国家粮食局贯彻落实国务院第五次廉政工作会议精神任务分工的意见》，并认真抓好落实。加强对各项任务落实情况的督促检查和考核工作，使各项工作真正落到实处。

二　围绕中央关于强农惠农富农政策和国家粮食宏观调控措施等重大决策部署的贯彻落实，认真进行了监督检查

　　2012年，驻国家粮食局纪检组监察局会同有关部门重点开展了以下几项工作：

　　一是对夏季粮油收购工作的监督检查。在夏粮收购中，共查处违法违规行为1984起，责令改正939例，警告430例，罚款309例，暂停收购资格15例，取消收购资格67例。为监督各项收购政策的贯彻落实，局党组成员、驻局纪检组组长赵中权同志亲自带队赴四川、陕西两省对当地夏季粮油收购工作进行督导，认真了解国有粮食企业执行国家粮食收购政策等情况。

　　二是加强对全国粮食库存检查工作的监督检查。上半年，会同局监督检查机构开展全国粮食库存检查，对检查出的突出问题向中储粮总公司及有关省份下达了整改意见。中储粮总公司给予违纪违规直属企业责任人行政处分或经济处罚，给予违规的直属库进行通报批评。为加强监督工作，组局制定公布十八条纪律要求，印发各地粮食部门及参加检查的人员遵照执行，赵中权同志还带队赴辽宁省对库存检查工作开展情况进行巡查，确保各项纪律的执行。

三是对中央投资农户科学储粮项目落实情况的监督检查。驻局纪检组副组长、监察局局长辛志光同志带队赴安徽、山东等省对农户科学储粮项目资金管理使用情况、配套资金落实情况、项目质量等情况进行检查，确保惠农项目取得实效。

四是加强对全国粮食行业集中开展安全生产"打非治违"专项行动的监督检查，为专项行动的顺利开展提供组织和纪律保障。

三　以保持党的纯洁性为重点，创新开展廉政宣传教育工作

在纪念建党91周年前夕，在全局党员干部中开展了以"迎接党的十八大，保持党的纯洁性"为主题的廉政宣传教育周活动。此次活动范围涵盖了局机关各司室和直属联系单位的所有党员干部，是自国家粮食局成立以来，首次在全局范围内集中开展的廉政警示教育活动。组局研究制定"活动实施方案"，召开全局干部动员会，局党组成员、驻局纪检组组长赵中权同志作动员讲话。在为期一周的时间内，围绕主题开展了"五个一"活动：举行一场保持党的纯洁性为主题的报告会、组织一次警示教育参观、开展一次廉政教育支部活动、观看一次警示教育片、赠送一批廉政教育书籍。整个活动组织严谨、内容丰富、形式多样，受到了党员干部的好评，取得了良好的效果。

加强新闻宣传报道，组局将这项工作作为加强党风廉政宣传教育工作的重要内容。2012年，《中国纪检监察报》、《中国监察》杂志相继对国家粮食局和粮食系统贯彻中央纪委七次全会精神、国务院廉政会议精神、全国粮食系统纪检监察工作会议、推进廉政风险防控工作、学习贯彻十八大精神、粮食纪检监察干部培训班、干部廉政考核等方面的工作进行了报道，全部刊登在头版。同时，监察部网站也进行了转载。这是国家粮食局成立以来，《中国纪检监察报》和监察部网站首次报道国家粮食局和粮食系统党风廉政建设工作情况。同时，还充分利用《中国粮食经济》、《粮油市场报》等，大力宣传国家粮食局和粮食系统党风廉政建设成果。

四　以规范权力运行为核心，认真开展建立廉政风险防控机制工作

按照中央纪委七次全会和中央纪委监察部关于加强廉政风险防控工作的部署，从2月开始，历时7个月，在局机关和直属联系单位全面开展建立廉政风险防控机制工作。国家粮食局党组高度重视，两任党组书记聂振邦同志和任正晓同志分别作了动员报告和总结讲话，局党组成员、驻局纪检组组长赵中权同志多次听取汇报，有针对性地作出重要指示并作总结报告。国家粮食局成立廉政风险防控工作领导小组，党组书记任组长，纪检组长任副组长，监察局长任办公室主任。通过学习动员、廉政风险排查、防控措施制定和总结提高四个阶段的工作，采取召开汇报会、分段总结会、经验交流会、编发简报等形式，推动工作的深入开展。在全局范围内，初步建立了一个以岗位为点、以程序为线、以制度为面、环环相扣的廉政风险防控机制。全局共梳理275项工作职权，确定廉政风险点423个，其中，评定为高风险的工作职权21项，中风险74项，低风险180项。为突出防控重点，便于加强对风险较高工作职权的风险防控，对39项较高风险的职权，重点制定了工作职权目录、工作流程图和廉政风险防控措施，并汇编成册供各单位按照各自职责分工认真抓好贯彻执行。建立廉政风险防控机制的工作取得了丰富的思想成果、实践成果、制度成果。组局代国家粮食局党组起草《关于加强廉政风险防控管理工作的实施办法》，推进这项工作常态化、制度化。

为继续巩固和扩大建立廉政风险防控机制的工作成果，组局还提出4项要求：一是抓好认识深化，及时发现和纠正在决策执行、政策制定、工作推进中的失误和偏差，最大限度地减少因制度漏洞而出现的各种廉政风险；二是抓好动态管理，结合预防腐败的新要求和反腐倡廉工作的实际需要，及时调整、完善廉政风险机制；三是抓好检查考核，将廉政风险防控纳入党风廉政建设责任制检查考核、领导班子和领导干部工作目标考核、惩治和预防腐败体系建设检查之中；四是抓好监管惩处，充分发挥廉政风险防控机制在反腐倡廉建设中的重要作用。

加强粮食系统基层反腐倡廉制度建设。在全国粮食行业中推广和交流各地开展廉政风险防控工作的经验和成果。组织各地报送78篇经验材料，优选了39篇具有代表性的经验材料，编辑成《全国粮食系统廉政风险防控工作成果汇编》，印发各地学习借鉴。

五　坚持公开、公平、公正原则，加强对干部选拔任用和工程建设项目全过程监督

以公开、公平、公正为原则，加强对国家粮食局十八大代表候选人选举、新提拔司处级、主要领导干部廉政考察、干部选拔任用、公务员招考录用等工作的严格监督，切实防止干部"带病上岗"、"带病提拔"，坚决整治违反换届纪律、跑官要官、买官卖官、突击提拔干部等问题。5月，中组部检查组对国家粮食局选人用人和十八大党代表选举情况进行检查，通过检查考核，对国家粮食局严格执行干部选拔任用条例和新任干部的群众满意率进一步提高表示肯定。严格履行监督职责，加强对有关工程项目的监督检查。先后认真开展对"内网分级保护工程"、"国家粮食质量监测体系配置粮食监测仪器政府采购公开招标"、"宿舍楼电梯更新"、"军粮中心办公设备竞价采购"、"粮科院小汤山基地实验楼建设"和"国家粮食局动态信息系统"等工程建设项目的全程监督，切实防止和纠正工程建设项目领域的违规违纪问题。

六　提高干部业务水平和工作能力，不断加强组局自身建设

认真贯彻落实中央纪委《关于进一步加强和改进纪检监察干部队伍建设的若干意见》，进一步加强思想政治建设、作风建设、业务能力建设和制度建设。健全完善了组局工作例会和学习制度，对组局干部提出学习要求，学习自觉性进一步提高。围绕粮食工作中心任务，组局抽调7人次参加监督检查、调研、巡查等活动，使组局干部充分了解驻在部门的业务工作，提高监督检查的能力和水平。

重视对干部的业务培训，克服工作任务繁重等困难，先后派员参加中央纪委组织的青年干部培训班、档案管理培训班、全国预防腐败工作培训班等培训。还选派了一名副司级干部到委部机关挂职锻炼，进一步提高了组局干部素质。加强对各地粮食纪检监察机构间工作成果和典型经验做法的交流，编制《粮食纪检监察简报》22期。

党的十八大胜利召开后，立即举办全国粮食系统纪检监察干部学习贯彻党的十八大精神学习班，局党组成员、驻局纪检组组长赵中权同志出席开班式，并就粮食纪检监察系统学习贯彻党的十八大关于党风廉政建设和反腐败工作主要精神作辅导发言。全国粮食系统的380多名纪检监察干部参加了培训。同时，还召开了部分省、市、县粮食纪检监察干部座谈会，对进一步结合实际全面推动粮食系统党风廉政建设和反腐败工作起到了良好的效果。

老干部工作

一　总体情况

截至2012年12月底，国家粮食局共有离退休人员302人。其中，离休105人，退休197人；副部级以上离退休干部1人，部级单项医疗待遇6人；司（局）级74人，处级以下离退休干部204人，工人17人；在离休干部中，红军时期参加革命1人，抗战时期参加革命27人，解放时期参加革命78人；90岁以上22人，80岁以上165人，最高年龄98岁，离休干部平均年龄85岁，整个离退休干部平均年龄77.8岁；党员227人。为老干部服务的在职人员35人。

二　抓好"两项建设"，为十八大胜利召开营造良好氛围

在思想政治建设方面，在老同志当中开展了"坚定理想信念"主题教育活动、以"为中心服务为大局立功"为主题的创先争优活动、学习解黎明同志先进事迹活动。认真贯彻中央领导同志关于加强离退休干部思想政治建设指示精神，组织开办了"老年课堂"，分片区举办心理科普讲座和书画培训，特别是书法、绘画常态化教学，受到老同志的欢迎并在《中国老年报》报道。7月初，"喜迎党的十八大、浓墨重彩颂党恩"书画展在国家粮食局老干部活动活动中心展出。同时，还举办了知识竞赛等多项适合老年人特点的文体活动。

在离退休党支部建设方面，举办了离退休干部党务工作培训班，组织完成了推荐选举国家粮食局出席党的十八大候选人预备人选工作，为十八大胜利召开营造了良好氛围。妥善处理信访问题，扎实做好十八大维护稳定工作，确保老同志心平气顺。

三　落实"两项待遇"，保障离退休干部的切身利益

在政治待遇方面，进一步抓好阅读文件、听报告、参加重要活动和重大节日走访慰问等工作，健全落实向老同志通报粮食工作制度，及时组织离退休干部收听收看十八大开幕式的盛况，有几位年过90岁的老干部在医院收听收看了大会实况。12月初，举办了离退休干部学习贯彻党的十八大精神的学习班。

在生活待遇方面，加强了经费使用和管理的科学性、合理性，积极主动与上级主管部门联系，申请追加经费，保证离退休费按时足额发放、医疗费按规定报销，保证各项工作有序开展。在国务院机关事务管理局组织召开的中央国家机关离退休经费管理工作会议上，离退办财务处被评为中央国家机关离退休经费管理工作先进单位。加强对离退休干部活动学习阵地建设。在2012年对马尾沟活动站改造之后，又对报国寺活动站进行了房屋修缮，改善了老同志学习活动条件。经过组织协调，全国政协老干部局40余名老干部6月正式到报国寺中心参加活动，发挥了中央国家机关老干部活动中心报国寺

分中心的作用，推动了中央国家机关资源共享项工作的开展。在组织老同志体检之后，及时举办健康知识讲座，教大家正确分析体检报告，加强自我保健。全年完成门诊量4612人次。积极开展老干部政策落实情况的自查工作，确保老干部各项待遇落到实处。

四　加大帮扶力度，着重做好"双高期"的服务工作

针对"双高期"老干部工作的特点，努力加大对有困难的离退休人员的帮扶力度，扩大了走访和帮扶的范围。一是在元旦春节期间，积极开展走访慰问活动。二是逐年扩大健康长寿奖的发放范围。三是认真做好离退休人员"夕阳红"救助工作，积极为老同志办实事。四是做了一些个性化服务的尝试工作。在为离休干部安装"一键通"呼叫系统和999急救呼叫器的基础上，对部分购买"小帮手"服务器的老同志给予了经济补助。在重阳节时，由办里花钱为老同志买服务，为老同志们送上了"社区小时工服务卡"。对身体健康、相对年轻的老干部提供自费出游的机会，离退办安排工作人员协助旅行社工作，保证老同志的人身安全。

五　加强自身建设，努力提高服务管理水平

一是开展了"学先进、见行动、争优秀"活动。把深入学习宣传全国老干部工作"双先"事迹与学习宣传优秀组工干部李林森同志先进事迹结合起来。二是切实加强离退办领导班子和干部队伍作风建设。按照局党组的整体部署，积极参与建立廉政风险防控机制的工作。三是开展了干部离退休制度建立30周年纪念活动，认真贯彻落实中组部总结干部离退休制度建立30年来老干部工作座谈会精神。四是积极开展调研工作，报送的调研报告获中组部二等奖。五是加强了老干部信息宣传工作。截至11月，在"老干部园地"栏目登载27条动态信息，在《中国老年报》发稿4篇，在中组部《老干部工作情况交流》发稿1篇，创办了离退办《工作动态》，拓宽工作渠道，提高了离退休干部服务管理工作的影响力。

第四篇

各地粮食工作

北京市粮食工作　　　基本情况

北京市全市土地面积16410平方公里，其中平原面积占38.6%，山区面积占61.4%。2012年，北京市常住人口2069.3万。其中：外来人口773.8万；城镇人口1783.7万，乡村人口285.6万。2012年，北京市粮食播种面积19.4万公顷，比上年减少1.6万公顷；粮食产量113.8万吨，比上年减少6.6%。

2012年，北京市粮食供给充足，价格水平合理，库存稳步提高，消费继续增长。全年粮食总供给649.9万吨，总消费565.4万吨；国有粮食企业粮食购进336.5万吨，销售336.1万吨；全市粮食价格上涨2.6%，低于全国1.4个百分点。

2012年，北京市积极应对全球粮食减产和价格剧烈波动的影响，综合运用储备粮油轮换、进口粮转储、郊区收购转储、产销衔接、信息引导等措施，保持了粮食市场平稳运行。市与区县国有粮食企业整合重组工作全面完成，国有粮食企业实现利润49302万元。市储备粮油增储计划顺利实施，库存不断充实。成功应对"7·21"特大暴雨灾害，应急保障工作积累了宝贵经验。认真组织粮油库存清查、粮食收购、粮食流通统计、政策性粮油供应、原粮质量等方面的监督检查工作，维护粮食流通秩序。

2012年粮食工作

2012年是实施"十二五"规划承上启下的一年，党的十八大和北京市十一次党代会胜利召开。在北京市委、市政府的正确领导下，粮食行业坚持稳中求进的工作总基调，围绕年初确定的"稳定市场保供应，提升产业促发展"的中心任务，求真务实，开拓进取，积极应对国际市场粮价大幅波动的冲击，较好地完成了各项任务，保障了首都粮食安全，为促进经济社会持续健康发展作出了积极贡献。

一　粮食市场保持平稳运行

2012年，本市通过粮食竞价交易平台举行交易会15次，销售粮食35.6万吨、食用油1.5万吨，采购粮食29万吨、食用油2.6万吨。郊区收购转储2万吨，外埠粮源基地收购粮食191万吨，进口加拿大优质小麦5.3万吨。全市粮食供给较为充足，价格水平合理，库存稳步提高，消费继续增长。本市全年粮价涨幅低于全国平均水平、低于部分主销区省市，让老百姓得到了实惠。据统计资料显示，2012年1～12月，全国CPI上涨2.6%，粮食上涨4%。同期北京CPI上涨3.3%，高于全国0.7个百分点；粮食上涨2.6%，低于全国1.4个百分点。

二　拓宽合作渠道，服务中央在京企业

市政府与中储粮总公司签订了战略合作协议，按照"发挥各自优势、相互支持配合、深化务实合作、共同促进发展"原则，深化市政府相关部门、本市大型国有粮食企业和中储粮总公司在京分支机构的合作，在拓展原粮购销渠道、提高成品粮油储备和应急加工能力、推动科技交流等方面取得新进展。市粮食局、市外联办与中粮集团就加强战略合作进行了深入沟通，在成品粮油储备、首都粮食市场供应、推动粮食流通产业发展等方面开展务实合作。

三　加强市储备粮管理

继续修订并完善异地储备粮承储和代储合同，加强对各单位落实市储备粮管理制度的监督和检查，做好市储备粮管理制度的培训工作，加强区县储备粮管理，组织开展制度培训和现场座谈，促进了经验交流。加强出入库管理，开展规范化评价活动，推进市储备粮规范化管理工作。加强市储粮信息化管理，提升信息化水平。

四　加强粮食流通宣传工作

举办了2012年度北京市粮食科技周"科学膳食、适度消费"主题宣传日活动，传播"以人为本、全面协调可持续"的消费理念。承办了由国家粮食局主办的全国"放心粮油宣传日"主题活动，本市5家企业被授予了"全国放心粮油示范企业"和"北京市放心粮油示范企业"称号，18家放心粮油示范企业现场签署了《放心粮油质量安全承诺书》。

五　成功应对"7·21"特大暴雨灾害

排查粮油库点84个、仓房2583栋，及时处理雨湿粮油。部分军供站启动了应急保障预案，为抢险部队官兵供应军粮和熟食。房山、通州动用了应急储备粮油，积累了应急保障工作的宝贵经验。

六　落实质量责任追究制度

指导承储企业按照质量档案要求，建立统一、规范、完整的质量档案资料，为质量跟踪分析提供重要依据；开展市储备粮质量比对工作，全市共17家单位、134名基层检化验员参加了现场检验比对，通过现场比对，全面掌握了市储备粮承储企业检化验水平；开展质量自查、互查和抽查工作，汇总分析检查数据，完成检查报告，及时掌握市储备粮质量情况。

七　开展全市粮食库存检查工作

按照国家粮食局等四部门的要求，圆满完成了2012年度北京市粮食流通库存检查工作。从检查结果看，粮食库存数量真实，账实相符；质量符合国家有关规定，储存安全；粮食补贴拨补情况良好；库贷对应，资金占用合理，库存管理较为规范。协调中储粮北京分公司，完成了联合数据汇总和联合报告上报工作。

八　组织开展粮食质量监管工作

组织开展储存环节粮食质量安全抽查，共抽取样品107份；组织开展收获环节粮食质量安全检测，共抽取样品56份；妥善处理指标超标的库存粮；指导区县粮食部门落实区域内粮食经营者的质量安全主体责任工作，对区域内从事粮食收购、储存活动的各类经营者及其经营状况进行梳理，建立粮食质量安全检查档案，加强了对粮油经营者履行质量安全主体责任的检查和指导。

九　普法宣传工作取得实效

深入开展了本市粮食行业"六五"普法工作，完成全市《粮食流通管理条例》八周年宣传活动。重点落实"法律六进"活动，推进"法律进单位、进企业、进乡村、进社区"活动；利用市粮食局网站向社会开展《条例》法律知识竞赛活动，收集知识竞赛答题卡950份；做到《条例》宣传"五个结合"。开展了"12·4"全国法制宣传日和"10·16"世界粮食日宣传活动，重点加强《北京市储备粮管理办法》以及人民群众生产生活密切相关的粮食法律、法规、规章的宣传教育。

十　组织开展"打非治违"专项行动

根据国家粮食局统一安排部署，围绕15项工作内容，突出"打非"和深入"治违"两大工作目标。严格按照"依法依规、突出重点、边整边改"的工作要求，针对重点区域、重点企业、重点环节，采取加强领导、突出重点、集中整治、强化监管等措施，有效打击了本市粮食行业安全生产领域非法违法生产经营建设，治理纠正了违规违章行为。

十一　国有粮食企业保持盈利

2012年全市国有粮食企业实现利润49302万元，其中购销企业实现利润2285万元，全行业连续6年保持盈利，购销企业连续10年保持盈利。

十二　粮食课题研究取得成果

组织开展了"首都粮食应急关键技术研究与示范"课题研究。组织申报了"食用植物油绿色安全储存技术研究与示范"、"基于物联网的数字粮库关键技术研究与示范"课题，进一步促进了先进科技成果在粮食流通领域的转化。

十三　绿色储粮技术得到广泛推广应用

采取免化学药剂熏蒸、惰性粉和硅藻土防虫、准低温储粮技术的比例分别为57%、20%、34%，分别比上年提高6%、11%、2%。其中，市储备稻谷全部实现了准低温储粮技术和免化学药剂熏蒸。

十四　举办了第三届北京市粮食行业职业技能竞赛

京粮集团各直属单位、各远郊区县粮油总公司、市粮食行业协会（非国有企业代表队）、市粮油食品检验所、市经济管理学校和市粮食局军粮供应管理中心共20个代表队87名选手参加比赛。共有27名选手、16个单位和6名裁判员受到表彰。

十五　对口支援工作取得进展

北京市粮食局与拉萨市粮食局签署了《关于对口支援西藏拉萨粮食流通工作框架协议书》，捐助资金40万元用于拉萨市粮食流通监督检查体系建设。向新疆和田地区粮食局提供援助资金20万元。

◆ **北京市粮食局领导班子成员**

李广禄	党组书记、局长
张　强	党组副书记、副局长
杨　牧	党组成员、副局长
徐志坚	党组成员、副局长、纪检组长

北京市粮食局局长李广禄（右二）陪同国家粮食局局长任正晓（左二）在北京粮食市场调研。

北京市粮食局局长李广禄（左三）在房山区调研粮油市场情况。

北京市粮食局局长李广禄（左一）在密云县调研县政府应急储备、军粮供应和退耕还林粮的储备和供应情况。

2012年6月，北京市粮食局局长李广禄（左一）带队赴吉林省考察京粮集团吉林榆树粮源基地建设进展情况。

天津市粮食工作　　基本情况

天津市行政区域总面积11760平方公里，现辖13个区、3个县，共有123个镇、11个乡、111个街道办事处、1448个居委会和3782个村委会。市辖区有：和平区、河东区、河西区、南开区、河北区、红桥区、东丽区、西青区、津南区、北辰区、武清区、宝坻区、滨海新区；市辖县有：宁河县、静海县、蓟县。

全市粮食作物面积 32.29万公顷。截至2012年末全市常住人口1413.15万，比上年末增加58.57万；其中，外来人口392.79万，增加47.95万，占常住人口增量的81.9%。年末全市户籍人口993.20万，其中，农业人口376.84万，非农业人口616.36万。2012年全年实现生产总值（GDP）12885.18亿元，按可比价格计算，比上年增长13.8%。城市居民人均可支配收入29626元，增长10.1%；农村居民人均可支配收入13571元，增长14.1%。

天津市主要粮食作物有：玉米、小麦、稻谷和大豆。常年玉米播种面积17.9万公顷，小麦播种面积11.31万公顷，稻谷播种面积1.46万公顷，大豆播种面积1.18万公顷。

2012年全年粮食总产量161.76万吨，与上年基本持平。其中小麦55.76万吨、稻谷11.18万吨、玉米92.49万吨、大豆1.44万吨、其他0.93万吨。全市粮食收购量145.2万吨，国有粮食购销企业收购粮食36.6万吨，销售量782.2万吨，出口量3.5万吨。

天津市是粮食主销区之一。2012年全市粮食消费总量574.6万吨，人均消费粮食406.61公斤。其中，口粮消费177.4 万吨，饲料用粮 216.2万吨，工业用粮 139.6万吨，种子用粮 3.9万吨。分品种：小麦165.7万吨，稻谷 84.4万吨，玉米 146.6万吨，大豆 160.3万吨，其他17.6万吨。

2012年粮食工作

2012年，天津市粮食局以邓小平理论、"三个代表"重要思想和科学发展观为指导，全面落实天津市委、市政府的决策部署和全国粮食流通工作会议精神，积极进取，埋头苦干，"保供应、稳市场"，全市粮食流通工作取得了新发展。

一　进一步完善粮食宏观调控体系，确保了全市粮食市场和价格基本稳定

（一）调增地方粮食储备规模并保持足额常量储存

按照天津市政府及有关部门的指示要求，全市增加了食用油储备规模，进一步夯实了保供稳价的物质基础。实施储备粮油适时轮换，确保全市地方储备粮保持常存常新，提高了粮食安全系数。

（二）狠抓粮源有效供给

积极引导国有粮食购销企业发挥主渠道作用，做好粮食收购，全市小麦收购价格为2.12元/公斤，高于国家2012年小麦最低收购价2.04元/公斤的水平；积极组织企业参加竞买中央政策性粮油，增加全市粮源；组织了13次地储粮竞价交易，销售小麦20.1095万吨、稻谷4.9105万吨，成交率均为100%；密切与粮食主产区合作关系，在9月中旬，组织全市9个单位20余人参加了第九届黑龙江金秋粮食交易合作洽谈会，实现进津粮食成交量10.5万吨，进一步巩固了粮源供应渠道。

（三）加强粮食市场价格监测

积极做好全市粮食价格监测直报单位的监管，保证监测数据的准确性。加强对粮食生产、消费、库存、价格变化情况的分析预测，向有关部门提供了大量的市场数据和供求信息。

（四）进一步完善粮食应急管理工作

根据近年人口、粮食供应及消费变化情况，重新修订了《天津市粮食应急预案》。加强组织协调，将2011年全市确定的调增成品粮油储备规模，全部落实到位。研究制定了《天津市成品粮储备承储企业退出机制》，强化了成品粮储备制度化、规范化管理。对284家粮食应急供应网点进行了一次摸底调查，对这些网点存储面积和常态下日均库存等情况进行了细致的核查，为在应急时期粮油市场的投放与供应提供可靠依据。同时，加强了对全市284家粮食应急加工企业的核查和监管，先后取消了3家不符合要求的定点加工企业，重新补充了3家定点加工企业，保证应急时期粮食市场供应。

（五）认真开展社会粮食统计及供需平衡调查

对现行统计制度进行了认真修订。积极开展了全市粮食统计数据质量专项检查工作。加强了对滨海新区大型粮油加工企业重点跟踪调研和统计培训。对承担国家政策性粮油定向加工销售任务的企业实行单独统计，及时掌握了国家保供稳价政策措施的贯彻落实情况。通过采取"三上三下"和"两级汇总两级平衡"的方法，保证了社会粮食供需平衡调查质量。

二　着力加强储备粮管理，确保了全市储备粮数量真实、质量良好

（一）适时组织储备粮轮换

全年共轮换粮食53.93万吨、食用油2.04万吨，保证了地方储备粮推陈储新、质量良好。

（二）持续加强储备粮安全管理

按照储备粮油管理"一符、三专、四落实"的规定，开展了春季、夏季和冬季粮油安全检查工作，确保了储粮安全。同时，在全市范围开展了粮食行业"打非治违"专项行动，共开展专项检查122次，检查企业57家，查出安全隐患6件，其中5件已经得到解决。

（三）不断强化粮食质量管理

认真做好市级储备粮油2012年全年小麦、稻谷、大米及食用油脂质量和品质控制指标的强制检验，共对代表192.081万吨的小麦、稻谷、储备油、动态储备大米、食用油共计1244个样品进行质

量指标和品质判定指标全项检测。完成了全市区（县）级储备粮油强制检验，共对22个库点，代表26.35万吨的166个小麦样品进行了质量指标和品质判定指标检验。认真做好收获环节的粮食质量安全监测抽查工作，共抽样品30个的小麦、玉米，对重金属、真菌毒素及农药残留量进行了分析检测，共出具340个数据；共抽样品10个玉米，对真菌毒素及农药残留量进行了分析检测，共出具100个数据。完成30个军供大米、小麦粉样品的检验，保证了军供粮质量。

（四）开展中央储备粮代储资格申请认定工作

受理申请中央储备粮代储资格企业一家（天津市津南区八里台粮食购销有限公司），该企业申请的3.46万吨仓容全部获批。

三　依法加强粮食流通监督检查，确保了粮食市场有序流通

（一）认真开展政策性粮食销售出库检查

通过对9笔政策性粮食竞价销售成交的30.5万吨稻谷、小麦的检查，确保了国家政策性粮食竞价销售工作的顺利进行。

（二）认真组织粮食收购市场专项检查和收购企业核查

重点检查了粮食经营者是否执行国家粮食质价政策，是否及时支付农民售粮款，严防压级压价等坑农害农违法违规行为的发生。通过对全市取得"粮食收购许可证"企业的收购资格进行核查，进一步规范了328家粮食收购主体行为，掌握了粮食收购的经营情况。

（三）认真核定粮食经营企业库存量标准

对全市纳入粮食流通统计范围的粮食经营企业的最低最高库存量标准进行了核定，并对粮食经营企业履行最高库存量义务的情况进行了检查督导。全市284家执行国家最高最低库存量义务的企业，全部达到了规定的最高库存量标准。

（四）认真开展粮食库存检查

对全市区域内的中央储备粮、国家临时存储粮、地方储备粮、国有和国有控股粮食企业储存的商品粮以及纳入粮食流通统计范围的重点非国有粮食经营企业和转化用粮企业的商品粮库存进行了全面检查，准确掌握了粮食库存底数，为保供稳价工作打下了良好基础。

（五）深入开展"全国粮食流通监督检查示范单位"创建活动

深入推广第一批全国粮食流通监督检查示范单位宝坻区粮食局的工作经验。同时，确定滨海新区粮食局为"全国第二批粮食流通监督检查示范岗单位"推荐对象。

四　紧紧围绕全市粮食安全，进一步夯实了粮食基础工作

（一）全面推进粮食依法行政工作

天津市粮食局机关围绕2012年全市粮食工作重点任务，细化了15项依法行政具体工作，按职能分工分解落实到机关各处室，进一步强化了依法行政工作领导责任。组织召开年度全市粮食依法行政工作座谈会，推动了依法行政工作深入开展。组织全市2012年新申领粮食行政执法证人员进行了粮食专业法培训考试，组织市粮食局机关行政执法人员参加了市政府法制办公共法律知识考试，提高了执法人员的基本素质。

（二）积极完善粮食基础设施建设

天津市粮食局经与市有关部门反复沟通协调，已就解决市级储备粮库专用维修资金达成一致意见，每年安排资金用于仓房维修改造和功能提升。积极沟通有关部门，协助市粮油集团有限公司建成天津利达现代粮食物流（中心）产业园区后，又申请到国家中央预算内投资4932万元，用于园区建设年产50万吨面粉的生产线和12万吨大米的生产线；申请到中央财政专项拨款640万元，用于宁河粮油有限公司集储存加工于一体的现代化粮库项目；申请到2011年中央和地方财政专项拨款共计320万元，购置了市粮油质检中心检化验仪器设备，提升了粮食质量检化验能力。滨海新区大港粮食购销有限公司项目，在新区粮食局卓有成效的工作指导下，在大港区政府、区财政的大力支持下，顺利完成太平村粮库改造工程，彻底结束了全市露天存粮的历史。

（三）有效加强粮油科技工作

在全市范围内开展了以"小麦粉的营养与健康"为主题的粮食科技周活动、开展了以"共建诚信家园，同铸食品安全"为主题的粮食系统食品安全宣传周活动，进一步强化了有关企业的粮油质量安全意识。为有效推动全市农户储粮建设，减少农民储粮损失，筹措了专项资金推行了"小粮仓"试点工作。

（四）加强粮食人才队伍建设

完成了粮油专业职称评审工作，评审通过58人（高级8人，中级6人，初级44人），占申报总数的89%。先后举办了四期粮油质检员和保管员的初、中、高级培训，共计218人参加国家粮食行业特有工种职业技能培训鉴定考试工作，其中有124人通过了考核鉴定，取得了国家人力社保部和国家粮食局颁发的《职业资格证书》。

（五）认真完成粮食仓储业务统计

完成了粮油储藏情况月报表、储备粮业务管理表和储备粮管理查询系统的汇总、管理工作，做到及时、准确，为地方储备粮的管理提供了第一手可靠材料。按照国家粮食局的要求，如期完成了2011年度全市国有粮食企业和部分非国有粮食企业的仓储设施统计及2011年度粮食流通基础设施建设投资统计工作，并从储粮库点变化、仓房容量变化、保粮设备改善以及存在问题和建议等方面进行了汇总、分析。

五　积极强化管理，推进军粮供应工作向纵深发展

（一）狠抓军粮质量

天津市粮食局高度重视军粮质量监管，成立了军粮质量专项检查工作领导小组，重点对军粮供应站各项管理制度落实，库存粮食质量与卫生情况，军粮出入库手续、质量监督、日常保管等环节进行了严格检查。通过开展质量专项检查，全面摸清了全市军粮供应企业的军粮质量管理情况，保证了军粮供应质量。

（二）完善军粮财务制度

2012年4月份，天津市军粮供应办公室组织开展了全市军粮财务专项检查。7月份与市农业发展银行天津市分行联合下发了《关于进一步加强军粮差价补贴款专户管理的通知》，进一步规范了军粮资金的使用和管理。

（三）推进军供大米统筹采购机制改革

为进一步提高军粮筹措组织化程度，研究制定了《天津市军供大米统筹采购管理办法（试行）》。《办法》充分引入市场竞争机制，建立高效、便捷、规范、可靠的军粮筹措采购渠道，促进军粮质量长期稳定提高，确保驻津部队用粮安全。新《办法》于2013年1月1日正式实施。

（四）探索军地融合式后勤保障一体化经营模式

天津警备区搬迁到西青区界后，西青区军粮供应站主动与其联系沟通，在保证部队军粮供应的前提下，根据部队需求提供综合保障服务，紧贴部队任务实际，为部队代购肉、蛋、菜、奶、各种调料等主副食品，满足部队遂行多样化任务综合保障的需要，开创了全市军地融合式部队后勤保障一体化经营新模式。

六　注重加强党风廉政建设，为做好全市粮食流通工作提供了强有力的保证

局党组、机关及所属单位深入开展以保持共产党员纯洁性及严肃换届纪律为主题的党性党风党纪教育。积极组织学习《中央纪委、中央组织部、中央宣传部关于加强领导干部反腐倡廉教育的意见》、《2012年国家粮食局党风廉政建设和反腐败工作实施意见》和中央经济工作会议、中央纪委七次全会精神以及市委、市纪委会议精神，统一思想，提高认识。制定了2012年加强党风廉政建设和反腐败工作安排实施方案，落实了局领导干部党风廉政建设目标责任制，实行了"一把手"负总责，党组成员"一岗双责"责任制，做到了分工具体，任务明确，责任到人。把所属单位各级"一把手"和局机关处级以上领导干部作为重点，强化党风廉政建设。切实贯彻岗位廉政教育融入全市反腐倡廉"四化"工作格局和"八个板块"建设内容，积极探索教育内容、方法和途径，促进岗位廉政教育系统化、多样化、个性化、具体化和经常化，筑牢广大党员干部拒腐防变的思想道德防线，增强抵御廉政风险的素质和能力。

◆ **天津市粮食局领导班子成员**

杨振江	党组书记、局长（2012年9月任职）
马春波	原党组书记、局长（2012年9月退休）
周庆平	原党组成员、副局长
田少生	原党组成员、纪检组长（2012年7月退休）
李久彦	党组成员、副巡视员
周　海	党组成员、副巡视员
吴维吉	党组成员、中国天津粮油批发交易市场总裁

2012年10月16日，天津市粮食局局长杨振江（左三）在世界粮食日暨农户科学储粮"小粮仓"推广现场会上讲话。

2012年2月29日，时任天津市粮食局局长马春波（右三）在天津市粮食工作会议上讲话。

2012年3月23日，天津市粮食局副巡视员李久彦（左）在天津市粮食库存检查动员培训会议上作动员。

2012年11月8日，天津市粮食局副巡视员周海（左三）在天津市滨海新区粮食仓储保管员培训会上讲话。

河北省粮食工作   基本情况

河北省全省总面积18.8万平方公里，占全国土地总面积的2%，居第14位。

河北省是全国13个粮食主产省之一，主要生产小麦、玉米。正常年景粮食产需总量平衡有余，油脂油料缺口较大，主要靠省外购入和进口弥补。2012年全省粮食总产量3246.6万吨，比上年增加74万吨，为历史最好水平，其中小麦1337.7万吨，玉米1649.5万吨，稻谷49.8万吨，大豆25.9万吨。农民提供的商品粮2469.8万吨，商品率76%。全年进口粮食290.8万吨，其中大豆257.3万吨。出口粮食6.4万吨。全省各类粮食企业累计收购粮食2237.8万吨，销售粮食2948.8万吨，其中国有粮食经营企业收购粮食673.2万吨，销售粮食762.5万吨。

2012年粮食工作

2012年，河北省粮食系统在各级党委、政府的领导下，紧贴经济社会发展大局，深入学习实践科学发展观，坚持保安全、壮实力、增活力、重民生、求突破的工作主线，认真落实粮食购销政策，不断深化国有粮食企业改革，大力推进粮食产业发展，在支持粮食生产、保障粮食安全、壮大行业实力、保障军需民食、改善发展环境、推进执法实践、加强自身建设等方面取得了明显成效，全省粮食流通工作呈现平稳健康发展的好势头。

一　粮食调控措施得到较好落实

认真组织粮食收购，全省各类粮食企业共收购粮食2237.8万吨，同比增加182.5万吨。6月28日、7月26日相继在邯郸、邢台启动了《小麦最低收购价执行预案》，按最低收购价收购小麦77.5万吨，满足了农民售粮需要，保护了种粮农民利益；新增省级粮食储备规模落实到位，信息化管理系统开始运行。全省90个县（市、区）建立了县级储备，省市县三级储备规模创历史最高水平，完成国家下达我省地方粮食储备计划的158.6%；粮情监测和粮食应急保障体系进一步健全，全省粮食价格监测点达到252个，应急储运、加工、供应网点达到1091个；省际间粮食产销合作关系继续扩大，保持了主要粮食品种的供求平衡和粮食市场的基本稳定。

二　国有粮食企业三年振兴目标如期实现

2012年是实施国有粮食企业三年振兴工程的收官之年，按照省局提出的"一突出"、"两确保"、"三推进"、"四优良"的工作思路和《关于做好国有粮食企业振兴工程评价工作的通知》要求，各级粮食部门进一步加强工作指导，着力攻坚克难，解决改革发展中的关键问题，争取各项资金1.15亿元，支持骨干企业加快发展，推介了一批成功经验和典型做法，较好发挥了示范引领作用。截至2012年年底，全省国有粮食购销企业已经由2011年初的681家整合到333家，企业布局更加优化，一县一企、一企多点的新型购销网络基本形成，国有粮食企业的竞争力、服务力和实力进一步提升，企业经营稳中有进、持续向好，全省国有粮食企业统算销售收入达到221亿元，实现利润1.9亿元。

三　粮食产业化发展取得新成效

重点扶持了带动能力强的龙头企业，打造了一批新的知名品牌和高端产品。目前新建、在建和已进入前期准备的粮食产业化项目101个，总投资58.8亿元。省粮食产业集团、柏粮集团、今麦郎、佰裕东面业、金沙河面业、三河米业6家企业入选中国百佳粮食企业，省粮食产业集团荣膺"中国十佳粮油集团"。全省入统企业557家，粮油加工业实现年产值1006.7亿元，利税总额达49.6亿元，其中规模以上企业354家，年产值996.6亿元，利税48.9亿元。

四　粮油市场供应保障能力进一步增强

各类粮食企业全年共销售粮食2949万吨，比上年增加220.5万吨，军粮供应连续16年超额完成国家下达计划；围绕确保食品安全，把推广军粮特供、发展城镇大众主食和农村放心粮油工程作为重点，在军粮特供建设上，继续以"应急保障、食品安全"为两大着力点，以军民融合式为发展方向，实施了队伍、质量、基地、产品、网点、信息平台、市场"七大建设"，形成了以省正道公司为龙头、以各市军供站为区域配送中心，拥有145家网点的军粮特供应急保障网络，特供品种达到7大类120余种，全年销售额实现2.5亿元，比上年增加1亿元。在大众主食工程建设上，认真落实全国主食产业化工作会议和有关文件要求，争取省财政资金1000多万元，支持各市的主食产业化项目。石家庄市政府拨出专项资金2000多万元用于主食产业项目，"放心馒头"销售网点达到420个，邢台、廊坊、邯郸和保定的主食工程建设成效显著。在放心粮油进农村工作上，进一步延伸服务网络，改善服务方式，为农民生产生活提供便利。

五　粮食依法行政工作扎实有效

加强粮食法规制度建设，修订后的《河北省省级储备粮管理办法》以省政府文件正式印发；粮油经营企业库存量核定办法、行政处罚自由裁量权基准制度、粮食行政复议、粮食行政审批程序等更趋完善和规范，地方粮食政策法规体系初步形成；全面开展执法实践，按照国家粮食局的要求，完成了2012年粮食库存例行检查，开展了夏秋粮食收购专项检查和省级储备粮轮换、政策性粮食销售出库等专项检查。加大粮食执法力度，严肃查处涉粮违规行为，各级粮食部门共组织开展检查6068次，出动检查人员20135人次，检查收购主体20813个次，依法查办涉粮案件618起。开展了粮食流通监督检查示范单位创建活动，博野、平山、丰南三个县（区）被评为全国粮食流通监督检查示范单位。

六 粮食流通基础设施建设取得新进展

2012年由粮食部门主导的各类基础设施在建项目50个，总投资33.7亿元，前期谋划项目60个，计划投资74亿元，其中在建和前期仓储物流项目合计有87个。会同省有关部门争取国家粮食现代物流项目4个，补助资金1400万元；争取国家粮油仓储项目补助资金3500万元，支持了7个粮油仓储项目；粮食质量安全检验监测体系建设有了新进展，隶属于各级粮食部门的粮食检验机构已经达到12家；争取中央预算内投资1360万元，省级财政资金788万元，用于市级以上8家质检机构的设备更新和基础设施改造，省质检中心技术装备已经达到全国领先水平。农户储粮减损工程有序推进，在完成2011年度8.6万套小粮仓制作、分发的基础上，2012年新增5万套计划任务全部落实到位。

七 资金和政策支持力度继续加大

千方百计争取资金支持，经过积极努力，共争取各类资金近3亿元支持改革发展。其中：产粮大省奖励资金等1.4亿元，集中用于国有粮食企业振兴工程、新增省级储备费用利息补贴、质检设施设备改造、农户科学储粮项目；安排仓房维修资金2420万元，改造了89家企业仓储设施；指导基层粮食企业争取产粮大县、产油大县奖励款5000余万元。优化政策环境，促进企业改革与发展。经与省有关部门协调，将省级储备粮保管费用补贴标准由原来每吨60元、70元，提高到每吨86元；将农发行贷款资格认定从原来一年分夏秋两季认定、额度每贷必审，调整为年初一次认定资格、直接授信最高贷款额度；认真落实税收优惠政策，确认房产税、土地税、印花税免税企业200家，其中军供企业11家；将1620万元政策性新增财务挂账从企业剥离，减轻了企业负担，增强了发展活力。

八 推进发展的基础工作更加坚实

根据粮食部门实际，省局印发了关于优化两个环境的具体实施意见，继续推动冀政函〔2011〕125号文件落实，全省11个设区市中已有9个市以政府名义出台文件，为做好粮食工作提供了有力的政策保障；深入开展"企业学柏粮、县局学抚宁"活动，推进县级粮食部门建设，努力增强对粮食工作的推动力，全系统的精神状态有了新提升，工作作风有了新转变，重点工作有了新进展，凝心聚力、干事创业的良好势头继续发展，以"敬业、诚实、和谐、为民"为主要内容的当代河北粮食形象进一步显现。

九 粮食行业自身建设进一步加强

进一步深化拓展创先争优活动，在党员干部中开展了"全系统学习抚宁、我们怎么办"大讨论，举办了"学习抚宁经验，促进全省粮食事业发展"演讲竞赛等多项活动。大力推进学习型党组织建设，利用多种有效载体，加强党员干部的政治理论学习教育。进一步加强行业人才队伍建设工作，加大干部职工教育培训力度，深入开展职业技能培训和鉴定工作，全年组织领导干部、粮油保管员、质检员等人员培训4批237人次，粮食行业干部职工的能力素质进一步增强。认真贯彻落实中央纪委十八届一次全会和省纪委八届一次全会精神，始终把党风廉政建设摆上重要议事日程，大力开展党性党风党纪教育，加强对粮食系统政治纪律执行情况的监督检查，领导干部廉洁从政的自觉性进一步增强。

◆ **河北省粮食局领导班子成员**

徐受棠	党组书记、局长
赵学敏	巡视员（2012年4月1日任职）
伍　林	党组成员、省纪委驻粮食局纪检组长
卢瑞卿	党组成员、副局长
杨洲群	党组成员、副局长
佟军亭	党组成员、副局长（2012年7月31日任职）
刘志勇	副巡视员（2012年7月31日任职）

2012年3月12日，河北省粮食局局长徐受棠（左二）到益海（石家庄）粮油工业有限公司参观考察。

2012年3月20日，河北省粮食局局长徐受棠（右三）到驻村帮扶点慰问调研。

2012年4月10~11日，河北省粮食局召开国有粮食企业改革与发展第三次工作会议。

2012年9月3日，河北省委常委、省军区司令员史鲁泽（前排中）、政委李光聚（右四）在省粮食局局长徐受棠（左二）陪同下到基层军供站调研。

2012年10月15日，河北省政协副主席刘永瑞（前排中）到省粮油批发交易中心调研。

山西省粮食工作　基本情况

山西省位于黄河中游，黄土高原东部，北界长城与内蒙古自治区接壤，西隔黄河与陕西省相望，南抵黄河与河南省为邻，东依太行山与河南、河北两省毗连，具有承东启西、引南连北的区位优势。山西属于典型的温带大陆性气候，干旱少雨。全省总面积为15.66万平方公里，约占全国总面积的1.63%，居全国第19位。地形多为山地丘陵，山区面积占全省总面积的80%以上。辖11个设区市，119个县、市、区。据2012年人口抽样调查，年末全省常住人口为3610.83万。全年全省生产总值12112.8亿元，比上年增长10.1%，人均地区生产总值33628元。全年城镇居民人均可支配收入20411.7元，增长12.6%；全年农村居民人均纯收入6356.6元，增长13.5%。

2012年，山西农作物种植面积有379.6万公顷，比上年减少0.1万公顷。其中，粮食种植面积329.2万公顷，增加0.4万公顷；油料种植面积14.6万公顷，减少0.4万公顷；棉花种植面积3.7万公顷，减少1.6万公顷。在粮食种植面积中，玉米166.9万公顷，增加2.2万公顷；小麦68.9万公顷，减少2.1万公顷。2012年全省粮食总产量1274.1万吨，比上年增加81.1万吨，增产6.8%。其中，夏粮总产261.1万吨，增加7.8%；秋粮总产1013.0万吨，增产6.5%。

2012年，全省各类粮食企业收购粮食730.3万吨，比上年增长10.3%。其中，国有粮食经营企业收购167.6万吨，占总收购量的22.95%。全年销售粮食803.25万吨，比上年增长14.3%。其中，国有粮食经营企业销售213.95万吨，占总销售量的26.64%。工业用粮137.6万吨，种子用粮26.5万吨，饲料用粮77.8万吨。截至2012年末，全省共有国有粮食企业812家，在册职工28466人。其中，国有粮食购销企业294家，在册职工17661人。山西国有粮食企业总仓容803.6万吨，有效仓容500万吨。

2012年粮食工作

2012年，山西省粮食局认真贯彻落实中央和省的粮食方针政策，服务全省经济社会发展大局，全力保障粮油供应充足，价格基本稳定，实现了确保粮食安全的预期目标。全力推进粮食行业转型跨越发展，改革开放程度和发展质量效益明显进步，粮食工作迈上新台阶。特别是按照王君省长关于"十二五"粮食工作推进"四化、六转型"的重要批示，以目标责任考核为主抓手，以确保粮食安全和促进粮食行业转型跨越发展为重点目标，解放思想，扩大开放，真抓实干，开拓进取，全面推进各项工作落实，保护了农民利益，促进了全省粮食市场繁荣稳定。

一　落实粮食安全责任，细化"米袋子"负责制

按照"米袋子"省长、市长负责制的要求，山西省粮食局积极发挥职能作用，在省政府的支持下，分解落实目标责任：一是省政府连续两年向各市政府颁发"粮食安全目标责任状"，细化目标责任4大项，12小项。各市政府也对所辖县级政府实行年度粮食安全目标任务考核，形成了省、市、县政府齐抓共管、上下联动的工作机制，有力地促进了"米袋子"省长负责制的落实，为全省圆满完成保供稳价任务、夯实粮食安全基础提供了重要的制度和组织保障。二是省粮食局对各市粮食局、局属各单位和局机关各处室颁发目标责任状，进一步细化分解工作目标，落实工作责任，形成了纵向到底、横向到边的考核体系，有力地推进了"米袋子"负责制的落实。山西的做法，国家粮食局给予了充分肯定。2012年6月，国家粮食局到山西省专题调研，计划进一步总结完善，在国家层面上总结推广。

二　强化保供稳价措施，维护粮食市场稳定

2012年，山西省粮食局继续把粮食安全放在首位，认真贯彻国家和省政府保供稳价的工作部署，不断强化调控手段，确保了全省粮油市场供应充足、价格基本稳定。主要措施有三条：

（一）完善粮食应急预案

山西省粮食局完成《山西省粮食应急预案》修订，11个市和113个县制定或修订了当地粮食应急预案。2012年临县遭受"7·27"特大洪灾后，省粮食局紧急支援100吨救灾面粉，并启动市级粮食应急预案，有力地保障了灾区粮油供应。加强市场预警，47个省级粮油监测点实行价格周报制度，密切监测粮油购、销、存及价格变化。

（二）组织政策性粮食投放

2012年山西省全年向市场投放国家政策性粮食23.5万吨，食用油6000吨，促进保供稳价。春节、中秋、国庆等重大节日期间，省粮食局加强货源组织调度，确保了成品粮油市场供应不脱销、不断档。

（三）健全粮油储备体系

山西省粮食局认真落实省政府下达的地方储备粮油规模，加强粮食应急体系建设。目前，山西省地方粮食储备库存总量位居全国第10位，较上年同期前进一位。同时，完善制定了《山西省储备粮油应急动用方案》，巩固了107个粮食应急加工企业，建设粮食应急供应网点641个，建立应急成品粮储备51640吨，极大提升应急保障能力。

三　加快转变发展方式，提升粮食行业发展水平

山西省粮食局采取搭建招商引资合作平台、加强经营管理指导、落实储备粮油费用补贴标准、核销不良贷款等措施，指导企业深化改革开放，提高经济效益。

一是截至2012年底，全省国有粮食企业盈利1761万元，与2011年同比减亏增盈2783万元，增幅272%。其中，国有粮食购销企业盈利2078万元，利润增加873万元，同比增幅72%。全省国有粮食企业统算一举扭亏为盈，实现了粮食市场放开8年来首次统算盈利的历史性突破。

二是2011年签订的招商引资合作项目落地建设12个，完成目标任务的120%。项目总投资5.7亿元，其中引资4.5亿元。

三是在山西晋城市成功举办"2012山西粮食（小杂粮）交易合作洽谈会"，签订招商引资合作项目40个，总投资25.9亿元，引资17.2亿元，超过预期目标。同时，山西省粮食局与国际自愿连锁超市组织SPAR（中国）、国际独立零售商联盟IGA（中国）签订了小杂粮产业发展合作框架协议，力促山西小杂粮走向全国、走向世界。这样宽领域、大力度地招商引资合作是山西粮食部门历史性突破。山西省委袁纯清书记对此给予充分肯定，并作出重要批示："此活动富有山西特色，成效明显，可扩大规模，建立机制，尤其是加快推进交易中心建设具有现实的必要性。"

四　搞好搞活粮食流通，保证粮食供需平衡

面对近年来国际粮油市场复杂多变的形势，针对山西省粮食供需"总量不足、结构失衡"的现状，山西省粮食局充分利用省内、省外两个市场，精心做好粮油供需平衡工作。

一是扎实做好粮食收购工作，促进粮农利益得到切实保障。2012年，山西省粮食局认真贯彻执行粮食购销市场化、经营主体多元化的国家粮改方针，对粮食生产和市场形势深入调研，精心安排部署粮食收购工作。至2012年末，全省具有粮食收购资格的各类粮食市场主体达到2033家，其中，国有733家，其他占到63.9%以上。粮食购销市场呈现多渠道有序竞争的活跃局面。夏粮收购期间，省粮食局主要领导带队到收购一线现场办公，协调收购资金，解决农民集中排队售粮问题，畅通多渠道收购。2012年全省共收购粮食730.3万吨，比上年增加67.9万吨，粮食收购量位列全国第12位，较上年前进1位，再创历史新高。由于收购数量增加，加之近两年粮价合理上升，有力地促进了农民增产增收，支持了粮食生产发展。

二是大力开展省际间产销合作，依托国内市场搞好供需平衡。全年通过产销衔接从省外调入粮食241.95万吨，比上年增长6.84%。其中调入小麦174.3万吨，大米50.5万吨，其他17.15万吨。

五　加强仓储设施建设，夯实粮食安全基础

全省建成360个省级示范站（库），56个仓储企业达到现代化库建设标准。山西省示范站（库）建设经验在全国作了交流。在省财政的支持下，全省粮食系统完成了31个准低温成品粮库的提升改造，提升改造仓容12万吨，完成投资4955万元，省粮食局会同省财政厅完成对6个市的抽验工作。

2012年，省级投资3700万元，用于仓储设施提升改造和维修改造，其中：安排投资2000万元，用于省市两级储备粮库粮情监测系统建设和氮气储粮试点项目，达到国内先进技术水平；安排投资1700万元，用于骨干粮库仓库维修改造和功能提升。高起点引进新技术项目，是对传统仓储方式的深刻变革，是历史性突破。

六　开展粮食惠民建设，做好服务三农工作

一是推进农户科学储粮工程。全省有694万农户，农户粮食在储存环节损失平均为5%。为了改善农户储粮条件，山西省"十二五"时期，计划为全省58个小麦和玉米主产县（市、区）的40万农户配置标准化储粮装具，帮助农民减损增收。2012年，投资3440万元，完成农户科学储粮8万户计划，两年累计投资4300万元，为10.5万户农户配置标准化储粮装具，可存粮10万吨以上，每年可减少粮食产后损失3000万吨，相当于每年增加1.5万亩"无形粮田"，助农增收600余万元，减损增收效果明显。

二是与1500多位农户签订粮食订单收购协议16.38万亩，带动农民增收500多万元。

三是贯彻综改试验区先行先试方针，深入调研粮食直补改革，向省政府上报《山西省粮食直补与省级储备小麦订单收购挂钩试行方案》，调动种粮农民积极性。

四是全省粮食系统积极开展下乡住村活动。省粮食局包扶的永和县新上项目4个，总投资7966万元，尤其是引进美特好公司投资7800万元建设农产品加工项目，可带动全县农民脱贫致富。

七　依法监管粮食市场，维护粮食质量安全

一是监督机构组建方面，山西全省市级粮食市场监管内设机构全部组建，粮食流通管理稽查队基本实现编制、机构、人员和经费四落实。全省县级粮食局中市场内设机构全部组建，成立粮食流通管理稽查队115个，其中经编制部门批准成立的有99个，占总数的86%。全省粮食执法人员达到1373人。

二是市场检查方面，2012年，山西省粮食局开展夏秋两季收购市场专项监督检查，出动检查人员5020人次，检查收购主体3329个，暂停和取消收购资格82家，查处案件264起，维护了粮食收购秩序，保护了农民利益。完成了粮食库存检查工作，检查各类粮食企业550家，账实基本相符。在保障粮食数量安全的同时，更加突出保障粮食质量安全。完成了新收获小麦、玉米卫生调查和品质测报工作，在26个主产县抽取小麦样品100份，在55个主产县抽取玉米样品300份进行检测。对国有粮食购销企业存储的粮油质量进行了抽查，对新入库21万吨省级储备粮油质量进行检查验收，省、市两级储备库科学保粮率平均达到99.2%。

三是粮食质检体系建设方面，投资960万元，为省级粮食质监中心和4个市级质检站配备检化验设备。山西省的监督检查工作、粮食质量监管工作被国家粮食局评为先进单位。

八　开展优质服务，做好军粮供应工作

2012年，山西省粮食局制定《山西省军粮应急保障预案》，保证了在非战争状态下，部队演习拉练、抢险救灾、处突维稳等粮食需求突变情况下的军粮供应需求，对军供粮源的筹措、储存、加工、运输、供应等方面采取了对应保障工作。

全省各级粮食部门和军供单位继续致力于军粮供应规范化建设，公开招标统一筹措粮源，保质保量及时供应，重大节日安排品种调剂。2012年，基层军粮供应站更新14辆军粮送货车，军粮送货上门率达到96.24%，比上年提高0.75个百分点。部队伙食单位对军粮供应工作满意度达到100%，受到驻晋部队高度评价。

九　加强党建廉政工作，队伍素质不断提升

　　2012年，山西省粮食局重视党建工作、学习型机关建设、文明和谐单位建设和党风廉政建设，不断提高领导班子和干部队伍的政治理论水平、政策业务能力。开展"粮食转型跨越发展主题调研"活动，形成了解放思想、开拓创新的良好氛围。新出台国有粮食企业监管办法和法人代表廉洁从业规定，为山西省直储备库配备纪检专员，得到省纪委领导的好评。省粮食局党建工作做法被选编为全省党建工作"走在前头"经验交流材料，并在全国粮食系统党建研究交流会上作交流发言。开展文明和谐单位建设，2012年山西省粮食局被省直精神文明建设委员会评为标兵单位。

◆　**山西省粮食局领导班子成员**

杨随亭	党组书记、局长
马　珩	党组成员、副局长
吕苛青（女）	党组成员、副局长
梁　政	党组成员、总经济师
薛愿兵	党组成员、副局长（2012年4月任职）
李春泽	党组成员、纪检组长（2012年4月任职）
牛银虎	巡视员（2012年3月任职）

2012年9月，全国秋粮收购工作会议在太原召开。会议期间，国家粮食局局长任正晓考察清徐县美特好农产品加工配送有限公司。

2012年1月18日，山西省人民政府副省长牛仁亮（右二）在省粮食局局长杨随亭（左二）等领导的陪同下，到太原市节日粮油市场调研。

2012年8月9～10日，2012山西粮食（小杂粮）交易合作洽谈会在山西省晋城市举行。

山西省粮食局局长杨随亭，副局长马珩、吕苛青，巡视员牛银虎等领导出席扶贫点红枣烤房、人畜饮水工程项目启动仪式。

2012年6月29日，山西省粮食局机关党员在百团大战纪念碑前重温入党誓词。

内蒙古自治区粮食工作

基本情况

内蒙古自治区总面积118.3万平方公里，约占全国总面积的12%，居全国第三位。内蒙古自治区是全国成立的第一个少数民族自治区。全区共划分12个盟（市）、两个计划单列市、79个旗（县、市）、24个市辖区（含经济开发区）。2012年，全区常住人口2489.9万，比上年增加8.1万人，其中，城镇人口1437.6万，乡村人口1052.2万。城镇化率57.7%，比上年提高1.1个百分点。

2012年全区实现生产总值15988.3亿元，按可比价格计算，比上年增长11.7%。其中，第一产业增加值1447.4亿元，增长5.8%；第二产业增加值9032.5亿元，增长14%；第三产业增加值5508.4亿元，增长9.4%。全年完成地方财政总收入2497.3亿元，增长10.4%；其中公共财政预算收入1552.8亿元，比上年增长14.5%。全年公共财政预算支出3426亿元，比上年增长14.6%。全年粮食作物播种面积558.9万公顷，比上年增长0.5%。粮食总产量创历史新高，达2528.5万吨，比上年增长5.9%；油料产量145.1万吨，比上年增长8.4%。

2012年粮食工作

2012年，内蒙古自治区粮食流通工作认真贯彻落实中央经济工作的主题、主线和总基调，及时抓住落实自治区党委2012年1号文件中关于粮食工作五项要求的有利时机，按照国家粮食局对粮食流通工作的各项决策部署，认真执行国家粮食流通政策，在努力抓好粮食收购，切实改善粮食宏观调控，进一步夯实粮食基础设施，依法加强粮食市场监管，继续深化粮食市场化改革，全力推动粮食市场体系建设与发展，做好军粮供应等方面，依据自治区粮食行业"十二五"发展规划年度目标，稳步推进。保持了粮油市场和价格的基本稳定，为自治区粮食安全、经济社会发展、推进富民强区，提供了有力保障。

一　粮食生产实现"九连增"

2012年，内蒙古自治区部分地区遭遇了洪涝、早霜冻、初冬过早降雪等自然灾害，局部地区的粮食生产受到了一定影响，甚至出现了雪中抢收的局面，但总体还是属于风调雨顺的年景，全区粮食产量达到了2528.5万吨的历史新高，比上年增长5.9%，实现了"九连增"。其中，小麦188.4万吨，比上年增长10.2%；玉米1748.4万吨，比上年增长9.3%；稻谷73.3万吨，比上年减少5.9%；大豆122万吨，比上年减少11.1%；油料产量145.1万吨，比上年增长8.4%。

二　粮食购销平稳有序

2012年，内蒙古自治区粮食商品量达到了1750万吨以上。全区各类粮食企业收购粮食1283万吨，其中，地方国有企业收购99.5万吨。面对收购任务重。收储压力大的新情况，各地粮食部门认真贯彻落实全区秋粮收购工作会议精神，准确把握收购形势，充分做好收购准备，严格落实收购政策，加强收购的组织领导；粮食收储企业和用粮企业，从讲政治、讲政策、讲大局的高度出发，把保护种粮农民利益放到首位，立足早收粮、多收粮、收好粮，切实履行了粮食收购的"五要五不准"守则；中央企业严格执行最低收购价和临时收储政策，及时启动政策性收购，并从实际出发，合理增设、延伸收购网点，方便农民售粮，做到了想农民之所想，急农民之所急，把中央强农惠农富农政策落到了实处；地方国有及国有控股企业，采取融资贷款等多种办法，多渠道筹措收购资金，主动延长收购时间，为农民开展代储代销业务，深入农户上门收购，委托经纪人代收等各种有效方式，随行就市积极开展自营收购，帮助农民实现增产增收，发挥国有及国有控股企业主渠道作用，努力掌握更多粮源，为进一步搞活粮食流通，增强企业经营奠定了基础。全年粮食收购做到了高度重视，及时部署，应收尽收，执行政策到位，没有发生拒收、限收和拖欠售粮款和"打白条"现象，农民比较满意，市场平稳有序。

2012年，全区消费粮食1967.2万吨，其中：小麦303.8万吨，稻谷193.9万吨，玉米1099.1万吨，大豆125.6万吨，其他244.8万吨。出口6.7万吨，主要是玉米出口，无进口。全年粮食市场平稳，价格基本稳定。

三　宏观调控不断改善

地方粮油储备进一步充实，品种结构和布局更趋合理，管理制度和措施不断健全，宏观调控能力有所加强。截至2012年底，全区地方粮食储备规模总量超额完成了国家下达的指导性计划，其中，自治区本级新增储备粮15万吨，储备油4000吨，储存在12个盟市和1个计划单列市的44个库点，使品种结构和布局更趋优化，形成了自治区、盟市、旗县三级地方粮油储备体系。呼市、包头市、兴安盟、通辽市、赤峰市、锡盟、鄂尔多斯市和阿盟8个盟市建立了小包装成品粮油储备。全区成品粮储备达到了8万吨，成品粮油储备初具规模，为强化宏观调控、应对突发事件和市场波动状况下的粮油供应，提供了更快捷、更实用、更有效的保障。自治区级储备粮管理办法得到了进一步落实，各盟市相应的管理制度逐步健全。地方储备粮轮换及时，日常管理规范化、科学化稳步推进，切实做到了数量实、质量好、储得住、调得出、用得上。各级粮食应急预案进一步健全，部分盟市通过演练，对预案进行了修改补充完善，使其更符合实际，更具有针对性、时效性和可操作性。调整确认了粮食应急加工企业138家，应急供应企业342家。全区粮食信息监测预警系统建设工作开始起步，各项工作稳步推进，对各盟市监测预警的体制建设，机制建立，经费保障等提出了指导性意见。

四　基础设施夯实创新

粮食基础设施建设按照"十二五"规划稳步推进，取得突破性成绩，由过去只注重新建向新建、改建、扩建和维修改造并重转变，更加注重为民、务实、创新。2012年，全区落实基础设施建设资金3.4亿元，其中，中央预算内资金近9000万元，自治区配套5000多万元，盟市配套3000多万元，企业和农民自筹近1.7亿元；落实中央预算内补助投资建设项目6个，总投资近1.7亿元；兴安盟农户科学储粮5万户，总投资1.6亿元；中央财政补助地方仓库维修改造资金近2000万元；粮食质量安全检验检测项目建设资金近2000万元。

兴安盟农户科学储粮"小粮仓"建设项目，是继鄂尔多斯市农户科学储粮项目后的又一项民生工程，自治区粮食局和兴安盟高度重视，认真组织实施，截至2013年6月底，圆满完成了建设任务。经测算，该项目的建成投入使用，为兴安盟农民创建仓容25万吨，每年可减少粮食产后损失1.5万吨，为农民减损增收3000多万元，深受农民的好评。有些农户要求增加"小粮仓"数量、扩大"小粮仓"容量，在2013年该项目建设中，自治区粮食局派出考察组赴吉林省等地进行了考察，将扩大"小粮仓"容量。

总投资2432万元、建设规模1.5万吨、建筑面积1万多平方米的呼和浩特市成品粮应急低温储备库，仅用了半年时间就建成，不仅增强了该市成品粮应急保障能力，而且结束了内蒙古自治区没有低温成品粮储备库的历史，还创造了规模最大、设施最先进的全国低温成品粮储备库的纪录，为其他盟市下一步低温成品库建设积累了宝贵经验，得到了自治区政府和国家粮食局的充分肯定，引起新闻媒体的广泛关注，自治区和全国性的相关新闻媒体先后进行了宣传报道。

五　依法管粮明显加强

对粮食流通依法进行监督检查，是《粮食流通管理条例》赋予粮食部门的一项重要职责，各级粮食行政管理部门特别是旗县粮食部门，在检查机构不健全，检查人员少，检查经费不足，检查装备短缺的条件下，克服困难，积极主动开展工作，采取专职执法、兼职执法、委托执法、综合执法等多种方式，完成了粮食库存检查、政策性粮食销售出库检查、秋粮收购专项检查等各项重点检查，保证了粮食收购等各项政策的贯彻执行，维护了粮食流通秩序，为推进粮食购销市场化改革提供了有力保障。

经过几年的努力，内蒙古自治区粮食流通监督检查工作制度不断建立健全，监督检查行为进一步规范，继扎兰屯市、阿鲁科尔沁旗粮食局被国家粮食局确定为全国粮食流通监督检查示范单位后，2012年，科左中旗、托县、杭锦后旗粮食局也被确定为全国粮食流通监督检查示范单位。示范单位确实发挥了示范作用，引领全区粮食行政执法工作上了一个新台阶。

六　深化改革稳步推进

2012年，是内蒙古自治区实施粮食购销"三放开一取消"改革政策，以及加快国有粮食购销企业以产权制度和组织形式创新为改革重点的第10个年头。经过10年的不断改革，粮食市场发生了根本性改变，农民种粮积极性和售粮自主权得到了空前提升，粮食流通更加合理顺畅，更加活跃繁荣，更符合市场流通规律，市场对粮食生产发展的促进作用更明显、更直观、更有效。国有粮食购销企业在基本解决了"三老"问题的基础上，积极进行了产权制度改革和组织形式的创新，市场主体的组织形式出现多元化，经营方式呈现多样化，已经形成了国有独资、国有控股、外资、合资、民营等多种形式的市场主体。企业管理形式和经营方式不断创新，形成了一地一企，一企一策的经营管理格局，一批集生产、收购、仓储、加工、销售为一体的龙头企业初具规模，市场科学配置粮食资源发挥更大作用，呈现出科学发展、可持续发展的良好态势。总体看，改革收到了预期效果。

七　市场体系健康发展

按照自治区粮食行业"十二五"市场体系建设规划，本着区域化、专业化、规模化、现代化的要求，依托资源优势、地理优势、市场优势，抢抓粮食收储企业退城进郊和国家政策扶持的历史机遇，坚持市场形成为主，政府积极引导为辅的原则，形成了通辽国家玉米交易中心、呼伦贝尔大豆交易市场、赤峰杂粮杂豆交易市场，以及呼市、包头、乌兰察布、乌海等一批功能齐全，管理科学的现代粮油物流产业园区，极大方便了交易，规范了交易行为，创新了交易方式，促进了当地乃至全区经济的发展。

八　军粮供应规范严密

按照军粮供应数量标准和质量要求，坚持"以兵为本"的服务理念，始终把军粮供应工作作为一项政治任务，高度重视，精心组织，严密管理，努力克服内蒙古自治区军粮供应点多、线长、点小、量少的实际困难，保质保量及时完成了供应任务，做到了军队满意、政府放心。巴彦淖尔市依托当地资源，创建了面粉、食用油军粮专供品牌，保证了军粮供应质量的稳定性，体现了党和政府对军警指战员的关怀。全区军粮供应管理体制参公化、事业化探索性改革稳步推进。"放心粮油"进军营活动全面实施。

九　党群、行业队伍、廉政建设工作

加强基层党组织建设，开展基层党组织建设年、党员干部下基层、创先争优、创建学习型党组织和"五个好"党组织活动，落实"一岗双责"制度，坚持基层党组织"三会一课"。

强化行业队伍建设。9位局领导均参加了十八大学习培训；44名局机关干部参加自主选学培训，自主选学率达到95.7%；2名局级领导和2名处级干部参加国家和自治区党校、行政学院任职培训；全区179人参加了粮油保管和粮油质检职业技能鉴定培训。

党风廉政建设工作明显加强，落实党风廉政建设责任制，制定年度党风廉政建设和反腐败工作实施意见及责任分解意见，加强廉政意识教育和廉政诫勉谈话，强化监督检查和案件查办工作，坚持纪检干部列席党组会，坚持纪检工作与粮食业务工作同部署、同落实、同检查，全年查办举报案件3件，全部办结。

◆　**内蒙古自治区粮食局领导班子成员**

冯有恩	党组书记、局长
康昱幸（蒙古族）	党组成员、副局长
张忠何	党组成员、副局长
王斯琴（女，蒙古族）	党组成员、副局长
刘永旺	党组成员、副局长
张天喜	党组成员、总经济师
巴　图（蒙古族）	党组成员、纪检组长
赵长青	党组成员、副局长

2012年8月15～18日，内蒙古自治区人民政府副主席王玉明（前排右二）陪同中储粮总公司总经理赵双连（前排左二），在呼伦贝尔市、兴安盟、通辽市调研粮食仓储工作。

2012年5月16～18日，内蒙古自治区粮食局局长冯有恩（前排左二）在鄂尔多斯市、乌海市调研粮食流通工作。

图为呼和浩特市成品粮应急储备库。

辽宁省粮食工作　基本情况

　　辽宁是东北地区唯一的既沿海又沿边的省份，也是东北及内蒙古自治区东部地区对外开放的门户。辽宁属温带大陆性季风气候，年平均气温5～11摄氏度，年降水量450～1100毫米，无霜期125～215天，年日照数2100～3000小时，四季分明，适合多种作物生长。全省常用耕地408.5万公顷，地形概貌大致是"六山一水三分田"，地势北高南低，山地丘陵分列东西。有44个县（市）、33个涉农区、903个乡镇、11707个村。2011年末，乡村人口2322.9万。玉米常年种植面积200万公顷以上，单产水平居全国前列，产量达1000万吨以上；水稻素以品质优良著称，常年栽培面积近66.7万公顷。

　　2012年，辽宁粮食作物播种面积312.3万公顷，粮食产量连续九年增产，达2070万吨，创历史最高水平；设施农业面积超过73.3万公顷，居全国第2位，其中日光温室规模位居全国第一；建设国家级现代农业示范区8个，位列全国首位；建设省级现代农业示范区10个，建设省级"一县一业"示范县16个。全年城镇居民人均可支配收入23223元，比上年增长13.5%，扣除价格因素，实际增长10.3%。全年农村居民人均纯收入9384元，比上年增长13.1%，扣除价格因素，实际增长10.3%。

2012年粮食工作

　　2012年，在辽宁省委、省政府的坚强领导下，在国家粮食局精心指导和大力支持下，辽宁省粮食系统广大干部职工认真贯彻落实年初全国粮食局长会议精神，开拓进取，不辱使命，克服困难，真抓实干，实现了全省粮食工作又好又快发展的工作目标。中央储备粮委托在地检查试点工作圆满完成，粮油质量检测体系建设取得新跨越，农户科学储粮工程建设超额完成计划，放心粮油军粮直供示范工程初见成效，省财政投资1亿元支持国有粮食企业实施产业化工程，全省实现系统全口径扭亏为盈。

一　粮食产量再创新高

　　全省粮食产量达2070.5万吨，比上年增加35万吨，再创历史新高。落实国家级万亩高产创建示范片570个，落实资金9120万元，分别比上年增加223个、2180万元；累计落实良种补贴资金5.61亿元，大田作物良种推广面积351.6万公顷，良种覆盖率达96.8%；实施测土配方施肥面积400.5万公顷，技术覆盖10922个村，涉及农户544.8万户；农作物重大病虫鼠害防控面积近1333.3万公顷，平均防治率95%以上，挽回粮食损失150万吨以上。

二　粮食保供稳价取得新成效

一是及时研判市场粮情，指导粮食购销。全年收购粮食2145万吨，销售粮食2755万吨，搞活了粮食购销市场，促进了农民增收。二是全省地方粮油储备任务全面落实，实现了辽宁省地方粮油储备的历史性突破。参照国家标准及时调整了省级储备粮费用补贴，由原来的80元/吨提升到100元/吨。三是粮食应急保障体系进一步完善。全省落实成品粮应急储备7万吨，比上年增长13%；汛期鞍山、营口、辽阳等市启动应急保障预案，投放应急成品粮1000多吨。四是军供工作进一步加强。实行目标管理，精心打造军粮供应优质服务平台，进一步细化了全省军粮供应目标管理绩效考核方案，积极推动军粮供应管理规范化、制度化、常态化。建立和完善了各项制度。全省新建制度3项，修订制度19项，做到了按章办事，责任到人。军粮供应质量合格率100%，服务满意率100%，受到国家粮食局、总后勤部、武警总部后勤部联合检查组的高度赞扬，并得到驻辽部队和当地党委、政府的充分肯定，全年共收到驻辽部队锦旗、表扬信225面（封），有12个军供站被当地党委、政府授予先进单位称号。

三　粮食重点工作取得新突破

一是圆满完成农户科学储粮专项建设任务，全省首次实现市级全覆盖和地方配套资金省级全承担。全年共完成专项投资3亿元，其中国家补助9000万元，省级配套9000万元，农户自筹12000万元。实际完成储粮仓10.4万个，超计划4030个。当年减少粮食损失5万吨以上，增加农户收入2亿元。

二是放心粮油军粮直供示范工程初见成效。9月20日全省放心粮油军粮直供示范工程在锦州正式启动。目前已有7家军粮直供店相继投入运营，其中辽粮集团昌图店、大连市庄河店建设工期短、投资少，效益好，为全省树立了榜样。

三是粮食产业化发展取得新突破。2012年省财政厅安排产业化专项扶持资金1亿元，集中支持沈阳、鞍山、抚顺等一批粮食产业园区、粮油批发市场和国有粮食产业化龙头企业的发展，这在辽宁省粮食发展史上还是第一次。全省粮油加工业全年实现销售收入760亿元，利税总额达18亿元。

四是委托在地检查试点工作取得圆满成功。2012年，辽宁省被国家粮食局确定为全国中央储备粮委托在地检查试点省。按照国家的总体要求和部署，精心谋划，一丝不苟，做细做精每个环节和步骤，全省共组织867人（省级组织71人），组成113个督导组和检查组（省级检查组9个），共检查各类企业491户，检查粮食货位7362个，圆满完成了在地检查试点任务，并顺利通过了国家组织的督导、联合抽查和巡查，得到国家粮食局的充分肯定和高度评价。

四　粮食流通监管再上新水平

一是全省粮食流通监督检查工作整体水平全面提升。开原市等三个市县被评为国家示范单位。在2012年全国粮食流通监督检查工作评比中，辽宁省名列全国第二位，被授予先进单位称号。

二是全省粮油质检工作取得新成绩。原粮卫生监控工作取得新突破。组织对各类粮食企业新入库粮质量普查，共出动技术人员529人次，检查企业134家，扦取粮油样品437份，代表数量79.62万吨；在高温、高湿季节，组织专业技术人员630人次，对165家企业库存粮食的质量指标、储存指标、熏蒸药剂残留等进行了检查，共扦取样品540份，代表数量68.1万吨；配合工商部门，对市场成品粮油进行监测，共抽检1463批次，代表数量22万吨；做好放心粮油质量监管工作。对各地挂牌的放心粮油店实施质量抽查，共扦取样品370份。同时，对厂矿、学校、机关食堂等用粮监管，共抽查样品510份。

三是粮油检验监测能力全面提升。在相关市、县政府的配合下，既严格又稳妥地处置了数起重金属超标案例；2012年国家下达辽宁省国家级质检站专项投资规模达9040万元，其中国家补助、地方配套各4520万元，是历史上专项投资最多的一年，全省粮油质检工作步入良性发展轨道。累计建设三级粮油质检机构达到67个，其中国家级粮油质检站（中心）20个，省级质检站35个；共有60个质检机构通过省技术监督局的资质认定（粮食局合署办公除外），提前实现了国家粮食局提出的"机构成网络、监测全覆盖、监管无盲区"的"十二五"发展规划工作目标。全省质量与品质、储存品质、安全卫生等参数的检测能力监测中心达到90%以上，监测站达到70%以上。

四是库存粮食质量安全检查工作成效显著。组织开展全省库存粮食质量和卫生安全市级普查和省级复查工作，共组织586人次，普查库点147个，扦取样品821份，代表数量21万吨。按国家规定，对吉林省的样品进行了检测，并及时上报检测结果。同时，严把地方储备粮入库质量关，共扦取各级储备粮样品3053份，代表数量233.2万吨，其中省本级扦取样品111份，代表数量21.37万吨。

五是市场收购行为进一步规范。认真清理整顿、审核粮食收购资格，全省核发粮食收购许可证3346个，比上年减少6.9%，收购市场进一步净化。

五　国企改革和发展取得新进展

一是国有企业扭亏工作效果明显，实现全省国有粮食企业统算盈利2000万元，一举摘掉辽宁省多年以来的亏损"帽子"；二是妥善解决国有粮食企业遗留财务挂账问题，通过关闭、破产以及司法诉讼等方式，年前全省已认定14.46亿元，并上报国家农发总行待批准核销；三是顺利完成辽宁清原粮食储备库整体迁建工作，当年开工建设，当年完工交付使用。建成了一个集收购、烘干、仓储、贸易于一体的高标准现代化花园式的新库区。

六　党风廉政建设全面加强

全省粮食系统各级行政主管部门领导班子认真学习中纪委和省纪委全会精神，坚持"两手抓，两手硬"，按照"一把手"负总责、班子成员"一岗双责"的要求，全面落实党风廉政建设责任制。结合粮食系统实际，加强对军粮供应、救灾等政策性用粮购销活动的监督检查；加强对粮食收购、落实粮食最低收购价、临时收储和解决"出库难"、"转圈粮"等涉粮政策执行情况的监督检查；加强对粮食基础设施、仪器设备专项、农户科学储粮项目等方面的监督检查。通过有效的监督检查、专项治理和严肃查处，确保了将中央和省委、省政府有关涉粮政策落到实处。

◆ 辽宁省农村经济委员会（省粮食局）领导班子成员

刘长江	党组书记、主任、省农办主任、粮食局局长（兼）
杨　军	党组副书记、副主任、省农办专职副主任（正厅级）
高　伟	党组成员、副主任
王长宏	党组成员、副主任
陈　健	党组成员、副主任
于　衡	党组成员、副主任
王　洪	党组成员、纪检组长
柴久凤	党组成员、扶贫办主任
李　军	党组成员、省农办副主任
钱程广	巡视员

辽宁省农村经济委员会主任刘长江（左一）冒雨调研农户科学储粮新粮仓。

辽宁省农村经济委员会副主任高伟（左四）参加中共辽宁省粮食集团第二次代表大会。

辽宁昌图粮食储备库的储油罐。

锦阳国家粮食储备库现代化立筒仓和高大平房仓。

吉林省粮食工作   基本情况

　　吉林省全省耕地面积553.5万公顷，其中粮食作物面积433.3万公顷。截至2012年末，全省常住人口为2750.4万，其中，城镇人口1476.96万。2012年，全省实现地区生产总值11937.82亿元，增长12.0%。全省城镇居民人均可支配收入达到20208.4元，同比增长13.6%；农村居民人均纯收入达到8598元，增长14.5%。

　　吉林省是国家重要的商品粮基地。主要粮食作物有玉米、水稻和大豆三大品种，常年玉米播种面积在389.5万公顷，稻谷面积81.2万公顷，大豆面积21.5万公顷。玉米大多是角质率在80%的黄玉米，水稻全部是角质率在90%的粳稻，大豆多是高油、高蛋白的品种。

　　2012年末，全省粮食仓库有效仓容1750万吨，粮食总产量3343万吨，其中水稻532万吨、玉米2579万吨、大豆及杂粮232万吨。粮食收购2950万吨，销售量（含加工）3220万吨。全年粮食消费总量2135万吨，其中，口粮消费540万吨（城镇口粮245万吨，农村口粮295万吨），饲料用粮550万吨，加工用粮1020万吨，种子用粮25万吨。消费分品种，小麦120万吨，稻谷345万吨，玉米1390万吨，大豆205万吨，其他75万吨。

2012年粮食工作

一　粮食购销实现历史性突破

　　近年来，粮食市场复杂多变，收购形势异常复杂，特别是2011年新粮上市初期，玉米收购价格高开低走，水稻价格徘徊滞涨，出现了农民不想卖、企业不敢收的僵持局面。对此，吉林省认真落实中央储备补库稻谷和国家临储玉米收购政策，及时实施省级临储稻谷收购措施，市场收购形势逐渐向好，收购进度加快，价格稳步走高。2012年度，全省收购粮食2950万吨，比上年增加318万吨，玉米收购价格由每市斤1.02元，上涨到1.15～1.18元；水稻收购价格由1.42元，上涨到1.52～1.54元，收购价格比上年平均提高0.10元。由于价格上涨作用的拉动，全省农民种粮收入比上一年增加60亿元以上，极大地调动了种粮积极性。全年销售粮食（含加工）3220万吨，比上年增加150万吨。其中销往省外1425万吨，再加上外销玉米深加工产品和成品粮折合原粮900万吨，累计为国家提供粮源2325万吨，为维护国家粮食总量平衡、保障国家粮食安全作出重要贡献。

二　产业化经营快速发展

吉林省着力实施"三化"战略，大力发展粮食加工业，不断提升粮食经济的质量和效益。玉米深加工快速发展，龙头企业规模不断壮大，产业链条不断延长，产品附加值不断提高，科技创新能力日益增强，玉米精深加工占产量的50%以上，长春大成、梅河口阜康、四平新天龙等企业已经成为同行业的排头兵。稻谷加工持续发展，精制米、高档米比重不断增加，基地标准化生产水平不断提高，稻谷90%以上以大米形式出省。辽源德春米业、白城裕丰米业、丰盛米业3户企业跨入全国大米加工企业50强行列。杂粮杂豆基本实现了精选加工出售。全年加工转化粮食1750万吨，实现销售收入1570亿元，有效地促进了农民增收，拉动了地方经济发展。

三　行业管理水平不断提升

安全储粮新技术得到广泛应用，企业管理规范化、精细化水平稳步提高。"打非治违"专项行动成效显著，安全生产形势持续稳定好转，省粮食局被省政府命名为安全生产优秀单位。国有粮食购销企业经营效益稳步增长，全年实现利润1.57亿元，位列全国第3位。

四　宏观调控能力持续改善

加强粮食安全保障体系建设，在全省建立133个粮食价格监测直报点，完善应急预案。省级储备总体规模稳定，品种结构优化，布局趋于合理，应急情况下能调得动，用得上。地方粮油储备制度逐步完善，长春、吉林、延边等城市成品粮动态储备运转良好。食盐储备建立到位，民用食盐供应有序。碘盐合格率、碘盐覆盖率、合格碘盐食用率三项指标位列全国第一。军粮应急保障能力进一步加强，日常供应有效保障。重点批发市场建设有序铺开，大中城市成品粮批发市场建设规划得到完善，推进力度加大，吉林市粮油批发市场升级改造一期工程结束，二期项目开工；抚松县松江河粮食批发市场建设进度过半，年底试运行；梅河口、白山市、辽源市批发市场已完成项目论证，正着手实施，批发市场体系框架初具规模。

五　粮食流通保障能力显著增强

为了适应增产百亿斤商品粮能力建设需要，积极争取国家项目和资金支持，鼓励和引导多元主体多渠道融资，加快推进粮食流通基础设施建设，全年总投资11.2亿元，新建仓容210万吨，维修仓容140万吨，新增外运能力50万吨，新增烘干能力200万吨。粮油质检设施不断改善，监测能力、检验水平明显提高。新建农户科学储粮仓10.3万套，全省累计达26.6万套，粮食减损22万吨，农民增收10亿元以上。

六　依法监督力度进一步加大

全省始终坚持把加强监督检查作为维护粮食流通秩序、保护农民利益的重要手段，市场监督、库存检查、政策性粮食出库监管等重点业务扎实开展。行政处罚自由裁量权制度初步完善，依法管粮迈出新步伐。全年出动执法人员3497人次，检查收购企业1940个次，查处涉粮违法案件1200起，有力地维护了粮食市场秩序，保护了农民利益。深入开展库存检查，摸清了底数，检查中的 1219 户涉粮企业粮食库存数量真实，质量良好，储存安全，为国家实施宏观调控奠定了基础。

七　机关党的建设工作不断深入

以贯彻落实党的十八大和省十次党代会精神为主线，着力强化机关建设。一是推进学习型党组织建设，党组理论中心组学习常抓不懈。加强组织领导，年初制定学习计划，抓好学习落实，并向党员干部推荐好书，购买书籍，订阅报刊，创造良好的学习氛围。二是以建党91周年为契机，开展了"四个一"活动。表彰了一批先进基层党组织、优秀共产党员和优秀党务工作者，组织全体党员干部上了一堂党课。三是积极开展各类精神文明创建活动。组织干部职工开展健身活动，"三八"妇女节联谊活动，"五四"青年节团队户外拓展训练活动，"八一"建军节复转军人召开座谈会，庆"十一"举办了局直机关第二届"健康杯"职工羽毛球比赛等丰富多彩的活动，营造了机关和谐发展的良好氛围。同时认真做好帮扶困难职工，发放慰问金11500元；为3名困难职工争取金秋助学补贴；开展"双日捐"活动，干部职工共捐款64280元，省储备粮公司单位捐款5000元。成立了省粮食局青年志愿者服务队，共有会员42人。同时，大力加强党风廉政建设，建设为民、务实、清廉机关。吉林省粮食局被省精神文明建设工作指导委员会评为全省精神文明先进单位。

◆ **吉林省粮食局领导班子成员**

韩福春	党组书记、局长（2012年9月任职）
李毅勇	党组成员、副局长
冯春梅（女）	党组成员、纪检组长、监察专员
张宏明	党组成员、副局长
张卿槐	党组成员、副局长（2012年1月任职）
沈启地	副巡视员
杨　光	副巡视员

2012年11月22日，吉林省人民政府召开全省粮食收购工作会议，全面部署粮食收购工作。

2012年吉林省四平市博来德工贸集团有限公司粮食收购现场。

2012年农安县开安镇农户张明家庭院储粮装仓。

2012年双辽市中心库玉米装载现场。

黑龙江省粮食工作　　基本情况

　　黑龙江省位于中国的东北边陲，地域辽阔，全省土地总面积47.3万平方公里，居全国第六位；总耕地面积和可开发的土地后备资源均占全国1/10以上。土壤有机质含量高，是世界著名的三大黑土带之一，盛产大豆、水稻、玉米、小麦、马铃薯等粮食作物及甜菜、亚麻、烤烟等经济作物。

　　截至2012年末，全省常住总人口3834万，其中城镇人口2181.5万。全年实现地区生产总值（GDP）13691.6亿元，按可比价格计算比上年增长10.0%；实现地方财政收入1630.0亿元，比上年增长0.6%。全省城镇居民人均可支配收入达到17760元，同比增长13.1%；农村居民人均纯收入达到8603.8元，增长13.3%。现代化大农业建设步伐加快，农业基础设施继续强化，机械化程度保持全国第一。绿色食品产业规模扩大，绿色、有机食品经济总量列全国之首。

　　2012年粮食产量再创新高，达到5761.5万吨，比上年增长3.4%。全省各类粮食企业累计收购粮食4439万吨，销售（含转化）4952万吨。全年工业用粮695.5万吨、种子用粮98.5万吨、饲料用粮679万吨；城镇口粮377.5万吨、农村口粮352.5万吨；销往省外粮食2906万吨、出口量达到83万吨。2012年底，全省地方粮食仓储企业1233个，有效仓容总量为2779.5万吨。

2012年粮食工作

　　2012年，黑龙江省各级粮食行政管理部门在各级党委和政府的正确领导下，抓住科学发展主题，突出转变发展方式主线，认真落实国家和省对粮食流通工作的重大部署，主动服务"八大经济区"和"十大工程"建设，坚持解放思想，务实开拓，攻坚克难，全面搞活了粮食流通，推进了企业改革和产业项目建设，促进了农民丰产增收、企业丰仓增效，增强了粮食流通产业实力，确保了市场粮油供给充足、价格稳定，为全省经济社会各项事业发展和保障国家粮食安全作出了积极的贡献。

一　　粮食生产

　　2012年，黑龙江省积极面对国内外农产品价格波动等复杂多变的形势，战胜各种自然灾害，着力发展高产高效优质农业，进一步优化种植结构，努力增加绿色、有机、无公害粮食种植面积，粮食生产实现了"九连增"。全年粮食总产量5761.5万吨，比上年增长3.4%，继续巩固"全国产粮第一大省"地位。四大粮食作物产量"两增两减"：水稻产量2171.2万吨，增长5.3%；玉米2887.9万吨，增长7.9%；小麦70.0万吨，下降32.5%；大豆463.4万吨，下降14.4%。粮豆商品量4651.5万吨，同比增长37.1%，稳居全国首位。绿色食品产业做大做强，年末全省绿色食品认证个数1640个，比上年增加390个；绿色食品种植面积448万公顷，增长4.7%；绿色食品加工企业产品产量1040万吨，增长14.3%。

二　粮食流通

　　针对全国粮食市场复杂多变和全省粮食大丰收的实际，各级粮食行政管理部门早谋划、早部署、早准备、早动手，全面强化为农优质服务，扎实开展企业丰仓增效行动，促进了农民余粮顺畅销售，确保了农民丰产增收。一是农民余粮销售顺畅。主动向国家有关部门汇报，积极争取和认真落实国家最低收购价水稻、临储大豆和玉米收购三项支持政策，拓宽了农民余粮销售渠道，有效支撑了市场粮食收购价格。加大对粮食生产、流通、消费市场的监测和调研力度，全面、客观分析市场形势，指导国有粮食购销企业坚持政策性收购和市场化经营齐抓并举，充分发挥粮食流通主渠道作用，引导农民适时适价出售余粮，持续增加了农民卖粮收入。按三大品种粮食商品量和平均出售价格计算，因产量增加和价格提高因素，预计本收购期农民卖粮可比上年增收187.9亿元。二是粮食企业储粮安全。强化工作措施，认真开展安全检查，及时发现并整改储粮和生产管理中存在的问题，确保库存粮食储存安全，坚决防止各类人员伤亡和发生火灾事故，为储粮安全和安全生产管理奠定了基础。在潮粮烘干、春秋季节交换、汛期等重要烘干、保粮时段，实行潮粮周报制度，随时掌握各地潮粮烘干进度和潮粮粮情，及时派工作组帮助企业解决技术问题，保证企业储粮安全；严格落实国家《粮油仓储管理办法》和粮油仓储企业规范化管理的要求，提高企业规范化管理水平，全省纳入考核范围的389户地方国有粮食购销企业规范化管理达标率76.6%。三是新粮实现购销平衡。2012年，全省各类粮食企业累计收购粮食4439万吨，销售（含转化）4952万吨，自主经营新粮实现了当年基本购销平衡。全年销往省外粮食量2906万吨，其中通过铁路外运粮食（折原粮）累计达2491万吨，同比增加237.5万吨，为维护销区市场稳定和保障国家粮食安全作出了积极贡献。继续推进和深化粮食产销合作，以建立完善利益协调机制为重点，提高市县和企业间产业项目和基地建设等实质性合作效果，扩大了粮食销售。省粮食局与浙江省宁波市粮食局签订了《关于进一步加强粮食产销合作的协议》，巩固和加强两地产销合作关系，充分发挥市场机制配置粮食资源的作用；成功举办了2012·金秋粮食交易合作洽谈会，共达成粮食购销合同及协议1189万吨，比上届交易会增加99万吨，已履约700万吨；与营口港务集团签订了战略合作框架协议，进一步打通了粮食物流通道。

三　粮食调控

　　认真落实国家和省关于保持物价总水平基本稳定的重大部署，加强了市场调控和应急措施，保证了市场粮油盐有效供应和价格基本稳定。一是加强保供稳价政策执行工作。督促政策性粮食承储企业完成国家政策性粮油销售和调拨出库任务，确保国家调控政策落实到位；严格落实军粮供应管理政策和食盐调拨计划，确保了军粮和食盐供应。二是加强地方粮食储备建设。建立省市两级地方粮食储备体系，省、市级粮油储备按规模实储到位；落实储备粮管理各项制度，强化储备粮库存管理，确保了数量真实、质量良好、储存安全。三是加强粮食应急体系建设，建立健全应急企业网络、预警监测网络，加强演练和培训，做到市场异常时早预警、早决策、早应对，提高了应急反应能力，保证了当地粮食市场和价格基本稳定。四是继续完善粮食流通统计基础工作。加强统计队伍建设，搞好统计人员培训，扩大统计覆盖面，提高统计数据质量；加大统计信息收集整理分析利用工作，为政府决策和企业经营提供了可靠依据。2012年，省粮食局被国家粮食局评为粮食流通、粮油加工业等统计工作先进单位。

四　粮食企业改革

认真贯彻国家和省关于深化粮食流通体制改革的总体部署，因地、因企制宜采取有效措施，大力推进国有粮食购销企业改革，企业布局调整和资源整合重组取得了阶段性成果。一是加快布局调整精干国有粮食购销企业主体。119个资质差、没有政策性粮食库存、经营亏损、难以生存发展的粮库，已退出了国有粮食购销企业序列。二是积极推进国有粮食购销企业资源整合重组。以规划确定保留的骨干国有粮食购销企业为主体，推进被整合企业整合步伐，促进优质资产和优势资源的集聚。21个任务县（市）完成了年度企业整合重组，其中穆棱市、林甸县、嘉荫县和呼兰区实现了"一县一企、一企多库"。三是做实做强优势骨干国有粮食购销企业。已组建的区域性和县级企业集团进一步完善法人治理结构，建立以"产权链条"为核心，以"利润"和"分配"为激励驱动的紧密型集团化经营管理模式和以国有资产经营管理为核心、以经营目标考核为保障的新型管控和激励约束机制，增强了企业持续发展能力。四是消化处理企业经营性财务挂账取得显著成效。2012年，消化处理经营性挂账46.7亿元，两年累计消化处理73.8亿元，占总额的92.3%。全省国有粮食购销企业全年统算利润达到10945万元，同比增长超过5000万元，实现了历史性突破。13个地市及农垦总局统算全部盈利；83个县（市、区）有79个盈利，盈利面达到95%；401户国有粮食购销企业中有372户盈利，盈利面93%。

五　行政执法

认真贯彻建设法治政府的要求，依据《粮食流通管理条例》赋予的职能，加强面向全社会的粮食流通监管，规范了粮食经营行为，维护了粮食市场正常秩序。一是加大粮食库存监管力度。重点强化对政策性粮食库存管理制度落实情况的监督检查，确保库存粮食数量真实、质量可靠、调得动、用得上。二是加大政策性粮食购销活动监管力度。重点强化粮食最低收购价政策、国家临时存储政策落实，以及政策性粮食出库情况的监督检查，确保国家惠农政策和宏观调控政策落实到位。三是加大全社会粮食流通监督检查力度。认真贯彻省政府《关于加强粮食收购资格审核规范粮食收购市场秩序的通知》（黑政发〔2011〕78号）精神，加强对粮食收购者粮食收购活动的监督检查。加大对违法违规案件的查处力度，维护粮食流通秩序。四是加大粮油质量安全和食盐市场监管力度。建立健全各级粮油质量安全监管协调机构，制定实施本行政区域粮油质量安全监测、抽查计划，协调处置重大和突发粮油安全事件，督促开展粮油质量安全工作。加强盐业市场监管，依法查处倒卖私盐等违法行为，规范盐业市场秩序。五是加大依法行政和市场监管基础建设力度。深入实施《全省粮食行政管理部门深入推进依法行政的意见》，加强依法行政制度建设。实施《全省粮食行业法制宣传教育第六个五年规划》，加强粮食行业普法和法制宣传教育。完善了行政执法体系，13个地市和农垦总局、67%县级粮食部门落实了行政执法专兼职机构、人员和经费。

六　行业发展

　　按照省委、省政府产业项目建设总体部署，主动承担推进责任，进一步落实责任，加大工作推进力度，粮食流通产业取得了较快发展。一是强化粮食加工大项目建设。完成省政府确定的33个亿元以上涉粮产业大项目投资25.5亿元，已有9个项目建成投产。二是强化稻米加工园区建设。对已投产的园区，指导企业提高产能利用率，加快二、三期项目建设，延长产业链条，发挥了产业集聚和辐射带动作用；全面完成了20个稻米加工园区建设任务，并配合省财政部门出台了《黑龙江省粮食精深加工专项资金管理暂行办法》，帮助加工企业争取到7500多万元专项资金支持。三是强化粮食加工龙头企业培育。重点培育16个年销售收入10亿元以上的粮食加工龙头企业全年实现销售收入536.9亿元，利税17.3亿元。全省粮食加工企业销售收入1047.4亿元，创历史新高。四是强化粮食仓储物流及农户科学储粮仓建设。2010年以来国家下达的52个、总仓容156万吨项目已基本完成；3个年发运能力100万吨的大型控制性综合产业园区和4个年发运能力50万吨物流集散中心项目累计新增仓容10.5万吨、烘干能力15万吨；累计完成了17.9万套农户科学储粮仓专项建设任务。五是强化粮食市场和质量安全保障体系建设。提升哈尔滨国家粮食交易中心服务功能，成立了黑龙江粮食交易市场股份有限公司；深入推进粮食区域批发市场建设，推动骨干粮库向成品粮油批发市场转型；积极争取国家项目建设资金，加强粮食质量检验监测体系建设，提升了质量检验监测能力和水平。六是强化涉粮项目招商引资工作。健全招商引资项目库，适时发布招商信息，搭建招商平台，积极开展招商活动，全省粮食系统引进到位涉粮项目建设资金20亿元，实现历史性突破。七是推进了人才队伍建设。举办了全省粮食局长培训班，对全省170余名粮食行政管理部门主要领导和局机关及直属单位副处级以上领导干部进行培训，明确了粮食行政管理部门新的历史定位和所肩负的责任；举办了4次粮食行业特有工种职业技能培训与鉴定，全省共777人参加，其中有542人取得了国家职业资格证书；组织各地举办了面向全社会从事粮食经营活动的各种所有制市场主体粮油保管员、检验员培训班69次，培训、鉴定12000余人。八是圆满完成了新农村帮建工作任务。坚持以发展农村经济为中心，以改善农民生产生活条件为目的，多次深入新农村帮建村共同研究制定规划，重点帮助帮建村在资金、项目等方面给予支持。全面抓好新农村建设工作，选派专业技术人员指导农业种植，及时准确提供粮食市场信息，促进农民余粮销售和增加卖粮收入。

七　党群工作

　　认真贯彻党的十八大精神，深入学习中国特色社会主义理论，努力强化理论武装，切实加强执政能力建设、思想理论建设、精神文明建设、服务型机关以及学习型党组织建设。深入开展"先锋工程"，以加强党性修养、树立弘扬优良作风为核心，进一步改进了作风。加强龙粮文化建设，紧密结合粮食工作实际，开展了弘扬龙粮精神、争当粮食流通产业发展先锋为主题的全省粮食系统演讲比赛和体现团队精神的首届"龙粮杯"台球赛等一系列丰富多彩的活动，增强了广大干部职工的凝聚力和向心力。全面贯彻中纪委十七届七、八次全会和十八届一次全会精神，按照省委、省政府总体部署和要求，坚持标本兼治、综合治理、惩防并举、注重预防的方针，全面启动加强廉政风险防控工作，扎实推动制度建设和制度执行，加强了惩治和预防腐败体系建设，切实提升了反腐败科学化水平。深入开展"群众满意粮库"评议和全省国有粮食购销及盐业等企业专项治理活动，规范企业法定代表人及班子成员的行为，端正了粮食行业风气，树立了行业良好形象，为全省粮食流通产业健康发展创造了有利条件。

◆ **黑龙江省粮食局领导班子成员**

胡东胜	党组书记、局长
金　辉	党组副书记、副局长
王乃巨	党组成员、副局长
谢功臣	党组成员、纪检组长
吴久英	党组成员、副局长（2012年12月任职）
张　赋	巡视员（2012年2月任职）
陈立祥	副巡视员（2012年12月任职）

2012年9月11日，黑龙江省副省长吕维峰在2012黑龙江金秋粮食交易合作洽谈会上讲话。

2012年2月23日，黑龙江省粮食局局长胡东胜（右三）在全省粮食局长会议上做工作报告。

2012年8月29日，黑龙江省粮食局局长胡东胜（右二）深入嫩江县调研秋粮长势情况。

2012年11月15日，黑龙江省粮食局、农业发展银行和中储粮黑龙江分公司联合召开全省秋粮收购工作电视电话会议。省粮食局局长胡东胜（右二）受省政府委托在会上讲话。

上海市粮食工作   基本情况

上海市全年粮食播种面积18.76万公顷，比上年增加0.13万公顷，增幅0.7%；粮食总产量122.4万吨，比上年增长0.4%；单产为每公顷6525公斤，比上年减少0.3%。夏粮播种面积7.37万公顷，比上年增加0.32万公顷，增幅4.5%；总产29万吨，比上年增加0.67万吨，增幅2.4%，其中：小麦播种面积5.66万公顷，比上年减少0.32万公顷，降幅5.4%；总产22.56万吨，比上年减少1.55万吨，降幅6.4%。秋粮播种面积11.39万公顷，比上年减少0.19万公顷，降幅1.6%；总产93.4万吨，比上年减少0.22万吨，降幅0.2%，其中：水稻播种面积10.51万公顷，比上年减少0.1万公顷，降幅0.9%；总产89.13万吨，比上年增加0.25万吨，增幅0.3%。

上海市年粮食需求量610万吨左右，其中口粮430万吨，饲料用粮113万吨，工业用粮65万吨；食用油年消费量在50万吨左右。全市可提供粮源约20%，约80%粮源从国内采购和国外进口。全市累计收购小麦16.2万吨，同比减少10.5%；收购粳稻56.9万吨，同比增长23.7%。进一步加大了粮食产销合作力度，积极推进东北粮源基地建设发展。积极研究推进中心粮食批发市场建设，指导和推进10个大中型粮食批发市场完善设施和功能，全年粮食交易总量达143万吨，其中粳米交易量109.2万吨、食用油4.45万吨，发挥了吸纳粮源、活跃流通、保障供应的重要作用。

2012年粮食工作

一年来，在上海市委、市政府的领导下，在国家粮食局的指导下，上海各级粮食行政管理部门以邓小平理论、"三个代表"重要思想和科学发展观为指导，认真学习贯彻党的十七届六中全会和市第十次党代会精神，紧紧围绕全市发展大局，抓收购拓粮源，保供应稳市场，强产业促发展，全力保障城市粮食安全，各项重点工作取得新的进展。

一　加强宏观调控，保障稳定供应

（一）切实做好粮油市场供应工作

一是针对粮油市场不确定因素，指导区县粮食部门和有关企业积极组织粮油货源，认真做好部队、高校、帮困居民粮油供应工作，重点安排好重大节日及党的十八大筹备和召开期间的市场供应，确保供应平稳有序。二是坚持粮油市场信息日报制度，完善监测数据分析工作机制，积极发挥粮食监测直报点作用，加强粮油市场跟踪分析和研判；认真做好粮食流通统计工作，准确反映全市粮食购销调存和供需状况，不断夯实调控基础性工作。三是不断完善粮食应急保障体系，全市调整设立粮食应急储备库点9家，粮食应急加工企业18家，应急供应指定零售网点746家。

（二）深入推进虎林等粮源基地建设

一是继续深化粮食产销合作，在上海虎林粮源基地适度开展市级储备粳稻异地储存，适当延长轮换周期，降低运行成本；组织区县粮食部门赴虎林考察基地运行情况，加强协作，努力扩大虎林粳米在上海市场销售；积极推进开展"公司+基地+农场（农户）"的粮食订单收购工作，有效掌控粮源，保障上海粮食市场供应。二是探索突破"北粮南运"铁路运输瓶颈，拟订了"点对点"铁路班列运输初步方案。三是组织粮食企业参加2012黑龙江金秋粮食交易合作洽谈会，签订粮食采购合作意向数量近35万吨。同时积极协调调运，推进协议履约。

（三）进一步完善粮食储备运行管理机制

一是会同市有关部门研究形成了进一步完善市级储备粮运行管理机制的工作意见，分阶段加快推进。二是有序组织储备粮轮换，确保全年轮换计划完成。三是推进市级储备粮网上竞价销售和"藏粮于企"工作，结合粮食市场情况，网上分批竞价销售粳稻18.01万吨，实际成交17.16万吨，成交率95.6%。四是完成地方储备粮轮换入库质量抽检，质量比往年有所提高。

（四）落实粮油帮困惠民工作

一是认真梳理现行"副补"管理体系和政策，积极推进"副补"调研和有关政策及操作办法调整完善工作；推进宝山、黄浦两区"副补"进"一门式"发放，组织开展业务培训。二是梳理完善全市帮困粮油供应网点，做好调整帮困粮油供应折算价格相关工作，并根据市场需求积极研究实物帮困方式，更加便民利民。

二　加快科技创新，推进现代粮食流通产业发展

（一）加快推进粮食流通基础设施建设

一是争取市级建设财力资金支持，推进粮食储备能力项目建设。金山区粮食储备中心项目、上海海丰农场5万吨粮源基地建设项目已获得中央预算内投资补助。二是按照国家粮食局要求，积极推进成品粮低温库建设改造试点，推广物联网技术集成应用。已确定在上海粮油仓储有限公司杨浦粮库试点建设2万吨成品粮应急低温储备仓，该项目已纳入国家粮食局首批成品粮应急低温储备仓试点建设项目范围；上海粮食储运监管物联网应用试点工程项目已形成总体方案，并纳入国家发展改革委重点支持项目。三是加强粮油仓储规范化管理和安全生产管理，开展全市粮食企业"危仓险库"专项调查，督促整改，杜绝隐患。开展"打非治违"专项行动，全面排查整治安全隐患，并抓早布置开展防台防汛工作，确保储粮安全。

（二）切实抓好粮食收购工作

市、区县粮食部门和有关粮食企业加强对收购形势的分析预测，认真落实仓容、设施和资金等各项准备工作，合理确定收购价格，及早开磅，方便农民售粮，切实维护农民利益。全年各类粮食企业共收购粮食73.1万吨，占产量66%。其中夏粮收购小麦16.2万吨，同比减少10.5%；秋粮收购粳稻56.9万吨，同比增长23.7%。

三　建设大市场，搞活大流通

（一）积极推进中心粮食批发市场的规划和建设

一是赴安徽、杭州等省市调研学习中心市场建设经验，并深入考察外高桥物流园区运行管理情况，形成了组建上海粮食中心批发市场暨上海国家粮食交易中心调研报告和建设方案，指导良友集团落实部门和人员，开展中心市场筹建工作，为推动实施做好准备。二是加强对现有10个骨干粮食批发市场分类指导，充分发挥保障本市粮食市场供应的重要载体作用，年粮食交易总量达143万吨，其中粳米109.2万吨，食用油4.45万吨。

（二）抓好市政府实事项目和粮食信息化建设应用推进

一是根据市政府实事项目建设要求，协同市有关部门，在本市4家粮食批发市场和104家标准化菜市场建成粮食追溯系统，并试点建成大米、面粉追溯系统。二是积极推进和开展粮食宏观调控管理信息系统等项目建设，粮食批发（零售）市场监测预警预报子系统已投入试运行；地方储备粮动态管理、原粮（储备粮）质量监测、粮食流通数据分析等系统年内基本完成建设并投入试运行；"副补"业务管理信息系统年内完成建设并投入试运行。

四　推进依法管粮，维护流通秩序

（一）加强粮食流通监督检查

一是按照国家粮食局的工作部署，组织开展粮食库存检查，顺利完成企业自查、市级复查等各阶段工作。经查，全市粮食库存数量真实，账实相符，储存安全，质量良好。二是切实加强粮食质量卫生监管，开展对粮食加工企业原粮卫生抽查和收购小麦、粳稻质量卫生状况抽查，按季度组织开展流通领域粮食质量卫生调查，进一步掌握粮食加工企业原粮和流通领域成品粮油卫生状况；会同有关部门开展"共建诚信家园，同铸食品安全"主题宣传活动和食品安全百日立功竞赛活动；开展粮食批发市场巡查，配合有关部门做好散装食油退市工作。三是进一步健全粮食流通监督检查体系，深入开展第二批全国粮食流通监督检查示范单位创建活动，加强行政执法队伍建设。四是组织开展粮食统计数据质量专项检查，进一步提高统计数据质量。

（二）深入推进依法行政

一是积极推进粮食法制建设，加强与市有关部门沟通协调，研究《粮食法（送审稿）》立法有关意见和建议。二是深入推进粮食普法依法治理，认真开展粮食依法行政示范创建工作，组织开展"法律六进"活动和《粮食流通管理条例》8周年宣传活动，深化粮食法制宣传教育。三是深入推进粮食行政审批制度改革，推进粮食行政审批"一口式办理"，设立"上海市粮食行政审批事项办理中心"和"网上受理大厅"。

五　加强行业管理，提升行政效能

（一）加强队伍建设

一是认真落实《上海粮食行业中长期人才发展规划纲要（2011-2020年）》，着手开展加强行业人才队伍建设的调查研究，加强粮食法制培训和业务培训，提升队伍整体素质。二是开展干部交流轮岗和挂职锻炼，进一步加强干部队伍建设。三是做好援藏援疆工作，确定"日喀则地区圣康农产品粮油加工厂"为对口支援单位，援建估算投资180万元，该项目已列入上海市"十二五"对口西藏援助项目，促进行业协调发展。四是积极推进《上海市志·商贸分志·粮油卷》编纂工作，制定编纂实施方案、篇目大纲及分工安排，组建编志队伍，并开展第一阶段档案资料搜集整理和电子资料卡片编纂工作；同时，完成了《2012上海粮食发展报告》编印工作。

（二）深化党风廉政建设

一是进一步深入开展了创先争优活动，认真学习贯彻中纪委、市纪委全会精神，切实加强反腐倡廉教育，签订党风廉政建设责任书。二是切实做好2012年度部门预算及"三公经费"预算、2011年部门决算及"三公经费"预算信息公开，推进阳光行政。三是深化公务用车等专项治理活动，落实防治"小金库"长效机制，切实加强内部审计，强化监督管理，推进廉洁从政。

◆ 上海市粮食局领导班子成员

张新生	党组书记、局长、市商务委副主任
夏伯锦	党组成员、副局长
王建忠	党组成员、副局长
陈士豪	党组成员、纪检组长
洪文明	党组成员、副巡视员（2012年11月增补为党组成员）

2012年3月29日，国家粮食局副局长曾丽瑛（左二）调研上海市首家"社区粮油平价店"，市粮食局副局长夏伯锦（左一）陪同。

2012年2月22日，上海市召开粮食工作会议，副市长艾宝俊（主席台居中）出席会议并做重要讲话，市政府副秘书长、市商务委主任沙海林（主席台右一）主持会议，市商务委副主任、市粮食局局长张新牛（主席台左一）作2012年上海市粮食工作报告。

2012年11月24日，上海市商务委副主任、市粮食局局长张新生（右二）到奉贤区庄行粮库和邬桥粮库检查指导秋粮收购工作，市粮食局副局长王建忠（右一）一同参加检查。

2012年1月19日，上海市粮食局副局长夏伯锦（右二）带队深入超市卖场实地调研春节粮油市场供应情况，市粮食局纪检组组长陈士豪（右四）、副巡视员洪文明（右五）一同参加调研。

江苏省粮食工作   基本情况

　　江苏位于我国大陆东部沿海中心、长江下游，全省面积10.26万平方公里，占全国的1.06%。全省常住人口为7898.8万，居全国第五位。全省现辖1个副省级市，12个地级市，23个县级市，22个县，副省级城市和地级市共计55个市辖区。2012年，江苏社会、经济发展稳中有进，全省地区生产总值增长10.1%，人均地区生产总值首次突破1万美元，居全国各省首位。城乡居民收入分别达到2.96万元和1.22万元，年均增长12.6%和13.2%。

　　江苏耕地面积476.4万公顷，现代高效农业比重超过42%。2012年全省粮食生产总量达3372.5万吨，继续保持全国第四，比上年增加64.5万吨，实现新中国成立以来首次连续九年增产。粮食单产再创新高，平均公顷产量达6319.6公斤，比全国平均高67.9公斤。全省地方国有粮食企业收购粮食1550万吨，销售2215万吨，购销总量居全国第二位。全省粮食总仓容2540万吨，其中有效仓容2325万吨。2012年粮油工业生产总值和销售收入均达2000亿元，实现利税77.4亿元，居全国第二位。全省销售收入超亿元企业达到320家，其中20亿元以上企业18家，150亿元以上1家。培育粮食产业化龙头企业国家级19个、省级80个。双兔米业、苏三零麦粉等11个粮油类产品被评为"中国名牌产品"，位居全国第一。

2012年粮食工作

　　2012年，江苏粮食行业全面贯彻落实中央和省委省政府决策部署，围绕"稳中求进，奋发有为，着力推进粮食流通业基本现代化"的总体思路，进一步凝心聚力，求真务实，各项工作取得了新的进展。

一　粮食安全保供能力显著增强

（一）粮食收购

　　2012年，江苏省抓好夏秋两季收购，在全国首先启动小麦最低收购价预案，除苏州市外的12个市、66个县（市、区）4个批次共布设托市收购库点793个。积极帮助农民处理受灾小麦降低损失。全省地方国有粮食企业收购粮食1550万吨，销售2215万吨，购销总量居全国第二位。由于收购价提高和商品量增加，全省农民通过售粮增收约12亿元。

（二）保供稳价

坚持把保供稳价作为重中之重，省局与南京、淮安、泰州、靖江市政府签订了共同保障粮食安全、发展粮食产业的合作意见，推动粮食行政首长负责制的落实。根据地方储备粮规模动态调整的要求，经省政府同意，南京、常州、南通、镇江四市新增了地方储备粮规模。积极争取提高地方储备粮保管费标准，由80元/吨提高到100元/吨。指导企业按时完成地方储备轮换任务。健全粮食应急体系，加强粮油应急网点建设，调整充实粮油加工和供应企业，巩固粮油应急加工、供应网点等各环节间的衔接，完善应急企业数据库。组织全省粮油供需平衡调查，全面掌握江苏省粮食供需平衡状况。完善粮油市场信息监测点布局，加强价格监测信息系统建设。在江苏粮网等媒体上及时发布市场价格等信息，正确引导粮食生产和流通，帮助企业准确把握粮食市场行情，灵活开展粮食购销业务，提高经济效益。

（三）粮食产销衔接

按照"省局牵头、市局组织、企业运作、对口衔接"的方式，分别在淮安、泰州两市组织安排产销区的各类企业进行现场洽谈签约活动，现场共签订购销合同（协议）351万吨，同比增加32.1万吨，协议建立跨地区粮食生产基地近4.3万公顷。加强与省外产销区间的合作，组织参加黑龙江金秋粮食交易合作洽谈会和福建粮食产销协作福建洽谈会，江苏企业共签订合同协议129.8万吨，同比增加10.8万吨。

二 粮食流通产业转型升级步伐加快

（一）粮食流通基础设施建设

修订完善了"十二五"粮食仓储物流项目库，全省共有项目890个，其中物流中心33个、中心库90个、骨干库293个、收纳库474个。2012年，共争取省级以上财政项目资金2.7亿元，重点支持符合"十二五"项目库要求的10个物流产业园、7个中心库、52个骨干库及129个收纳库建设，全省42个烘干项目建设已完成并投入使用。

（二）粮食流通产业转型升级

经过三年努力，"粮食流通产业转型升级五个一工程"各项任务圆满完成，全省新培育地方国有粮食企业做大做强典型13个；引进9家战略伙伴16个项目；基本建成15个各具特色的粮食物流产业园区；建成粮油科技研发中心13家；新增中国驰名商标3个，省级名牌产品23个，江苏著名商标8个。"淮安大米"等10个产品荣获"2012第十二届中国国际粮油产品及设备技术展览会金奖"称号。

（三）粮油产业规模

2012年，全年粮油工业生产总值2097.2亿元，销售收入2035.9亿元，二者均突破2000亿元，居全国第二位。全省销售超亿元企业320家，其中邦基（南京）粮油有限公司等18家企业超20亿元。拥有江苏宝宝集团公司、江苏省银河面粉有限公司等19家粮食产业化国家级龙头企业，中粮东海粮油工业（张家港）有限公司、江苏金太阳油脂有限责任公司、江苏省银河面粉有限公司等80家省级龙头企业。"中国名牌产品"有隆元大米、射阳大米、双兔大米、苏垦大米、牧羊粮机等11个粮油类产品，总数居全国第一。

（四）粮油仓储管理

组织全省粮油仓储企业进行网上备案管理并进行了人员培训。完成仓储设施及投资统计工作，两项统计工作被国家粮食局评比为第一名。下发《江苏省粮食行业安全生产领域"打非治违"专项行动实施方案》，成立了江苏省粮食行业安全生产领域"打非治违"工作领导小组，全省共进行检查267次，检查企业1308家，发现隐患627例，发出整改通知书163份，移送到有关部门处理案件2例。进行2012年"危仓险库"调查统计工作，做到调查统计对象全覆盖，全省共排查危仓险库177.2万吨。

三　依法管粮水平不断提高

（一）粮油专项检查

精心组织实施中央储备粮委托检查，对行政区内中央储备粮的数量、质量和储存安全情况进行全面核查，经过县级督导企业自查、市级普查、省级复查和国家抽查。全省区域内粮食库存账实相符、账账相符，粮食质量总体良好、储存安全，粮食库存与银行贷款对应，各项政策性补贴基本到位，得到国家联合检查的充分肯定，为建立全国性库存在地检查长效机制提供了经验。深入开展夏秋粮专项检查，加强联合执法和全面巡查，维护粮食收购市场秩序。全省共检查各类收购主体4113个（次），查处违规案件2148起。

（二）粮油质量安全

省局下发《关于做好2012年新收获小麦质量监管工作的通知》，切实加强原粮监管工作的组织领导，加大新收获小麦质量安全监测工作力度，严格小麦销售出库检验制度，全省小麦销售出库均应出具质量检验报告，并随货同行。建立巡查机制，协同卫生、质检、工商等部门加强对面粉加工和批发销售环节的监管抽查，督促企业落实索证索票和出厂检验把关制度，发现呕吐毒素超标产品，及时采取召回、下架等措施，并追溯面粉产品和小麦原料来源。省粮食局专门召开夏粮质量监管工作会议，统一检测目光，部署对小麦赤霉病的监测工作，还专门举办了液相色谱测定小麦中呕吐毒素培训班，对全省15家市、县粮油检测机构的检验人员培训小麦呕吐毒素的国家标准检测方法。各地在确保小麦收购主要质量指标达标情况下，重点检验呕吐毒素是否超标，检出呕吐毒素超标的立即停止销售。同时，省粮食局还联合工商等部门加强成品粮油质量监管，对放心粮油店、粮食加工企业、超市及国有大型粮油批发市场等单位进行质量专项检查。

（三）粮食督查规范化建设

开展全国粮食流通监督检查示范单位创建活动，以国家局示范单位考核要求为标准，修订了《江苏省粮食流通监督检查工作创优考核办法》，实行半年、年度考核通报制，宝应县、江阴市、灌云县粮食局荣获全国示范单位。加强粮食行政执法队伍建设，已有36个市县粮食行政主管部门建有专职执法队伍。加强与省信用办等单位的衔接、协调，完善征信工作、信用推进工作和信息维护工作，继续开展争创"百强诚信企业"活动，已有33个企业达标。

四　粮油质量监测水平有新的提升

经省机构编委今年正式批准，江苏省粮油质量监测所从副处级升格为正处级单位。开展出入库粮油质量监测，共检测省级储备粮（油）样品453份。其中稻谷323份，代表数量50.27万吨；小麦111份，代表数量15.85万吨；储备油19份，代表数量7.88万吨。开展库存粮油检测，重点开展中央储备粮国家委托检查的质量检查工作，落实好人员、器具，做好有关扦样、送样工作。开展收获粮食质量安全监测，完成220份小麦会检样品和25份油菜籽会检样品的扦样及样品寄送工作。承担江苏、安徽两省粳稻谷质量会检工作，对两省2012年产的360份粳稻（江苏300份，安徽60份）样品进行了质量指标检验，得到检测数据1800多个。开展了三期（初级、中级、高级各一期）粮食行业特有工种职业技能鉴定的培训和考核工作，共鉴定321人，其中初级151人，通过129人；中级126人，通过124人；高级44人，通过39人。

五　"数字粮食"工程建设有序推进

制定出台《江苏省粮食流通信息化建设指导意见》，建成了联结市县粮食部门和重点粮食储备库的信息网络，已有84家单位完成接入。初步建成粮食地理信息系统和省级粮食流通管理基本数据库架构，全省有6家"数字粮库"建成试运行，8家正在建设或调试之中。启动地方储备粮可视化管理系统开发，开发完成粮食流通动态信息系统并开始试运行。省粮食局被国家发展改革委授予"国家信息化建设重大工程示范点"，纳入"国家粮食储运监管物联网应用示范工程"。

六　粮食行业建设全面加强

深入开展"创先争优先锋行动"，着力打造学习型、创新型、服务型机关，推进机关转变作风。启动"全省粮食行业十百千万人才发展计划"，积极开展党政人才"双提升活动"和领军人才评选工作，举办了新任市县局长专题培训班和企业经营管理人才境外培训班，齐抓共管、分级负责、上下联动的人才工作机制逐步形成。省局党组以"推进基层国有粮食企业新一轮改革发展"作为"三解三促"活动的主题，开展驻点调研，摸实情、听民声、破难题、谋发展。认真落实党风廉政建设责任制，积极推进勤廉文化进粮库、进企业，行政权力和国有粮库内控机制建设成效明显，省局被列为"全国廉政风险防控工作联系点"，党风廉政建设责任制和惩防体系建设工作得到了省委检查考核组的充分肯定。

◆ **江苏省粮食局领导班子成员**

王元慧（女）	党组书记、局长
严长俊	党组副书记、副局长（任职至2012年9月，退休）
于国民	党组成员、副局长
沈祖方	党组成员、省纪委驻省粮食局纪检组长
朱新华	党组成员、副局长
张生彬	党组成员、副局长
刘成龙	副巡视员（任职至2012年9月，退休）
韩　峰	副巡视员（2012年5月起任现职）

江苏省省长李学勇（前排居中）在省粮食局局长王元慧（前排右一）陪同下在宿迁检查夏收和防汛工作。

江苏省委副书记石泰峰（前排左三）在省粮食局局长王元慧（前排右三）陪同下在洪泽县检查夏粮收购工作。

2012年5月，江苏省全省"数字粮食"工程推进会在无锡召开。

2012年10月，全省粮食流通产业转型升级"五个一工程"总结暨粮食流通产业现代化"双百工程"动员会议在盐城阜宁召开。

浙江省粮食工作　基本情况

2012年，浙江深入贯彻落实科学发展观，深入实施"八八战略"和"两创"总战略，面对严峻复杂的外部环境和困难挑战，坚持"稳中求进、转中求好"的工作基调，着力促发展，抓转型，惠民生，全省经济在加快转型升级中实现平稳增长，基本完成年初确定的预期目标，为建设"两富"现代化浙江奠定了坚实的基础。

全年粮食播种面积125.16万公顷，比上年下降0.2%；粮食总产量769.8万吨，比上年增长0.2%。其中，春粮产量62.50万吨，比上年减少3.6%；早稻产量66.82万吨，比上年减少2.2%；秋粮产量654.16万吨，比上年增加0.9%。油料播种面积18.94万公顷，比上年减少3.4%；油料总产量38.30万吨，比上年减少3.9%。其中，花生产量5.34万吨，比上年减少0.4%，油菜籽产量32.09万吨，比上年减少4.5%。

全年新增粮食生产功能区1330个，面积7.4万公顷；新增粮食烘干机械1049台（套），新增粮食烘干能力50余万吨。

全省国有粮食购销企业累计收购粮食82.32万吨，其中"订单粮食"66.8万吨，订单履约率达到96.7%。全省共销售粮食1685万吨；进口粮食319.2万吨，出口粮食0.2万吨；粮食商品量为361.2万吨，流通量达1668万吨。

全省主要粮食批发市场购销两旺，交易量达到653.77万吨，其中省外粮源占87.7%以上。全省粮油加工业持续呈现良好的发展势头，入统企业总产值达到392.5亿元，同比增长8.37%；实现销售收入408.5亿元，同比增长9.96%。

2012年粮食工作

2012年，是实施"十二五"规划承上启下的重要一年，也是进一步完善宏观调控政策措施，继续推进现代粮食流通事业发展的关键之年。浙江省粮食系统按照"稳增长、抓转型、控物价、惠民生、促和谐"的工作要求，坚定信念，鼓足干劲，奋勇拼搏，扎实进取，取得了可喜成绩。各级党组织核心作用有效发挥，粮食流通事业全面推进，制度规定落实到位，服务保障民生成效明显，自身建设得到有效加强。

一　坚持牢固树立科学发展理念，粮食流通事业进一步推进

2012年以来，按照"创业富民、创新强省"总战略的要求，始终坚持改革创新，推进责任制落实，深化产销合作，完善粮食市场体系，提高应急调控能力，推进粮食物流建设，有效确保了浙江粮食安全。

（一）粮食安全责任制得到有效落实

不断完善粮食安全责任制考核机制，坚持科学组织抓落实、"四级"联动抓落实、严格奖惩抓落实，各级政府抓粮食安全的责任心进一步增强，保障粮食安全的投入逐年加大。市、县主要领导能够深入粮食部门，听取粮食工作汇报，实地检查粮食收购、储备、应急保障等工作落实情况，研究制定保障粮食安全的工作措施。政府部门协调更加密切，形成合力抓粮食安全的紧迫感明显增强，有效地促进了由粮食部门唱"独角戏"向政府部门"大合唱"转变。浙江落实粮食安全责任制的做法，在全国粮食流通工作会议上作了典型交流发言。

（二）粮食调控能力得到大力增强

各市、县及时落实新增储备粮、优化储备粮品种结构和布局，增强粮食调控的物质基础。全省新增储备粮、储备油规模按时落实到位；省级储备粮轮换工作顺利完成；粮食应急体系建设得到加强，各市能够及时组织应急演练，应急保障能力明显提升，应对突发性事件的能力全面加强；粮食应急供应、加工、运输网络建立健全，及时开展粮情监测和粮食安全预警预报工作；牢固树立"以兵为本"的服务宗旨，认真做好军粮供应工作，不断提升军粮供应综合保障能力。

（三）粮油仓储管理水平得到全面提升

2012年，省粮食局与省财政厅重新出台了新一轮市、县中心粮库"以奖代补"政策，联合下发了《浙江省财政厅浙江省粮食局关于继续实行市、县中心粮库建设以奖代补政策的通知》。按照2008年下达的地方储备粮规模，提高了奖补标准，年内安排了杭州市萧山区国家粮食储备库迁建工程等13个县（市、区）的中心粮库建设项目，会同省财政厅下达了2012年"以奖代补"资金1030.75万元。目前，全省已建成高标准中心粮库69个，全省粮食仓储设施条件得到很大改善，地方储备粮基本实现了集约化、规范化和现代化管理。根据《粮油仓储管理办法》的要求，2012年9月制定出台了《浙江省粮油仓储单位备案管理办法》，进一步规范了粮油仓储单位备案管理，全省备案单位达148家。有针对性地指导部分中心粮库开展"富氮低氧气调储粮技术"的实践与应用，促进了浙江粮食仓储管理工作继续走在全国前列。省储备粮管理有限公司积极开展绿色储粮，一批绿色储粮成果进行了展览。粮油质量检验中心严把粮油质量关，确保了储备粮油的质量安全。全省推行的"星级粮库"创建活动，受到国家粮食局的好评。截至2012年底，全省已创建"星级粮库"115个，其中"四星级粮库"16个、"三星级粮库"52个。这项活动已经成为促进粮油仓储企业规范化管理，提高管理水平的有效抓手。

（四）粮食产销合作得到深入拓展

始终坚持"政府引导、部门协调，企业为主、市场运作"和"互惠互利、同等优先"的原则，不断深化粮食产销合作关系，取得了明显成效。2012年重点抓了3项活动：一是3月份配合黑龙江省农垦总局在杭州举办了产业推介招商活动，浙黑双方共签订合作项目12个，总金额15亿元。二是7月份组织有关企业参加黑龙江省虎林产销合作现场推进会，学习虎林市政府和上海市政府及有关企业深化

粮食产销合作的好做法、好经验，推动浙江粮食产销合作深入开展。三是9月份组织企业参加第9届黑龙江金秋粮食交易合作洽谈会。浙江30多个市、县的100多位粮食企业的代表、客商在哈尔滨进行为期2天的粮油贸易洽谈活动。浙江23家粮食购销企业与黑龙江省粮食企业共达成粮食购销合同和意向性协议24项，总交易量约为54万吨。省内32家粮食骨干企业调运东北当年新产稻米，年内获得补贴近4438万元。

（五）粮食现代物流得到持续发展

积极争取建设资金、整合资源，指导督促各地加快粮食流通基础设施建设，促进区域性粮食物流中心的形成，努力推动粮食流通产业转型升级。5月份，省财政厅、粮食局联合下发了《关于扶持省内重点粮食现代物流项目建设的通知》，2012年下达了省内重点粮食现代物流项目建设补助资金1000万元，分别对符合补助条件的金华市浙中粮油交易中心、诸暨市铁路粮食中转物流中心、龙游县粮食批发交易市场中转库项目、萧山粮食物流中心项目进行了补助。全省各市区域性粮食物流中心已建成和在建项目用地面积达310.3万平方米，建设总投资约39亿元，全省已按规划要求基本形成粮食物流总体布局。各地粮食物流中心已逐步成为粮油龙头企业的集聚区，充分发挥了粮食流通集散功能，取得了较好的社会和经济效益。为缓解东北调粮的运输瓶颈制约，多次组织人员到东北调研，积极筹划建设东北沿海浙江粮食中转物流基地。

（六）为农服务水平得到不断提高

为切实保护农民种粮积极性，稳定省内粮食生产，积极协调有关部门，建议省政府出台了提高订单早稻奖励标准等惠民扶粮政策，并督促各地认真落实粮食产销政策、不断完善"订单粮食"制度、购销服务体系、"五送"惠农服务，引导农民多种粮、种好粮，稳定了粮食生产，促进了农民增产增收；继续实施"订单粮食"预购定金制度，进一步帮助粮农缓解生产资金困难；要求各地严格执行国家"五要五不准"的粮食收购守则，切实保护好粮农利益。加强对粮食收购站点的"三机"配置，提高收购机械化水平，降低农户售粮劳动强度，进一步提高为农服务水平。2012年，全省收购晚稻47.4万吨，同比增加7.45万吨，增幅为18.6%，是2009年以来收购最多的一年。其中订单收购31.75万吨，完成31.7万吨计划的100.2%。全年收购粮食132.35万吨，同比增加16.05万吨，其中"订单粮食"收购66.8万吨，订单履约率96.7%。

二　坚持用政治理论武装头脑，思想基础进一步夯实

省粮食局党组高度重视政治理论学习，坚持把理论学习作为加强局党组思想政治建设、加强党员干部队伍建设的重要任务来抓，作为提高局党组的凝聚力、战斗力和创造力的重要手段来落实。教育引导党员干部进一步增强宗旨意识，牢固树立为经济发展服务、为社会和谐稳定服务、为基层服务的思想，促进了党员干部政治理论水平的提高，推进了思想作风和工作作风的进一步转变，为粮食事业的科学发展提供了坚强的思想保证。

（一）坚持理论学习中心组学习制度

年初有学习计划，年内有具体落实内容，年终有体会交流和学习总结。立足"专题化学习、课题式调研、对策性研讨"，举办专题辅导会、研讨会和形势报告会，不断提高领导班子成员的辩证思维和创新思维能力。集体领导意识进一步增强，集体决策、科学决策、民主决策的氛围更加浓厚，重大

决策事项、重要人事任免、重大项目安排、大额资金使用，都能坚持集体论证，充分发扬民主。领导班子内部团结协调，风正气顺，得到了省委巡视组的好评。2012年被省直机关工委表彰为"党组理论学习中心组先进单位"。大力引导党员干部职工爱读书、读好书、善读书，专门为每名党员订购了每周一期的《学习活页文选》、《党的十八大学习辅导读本》、《党章》等学习资料。

（二）认真学习党的十八大精神

党的十八大召开期间，认真组织全体干部、党员和职工收看开幕式，传达和宣讲党的十八大精神，召开专题会议动员部署，安排理论辅导、征文比赛、演讲比赛、图片展、中心组理论学习读书会、党支部学习汇报会等10项内容，掀起了学习贯彻党的十八大精神高潮。各级党组织根据省粮食局党组要求，制定了学习贯彻方案计划，抓好了初步的学习贯彻，收到了学习体会文章25篇。2013年1月中旬，省粮食局党组举办理论学习中心组（扩大）读书会，邀请省财经工作领导小组办公室专职副主任沈建明同志作了学习贯彻党的十八大精神专题辅导，韩鹤忠副局长、张如祖处长和毛利豪董事长3名同志进行了学习交流发言，各地市粮食局长结合学习贯彻党的十八大精神汇报了年度工作思路。

三　坚持加强作风和制度建设，工作效能进一步提升

省粮食局党组注重加强作风和制度建设，结合深化"作风建设年"、创建学习型服务型机关和服务基层系列活动，民本思想和民生意识得到增强，职能意识和服务意识牢固确立。重视学习思考，锐意创新进取，立足本职岗位，争创一流业绩的良好风气逐步形成。

（一）开展深化"作风建设年"活动，为基层解决实际问题

根据省里统一部署，积极开展了深化"作风建设年"活动，结合年度蹲点调研，完善局领导"六个一"联系制度，开展"进村入企"大走访、"双服务"、"改善发展环境"百组调研、"五送"惠民服务、春耕备耕、早稻和秋粮收购等活动。局领导班子成员深入田间地头、粮食企业、种粮大户等基层一线，倾听群众呼声，了解农民需求，征求意见建议，掌握第一手资料。2012年结合"进村入企"大走访活动，走访了17个县（市）、11个行政村、37家企业、19家农户，了解困难矛盾，积极排忧解难，为基层解决实际问题11个。

（二）加强党风廉政建设，防微杜渐，警钟长鸣，切实做到廉洁从政

大力加强党风廉政建设，紧紧围绕示范带动、教育引导、制度约束、监督保障4个重点，抓本治源、注重预防。主要负责人切实履行了第一责任人的职责，领导班子成员严格落实"一岗双责"，真正做到了谁主管、谁负责、一级抓一级、层层抓落实，为推动粮食事业又好又快发展提供了重要保障。积极开展警示教育和示范教育，集中组织党员干部学习杨善洲、沈浩等模范党员干部先进事迹，组织观看《第一书记》、《郭明义》、《钱学森》、《雨中的树》等主旋律影片，让党员群众远学大典型，近学身边人。组织机关干部党员观看《苏联亡党亡国二十周年祭》，筑牢拒腐防变的思想道德防线，切实做到廉洁从政，防微杜渐，警钟长鸣。

四　坚持抓好组织和人才队伍建设，自身建设进一步加强

注重按照《中国共产党章程》、《基层组织工作条例》抓好基层组织建设，结合创先争优和基层

党组织建设年活动，大力加强机关党建和基层组织建设，充分发挥党员干部的先锋模范和群团组织的桥梁助手作用，积极营造想干事、能干事、干成事的浓厚氛围，推进了粮食事业科学发展。

（一）组织建设成效明显

省粮食局机关各党支部利用理论学习时间，认真组织党员学习新《基层组织工作条例》，积极宣传和执行条例，把抓党建与开拓创新结合起来，与抓业务工作结合起来。直属单位党组织十分重视充分发挥党支部的战斗堡垒作用和共产党员的模范带头作用，有力地提高了工作质量、经济效益和社会效益，推动党建工作上了新台阶。2月份，按照省直机关工委要求，组织了对20个在职党组织和177名党员进行民主评议，局16个党组织评为优秀，优秀率为80%，24名党员被评为优秀等次，局机关党委被省直机关工委评为优秀。扎实开展创先争优活动，组织机关和基层党组织进行第二轮承诺，形成了学习先进、争当先进、赶超先进的良好氛围。2012年"七一"前夕，省粮食局召开了创先争优总结表彰大会，大力表彰了一批先进单位和优秀个人。省粮食局被省直机关工委授予"省直机关创先争优组织奖"，2个单位和2名个人被收录为浙江省创先争优"群英谱"。1人授予省"五一劳动"奖章，1人授予"浙江省公务员廉洁高效先锋"称号并记三等功，1个单位被省委创先办评为服务型基层党组织建设百例特色品牌，1个单位被省直机关工委命名为"基层党建工作示范点"。

（二）思想政治建设成效明显

注重加强思想政治建设，充分发挥思想政治工作在粮食事业发展中的导向作用、阵地作用、激励作用，教育引导干部职工树立正确的世界观、人生观和价值观，坚定马克思主义信仰，坚定中国特色社会主义信念，坚定对改革开放和社会主义现代化建设的信心。全体干部职工精神面貌好，敬业精神强，理想信念坚定，思想政治建设取得了明显成效，展示了粮食人的良好形象。省粮食局退休老同志陈树松，1940年7月出生，秉承对党的执着追求，积极向党组织靠拢，被吸收为中共预备党员。舟山库中转业务部经理徐善龙同志，爱岗敬业，积极工作，被省直机关工委授予"省直机关第二届敬业奉献模范"荣誉称号。

大力加强文化建设，省粮食局以机关处室、直属单位、省级粮库为单位，自创自编地开展机关文化、企业文化、楼道文化、励志文化、诚信文化建设，自我鞭策，相互鼓励，创建和谐氛围，焕发昂扬士气，提升精神动力。2012年，省粮食局机关充分发挥处室主观能动性，在各楼层自创自编开辟了书法、摄影、绘画等文化宣传阵地，得到大家好评，衢州市粮食局等单位组织人员进行了观摩。局机关加强文化建设的做法，先后在国家粮食局党建工作座谈会和省直机关理论研讨会上交流了经验，局《加强粮食文化建设的几点思考》在省直机关工委的《机关党建》和《浙江粮食经济》刊物发表。

（三）人才队伍建设成效明显

大力抓好干部队伍建设。利用"万人评组工"、届末考核和省委巡视组巡视等时机，抓好干部队伍教育，不断打牢思想基础；结合公务员、直属单位领导班子成员及库主任年度考核，不断完善管理机制和加大干部管理力度；认真落实干部挂职锻炼制度，协调3名机关干部到基层挂职锻炼；积极做好老干部服务保障工作，得到老干部好评。

抓好人才队伍建设。针对2012年基层政府换届选举，6月份组织75名市、县（区）粮食行政管理部门主要负责人培训；通过开展技能培训和职业技能竞赛，培训了一大批粮油保管员、技师，技师合格率处于全国领先水平；直属库2名同志被国家人力社保部和国家粮食局授予"全国粮食行业技术能手"称号；组织开展第三届全省粮食行业职业技能竞赛，全省9个市和局直属单位10支代表队57名选手参加了比赛，培养储备了一批粮食行业技能人才。

（四）群团组织建设成效明显

浙江省粮食局注重加强群团组织建设，定期指导群团组织开展活动，凝聚力量，发挥作用。省粮食局团委积极开展主题团活动，组织创建"青年文明号"活动，中穗库创建集体被团中央授予"全国青年安全生产示范岗"荣誉称号，直属库创建集体被团省委授予"省级青年文明号"荣誉称号。舟山库自编自演的文艺节目荣获省直机关文艺情景剧表演比赛三等奖。中穗库粮油保管员杜其均同志不畏严寒勇救落水儿童被表彰为全省百位"活雷锋"。

省粮食局工会积极开展"建功十二五、争当新标兵"等各项创建活动；适时组织开展"高温慰问"、"送温暖"等活动；关心干部职工生活，积极做好体检、疗休养等工作，有效提升了全局干部职工的工作积极性和创造性。

省粮食局妇委会带领妇女团结拼搏、开拓创新、扎实工作，取得了较好成效。1人被省评为"岗位建功标兵"，1人被省评为科学巾帼示范员，1个家庭被省评为省级绿色家庭，5名女同志分别被局党组授予优秀共产党员、优秀纪检监察工作者荣誉称号。2012年底，妇委会分别被评为浙江省机关事业单位示范妇委会和省直机关先进妇委会。

◆ 浙江省粮食局领导班子成员

陈聪道	党组书记、局长
钟传厚	党组成员、副局长
韩鹤忠	党组成员、副局长
李立民	党组成员、副局长
叶晓云	党组成员、总工程师
龚震源	副巡视员
何　震	党组成员、人事处处长（2012年4月任职）

浙江省人大常委会副主任程渭山（前右二）视察粮库。

浙江省副省长王建满（右一）在省粮食局调研。

浙江省粮食局局长陈聪道（前左三）在嘉善县调研晚稻生长情况。

安徽省粮食工作　　基本情况

安徽省总面积13.96万平方公里，约占全国国土面积的1.45%。全省辖16个地级市、6个县级市、56个县、43个市辖区。耕地面积418.42万公顷，粮食作物种植面积662.2万公顷。截至2012年末，全省户籍人口6902万，常住人口5988万。2012年，全省实现地区生产总值（GDP）17212.1亿元，同比增长12.1%，已连续9年保持两位数增长；完成财政收入3026亿元，比上年增长14.9%。全年城镇居民人均可支配收入21024元，比上年增长13%；农村居民人均纯收入达到7161元，增长14.9%。

安徽省农产品资源丰富，粮、棉、油产量均居全国前列，是全国重要的无公害农产品和绿色食品生产基地。主要粮食作物有小麦、稻谷、玉米三大品种。2012年小麦播种面积241.6万公顷，稻谷播种面积221.5万公顷，玉米播种面积82.25万公顷。

2012年底，安徽省粮食生产总量为3289.1万吨，同比增加153.6万吨，增长4.9%，实现"七连增、九连丰"。其中小麦1294万吨、水稻1394万吨、玉米428万吨、大豆及其他174万吨。全省粮食收购量2271万吨，销售量为3500万吨，出口量为7万吨。全年全省粮食消费总量2514万吨，其中，口粮消费1379万吨（城镇口粮448万吨，农村口粮931万吨）、饲料用粮667万吨、工业用粮365万吨、种子用粮102万吨。分品种分别为：小麦762万吨、稻谷1002万吨、玉米537万吨、大豆160万吨、其他53万吨。入统企业总仓容2673.01万吨，其中国有粮食企业1924.3万吨；有效仓容2067.2万吨，其中国有粮食企业1344.94万吨。

2012年粮食工作

2012年，安徽省各级粮食部门全面贯彻落实中央和省委省政府的决策部署，坚持在"稳"上做文章，在"进"中求突破的工作总基调，沉稳应对复杂多变的粮食形势，凝心聚力，砥砺奋进，粮食工作持续呈现快速健康发展态势，为促进全省经济社会平稳较快发展作出了积极贡献。

一　以促进农民增收为己任，粮食收购市场平稳有序

省委、省政府高度重视粮食收购工作，李斌省长、梁卫国副省长多次就粮食收购工作作出重要批

示。全省粮食系统坚持以促进农民增收为己任，协调中储粮安徽分公司等单位及时启动小麦、粳稻最低收购价预案，各地严格执行政策、严把入库质量、加强市场监管，切实把党的惠农政策落到实处。指导各地主动拓展市场化经营，鼓励多元化竞争畅购销、市场化运作融资金、"一站式"服务促收购，粮食收购量创历史新高。全社会收购粮食2271万吨，同比增加113万吨，超额完成省政府下达的收购目标任务，刷新历史纪录。国有粮食企业收购852.4万吨，其中托市收购小麦414万吨，居全国第三位，带动售粮农民增收25亿元以上。2012年销往省外粮食923万吨，居全国前列，对国家粮食安全的贡献率进一步提升。

二　以狠抓储备管理为基础，宏观调控能力明显增强

三级地方粮食储备和成品粮油储备全面建成，宏观调控物质基础进一步夯实。积极探索创新省级储备粮油轮换方式，首次引入竞争机制，采用"先入后出、购销统一、价差锁定、低价中标"的方法，全面完成省储粮油轮换计划。不断完善应急体系建设。增加了40家指定应急企业作为省级价格监测直报点，为77家省级粮油应急加工企业和80家应急供应企业颁发应急"指定企业"牌匾，并配置了台式电脑和多功能一体机，粮食应急体系建设不断完善，应急保障能力不断增强。不断拓展粮食产销合作领域。组织多家企业参加福建、黑龙江等地的粮食交易合作洽谈会，省内外各类市场主体的联营合作进一步加强。合肥国家粮食交易中心"稳市"影响力凸显，全年成交政策性粮食1020万吨，成交额308亿元。创建全国百强军供站取得喜人佳绩，安徽省8个军供站榜上有名，居全国第三位。

三　以2000亿跨越工程为目标，粮食产业在转型升级中蓬勃发展

各地扎实开展粮食产业化"2000亿跨越工程推进年"活动，实现了发展速度、质量和效益的同步提升。全省粮油加工企业总产值达到1603亿元，利税58.2亿元，占全省农业产业化份额31%，在全国列第五位。积极争取政府出台相关政策，各市累计用于粮食产业化发展的专项资金达到2300多万元。加大扶持龙头企业力度，举办龙头企业评审及科企、银企等五大对接活动。41家企业与专家签订了63份科企项目对接意向协议，转化科研成果17项；9个市的农发行与10家企业签订协议贷款3.35亿元。特别是央企和国际知名企业纷纷投资安徽，大大提升了龙头企业的档次和水平，龙头企业数量大幅增加，国家级重点龙头企业由2011年的12家增加到20家，省级龙头企业由244家增加到360家。企业规模进一步扩张，147家省级龙头企业进行了技术改造和国家资产项目的再投资，20家企业被认定为省级企业技术中心，8家被认定为高新技术企业。行业品牌建设再创佳绩，槐祥大米等4个商标被新认定为"中国驰名商标"，南陵大米被认定为"中国地理标志商标"，42家粮油类企业商标荣获"安徽省著名商标"称号。成立了安徽杂粮标准化技术委员会，燕之坊食品公司成为主任委员单位，实现了由做品牌向做标准的飞跃。主食产业发展迅猛，代省政府草拟了《安徽省全面推进主食产业化实施意见（代拟稿）》，一批不同类型的主食加工企业在合肥、淮北、芜湖等地蔚然兴起。园区建设稳步推进，全省有99个粮食产业项目列入省861重点计划，比2011年净增43个。全省基本建成74个各具特色粮食物流产业园区，省粮食物流中心库荣获"中国十佳物流产业园区"称号。省局再度被省政府授予粮食生产"三大行动"、粮食产业化工作和"861"项目推进工作先进单位。

四　以实施提升行动为抓手，基础设施建设不断加强

2012年是开展"仓储规范化管理三年提升行动"的第二年，各地积极采取措施，加快推进仓储管理规范化、人才队伍专业化、设施设备现代化、企业管理信息化建设，仓储管理水平全面提升。注重典型带动，评选出10个省级粮油仓储规范化管理优秀企业及"十佳"保管员和"十佳"质检员。加快信息化建设，"安徽省粮油仓储管理系统"软件正式投入使用，安徽"数字粮食"迈出新步伐。始终把安全生产摆在重要位置，精心组织"打非治违"、"清剿火患"专项行动及"危仓险库"专项调查等，严格落实安全生产责任制，实行安全生产考核"一票否决"制，实现全年安全储粮零事故。加大粮油质量安全宣传力度，举办"安徽国家粮食质量监测中心实验室开放日"活动，开展新收购油菜籽、小麦、稻谷的质量安全监测，加强对重点环节粮食质量安全的监督检查。加大粮食质量检测能力建设力度，争取省财政资金500万元，为12个粮油质检机构配备112台设备；争取国家下达安徽省监测能力建设投资500万元，支持省和安庆市粮油质检站建设，三级质检网络体系基本形成。坚持高标准建设与高效能运行双管齐下，新建骨干库、改造中心库、维修收纳库三大板块同步推进，粮油仓储基础设施进一步改善，争取项目资金2.9亿元，重点支持粮食仓储、现代物流以及配套设施建设。全省新扩建仓储物流项目165个，完成投资11.27亿元，新增仓容105万吨，油罐2.4万吨；中央和省投入维修改造补助资金8249万元，维修仓库320万吨。投资2720万元，圆满完成2012年全省农户科学储粮专项建设工作，全省新增科学储粮8万户。

五　以政府文件为推力，国有企业质量效益持续提升

各地以开展"质量效益巩固年"活动为抓手，认真落实省政府《关于推进国有粮食购销企业改革发展有关事项的通知》，按照"三个有利于"的原则，遵循"整合重组一批、打造做强一批、淘汰处置一批"的思路，力争用3年时间，每个县至少打造一个优势骨干国有或国有控制粮食企业。省局加大指导力度，各地以优化资源配置、资产战略重组为重点，扎实推进企业产权制度改革，一批优势企业做大做强，一批弱小困难企业整合重组，2012年底，全省独立核算的国有粮食购销企业数525个，同比减少63个。指导各地抓住用好政策性收购机遇，积极开拓市场化经营，强化企业管理，提升盈利水平。全省地方国有粮食企业盈利1.8亿元，其中国有粮食购销企业盈利1.6亿元，同比增加26%，实现连续九年盈利，盈利水平居全国前列。

六　以依法行政为宗旨，依法管粮水平明显提高

认真贯彻落实粮食依法行政工作，在全省粮食系统开展"深化法律六进，服务科学发展"法制宣传教育主题活动。加强粮食行政执法队伍建设，已有12个市县经编办批准建立执法支、大队。组织开展粮食行政执法资格培训，122人取得行政执法资格。精心组织粮食库存检查和实施中央储备粮委托检查试点工作，得到国家联合检查组的充分肯定，为建立中央事权粮食库存属地监管作出有益探索。大力推进执法规范，修订完善了《安徽省粮食流通监督检查工作考核暂行办法》。积极推进粮食流通监督检查信息化建设，按照"一户一档"的要求，建立了省内所有粮油经营企业监督检查信息档案和

企业诚信评价体系。坚持监督检查工作常态化、规范化，重点开展收购市场督查和储备粮油库存检查、政策性粮食出库监管。2012年全省依法查处违规案件1139例。积极开展粮食流通监督检查示范单位创建活动，3个县荣获全国示范单位、10个荣获省级示范单位。省局荣获全国监督检查和全省法制工作先进单位。

| 七 | 以人才队伍建设为依托，粮食行业建设全面加强 |

扎实开展创先争优和效能建设等活动，着力打造学习型、创新型、服务型机关，推进机关作风转变。狠抓行业人才队伍建设，持续开展职业技能鉴定。2012年省局共培训612人，506人取得国家职业资格证书。首次开展制油工和制米工的培训鉴定，实现了全省粮食行业职业技能培训鉴定工种的全覆盖。启动了省级粮油库存检查专业人才库建设工作，为监督检查工作提供人才保障。举办第六期新任市县局长培训班，开展粮食职业技能培训鉴定和行业技能选拔赛，提升行政领导能力和行业技能水平。安徽粮食工程职业学院揭牌成立，标志着安徽省拥有了一所真正意义上的"粮食大学"。成功联合举办"粮安天下，喜迎党的十八大"大型文艺汇演晚会，唱响了提振精气神的"安徽粮食好声音"。认真落实党风廉政建设责任制，扎实抓好廉政风险防控，深入开展"三反三正"和廉政文化"四进"活动，树起风清气正的好风尚。

◆ **安徽省粮食局领导班子成员**

孙良龙	党组书记、局长
刘　惠（女）	党组成员、巡视员（2012年9月任现职）
戴绍勤	党组成员、巡视员（2012年9月任现职）
陈学东	党组成员、副局长（2012年7月任现职）
王用华	党组成员、纪检组长
杨增权	党组成员、副局长（2012年9月任现职）
谢胜权	党组成员、副局长
马三九	党组成员、副局长（2012年12月任现职）
杨振中	副厅级纪检员、监察专员

2012年2月23日，安徽省全省粮食工作会议在合肥召开。

2012年5月16日，安徽粮食工程职业学院举行揭牌仪式。

2012年6月13日，安徽省粮食局局长孙良龙赴宿州调研夏粮收购工作。

2012年9月11～12日，安徽省粮食局局长孙良龙等赴宿松县调研粮食工作。

2012年12月8日，安徽省全省粮食产业化工作会议召开。

福建省粮食工作   基本情况

福建地处东南沿海，全省陆地面积12.4万平方公里，海域面积13.6万平方公里，总人口3748万，是我国粮食主销省之一。2012年全省粮食种植面积120.1万公顷，比上年减少2.6万公顷，粮食总产量659.3万吨，比上年减少13.5万吨，其中：小麦0.7万吨、早籼稻121.1万吨、中晚籼稻382.7万吨、玉米18万吨、大豆15.9万吨、薯类及其他120.9万吨。全年粮食消费总量1761万吨，其中口粮消费838万吨（城镇口粮441万吨，农村口粮397万吨），饲料用粮681万吨，工业用粮229万吨，种子用粮13万吨；分品种消费量：小麦199万吨，稻谷809万吨，玉米312万吨，大豆314万吨，其他127万吨。2012年度全省粮食企业购进经营量2323.7万吨，比上年增加102.2万吨；全省粮食企业销售经营量2196.6万吨，比上年增加98.3万吨。2012年度全省从省外调入的粮食共1381万吨，其中进口440万吨；销往省外粮食222万吨，其中出口1万吨。

截至2012年末，全省共有国有及国有控股粮食企业449家，企业从业人员6817人。全省粮食仓容总量为659.5万吨，比上年增加38.3万吨，其中国有粮食仓储企业库区979个，仓容435.6万吨，比上年增加13.2万吨，占全社会总仓容的66.1%。全省油罐容量43.9万吨，比上年减少1.5万吨；铁路专用线14265米；专用码头泊位11个，总吨位40万吨。

2012年粮食工作

一   落实粮食收购政策，抓好储备订单收购工作

经福建省政府批准，2012年省内早、中晚籼稻最低收购价由2011年的每50公斤102元、107元，分别提高到120元、125元，进一步调动了农民种粮积极性。福建省各级粮食部门认真贯彻执行粮食储备订单直接补贴和最低收购价政策，加强粮食收购工作的组织领导，坚持公开、公平、公正的原则，做实做细储备订单收购落实到户工作，全省42.82万吨储备订单收购计划全部分解落实到305个乡镇、2391个村、28.16万个种粮农户。各级粮食部门坚持一手抓收购，一手抓检查，认真组织开展收购资格核查和秋粮收购监督检查，规范收购行为，维护种粮农民利益。持续深入开展粮食收购创优活动，积极采取措施，进一步提高服务质量，方便农民售粮，粮食收购工作进展顺利，超额完成了各级储备订单收购任务。截至2012年12月底，全省储备订单共收购43.9万吨，完成订单收购计划的102.4%。

二　加强产销协作，全力抓好粮油市场保供稳价工作

（一）持续推进粮食产销协作

2012年5月在泉州市召开了第十一届省内产销区粮食购销协作洽谈会，共签订粮食购销协议58项，粮食数量103.45万吨，比上年增加12.57万吨，增长14%。7月在厦门成功举办第八届七省粮洽会，福建省与各产粮省企业共签订项目261项，购销合同（协议）数量达693万吨，比上届增加30万吨。9月组织福建省各类粮食企业代表50多人参加2012·黑龙江金秋粮食交易合作洽谈会，又与黑龙江省粮食企业签订粮食购销合同（协议）53.93万吨，为保障全省粮食供应奠定了良好基础。同时，省局与省财政厅联合制定下发了《福建省引粮入闽奖励暂行办法》，省级财政安排2000万元引粮入闽奖励资金，鼓励和支持粮食企业开展多种形式的产销协作，调动省内粮食企业引粮入闽的积极性，增加省内粮食供给。

（二）制定粮食应急预案和开展应急演练

根据省政府和国家粮食局的部署，组织对局属各单位和各设区市粮食局开展应急体系建设情况调查。从调查情况看，各市、县（区）均已制定了《粮食应急预案》，各地开展应急预案培训、演练14次。为检验石狮市粮食应急预案的可行性和可操作性，提高粮食应急响应速度和应急综合保障能力，省局协调指导泉州市、石狮市粮食局于2012年12月18日在石狮市开展粮食应急演练。这次演练对全省粮食应急体系建设和应急工作的深入开展起到积极促进作用。

（三）做好军粮供应管理工作

开展走访慰问，征求驻闽部队对军粮供应工作的意见和建议，指导军供企业做好粮油品种的调剂和串换，安排好节日食用油优惠价供应，确保"三无"岛屿免洗米和营养强化小麦粉供应，满足部队多方面多层次的需求。争取中央对福建省4个军供网点维修改造补助81万元，同时，下拨各地军供网点省级维修改造资金285万元，进一步提高军供企业的保障能力。强化质量管理，督促各地认真落实军供站长质量第一责任人制度、"一批一检一报告"制度，确保部队用粮安全。与福州市军粮供应站联合举办粮食质量安全和粮油质量感官鉴别专题讲座，向部队军需助理员、司务长介绍粮油质量鉴别知识，受到部队的好评。

三　落实新增储备，加强库存检查，进一步规范储备库存管理

（一）落实新增粮食储备

督促指导福州、厦门、漳州、泉州、莆田、龙岩等市、县粮食局抓紧落实仓容和粮源，2012年应到位的15万吨新增粮食储备规模已于2012年底前全部增储到位。

（二）加强库存检查

2012年4月，省局联合省发改委、财政厅、农发行、中储粮福建分公司，结合春季粮食安全普查，认真开展了粮食库存检查工作。2012年11月，省局组织开展了2012年秋季全省粮食库存抽查工作，派出联合检查组，采取随机选点和突击检查相结合的方式，对省内的重点地区、重点企业和重点环节进行了抽查。从春、秋两季粮食库存检查情况看，各级储备粮油承储企业都能严格执行储备粮管理的有关规章制度，全省粮情稳定，粮油库存数量账实相符、质量良好、储存安全、管理比较规范。

四   积极参与配合专题调研，努力争取出台了省政府粮食安全扶持政策

2012年初，省政协党组把"建立粮食安全有效机制"确定为重点调研课题，由叶继革副主席牵头负责，重点就福建省粮食的生产、流通、质量安全等方面存在问题开展调查研究，探讨对策措施，提出建议意见。省局积极配合、参与调研工作，并就"粮食流通工作"方面对调研的立项、提纲、行程以及调研报告的撰写等提出建议和意见。同时，根据省领导对调研报告的批示精神，代拟了省政府《关于发展粮食生产加强粮食安全工作的意见》有关加强粮食流通工作方面的意见材料上报省府办，并按要求及时做好省直有关部门提出修改意见的沟通、协调工作。《关于发展粮食生产加强粮食安全工作的意见》经省政府常务会议审议通过并于6月底印发各地。该文件从政策上加大对粮食安全有关工作的扶持力度，对发展粮食生产、搞活粮食流通，稳定粮食行政管理机构，提高粮食安全保障水平有着十分重要的意义。

五   加大工作力度，推进粮食仓库、批发市场等基础设施建设

（一）极力推进粮库建设

建立和强化省级粮库建设倒逼推进、问责问效的工作机制，加强对各项目的巡查和抽查，督促参建单位认真履职履约，及时协调解决项目建设过程中存在的困难和问题，全力以赴加快推进项目建设进度，确保各项目按序时节点目标如期完成。长安库、南安库和长汀库已通过项目竣工预验收进行装粮压仓；晋江库扩建项目已完成建设任务，具备项目竣工预验收条件；松下库项目所有平房仓及附属设施的主体结构施工已基本完成；安溪库扩建项目已完成施工招标；仙游、梧梓、建阳、永安、光泽5个扩建项目报经省政府同意不再列入本轮建库实施项目，将其资金集中用于光泽库整体拆旧建新扩容9万吨项目，光泽库的项目建议书已得到省发改委审批；永安库土地置换异地重建和福州库土地资产盘活正着力推进。在市县粮库建设方面，2012年，省级财政安排了2000万元补助市县粮库建设和维修改造，省局根据省政府34号文件要求，与省财政厅联合制定下发了《福建省市县级粮库建设要求和资金补助暂行办法》，进一步调动市县政府建设粮库的积极性，促进市县粮食仓储设施条件的改善。

（二）推进重点批发市场建设

继续做好重点粮食批发市场建设的督促和指导，抓好建设进度跟踪。2012年，重点粮食批发市场新增投资8996万元，累计完成投资19.8亿元。福州粮食批发交易市场的油脂批发市场已正式开业，杂粮交易中心进入招商阶段；上杭省际边贸粮食批发市场仓库已完工，正进行店面建设和交易大厅装修；宁化省际边贸粮食批发市场已开工建设；闽粤（诏安）粮食批发市场正在进行仓储设施建设；泉州·中国粮食城第三期建设项目商务中心已封顶。2012年，全省各级粮食批发市场吸纳各种经济成分的企业和会员1500多家，交易量600多万吨，交易金额140多亿元。

（三）推进农户科学储粮专项建设

积极争取并落实了农户科学储粮专项建设省级财政配套资金900万元，2012年安排在南平、三明建设农户储粮罐4.5万套，已于2012年9月底完成。

六   加强粮食法制工作，推进粮食依法行政

（一）加强粮食立法工作

按照省政府立法工作要求，对2011年列入省政府规章制定项目的《福建省粮食流通管理办法》作了进一步的修改、补充和完善，并配合省政府法制办召开了专家论证会，对有关单位的复核意见召开立法协调会进行协调，争取尽早出台实施。

（二）认真做好审批和年审工作

对《福建省粮食收购资格审核管理实施细则（暂行）》进行了修订，完善收购资格审核管理办法。全省具有粮食收购资格的经营者918家，其中：非国有574家，国有336家，外资企业8家。完成了133家骨干粮食加工企业和251家骨干粮店的年审工作，同时对骨干粮食加工企业和骨干粮店的最高最低库存量进行核定。

（三）认真开展全社会粮食流通监督检查工作

认真开展粮食流通监督检查示范单位创建活动，福清市粮食局被评为"全国粮食流通监督检查示范单位"。积极推进粮油经营企业档案管理的电子化，逐步建立健全监督检查信息档案和诚信评价体系，全省已建立监督检查信息档案企业1063家。依照《粮食流通管理条例》，各级粮食行政管理部门认真开展对粮食经营者从事粮食收购、储存、运输活动和政策性用粮的购销活动以及执行国家粮食流通统计制度的情况进行监督检查，维护粮食市场正常秩序。据统计，2012年全省共开展各类粮食监督检查行政执法活动1741次，出动检查人员6092人次，纠正违规行为82例。

（四）加强粮食质量监管

推荐三明粮食质量监测站作为国家粮食质量监测机构，推进粮食质量检测机构建设和升级。全省省、市两级粮食质量监测机构均通过国家粮食局考核，授权挂牌作为国家粮食质量监测机构。组织已获国家粮食局挂牌授权的9家粮油质量监测机构参加国家粮食局组织的专项培训和检验比对考核，提高质量检测水平。深入开展放心粮油进农村进社区工程建设，切实加强质量管理，落实质量安全责任，确保产品质量合格、卫生安全，全省有56家粮食企业被省粮食行业协会授予放心粮油示范企业，其中12家粮食企业被中国粮食行业协会授予全国放心粮油示范企业。制订了2012年粮食系统治理"餐桌污染"方案，认真组织开展"餐桌污染"专项检查、原粮质量抽查、政策性用粮抽查以及收获粮食品质测报等共10100批次。从检测结果看，粮食质量总体情况良好。

七   加强党建、党风廉政建设，搞好爱粮节粮宣传，树立粮食系统良好形象

各级粮食部门深入学习贯彻党的十八大和全省机关党的工作会议精神，积极开展保持党的纯洁性主题教育活动和基层组织建设年活动，推进学习型党组织建设，切实把思想和行动统一到十八大精神上来。认真学习贯彻中央纪委十七届七次全会、省纪委九届二次全会精神，加强廉政教育和警示教育，开展重点工程、优惠政策执行情况等的监督检查，推进廉政风险防控工作。各级粮食部门认真组织开展2012中国"世界粮食日"和"全国爱粮节粮宣传周"活动，通过开展"爱粮节粮表述语"征集活动、编印爱粮节粮知识宣传手册、组织学生到爱粮节粮教育基地参观、放心粮油进社区进农村、名优产品展示展销、粮油知识咨询、饥饿体验等形式多样的宣传活动，利用广播、电视、互联网、电

信等媒体加大爱粮节粮宣传力度。福建日报刊登了省局领导撰写的《"爱粮节粮"是粮食安全的战略选择》的专题宣传文章，引起了社会的关注，对推动爱粮节粮工作发挥了积极作用。省局从行政经费中挤出10万元，在福建电视台综合频道和少儿频道天气预报节目刊播为期一年的爱粮节粮宣传公益广告，营造"人人关心粮食工作，共同保障粮食安全"的良好氛围。认真总结和提炼新时期"粮食精神"，加强政风行风和效能建设，完善绩效管理，深化文明单位创建活动，推进粮食行业文化建设，树立粮食系统良好形象。

◆ **福建省粮食局领导班子成员**

陈则生	党组书记、局长
冯利辉	党组成员、副局长
吴添富	党组成员、副局长
郑小蕊（女）	党组成员、纪检组长（2012年3月任职）

2012年2月，福建省省长苏树林（右一）到福建省储备粮管理有限公司漳州直属库调研。

2012年2月，福建省政协副主席叶继革（左二）到南平市中心粮库进行"建立粮食安全长效机制"专题调研。

2012年3月，福建省委副书记陈文清（右一）到省粮食局调研。

2012年8月，福建省副省长陈荣凯（左一）在长乐松下省级粮食储备库建设工地调研。

2012年5月，福建省粮食局局长陈则生（前排中）到长乐松下省级粮食储备库检查建设工作。

江西省粮食工作　　基本情况

江西省总面积16.69万平方公里，辖11个设区市、100个县（市、区），总人口4488万，其中农业人口2437万。2012年，全省生产总值12948.5亿元，增长11%；财政总收入2046亿元，增长24.4%，其中公共财政预算收入1371.9亿元，增长30.2%；城镇居民人均可支配收入和农民人均纯收入分别增长13.5%和13.6%。

江西是一个农业人口多、农村地域大、农业比重相对较高的省份，粮、猪、油、菜、水产等主要农产品产量在全国占有重要地位。2012年，全省粮食播种面积367.59万公顷，总产量2085万吨（其中稻谷产量1795万吨，列全国第三），增加3.3万吨，实现"九连丰"；单产5671.5公斤／公顷，总产、单产再创历史新高。全年累计收购粮食1070万吨（其中早稻收购420万吨，居全国前列），同比增加35万吨。

2012年粮食工作

2012年，江西省粮食系统广大干部职工在省委、省政府领导和国家粮食局指导下，秉承"为耕者谋利、为食者造福、为企业增效"的服务理念，认真执行国家粮食政策，大力推进粮食流通产业发展，加强粮食宏观调控，强化粮食流通监督检查，维护粮食流通市场秩序，较好完成全年各项工作任务。

一　科学谋划，粮食产业发展取得新突破

一是形成了更加清晰的粮食流通产业发展思路。在基本完成国有粮食企业改革的基础上，通过充分调研，明确提出通过5~8年的努力，着力构建现代粮油加工体系、粮食仓储物流体系、粮食宏观调控体系、粮食市场体系、粮食流通监督保障体系等粮食流通产业"五大体系"，实现粮食加工转化率达80%，粮油加工业总产值突破1500亿元，标准化仓容2000万吨等目标的发展规划和思路。二是认真组织实施了粮食流通产业财政补贴项目。经省政府同意，从超级产粮大省奖励资金中落实8000万元专项用于支持粮食流通产业发展，对69家符合条件的粮油加工、粮油仓储和粮油应急保障企业给予贷款贴息扶持。三是积极推动主食产业化工作，开展主食产业化企业专项调查。明确江西省主食产业化的发展目标、发展重点和推进措施，并就方便米饭和方便米粉工业化生产进行试点探索，争取将江西省列为南方主食产业化试点省。四是抓好粮食重点项目建设。省粮油批发市场引入民间资本，共同组建

南昌国家粮食交易中心农产品大市场，该项目已经省政府批复同意正稳步推进；省粮油集团公司进一步整合资源，投资建设鄱阳湖农产品综合交易市场，建成以农产品交易为核心，配套物流配送、仓储加工等综合服务的现代化农产品市场；重点抓好省储备粮公司永修直属粮库、南昌成品粮应急低温储备仓、南昌国家粮食交易中心等涉及粮油仓储、物流、加工的13个重点项目，总投资额达7.22亿元，其中中央预算内投资5950万元。同时，积极争取中央和地方财政资金4939万元用于各级粮食部门仓储设施维修。

二　保供稳价，粮食宏观调控有了新举措

一是深入农村贯彻国家粮食政策，加强对粮食收购市场形势分析，指导各类市场主体做好粮食收购工作。特别是中晚稻收购期间，针对全省部分县（市、区）中晚稻市场收购价格低于国家最低收购价的情况，及时协调省发展改革委、农发行省分行、中储粮江西分公司等部门向省政府和国家有关部委争取，分两批在丰城市、余干县等17个县（市、区）启动最低收购价执行预案，并将预案执行时间延期至2013年1月31日。2012年，全省累计收购粮食1070万吨，比上年同期增加35万吨。其中，早稻收购420万吨，居全国前列。由于启动中晚稻最低收购价执行预案，及时遏制了收购价格下行态势，中晚稻市场收购价止跌企稳，有效解决了农民"卖粮难"问题。二是充实储备粮规模，提高储备粮保管费用。2012年新增5万吨省级储备粮实物收储计划，已全部落实到位，并会同省财政厅将省级储备粮保管费用提高到0.1元/公斤。指导各地积极加大落实地方储备规模的力度，目前，市县储备粮已达58.45万吨。三是在新陈价差拉大、轮换难度增加的形势下，指导企业准确把握轮换节奏，做好省级储备粮轮换工作，目前已全部完成轮换任务。四是完善粮食应急体系建设。修订完善《江西省粮食市场价格监测方案》，加强粮食市场和价格监测、做好粮食应急加工（供应）企业授牌工作，认真履行粮食部门保供稳价职能，维护全省粮食市场和价格的基本稳定。五是深化粮食产销合作，多渠道搭建产销对接平台。扩大与福建、黑龙江等省的合作，组织企业参加粮食贸易洽谈会。组织各种不同类型所有制的企业和单位参加外省举办的大型粮油产品及设备技术展览会和粮食交易合作洽谈会，大力宣传赣产粮油品牌。

三　加强督查，规范市场秩序取得新成效

一是推进粮食流通监督检查体系建设。通过粮食流通监督检查示范单位创建活动开展，积极指导各地加强粮食流通监督检查机构设置、人员配备、经费落实，目前，全省98%的县级粮食行政管理部门成立了监督检查机构，60%的县级粮食行政管理部门成立了执法大队。二是认真开展粮食库存检查。通过企业自查、设区市复查、省局抽查的形式，组织对全省698家企业开展粮食库存检查，并对重点非国有粮食经营企业及转化用粮企业商品粮进行了摸底调查，促进企业库存管理水平和粮食部门依法监管水平的提升。三是组织开展油菜籽收购专项检查，对省内从事油菜籽收购活动的各类粮油经营、加工及转化企业，重点就按规定报送有关统计报表情况、是否存在压级压价抬级抬价收购行为以及入库的菜籽油质量等级是否符合规定标准等内容，进行了专项检查，未发现违法违规问题。四是组织全省统一开展粮食经营者建立粮食经营台账和执行粮食流通统计制度情况的检查。重点检查粮食经营者建立粮食经营台账和报送粮食统计报表的情况。全省共检查粮食经营企业2173户，对检查中发现

的问题依法进行处理，并督促相关企业进行整改。五是组织开展政策性粮食销售出库专项整治活动。把政策性粮食销售出库问题作为全省粮食系统廉政建设专项治理的主要内容，印发了专项治理工作实施方案，组织在全省粮食行政管理部门和政策性粮食承储企业对2011年以来的政策性粮食销售出库开展专项整治活动，规范政策性粮食出库行为。

四　依法管粮，依法行政能力得到新提高

一是开展《江西省粮食收购资格许可管理办法》修订工作，该办法已经省政府第71次常务会议讨论通过，从2013年1月1日起正式实施。新办法把所有从事粮食收购活动经营者都纳入行政许可管理范畴，并对粮食收购资格实行3年有效期制。二是完善粮食法制建设。积极参与《粮食法》修订工作，多次召开专题座谈研讨会，组织各地就完善《粮食法》进行研讨，广泛听取并收集意见，认真汇总提交修改建议，为粮食立法积极建言献策。三是完善了自由裁量权参照执行标准。按照省法制办要求，对《粮油仓储管理办法》规定的行政处罚条款进行了细化，在原有标准的基础上，制定了《江西省粮食行政管理部门行政处罚自由裁量权参照执行标准（补充）》。四是加强粮油质量监管。重点加强省级储备粮、军供粮油、救灾粮等政策性粮食质量的监测、抽查，组织开展全省粮食质量安全专项整治；认真贯彻落实粮油仓储管理规范和技术规程，加强粮食质量监测，规范使用储粮药剂，推广绿色、环保的科学保粮技术，保证粮食储存安全和质量安全；加强粮食质量管理制度建设和粮食质量检验体系建设，积极推进粮油质量标准化工作，认真开展粮食质量安全调查、监测，粮食质量调查和品质测报工作逐步规范，促进粮食质量安全水平的提高，提升粮食质量安全保障能力。

五　夯实基础，和谐粮食行业构建取得新进展

一是严格落实党风廉政建设责任制，不断完善惩治和预防腐败体系，落实《廉政准则》和"三重一大"事项集体决策制度，完善风险岗位廉能管理机制，重点开展工程建设领域突出问题、物资采购、大宗粮食交易"三项专项治理"工作，2012年省级储备粮轮换进入粮食批发（交易）市场进行网上竞价交易达8168万公斤，销售价格普遍高于市场价格，有效规范政策性粮食交易行为，提高政策性粮食交易经济效益，确保国有资产的保值增值。二是加强队伍建设。坚持以教育培训为重点、以队伍建设为核心，加强党政领导、企业管理、专业技术、技能人才的培训管理工作，全年共培训1652人次，为全省粮食流通产业科学发展提供智力支持和人才保障。三是抓好社会管理综合治理与安全生产。围绕党的十八大、重大活动，落实综治领导责任、夯实综治工作基础、加强综治规范化建设、深化矛盾纠纷排查调处、开展粮食行业"打非治违"等工作。全年没有发生重大安全事故、交通事故、火灾事故；没有发生重大事故和群体性事件，没有发生影响稳定的事件，继续保持全系统和谐平安的良好治安环境。四是进一步巩固发展提升年活动成果，扎实有效开展影响发展环境作风集中整治活动，发展环境继续优化。五是机关政务事务取得新进展。省局公文运转、政务信息报送、政府信息公开、机要保密及政府网站建设等工作取得新成绩。进一步规范事务管理，建立健全内部管理制度，扎实有效开展公共机构节能工作，降低行政运行成本，较好地完成了各项公务接待，为服务全局中心工作提供了可靠的后勤保障。六是老干部、工青妇、粮食行业协会、粮经学会等继续发挥群团组织桥梁纽带作用，为全局各项业务工作的开展和精神文明创建等作出了有益贡献。

◆ **江西省粮食局领导班子成员**

熊根泉	党组书记、局长
蔡厚勇	党组成员、纪检组长
罗　洪	党组成员、副局长
刘福元	党组成员、副局长
路　线	巡视员

江西省省长鹿心社（右二）在粮油加工企业调研，省粮食局局长熊根泉（右一）陪同。

江西省政府副省长姚木根（前排左二）调研粮食收购工作。

江西省粮食局局长熊根泉（左三）调研夏粮收购工作。

江西省粮食局局长熊根泉（左六）出席南昌市放心粮油店开业仪式。

江西省粮食局捐赠农户科学储粮仓给赣南苏区农户。

山东省粮食工作　基本情况

　　山东省位于我国东部沿海，黄河下游，陆地总面积15.71万平方公里，近海域面积17万平方公里。截至2012年初，全省共有9591万人，其中，非农业人口3548万，占41%。2012年，山东全年实现生产总值50013.2亿元，同比增长9.8%。全省城镇居民人均可支配收入25755元，增长10.7%；农民人均纯收入9446元，增长11%。

　　2012年，全省粮食产量4511万吨，其中小麦2180万吨，稻谷103万吨，玉米1995万吨，大豆37万吨，杂粮196万吨。全省食用油产量317万吨，其中花生油76万吨，大豆油176万吨，其他杂油60万吨。全省食用油料产量351万吨，主要是花生，产量为349万吨。全省粮食消费4391万吨，其中口粮消费1673万吨（农村口粮1101万吨，城镇口粮572万吨），饲料消费1421万吨，工业用粮1177万吨，种子用粮120万吨；分品种，小麦1846万吨，稻谷193万吨，玉米1554万吨，大豆635万吨，其他163万吨。

2012年粮食工作

　　2012年，山东省各级粮食部门牢牢把握"稳中求进"工作总基调，以"稳市场、强产业、惠民生"为工作重点，着力推进粮食流通宏观调控、粮食市场监管、粮食产业发展"三项民生工程"建设，全省粮食事业又好又快发展。

一　粮食流通宏观调控水平显著提升，省内粮食市场保持基本稳定

（一）粮食购销量稳步增长

　　2012年，省内各类粮食经营企业从农民手中直接收购粮食3039.5万吨，同比增加65.8万吨；销售粮食3994.78万吨，同比增加335.75万吨；转化用粮3014.72万吨，同比增加192.87万吨；12月末，全省社会商品粮库存达到526.67万吨。全省8个市启动最低收购价预案，收购最低收购价小麦176.89万吨，有效保护了粮农利益。

（二）保供稳价成效显著

　　全年，国家分65个批次累计向山东下达政策性粮食销售计划909.12万吨，通过省粮油交易中心向市场竞拍销售140.48万吨，年内安排地方储备小麦轮换计划82.8万吨，其中省级13.5万吨；有效保障

了省内粮食市场需求。组织参加福建、黑龙江和山西粮食产销协作会，共签订产销协议200.2万吨，有效平衡了全省粮食供需缺口。

（三）地方储备体系更加完备

截至12月末，全省统算超额完成省政府下达的地方储备粮计划。应急保障、市场监测能力有效提升。全省应急加工、供应企业分别达到327家和1457家，粮食市场监测点达到648个。

（四）军供工作再上新台阶

圆满完成了年度军粮供应和驻（海）训演习部队的主副食品保障任务，积极开展军供应急保障演练，军供应急粮油储备进一步充实。军供单位有序参与放心粮油和主食产业化工程建设，军粮质量和效益有了显著提高。全年，维修改造军供营业设施2万多平方米，建设放心粮店154家，副营业务实现利润700多万元。全省5个军供站被评为全国百强军供站，1个军供站被评为全国百强军供站示范站。

二　粮食流通市场监管水平显著提升，省内粮食市场运行规范有序

粮食规范化执法示范县创建活动开展三年来，全省粮食规范化执法示范县达到91个。认真开展粮食库存检查工作，组织督导组、工作组，对1113家企业库存粮食进行了检查，全省库存粮食数量真实、质量良好、储存安全。认真开展夏、秋粮收购专项检查，共出动检查人员10345人次，检查收购主体5535个次，查处违法违规案件459例。加强粮食市场日常监管，重点对粮食收购资格、粮食流通统计制度执行等情况进行了检查，全年开展执法检查6635次，查处案件962例，暂停或取消粮食收购资格21家。加强粮食质量检测体系建设，新增国家粮食质量检测机构1家，省内粮食质量检测机构达到31家。认真开展粮食质量检查，全省共扦取库存粮食样品60份，新收获小麦、玉米样品739份，经检验，质量和卫生状况总体良好。积极开展粮食执法宣传，全省共组织21000余人次，设立宣传点1200余个，印发宣传材料78800余份，在全社会营造了浓厚的依法管粮氛围。

三　粮食产业发展水平显著提升，省内粮食行业转方式调结构成效明显

（一）粮食实体经济继续快速发展

全省列入国家粮食局和农发行重点扶持的粮食产业化龙头企业150家，粮食加工转化能力和主要经济指标继续保持全国同行业领先位次。

（二）粮油仓储设施建设扎实推进

全年共争取各类补助资金9644万元，其中中央下达山东仓库维修改造资金3634万元，省级配套770万元；获批粮油仓储及物流项目12个，中央补助资金4650万元，省级配套590万元。积极做好"危仓险库"专项调查，全省共查出需大修仓容188.6万吨、待报废仓（罐）容47.36万吨。

（三）粮食集聚发展能力及科技水平进一步提高

2012年，全省十大粮油产业园区投资总规模达到420亿元左右，经营总收入保持在850亿元左右。全省粮油加工业研发资金连续5年保持在7亿元以上，省级以上企业技术中心达到44个。

（四）粮食产业的政策扶持力度明显增强

全年，省级财政下拨各项粮食专项资金1.2亿元，全省市以上地方储备粮补贴标准全部提高，年可为安全储粮增加补贴收入3400万元。协调农发行认定夏粮收购贷款资格企业427个，累计取得粮食

收购贷款122亿元，同比增加31亿元；落实产业化龙头企业贷款76亿元，同比增加4亿元。全省认定免税粮食企业294户，免除相关税负7000多万元。

四   国有粮食企业市场竞争力显著提升，省内国有粮食经济持续健康发展

2012年，全省国有及国有控股粮食企业实现销售收入356亿元，综合经济效益3.73亿元，居全国第二位，同比增长5%。截至12月末，全省国有及国有控股粮食企业资产325亿元，资产负债率76%，同比下降1个百分点，净资产77亿元，同比增长8.6%。国有粮食企业经营管理体系进一步健全。省内国有及国有控股粮食企业年内开支商品流通费用22.8亿元，商品流通费用率6.4%，同比下降0.4个百分点。全省新增会计规范化管理示范单位24家。粮油仓储管理和安全生产工作进一步加强。全省考核评定规范化管理示范粮（油）库31家，十佳示范粮库10家，对1074家粮油仓储企业进行了备案。地方储备粮库信息化建设向智能化方向大步迈进，省粮油仓储管理系统顺利通过省经信委验收，无线数字粮情检测、智能通风、能耗监控及可视化控制等系统投入运行。

五   粮食服务民生能力显著提升，三项民生工程继续深入推进

（一）放心粮油工程再上新台阶

2012年，省财政安排专项资金6000万元，支持40个县（市、区）放心粮油工程建设。年内全省新增放心粮油网点983个，新建放心粮油配送中心24个，日配送能力达到5247吨。

（二）居民厨房工程实现新突破

2012年，按照国家粮食局要求，各地把居民厨房工程与主食产业化发展结合起来，以中心厨房和配送中心建设为重点，深入推进居民厨房工程建设。年底，全省居民厨房服务网点发展到2757个，实现销售收入18.2亿元。

（三）农户科学储粮工程迈出新步伐

建立了农户储粮技术服务中心，农户储粮信息化管理模块在全国率先投入使用。圆满完成2011年度农户科学储粮专项建设任务，为15万农户制作发放彩钢板示范仓15万个。争取2012年度建设计划15万户，落实中央和省补助资金3850万元。

◆ **山东省粮食局领导班子成员**

孟庆秀	党组书记、局长
乔延亭	党组成员、副局长
王顺厚	党组成员、纪检组长、监察专员（2012年10月退休）
缑怀祯	党组成员、副局长
丁兆石	党组成员、副局长
张　斌	党组成员、副局长
李　伟	副巡视员

2012年10月16～18日，第十二届中国国际粮油产品及设备技术展览会在济南举办，国家粮食局局长任正晓（左二）、山东省副省长张超超（左一）、农业部副部长牛盾（左三）及省粮食局局长孟庆秀（右一）出席开幕式。

2012年3月6日，山东省全省粮食工作会议在济南召开。

2012年12月18日，山东省粮食局驻村"第一书记"帮扶项目竣工暨农户科学储粮示范仓发放仪式在泗水县星村镇北百顶南村举行。

河南省粮食工作　基本情况

河南省地处华夏腹地，位于黄河中下游，历史悠久、文化灿烂。是全国第一人口大省、第一农业大省、第一粮食大省、第一农村劳动力输出大省、第一粮食转化加工大省，也是全国重要的工业大省、经济大省、文化大省。全省国土面积16.7万平方公里，平原面积占总土地面积的55.7%。全省处在暖温带和亚热带交错的边缘地区，得天独厚的自然条件适宜粮棉油等农作物生长，盛产小麦、玉米、稻谷、大豆、薯类和芝麻、花生等，粮食总产量占全国的1/10，2012年粮食总产量达到5638.6万吨，连续9年增产、连续7年超千亿斤，故此素有全国"粮仓"之称。

2012年粮食工作

2012年，河南省粮食系统在省委、省政府的正确领导和国家粮食局指导下，深入贯彻落实科学发展观，坚持"为耕者谋利，为食者造福"的服务理念，围绕"抓好收购促增收、加强调控保供给、深化改革转方式、发展产业惠民生、科学管粮上水平"的目标扎实开展工作，圆满完成省政府下达的年度责任目标任务。全省各项粮食工作呈现出好的趋势、好的态势、好的气势，有力地推进了粮食生产与流通协调发展，为保障国家粮食安全和粮食市场稳定、推动全省经济较快持续发展作出了积极贡献。一年来，全年全社会完成粮食收购3250万吨，销售粮食4320万吨；落实招商引资项目 38个，引资金额7.6亿元；科学储粮率一直保持在80%以上；"一符四无"粮油率达到95%；保质保量地完成了5万户农户科学储粮专项工程；年粮食加工转化能力3500万吨以上，平均粮油加工转化率超过72%。

一　　做好粮食收购

2012年6月13日，省政府召开了全省夏粮收购电视电话会议，对做好夏粮收购，特别是小麦最低价收购工作进行安排部署。6月19日，省粮食局召开了"夏粮收购媒体通气会"，加大最低价收购政策宣传力度，让农民明白交粮、放心交粮。省政府组成6个督导组，到各地检查指导夏粮收购工作。各级粮食行政管理部门切实加强对执行国家粮食收购政策的监督检查，积极受理农民群众的举报、投诉。各地做到了收购政策公开、价格公开、质量标准公开、验粮公开、计量公正，坚持依质论价，不给农民打白条和代扣各种费用，确保了国家惠农政策落到实处。秋季召开了全省秋粮收购工作会议，印发了做好秋粮收购工作的通知书，对加强市场管理、搞好市场粮油收购进行了全面安排。2012年，全省共准备仓容3060万吨，收购粮食3250万吨。其中按最低价收购小麦981.5万吨，占全国最低收购价收购量的42.2%。全省农民仅出售夏粮就获得现金收入356亿元，有效促进了种粮农民丰产增收。

二　积极组织粮食销售

2012年，组织河南省粮食交易物流市场、郑州粮食批发市场开展政策性粮油拍卖活动98次，成交小麦、稻谷892万吨，保证了市场有效供给。继续加强粮食产销衔接，巩固与全国18个省、市建立起来的长期稳定的购销关系。先后组织河南省企业参加第八届7省粮食产销协作福建洽谈会、山西粮食及小杂粮产销洽谈会，共成交粮食115万吨。同时，组织河南省粮食收购企业与中央企业、外资企业以及省内外大型用粮企业对接，开展粮食购销贸易、仓库租赁、代收、代储、代销等多种合作，实现资源共享、优势互补。当年，全省销往省外原粮及粮食制品4000多万吨，主要销向南方、西南及沿海省市。

三　增强粮油应急能力建设

充实地方粮油储备。认真落实《河南省省级储备粮管理办法》和国家下达河南省的地方储备油规模，增加了食用植物油储备和成品粮油库存，确保市场调控能力不断增强。不断完善粮油应急机制。通过全省28个价格直报点对主要粮食品种的购销、批发价格进行监测，为实施有效调控提供决策依据。积极争取财政支持，逐步完善应急网络平台建设。组织各省辖市及部分县粮食局参加国家粮食局组织的粮油应急工作培训。制订下发《关于建立全省粮食应急保障网络的通知》，全省850多个应急保障骨干网点基本建立，其中应急供应零售网点550个。18个省辖市和部分县（市、区）粮食应急保障制度进一步完善，应急保障网络基本形成。

四　做好军粮等政策性粮食供应

修订和完善军粮省级统筹采购办法，坚持对军粮加工企业实行资质审查制度，推动军供站与粮油加工企业的战略合作。同时严格军粮质量检验，认真落实"一批一检一存档"制度、出入库检验制度和军供站长质量第一责任人制度，始终把保证军粮质量作为做好军粮工作的"生命线"。还强化服务意识，始终把官兵满意作为衡量军供工作的标准，驻豫部队的满意率达到95%以上。妥善安排好灾区、贫困区、水库区移民等政策性粮油保障工作，重点做好节假日期间粮油供应工作，确保了社会和谐稳定。

五　实施推广主食产业化

省粮食局认真履行主食产业化牵头单位职责，组织起草和积极推动《河南省人民政府关于大力推进主食产业化和粮油深加工的指导意见》、《2012-2020年河南省主食产业化发展规划》，建立健全了主食产业化领导组织，出台相关保障措施，科学规划河南省主食产业化发展。2012年5月，国家粮食局在郑州召开全国粮油加工业暨主食产业化工作会议，向全国推广了河南建设主食产业化集聚示范区的经验。省直相关单位积极支持主食产业化和粮油深加工工作，发展改革部门优先将符合条件的重大主食产业化发展项目纳入省重点项目管理；财政部门整合涉粮、涉农资金2亿元予以贴息，支持、带动了134个主食产业化和粮油深加工项目，项目总投资达120亿元。据统计，2012～2013年度全省主食产业化和粮油深加工重点项目222个，总投资291.6亿元。通过主食产业化的实施推广，实现了坚持保粮和增效并重，进一步加快转变粮食产业发展方式，成功地把全省粮食资源优势转化为经济优势、产业优势，促进了"三化"协调，使河南省主食产业工作在开局之年取得重大突破，也使河南主食产业化工作走在了全国粮食系统的前列。

六　发展粮油产业集聚区

全省充分利用主要粮食品种优势，整合各类资金，加快粮食产业园区、物流园区建设步伐，构建从田间到餐桌的新型全产业链发展模式，带动形成产业园区和产业集聚区，推进全省粮食产业升级，探索并创造了"仁和粮食银行"、"瑞阳农民合作社"等改革发展模式。截至目前，全省建立以粮油食品为主的产业集聚区35个。

七　扩大粮食行业开放

编制了《河南省粮油深加工招商引资项目指南》，筹办"河南省粮食行业招商引资项目推介会"和"河南省主食产业化高层论坛"。先后组织全省粮食行业40家企业300多人参加第十二届中国国际粮油产品及设备技术展览会、2012年全国农产品加工业投资贸易洽谈会参展参会，全年落实招商引资项目22个，引资金额10亿元。积极实施粮食行业"引进来"、"走出去"，河南工业大学、河南山信米业有限公司、河南阳光油脂集团和登封谷源农业发展有限公司等单位分别在柬埔寨、塞内加尔及法国实施大米援建和小麦深加工合作项目，其中，为柬埔寨承建年收储能力120万吨、年加工能力20万吨稻谷的建设项目基本达成了共识，一期总投资12亿元人民币。

八　积极参与"军民融合物联网应用示范工程"建设

落实河南省人民政府与解放军总后勤部签署的《关于推进应急运输与物流军民融合式发展战略合作协议》要求，调研推进"粮油食品冷链物流安全管控平台"建设，在保证应急和战备供应需求的前提下，充分发挥河南粮食生产和加工资源丰富的比较优势，引领和带动全省涉粮和食品加工企业产业集群的形成和发展，健全覆盖农产品收集、加工、运输、销售各环节的冷链物流体系，真正实现军民融合式发展新途径。"粮油食品冷链物流安全管控平台"可行性研究报告得到军方充分肯定。

九　积极破解粮食企业融资发展瓶颈

省粮食局与省邮储银行签署了"信贷助粮"工程战略合作协议，为全省粮食企业争取各类贷款50

多亿元，重点扶持主食加工和粮食深加工龙头企业。与省农发行合作共同建立"河南省省直粮食企业粮食共同担保基金"，目前信贷支持规模已达12亿元。推进粮食企业战略性重组，开展了组建河南粮食集团的调研、论证工作。

＋　积极推进依法管粮

扎实开展粮食库存检查。2012年，全省组成工作组333个，抽调检查人员3810人，对区域内所有中央储备粮、国家临时存储粮、地方储备粮，以及国有粮食企业的商品粮库存等3555个库点进行了全面检查，检查粮食储存库点，位居全国之首。检查结果得到国家联合检查组的充分肯定，为建立全国性库存地检查长效机制积累了经验。积极做好《粮食法（征求意见稿）》等法律法规征求意见工作。起草了《关于加强粮食收购资格审核完善粮食收购资格条件的通知》，完成了《修订完善〈河南省省级储备粮管理办法〉》的项目立项申报工作。做好中央、省级储备粮代储资格审核、审批工作。实行粮油仓储单位备案管理，对符合条件的2408个单位颁发了统一印制的《河南省粮油仓储单位备案证书》。抓好"六五"普法教育，提高了粮食依法行政能力和社会认知度。粮食流通监督检查体系建设进一步加强。全面建立了监督检查工作日志制度和省、市粮油库存检查专业人才库，全省90%的县级粮食部门为区域内的粮油经营企业建立了一户一档信息库，全省粮食企业诚信评价体系初步建立。2012年，全省命名省级监督检查示范单位10个，成功创建国家级粮食流通监督检查示范单位3个，创建数量和质量名列全国前列。省粮食局被评为2012年度全国粮食流通监督检查先进单位。2012年，全省各级粮食行政管理部门共开展各种形式的监督检查行政执法活动3065次，出动人员22857人次，检查企业15347个次，共查处各种涉粮案件964例，依法取消了242家不符合条件的经营者的粮食收购资格，促进了粮食市场秩序的进一步规范，维护了粮食生产者和消费者的利益。

十一　加快粮食行业基础保障体系建设

2012年，争取国家支持河南省粮食检验监测能力建设项目投资2610万元，全省13个省辖市和3个县（市）粮油检验机构获得国家局挂牌，省、市、县三级粮食质量检测体系初步建立。认真编制了《2012年河南省小麦质量品质报告》，首次举办了河南小麦质量信息发布会，产生了良好的社会影响。争取省级财政拨付科学保粮资金1530万元，严格仓储设施的转让、改用、报废和拆除等审批手续，确保了粮食仓储设施的性能完好和正常运行。抓好了"小粮仓"建设推广，顺利完成了2011年度5万户农户科学储粮专项建设任务，2012年度5万户科学储粮专项工程建设正在有条不紊实施。扎实做好全省粮油加工业统计、主食产业化统计、粮食仓储设施统计、流通基础设施建设统计、产业化经营和三产统计、招商引资统计等各项行业统计工作。进一步加强职工培训和职业教育，先后组织了1116名技术工人参加了粮油保管员、制粉工和粮油质量检验员的初、中、高级理论考试。筹备成立了河南省粮食行业职业教育校企合作委员会。积极推进与南阳市人民政府合作共建"河南粮食职业学院"，充分利用河南省完备的粮油科研教育体系，积极组织产、学、研相结合，培育一支门类齐全、技艺精湛的粮食行业高技能人才队伍。

◆ **河南省粮食局领导班子成员**

苗永清	党组书记、局长
杨天义	党组成员、副局长
于前锋	党组成员、省纪委驻粮食局纪检组长
刘大贵	党组成员、副局长
李国范	党组成员、副局长
乔心冰	党组成员、副局长
葛巧红（女）	党组成员、副局长
李志强	副巡视员

2012年5月30～31日，全国粮油加工业暨主食产业化工作会议在郑州召开。国家粮食局局长任正晓（左四）、省政府副省长刘满仓（右三）出席，国家发改委、工业和信息化部、中国农业发展银行有关负责同志应邀出席了会议。

2012年5月18日，河南省2012年粮食科技活动周启动暨农户科学储粮小粮仓发放仪式在登封举行。

2012年6月13日，河南省政府在郑州召开2012年全省夏粮收购工作电视电话会议。省发展改革委、省粮食局、农发行河南省分行、中储粮河南分公司负责人和各市县有关负责同志参加了会议。

湖北省粮食工作　基本情况

湖北省总面积为185897平方公里，约占全国总土地面积的1.94%。全省有12个地级市、1个自治州、1个林区，3个直管市，24个县级市、40个县（包括2个自治县）。全省耕地面积3361.86千公顷。截至2012年末，全省常住人口5779万，其中城镇人口3091.77万，乡村人口2687.23万，城镇化率达到53.5。2012年，全省实现地区生产总值22250.16亿元，同比增长11.3%。地方财政一般预算收入1823.05亿元，同比增长19.4%。全省城镇居民人均可支配收入达到20839.59元，农民人均纯收入7851.71元，增长13.8%。

湖北省是粮食主产省和全国重要的商品粮生产基地。粮食作物主要有水稻、小麦、油菜籽。全省粮食商品率一般在35%左右。2012年，全省粮食种植面积4180.1千公顷，比上年增加5.8万公顷，粮食总产量2441.8万吨，增长2.2%。油料总产量319.7万吨，增长4.9%。全省纳入统计的各类粮食企业共收购粮食1380万吨，比上年增加65万吨，增幅4%。收购油菜籽210万吨，与上年基本持平。依靠执行国家保护性收购政策，助农增收约10亿元，有效地维护了种粮农民利益和保护了种粮积极性。

2012年粮食工作

一　抓好粮食宏观调控，提高粮食安全保障能力

（一）做好保供稳价工作，保障粮食市场供应基本稳定

落实粮食保供稳价政策措施，加强粮油市场监测，搞好粮油市场供需平衡调查分析，定期发布粮油市场行情信息，引导城乡居民理性消费和市场预期；组织轮换储备粮12.9万吨、储备油1.93万吨。武汉国家粮食交易中心成交各类粮油21.01万吨。首次开展粮食应急演练，锤炼粮食应急实战能力。以上措施对全省粮食通胀预期、控制物价过快增长、促进全省经济平稳较快发展起到了稳定作用。

（二）研究指导粮食收购，维护粮食收购市场秩序

2012年，全省粮食购销两旺，市场活跃。经省政府同意，省粮食局会同省农业厅、省物价局、中储粮湖北分公司、省农发行联合下发《关于建立粮食收购工作联席会议制度的通知》，推进部门沟通协调制度化、常态化，及时解决粮食收购中出现的困难和问题，确保粮食收购顺利进行。加强政策宣传和监督检查，引导各类市场主体积极入市收购，方便了农民卖粮，搞活了市场流通。

（三）加强地方储备粮油管理，夯实粮食安全基础

下发《关于进一步规范省级储备粮油入库验收工作的通知》，明确验收内容、改进验收方式、规范验收操作程序，强化验收责任，保质保量完成省级储备粮轮换计划。下发《关于进一步规范省级储备粮油储存地点的通知》，规定省级储备粮油承储企业，必须具备规定的储存条件，禁止通过委托、租仓等方式，转交其他单位储存保管。探索建立省级储备粮动态调整机制，初步建立了优胜劣汰动态管理办法。

（四）做好政策性粮食供应工作，保证军需民食

争取省级财政资金500万元，与省级预算内军供网点建设资金200万元捆绑，用于30家军供站点网点维修改造，推进军供网点基础建设。广泛推广军供企业提档增效经验，提高服务质量和效益。认真执行政策性粮油供应任务，保证应急救灾用粮。

二　加快粮油工业跨越式发展，打造粮食经济强省

把农产品加工"四个一批"工程作为粮食部门和当前粮食工作的重要抓手，发挥规划的指导作用，提出粮油工业实现跨越式发展的目标任务，集中政策资金扶优扶强，加快推进产业发展方式转变，全方位推动湖北省粮油工业发展。2012年，全省规模以上粮油食品工业企业总数为1686个，大米、面粉、油脂产量分别为1558.06万吨、357.45万吨、358.04万吨，粮机制造量76401台（套）。全省粮油工业总产值1978.05亿元，总销售收入1907.51亿元。

（一）扶持重点龙头企业和打造产业园区

研究提出湖北省粮油工业跨越式发展的意见并以省政府办公厅文件印发各地。以建设产业园区为基础，以具体项目为抓手，突出重点，扶优扶强，着力培植粮油工业领军企业，集中力量支持和推动龙头企业发展。截至2012年末，全行业拥有国家级农业产业化龙头企业16家，省级农业产业化龙头企业140家，年销售收入过10亿元的企业25家，过30亿元的企业6家。湖北晶盛惠粮食股份有限公司股权在天津股权交易所成功挂牌。有6家粮油龙头企业被授予"农产品加工业'四个一批'工程先进企业"荣誉称号。全省有福娃粮油深加工产业园区、武汉国家粮食交易中心产业园区等20多个产业园区处于规划和建设阶段。安陆产业园区已经奠基，十堰小杂粮产业园已有多家企业落户，黄冈等多家产业园区进入规划阶段。

（二）培植知名粮油品牌

全省实施粮油精品名牌战略，三级粮油品牌体系日臻成熟。截至2012年度，全省粮油加工行业打造了2个中国名牌、6个中国驰名商标、45个湖北名牌、58个湖北著名商标，一批在省内外有一定知名度和市场占有率的粮油品牌产品进入省内超市和省外市场，粮油品牌建设进步明显。把着力点放在培植名牌企业和产品上，指导协调企业做好核心企业硬件建设、相关申报材料准备、管理等级等基础管理工作，为全省粮食行业品牌建设建立长效机制。11月，与省质监局联合印发《湖北省十大名牌大米、十大名牌食用油认定办法》，评选"湖北省十大名牌大米、十大名牌食用油"，为企业发展搭建更广阔平台。

（三）搭建龙头企业和粮油产品宣传平台

举办第十四届湖北粮油精品展示交易会，以"转型升级、跨越发展"为主题，共有228家企业和单位参展，汇集2000多种参展产品，展示面积达10540平方米。三天展期内，现场销售量1.037万吨，

零售额4498.9万元；合同交易量55.05万吨，协议交易额44.49亿元。本届展会规模之大、品种之多、质量之优、档次之高，均超历届展会，实现新的突破。组织开展2012年粮食科技周活动，围绕"小麦粉的营养与健康"的主题介绍小麦综合利用相关知识。宣传"为耕者谋利，为食者造福"的粮食文化。突出科技与生活同行，宣传事关人民健康的粮食科技知识，重点宣传我国的主食文化。8月份，组织福娃、国宝等十几家龙头企业参加"湖北美食名茶香港行"，大力宣传自己的名优产品，提高本企业产品的知名度，努力创造机会吸引外商资金共谋发展。

（四）推动粮油科技创新

发挥技改贴息项目的杠杆作用，积极引导和鼓励粮油加工龙头企业与大专院校、科研院所合作，提高企业技术档次，提升粮食加工转化增值水平。全省共安排技改项目70个，企业转型升级，深加工和综合利用项目比例进一步提高，起到了明显的辐射带动效果。一部分龙头企业与科研院所合作，建立以企业为主体、产学研相结合、优势互补的粮食科技创新体系。福娃集团与武汉工业学院联合成立了湖北省稻谷加工工程技术中心；湖北永祥粮食机械股份有限公司与华中科技大学联合在上海、武汉等地设立了技术研发中心；国宝桥米与省农科院共同实验新品种优质稻；洪森粮油集团与华中农业大学、中国农科院油料研究所、武汉工业学院搭建产学研合作平台。全省粮食加工转化率达81%，油料加工转化率达87%。

三　加强基础设施建设，夯实粮食流通物质基础

（一）做好中心粮库建设改造收尾工作

2012年是湖北省中心粮库五年建设改造规划的最后一年，省粮食局积极争取资金支持，在中央财政补助2712万元、省财政预算安排2000万元的基础上，增加补助2838万元，合计7550万元，对往年没有支持或支持不到位，以及需要重点帮扶的63县（市）中心粮库建设给予补助，减轻项目单位筹资压力，加快中心粮库建设步伐。全省新建中心粮库225万吨，改造中心粮库67万吨，符合现代储粮技术规范的粮库提高到334.4万吨。环流熏蒸、机械通风、计算机粮情测控等现代储粮技术手段在中心粮库广泛运用，有效保障了储粮安全。

（二）开展达标创优活动

湖北省粮食局在全省开展粮食仓储单位达标创优活动，从产粮大省奖励资金（粮食储备部分）中优先安排"达标创优"奖励，在安排其他奖补资金时，优先安排符合条件的"达标创优"企业。按照"从高从严，优中选优"的原则，确认"示范粮库"5家，"达标粮库"35家。全省粮食仓储单位设施设备和规范化管理水平都有了很大提高，库容库貌、职工精神风貌也有很大改观。

（三）指导粮食现代物流发展

争取省政府每年从产粮大省奖励资金中安排3000万元支持全省重点粮食物流产业园区建设，对全省已建成、在建和规划建设的粮食物流项目进行了调查，按照粮食有效中转仓容不小于5万吨，年中转量不小于30万吨、粮源集并或粮食辐射半径在100公里范围内，具备储备、中转、加工等多种功能，以及"四散化"作业条件的标准，指导各地开展粮食物流设施建设。

（四）稳步推进粮食市场体系建设

出台《省粮食局关于加强粮食市场体系建设的指导意见》和《省粮食局关于规范粮食市场体系建设和管理的通知》，对全省粮食市场体系建设进行了"三确定"，即确定发展目标、确定市场定位及

布局、确定实施步骤。按照"政府引导，企业主体，市场运作，适当补助"原则，推动全省粮食市场体系建设工作。对上报的140个项目进行资料审查与评审，确定2012年全省粮食市场体系建设给予扶持的55个项目。其中湖北放心粮油网1家（已经通过公开招投标方式，确定由方正国际（武汉）软件有限公司负责开发）、成品粮油批发市场2家、区域性粮油配送中心6家、放心粮油连锁店46家，扶持资金总计1000万元。

（五）实施农户科学储粮专项

完成2012年8万套粮食"丰产仓"公开招标采购工作。按照农户自愿、政府承诺，中央、省级、县市和农户按3:3:2:2比例落实资金的原则，将8万套粮食"丰产仓"分解到了33个县（市、区），落实到了农户，每年为农户减少粮食产后损失4800吨，减损增效1250万元。

四　推进依法管粮，加强粮食流通监管

（一）积极组织粮油库存清查

2012年湖北省共落实省财政粮油库存检查资金539万元。上半年，全省粮食系统与财政、农发行、中储粮等部门开展粮食库存专项检查，对襄州、曾都、黄陂、掇刀、荆州5个区（县）292个企业（库点）占全省粮食库存总量20%以上的粮食库存进行全面复查。全省1497家企业（库点）约1万人参与自查，省市县相关部门约1500人参与检查。下半年，湖北省被国家粮食局纳入开展国家临储油库存专项检查的6个省份之一，组织全省13个市（州）、32个县（市、区）粮食部门对省内2011年和2012年两年的国家临储油库存进行检查。重点对荆州公安县、洪湖市和荆门掇刀区、钟祥市6家企业的国家临储油库存进行全面抽查，抽查量占全省临储油总量的18.9%，对检查出来的有关问题，及时下达整改通知书进行整改。

（二）扎实开展各项专项检查

2012年全省共开展各类粮食监督检查2496次，出动人员24960人（次），检查企业15441个（次）。全省共查处各类涉粮案件457例，其中：责令改正258例，警告90例，罚款45例，暂停粮食收购资格18例，取消粮食收购资格13例，移交其他部门处理31例。省局直接受理的网上投诉、上级批办的来信举报投诉24起，并将处理结果及时向举报人和相关单位反馈，做到了案件查处率100%。切实保护农民利益，保证了国家粮食宏观调控政策的贯彻落实，有效维护了全省粮食流通市场秩序。

（三）认真清理和规范用权行为

按照"依法、便民、求实、创新"和"四减五制三集中"的原则，对省粮食局行政权力与服务事项进行逐项清理、登记、分级分类审查和编制职权目录，对不符合要求的不予上报，分类不正确的进行调整，漏报事项重新上报，同一类别相同事项进行合并，不规范的流程图进行修改、再造。经过反复清理、审核、上报、修改、调整，全局共清理上报34项行政权力和服务事项，经审改办最后审核确认，保留29项，下放了1项（粮食收购行政许可）。

（四）推进地方储备粮立法

2011年，省政府同意将《湖北省地方储备粮管理办法》列为2012年政府立法项目。经多方共同努力，《办法》已经省长办公会讨论通过，将于2013年以省长令形式颁布实施，此举将大力推动湖北省地方储备粮规范管理水平，相关仓储、财务、风险准备金等配套管理政策措施也在完善之中。

（五）加强粮油质量监管体系建设

省粮油质监站申报国家粮食局重点实验室，在江夏区新建重点实验室大楼，项目立项和土地平整工作基本完成。省政府投资的3780万元资金及中央投资省粮油质监站的160万元资金所购仪器设备已完成招标工作。3月举办全省粮食质检机构食品检验资质认定评审培训会，46家市、县（区）粮食质检机构的负责人和近80名技术人员参加培训。截至2012年度，37家粮食质检机构取得实验室资质认定和食品检验机构资质认定证书，5家粮食质检机构成为湖北省首批涉嫌食品犯罪检验及技术鉴定机构。

（六）加强粮食行业安全生产监管

对2012年初粮食安全普查中发现的32处安全生产隐患排查整改，对储粮化学药剂实行统一采购、集中存放和"专仓、专人、双锁、双账"管理，确保生产和药剂安全。在全省粮食行业安全生产领域开展"打非治违"专项行动，全面落实安全生产企业主体责任和部门监管责任，构建安全生产长效机制。对全省粮食仓储设施损毁情况进行统计，争取省政府安排资金1440万元，对全省38个受灾库点进行维修。全年没有发生重大安全生产责任事故。加大粮食行业特有工种技能培训和鉴定考核力度。全省3个技能鉴定站共组织技能培训544人次，经考试合格颁发证书457人，合格率84%。

五　围绕中心开展党群工作，加强部门自身建设

深入开展"三抓一促"活动，着力推动作风转变。继续深化创先争优活动，营造比学赶超氛围。及时开展保持党的纯洁性学习教育活动，不断强化党性锤炼。扎实开展文明处室创建活动，全面提升管理水平。工青妇组织开展了"三八"红色教育、"金秋助学"关注困难职工、"双联双促"、扶贫济困募捐等活动，于潜移默化中帮助干部职工提高文化素养，培养文化自觉，增强文化自信，营造了融洽和谐、乐观向上的工作氛围。

实施目标责任制考评，狠抓工作落实。从年底的集中检查考评来看，各市、州粮食局职能工作目标全面完成，在党的建设、文明创建、综合治理等方面获得了很多表彰奖励，取得了丰硕成果，有力提升了粮食部门的地位。

◆ **湖北省粮食局领导班子成员**

张忠宝	党组书记、局长（2012年4月任职）
孙永平	党组书记、局长（任职至2012年4月）
沈桥梁	党组成员、副局长（2012年8月止）
	巡视员（2012年8月任职）
马木炎	党组成员、副局长
邹海森	党组成员、副局长
费仁平	党组成员、副局长
胡新明	党组成员、副局长
姜卫新	党组成员、纪检组长
赵启玉	巡视员（2012年2月退休）
朱运清	巡视员（2012年6月退休）
齐 明	党组成员（2012年2月任职）
	华中粮食中心批发市场管委会办公室主任（副厅级）（任职至2012年8月）
	武汉国家粮食交易中心主任（2012年8月任职）
谭富生	副巡视员
邱建均	副巡视员（2012年8月任职）

2012年6月19日，湖北省政府副省长田承忠（左一）在杨庄粮库察看粮情。

2012年5月16日，湖北省粮食局局长张忠宝（左三）在应城市骨干粮库调研。

新建的荆州市中心骨干粮库。

农户科学储粮深受欢迎，种粮农民兴高采烈领取"丰产仓"。

湖北省粮食局"三万"工作队队员与当地农户座谈。

湖南省粮食工作　基本情况

　　湖南简称湘，因位于长江中游，省境绝大部分在洞庭湖以南而得名，湘江贯穿省境南北。境内以丘陵山地为主，东西宽667公里，南北长774公里。土地总面积211829平方公里，占全国土地总面积的2.21％，在全国各省区市中居第10位，共有耕地面积378.76万公顷。全省辖14个市（州），122个县（市、区），全省人口总数约为7120万。2011年，全省地区生产总值22154.2亿元，比上年增长11.3％；财政总收入达到2931.8亿元，比上年增长16.2％。

　　"湖广熟，天下足"，作为粮食生产大省，湖南素有"鱼米之乡"的美誉。全省粮食播种面积稳定在480万公顷以上，以种植水稻为主，有部分小麦、玉米及大豆等杂粮，其中稻谷产量常年稳居全国第一。2012年，全省粮食总产量3007万吨，比上年增加68万吨。粮食商品量1245万吨，比上年增加57万吨，商品率占41％。其中：稻谷产量2632万吨，同比增加57万吨；小麦9万吨，同比减少1.2万吨；玉米197万吨，同比增加8.5万吨；大豆22万吨，同比减少1.5万吨；其他杂粮147万吨，同比增加5.2万吨。

2012年粮食工作

　　2012年，面对复杂多变的经济形势，湖南省粮食系统在省委省政府的坚强领导下，紧紧围绕富民强省目标和"四化两型"建设要求，坚持以实施粮油"千亿产业"工程为重要抓手，着力推进由粮食生产大省向粮食经济强省转变，粮食流通工作成效显著、亮点纷呈，尤其是"千亿产业"工程快速推进、硕果累累，全省粮油工业及物流总产值首次突破1000亿元，达到1283.78亿元，成为湖南省第九个千亿产业，在湖南省粮食产业发展史上具有里程碑意义。

一　着力保供稳价，宏观调控能力显著增强

　　面对国际粮价大幅波动、国内农产品价格高位运行的影响和通胀预期的压力，全省粮食系统严格落实国家粮食宏观调控政策，坚持一手抓粮食收购，掌握充足粮源，保护农民利益；一手抓市场调控，保证有效供给，稳定粮食市场。

（一）抓好粮食购销工作

立足于早收粮、多收粮、收好粮，各级粮食部门不等不靠，主动作为，积极开展粮情调研、形势分析和政策宣传，及时准确提供市场信息，加强价格指导，引导企业理性收购，规避经营风险。主动加强与农发行的沟通协调，及早落实收购资金，全省认定172家企业粮食收购贷款资格，落实贷款158亿元。严格落实收购许可、跨区备案、质量控制和市场督查等制度，规范收购行为，维护收购秩序。2012年，全省共收购粮食949.16万吨（原粮，下同。含中储粮131万吨），收购油菜籽43.6万吨，带动农民增收近30亿元。加强产销衔接，积极拓展黑龙江、吉林两省玉米收购市场，跨省交易规模和品种调剂力度不断加大。全年共销售粮食1313万吨，其中销往省外220.6万吨；销售食用植物油150.5万吨，其中销往省外19.5万吨。

（二）加强储备体系建设

加强储备粮管理制度建设，完善了仓储单位备案管理、储备粮规范化管理、仓储单位储粮熏蒸方案备案办法等制度措施。超过国家指导性计划落实了地方储备粮任务，株洲、衡阳、常德、怀化4个市超额完成计划。狠抓食用植物油地方储备计划的落实，市州全部落实到位。扎实做好储备粮轮换工作，圆满完成了省级储备粮轮换任务。着力改善品种结构，12个市州建立了成品粮储备。加强骨干粮库建设和仓库维修改造。全年共争取中央财政仓库维修补助资金2352万元。同时，积极争取省财政支持，每年安排2000万元专项资金，用于骨干粮库仓储设施提质改造、搬迁重建以及重点物流园区配套粮库新建等，储粮条件得到极大改善。经过积极协调和不懈努力，省级储备粮保管与轮换费用补贴标准分别提高到每吨80元和140元，初步解决了这一困扰粮食系统八年之久的老大难问题。省级储备粮信息管理系统建设正式启动。

（三）完善应急保障体系

按照省政府的要求，及时修订完善了《粮食应急预案》，并颁布实施。注重加强粮油市场价格监测和应急体系建设，建立了覆盖全省的粮食价格监测、粮食安全预警和粮食应急保障体系，粮食宏观调控能力和应急保障能力进一步增强。认真落实国家军粮供应政策，加强军粮供应管理工作；保障体系更加健全，保障工作更加有力，军粮质量合格率、服务部队满意率、应急保障到位率均达到100%。5家军粮供应站跨入全国"百强军供站"行列。

二　全面增长提速，"千亿产业"工程硕果累累

2012年，是湖南粮油"千亿产业"工程实施的第三年，全省粮食系统认真贯彻落实省政府〔2010〕33号文件精神，迅速掀起加快粮油产业发展的热潮，"千亿产业"工程建设取得重大成果。2012年，全省粮油加工业及物流总产值达到1283.78亿元，比上年增长30.1%。其中粮油加工业总产值1064.9亿元（2009年为584亿元，2010年为642亿元，2011年为821.8亿元），粮食物流总产值218.88亿元。国有及国有控股企业盈利9384万元，增长35%。湖南粮油"千亿产业"工程5年目标3年完成，成为湖南省第九个"千亿产业"。

（一）大力培育产业龙头

坚持把培育大企业、大集团作为推进粮油"千亿产业"工程建设的突破口，快速提升湖南粮油企业市场竞争力和抗风险能力。湖南家家面业集团正式挂牌后，集团总数达到5家。同时，指导市州和县区加大资源整合、企业重组力度，株洲、娄底、邵阳、怀化、岳阳等地整合工作积极深入。株

洲市湖南神农粮油发展集团的组建工作基本完成，已上报市委市政府待批。企业集团整合以来，经济总量、盈利能力得到大幅度提升。湖南粮食集团总资产达到52亿元，全年实现销售收入26.72亿元，比上年增长102%；实现利润3303万元，比上年增长64%；国有资产保值增值率102%。成功控股中国粮食第一股——金健米业。洞粮集团全年经营总量32.8万吨，比上年增长22.8%；完成销售收入4.7亿元，比上年增长51.6%；实现利润729.6万元，比上年增长32.2%，超额完成计划70.5%。军粮集团全年共完成固定资产投资1200多万元，项目建设全面铺开，军粮经营业务已从单一的军供业务，逐步形成购、销、存、加、商一条龙的发展格局和比较完善的流通体系。集团自有品牌"浏阳河"大米已进入部队和市场，"湘军粮油"连锁超市网点遍布全省，实现销售收入3亿元。

（二）加快产业转型升级

坚持把推进粮油深加工和副产品循环利用作为粮食经济的主要增长点，支持和鼓励企业加大科研投入，开展关键技术攻关和推广，在提高粮油深加工产品比例、开发特色粮油产品和专用粮油产品上下功夫，加快粮食产业转型升级，推动粮油加工业向食品、环保、能源、医药、化工等领域发展，粮油深加工企业和深加工产品不断涌现，粮油企业依赖买原粮、卖原粮的局面得到根本改变。金健米业、亮之星米业在稻谷深加工及循环利用上取得积极进展。邦尔泰、大自然、大三湘等企业在油茶深加工方面作出了榜样。一批龙头企业配套建设了稻米油项目，在实施稻米油专项上取得一定突破。大米主食产业化工作稳步推进。中国粮食行业协会授予益阳南县"中国挂面之都"称号。2012年，新增中国驰名商标16个，总数达到30个，仅新增数就超过2011年前的总数，湖南粮油品牌影响力、竞争力不断增强。

（三）积极推进项目建设

2012年，全省共申报粮油深加工、技改、米胚油、物流、仓储五大类项目365个，计划总投资140亿元。争取中央财政支持粮食物流仓储项目14个，资金5750万元。各市、州充分发挥"千亿产业"资金的引导作用，积极争取资金和政策支持，项目建设整体推进。常德市共引进工业项目9个，总投资8.27亿元，完成投资2.12亿元。邵阳市启动开工项目32个，总投资达13亿多元。衡阳市启动开工项目35个，完成投资8.6亿元。娄底市已建成投产的粮油深加工项目6个，正在规划建设6个，总投资近6亿元。岳阳市24个重点建设项目正在有序推进，总投资13.5亿元。郴州市开工建设项目8个，计划投资7.53亿元，完成投资3.2亿元。全省物流建设项目27个，其中基本建成3个，在建16个，规划投资50.3亿元，完成投资19.2亿元。金霞现代粮食物流园基础设施建设共完成投资1.55亿元，饲料交易市场搬迁、铁路专用线开通等重大项目全面完成并投入运营。怀化粮食现代物流中心项目完成投资2亿元。益阳兰溪粮食产业园区建设稳步推进，海航粒粒晶公司、粒粒晶油脂等企业已正式入园。

（四）坚持科技创新驱动

积极搭建创新平台，加强与湖南农大、中南林科大等大专院校和科研院所的战略合作，以企业为主体、市场为导向、产学研相结合的技术创新体系逐步建立。积极开展科研攻关，推进粮油科技创新。2012年，全省粮食行业共获得81项科研成果，其中85%以上都得到应用。省粮科院争取科研项目9个，获批专利5个，获创新奖项7个。各市州和粮食企业注重产学研结合，加大自主创新力度，拥有一批有自主创新技术、自主知识产权、自有品牌和技术含量高、附加值高、产业化程度高的产品。扎实推进农户科学储粮专项建设，2012年10万户农户科学储粮专项任务提前完成，全省科学储粮农户总数达34万户。

三　强化依法监管，粮油市场环境大为改善

着眼于服务粮食宏观调控和保障粮食安全，加强依法行政和制度建设，强化对政策性粮食的监督检查和粮食流通领域的监管。省局被评为全国粮食流通监督检查工作先进单位、粮食质量安全监管工作先进单位。长沙县粮食局、汉寿县粮食局、沅江市粮食局被评为"全国粮食流通监督检查工作示范单位"。

（一）推进依法行政工作

各级粮食部门认真贯彻全国粮食系统政策法规工作会议精神，积极探索实践，加速推进依法行政、依法管粮进程。执法体系和执法队伍建设不断加强，执法条件逐步改善。加强政务公开工作，开通了在线审批、粮油价格监测、政策法规发布、市场分析等网上业务。认真组织开展收购资格和中央储备粮代储资格审核，全省取得收购资格许可的经营者达到3683家。组织召开了《全省国有粮食企业参与期货套期保值业务的指导意见（试行）》听证会。省局被评为省直机关法制工作先进单位。湖南粮食集团粮食收购资格行政许可案例，被列为全省2012年行政执法3个指导案例之一。

（二）加强粮食监督检查

加强政策性粮食的监督检查和粮食流通领域的监管，对全省所有中央储备粮、国家临时存储粮、地方储备粮以及国有粮食企业的商品粮库存进行了全面检查，对长沙等4个市州7个承储点的油脂库存进行了抽查。强化粮油市场监管，认真开展粮食收购资格、收购环节的专项检查和政策性粮食出库的监督检查，依法依规查处各类涉粮案件。2012年，全省共查处各类涉粮案件1380例，其中责令改正970例，警告254例，取消粮食收购资格54例，暂停粮食收购资格17例，确保生产者、经营者和消费者利益不受损害，维护了粮食流通的正常秩序。

（三）狠抓粮食质量安全

建立健全和严格落实粮食质量安全监管责任制，加强粮食质量安全检验监测和库存粮油质量抽查。狠抓地方储备粮油、库存粮油、军供粮油、收获环节粮油的质量安全监测，全年共抽取和接受粮油样品2849份，出具检测数据近4万个，比较全面地掌握了粮食质量安全状况。粮食质量检验监测体系更加完善，在国家粮食局授牌湖南省1个省级质检中心、8个市级质检站的基础上，又有长沙、郴州、永州3个市级质检站正式授牌，岳阳市质检站已通过国家授牌验收，衡阳、自治州质检机构建设正在推进，2013年将实现14个市州全覆盖。广泛开展检验员技术培训，全年共培训500多人次，其中300人获得资格证书。2012年，湖南省新增放心粮油示范企业（粮店及配送中心）46家，其中国家级12家。成功举办了全省放心粮油宣传日暨粮油质量安全宣传等系列活动。深入开展"打非治违"专项行动，行业安全生产的基础得到加强，全系统没有发生大的安全问题。

四　围绕中心抓党建，行业自身建设全面加强

全省粮食系统紧紧围绕中心工作，牢固树立服务大局意识，不断加强党组织建设、党风廉政建设、人才队伍建设，促进了粮食事业发展，提升了粮食行业形象。

（一）着力加强各级党组织建设

全省粮食系统深入学习贯彻党的十八大精神，结合纪念建党91周年，扎实开展创先争优、文明创

建等活动，不断加强思想、组织和作风建设，各级党组织的凝聚力、战斗力、创造力显著增强，极大地推动了粮食事业科学发展。注重强化党员干部的教育管理，全省粮食系统团结拼搏、干事创业的氛围非常浓厚。省局被评为省直文明标兵单位、"两型"机关建设示范单位。长沙军供站被省直工委评为先进基层党组织，并被确定为基层党组织建设示范单位。省局机关党委、长沙军供站被评为创先争优先进单位。省粮科院被评为省直文明单位。永州市粮食局被评为省级文明单位。着力推行粮食工作绩效考核。通过考核，所有市州粮食局全部达标，其中3个获特等奖、3个获一等奖、4个获二等奖、4个获三等奖。

（二）着力推进人才兴粮战略

扎实推进《湖南省粮食行业中长期人才发展规划纲要（2011－2020）》的落实。坚持以教育培训、比武竞赛、技能鉴定为抓手，全面启动人才素质提升工程，全年共举办各类培训58期，培训2278人次。注重加强职业技能培训和鉴定，行业特有工种技能人才比例大幅提升。成功举办"裕湘杯"第二届粮食行业职业技能竞赛，促进了高技能人才队伍建设。经贸技校始终突出粮食特色，多元办学格局逐步成型，教学质量全面提升，荣获"全国粮食行业技能人才培养突出贡献奖"，被评为"湖南省示范性中等职业学校"。

（三）着力加强党风廉政建设

全省粮食系统认真贯彻中纪委第七次全会、省纪委十届二次全会精神，扎实推进党风廉政建设。狠抓廉政制度建设，形成较为完善的制度体系。认真落实党风廉政建设责任制，层层签订责任书，形成齐抓共管的合力。深入开展理想信念、党纪条规、廉政警示等学习教育，党员干部廉洁自律意识不断增强。围绕粮食购销、工程建设等关键环节，不断强化监督制约，着力规范权力运行，反腐倡廉工作得到有效落实。狠抓省委巡视组反馈意见的整改工作，得到省委巡视组的高度评价和充分肯定。省局被评为全省反腐倡廉建设先进单位。

（四）着力维护行业和谐稳定

始终坚持把改善民生作为一件大事来抓，在各级党委政府的大力支持下，加大遗留问题的处理力度，帮助解决干部职工最关心、最直接、最现实的利益问题。扎实做好老干部服务工作，积极主动地帮助老干部解决各种实际困难，广泛开展形式多样的文化娱乐活动，丰富老干部精神生活。高度重视信访维稳工作，不断创新工作方法，积极应对上访诉求，努力化解矛盾问题，信访总量和人数呈下降趋势，全省粮食行业和谐稳定。省局被省委省政府授予社会治安和综合治理先进单位，连续四年获得"平安单位"称号。

◆ 湖南省粮食局领导班子成员

夏文星	党组书记、局长
向才昂	党组副书记、副局长
焦小毅	党组成员、副局长
邓德林	党组成员、副局长
石少龙	党组成员、副局长
彭利萍（女）	党组成员、纪检组长
周　辉	党组成员、副局长
田力民	副巡视员
胡检生	副巡视员

2012年8月2日，湖南省委书记、省人大常委会主任周强（右二）到省粮食局调研粮食工作。

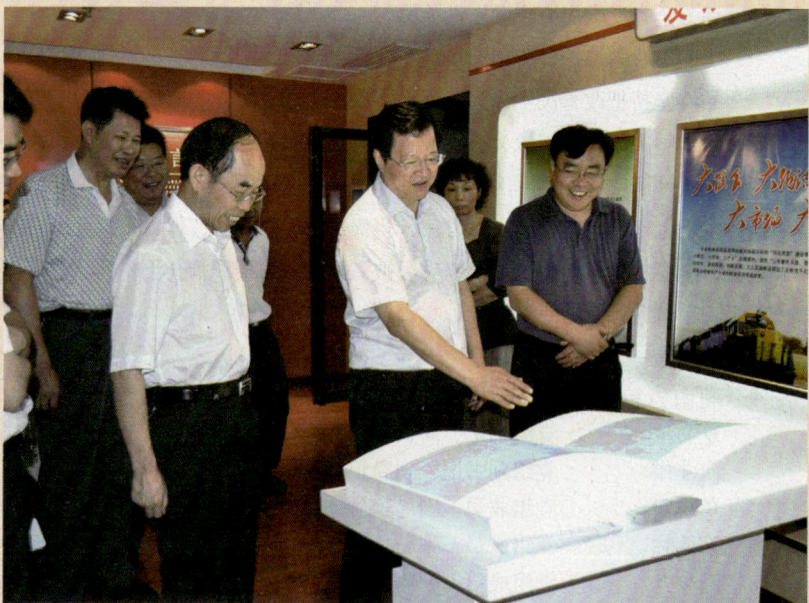

2012年7月29日，国家粮食局局长任正晓（中）参观湖南粮油精品展示厅。

2012年2月27日，湖南省全省粮食工作会议在长沙召开。省委副书记梅克保、副省长徐明华到会并作了重要讲话。

2012年3月1~3日，湖南省粮食局局长夏文星一行到怀化市考察调研粮食工作。

2012年7月4日，湖南粮食集团与益阳市人民政府战略合作暨琼湖国家粮食储备库整体移交协议在益阳正式签订。

广东省粮食工作   基本情况

　　广东是我国大陆最南端的省份，北枕南岭，南临南海，全境共辖2个副省级市、19个地级市、23个县级市、54个市辖区、41个县、3个自治县。全省陆地面积18万平方公里，约占全国陆地面积的1.9%。2012年末常住人口10594万，其中，城镇人口7140.4万。2012年，全省实现地区生产总值（GDP）57067.9亿元，比上年增长8.2%；全年城镇居民人均可支配收入30226.7元，比上年增长12.4%，扣除价格因素，实际增长9.3%；农村居民人均纯收入10542.8元，比上年增长12.5%；扣除价格因素，实际增长9.3%。

　　广东是全国最大的粮食主销区。2012年，广东省粮食作物播种面积2540.2千公顷，比上年增加0.4%；粮食产量1396.3万吨，比上年增长2.6%，其中：稻谷1126.5万吨、大豆15.3万吨、小麦0.3万吨、玉米79.7万吨、薯类及其他174.5万吨。全省粮食消费量约4225万吨，自给率约33%，其中：口粮消费1797万吨（城镇口粮1152万吨、农村口粮645万吨）、饲料用粮1896万吨、工业用粮525万吨、种子用粮7万吨；按品种划分，小麦610万吨、稻谷1811万吨、玉米920万吨、大豆676万吨、其他208万吨。2012年，省外来粮及进口3080万吨，比上年增长26%，保证了粮食供需平衡。粮食消费价格指数累计涨幅5%，比食品消费价格指数涨幅低0.6个百分点。年末与年初相比，普通早稻、小麦、玉米批发价分别上涨0.5%、1.5%和2.5%，籼米、小麦粉零售价分别上涨1%和3%。2012年底，全省各类粮库有效仓容总量为1180.2万吨。

2012年粮食工作

　　2012年，广东省政府与全省各地级以上市和顺德区新一届政府签订了粮食安全责任书，全省粮油市场保供稳价目标实现，粮食部门行政处罚自由裁量权适用规则出台，农户科学储粮专项建设提前完成，争当军供工作排头兵有序推进，粮食流通规范有序，全国第一人口大省、销粮大省的粮食安全得到确保。

一   粮食安全保障机制进一步强化

　　在2012年5月召开的全省粮食工作会议上，省政府与各地级以上市和顺德区新一届政府签订了粮食安全责任书，各级政府保障区域内粮食安全的责任得到落实。在2008年广东省率先实行粮食安全责任考核的基础上，省政府于2012年4月印发了修订后的《广东省粮食安全责任考核办法》，强化对食用植物油储备落实、粮食流通产业发展、粮食流通监督检查等情况的考核。省粮食局分别于3月和12月组织开展了2次全省粮食工作调研，推动解决涉及全省粮食工作发展的重点问题。

二　粮油市场保供稳价工作进一步加强

全省粮油市场形势日常监测工作有序开展，粮油市场形势分析会定期召开。省粮食局派出调研组赴江门、肇庆等地了解早稻收购情况，及时分析市场形势。省有关部门将22种粮油纳入广东省鼓励进口产品目录，共落实进口粮油补贴约2000万元，促进增加进口粮源。广东省粮食局与山西省粮食局签订粮食产销合作协议，每年从山西购入25万吨玉米、10万吨小杂粮。惠州、东莞以及顺德等地积极与江西等地开展粮食产销合作，促进粮食供需平衡。同时，全省粮油平价商店建设进展良好。截至12月底，全省累计建成粮油平价商店483家，在稳物价、惠民生等方面发挥积极作用。

三　粮油储备和应急体系建设进一步推进

广东省21个地级以上市均完成2011年度粮食储备规模、粮食风险基金规模2项考评指标。广东省参照中央储备粮管理有关做法，明确了省级储备粮按生产年度轮入新产粮食，解决轮换集中、收储时限短等问题，省级储备粮管理制度建设取得重要发展。2012年省直属库轮换竞价交易量近40万吨，共举办10场竞价交易会，采取少量多批、合理定价的办法实现轮换顺差。全省已设立粮食应急加工、运输、供应网点1400多个。

四　主食产业化和行业发展步伐进一步加快

省粮食局组织各市粮食部门负责同志现场了解深圳市发展粮食流通产业的做法和经验，完成《关于外资进入广东粮食流通产业的情况及对策研究》课题，组织开展国有粮食企业税收问题专项调研。落实国家税收优惠政策，帮助近500家粮油企业享受税收优惠。汕头市实施《汕头市粮食流通奖励办法》，对4家市级粮食应急加工企业每家给予7.5万元奖励；潮州市实施《潮州市粮食流通奖励办法》，每年从市级财政预算安排40万元专项资金作为粮食流通奖励资金；汕尾市粮食集团荣获"广东省厂务公开民主管理示范单位"光荣称号。省粮食局组织广东省展团参加第十二届中国国际粮油产品及设备技术展览会，获得优秀展出奖和组织奖。

五　科学储粮专项建设及粮食仓储设施建设成果进一步扩大

广东省第3期8万户农户科学储粮专项建设任务在粤北及珠三角5市14个产粮大县开展，比国家要求提前3年于2012年底完成，可让受益农户每年减少约8%的储粮损失，3期合计可让24万农户每年节约粮食约1.8万吨。全省粮食质量检验监测体系建设不断推进，佛山、汕头、韶关3市粮食质检站被国家粮食局批准为国家粮食质量监测站。省储备粮东莞直属库5万吨海港码头工程以及汕头直属库5万吨仓容项目已开工建设。中山、东莞、江门、清远、揭阳、韶关、顺德区等市（区）先后建成了一批中心粮库，仓容不足问题得到缓解。珠海、佛山、肇庆等地也积极推进市县粮库建设。

六　粮食依法行政和监督检查工作水平进一步提高

《广东省粮食局关于规范粮食行政管理部门行政处罚自由裁量权的适用规则（试行）》出台，明确了82项裁量标准，进一步规范全省粮食行政执法工作。省粮食局联合潮州市政府举办了2012"世界粮食日"和"全国爱粮节粮宣传周"广东省宣传活动启动仪式，倡导全省粮食系统多形式开展"饥饿体验"活动。《粮食流通管理条例》施行8周年、《广东省粮食安全保障条例》施行3周年之际，全省粮食系统开展了形式多样的宣传活动。省粮食局会同省有关部门开展的春秋两季粮食库存检查工作圆满完成，粮食库存检查机制得到完善。《2012年全省粮食质量安全监管工作重点》印发。库存粮食质量抽检力度加大。省直和广州、深圳、汕头、佛山、东莞等市均将重金属含量列为储备粮入库检测指标。全省共出动3792人次开展夏粮收购专项检查，共检查粮食收购经营者890个，查处违法违规案件34宗，粮食收购市场平稳有序。全省粮食行业安全生产领域"打非治违"专项行动和安全生产"百日行动"有效开展，确保了全省粮食安全生产零事故。韶关乐昌市粮食局、佛山市禅城区粮食局被国家粮食局评为第2批粮食流通监督检查示范单位。

七　军粮供应保障能力进一步增强

全省有9家军供站被评为全国粮食系统"百强军粮供应站"，其中1家被评为"全国粮食系统百强军粮供应站示范站"，获评数量居全国第二。《广东省军粮质量管理暂行办法》出台实施，军粮质量专项检查工作按规定开展。省粮食局组织开展了全省军粮供应管理工作调研，深入了解全省各地军粮供应情况及存在问题，提出下一步工作意见；联合有关单位共同举行建军85周年拥军座谈会。驻粤部队食用植物油统筹供应工作继续推进。截至2012年底，驻粤陆军部队食用油统筹供应协议签约率超过95%，履约率超过100%；其他部队签约率超过50%，履约率超过100%。广州、深圳、珠海、佛山等地部分军粮供应企业通过开设连锁店或超市，为部队提供多品种服务，并主动参与市场竞争，实现"军民兼容、部队优先，主副并进、以副补主"式发展。

八　粮食系统机构和队伍建设进一步推进

广东省粮食局在2011年度干部选拔任用、整治用人不正之风、执行干部选拔任用工作政策法规、深化干部人事制度改革4个方面得分排名省直单位第一。全省粮食系统共组织150多人参加国家粮食局举办的完善粮食应急体系培训和纪检监察工作培训。省粮食局举办了全省粮食统计及财会、粮油仓储安全生产与操作技术和粮食行政执法培训班，共约1000人参加培训。确定252名省级粮油库存检查专业人才库人员，向国家粮食局推荐21名国家级粮油库存检查专业人才库人员。全年培训和鉴定416名粮油保管员和粮油质量检验员，其中307人获得资格证书。此外，经广东省发展和改革委员会党组研究决定，根据工作需要，广东省粮食科学研究所从广东省储备粮管理总公司调整到广东省粮食局管理，与广东省粮食质量安全中心合署办公。省粮食质量安全中心属公益一类，副处级，核定事业编制12名，其中主任1名，副主任2名。

◆ **广东省粮食局领导班子成员**

张 军　　广东省发展和改革委员会党组副书记、副主任、粮食局局长（正厅级）
冯晓光　　省发展改革委巡视员（2012年8月起任职）
骆裕根　　副局长
谢 端　　副局长
龙红辉　　副巡视员（2012年3月退休）

2012年5月23日，广东省政府在广州市召开全省粮食工作会议，传达贯彻全国粮食局长会议精神，部署2012年全省粮食工作。

2012年12月4日，广东省委常委、常务副省长徐少华（前排中）到广东华南粮食交易中心调研粮食工作。

2012年12月28日，广东省发展改革委副主任、粮食局局长张军同志到肇庆高要检查农户科学储粮专项建设工作。

2012年9月27日，广东省全省粮食局长座谈会暨粮食流通产业发展现场会在深圳市召开。

广西壮族自治区粮食工作

基本情况

2012年广西全区粮食种植面积3069.1千公顷，比上年减少3.7千公顷；油料种植面积217.36千公顷，比上年增加14.68千公顷。全年粮食产量1484.9万吨，比上年增长3.8%；油料产量54.49万吨，增产8.7%。全区人均粮食占有量283公斤，粮食商品率为29.4%。全年全区国有和重点非国有粮食经营转化企业共购进粮食约1433万吨（贸易粮，下同），比上年增加39万吨；共销售粮食771万吨。2012年全区粮食消费量2033万吨，其中农村口粮870万吨，城镇口粮196万吨，饲料用粮763万吨，工业用粮182万吨，种子用粮22万吨。

2012年末，广西国有粮食企业共718家，从业人员8132人。其中国有粮食购销企业461家，从业人员6249人；粮食附营企业257家，从业人员1883人。全行业实现利润4721万元，其中购销企业盈利5171万元，附营企业亏损507万元。

2012年粮食工作

2012年，广西壮族自治区粮食局紧紧围绕自治区党委、自治区人民政府的中心工作，结合国家粮食局的工作部署，根据广西粮食工作实际，创新工作思路，落实工作任务，顺利完成了粮食购销、粮油保供稳价、粮食仓储设施建设、放心粮油工程建设、农户科学储粮、本级固定资产投资等粮食流通工作任务。

一　粮食流通

（一）抓好粮食购销工作，保障市场供应

各级粮食部门根据市场调控需要，积极抓好粮食购销工作，粮食购销量继续增长。2012年国有（控股）粮食经营企业和重点非国有粮食经营者、转化用粮企业积极入市采购粮食，全年总购进1433万吨（贸易粮，下同），总销售771万吨，分别比上年增加39万吨和1万吨。其中国有（控股）粮食经营企业购进454万吨，销售381万吨，分别比上年增加90万吨和107万吨。

（二）安排地方储备粮轮换出库投放市场，增加市场粮食供应量

2012年自治区本级储备粮出库销售计划，安排轮换出库自治区储备粮39万吨供应市场，同时，安排了40万吨新收购的直补订单粮转为储备，保证了储备粮质量良好，数量真实。

二　粮食调控

（一）直补订单粮食收购工作

根据《广西壮族自治区人民政府办公厅关于转发自治区财政厅等7部门2012年对广西壮族自治区种粮农民实行直接补贴与储备粮订单粮食收购挂钩实施方案的通知》（桂政办发〔2012〕116号），自治区继续在64个粮食主产县实施对种粮农民直接补贴与储备粮订单粮食收购挂钩政策，全年安排直补资金2亿元，收购订单粮食77.6万吨，占年度计划80万吨的97%。

（二）放心粮油工程建设工作

认真贯彻落实自治区人民政府办公厅《关于实施放心粮油工程的意见》（桂政办发〔2010〕182号）精神，采取一系列有力措施，积极稳妥地推进放心粮油工程建设。目前，广西壮族自治区市级放心粮油配送中心财政补助10万元左右，县级配送中心补助5万~10万元，中心店补助5万元，全区各级财政已经安排2560万元资金用于支持放心粮油工程建设。至2012年，全区累计建成放心粮油经营网点1000个，全年全区放心粮油网点已销售各品种粮油12.58万吨，食用油2.13万吨，销售额达8.86亿元，安置就业人员1862人，创造了良好的社会效益和经济效益。

（三）粮食应急网点建设工作

一是进一步完善自治区粮食应急演练方案。根据演练要求，进行相关资料的摄制，对认真开展演练做好前期准备。二是落实补助资金，建设了一批粮食应急加工网点。全年安排落实专项资金1020万元，在山区、边远地区和边海防地区落实建设了28个粮食应急加工网点，配备了应急柴油发电机等加工设备，有力保障了当地粮食供应和应急需要。

三　流通体制改革

国有粮食企业改革取得突破，企业经营效益明显提高。至2012年底，全区国有粮食企业改革分流安置了4.3万多职工，顺利在全区最后三个未改革县中的全州和藤县两个县完成国有粮食企业改革。全区国有粮食购销企业实现销售额43.78亿元，实现利税总额5958万元，其中利润总额4879万元，利润同比增加700万元，增幅16.75%。

四　行业发展

（一）超额完成了本级固定资产投资任务

2012年以来，全区各地继续贯彻落实《自治区人民政府关于加快粮食仓储设施建设有关问题的通知》（桂政发〔2011〕54号），抓住政策机遇，多渠道筹措项目建设资金，继续加大粮食仓储设施建设等固定资产投资，进一步改善了粮食流通条件。截至2012年12月底，自治区粮食局本级累计完成固定资产投资1.34亿元，完成年初计划的103%。全年完成自治区、市、县三级粮食中心库竣工项目6个，完成投资10661万元，建设仓容6.08万吨；全区在建粮油仓储设施项目37个，总投资5亿元；全区仓房维修改造投资2635万元，维修仓容21万吨。

（二）粮食产业化工作取得新突破

一是积极组织协调粮食产业化重点龙头企业争取财政资金扶持。2012年，广西金茶王油脂有限公司等4家粮油类产业化重点龙头企业获得自治区农业产业化财政扶持资金235万元，有力推动了产业的发展。二是大力培育扶持粮食产业化龙头企业。积极推荐符合条件的粮油企业申报自治区农业产业化重点龙头企业。2012年全区新增桂林永福福寿米业公司、南宁市五一粮油农副综合批发市场有限责任公司等9家粮油加工企业成为自治区农业产业化重点龙头企业。目前全区有粮油类自治区农业产业化重点龙头企业15家。

（三）粮食物流项目进展顺利

为做好粮食物流项目工作，自治区粮食局主动加强对项目的跟踪及指导，各重点园区项目都在积极推进前期工作。其中，南宁粮食加工物流园区规划占地1000亩，投资估算20亿元，已由自治区粮食局去函南宁市人民政府及五象新区协调安排项目建设用地问题，得到当地政府及有关部门的积极支持。广西柳州粮油食糖批发仓储物流贸易中心用地1030亩，规划投资6亿元，已完成项目建议书编制、项目备案、项目总评设计等工作，项目征地工作已经开始进行。

（四）农户科学储粮工程建设实现新突破

截至2012年共争取农户科学储粮专项中央财政资金540万元、自治区财政配套资金900万元，计划实施农户科学储粮专项4万户（套）。到年底，已完成计划下达、签订粮仓购置补贴协议书、农户购置粮仓的自筹款收集以及粮仓生产供应企业公开招标等工作，全区农户科学储粮工程建设进入全面实施阶段。

五　行政执法

依法行政和监督检查工作有序开展，有效维护了粮食市场秩序，取得了较好成绩。2012年自治区粮食局连续第四年被国家粮食局评定为"全国粮食流通监督检查工作先进单位"。

一是扎实开展粮食监督检查工作。根据国家发展改革委、国家粮食局、财政部、中国农业发展银行《关于开展2012年全国粮食库存检查工作的通知》（国粮检〔2012〕29号）和国家粮食局《关于委托省级和市（地）级粮食行政管理部门检查辖区内中央储备粮库存工作的通知》（国粮检〔2012〕30号）要求，在自治区有关部门和单位的配合下，自治区粮食局于3月25日～5月30日，组织对全区范围内所有中央储备粮、国家临时存储粮（含最低收购价粮、国家临时储存粮和国家临储进口粮，下同）、地方储备粮，以及国有粮食企业的商品粮库存进行全面检查。对纳入粮食流通统计范围的重点非国有粮食经营企业及转化用粮企业的商品粮库存进行全面调查。经过全区各级有关部门和单位的共同努力，顺利完成了粮食库存检查工作任务，通过了国家粮食库存检查联合抽查验收。

二是积极开展粮食重点工作落实情况督查。为加快推进自治区粮食工作的开展，自治区粮食局建议自治区人民政府对粮食工作进行督查，分别从自治区人民政府督查室、发展改革委、财政厅、粮食局、农发行等单位抽调人员组成6个督查组，于2012年8月下旬对全区14个市开展新增地方储备粮规模落实情况、粮食仓储设施建设、放心粮油工程建设等工作进行督查，并将督查情况在全区进行通报。通过督查，推动了粮食安全行政首长负责制的落实，总结了各地粮食工作的先进经验，纠正了存在的问题，提高了各地对粮食工作重要性的认识，有力促进了粮食重点工作的开展。

六　党群工作

2012年，全区粮食系统以党的十八大召开为契机，积极开展粮食行业文化建设，促进精神文明上新台阶。通过开展大力弘扬广西精神活动、举办国学知识讲座、举办"弘扬雷锋精神，讲身边人说身边事"演讲比赛等活动，进一步营造机关良好风气，增强干部职工凝聚力。加强党员队伍建设，夯实党建工作基础，全年新发展党员208名。加强党员干部廉政教育。举办全区粮食系统领导干部培训班，对全区各市、县（市、区）粮食局领导班子、自治区粮食局机关和直属企事业单位领导干部约250人进行全员培训，邀请自治区纪委、监察厅、检察院领导和专家授课，进一步提高粮食系统干部职工廉洁从政意识。全区粮食系统全年没有发生重大违纪违法案件。

◆ **广西壮族自治区粮食局领导班子成员**

庞栋春	党组书记、局长
黄显阳	党组成员、副局长
秦全贵	副局长
谢　俊	党组成员、副局长
杨　斌	党组成员、副局长
刘文志	党组成员、驻自治区粮食局纪检组组长
冯俊英	副巡视员

2012年1月30日，广西壮族自治区党委副书记危朝安（左二）、自治区人民政府副主席陈章良（左一）到自治区粮食局机关慰问干部职工。

2012年2月1日，广西壮族自治区全区粮食系统工作会议在南宁召开。

2012年3月26日，广西壮族自治区人民政府副主席陈章良（右三）在南宁出席全区粮食库存检查工作启动仪式并检查指导工作。

2012年7月2日，广西壮族自治区政协主席陈际瓦（左三）、副主席蒋济雄（右二）率自治区政协调研组在南宁调研粮食工作。

2012年8月28～30日，全国粮食系统部分省市区纪检监察工作座谈会在南宁召开。

海南省粮食工作　基本情况

　　海南省现辖3个地级市（新增三沙市）、6个县级市、4个县、6个自治县，陆地面积3.54万平方公里，常住人口886.55万。

　　海南是粮食主销区，粮食生产以稻谷为主。2012年全省耕地面积726.2千公顷，基本农田面积634.5千公顷，基本农田占耕地总面积的87.37%。其中，水田面积为392.3千公顷，占耕地面积的54.03%；预计粮食产量199.4万吨，较上年增长6%，其中稻谷生产155.7万吨。粮食总需求420万吨，比上年增长0.9%，呈现持续增长态势；粮食供求缺口220万吨，与上年基本持平；省外购进及进口粮食237万吨，居民口粮消费的中高端籼米、粳米、小麦粉和饲料用原粮玉米、小麦基本依靠国内市场供给，其中小麦、稻谷和饲料用粮分别占省外购进总量12.6%、24.4%和43.3%，粮食市场价格受国内市场影响明显；当年产需缺口由于产量增长，粮食自给率从上年的45.1%回升为52.5%。

2012年粮食工作

　　2012年，海南省粮食局紧紧围绕"促进海南经济社会又好又快地发展"这个中心，服务国际旅游岛建设。坚持科学发展观统领粮食工作全局，认真贯彻国家的粮食政策以及省委省政府对粮食工作的各项部署，加强和改善粮食调控，强化地方储备管理，继续深化国有粮食企业改革，积极推进粮食流通基础设施建设，创新粮食流通管理机制，加强粮食行政监督检查，全面推进各项粮食工作，营造市场活跃、管理规范、流通有序、供求稳定的粮食流通局面，实现了全省粮食供求平衡，持续保持粮食市场供应和价格的基本稳定。省委常委、常务副省长谭力批示："2012年，我省粮食行业管理成效明显，保障了市场供给和价格稳定，粮食储备管理有效，流通市场得到了维护。望2013年发扬成绩，总结差距，取得更大的成绩。"

一　抓调控，保供应

　　海南省粮食部门始终以确保全省粮食供应安全为首要任务，综合采取积极的调控措施，保障全省粮食市场供应和价格基本稳定。

一是加强粮情监测和报告。适时调整和完善粮食市场监测体系，切实抓好31个省级粮情监测点市场监测工作，先后8次组织专门人员对重点地区、重点市场供应和价格情况调研，实施周报制度，重点时段实行日报制度，及时掌握市场动态，做好全省粮食市场预警预报工作；加强市场动态分析预测，完善粮情报告制度，增加全省粮食市场季、年度报告，编制《海南粮情监测情况》11期、《海南粮食价格监测周报》43期，及时向政府和相关部门报告粮情动态。通过海南粮食网信息平台，及时发布粮情，为粮食生产者和粮食经营者提供信息服务。

二是不断完善粮油市场保供稳价工作机制。组织承担粮情监测的粮食、物价、交通（港口）和商务等部门网上会商33次，组织发展改革、商务、物价、财政、交通、工商、农发行等8家成员单位每月进行粮食市场供应和价格会商，编制《粮油供应和价格情况会商报告》43期，及时向省政府提出保供稳价工作的意见和建议。

三是运用多种政策措施调控市场。及时部署粮食收购工作，积极引导各种粮食经营主体入市收购，认真执行粮食收购政策，强化售粮服务，全年收购粮食31万吨，每公斤稻谷收购价格高出国家当年颁布的稻谷最低收购价0.14～0.22元，切实保护了种粮农民的利益；指导国有粮食购销企业开展省外粮食调销业务和轮换经营，全年省外购进粮食17.4万吨，适时适度轮换销售储备粮23.8万吨，增加市场投放量，充分发挥了主渠道作用；发挥多元粮食经营主体保障市场供应的作用，搞活流通，加强产销协作，稳定粮食购进渠道，省外购进粮食237万吨，保证市场供应粮源的持续补给，确保市场日常供应和元旦、春节和全省"两会"期间的粮油供应和市场稳定。

四是强化军粮质量监管和供应。军粮供应是粮食部门的一项重大政治任务，海南省粮食局始终把军供质量当作重点工作来抓，质量抽检合格率保持100%，保证军粮质量安全；在军供服务质量上，始终把优质服务作为工作的宗旨，尽力履行好。海南省粮食局一贯坚持实行24小时预约服务和送粮上门，送粮率占年供应量的75%以上；不断提高南海驻岛礁部队、远航舰队的军粮供应能力，保证军粮供应不断供、不断档；军供规范化建设取得新进展，三亚市军粮供应站被评为全国粮食系统"百强军粮供应示范站"。

五是完善粮食应急体系建设。建立健全日常粮食应急工作机制，3月底定时编制年度海南粮食应急工作手册，做好应急数据更新，全省19个市县粮食局与75家粮食应急加工企业、243家粮食应急销售企业签订应急加工、销售协议书，全省落实1.3万吨成品粮应急储备，确保市场应急需要。

二 抓储备，保安全

充实优化储备，全面提升粮食仓储设施和管理水平，夯实粮食调控物质基础。

一是充实粮油储备规模。至年底，全部落实省级储备油规模1000吨。市县级储备粮规模完成96%；完成省级储备500吨小包装调和油由海口市调整到三亚市计划，充实了重点地区食用植物油储备。

二是促进储备粮仓储管理规范化。不断强化粮油仓储日常管理，推广应用省级储备粮信息管理系统和科学保粮技术，组织开展夏、冬两次储备粮油普查和质量抽样检验；组织开展"打非治违"专项行动和"危仓险库"专项调查；组织开展2011年度省级储备粮承储管理考核，推动各项管理工作新进展。省级储备粮连续11年实现数量真实、质量良好、储存安全、轮换正常，年末库存基本上为当年粮和上年粮，当年粮占50%以上的管理目标。

三是落实储备粮管理相关政策。协调税务部门落实储备粮油承储企业新的税收优惠政策，认定和公布免税企业40家；协调财政部门，将省级储备粮保管费用补贴标准由每年0.04元/斤提至0.06元/斤；落实2011年10月省级储备粮受灾损失补贴资金52.4万元，进一步减轻储备承储企业负担，确保地方储备粮管理正常运作。

三　抓改革，促活力

以资产处置为抓手，深化国有粮食购销企业改革和发展，促进政府粮食调控载体的活力。稳妥推进国有粮食企业资产整合，进一步抓好省直国有粮食购销企业资产的管理和运营。做好省八所粮食储备经营公司新库上收，完成东方市政府对八所粮食储备经营公司老库区资产的征收工作，征收价款2861.6万元全部划转到位，将用于新库建设；研究提出对省粮贸公司部分零碎资产的转让处置和省局驻湛江中转站、三亚面粉厂存量资产的处置意见，报省国资委审批；切实推进省直国有粮食企业秀英库区、东方洋库区和饲料厂的资产整合，整体委托给现承担省际粮食购销和地方储备任务的省直国有粮食企业管理，增强企业发展后劲，促进国有资产保值增值。

四　抓设施，增能力

海南粮食仓储设施较薄弱，老化严重，不适应当前储备的需要。为此，海南省粮食局通过向上级部门报告，争取中央支持和企业采取举借中央、地方债券等方式，持续推进粮食流通基础设施重点项目建设，努力夯实政府粮食调控基础保障。完成海南洋浦粮食储备库一期5万吨浅圆仓项目、马村食用植物油库1万吨油罐及日产50吨的食用植物油分装生产线扩建项目和省粮油产品质量监督检验站实验室改造项目建设，并投入使用；落实海南洋浦粮食储备库二期2.8万吨高大平房仓项目中央补贴资金400万元和2012年地方政府债券资金2000万元，并开工建设；海口粮食物流园区获得立项，确定项目用地，现进入征地阶段；海南丘海粮食储备库3万吨成品粮仓项目通过省发展改革部门立项。市县粮食流通基础设施建设有了新突破，儋州、临高等9个市县分别利用退城进郊、产粮油大县奖励资金、中央投资补助资金8792.6万元，新建仓库28栋，仓容5.34万吨。

五　抓监管，促规范

逐步建立与市场化相适应的粮食行政监督检查体系，有序开展各项粮食行政监督检查工作，粮食流通市场环境得到优化。

一是不断完善粮食监督检查执法体系建设。制定《海南省粮食局关于深入推进依法行政的意见》、《海南省粮食流通监督检查行政处罚程序规范（试行）》和《海南省粮食流通监督检查工作人员行为规范》，规范粮食行政执法程序及粮食流通监督检查行为。

二是加强粮食质量监管。组织开展2012年库存粮食质量和卫生安全专项检查。结果表明，中央在琼、地方储备粮库存粮食宜存率和卫生达标率均为100%，质量合格率为99.0%；组织开展收获粮食质量安全监测工作，全省60份早籼稻谷质量安全样品经检测全部符合粮食卫生标准和农药残留标准；积极做好政策性粮食入库和粮食进岛质量检验工作，从源头上严防重金属超标等质量不合格粮食入省入库。

三是强化粮食市场监管。加强对全省393家粮油重点企业监管，督促粮食经营者履行法定义务；组织实施粮食收购许可管理，加强对184家取得收购资格企业的指导、监管和服务；组织实施社会粮食库存管理，落实全省粮食经营者最低库存量3.87万吨、最高库存量14.65万吨；组织开展粮食库存检查，联合发展改革、财政、农发行等部门开展全省粮食库存检查，检查结果显示，全省各类粮食库存数量真实，质量良好，储存安全；开展夏粮收购专项检查，维护粮食收购市场秩序；组织开展全省粮食统计数据质量专项检查，促进了粮食统计工作水平进一步提高。同时，配合省食安办开展食品安全监管工作，开展对粮食生产加工领域和市场流通领域的监督检查和行政执法，防止不符合国家质量标准和卫生标准的粮食流入市场，维护正常粮食流通秩序和粮食质量安全。

六　抓基础，提水平

突出抓好基础性工作，加强教育培训，增强队伍业务素质和执行力。

一是做好社会粮食流通统计工作。认真贯彻执行国家粮食流通统计制度，做好全省社会粮食流通、仓储设施、粮食投资、粮油加工业、粮食财务等业务环节统计工作；组织开展2011年度全省粮油供求平衡专项调查，切实掌握粮食消费、生产、流通、库存、余缺情况和农户存粮基本情况，为粮食调控决策提供科学依据。

二是海南省粮食协会筹建工作得到推进。海南省粮食行业协会筹建工作取得突破，制定协会章程草案、申报社团登记、吸纳会员等各项基本工作准备就绪。

三是加强系统干部职工教育培训。组织开展海南省级粮油库存检查专业人才库建设工作，建立由粮食行政、企事业单位业务骨干59人组成的人才库；举办3期全省粮油仓储规范化管理、1期企业财务管理和2期仓储信息统计员业务培训班，培训地方储备粮承储企业负责人及粮油保管、财务、信息统计人员220人；举办1期市县粮食局长培训班，组织18个市、县粮食局局长和省直粮食企业负责人出省外学习考察和集中学习培训，进一步提高领导干部及企业领导的业务素质和工作水平。

七　抓作风，强队伍

持之以恒加强作风建设，为粮食事业上水平提供纪律和作风保障。

一是领导班子建设得到推进。依照领导班子制度建设的主要内容，结合实际，坚持中心组理论学习制、民主集中制、重大决策集体研究制、民主生活会等制度，班子决策科学民主，领导核心作用明显加强。

二是深入开展集中整治"庸懒散贪"。按照省委的统一部署，从2012年6月起，结合粮食系统实际，以治庸提能力、治懒增效率、治散正风气、治贪顺民心为目标，深入开展集中整治"庸懒散贪"问题专项工作。针对精神懈怠危险、能力不足危险、脱离群众危险、消极腐败危险四个方面20种问题查摆党员干部思想工作作风上存在的问题。经过学习教育、对照检查和集中整改三个阶段，边学边改，促使局机关干部职工思想作风、工作作风、学风、文风等问题得到根本好转。

三是深入基层开展调查研究。关于地方储备粮保管费用成本的调研被省财政等部门采纳，从2013年1月起每斤储备粮增加2分钱保管费；关于利用洋浦免税港区优惠政策拓宽粮食供应补给渠道的调研获得国家粮食局优秀调研报告二等奖，同时被省发展改革、财政等部门采纳，海南洋浦粮食储备库二期项目已落实资金并开工建设。

四是大力推行海南省粮食局绩效考评工作。抓好局机关处室季、年度工作考评，加强对工作人员的科学管理，机关工作效率和工作质量得到提高。

五是机关党风廉政建设得到有效加强。认真贯彻落实党风廉政建设责任制，及时部署工作，分解落实责任；定期组织播放反腐倡廉教育宣传片、组织机关干部到海口市警示教育基地参观，抓好党员干部反腐倡廉教育，不断提高党员干部反腐倡廉、勤政廉政的自觉性；贯彻落实好《廉洁从政准则》和领导干部廉洁自律各项规定，对经营管理混乱、粮食库存管理中违纪违规的企业进行限期整改，并对有关领导和责任人进行了党纪、政纪处分，惩防体系建设各项工作任务全部落实。

◆ **海南省粮食局领导班子成员**

杨树岷	党组书记、局长、省发展改革委党组成员
杨卫星	党组成员、副局长
李志杰	党组成员、副局长
黄　驹	副巡视员

海南省人大副主任张力夫（左二）调研粮食流通基础设施建设情况，省粮食局局长杨树岷（右二）陪同。

海南省粮食局召开2012年秋粮收购工作会议。

海南省粮食局召开全省27家省级储备粮承储企业安全生产工作会议。

海南省粮食局局长杨树岷在三亚市秋粮收购现场抽验新粮水分含量。

重庆市粮食工作 基本情况

重庆市总面积8.24万平方公里，全市共辖19个区、16个县、3个自治县。截至2012年末，全市常住人口2945万。2012年，全市地区生产总值11459.00亿元，比上年增长13.6%；人均地区生产总值达到39083元，比上年增长12.4%。全市城镇居民人均可支配收入达到21479元，同比增长13.4%；农村居民人均纯收入达到7508元，增长14.8%。

2012年，重庆市粮食播种面积2259.6千公顷，粮食产量1138万吨。油料播种面积271.0千公顷，油料产量50.1万吨，其中油菜籽播种面积204.5千公顷，产量37.7万吨。近几年，人均粮食产量达到380公斤以上，粮食商品率为32%左右，其中主要品种稻谷的商品率达到43%左右。全市2012年粮食消费量基本保持在1428万吨左右，其中口粮606万吨左右，呈逐年递减趋势，比直辖之初的650万吨下降6.8%；饲料用粮693万吨，比直辖之初的390万吨增长77.7%；其他工业用粮107万吨，呈逐年递增趋势；种子用粮22万吨。全市常年消费食用油50万吨左右。

2012年，重庆市规模以上粮食经营企业购进粮食（不含进口，原粮，下同）489.2万吨，同比增长16.9%。其中，市外购进329.4万吨，增长23.9%；从生产者（含市外）购进粮食195.7万吨，增长9.9%。购进粮食中，国有粮食企业从生产者购进粮食173.1万吨，减少33.4%。全年全市粮食经营企业销售粮食566.0万吨，同比增长27.6%，其中国有粮食企业销售粮食355.7万吨，增长54.9%。销售粮食中，销往市外153.8万吨，增长196.9%。全年规模以上各类粮食经营企业购进（不含进口）食用植物油46.7万吨，增长9.0%，另外收回大豆榨油21.4万吨。购进食用植物油中，从生产者购进油菜籽1.3万吨，减少13.3%；市外购进食用油46.3万吨。全年全市各类粮食经营企业销售食用油123.5万吨，同比增长80.9%，其中国有企业销售食用油63.2万吨，增长225.3%。（购进指从生产者购进以及企业从省外购进之和）。

2012年，重庆市入统粮油加工企业工业总产值297.49亿元，同比增长 54.0%；产品销售收入290.11亿元，增长44.6%；工业增加值20.70亿元，下降15.5%；利润总额4.00亿元，下降42.4%；利税总额6.97亿元，下降39.6%；资产总额144.20亿元，增长39.2%；原料消耗量333.9万吨；产品产量371.1万吨（包括饲料产量）。优质原料基地38.7千公顷，同比减少22.3千公顷；年末从业人数14586人，较上年增长4.6%。全市入统国家级粮油产业化龙头企业4家；农业产业化龙头企业50家。重庆粮食集团的人和米业、仁吉面粉、红蜻蜓油脂3家企业被中国粮食行业协会分别评为全国大米、小麦粉、食用油加工业"50强"。入统的重庆市应急加工企业达37户。入统的外资工业企业8个。

2012年粮食工作

2012年，重庆市粮食局坚持以"三个代表"重要思想为指导，以科学发展观统领全市粮食工作，坚持以"加强粮油宏观调控、保障粮食市场供应、强化基础设施建设、促进粮食产业发展"为抓手，认真履行粮食流通管理和行业指导职责，积极发挥粮食流通工作在统筹城乡、服务三农、保障民生中的重要作用，确保了全市粮油供应、粮油市场价格基本稳定和粮食安全。

一　继续切实做好粮油宏观调控，保障粮油市场供应

一是不断增加市级储备粮油规模。按照市政府第93次常务会议决定要求，2012年继续增加市级储备粮油规模，下达了3.39万吨粮食和7500吨菜油新增储备计划。

二是完善市级储备粮油管理相关规章。根据《重庆市市级储备粮油管理办法》要求，进一步促进市级储备粮油规范化管理，制定了《重庆市市级储备粮油轮换管理办法》、《重庆市市级储备粮油管理考核办法》、《重庆市市级储备粮代储资格认定办法》、《重庆市市级储备粮油质量监管办法》、《重庆市市级储备粮油竞价采购交易细则（暂行）》、《重庆市市级储备粮油竞价销售交易细则（暂行）》。

三是进一步落实粮食应急工作措施。细化了粮食应急方案，制定了《重庆市粮食应急预案实施细则》，组织参加了重庆市商贸系统应急物资保供实战演练，调整、规范了应急大米和小包装食用油储备。

四是认真做好粮油流通统计工作。开展了2011年全社会粮油供需平衡统计调查，全面掌握全市粮油供需和库存情况。全年共调查农户1376户，城镇居民1353户，粮油经营、转化用粮企业及个体工商户1000户，餐饮食堂600户。做好粮油流通统计日常工作，积极向有关单位报送统计数据。全市设有粮油市场价格监测点58个，直报点12个和重点批发市场联系点1个。

五是加强粮食收购许可证管理。对全市粮食收购资格审查管理情况进行了全面核查，规范粮食经营者的收购行为。

六是做好粮食产销衔接工作。积极组织和指导粮食经营企业到产区采购稻谷、小麦，保障粮油市场供应。组织粮食企业参加了黑龙江、吉林、辽宁、江苏等地的粮食交易合作洽谈会，签订粮食购销合同及意向性协议50万吨，为粮食品种调剂、有效解决粮食产需缺口、增加粮食供应以及对稳价保供等发挥了积极作用。

七是协助做好跨省移库粮食工作。协助国家粮食局全面审核粮食经营者竞买国家政策性粮食资格，加强对政策性粮食销售的监督检查，促进政策性粮食及时加工后进入粮食市场，增加粮食市场供应总量，保证粮食市场价格的基本稳定。

八是推动重庆市国家粮食交易中心正式挂牌，开启粮食电子交易时代。国家粮食局局长任正晓和副市长刘学普亲自为重庆国家粮食交易中心授牌，标志着重庆国家粮食交易中心正式成立，也标志着重庆的粮食交易迈进了电子商务交易时代。

二　继续加大粮油基础设施建设力度，推进现代粮食流通产业发展

一是大力实施农户科学储粮专项工程。将农户科学储粮专项工程纳入政府"民心工程"，写入政府工作报告，全市共完成10万套，全面完成国家粮食局下达任务，深受广大农民好评。

二是深入推进放心粮油示范工程建设。依托渝百家等龙头企业在主城九区的社区发展放心粮油连锁便民店111家，新评审放心粮油示范加工企业7家，14家企业获得第三批全国放心粮油示范批发市场、示范加工企业、示范销售店称号。

三是深入开展粮食行业"当优质服务标兵、做诚信经营模范"创建活动。制定了《2012年粮食行业开展"当优质服务标兵、做诚信经营模范"创建活动指导方案》，召开会议进行动员部署，年底评出了10个诚信经营示范店、40个诚信经营示范点、10个优质服务标兵、40个优质服务能手。

四是加强粮油质检体系建设。根据《全国粮食质量安全检验监测能力建设"十二五"规划》要求，重庆确立了"1+3+X"的粮油质检体系建设思路，加大人才队伍建设，积极引进人才，加强质检人员的培训。争取国家粮食局的资金支持，改善了重庆市质检站、万州和永川质检站的检验设施设备，争取市财政在近几年内配套资金近1500万元用于30多个国有粮食企业的质检设备配置。

五是加强粮油基础设施建设。指导粮油企业加大对粮油仓储设施的建设投入，对5个市级储备粮食直属库15万吨仓容进行改扩建，指导13个重点在建项目的建设，促进工程建设和投入使用。

六是深入开展"打非治违"专项行动。按照国家粮食局的部署，在全市粮食行业开展了以打击非法生产、整治违章作业为主要内容的"打非治违"专项行动。开展专项检查11次，检查企业138户，对当事责任人进行了处罚、责成企业进行了相应的整改。

七是积极组织全市粮食科技活动周活动。开展了以"小麦粉营养与健康"为主题的粮食科技活动周活动。

三　大力推进规范化储粮工作，实现储粮管理科学化

对市级储备粮的全部存储企业储存一年以上的市级储备粮进行数量核查和质量鉴定，完成40多万吨市级储备粮的数量核查和质量鉴定工作，合格宜存率90%以上，"四无"粮油储存率达100%，完成年度"四无"储粮工作目标。培训粮油保管员、检验员73人。指导完成了市级储备粮油的轮换及新增市级储备粮15万吨的实物验收工作。

四　加强粮油市场管理，努力维护粮食流通秩序

一是加强粮食收购环节监管。依法对粮食经营者的收购资格进行审查，严格粮食收购资格审核制度，把好粮食收购准入关。督促粮食经营者严格执行粮食收购政策，加强对粮食收购政策执行情况的监督检查，规范收购行为，维护收购市场秩序。

二是加强日常监管。重点围绕粮食库存、政策性用粮、粮食质量、市场准入等内容，采取定期、不定期和专项检查等方式强化日常监管。全年组织开展各项检查及抽查560余次，出动执法人员1900余人次，对2060余户粮食经营企业（户）进行了检查，对发现的涉粮违规案件本着教育为主、处罚为辅的原则进行了教育和责令改正，规范了经营行为，维护了粮食流通正常秩序。

三是加强粮食储存环节监管。重点加强对粮食质量的检查和抽检，对储粮药剂残留和真菌毒素污染进行重点监测，建立储粮药剂使用备案制度。

四是加强政策性粮食监管。重点加强储备粮、委托收购等政策性粮食购销活动的监督检查，确保国家各项粮食调控政策得到全面落实。

五是加强粮食出库监督检查。严格粮食销售出库质量检验制度，做到不符合质量规定的粮食不出库，规范粮食经营的出证出票、索证索票制度。

五　切实做好军粮供应工作，保障部队粮油供应

坚持在保障部队供应需求和供货质量上下功夫，努力实现"三个确保"：确保在时间紧、任务重、成本高等诸多困难下，按时、保质、保量完成"前运粮"加工任务；确保将保障部队供应始终放在首位，对部队的供应坚持做到了随要随送、保质保量；确保满足部队新需求，保障了部队对绿色蔬菜的供应、配送以及快餐、矿泉水、面包、食盐等食品的应急供应。

六　认真做好粮食清仓查库工作，准确掌握粮食库存情况

按照国家粮食局的统一部署，对全市国有粮食企业的粮油库存数量进行了全面清查核实，确保中央储备粮油、国家临时存储粮油、地方储备粮油检查时点实际库存数与统计库存数一致，做到账实相符、账账相符。严格执行了中央储备粮油、地方储备粮油管理制度，实行了专人、专仓、专账和挂牌管理，无擅自动用粮油、截留和挪用收购资金贷款的现象发生。库存粮油质量总体较好，达到国家规定的质量标准。粮油库存管理制度健全，账、卡、簿等资料齐全，粮情正常，储存安全，库存管理规范。

七　深化粮食流通体制改革，努力创新体制机制

一是推进粮食行政管理部门职能转变。把工作重心转到宏观调控、市场监管、行业指导和做好服务上来，继续稳定、加强和充实粮食行政管理机构和职能，履行好各项行政管理职责。

二是加强对全市粮食企业的经营管理。指导粮食经营企业提高经营管理水平，增加盈利能力。协调落实粮食收购资金等有关政策，支持粮食购销企业创新经营方式。

三是积极推进国有粮食企业改革和发展。积极推进企业转换经营机制，改进经营方式，增强企业活力。大力培育和发展粮食产业化龙头企业，延长产业链条，促进农民增收、企业增效和经济发展。

八　继续开展创先争优活动，加强粮食机关自身建设

一是组织单位职工开展创先争优活动，进一步凝聚了粮食系统党员干部职工的人心，全面提高了干部队伍素质。

二是加强党风廉政建设。开展对政府信息公开、行政审批权行使、行政执法责任制落实等依法行政的监督检查。健全完善了干部选拔任用、工程项目招投标、公务卡结算等监督机制，有效杜绝了违规违纪事件发生。

　　三是努力维护粮食系统安全稳定。切实抓好关注民生、安全生产、信访维稳工作，认真落实信访接待日制度和信访工作责任制，加大信访排查力度，确保了全系统安全稳定。

◆ **重庆市商业委员会（市粮食局）领导班子成员**

周克勤	党组副书记、主任（局长）
张　敏	党组书记、副主任
黄　伟	党组成员、副主任
陈国华	党组成员、副主任
刘天高	党组成员、副主任
蒋寿光	党组成员、副主任
付灿忠	党组成员、纪检组长、监察专员
尤祖才	党组成员、主任助理
孙华培	党组成员、主任助理
王　伶（女）	副巡视员

2012年3月，重庆国家粮食交易中心挂牌成立。国家粮食局局长任正晓（左二）和重庆市政府副市长刘学普（右二）授牌。

2012年3月，全国粮食质量安全监管工作会议在重庆召开。国家粮食局局长任正晓出席会议并讲话。

2012年3月5日，宁渝两地粮食产业化发展经验交流会在重庆召开。

2012年4月，重庆市商业委员会主任周克勤（右二）在垫江调研。

四川省粮食工作   基本情况

四川地处中国西南腹地和长江上游，全省面积48.6万平方公里，居中国第5位，辖21个市（州），183个县（市、区）。2012年末，全省常住人口8076.2万，比上年末增加26.2万。其中，城镇人口3515.6万，乡村人口4560.6万。2012年，全省生产总值达到23849.8亿元，增长12.6%；人均地区生产总值29579元，增长12.3%；城镇居民人均可支配收入20307元，农民人均纯收入7001元，分别增长13.5%和14.2%。

全省有粮食行业机构1329个，其中行政管理部门200个，各级粮食行政管理部门所属事业单位81个，全社会粮食经营企业1048家，其中国有及国有控股企业553家。粮食行业从业人员32740人，其中：行政管理部门3157人，事业单位970人，国有及国有控股企业14005人。全系统总资产205.3亿元，其中：固定资产54.7亿元、固定资产净值37.5亿元、流动资产139.5亿元，负债总额162.9亿元。

2012年，全省粮食系统严格执行国家粮食政策，以"稳市场、保安全、强产业、惠民生"为目标，抓好粮食收购，改善宏观调控，加强市场监管，推动产业发展，深化企业改革，多项工作取得新突破。

2012年粮食工作

一   粮食生产

2012年，全年粮食作物播种面积646.82万公顷，比上年增长0.4%，粮食总产量3315万吨，比上年增产0.7%，实现"六连增"。其中，小春粮食产量增长1.8%；大春粮食增长0.5%。稻谷产量1536.1万吨，小麦产量437万吨，玉米产量701.3万吨，大豆产量51.9万吨，其他591.3万吨（其中马铃薯产量237.3万吨，居全国第一）。油料作物播种面积124.97万公顷，比上年增长1.2%，总产量287.8万吨，比上年增产2.9%，其中油菜籽总产222.1万吨，比上年增产3.6%，连续十一年创历史新高，居全国第二。

二 粮食流通

2012年，面对市场粮油价格持续上涨及部分地区自然灾害等压力，全省粮食系统积极采取有效措施，认真抓好粮油收购，全力保障市场供应，切实保障了重要时段和重点地区的粮油供应和价格稳定。全年收购粮食659万吨、油菜籽80万吨；销售粮食1027万吨、食用油88万吨；进口粮食55.4万吨、出口粮食0.9万吨。全年粮食消费4790万吨，其中口粮2064万吨，饲料用粮1764万吨，工业转化用粮910万吨，种子52万吨；食用植物油消费150万吨。

三 粮食调控

（一）积极充实储备粮库存

充实了25.7万吨省级储备粮食，实现了省级储备粮全额入库到位。落实了小包装粮油应急储备9.9万吨，其中省级1.2万吨。

（二）主动抓好产销衔接

加大产销衔接力度，实现了总量供求平衡。组织省内粮食购销企业参加黑龙江金秋粮食交易会，与对方企业对接，建立稳定的产销衔接合作关系。全年经铁路引粮入川粮食1444万吨，菜籽油83万吨。同时，积极争取国家政策性粮食跨省移库，支持四川省灾后重建粮库压仓，全年移库近100万吨政策性粮食入川。

（三）着力加强粮食应急管理

安排落实省级粮食应急安全管理资金439万元，建立了由60个应急加工企业、100个应急供应网点、60个粮油价格直报点和23个应急情况报告点组成的省级粮油应急安全管理体系。全省粮食应急储存、加工、供应网点增加到1300个，粮油市场信息监测网点增加到507个，有效保障了川南干旱、川东北洪灾、石渠雪灾等受灾地区的粮油供应。

四 流通体制改革

全省国有粮食购销企业净资产总额达到43.63亿元，同比增长10%；实现利润6572万元，同比增长12%。

（一）引导企业推进改革

引导企业通过兼并重组、退城进郊等方式整合资产，通过劳动用工、收入分配、资金保障等制度转换机制，以项目争取财政涉粮投入等措施作为推动，改变了过去单一的"减员走人"改革模式，全省涌现出"资产整合型"、"机制转换型"、"项目推进型"三种企业改革发展的典型模式。

（二）指导企业加强管理

指导企业科学分析经营情况，开源节流，增收节支，提高资产收益和盈利水平。将企业盈亏与粮食行政管理部门考核挂钩，激励各地企业发展。指导企业全面分析形势，在粮价持续上涨的情况下，加快存货周转速度，采取先购后销、快购快销的方式，尽量减少经营亏损。

（三）帮助企业获得支持

2012年，四川省粮食局积极为企业争取仓库维修补助资金、粮食简易建筑费、产业园区专项补助资金、精深加工资金、民族地区粮食生产能力建设资金等，资金支持规模创新高，用于粮食流通发展的各类资金达3.3亿元，较上年增加1.2亿元。协调落实收购贷款44.3亿元，促进了企业发展。

五　行政执法

（一）加强粮食流通市场监督

着力强化粮食流通监督检查。组织开展了全省粮食库存检查、大小春粮食收购和油菜籽临时收储政策落实情况检查、粮油市场专项检查等。特别是首次受国家粮食局委托，完成了对行政区内中央储备粮的库存检查，受到了国家粮食局领导的表扬。全省培训库存检查人员638人、派出检查组266个、落实检查经费317万元、检查企业1123家、检查中央储备粮在川计划单位21个，各级粮食纪检监察机构主动全程参与，并邀请268名人大、政协和有关部门代表监督。全系统共开展各类粮食流通监督检查6677次，出动执法人员25906人次，检查企业18174户次，处罚案件986例。

（二）继续推进依法行政

各地认真组织开展了《粮食流通管理条例》颁布实施八周年普法宣传活动，全省共设立宣传点197个，发放各类宣传资料14万余份，接受现场咨询4.5万余人次。加强了对粮食收购资格的审核管理，全省有效的粮食收购资格证6424家，其中：国有及国有控股企业622家、民营企业1115家、个体工商户4687家；全省共办理粮食收购资格证2064件，其中新增648件，变更148件，注销630件，延续638件。行政复议和行政诉讼案件为零。

六　行业发展

（一）积极争取资金

2012年共争取到中央仓储、油罐、物流、产粮大县等27个项目补助资金9575万元，争取到省上各类补助资金1.63亿元，74家国有粮食企业受惠。四川省粮食局抓住国务院藏区发展规划出台的重大机遇，帮助阿坝、甘孜、凉山三州协调落实项目24个，总投资9000万元，第一批3个项目投资计划资金1110万元。项目建成后，将极大改善本省藏区粮食流通基础设施条件，增强了藏区宏观调控能力。

（二）壮大龙头企业

全力推进粮油加工业"千亿工程"实施，通过产业园区建设，促进产业集聚发展和企业集群发展。大力培育和壮大龙头企业，已有57家粮食企业跻身省级农业产业化龙头企业。

（三）狠抓项目建设

全年全省粮食行业建设项目139个，其中投资1亿元以上的项目24个，实际完成投资21亿元。

（四）积极推进粮油产业化经营

粮油订单收购面积进一步扩大，2012年达到180万公顷。积极争取农业产业化发展项目资金支持，23家粮油企业获得2353万元贷款贴息财政补助。

（五）扎实抓好粮油质量监管

健全了粮油质量安全责任制，不断探索新形势下的食品安全监管办法，提高食品安全管理水平。

开展以打击粮油食品非法行为为重点的粮油食品安全整治，严格执行国家卫生标准和粮食质量安全标准，严格原粮卫生和出入库检验制度，确保粮油食品的源头安全。做好了新收购粮食、库存粮食质量以及全国食用植物油库存质量检查。全年共检测粮油样品3309批次、抽检单项3万多个。大力加强质检体系建设，自贡、眉山、资阳、凉山质监站被国家粮食局授牌为区域性粮油质检机构，省粮油中心监测站被国家粮食局评为先进单位。

（六）不断加强仓储管理和安全生产工作

深入开展仓储规范化管理活动，进一步规范了全省粮油出入库管理、储存实物管理、设施设备管理、实物及账务管理、安全生产管理和仓储人员管理等基本管理制度。加强设施设备管理，因地制宜制定"打非治违"、"危仓险库"专项调查工作方案，并做到"每库必看、每仓必查"。举办省级储备粮（油）承储库主任培训班，有效提高了省级储备粮（油）管理水平。

（七）切实服务"三农"促进农民增收

一是启动"川粮产后服务工程"。省粮食局在广汉、仁寿、宣汉等地试点实施了"川粮产后服务工程"，充分发挥粮食部门资源、技术、人才优势，为种粮农民、涉粮企业、消费者提供多方位、全过程的优质服务，创新了服务"三农"形式，拓展了服务"三农"途径，充实了服务"三农"内容。二是大力实施农户科学储粮工程。建立四川省农户小粮仓生产监制管理办法，完善了农户科学储粮管理制度。2012年农户科学储粮专项全省64个项目县完成了采购发放任务。三是着力加强乡村粮油超市和连锁店建设。全省乡村粮油连锁店达到5069家，为推进放心粮油进农村发挥了载体作用。

（八）加强对外宣传，树立良好形象

省粮食局积极加强与四川日报、四川电视台等新闻媒体的沟通联系，借助媒体平台宣传粮食流通工作，努力扩大粮食工作影响力，树立粮食部门干事作为的良好形象。《四川日报》10次对四川省小春粮油收购、保供稳价、产业发展、"北粮南运"、行业规划等有关工作进行报道，特别是7月3日和12月15日分别在头版对四川省粮食产业化工作和粮油加工业"十二五"规划情况进行了报道。四川电视台《四川新闻》栏目对四川省小春粮油收购、农户科学储粮专项建设工作、世界粮食日宣传活动等进行了报道，宣传了粮食部门提升服务质量、切实助农增收、倡导爱粮节粮的好做法。

（九）加强人才队伍建设

省粮食局按照《四川省粮食行业中长期人才发展规划纲要（2011—2020年）》，大力开展"党政人才素质能力提升工程、企业经营管理人才结构优化工程、专业技术人才科技创新工程、高技能人才职业技艺工程、粮食宏观调控人才建设工程和人才培训基地支撑工程"。举办了两期全省粮食局长培训班，突出知识性和实践性，行业队伍素质进一步强化。

七　廉政建设

（一）加强党风廉政建设

四川省粮食局深入贯彻中央纪委全会、省纪委全会和国务院、省政府廉政工作会议以及全省粮食系统党风廉政建设暨纪检监察工作会议精神，全面落实党风廉政建设责任制，把党风廉政建设与粮食业务工作紧密结合，抓勤廉，转作风，促发展，行业政务环境进一步优化。制发了四川省粮食局2012年党风廉政建设和反腐败工作《实施意见》和《任务责任分解意见》，签订了党风廉政建设责任书。组织协调抓好廉政风险防控机制建设，局机关11个处室和8个直属单位共查找各类廉政风险点398个，制

定防控措施1159条，其中局党政领导班子廉政风险点14个，拟定防控措施47条，新建和完善各项制度48个。按照省纪委加强纪检队伍"三项建设"意见，会同机关纪委在局机关10个支部、8个直属单位及批发中心下属7个企业党组织配齐了纪委书记或纪委委员，首次落实了"哪里有党组织，哪里就有纪检监督"的要求。

（二）加强干部作风建设

四川省粮食局提出"八提倡八反对"，引导干部职工把"爱岗敬业、开拓创新、团结协作、学习上进、调查研究、严守纪律、艰苦奋斗、廉洁自律"作为自身行为规范，行业干部素质进一步提高。

◆ **四川省粮食局领导班子成员**

张书冬　　　党组书记、局长、省发改委党组成员

黎　明　　　党组成员、副局长

付昌友　　　省纪委驻省粮食局纪检组长（2012年12月21日任职）

吴晓玲（女）副巡视员

2012年6月18日，四川省全省粮食工作会议在成都召开。副省长钟勉出席会议并作重要讲话，省发展改革委主任唐利民到会并讲话。

2012年9月6日，四川省粮食局"川粮产后服务工程"启动仪式暨四川现代粮食产业（广汉）示范基地产后服务中心授牌仪式在广汉隆重举行。四川省粮食局局长张书冬（左一）、副局长石恩祥（右二）参加授牌仪式。

2012年11月6日，四川省粮食局局长张书冬（左二）、副局长黎明（右一）到成都市检查市场粮油供应和质量保障情况。

贵州省粮食工作　　基本情况

　　贵州辖9个市（州、地），88个县（市、区、特区），总人口约4000万，占全国的2.85%，其中，少数民族人口占全省总人口的38.9%。主要少数民族有苗、布依、侗族等。

　　贵州是中国西南地区唯一没有平原支撑的山区省份，也是一个欠发达、欠开发的省份。全省常用耕地面积近十年来始终保持在175.3万公顷左右，人均只有400多平方米（不到0.7亩），正常年景粮食产量保持在1100万～1150万吨，粮食自给率在80%左右，对外依存度逐年加大。

　　2012年，全省粮食系统独立核算单位3193个，较上年增加332个，增加的主要为多种经营企业；在职职工19599人，较上年减少96人。其中，粮食行政机构94个，在职职工1536人；事业机构44个，在职职工899人；流通企业998个，在职职工8085人；加工企业229个，在职职工2941人；多种经营企业1828个，在职职工6138人。

2012年粮食工作

　　2012年，贵州省粮食局在省委、省政府的正确领导下，在国家粮食局的具体指导下，高举"发展、团结、奋斗"的旗帜，按照"稳中求进、提速转型"的总基调总目标和"稳中求快、能快则快、又好又快"的总要求，紧紧围绕"稳市场、强产业、惠民生、保安全、求突破"的工作部署，认真贯彻国发2号文件精神，切实推进粮食宏观调控体系、现代产业体系、现代市场体系、质量执法保障体系建设，着力提升服务民生的能力，保障了粮食市场供应和价格稳定，为推动贵州省后发赶超、跨越发展作出了积极贡献。

一　"保供稳价"成效显著

　　一是掌握粮源，加大粮食购销力度。2011年，由于发生严重旱灾，粮食大幅减产，给粮食保供稳价工作带来很大压力。省局对此高度重视，强化指导，加大组织粮食企业省内外购销力度。2012年，纳入统计范围的社会粮食经营多元主体及国有粮食企业收购粮食388万吨（原粮，下同），同比增加

77.83万吨；销售粮食313.58万吨，同比增加63.8万吨；收购油菜籽40万吨，同比增加13万吨。其中，国有粮食企业购进商品粮44.67万吨，同比增加11万吨；销售商品粮41.38万吨，同比增加9.7万吨；购进食用油11.25万吨，同比增加0.98万吨；销售食用油17.7万吨，同比增加3.1万吨。同时，认真做好夏季粮油收购工作，与中储粮贵州分公司密切配合，紧紧抓住国家实施临时存储油菜籽（油）收购的机遇，委托23家省内油脂企业参与收购，还充分合理利用库存粮食轮换的时机，增加市场投放。

二是夯实调控基础，确保库存粮食质量符合要求。2012年底全省地方粮食储备实际库存73.97万吨，实现县县有储备；地方食用植物油库存2.02万吨。全省实现"一符四无"仓容210万吨，占总仓容93.54%；实现"一符四无"储粮94.89万吨，占储粮总数97.81%；食用植物油库存全部达到安全标准。

三是发挥粮食部门优势，积极参与民政救济救助工作。全省79个县国有粮食企业积极参与了民政部门救济粮的发放和季节性缺粮救助业务。工作中，各级粮食企业严格执行有关政策，严把粮食质量关，努力提高服务质量，保质保量按时将粮食发放到群众手中，对农村低保季节性缺粮户粮食救助制度的落实发挥了积极的作用。

二 服务民生能力显著提高

一是大力抓好放心粮油工程建设。2012年全省建成366个"放心粮油"配送中心及经销店，销售粮油近20万吨，企业创收3000多万元。加快网络体系建设，按照3～5年建设2000个放心粮油配送中心及经营店的规划，2012年下达300个经销店的建设任务，目标任务超额完成。积极推进放心粮油进学校工作，截至12月底，贵州省放心粮油已进入3412所大中小学，维护了校园的粮油食品安全。贵州省的放心粮油工程建设得到国家粮食局和中国粮食行业协会的充分肯定。7月18日，全国放心粮油进农村进社区经验交流会在贵州省召开，国家粮食局、中国粮食行业协会领导及全国粮食行业的代表出席会议，贵州省粮食局在会上作重点经验交流发言，得到了各级领导和代表们的一致肯定。

二是大力发展粮食产业化。抓好优质粮油订单种植，及时下达年度订单种植计划24万公顷，比上年增加5.3万多公顷。大力培育品牌产品，扶持龙头企业，省粮食局对贵州茅贡米业有限公司、贵州省绥阳油脂厂等20家粮食龙头企业加大帮扶、指导力度；积极组织9家企业参加省级名牌产品评审；召开全省粮食龙头企业和贵阳市粮油配送中心"厂店对接"洽谈会，加快贵州省粮食名特优产品进入贵阳市场。

三是大力推进农户科学储粮工作。积极争取国家粮食局支持，国家2012年下达贵州省农户科学储粮专项15万户，比2011年增加5万户，得到中央补助资金2030万元，较2011年增加530万元。该项工作按照国家《农户科学储粮专项管理办法》要求，在全省有序开展，年底全面完成了建设任务。

三 军粮供应保障有力

一是对全年军粮管理工作进行了安排部署，明确了年度目标任务。

二是落实军粮补助资金，下达部队用粮计划，并及时组织粮源搞好军粮供应。

三是完善贵州省军粮供应管理体制。截至2012年6月末，全省9个市、州政府所在地军粮供应站归属到地级粮食行政主管部门管理，进一步促进了全省军粮供应管理体制的工作任务全面完成，为提高贵州省军粮供应保障和应急组织指挥能力创造了条件。

四是加强军粮质量监管，明确部队食用植物油采购渠道，严禁不合格粮油流入军营，确保军供粮油质量安全，确保部队官兵吃上放心粮油。

四　行业发展加快

一是抢抓机遇，及时研究出台《贵州省粮食局贯彻国发〔2012〕2号文件的实施意见》，进一步明晰了工作思路，强化了工作目标及责任落实。

二是加强协调、争取支持。在国家层面，经积极协调，国家粮食局出台了《关于支持贵州省加快发展现代粮食流通产业的意见》。国家粮食局将从粮食现代物流和仓储设施建设、粮食质量安全检验监测体系建设等方面给予贵州省大力支持。2012年度贵州省粮食局共争取到中央资金1.89亿元，比省政府下达目标1.66亿元增加了2247万元。国家发展改革委对贵州省在贯彻落实国发2号文件过程中谋划实施的"贵州西南现代粮食生态产业物流中心"项目给予高度评价。在省级层面，加强与相关厅局的工作沟通协调。继中央储备粮保管费用调整以后，省财政及时对省级储备粮保管费用进行了调整，即每年每市斤0.05元。12月初，省粮食局与省农村信用社联合社签署了战略合作协议，省农村信用联社将在五年内提供200亿元以上的信贷资金，重点支持粮食流通、加工及惠民工程实施企业，共同助推全省粮食经济发展。在市州层面，各市州粮食行政管理部门也主动协调汇报，争取政府的价调基金用于城市低收入群体的平价粮食供应，整合商务万村千乡工程推动放心粮油工程建设。

三是全力推动项目建设。2012年，全省粮食行业规划建设项目共计127个，概算总投资65.83亿元，累计到位资金16.7亿元，累计完成投资14.58亿元。累计有23个项目争取到中央预算内投资8325万元。

五　粮食法制建设和依法管粮工作取得新突破

一是积极推进粮食质量体系建设。按照"机构成网络、检测全覆盖、监管无盲区"的总体要求，加强工作协调，强化工作指导，通过不懈努力，9个市、州粮食质量检验监测机构全部成立，并不断致力于加强质检人才队伍建设，加大资金投入，改善和提升粮食检验机构硬件条件，力争早日形成质检能力。

二是顺利完成2012年粮食库存检查工作。复查结果表明，粮食库存账实、账账基本相符，库存粮食数量真实，质量均属宜存，储存安全。

三是开展粮食法律法规宣传。5月19日，贵州省粮食局2012年科技活动周暨《粮食流通管理条例》（以下简称《条例》）颁布实施八周年宣传活动启动仪式在贵阳市筑城广场举行，拉开了贵州省各地为期半个月《条例》宣传活动的序幕。另外还组织开展《贵州省粮食安全保障条例》知识竞赛。

四是进一步强化行政执法人员培训。3月28～30日，省粮食局联合省法制办在贵阳举办了2012年全省粮食行政执法培训班。

五是制定出台《贵州省粮食局粮食质量监管实施细则（试行）》，进一步依法规范粮食质量监督管理，确保省内粮食质量安全。

六是积极做好粮食流通监督检查示范单位创建工作。按照国家粮食局有关要求积极开展粮食流通监督检查示范单位申报工作。

六　粮食流通体制改革进一步深化

一是认真贯彻落实粮食各级行政首长负责制。加强联系汇报，积极争取地方党委、政府和有关部门支持，落实粮食行政管理部门的机构、职能、人员和经费。

二是切实做好直属企业的改革改制工作。2012年重点指导省粮油食品工业公司的改革改制工作，并于上半年顺利完成了该公司的改革改制。切实按照省政府企业脱钩办工作要求，加快推进省粮食汽车场改制深化工作。

三是抓好国有粮食企业扭亏增盈工作。以"质量提升"年活动为契机，着力抓好政策协调、资金争取等六方面的工作，推进国有粮食企业不断提升经营管理业绩。2012年度，全省国有粮食企业盈利2773万元，同比增盈1536万元，增盈幅度124%，其中购销企业盈利2649万元，同比增盈1673万元，增盈幅度198%；其他企业盈利124万元，同比减盈227万元，减盈幅度64%。全省9个市、州除六盘水市外均实现全行业统算盈利。其中盈利额最大的为贵阳市，盈利1221万元，同比增盈26%；毕节市盈利432万元，同比增盈241%；六盘水市亏损198万元，同比减亏22%。

七　加强党的建设和干部队伍建设，粮食行业整体素质进一步提高

一是坚持用党的最新理论成果武装党员干部头脑。深入推进学习型党组织建设，抓好学习型领导班子、学习型党组织和争做学习型党员活动坚持"三级联动"学习机制，突出抓好党组（党委）中心组学习；大力开展机关文化建设，努力塑造以"崇德、奉献、创新、卓越"为主要内容的粮食行业文化，开展粮食核心价值体系主题实践活动，引领全省粮食行业价值取向；扎实开展"四讲"活动，落实好局党组成员和机关党委委员深入党建工作联系点开展讲党课和指导开展党员讲体会活动，进一步丰富机关文化建设载体；加强党员、干部教育培训，认真落实粮食系统干部培训计划，开展"走红路、强党性、转作风、促发展"主题实践活动。

二是抓好发展型、服务型党组织和党员队伍建设。各级党组织有计划、有节奏地推进创先争优活动，在推动科学发展、统筹发展、创新发展、自身发展上下功夫，继续把"三个建设年"、"四帮四促"、"干部下基层"、"帮联驻"等工作作为创先争优活动的重要内容，研究制定了《贵州省粮食局服务基层工作措施》、《贵州省粮食局"四帮四促"工作制度》、《贵州省粮食局领导班子与黎平县党政领导班子挂帮联系工作会议制度》、《省粮食局2012年赴黎平开展"四帮四促"计划表》，形成了由党组成员带队的每月帮扶和长期驻村帮扶机制；继续推进粮食系统项目建设年活动，落实处长帮扶联系项目制度，促进"六个一工程"快速发展。

三是抓好新修订的《条例》和省委《关于加强和改进新形势下机关党的建设的意见》学习贯彻，把《条例》和《意见》纳入党组（党委）中心组学习、党支部"三会一课"的重要内容。

四是严格落实党风廉政建设责任制，及时传达省纪委十届七次全会精神，制定反腐败工作责任分解意见，签订2012年党风廉政建设责任书，召开全省粮食系统纪检监察工作会议，安排部署2012年党风廉政和反腐败工作；开展警示教育活动，组织局机关党员干部前往中八劳教所接受警示教育，并与该所党员干部座谈，交流新时期机关党建工作和反腐倡廉工作经验和体会；扎实开展党务公开工作，做到"三个强化"，健全党务公开工作机制，坚持"三个规范"，注重党务公开质量，突出"四种形式"，增强公开的实效性，抓实"四个结合"，提升党务公开服务效能。

◆ **贵州省粮食局领导班子成员**

沈　健　　　党组书记、局长

张和林　　　党组成员、副局长

乔鲁毅　　　党组成员、副局长（2012年6月明确为正厅级干部）

章　萍（女）党组成员、机关党委书记

何武林　　　党组成员、总经济师

吴青春　　　党组成员、副局长

龙　林　　　党组成员、副局长

韦　苇　　　党组成员、纪检组长（2012年8月调离）

2012年5月20日，贵州省粮食局在福泉市开展农户科学储粮助农增收宣传活动。

2012年7月18日，全国放心粮油进农村进社区经验交流会在贵阳召开。

2012年10月底，贵州省粮食局依法对政策性粮油承储企业进行监督检查，图为检查人员在取样。

2012年12月4日，贵州省粮食局与贵州省农村信用社联合社签署战略合作协议。贵州省副省长禄智明（后排左五）、省粮食局局长沈健（前右）、省农村信用联社理事长王术君（前左）出席签字仪式。

云南省粮食工作　基本情况

云南省全省设16个州（市），129个县（市、区），是全国少数民族最多的省份，世代居住有26个民族。2012年，全省人口总数4659万，完成生产总值10309.80亿元，农、牧、渔业总产值2680.1亿元，财政总收入2624.20亿元，城镇居民人均可支配收入21075元，农民人均纯收入5417元。

2012年，全省粮食总产量1749.2万吨，其中稻谷644.7万吨，小麦88.3万吨，玉米700万吨，大豆26.9万吨，薯类和其他杂粮289.3万吨。从生产者购进粮食249万吨，粮食总销售617万吨。粮食商品量505.5万吨，进口粮食38.2万吨。粮食消费量2148.5万吨，其中城镇口粮277万吨，农村口粮727.5万吨，饲料用粮920.3万吨，工业用粮164.5万吨，种子用粮59.3万吨。据铁路部门统计，全年调入粮食404.1万吨，销往省外粮食129.84万吨，销往省外的粮食主要以稻谷（过境小白米）以及马铃薯、玉米和其他杂粮为主。

2012年粮食工作

2012年，云南省各级粮食部门积极应对粮食市场变化，贯彻国家粮食最低收购价政策，加强粮食产销合作，强化地方储备管理，加强市场监测监管，确保粮油保供稳价。积极争取政策，不断深化国有粮食企业改革，企业布局和结构进一步优化，国有粮食企业竞争力和应急能力明显增强，国有粮食企业经营管理保持良好的发展态势。全年从粮农手中购进粮食249万吨，销售粮食617万吨，全省国有粮食企业统算盈利1亿多元。

一　执行粮食最低收购价政策

年初，根据国务院出台的国家粮食最低收购价格政策，3月，及时与省级有关部门沟通协调，并报经省政府批准同意，确定云南省中晚籼稻和粳稻最低收购价格执行国家价格水平，即中晚籼稻最低收购价为2.50元/公斤，粳稻最低收购价为2.80元/公斤，每公斤分别比2011年云南省最低收购价格提高0.26元和0.06元，增幅分别为11.6%和2.2%。在春耕生产前，及时发出最低粮食收购价格信号，有效调动了农民种粮积极性，为抗旱夺丰收提供了有力的政策支撑。中晚稻收购陆续展开后，会同省发展改革委、财政厅、农发行云南省分行、省物价局深入到昆明、保山、德宏等地国有粮食购销企业、非国有粮食企业、粮食批发市场和有关部门，通过座谈和走访调查等形式，对秋粮生产、收购形势和价格走势进行调查研究，切实保护农民种粮积极性。据省粮食局价格监测周报反映，2012年12月末，全省小麦（三等）平均收购价2.38元/公斤，比国家确定的最低收购价高0.34元/公斤，增幅16.7%；晚籼稻（三等）平均收购价2.74元/公斤，比国家和省最低收购价高0.24元/公斤，增幅9.6%；粳稻（三等）平均收购价3.05元/公斤，比国家和省最低收购价高0.25元/公斤，增幅8.9%。玉米（二等）平均收购价2.36元/公斤，与上年同期相比增加0.35元/公斤，增幅17.4%。

二　大力推进粮油平价销售

根据省政府的要求，在全省设立542个粮油平价销售点，加大粮源调运和投放，有效发挥了国有粮食企业主渠道作用。各销售点均在醒目位置悬挂了"云南省人民政府惠民生保供应粮油平价销售点"统一标识，标明销售的粮油品种品名、计价单位、价格等，按略低于市场价格敞开供应。全省粮油平价销售点销售的粮油品种均建立质量档案，各级粮食行政管理部门定期、不定期对粮油平价销售工作进行监督检查，确保所售粮油产品中有2个以上的品种略低于市场价格，确保所售粮油产品质量符合国家质量标准。到年末，共销售大米34.9万吨（中晚籼米17.6万吨，粳米17.4万吨），面粉25831吨，食用植物油9690吨，广大城乡居民普遍得到实惠。

三　实施农户科学储粮专项

2012年国家安排云南省15万套农户科学储粮专项建设，用科学储粮方法替代农村传统简陋落后的储粮方式，提高农户科学储粮水平，对减少农户储粮损失，改善农村储粮条件，减少农村储粮环节污染，改善村容村貌起到了积极的示范带动作用。专项建设总投资6750万元，该项目已于2013年上半年完工，大幅减少了农户储粮损失，增加了农户收入，深受广大农民群众欢迎。

四　切实加强粮食产销合作

经省政府批准，省粮食局及时启动2012年度15万吨省级动态储备合作。与黑龙江、吉林、湖南、江苏等省以及中储粮三河米业、益海嘉里集团等企业加强了合作。到12月末，调入动态储备粮14.2万吨，销售9.8万吨。据铁路运输部门统计，2012年云南省从省外调入原粮404.1万吨，与上年增加47.8万吨，增幅为13.4%。拉动了大量东北及其他主产区的粮食进入云南，保证市场充足的粮源，增强了政府调控能力。

五　落实粮食行政首长负责制

省粮食局认真履行粮食行政首长负责制考核牵头单位职责，对各州市和省级有关部门履行粮食行政首长负责制职责进行集中考核评审和奖励。粮食行政首长负责制的推行，进一步强化了各州（市）、县（市、区）政府和相关部门重农、抓粮、保供应的责任意识，将发展粮食生产，搞活粮食流通，保障市场供应，稳定市场价格等硬指标落到实处，形成左右协调、上下联动的整体合力，为发展粮食生产，搞活粮食流通营造了良好的工作氛围。

六　不断提高依法管粮水平

组织开展2012年度全省粮食库存检查，云南省中央储备、地方储备和商品粮实物数量账账相符、账实相符，数量真实，质量良好。粮食宜存率100%。做好粮食收购资格和中央储备粮代储资格审核工作，加强粮油价格监测预警，加大对违法违规行为的查处力度，维护粮食流通秩序。加强粮油统计工作，为粮食宏观决策提供科学依据。积极开展放心粮油工程建设，加强粮食质量安全监管和仓储管理，粮食质量安全监管工作和库存管理水平进一步提高。搞好"打非治违"专项行动，行业安全生产的基础工作得到加强。

七　抓好粮食基础设施建设

2012年，争取到中央预算内投资项目3个，中央预算投资1500万元。其中省粮油工业公司散装粮库建设项目500万元，宣威市粮油储备库一期工程建设项目500万元，牟定县粮油仓储设施工程建设项目500万元。三个项目已开展前期准备工作，省粮油工业公司建设项目已经完成初步设计，宣威市和牟定县建设项目已完成"三通一平"。同时，争取到8个中央粮食质量安全检验监测能力建设项目，总投资1760万元，按照1:1比例由中央与地方财政负担。

八　加强粮食系统自身建设

学习宣传贯彻落实党的十八大精神，推进开展创先争优活动。深入开展"四群"教育，领导干部带头转变作风，住村入户、深入企业，开展住村联户和帮扶工作。认真贯彻执行《廉政准则》，全面落实党风廉政建设责任制。搞好干部选拔任用和教育培训，加强粮食行业职工队伍建设，举办全省第二届职业技能竞赛，省粮食局被命名为第十三批"省级文明单位"，粮食流通统计、工业统计，以及人大建议、政协提案办理等工作分别受省政府和国家粮食局表彰。全省粮食系统在党建工作、党风廉政建设、人才队伍建设、精神文明建设、机关党的建设等方面都取得了新的成绩。

九　省政府领导到粮食局调研

11月16日，云南省政府丁绍祥副省长到省粮食局调研，看望慰问粮食干部职工并作了重要讲话。丁绍祥副省长对云南粮食流通工作给予充分肯定，他指出，近年来，全省粮食系统在省委、省政府的正确领导下，不断深化粮食流通体制改革，推行粮食行政首长负责制，实行省级动态储备合作，积极推进粮食购销市场化、市场主体多元化，基本解决了困扰粮食部门的"三老"问题，粮食企业由过去的亏损变为赢利，粮食宏观调控能力不断增强，粮食产业向规模化现代化方向发展，走出了一条符合云南省情粮情的粮食流通体制改革的路子，走得很稳妥、走得很好，为全省经济社会发展作出了重要贡献。丁绍祥副省长强调，从云南省的发展看，随着工业化、城镇化和旅游业的发展以及人口的增加、人民生活水平的不断提高，云南省粮食调入销售逐年增加，对外依存度越来越大，粮食供需将长期处于偏紧状态，粮油储备、调运、供给任务将会更加繁重，保障粮食安全的任务十分艰巨。全省粮食系统要不断巩固粮食流通体制改革的成果，及时研究出现的新情况新问题，走出一条适应新形势、可持续发展的粮食流通工作的新路子。

一是要认真学习党的十八大精神。党的十八大明确了新的发展理念，对未来的发展作了科学判断，提出了全面建成小康社会的奋斗目标，确立了新的历史里程碑。全省粮食系统要把学习、宣传、贯彻、落实党的十八大精神作为当前和今后一段时期的一项重要任务，组织局领导、处以上干部带头学习，力求学深、学透，领会好精神实质，掀起学习党的十八大精神的热潮，坚定信念，明确方向，认真贯彻落实中央和省委确保粮食安全和重要农产品有效供给的战略安排，把思想和行动统一到中央和省委的重大决策和部署上来，进一步增强做好各项工作的使命感和责任感，为全面建成小康社会目标做出应有的贡献。

二是粮食流通工作要为全省促进云南科学发展和谐发展跨越发展作出新的贡献。当前，全省打响园区、民营、县域三大经济战役，掀起稳增长、冲万亿、促跨越的新一轮发展热潮，面临跨越发展的繁重任务。面对复杂多变的粮油供需形势，全省粮食系统干部职工要保持清醒的头脑，保证发挥好职能作用，认真对粮食流通工作作出规划，为确保云南粮食安全做好服务，把云南建成粮油供给最安全的省份之一，确保云南粮食自给水平不下降，保证广大城乡群众粮食供应，为促进全省科学发展和谐发展跨越发展做出新的贡献。

三是粮食部门要在有中国特色社会主义道路中改革创新。认真履行粮食行政首长负责制考核牵头单位职责，充实完善粮食行政首长负责制相关内容，健全粮食行政首长负责制检查考核评价体系，进一步强化各州（市）、县（市、区）政府和相关部门重农、抓粮、保供应的责任意识，为发展粮食生产，搞活粮食流通营造良好的工作氛围。认真落实省级粮油动态储备合作、粮油平价直销等省委、省政府关注的大事，在有中国特色社会主义道路中不断改革创新，确保全省粮油市场有效供应，确保粮油市场基本稳定。

四是粮食部门要在桥头堡建设中积极作为。认真贯彻国务院《关于支持云南省加快建设面向西南开放重要桥头堡的意见》，抓住桥头堡建设重要机遇，认真推进粮食行业桥头堡建设，把云南打造成为东南亚、南亚稻米油料主产国连接中国粮油大市场，集生产、加工、仓储、物流为一体的集散中心和贸易平台。与周边稻米油料出口国睦邻友好，合作共赢，把中南半岛粮食生产潜力与云南省需求相结合，筑牢云南粮食安全屏障，为国家粮食安全作贡献。立足打造高原粮仓，大力发展粮食订单生产、订单收购，逐步培育和发展具有核心竞争能力的大型粮油企业集团，拉动全行业整体发展，形成规模大、实力强、有核心竞争力的稻米、油脂、饲料和杂粮等特色产业。研究完善粮食流通千亿产业，逐步实现流通产业产值1000亿元目标。

◆ **云南省粮食局领导班子成员**

马红跃	党组书记、局长（2012年12月任职）
许建平	党组成员、副局长
杨韵玲（女，白族）	党组成员、纪检组长
官悠房	党组成员、副局长

丁绍祥

2012年11月16日，云南省副省长丁绍祥在省政府副秘书长余功斌、督查专员李石松的陪同下，到省粮食局调研，看望慰问粮食干部职工，听取省粮食局的工作情况汇报，并作了重要讲话。

2012年12月18日，云南省粮食局举办学习贯彻十八大精神专题辅导讲座，邀请云南省委十八大精神宣讲团成员、省委党校党建部主任吴家骥教授作专题辅导，局机关全体干部职工和局直属领导班子成员聆听了讲座。

2012年5月10日，滇、湘、苏三省粮食局在昆明举行云南省省级动态储备合作洽谈会。

2012年6月25至26日，云南省粮食局在昆明召开党组理论学习中心组会议，传达学习中央和省委有关会议精神，讨论研究云南粮食流通产业跨越发展问题。

西藏自治区粮食工作

基本情况

西藏自治区是中国五个少数民族自治区之一，有7个地（市）、74个县（市、区）。截至2012年底，全区常住人口为308万，居住着藏、汉、回、门巴、珞巴等40多个民族。

2012年粮食工作

2012年，全区粮食流通工作在自治区党委、政府的正确领导下，在国家粮食局的关心、全国粮食系统的无私援助下，以邓小平理论、"三个代表"重要思想、科学发展观为指导，认真贯彻党的十八大、区党委八届三次全委会、全区经济工作会议精神，以贯彻落实《西藏自治区人民政府关于加强新形势下粮食流通工作的意见》、《国家粮食局关于全国粮食系统支持西藏粮食流通工作跨越式发展的实施意见》精神为主线，以"促增收、稳市场、保安全、惠民生"为目标，以深化体制改革、加快企业发展、建立援藏长效机制、强化储备粮管理为重点，加强和改善粮食宏观调控，健全体制机制，强化基础管理，推进依法管粮，各项工作取得显著成效。

一　粮食生产和流通情况

2012年，全区粮食播种面积170.9千公顷，其中青稞118.3千公顷、小麦37.7千公顷；油菜籽播种面积23.9千公顷。粮食总产量约94.9万吨，其中青稞63.7万吨、小麦24.6万吨，商品量约11.3万吨；油菜籽总产量6.3万吨，商品量约8000吨。2012年，全区国有及纳入统计范围的重点非国有粮食企业收购粮食44247吨，油菜籽655吨；销售粮食26万吨，食用油27889吨；省外调入粮食222920吨。2012年底，全区国有及纳入统计范围的重点非国有粮食企业库存商品粮83807吨，食用油5472吨。

二　加强粮食宏观调控，粮食市场和价格继续保持基本稳定

一是继续完善青稞最低收购价制度，2012年青稞最低收购价比上年提高31%。引导和鼓励各类粮食经营主体积极收购农民余粮，促农增收，掌握粮源。继续开展收购资格审核和年检工作，加大收购市场专项检查，确保收购工作顺利开展。

二是认真落实保供稳价措施，积极组织粮食投放市场，保证供给，粮食市场总体保持了平稳有序的良好运行态势。继续加强粮食产销合作，截至2012年底，全区国有粮食企业已代理国内粮油知名品牌29个。密切关注粮食市场供求和价格变化情况，加强粮食市场动态监测、分析，为粮食宏观调控提供了可靠信息支撑。

三是做好粮油统计、供需平衡调查，有效服务粮食调控工作。开展了360户涉粮企业粮食统计数据质量专项检查，确保了粮食统计数据质量。开展了粮食产需情况的专项调研，为确保西藏自治区粮食安全特别是青稞安全提供了决策参考。

四是完成了2011年度1150吨自治区储备粮轮换工作，2012年度16800吨自治区储备粮轮换工作正在积极进行。

五是制定下发了自治区储备粮损失损耗处理等办法，储粮管理工作进一步规范。联合自治区有关部门对全区29个自治区储备粮代储库储备粮管理情况进行了全面检查和严格考核，评选出11个先进管理和代储单位。同时，认真开展粮食行业安全生产领域"打非治违"专项行动和"危仓险库"专项调查，消除安全隐患。

三　国有粮食企业改革迈出新步伐

按照自治区第八次党代会关于"加快国有企业改革重组，健全现代企业制度"的总体部署，出台了《关于深化区直国有粮食企业改革的意见》，并向自治区政府上报了《西藏金谷粮食产业集团有限责任公司组建方案》，按照"产权清晰、权责明确、政企分开、管理科学"的总要求，组建粮食产业集团有限公司，建立现代企业制度，改革迈出重大步伐。在农发行等有关部门的大力支持下，"老账"即将剥离上划。在自治区财政厅的大力支持下，落实了1000万元转机建制资金，支持西藏自治区国有粮食企业的改革发展。

四　依法行政取得实效

一是组织召开了自治区层面的联席会议，通报形势，研究部署了监管工作。拉萨、山南、日喀则、那曲、阿里五地市建立了本级粮食流通监督检查工作部门协作机制，组织召开本级粮食流通监督检查工作联席会议。加大粮食市场检查力度，有效确保了全年粮食市场正常秩序。2012年，自治区和拉萨等五地市落实粮食流通监督检查专项经费55万元，提供了执法保障。开展了2012年全区国有粮食企业粮食库存例行检查。各地市建立了粮食流通监督检查工作日志制度，截至2012年底，西藏自治区粮食经营企业762户，建立监督检查信息档案企业649户，奠定了监管工作基础。

二是广泛宣传粮食法律法规，努力营造依法管粮的良好环境。宣传活动期间，张贴宣传画1200余张，发放宣传单14000余份，发放宣传资料1200余册，编辑发送手机短信3000余条。拉萨国储库组织拉萨市中小学生开展了爱粮节粮实践教育活动，进一步提高了学生爱粮节粮意识。

三是国家粮食局大力支持，完成了490万元的自治区粮油中心化验室、山南和日喀则地区化验室粮食质量安全监测能力项目建设。出台了储粮化学药剂使用、储粮熏蒸作业备案、粮食检验检测能力项目建设等管理办法和实施细则，推进了质量监管制度建设。加强国有粮食企业库存粮油质量普查，严把粮食出入库质量关，全年共检验粮油样品292份，确保了储粮质量和消费安全。

五	基础设施建设不断加强

在自治区发展改革委的大力支持下，基本完成了投资2275万元的拉萨、格尔木国储库和隆子等4个自治区储备粮代储库改扩建项目；当雄等4个自治区储备粮代储库改扩建项目、35个边远易灾重点乡镇粮库建设项目前期工作已完成，力争纳入2013年自治区投资计划。在自治区财政厅的支持下，全区仓储设施维修工作力度持续加大，完成了投资604.50万元的7个自治区储备粮代储库维修任务，落实1210.44万元资金用于全区66个边远易灾乡镇粮食仓库仓储设施维修改造，储粮环境有效改善。

六	粮食援藏工作取得实质性进展

国家粮食局出台了《关于全国粮食系统支持西藏粮食流通工作跨越式发展的实施意见》，建立援藏工作机制，明确了援藏政策措施。粮食援藏工作会议成功召开，初步落实农户科学储粮、粮食质量安全检验监测体系、粮食应急供应加工等项目，预计投资约6800万元。这次会议是促进西藏粮食流通产业科学发展的一次重要会议，是在西藏粮食事业发展史上具有里程碑意义的一次会议。自治区、各地市粮食局积极作为，狠抓投资争取与项目落实工作，国家粮食局两次赴藏考察，并与四川省粮食局、成都粮科所向林周县、达孜县捐赠了260套农户科学储粮仓，农户科学储粮工程在西藏自治区开始启动；江苏、安徽等10多个省市先后赴藏考察调研，在项目、资金、人才培训、干部挂职等方面进一步达成共识，截至2012年底，已到位资金940多万元，援藏工作顺利推进，成效明显，得到了自治区党委、政府的充分肯定。

七	党的建设和职工队伍建设不断加强

一是采取多种学习形式，深化对党的十八大精神的学习领会，准确把握精神实质和深刻内涵，结合实际制定措施，把十八大精神贯彻到粮食流通工作的方方面面。

二是加强作风建设，强化宗旨意识和"老西藏精神"、核心价值观教育，干部职工工作作风明显改进、工作效能明显提高。严格执行党风廉政建设责任制。积极抓好职工教育、人才培训和引进等工作，2012年，全区参加各类培训人员120多人，有效提高了粮食系统干部职工队伍综合素质。

三是扎实开展创先争优强基惠民活动，工作成效显著，受到当地党委、政府的充分肯定和群众好评。

四是围绕中心、服务大局，积极开展创先争优和基层组织建设年工作，强组织、增活力等各项工作卓有成效。

◆ **西藏自治区粮食局领导班子成员**

次旺诺布（藏族）　党委书记、副局长

张　虹（女）　　　党委副书记、局长

达　拥（女，藏族）党委委员、副局长

何长春　　　　　　党委委员、副局长

李　军　　　　　　党委委员、办公室主任

陕西省粮食工作   基本情况

　　陕西省地处祖国内陆腹地，总面积20.6万平方公里。全省设10个省辖市和杨凌农业高新技术产业示范区，有3个县级市、80个县和24个市辖区、1581个乡镇、164个街道办事处。2012年末，全省常住人口3753.1万，其中，城镇人口1877.3万，占50.02%，乡村人口1875.8万，占49.98%。

　　2012年，陕西省生产总值14451.2亿元，比上年增长12.9%。全年城镇居民人均可支配收入20734元，比上年增加2489元，增长13.6%，扣除价格因素实际增长10.8%。城镇居民人均生活消费支出15333元，比上年增加1550元，增长11.2%。农村居民人均纯收入5763元，比上年增加735元，增长14.6%，扣除价格因素实际增长11.2%；农村居民人均生活消费支出5115元，比上年增加619元，增长13.8%。

　　陕西省主要粮食品种为小麦、玉米、稻谷，辅以各类杂粮。2012年，全年粮食播种面积3127.5千公顷，其中，夏粮1286.73千公顷，秋粮1840.8千公顷。全省粮食总产量1245.1万吨，其中，夏粮472.5万吨，秋粮772.6万吨。当年全省人均粮食占有量331.8公斤，比全国平均水平435.4公斤少103.6公斤。全省粮食收购量451.7万吨，粮食销售量766.2万吨。全省粮食消费总量1446.1万吨，其中，工业用粮268万吨，饲料用粮335.5万吨，城镇口粮267.4万吨，农村口粮535.4万吨，种子用粮39.8万吨。

　　2012年末，全省粮食仓容总量802.7万吨，其中有效仓容688.3万吨，占总仓容的85.8%；食用油罐总罐容53.2万吨，比上年增加2.1万吨，增幅为4.1%。

2012年粮食工作

一　粮食生产和流通

（一）粮食生产

　　2012年，陕西省粮食总产量1245.1万吨，比上年增长4.2%。其中，夏粮472.5万吨，增长3.8%；秋粮772.6万吨，增长4.5%。分品种看，小麦435.5万吨，玉米566.9万吨，稻谷87.4万吨，大豆36万吨，杂粮119.3万吨。

（二）粮食流通

各级粮食部门不断强化对粮食购销工作的指导，注重发挥企业主体作用，构建粮食购销服务体系，促进粮食流通，增强市场保障能力。省粮食局年初下达粮食购销目标任务，收购前联合农发行召开夏秋粮油购销会议，安排部署粮油购销工作，重点加强收购资金的协调落实、购销网点的合理设置、收购政策的宣传引导以及执行情况的检查指导等项工作。充分利用媒体和简报加大粮食政策宣传和工作动态报道，营造良好政策和市场氛围。积极引导民营经济进入粮食购销市场，全省各级粮食行政管理部门累计审核发放粮食收购许可证2158户，其中国有及国有控股粮食企业374户，占17.3%；非国有粮食经营主体1784户，占82.7%。各类主体平等竞争、相互促进，粮食市场规范运行，购销价格基本稳定，种粮农民利益得到有效保护。2012年全年全省各类粮食企业累计收购粮食451.7万吨，比上年减少36.2万吨；其中国有粮食经营企业收购148.1万吨，占收购总量的32.8%。各类粮食企业累计销售粮食766.2万吨，比上年增加43.0万吨；其中国有粮食经营企业销售280.1万吨，占销售总量的36.6%。粮食购销均超额完成省委、省政府下达的年度目标任务。

二　粮食调控

（一）粮食储备

陕西省委办公厅、省政府办公厅《关于印发各市（区）和省直部门2012年度目标责任考核指标的通知》把"粮食储备"列入对各市目标责任考核指标，促进了市县粮食储备规模的落实。省粮食局会同省发展改革委向各市人民政府通报储备粮规模落实情况，建立储备粮油规模落实情况月报告制度，抓住粮源充足、价格平稳的有利时机，督促各市全面落实市县级储备粮油规模。全省市县级储备粮规模统算全部落实，地方储备粮油规模达到历史最高水平。加强对省级储备粮的管理，组织实施省级储备小麦的拍卖，指导完成了省级储备粮油的轮换任务。自2012年1月1日起，省级储备粮保管费用由原来的每年每公斤8分调整为9.2分；轮换费用也进行了调整，其中省级储备小麦和玉米的轮换费用：关中地区由每个轮换周期每吨40元调整为80元，陕南、陕北地区由每个轮换周期每吨40元调整为100元；省级储备稻谷的轮换费用由每个轮换周期每吨40元调整为160元。实现了省级储备粮费用补贴标准20年来的首次调整。延安、榆林、铜川、商洛等市也提高了市储备粮费用补贴标准。

（二）保供稳价和应急工作

巩固省内外粮食产销合作关系，组团参加了黑龙江金秋粮食交易合作洽谈会。及时掌握骨干企业粮食加工、库存情况，主动协调落实粮源，积极组织加工生产、销售，确保了全省粮食供应和价格基本稳定。完善军粮统筹采购供应办法，保证全省军粮供应。做好粮食应急工作，分别向有关部门上报了《关于陕西省粮食应急预案体系建设情况的调查报告》、《陕西省粮食应急预案操作指南》和《关于促进陕西省大豆产业健康发展的意见》，完成第二批省级应急物资保障单位的申报审批工作，组织90余名骨干人员参加了国家粮食局举办的完善粮食应急体系培训班学习。加强应急网络体系建设，落实应急成品粮油储备，65%的县（市、区）建立了应急成品粮油储备，全省应急成品粮油达到13.3万吨。各市完善修订粮食应急预案，加强对粮食应急企业的管理，督促企业建立健全应急动用方案，提升企业应急保障能力。做好粮食调控工作，定期上报粮食市场季度报告和粮食流通月度报告，加强形势分析研判，适时提出调控建议。起草《陕西省粮食安全发展报告》，全面分析陕西粮食安全形势，提出了保障全省粮食安全的政策措施及意见建议。

（三）统计调查和价格监测工作

组织完成全省社会粮食和食用植物油及油料供需平衡调查、粮食流通统计年报、粮油企业基本情况年报和各项定期统计报表的编报任务，建立全省各类粮油企业名录数据库，组织撰写并上报107份粮食流通统计分析报告，举办全省粮食流通统计培训班，组织开展了粮食统计数据质量专项检查。完善粮食市场价格监测预警工作，根据全省粮油价格监测点制度和《陕西省粮油市场价格监测工作考核评比办法》规定，对部分国家和省级粮油价格监测直报点进行调整优化。年底全省有粮油价格检测点376个，其中国家级检测直报点15个，省级检测直报点36个，市级监测点116个，县级监测点209个，形成了反应灵敏的中央、省、市、县四级粮油市场价格监测网络。健全信息发布制度，定期向有关部门领导发送价格监测信息和粮油收购信息。全年上报价格信息监测周报27期，网上定期发布粮油价格监测信息48期，编报粮食收购进度及价格情况简报41期。

三　企业改革和扭亏增盈

（一）企业改革

全省104个有改革任务的县（市、区）均完成了国有粮食企业产权制度改革，新组建国有或国有控股粮食企业243家。省属国有粮食企业战略重组迈出重大步伐，7月6日陕西粮农集团正式挂牌。全省累计化解经营性财务挂账37亿元，其中化解政府认定的经营性财务挂账22.12亿元，占政府核定的经营性财务挂账总额近74%，化解其他经营性财务挂账15亿元。

（二）扭亏增盈

全省国有粮食企业不断加强和改善财务管理，拓展经营领域，盘活存量资产，开辟新的利润增长点。2012年实现营业收入77.25亿元，同比增加18.22亿元；盈亏相抵后实现盈利3809万元，超额完成了年度盈利目标任务。全省盈亏统算连续5年实现盈利。年底资产总额183.04亿元（其中流动资产134.66亿元），负债总额156.99亿元（其中流动负债116.48亿元），资产负债率85.8%，同比下降2.1个百分点。

四　行政执法

（一）监督检查

截至2012年底，全省经编办批准单设的市级粮食监督检查机构有9个，市级执法队伍由上年的5个增加至8个，县级监督检查机构由上年底的94个增至95个，县级执法队伍由上年底的61个增至78个。具有执法资格的粮食执法人员有1066人。全省粮食行政管理部门通过开展粮食流通监督检查示范单位创建活动，提升了粮食监督检查工作整体水平。组织对全省行政区内的中央储备粮、国家临时存储粮、地方储备粮、国有及国有控股粮食企业储存的商品粮库存情况进行了检查。组织执法人员深入各类粮食企业和代收库点，采取联合执法、单独检查等方式，开展粮食收购专项检查，确保了粮食收购政策落实，维护了售粮农民利益。全年省、市、县三级粮食行政管理部门共查处涉粮案件总数759例。其中责令改正398例，警告212例，罚款88例（金额11.11万元），暂停粮食收购资格24例，取消粮食收购资格84例，移交其他部门处理11例。

（二）法制建设

修订完善《陕西省粮食局实施行政执法责任制办法》，进一步落实行政执法责任制，提高了全省粮食依法行政水平。结合粮食部门执法特点，制定印发《陕西省粮食行政执法人员执法行为规范》，明确了粮食行政执法人员思想政治、职业道德、执法行为、文明执法、廉政纪律等方面的规范要求。对粮食部门行政执法依据和主体进行了清理、确认，并及时向社会公布。

五　粮食行业发展

（一）基础设施建设

批复2012年度粮油仓储项目17个，批准建设粮食总仓容20万吨，食用油罐容2.5万吨。全省粮油仓储设施建设项目累计启动实施45个，共批复建设粮食仓容113.1万吨、油罐罐容15.5万吨，分别占《陕西省粮油仓储设施建设规划（2010—2020年）》建设任务的65%和77%。累计落实省级补助资金29984万元，已建成粮食仓容70万吨、油罐罐容10万吨。落实中央、省资金2443万元，累计为全省9.6万户农户配置新型储粮装具，受益农户粮食产后损失率从7%下降到2%。

（二）粮油加工业

2012年陕西省纳入统计的粮油加工企业290家（其中停产企业3家），完成工业总产值392亿元，比上年增加80亿元，增幅25.6%；产品销售收入354亿元，比上年增加55亿元，增幅18.4%；实现利润总额近9亿元，比上年增加1亿元；年末资产总计196亿元，比上年增加22亿元；年末从业人数2.8万人。

（三）粮食质量管理和粮油质检体系建设

组织开展2012年度收获粮食质量安全监测、库存粮食质量安全监测工作，共扦样1038份，其中收获环节扦样545份、储存环节扦样493份。完成2011年度收获玉米质量安全监测复查，掌握了全省收购、储存环节的粮食质量基本状况。制定印发《陕西省粮食质量管理工作评估考核暂行办法》，强化全省质量管理。组织全省市级粮食质量检验机构开展检验技术比对考核工作，对原粮、成品粮品质、卫生方面的9个项目进行了比对考核。

加强粮食质量检验监测体系建设。争取国家粮食局下达陕西2012年检验监测能力项目中央投资计划，累计落实中央预算内资金1455万元，为省粮油质监所和宝鸡、咸阳、铜川、延安、榆林5个市级质监站配置仪器设备，进一步提升了粮食质量检验监测能力。制定下发了《陕西省粮食检验监测能力项目建设管理实施细则》。完成了省质检所2011年度项目的建设工作，利用中央财政160万资金进行了仪器设备招标采购。争取国家批复了渭南、安康两市质检机构为国家第四批授权挂牌机构。配合国家粮食局专家组对汉中、商洛市粮油质检站进行了现场考核。省质检所和西安、宝鸡、咸阳、铜川、渭南、延安、榆林、安康8个市级质检机构成为国家授权挂牌机构。

截至2012年底，陕西共有各级检验机构26个，其中省级1个、市级10个、县级15个，新增1个全额拨款事业单位的县级机构；全省通过计量认证的10个；各级检验机构办公实验室面积10758平方米，仪器设备总原值2569.76万元；人员总数279人，其中检验人员196人；各粮食检验机构不断拓展检验业务范围，积极开展检验检测业务，共检验样品7761份。

（四）放心粮油工程

全省粮食部门深入开展放心粮油活动，20家企业被中国粮食行业协会评为"全国放心粮油示范企业"，9家被评为"全国诚信粮油企业"。经陕西省名牌战略推进委员会办公室认定，全省8家粮油加工企业的8个粮油产品为2012年"陕西省名牌产品"称号。目前全省有31家粮油加工企业的37个产品在"陕西省名牌产品"有效期内，分别是2012年认定8家企业的8个产品，2011年认定7家企业的8个产品，2010年认定17家企业的21个产品。全省18个粮油加工企业商标经陕西省工商行政管理局2012年认定为"陕西省著名商标"称号，涵盖面粉、挂面、方便面、面条、包子、食用面筋、食用淀粉、食用油脂等方面。

六　党风廉政建设和职工队伍建设

（一）党风廉政建设

省粮食局制定印发《2012年党风廉政建设和反腐败工作目标管理责任一览表》，将党风廉政建设和反腐败工作任务分解细化为6类38项，落实到局领导、牵头处室和参与处室。局领导与分管处室（单位）主要负责人签订《2012年党风廉政建设和反腐败工作目标责任书》，将党风廉政建设和反腐败工作纳入目标管理。建立健全"信息公开、新闻发布、阳光事务"等政务公开机制和透明规则，提高行业行政工作公信力和廉洁度。深入开展清理公务用车、压缩"三公"经费、深化政务公开等项工作。围绕涉及人、财、物、权等重点部位和关键环节完善制度，注重在工程建设招投标、设备采购以及政策性粮食招标竞价采购活动中预防和治理腐败。组织举办党的十八大精神暨党风廉政建设学习班，局领导班子成员和局机关全体干部、局属单位班子成员及其中层以上党员干部90余人参加了学习。在2012年度陕西省顾客满意度测评中，粮食小麦制粉行业在全省20个行业140家代表性企业中，综合满意度指数在生产性服务业位居第一。在全省30个行政管理部门、19个行政执法部门、24个公共服务行业和窗口单位政风行风测评中，粮食部门被评为良好等次。

（二）主题实践活动和机关建设

全省粮食系统开展"三问三解"（问政于民、问计于民、问需于民，解民忧、解民怨、解民困）活动，深入基层，调查研究，解决问题，密切了党群、干群关系。继续深入开展"两创三争促双新"（创一流业绩、创先进集体，领导争当表率、党员争当先锋、职工争当先进，促进粮食工作有新进步、上新台阶）主题实践活动，通过学赶先进、营造氛围，促进粮食流通各项工作的发展。开展"管理提升年"和"基层组织建设年"活动，加强制度建设，推进管理工作的科学化、规范化水平；基层党组织在组织体系、干部队伍、活动载体、工作制度、保障机制、场所场地建设等方面有了新的加强和提升。按照《陕西省粮食行业中长期人才发展规划纲要》和有关部门要求，组织安排全省粮食系统干部职工参加多种形式的教育培训，队伍素质明显提高。加大对外协调和宣传力度，争取社会各界对粮食工作的关注与支持。积极在主流媒体宣传粮食工作，《陕西日报》刊登了49篇宣传陕西粮食工作的专题文章和要闻。省粮食局联合省委外宣办举办专题新闻发布会，全面介绍省第十一次党代会以来全省粮食流通工作取得的成效，人民日报、中新社、香港大公报、香港文汇报、陕西日报、陕西电视台等27家省内外媒体参加了发布会。

七　2012中国（西安）杂粮精品暨设备展示交易会

8月18～20日，2012中国（西安）杂粮精品暨设备展示交易会在西安曲江国际会展中心举办。这次展交会由中国粮食行业协会、陕西省粮食局、西安市人民政府、陕西省粮食行业协会共同主办，西安市粮食局、中国粮食行业协会杂粮分会承办，是全国首届以杂粮为主的展会。25个省（区、市）的230多家企业2000余名客商参加展会。全国各地的杂粮及杂粮精品、深加工制品、放心粮油产品、杂粮加工包装设备和杂粮科技成果等22大类5500多种产品参展。社会各界入场参观人数达35000余人次。展交会上，中国粮食行业协会分别授予神木县为"中国黑豆之乡"、府谷县为"中国黄米之乡"称号。省粮食局、省粮食行业协会、西安市粮食局被展交会组委会授予参展组织特等奖。

◆ **陕西省粮食局领导班子成员**

吴新成	党组书记、局长（2013年3月任职），省发改委党组成员、副主任（正厅级）
王成文	党组书记、局长（2013年3月离任），省发改委党组副书记、副主任（正厅级）
王　勇	党组成员、副局长
岳万民	党组成员、副局长（2012年9月退休）
赵　策	党组成员、副局长
秦克勤	巡视员（2012年2月退休）

2012年8月18～20日，2012中国（西安）杂粮精品暨设备展示交易会在西安曲江国际会展中心举办。出席开幕式的主要领导有陕西省常务副省长娄勤俭（右八）、国家粮食局局长任正晓（左八）、中国粮食行业协会会长白美清（左七）、陕西省政府副秘书长陈国强（右七）、省发改委主任祝作利（右五）、省粮食局局长王成文（右六）。

2012年7月9日，陕西省常务副省长娄勤俭（前排右三）由省粮食局局长王成文（前排右二）陪同，深入富平县检查夏粮收购工作。

2012年5月10日，陕西省粮食局在陕西新闻发布厅召开粮食行业科学发展成就专题新闻发布会。中间为省粮食局副局长、新闻发言人王勇。

2012年2月24日，陕西省常务副省长娄勤俭（左四）出席全省粮食工作会议并讲话。省政府副秘书长陈国强（右四）、省发展改革委主任祝作利（左三）、省粮食局局长王成文（右三）出席会议。

甘肃省粮食工作　基本情况

　　甘肃省现辖12个地级市、2个自治州、4个县级市、58个县、7个自治县、17个市辖区。截至2012年末，全省常住人口为2577.6万，比上年末增加13.4万人，其中城镇人口998.8万，乡村人口1578.8万。2012年，全省实现生产总值5650.2亿元，比上年增长12.6%。全省城镇居民人均可支配收入17156.9元，比上年增长14.5%；农村居民人均纯收入4506.7元、增长15.3%。

　　2012年，全省粮食作物种植面积283.9万公顷，比上年增加0.6万公顷；油料种植面积33.6万公顷，减少1.5万公顷。全年粮食总产量1109.7万吨，比上年增产9.4%。其中，夏粮产量323.8万吨，增产1.3%；秋粮产量785.9万吨，增产13.1%。

2012年粮食工作

　　2012年，在省委、省政府正确领导和国家粮食局有力指导下，甘肃省粮食系统牢牢把握"稳中求进、好中求快"的主基调，群策群力、务实进取，确保了全省粮食供需平衡和价格基本稳定，全行业各项工作取得了新进展，总体情况好于上年、高于预期，为确保全省粮食安全和促进经济转型跨越发展作出了积极贡献。

　　全年全省收购粮食346.5万吨、同比增加40.9%，其中省内收购粮食270万吨，同比增加66.2%；收购食用油2.9万吨，同比增加11.8%。销售粮食354.5万吨，同比增加15.9%；销售食用油7万吨，同比增加9.8%。

　　全年全省国有粮食企业实现盈利2201万元，同比增长14.6%，13个市州和省局直属国有粮食企业实现盈利，企业盈利面达到92%，同比提高7个百分点。

一　不断扩大粮油购销，粮食市场继续保持供给稳定、调控有力的良好局面

（一）努力掌控粮源

　　一是立足省内，抓"一手粮源"。坚持常年常时挂牌收购，及时客观发布粮油价格信息，不断创新收购方式，千方百计收购农民手中余粮。据统计，全年省内粮食收购量同比增加66.2%，增幅为历年最高，食用油收购量同比增加11.8%。二是面向省外，畅通"引粮入甘"渠道。在继续保持与河南、山东、安徽、新疆等省（区）良好购销协作关系的基础上，推动合作向纵深发展，与河南开封等

产粮大市又建立了新的购销协作关系，粮食产销合作的路子越走越宽，合作的程度越来越紧密。各类收购主体充分利用产销协作平台，深入产区腹地均衡有序采购省内短缺粮源，有效保障了全省粮食供需总量平衡和品种结构平衡。三是高度重视，着力破解粮食收购"瓶颈"。针对国有粮食企业贷款难的现状，积极争取省农发行的理解与支持，放宽了贷款条件，降低了放贷门槛，对指定企业按照收购数量确定贷款需求，基本满足了资金需求，确保了收购工作顺利开展。

（二）全力保障市场供应

一是努力创造宽松的市场、政策环境，支持多元市场主体开展粮油经营，各类粮油批发零售网点遍布城乡。二是切实加强粮源调度，及时组织投放多品种、多规格、多等级的粮油。全年全省粮、油销售量同比分别增长15.9%、9.8%，没有发生一例脱销断档现象。三是不断提高应急保障能力，在认真总结"5·12"特大地震、"8·8"舟曲特大山洪泥石流灾害等应急保障经验的基础上，结合当前粮油应急管理新要求，修订完善了《甘肃省粮油应急供应实施方案》，并筛选确定37家粮油加工企业、57家粮油供应企业和一批粮油储运企业作为省级应急供应定点企业，粮食应急保障系统初步建立。各市州进一步细化、完善粮食应急保障预案，有针对性地开展应急演练，进一步增强了粮食应急保障能力。

（三）适时适度调控

2012年初，受2011年全国粮价上涨翘尾因素影响，全省粮食价格继续过快上涨。为确保元旦、春节粮油消费旺盛期的市场需求和粮价稳定，保障民生，主要采取了两项措施：一是继续开展优惠面粉直销。省、市粮食局挂牌，以每袋（25公斤）低于市场价3～5元的价格，向城乡居民群众直接供应优惠面粉，信息传导稳定了省内主销的各大品牌面粉价格。兰州、白银等市对企业开展直销产生的费用和亏损由政府价格调节基金给予补贴，甘南州政府把优惠面粉直销作为重要的"民生工程"积极推进，深受居民群众好评。二是投放省级储备平抑市场。会同省发展改革委、省财政厅提出了动用15万吨省级储备小麦投放市场、滚动销售的方案，报经省政府批准实施，有效补充了市场粮源。经过3个月的实施，调控效果达到预期后，暂停了销售，实际交易6万吨。省委省政府对这一措施给予了充分肯定，认为是硬措施，引导了舆论，稳定了粮价，保障了供应。

（四）保障军粮供应

认真贯彻国家军粮供应政策，切实抓好军粮储备、筹措、加工、配送各环节的工作，有效保证了驻甘部队用粮需要。始终把质量安全视为军粮供应的生命线，军供米、面、油全部从知名品牌企业购入，并逐步实现了由省级统一配送，确保了军供粮油质量卫生安全。认真履行服务公约，坚持"全天候"服务，并根据不同季节和节日，调剂、增加粮源花色品种，为部队上门解决存粮技术难题，得到了部队官兵的好评。同时，积极开展"十佳军粮供应站"创建活动，各军粮供应单位自觉落实各项评价指标，进一步推动了全省军粮供应向制度化、规范化、科学化方向发展。

二　狠抓落实，列入省政府年度目标任务的粮食重点工作成效显著

（一）健全粮油储备体系

一是加强省级粮油储备建设。报请省政府批准，新增了省级储备粮油规模，提前完成了省政府"十二五"粮食安全规划的目标。二是切实督促落实市县粮油储备。在每年全省粮食目标任务考核中，始终把粮油储备建设作为考核重点。市县粮食部门积极向当地党政汇报，沟通衔接相关部门，市

县级粮油储备建设有了长足进展，目前到位储备粮63.5万吨、同比增加23.4%，储备油4105吨、同比增加20.3%。天水、张掖等6个市超额完成了省上下达的粮食储备指导计划，兰州、平凉等9个市州还建立起了一定数量的成品粮储备。逐步充实完善的省、市、县三级粮油储备体系，已成为确保全省粮食消费安全的坚强防线。

（二）推进放心粮油工程

认真落实省政府"加快放心粮店建设"的部署，省市县三级粮食部门上下联动，制订实施方案，靠实工作责任，通过严格筛选、审核，选择396个粮油经营户，作为放心粮油进社区示范店，把放心粮店覆盖到了每个县。示范店由粮食行政管理部门统一挂牌，经营中严把准入关、质量关、价格关，真正做到了让消费者"吃的放心"。在此基础上，各级粮食部门不断拓展放心粮油内涵，大力发展主食产业。

三　严格落实保粮措施，粮食保管水平日益提高

（一）全面落实安全储粮责任

全面落实安全生产行政管理部门监管责任和企业主体责任，坚持实行安全生产一票否决制，不断完善安全生产各项规章制度，细化应急预案，开展应急演练，不断提高预案的可操作性。扎实开展粮食行业"打非治违"专项行动，累计排查安全生产隐患240起，进一步堵塞了安全生产漏洞，全行业安全生产意识明显提高。继续实行粮食安全保管分级管理、分级负责制，督促企业切实做好粮油库存的日常监管，及时掌握粮食储藏状态，发现问题及时处理，确保了储粮安全。

（二）强化粮油仓储管理

深入开展粮油仓储企业规范化管理活动，全省138户仓储企业达到了规范化管理标准，占到84%。开展了春、秋两季粮油安全大普查，两次集中3835人次，对165个储粮单位的全部存粮进行了检查。继续巩固和发展"一符四无"粮仓建设成果，"一符四无"粮仓占到99%。大力推广科学保粮新技术，42%的仓容装备了机械通风系统，31%的仓容装备了环流熏蒸系统，47.5%的仓容装备了计算机粮情监测系统。目前，全省科学保粮率达到89.4%，同比提高5个百分点。

（三）大力推进农户科学储粮专项建设

2012年落实国家专项建设资金300万元、省市县配套资金308万元，在平凉、庆阳、陇南等8个市州的21个县市区为2万个农户建置了小型科学储粮仓。2010年以来，积极争取国家粮食局支持，已为9万个农户配置了单仓容量1.15吨的科学储粮仓，按减少损失8%计算，每年助农增收2000万元。

四　不断夯实行业基础，企业发展环境良好

（一）大力开展项目建设

在各级粮食部门共同努力下，争取到中央投资项目8个，落实预算内资金2650万元，新建仓容11万吨、罐容1万吨。争取到省财政投资项目6个，落实预算内资金600万元，新建仓容3万吨。同时，各级粮食部门多渠道筹资开展项目建设。兰州焦家湾粮油物流中心提升改造项目已完成投资9000万元，正在进行8.6万平方米主体建设；投资6850万元的昌盛植物油异地建厂项目各项主体建设已完工并通过试车。张掖山丹投资3188万元的中心粮库"退城进郊"项目基本完工，即将投入使用。酒泉投资

1980万元的肃州区中心粮油储备库、投资2079万元的瓜州县中心粮油储备库，已全部完工。白银投资9000万元的嘉禾面粉和食用油加工项目，已完成投资3000万元。武威红太阳面业挂面生产线建成投产，全年生产2.8万吨。

（二）着力提高企业盈利水平

一是认真履行国有资产监管职责。继续实行和强化扭亏增盈目标考核制度，不断完善企业扭亏增盈信息通报制度和重点企业经营分析制度，积极引导企业规避金融风险、提高经济运行质量。二是努力创造良好的发展环境。积极协调财政、税务、农发行等部门，争取落实粮食企业国家税收减免政策和呆坏账核销工作，全年全省国有粮食企业减免税费1000万元，白银、金昌两市核销不良贷款8763万元，切实减轻了企业负担，支持了企业发展。三是多渠道创收。充分利用现有仓储设施和营销网络，立足购销抓主业，多种经营抓创收，有效提高了企业经济效益。全省国有粮食企业全年实现盈利2201万元，同比增长14.6%，除甘南州外，13个市州和省局18个直属国有粮食企业全部实现盈利，企业盈利面达到92%，同比提高7个百分点。

五 依法加强粮食流通监管，保护粮食生产者、经营者和消费者合法权益

（一）扎实开展粮食政策及粮油科技宣传

省、市、县三级粮食部门上下联动，利用"5·26"《粮食流通管理条例》颁布日、"10·16"世界粮食日、"12·4"法制宣传日等有利时机，通过悬挂张贴条幅标语、搭建彩虹门、摆放展板、发放材料，宣传粮食政策和粮油科技知识，引导粮食经营者依法经营，引导大众树立安全、营养、健康的消费理念，深受广大群众好评。

（二）积极推进粮食执法、质检体系建设

14个市州、71个县区设立了粮食监督检查执法机构，经各级政府法制机构批准取得粮食行政执法资格的有739人。2011年、2012年落实中央预算内资金1690万元，其中2012年落实930万元，建成了甘肃国家粮食质量监测中心和9个市级国家监测站，全年检测粮油样品940份，为公开公正开展粮食市场行政执法，保证粮食质量安全、防止不卫生原粮流入市场提供了技术防范。

（三）加大粮食库存检查力度

按照"有仓必到，有粮必查，有账必核，查必彻底"的原则，采取测量计算、抽包检斤等方法，对全省范围内所有政策性存粮，国有粮食企业以及纳入统计范围的重点非国有粮食企业的库存商品粮，逐库点、逐货位进行了全面检查。结果显示，全省粮食库存账实、账账相符，粮食库贷结构合理，政策性粮食补贴按时拨付，企业管理规范，储存粮食安全。检查中，把整改工作贯穿始终，有力促进了粮食库存管理水平的进一步提升。同时，建立了省级粮食库存检查专业人才库，177名业务骨干入选，其中12人入选国家粮食库存检查专业人才库。

（四）切实抓好粮食流通监管

深入开展各类粮食专项行动，强化对粮油批发市场、重点超市、农贸市场的监督检查，有效维护了正常的粮食流通秩序。据统计，全年全省共出动1万人次，开展各类监督检查2760次，查处违法违规案件277例，出动人次、检查次数同比均有增加，各级粮食部门主动监管粮食流通的意识进一步增强。

六　认真落实中央和省委部署，切实加强党风廉政建设和干部职工作风建设

（一）全面加强党风廉政建设

牢牢把握"服务中心、建设队伍"两大任务，以学习党的十八大精神和省第十二次党代会精神为主线，大力开展教育活动，广大党员干部的思想政治修养和能力有了新的提高。坚持把党风廉政建设与业务工作同部署、同落实、同考核。年初将党风廉政建设15项重点工作任务分解到各处室、各单位，明确责任领导和工作任务，签订责任书，并通过年度考核，形成了齐抓共管的工作机制，推动了党风廉政建设责任制的全面落实。扎实开展局机关和直属各单位建立廉政风险防控机制工作，增强了以廉促政的联动效应。

（二）精心组织双联行动

认真落实省委双联行动要求，制订实施方案、帮扶规划和年度计划，明确完成时限、责任领导、责任处室和具体工作人员，甘肃省粮食局负责的两个贫困村的双联工作扎实推进。累计进村入户40多次，全部完成了与110个特困户的对接，干部进村入户次数、驻村天数全部完成或超额完成。结合联系村实际，筹资60多万元对两个村的6条3.2公里村社道路进行了硬化，为两个村配置了533套彩钢板科学储粮仓，为55名婴幼儿购买了爱心营养包，为村民捐助了化肥、米面油、毛毯等生产生活物资，为大庄村争取扶贫投资20万元，启动了互助金项目。市县粮食部门积极响应当地党政号召，紧紧围绕联系村和特困户的实际困难和问题，办实事、求实效，真正做到了联村联户又联心，为民富民真惠民。

（三）深入开展效能风暴行动

全省效能风暴行动启动后，及时成立领导机构，制定实施方案，并利用辅导讲座、宣传横幅、学习专栏等形式，营造了良好的氛围。紧扣"五大"攻坚任务，开展"五查五看"和"十治"活动，对梳理归纳出的主要问题和不足，限时进行了整改。认真落实中央转变工作作风、密切联系群众八项规定和省委十项规定，有力促进了服务水平和工作效能的提升，杜绝了干部职工迟到早退、脱岗溜号等现象；全年召开会议同比减少4.4%，印发文件减少9.4%；对保留的粮食收购资格、军粮供应资格两项审批事项，进一步规范管理办法和审批流程，均按照"一站式"服务要求，做到了即到即办、一次办结；机关效能建设八项制度全部建立，形成了用制度管人、管权、管事的工作机制。在上级组织的省粮食局效能风暴行动民主评议机关作风和政风行风满意度测评大会上，满意票占到93.3%。

◆　**甘肃省粮食局领导班子成员**

何水清　　　党组书记、局长

韩卫江　　　党组成员、副局长

王向机　　　副局长

成文生　　　党组成员、副局长

陈玉皎　　　党组成员、副局长

王水兵　　　党组成员、纪检组长

2012年8月22日，甘肃省粮食局与河南省开封市政府在兰州举行粮食购销协作座谈会，双方签订了粮食经济贸易合作关系协议。

2012年2月23日，甘肃省粮食局局长何水清（右二）、副局长韩卫江（右一）在联村联户为民富民行动联系点临夏州临夏市折桥镇大庄村与村镇干部一起研究帮扶措施。

2012年4月28日，甘肃省山丹粮油储备库组织全体员工开展防火、灭火技能演练。

2012年6月29日，甘肃省粮油贸易有限公司举办庆祝建党91周年党的知识和业务知识竞赛暨文艺汇演活动。图为全体党员在神舟9号飞船发射塔前合影。

青海省粮食工作　基本情况

青海省2012年全省农作物播种面积550.94千公顷，比上年增长2.0%。其中，粮食作物播种面积280.17千公顷，增加0.3%。粮食作物中，小麦播种面积94.23千公顷，下降5.8%；豆类33.05千公顷，增加2.3%；薯类83.67千公顷，下降5.0%。油料播种面积164.4千公顷，下降10.8%，其中，油菜籽160千公顷，下降11.4%。粮食总产量101.5万吨，同比下降1.8%。其中，小麦35.2万吨，下降2.4%；豆类 7.1万吨，下降2.3%；薯类32.5万吨，下降12.9%。油料总产量35.2万吨，下降2.4%，其中油菜籽34.87万吨，下降2.1%。

全年全省粮食产量101.5万吨，总需求为224.06万吨，产消缺口108.92万吨，粮食自给率为45%，粮食供需平衡主要通过省际间购入解决。全年全省粮食消费量为210.42万吨，其中，农村口粮71.62万吨、城镇居民口粮43.6万吨、种子用粮9.53万吨、饲料用粮71.9万吨、工业用粮13.77万吨。

2012年粮食工作

2012年，青海省粮食工作在省委、省政府、国家粮食局和省发改委的正确领导下，在省有关部门的大力支持和全省粮食系统广大干部职工的共同努力下，以邓小平理论和"三个代表"重要思想和党的十七大精神为指导，深入学习青海省第十二次党代会精神，紧紧围绕粮食安全与发展这条主线，抓机遇，求创新，谋发展，重落实，提升粮食调控应急能力，确保全省粮油市场供应，认真落实重点项目，强化储备粮管理水平，加强粮食流通监督检查，确保了全省粮食安全。

一　加强市场调控，确保全省粮油市场稳定

按照省政府调控物价的工作部署，通过政府平价粮油投放和增强粮油市场调控能力等举措，确保了全省粮油市场供应和市场粮油价格稳定。

（一）做好政府平价粮油投放工作

严格按照政府平价粮油投放方案，督导各州（地、市）粮食行政管理部门和政府平价粮油加工、销售企业克服困难，积极有序地开展政府平价粮油投放工作。进入5月，对省内粮油市场形势进行认真研判后，与省发展改革委、省财政厅协商，报经省政府同意，除玉树地区政府平价粮油投放期限延长至2013年年底外，其他地区完成了政府平价粮油投放工作。截至5月1日，政府平价粮油投放历时18个月，共计投放4.15万吨，其中，大米1.01万吨，面粉2.27万吨，食用油0.87万吨。

（二）落实调控措施

一是继续争取执行大米运费补贴政策，对2011年12月1日至2012年11月30日期间从东北调入的大米给予运费补贴，骨干企业采购大米所需信贷资金给予3个月的贷款贴息补助。二是按照省政府的批示精神，落实了5000吨动态储备油计划，安排3万吨省级储备粮在省内市场销售，充实了市场粮源，提高了宏观调控能力。

二　突出抓好重点项目落实

进一步加大全省粮食系统"十二五"重点项目建设的工作力度，2012年底，24个重点项目已有6个基本完工，15个项目已启动开工建设，3个项目待启动。

（一）省玉树粮食储备库恢复重建项目

年初，主动协商援建单位提出了2012年度施工计划，积极协调各方做好相关准备，项目于2012年4月初复工开建，11月10日举行项目落成典礼。

（二）农户科学储粮专项建设项目

完成了2011年度农户科学储粮专项建设任务，生产、发放农户科学储粮仓12017套。与省财政厅进一步协商，明确了2012年度农户科学储粮专项资金配套比例，落实省财政配套资金300万元。指导西宁市认真实施2012年度农户科学储粮专项，完成了2万农户科学储粮仓的加工发放任务，整个项目2013年3月底前完成。

（三）全省粮食质量安全检验监测能力建设项目

积极与项目实施地区衔接落实了除西宁市外7个新建州（地）级粮食质量检验监测机构的场地、人员、机构。按照《青海省粮食质量安全检验监测能力建设项目实施方案》及国家粮食局的相关要求，与省政府采购中心共同完成了省粮油检测防治所及7个新建州（地）级粮食质量检验监测机构共253台仪器设备（价值1080万元，其中，中央投资920万元，省级配套资金160万元）的公开招标采购，95%的仪器设备已经送达各检测机构。制定落实了检验技术人员培训实施方案，分五个阶段有计划、有步骤、有针对性的组织对全省7个监测站12名检测人员进行了系统培训。

（四）玉树州粮食物流中心项目

项目总投资8900万元，5月开工建设，10月底综合楼已封顶，成品库1～2号库道绕梁已浇筑完成，平房仓1～3号库盖板已安装。

（五）青海省粮食应急配送中心（军粮）建设项目和青海省安康产业园区项目

3月20日省粮食应急配送中心（军粮）建设项目正式开始施工，完成了办公楼、5栋库房的基槽验收，施工进度已达到基底标高正负零。3月10日青海省安康产业园区项目开工建设。但因西宁市实施启动"清水入城"工程，两个项目均需迁出选址重建，分别于6月7日和5月12日全面停工，待异地重建。年底初步完成项目重建的选址工作及项目迁址善后和项目实施的相关事宜。

（六）海西州粮油储备中心项目

该项目总投资17336.76万元，占地200亩，建设主要内容为储粮仓12栋，总仓容10万吨；成品粮仓2栋，仓容4000吨；油罐6个，罐容2000吨；日加工100吨的面粉加工生产线1条，粮油交易市场8305平方米及相关生产生活辅助设施。按照项目投资BT模式，已开工建设并完成投资990万元。

三　强化管理，确保省级储备粮安全

（一）加强省级储备粮管理

一是早计划、早安排，及时下达2012年省级储备粮轮换计划，指导和督促企业把握商机，圆满完成了省级储备粮轮换工作。二是及时调整计划，将代储在青海新丁香粮油集团公司的5000吨省级储备小麦通过轮换的方式调整到省大通粮食储备库储存。妥善协调解决了代储在原青海金三角面粉有限公司的1610吨省级储备小麦和1000吨面粉承储单位的调整及调运、轮换工作。三是加强储备粮管理，印发关于开展春季和秋季省级储备粮油普查及"一符四无"评审工作的通知，采取承储单位自查与省局复查相结合的方式，对省级储备粮管理、防汛、安全等进行了全面检查。同时，组织相关储粮企业进行了现场交流和学习，并印发了进一步做好省级储备粮管理工作的通知。四是加强省级储备粮费用管理，组织对省级储备管理保管、轮换费用补助资金使用情况进行了综合绩效考核。五是做好2011年度粮食仓储设施统计和粮食流通基础设施建设投资统计及中央储备粮代储资格认定工作，完成了全省"危仓险库"的专项调查工作。

（二）强抓安全生产工作

结合实际，修订完善了《青海省粮食局2012年直属单位安全管理目标考核办法》，引入了新的考核机制，调整了考核内容的相关权重，强化了平时考核，突出了安全工作"一票否决"这个关键点，强化了安全工作基础和日常管理这两个关键环节，加强重大节日和季节转换等期间的安全检查力度。及时转发了国家粮食局《关于中国储备粮管理总公司2起浅圆仓作业致外包人员死亡事故情况的通报》和《关于中国储备粮沈阳直属库粉尘爆炸事故情况的通报》等文件，警示、教育各地各单位引以为戒，确保安全。为确保省级储备粮安全管理，杜绝储粮在熏蒸过程中发生安全生产事故，统一购置了呼吸器防护用品及配套设备，提升了局属储备企业的安全生产能力。

四　加强粮食流通监督检查，确保粮食质量安全

（一）组织完成全省粮食库存检查和国家临时储存菜籽油库存专项检查

建立了粮食流通检查工作制度，印制了《粮食流通监督检查工作日志》，对《现场检查记录》进行了规范。3月25日至5月20日，按照"有库（点）必到、有粮必查、有账必核、查必彻底"的要求，组织对青海省存储的中央储备粮、国家临时存储粮、地方储备粮及国有粮食企业的商品粮进行了全面检查；对纳入粮食流通统计范围的重点非国有粮食经营企业及转化用粮企业的商品粮库存进行了全面调查。经检查，全省粮食库存账实相符，数量真实、质量良好、储存安全；中央和地方储备粮质量整体状况良好，抽查样品质量指标综合合格率、宜存率均为100%；无虫粮、高水分粮、霉变粮、发热粮等储粮安全隐患。9月25日至11月25日，对2011年和2012年度收购的国家临时存储油库存进行了专项检查。

（二）做好粮油食品安全专项整治和政府平价粮油监督检查

根据国家粮食局和省食品安全委员会的要求，元旦春节期间组织开展了为期50天的粮油食品安全专项整治行动，组织对政府平价粮油销售点和政府平价粮油的销售情况进行了定期和不定期的检查，督促州、地、市粮食行政管理部门做好了日常监管工作。据统计，全年全省开展监督检查642次，出动人员1735人次，检查企业2070个次。

（三）严格省级储备补库粮质量监督把关

修订完善了《省级储备粮委托检验协议书》，进一步明确了在省级储备粮轮入工作中质检机构和承储企业的责任和义务，采用检测结果通知单的形式，对轮入的省级储备粮油逐车给出明确的处置意见，加强了日常巡查监督工作力度，做到了检测与监督管理统一协调。印发了《青海省2012年度收获粮食质量安全监测方案》，加强了对粮食质量安全的监测。

五　加强考核和指导，促进国有粮食企业健康发展

（一）强化国有粮食购销企业扭亏增盈考核制度

下达了2012年各州（地、市）扭亏增盈目标建议数和局直属企事业单位经济考核目标。认真落实每季度国有粮食购销企业经营管理分析制度，指导企业研判市场形势，创新经营方式、开展粮油购销业务，规避经营风险，巩固和扩大经营管理成果。2012年，全省国有粮食企业盈亏统算后实现利润542万元，较上年增加106万元，增长24%，其中，国有粮食购销企业实现利润611万元，较上年增加121万元，增长25%。

（二）加强全面预算管理

指导各州（地、市）粮食行政管理部门及局直属各单位编制全面预算方案。成立省粮食局预算管理综合绩效考评工作领导小组，督促、组织各预算单位认真开展2011年度财政预算综合绩效自评工作，向省财政厅报送了《省粮食局2011年度财政预算管理综合绩效考评报告》。

（三）加强粮食流通产业发展

组织召开了以强产业，促发展，保安全为主题的推进全省粮食流通产业发展座谈会，研究提出了《关于加快推进全省粮食流通产业化发展的意见》。

（四）加快推进全省放心粮油工程建设

会同省粮食行业协会、省工商局、省质监局等部门联合下发了《青海省放心粮油示范企业评审管理办法》，提出了《关于进一步加强放心粮油工程建设的指导意见》，进一步规范了全省放心粮油示范企业的评审和管理。对2011年度放心粮油工程建设工作成效较好的单位进行了通报表彰。组织对全省2012年度申报的放心粮油门店进行了评审，对已挂牌的放心粮油门店进行了年审。放心粮油工程建设得到了省、州、县三级政府的重视和支持，放心粮油店的经营管理水平不断提升，截至年底，全省共开办"放心粮油"店72家。省果洛州军粮供应站放心粮油店、省乐都县军粮供应站等6家企业被评为全国放心粮油示范企业。6月18日，组织省粮食行业协会、西宁市粮食局等10个单位，在西宁市开展了"放心粮油宣传日"主题宣传活动，同时指导各州地粮食行政管理部门在当地开展了形式多样的宣传活动。

六　认真组织，扎实开展专项活动

（一）"打非治违"专项活动

按照国家粮食局的统一部署，5月7日组织各地粮食行政管理部门和局属单位负责人、局机关工作人员参加了国家粮食局召开的粮食行业集中开展安全生产领域"打非治违"专项行动电视电话会议。省粮食局和各州地市粮食行政管理部门相应成立了专项行动领导小组，明确了工作职责，制定印发了

工作方案，安排和部署了工作。全省各级粮食管理部门共派出检查组9个，检查企业52个，开展督查检查45次，发现6类隐患共106件，整改64件，对不能立即整改或短期内不能完成整改的，建立隐患档案，限时整改。

（二）科技列车青海行活动

根据国家粮食局关于"科技列车青海行"活动的要求，制定了活动方案，配合国家粮食局与海东地区发展改革委、乐都县发展改革局在林川乡马场村现场举行了"科技列车青海行"粮仓捐赠发放仪式，现场为农户捐赠发放科学储粮仓200套。并在现场组织了农户科学储粮和杂粮知识专家讲座，举办了粮食仓储和加工知识专家讲座。

七　党建工作取得成效，职工队伍素质明显提升

2012年深入学习和贯彻党的十八大和省第十二次党代会精神，积极推进"创先争优活动"、新一轮"基层组织建设年"活动、学习型党组织建设和精神文明创建等工作，围绕全年粮食流通工作开展党建工作。深化反腐倡廉宣传教育和制度建设。组织召开党风廉政建设工作会议，同局属单位负责人签订了党风廉政目标责任书，制定下发了《2012年省粮食局党风廉政建设和反腐败工作实施意见》、《青海省粮食局干部廉政谈话实施办法（试行）》、《青海省粮食局党风廉政建设责任制办法》。积极组织开展廉政风险防控工作，查找廉政风险点，制定廉政风险防控流程图，确定风险等级，提出了防范保证措施，初步构建了以岗位为点、以程序为线、以制度为面、上下联动的廉政风险防控工作机制。加强和改进机关作风，开展了以"让人民生活得更加幸福"为主要内容的主题实践活动，督促落实"基层群众评议机关作风"活动意见建议的整改落实。局领导带队下基层调研，现场办公解决直属各单位发展中面临的困难和群众关心的利益问题。加强人才培训工作，组织粮食系统专业技术人员、局属单位和局机关工作人员参加省内外7个班、223人次的培训。

◆ **青海省粮食局领导班子成员**

顾艳华	直属机关党委书记、局长
乔正善	直属机关党委委员、省发展和改革委员会副巡视员
陈倩如	直属机关党委委员、副局长（2012年5月任职）
张柴斌	直属机关党委委员、副局长

青海省副省长张光荣（左一）在省粮食局局长顾艳华（左二）的陪同下检查省玉树粮食储备库重建工作。

青海省粮食局召开第二次党员代表大会。

国家粮食局、青海省粮食局"科技列车青海行"粮仓捐赠仪式。

粮食科技专家在青海省互助县林川乡马场村开展杂粮知识讲座。

宁夏回族自治区粮食工作

基本情况

　　宁夏全区现有耕地面积约110万公顷，粮食播种面积约82.83万公顷，以小麦、水稻、玉米为主。自2004年粮食总产量突破300万吨之后，2012年实现九连增，达到历史最高的375.03万吨，其中小麦62.04万吨，水稻71.33万吨，玉米191.18万吨。"质优量少"是宁夏粮食生产的特征。从粮食供求情况来看，宁夏小麦、稻谷缺口逐年加大，玉米缺口也有扩大之势，油料及食用植物油自给率不足30%，销区特征明显。现有地方国有粮食企业20家，其中局直属企业3家，包括2011年组建的宁夏储备粮管理有限公司、宁夏粮食产业集团和宁夏粮油批发交易市场，2012年实现营业收入12亿元。现有规模以上粮食加工企业237家，年加工能力596万吨。自治区粮食局对全区5个地级市粮食局实行垂直管理。

2012年粮食工作

一　粮食生产

　　全年粮食播种面积82.83万公顷，比上年减少2.8%；粮食总产量375.03万吨，增长4.5%，实现连续九年增产，总产再创历史新高。其中，小麦62.04万吨，水稻71.33万吨，玉米191.18万吨。油料播种面积8.84万公顷，减少0.3%。蔬菜播种面积11.16万公顷，增长4.0%。

二　粮食流通

　　全年区内粮食企业收购粮食总量240.70万吨，同比增加43.53%，其中国有粮食企业收购50.85万吨，同比增加60.41%。销售粮食229.30万吨。全年签订"粮食订单"125万吨，完成订单收购113万吨，履约率为90.2%，订单收购量和优质粮食订单率均为近年来最高，实现了农民和企业的"双赢"。

三　粮食调控

　　一是加强粮油市场监测。全年共编发粮食市场供求价格和政府保供稳价措施信息100多条。二是抓好粮食宏观调控。组织全区各类粮食企业外采粮食94万吨，完成自治区储备粮轮换7.41万吨，安排自治区储备小麦品质调优拍卖1.12万吨。全年组织召开竞价交易会25次，安排投放各类市场调控粮食达51.2万吨，同比增长42.26%，其中销售小麦17.62万吨，同比增长89.51%，原粮市场供给得到保障。三是做好成品粮油供应。全年共投放市场成品粮130万吨、食用植物油8.1万吨，投放量达历史最高。2012年，全区粮食市场和价格保持基本稳定。

四　粮食流通体制改革

全区深化粮改工作成效显著。一是粮食行政管理职能明显加强。市、县（区）粮食安全责任得到落实，县级粮食行政管理部门机构保持相对独立。二是区、市、县三级粮食应急体系覆盖全区。确定粮食应急定点供应和承储企业152家，落实粮食应急保障运输车辆314辆、运输能力1930吨；在石嘴山市成功举办市级粮食Ⅱ级应急演练，粮食应急保障能力得到提高，是全国首个建立省、市、县三级应急成品粮油储备的省区。三是历史遗留问题基本解决。全区共消化老账27351万元，国有粮食购销企业除政策性财务挂账和附营业务贷款停息挂账外，"老账"问题基本得到解决；妥善安置职工及遗属1237人，国有粮食企业负担明显减轻。四是粮食储备体系进一步完善。将自治区8家粮食储备库和3家粮食代储库进行资源整合，组建了宁夏储备粮管理有限公司，经营情况良好；全区共保留国有骨干粮库56个，仓容量32.6万吨，成为宁夏粮食宏观调控的重要载体。

五　粮食行政执法

一是做好粮油市场的重点专项检查和日常监管。全区累计开展各类粮食执法检查569次，综合检查78次，出动人员1636人次，检查企业4859个次，粮食收购市场秩序井然，全年仅有2家企业被给予行政处罚。二是扎实推进监督检查体系建设。加强监督检查执法队伍、信息平台建设，提高粮食监督检查和行政执法水平。自治区粮食局被国家粮食局评为全国粮食流通监督检查工作先进单位，彭阳县粮食局被国家粮食局评定为全国粮食流通监督检查示范单位。三是认真履行粮油质量监管职能。组织开展库存粮食质量卫生安全专项检查，抽查结果全部合格。自治区粮食局被国家粮食局评为全国粮食质量监管工作先进单位。四是全力抓好行业安全生产工作。累计排查不同性质隐患656个（次），均已得到整改，2012年行业安全生产保持平稳态势。

六　行业发展

一是国有粮食企业发展继续向好。2012年全区国有粮食企业统算盈利，宁储粮公司实现利润1298万元，超额完成年初制定的任务。二是粮食流通项目建设进展顺利。总投资2.5亿元扩建20万吨粮仓、新建2万吨食用油罐项目建设任务顺利进行，其中列入2012年度建设计划的银川粮油购销公司新建6万吨中心粮库和新城国家粮食储备库整体搬迁项目基本完成；投资120万元，对部分国有粮食企业仓储设施进行了维修改造；投资500万元，引进大型粮食烘干设备3台（套）；投资967万元，建成银川、中卫市粮油质检站，为引黄灌区四市招标采购粮油检化验仪器215台（套）。积极向国家申报2013年宁夏粮食行业建设项目25个，总投资超过10亿元。三是农户储粮专项建设任务超额完成。2012年，国家粮食局下达宁夏农户储粮专项建设计划2万套，宁夏主动争取增加计划1.2万套，实际完成建设任务3.2万套，超额160%，累计达到7.7万套。据初步测算，项目点农户储粮损失率由5.4%减少到2%左右，相当于再造粮田787公顷。四是放心粮油工程积极推进。2012年，全区新增国家、自治区放心粮油示范加工企业各5家，发展放心粮油示范店12家、放心粮油店18家，放心粮油店总数达266家，城乡居民消费粮油更加放心。五是推介名优粮油品牌取得重大进展。在第十二届中国国际粮油展览会上获得金奖产品13个，获奖数量位居全国第二，赢得了业界的广泛赞誉。六是政策性粮食供应任务顺利完成。组织完成了10万公顷退耕还林粮食供应任务，对稳定退耕还林区群众生产生活发挥了重要作用。坚持军粮统筹和定点采购方式，在粮价不断上涨的情况下，保证军粮供应价格稳定，圆满完成2012年度前运粮供应任务，得到了总后勤部的充分肯定。组织承办全国百强军粮供应站示范站观摩会，17个省（区）近160位代表学习观摩了宁夏军粮供应工作经验。

七　党群工作

认真学习贯彻党的十八大和自治区第十一次党代会精神，组织党组中心组集中学习，开展专题培训活动，安排党员干部自学，收到较好效果。以开展"基层组织建设年"活动为载体，对基层党组织进行了分类定级，组建了宁夏储备粮管理有限公司党委，公推直选了新一届局机关党委及总支委，表彰了一批先进党组织和先进个人，党建工作迈上了新台阶。积极开展机关干部"下基层"活动，创新开展机关干部"下企业"活动，锻炼了干部队伍。扎实开展勤政警示教育专项活动，整治"庸懒散软"，强化工作责任，营造了风清气正的发展环境。加强反腐倡廉工作，"风险定到岗、措施建到岗、责任落到岗"的廉政风险防范管理体系基本建立。着力推进干部人事制度改革，组建了宁储粮公司行政领导班子，并对其所属内设机构进行优化组合，使其内设科室精简1/3，中层干部减少了1/5。坚持用制度管人管事，制定了《自治区粮食局2012年度效能目标管理考核办法》、《自治区粮食局机关节假日车辆封存停驶规定》等多项制度，加强督查督办，提高了工作效率，降低能源消耗。

◆　宁夏回族自治区粮食局领导班子成员

刘金定	党组书记、局长
赵银祥	党组成员、副局长
吴长青	党组成员、副局长
荀　旭	党组成员、副局长
丁　军	党组成员、纪检组长
严彦召	巡视员
解　涛	副巡视员

2012年5月19日，宁夏回族自治区党委副书记崔波（左三）、自治区政府副主席屈冬玉（左二）在2012年科技活动周开启仪式上参观区粮食局展位。

2012年7月26日，国家粮食局副局长吴子丹在宁夏回族自治区粮食局局长刘金定的陪同下调研区粮食局粮食宏观调控信息系统。

2012年9月24日，宁夏回族自治区粮食局局长刘金定（左二）检查节日粮油市场供应情况。

2012年12月17日，宁夏粮食局直属机关第七次党的代表大会在银川召开。

新疆维吾尔自治区粮食工作

基本情况

　　新疆维吾尔自治区位于祖国的西北部，总面积160多万平方公里，是全国面积最大的省区。全区有5个自治州，7个地区，2个地级市，20个县级市（包括5个自治区、直辖县级市），68个县（包括6个自治县），11个市辖区，242个镇，615个乡（其中，民族乡42个）。全区境内有55个民族成分，主要有维吾尔、汉、哈萨克、回、柯尔克孜、蒙古、塔吉克、锡伯、满、乌孜别克、俄罗斯、达斡尔、塔塔尔13个民族。2012年末总人口2232.8万，其中，城镇人口982万，乡村人口1250.8万。

　　2012年，全区实现生产总值530.3亿元，增长12%；全社会固定资产投资6258.4亿元，增长35.1%；全口径财政收入1921亿元，增长16.1%；公共财政预算收入909.1亿元，增长26.2%；地方财政收入1251.8亿元，增长20.3%；城镇居民人均可支配收入17921元，增长15.5%；农村居民人均纯收入6394元，增长17.5%。

　　2012年，全区农作物播种面积513.7万公顷，增长3.1%。其中，粮食播种面积（含薯类）213.1万公顷，增长4.1%。粮食产量（含薯类）1273万吨，增长3.9%。强农、惠农、富农政策力度不断加大，落实各项支农资金360.2亿元，增长21.1%。

2012年粮食工作

　　2012年，新疆维吾尔自治区各级粮食行政管理部门在自治区党委、人民政府的正确领导下，在各有关部门的大力支持下，认真贯彻落实国家和自治区各项粮食方针政策，以"稳市场保供给、强产业促发展"为中心任务，以"抓好收购促增收、加强调控保安全、提升产业惠民生、科学管粮上水平"为工作目标，变化变革、敢于担当、务求实效，围绕自治区的决策部署，切实履行管理全社会粮食流通的职责，粮食流通各项工作取得了新进展。

一　落实粮食收购政策，切实保护农民利益

　　2012年，自治区党委、人民政府为促进粮食生产，保护农民利益，将"安排种粮农民粮食直补资金7.5亿元，确保粮食安全和农民增收"列入重点民生实事工程，并继续实施小麦和稻谷敞开收购、敞开直补政策，自治区安排小麦收购指导性计划300万吨，其中地方国有粮食收购企业120万吨、

中储粮新疆分公司180万吨。白小麦（标准级）、红麦、混合麦最低收购信息参考价统一为每公斤2.04元，相邻等级差为0.04元；稻谷最低保护价为每公斤2.8元（标准级），相邻等级差为0.04元。继续执行按种粮农民交售给国有粮食购销企业的小麦数量给予每公斤0.2元、稻谷每公斤0.21元的财政直补政策。油葵籽在部分产区继续实施最低保护价敞开收购政策，最低保护价为每公斤3.85元，政策执行截止期到2012年12月31日。油菜籽纳入国家政策性油料收购范围，实行国家临时收储政策，当油菜籽市场价低于国家发布价（托市价，每公斤5.0元）时，由中储粮新疆分公司按托市价公开挂牌收购。

　　各级粮食行政管理部门认真贯彻执行国家和自治区粮食收购政策，在认真分析全年粮食供求形势的基础上，研究制定粮食收购工作方案，督促购销企业提前与种粮农户签订粮食收购直补订单，主动协调农业发展银行和财政部门落实粮食收购资金贷款和粮食直补资金，积极深入基层调研，加强检查指导，配合发展改革（物价）、工商、质监等部门加大市场巡查力度，确保收购市场平稳有序进行。各国有粮食购销企业采取多种措施广泛宣传粮食收购政策，对农民愿意交售且符合国家质量标准的小麦、稻谷做到应收尽收，坚持农民交多少、收多少，收多少、补多少，确保农民一手交粮一手拿钱。认真落实政策公示制度，不断优化服务质量，主动延长工作时间，增设收购网点，增加收粮机械，为售粮农民提供多项免费服务，做到让农民交明白粮、放心粮和舒心粮。截止到年底，全区国有粮食购销企业共收购小麦262万吨，其中，地方国有粮食购销企业收购171万吨，中储粮新疆分公司收购91万吨；全区地方国有粮食购销企业收购稻谷34万吨。财政兑付农民售粮直补款近6亿元。油葵籽因市场价格高于最低保护价，敞开收购政策未启动，主要由市场购销。

二　加强粮食宏观调控，保持粮食市场稳定

　　认真贯彻落实自治区及国家粮食局保供稳价的安排部署，充分发挥地方国有粮食购销企业和中储粮各直属库的主渠道作用，按照粮食顺价销售原则，坚持敞开供应、均衡销售，保障全区粮油市场供应和价格基本稳定。继续对全区81个价格监测点的粮油价格实行按周跟踪测报，确保监测数据及时、准确、全面。对全区2710户城镇居民、2971户农户、936家国有粮食购销企业和非国有粮食经营转化企业进行调查统计，全面掌握全区粮油供需情况。对部分地区种植小麦和油菜籽的130户农户进行粮食产销和成本利润调查。全面完成26.4万吨自治区临时储备油销售任务。通过国家粮油交易中心对国家临时存储小麦进行竞价销售，累计销售小麦41万吨，成交率98.5%。截至年底，新疆地方国有粮食购销企业共销售粮食389.1万吨，较上年增加69.1万吨，其中销售小麦304.2万吨。各级粮食行政管理部门共向854家企业发放粮食收购资格许可证，其中，国有及国有控股企业311家，民营企业216家，个体工商户300家，外商投资企业4家。

三　扶持企业发展，加快粮食产业化经营

　　2012年，自治区共安排粮食产业化发展基金3000万元，对64家自治区级涉粮类农业产业化龙头企业给予扶持，促使企业加大对粮食流通领域新技术、新工艺、新设备的投入。截止到年底，新疆有国家级粮食产业化龙头企业8家，自治区级79家。鼓励和支持有竞争力、带动力、效益好的优势粮食企业通过强强联合、兼并、重组等方式，促进粮油加工业结构调整、产业升级和优化布局，提高企业竞

争力和经济效益。2012年，新疆纳入统计粮油加工业实现工业总产值240.3亿元（现价，下同），产品销售收入234.7亿元，增长25%和24%。企业资产总计221亿元，增长26%。实现利润总额3.3亿元。组织开展放心粮油示范企业和自治区名牌产品评审工作，召开全区放心粮油进农村进社区现场观摩经验交流会，总结推广放心粮油先进经验和做法。截至年底，全区放心粮油示范加工企业达44家，示范销售店38家，示范配送中心7个，示范主食厨房1家。国家级粮油名牌产品1个，自治区级19个。组织粮食企业参加首届2012中国（西安）杂粮精品暨设备展示交易会和第十二届中国国际粮油产品及设备技术展览会，重点展示新疆特色粮油产品，扩大新疆粮油产品的影响力。

四   加强基础设施建设，增强粮食安全保障能力

2012年，自治区财政安排粮食仓储设施建设和维修资金3000万元，中央财政安排仓库维修补助资金1121万元，新建仓容30万吨，维修仓容14万吨。开工建设的2个粮食现代物流项目进展顺利，额敏县中心库粮食物流中心项目已完成，博尔塔拉粮食物流中心项目正在建设。编制2012年农户科学储粮专项实施方案，下达2万套建设任务，并在全区试点推广钢骨架金属网储粮仓，安排至南疆四地州11个县（市），已通过招投标抓紧制作。召开全区粮油仓储企业规范化管理工作现场会，组织开展"打非治违"专项行动，对"危仓险库"、储粮化学药剂储存与使用、进出仓作业、登高作业等关键环节，进行全面督查。加强粮油质检体系建设，喀什地区、巴州、克拉玛依市3个区域粮油质检站申请挂牌国家粮食质量监测站各项工作进展顺利。

五   深化企业改革，壮大企业实力

充分发挥县级国有粮食购销企业的基础性作用，不断转换经营机制，增强企业发展活力。按照现代企业制度的要求，完善法人治理结构。鼓励国有粮食购销企业不断开拓发展空间，增强企业的市场竞争力。2012年，全区国有粮食企业实现统算盈利1.1亿元，已连续五年实现统算盈利。积极争取对承担政策性粮油收储的国有粮食购销企业继续免征企业所得税地方分成部分及房屋、土地使用税等优惠政策。充分发挥粮食物流节点和粮油储备库的资源优势，组建粮油产业园区。乌鲁木齐新疆国际粮油物流产业园区初步规划已经完成，组建方案已上报自治区人民政府，各项工作正在大力推进。

六   加强军供体系建设，提升应急保障能力

加强军供站点建设，全区规划建设的7个军供应急成品库已启动4个，其中1个已经竣工。抓好3个边境县军供站建设工作，其中乌恰县、乌什县军供站建设工程已完成，塔什库尔干县军供站建设正在筹建之中。严格执行军粮筹措、购粮信息系统管理、质量管理和资产管理的程序和制度，对全区29个基层军供站点开展军粮供应规范化管理检查。开展军供大米质量检查，对14家区内外供应厂家发运的军供大米进行扦样检验，对质量不符合标准的企业，取消军供大米供应资格。在各地自查的基础上，组织工作组对全区部分地州市的26个军粮供应站开展军粮质量复查，对检查中发展的问题提出整改意见。举办军粮供应系统检化验人员和财务会计人员培训班，切实提高军供人员的整体素质。4家军供单位被评为国家"百强军供站"，自治区军粮供应办公室被授予"自治区双拥模范单位"荣誉称号。

七　加强监督检查，推进依法管粮

组织开展粮食收购政策执行情况监督检查，对7个地州15家中央和地方国有粮食购销、6家粮食加工企业在执行粮食质价政策、粮食质量标准、粮款兑付等方面的情况进行检查。依法对4地州6家企业粮食库存检查工作进行全面复查，共查看62个粮站（库）301个仓库，检查粮食126万吨。复查结果表明，账实相符、数量真实、质量可靠、管理规范。开展地方储备粮粮情在线监测试点，对全区储备粮库存质量、数量进行在线监测和远程执法。按照国家粮食局要求，建立第一批省级粮油库存检查专业人才库共计95人，并推荐10人为国家级粮食流通监督检查专业人才。积极组织申报昌吉州粮食局粮食监察大队和额敏县粮食局为第二批全国粮食流通监督检查示范单位。

八　加快推进信息化建设，提升粮食流通现代化水平

新疆粮食综合信息管理系统已通过验收，在全区范围上线试运行，首批次应用功能小麦五日报和粮油价格监测周报实现系统内上报。粮食专网实现粮食行政单位、粮食企业的全覆盖。软件开发实现粮食业务的集成管理和网上办理。粮食监督检查执法远程网络视频系统已成功试点运行，并实现粮食收购现场网络在线互动交流与政策答疑。采取理论讲解与上机操作相结合的方式，对新疆粮食政务办公系统及网站信息报送等进行技术培训。

九　加强党的建设、效能建设和干部职工队伍建设

认真贯彻落实自治区第八次党代会精神，进一步转变观念、创新思路，着力解决粮食系统在思想、组织、作风以及工作中存在的突出问题。扎实推进以惩治和预防腐败体系为重点的反腐倡廉建设，制定下发2012年自治区粮食局党风廉政建设和反腐败工作实施意见。进一步加大绩效管理监察工作力度，不断提高机关工作效能和服务水平。在全区粮食系统组织开展向"6·29"反劫机勇士刘会军同志的学习活动，以"学英雄、见行动"的实际成效，推动工作，促进发展。进一步加强粮食系统干部职工培训力度，争取财政专项资金，组织粮食行业各类人员培训17期共1000余人。

◆ **新疆维吾尔自治区粮食局领导班子成员**

雍其新	党委书记、副局长
米尔扎依·杜斯买买提（塔吉克族）	党委副书记、局长
王卫军	党委委员、副局长
闫　俭	党委委员、副局长
杨　力（回族）	党委委员、纪委书记
唐阿塔尔·克力马洪（哈萨克族）	党委委员、副局长
折为民	党委委员、总经济师
朱传碧	党委委员、副局长
陈天甲	副巡视员

国家粮食局副局长曾丽瑛（前排左二）在新疆伊犁国家粮食储备库调研。

新疆维吾尔自治区粮食局党委书记雍其新（左三）在基层调研夏粮收购工作。

新疆维吾尔自治区粮食局局长米尔扎依·杜斯买买提（左一）在基层调研期间，与粮站工作人员亲切交谈。

新疆维吾尔自治区粮食局召开全区粮食局长会议。自治区副主席钱智（前排左二）出席会议并讲话。

新疆生产建设兵团粮食工作

基本情况

新疆生产建设兵团（以下简称兵团）成立于1954年10月7日，承担着中央赋予的屯垦戍边的职责，是在所辖垦区内依照国家和新疆维吾尔自治区的法律、法规，自行管理内部行政、司法事务，在国家实行计划单列的特殊组织，受中央和新疆维吾尔自治区人民政府双重领导。

截至2012年底，兵团辖有14个师，阿拉尔、图木舒克、五家渠、石河子、北屯、铁门关6个城市，3个建制镇，176个团场，4000多家工交建商企业（其中上市公司14家），有健全的科研、教育、文化、卫生、体育、金融等社会事业和公、检、法等司法机构，分布在新疆14个地州市境内。与俄罗斯、哈萨克斯坦、吉尔吉斯斯坦、蒙古等国接壤，守卫着2019公里的边境线。土地总面积6975.9千公顷，其中耕地面积1241.2千公顷。兵团各级农业产业化龙头企业393个，其中，国家级15家，兵团级65家。2012年底，全兵团总人口264.9万，比上年增长1.3%。全年兵团城镇居民人均可支配收入1.9万元，同比增长18.1%；团场农牧工家庭人均纯收入1.2万元，同比增长18.3%。

2012年，全兵团粮食播种面积274.6千公顷，总产量187.1万吨。主要品种为小麦、水稻和玉米。兵团交售粮食66.9万吨。当年粮食消费143.5万吨，其中，口粮消费50万吨、种子用粮10万吨、精饲料加工用粮43万吨、其他用粮0.5万吨左右。

2012年粮食工作

一　发展粮食生产，提高粮食产能

兵团继续坚持"稳粮、优棉、增果、增畜"的方针，粮食作物播种面积、产量稳中有增。2012年，全兵团粮食播种面积274.6千公顷，同比增加22.3千公顷，增幅8.8%。粮食总产187.1万吨，同比增加19.8万吨，增幅11.9%。其中，小麦播种面积131.2千公顷，增加3.1千公顷，增幅2.4%，产量68.8万吨，减少5.4万吨。水稻播种面积22.2千公顷，增加1.5千公顷，增幅7.2%，产量20.4万吨，增幅13.4%。玉米播种面积101.5千公顷，增加22.3千公顷，增幅28.2%，产量88.4万吨，增加24.8万吨，增幅39.0%。小麦减产的主要原因：一是北疆降雪偏少，冬小麦返青遭受冻害，南疆遭遇冰雹、洪涝等灾害；二是部分师调整种植结构，减少小麦种植，其中第十二师未种植小麦，第五、七师小麦播种面积下降幅度超过19%。尽管气候不理想，但兵团大力发展节水灌溉，广泛进行科学种田，从而取得了增产。第四师小麦公顷单产达13.5吨、水稻单产达11.7吨，第六师玉米公顷单产达21.0吨。

二　抓好粮食调控，保护职工利益

粮食政策保持相对稳定，收购价上调。2012年，为确保粮食安全和农民增收，国家进一步提高了粮食收购价格。自治区人民政府也提高了种粮农民农资综合补贴标准，小麦农资综合补贴标准由上年每公顷1320元提高到1575元，并将水稻纳入农资综合补贴范围，每亩补贴253元。2012年继续执行敞开收购、敞开直补政策，小麦按0.2元/公斤、大米按0.3元/公斤直补标准执行。自治区下达小麦收购指导性计划300万吨，其中兵团60.35万吨。水稻收购指导性计划5万吨，其中兵团1.2万吨，与上年相同。兵团交售粮食66.9万吨，超额完成交售计划，其中，交售小麦48.2万吨，完成计划的79%，完成小麦交售任务90%以上的是第六师、第八师、第九师，超额完成小麦交售任务的有第二、四、十三师；交售水稻18.8万吨，完成计划的15.7倍。2012年，兵团种粮职工享受农资综合补贴约2.1亿元，其中小麦2.07亿元，水稻0.06亿元；粮食直补1.53亿元。

三　加强法制建设，开展监督检查

2012年，兵团发展改革委（粮食局）组织行政执法培训，共有46人取得粮食流通监督检查行政执法证书。积极开展辖区粮食库存质量及卫生安全专项检查，确保中央储备粮数据真实可靠。开展夏粮收购监督检查、粮食行业安全生产领域"打非治违"专项行动、"危仓险库"专项调查等工作。利用粮食科技活动周、《粮食流通管理条例》颁布实施八周年之即，采用安放氢气球、宣传条幅、发放宣传资料等形式进行宣传，进一步增强了职工群众维护市场秩序、保障国家粮食安全的意识，树立安全、营养、健康的消费理念。共发放宣传资料500份。

四　推进粮食工作，促进行业发展

2012年行业管理工作稳步推进。
（一）加强粮食基础设施建设，改善仓储及物流条件
2012年，兵团争取中央预算内资金加强粮油仓储设施建设，其中，第八师石河子市石河子粮油收储经营有限公司中心粮库（一期）建设项目争取资金500万元，第八师石河子汇昌油脂公司粮油仓储物流配送建设项目争取资金250万元，两个项目建成新增2.8万吨粮食仓储能力和2.4万吨食用油仓储能力。
（二）粮油加工业稳步发展
2012年，入统粮油加工企业共62家，其中，大米加工企业14家，年加工生产能力36万吨；小麦粉加工企业17家，年加工生产能力26万吨；食用植物油加工企业26家，年油料处理能力104万吨，油脂精炼能力21万吨，小包灌装油脂1万吨；饲料加工企业3家，年生产能力8万吨；玉米加工企业1家，年生产能力120万吨。全年共生产大米11.48万吨，小麦粉8万吨，食用植物油10万吨。

（三）加强粮食行业管理，提高行业管理水平

2012年，兵团发展改革委（粮食局）积极开展粮食行业管理工作。一是做好政策法规工作。组织对《粮食法》征求意见稿的意见并上报国家相关部门。对《粮食流通管理条例》、《中央储备粮管理条例》提出修改建议并上报国家粮食局。参与起草了《兵团关于确保粮食生产稳步发展的意见》。二是加强粮食流通工作。及时转发了国家和自治区有关粮食收购政策文件，分解下达自治区人民政府安排的粮食收购计划。各师团大力宣传粮食收购政策，做到家喻户晓、尽人皆知。三是兵团发展改革委（粮食局）与中储粮新疆分公司签订《粮食行业合作框架协议》，推进双方在粮食生产、粮食收购、粮食加工和粮食安全方面进行合作。四是跟踪落实列入投资规划的兵团国家粮食质量监测中心项目，争取列入2013年投资计划。五是认真做好其他粮食工作。组织完成粮食仓储设施、粮食流通基础设施建设、粮食行业人事、粮油加工业等各类行业统计工作。新疆天山雪米有限责任公司刘震宇荣获中国十佳粮油创业风云人物，是新疆唯一入选人员。第四师68团生产的"伊香"牌大米以米质饱满、晶莹剔透、生产环境绿色无污染等特点，荣获第十届中国国际农产品交易会金奖。

五　做好党群工作，推进机关精神文明建设

2012年，兵团发展改革委（粮食局）围绕中心抓党建，做到两手抓，两手硬，两促进。一是以创建学习型党组织为抓手，加强党员思想建设。以委（局）党组中心组学习为龙头，带动全委（局）的学习。通过开展专题讲座、上党课、主题活动、观看警示教育片和知识竞赛、板报等形式多样的活动，增强学习的针对性和实际效果，努力形成领导带头学、专家辅导学、典型引路学、党员自主学的浓厚氛围，党员干部综合素质不断提高。二是坚持把服务中心、建设高素质干部队伍贯穿于党建工作始终。落实"三会一课"、民主评议党员等制度，建立党建、精神文明、绩效考核、文明部局创建联动机制，形成以党建带工建、带团建、带妇建、带兵建的"五位一体"工作格局。重视落实每月一位委（局）领导上党课计划，召开"学雷锋、比奉献"座谈会、开展军民共建美好家园等活动，进一步增强了党组织的凝聚力和向心力。三是深入开展创先争优活动，突出抓好公开承诺、领导点评、群众评议等环节工作。完善了《发展改革委（粮食局）党支部目标管理考核办法》，由党总支书记与各支部签订目标管理责任书，印发了《党务公开制度》、《党支部组织生活会制度》等9项制度措施。严格落实"三重一大"规定，履行科学、民主决策程序。在《兵团日报》公布《兵团发展改革委（粮食局）机关干部作风建设公开承诺》，自觉接受社会监督。四是标本兼治，加强党风廉政建设。严格落实党风廉政责任制，着力构建行为规范、运转协调、公正透明、务实清廉的机关。

◆ 新疆生产建设兵团发展改革委（粮食局）领导班子成员

朱新祥	党组书记、主任（局长）
刘新兰（女）	副主任（副局长）
闫海燕（女）	党组成员、副主任（副局长）
王　淼	党组成员、纪检组组长
乔永新	党组成员、副主任（副局长）
周　平	党组成员、副主任（副局长）
李建伟	党组成员、副主任（副局长）
刘军国	党组成员、副主任（副局长）

2012年，新疆生产建设兵团司令员刘新齐（左一）到兵团发展改革委（粮食局）调研。

2012年，新疆生产建设兵团发展改革委（粮食局）"迎五一、学传统、强党性、创佳绩"主题教育活动。发展改革委主任（局长）朱新祥（前排中）带领机关全体干部职工赴第八师小李庄重温兵团艰苦创业史。

2012年8月，新疆生产建设兵团发展改革委（粮食局）副主任（副局长）李建伟（中）在第一师检查夏粮工作。

大连市粮食工作   基本情况

2012年，大连实现地区生产总值7002.8亿元，按可比价格计算比上年增长10.3%。其中，第一产业实现增加值451.4亿元，增长5.1%；第二产业实现增加值3634.8亿元，增长10.6%；第三产业实现增加值2916.7亿元，增长10.6%。三次产业构成比例为6.4:51.9:41.7，对经济增长的贡献率分别为3.1%、54.6%和42.3%。完成公共财政收入750.1亿元，比上年增长15.2%；完成全社会固定资产投资5654.1亿元，比上年增长23.5%。年末户籍人口590.3万，比上年末净增1.8万，其中非农业人口371.0万，比重为62.8%，较上年增加0.3个百分点；农村居民年人均纯收入15990元，比上年增长12.5%，增幅较上年下降2.9个百分点。

2012年，大连港完成口岸粮食吞吐量1537.5万吨，较上年减少111.5万吨。其中，调入粮食532.3万吨，调出粮食1005.2万吨。全市国有粮食企业实现利润总额1319万元，较上年同期增收931万元。全市农林牧渔及服务业增加值451.4亿元，其中，农业增加值134.6亿元，增长5.2%。全年粮食总产量165.6万吨，平均每公顷单产5959.5公斤，均创历史最高水平，分别比上年增长1%和2.2%。成功举办了2012年大连都市型现代农业招商推介会，实现农产品出口额33.2亿美元，比上年增长4.4%。庄河市被农业部命名为"国家现代农业示范区"。

2012年粮食工作

2012年，大连市各级粮食行政管理部门和各类粮食仓储、加工企业，认真贯彻落实国家各项支农惠农政策，保安全、保供给、保稳定，全面完成了粮食收购、仓储、轮换和加工任务，为地区经济发展和社会稳定提供了坚强有力的服务保障。

一 粮食收购工作圆满顺利

一是认真贯彻执行国家粮食收购质价政策，确保农民出售的粮食优质优价，增产增收；二是通过每周汇总全市粮食收购进度，多次深入农村、农户和粮食收储企业，及时了解收购情况，督促企业抓住收购时机，帮助企业解决收购中遇到的问题，促进收购快捷、有序进行；三是积极与农发行沟通，共协调发放储备粮油收购贷款2亿余元，有力地促进了国有粮食企业收购工作的顺利开展。

2012年，全市共收购粮食26.79万吨，与上年基本持平。其中，收购水稻5.86万吨，玉米20.92万吨；国有粮食企业收购9.15万吨，占总收购量的34.2%，重点社会粮食企业收购17.6万吨，占总收购量的65.8%。

二　储备粮轮换及时到位

为做好轮换工作，针对年初粮食市场"稻强米弱"的形势，特别是面对新水稻购价上升、陈水稻销价下降，差价越来越大的不利因素，重点做好三项工作：一是通过召开座谈会、走访企业和电话沟通等方式，了解水稻收购行情，分析把握行情走势，督促企业抓住有利时机，加快轮换进度，避免出现巨额亏损；二是抓好陈水稻的销售，通过加工增值、签订长期糙米供货合同等方式，提高水稻销售价格，缩小购销差价；三是与财政、农发行等有关部门密切合作，明确轮换差价补贴政策，从而保证了市级储备水稻的及时顺利轮进。

全年共轮换市级储备粮10.3万吨，指导区市县轮换地方储备粮6.02万吨，对1万吨市级成品粮和200吨小包装食用油进行了定期轮换，确保了储备粮油的质量。

三　县级储备粮体系更加完善

在继续抓好对县级储备粮落实情况绩效考核的同时，根据地区人口结构和粮食消费实际，指导相关区市县完成了储备粮油结构的调整工作，县级建立了3500吨成品粮储备，增强了抵御市场风险的能力。

联合市政府督查室、财政、农发行组成专项督查组，对6个区市县的储备粮油规模、实物、信贷、政策性补贴等落实情况进行了督查。

四　粮食仓储规范化管理持续深入

规范化管理活动开展三年来，大连国有粮食仓储企业的仓储管理水平得到了全面提升。为促进全行业规范化管理，将2012年作为全市粮油仓储规范化管理活动全面提升年，首次将全社会粮油仓储企业纳入规范化管理活动的范围内。制定下发了《大连市2012年粮油仓储企业规范化管理活动实施方案》，将规范化管理活动与仓储维修改造政府投入资金、市级储备粮指标分配、中央储备资格上报申请结合起来，以此来推进规范化管理上台阶、上水平。组织召开了有各区市粮食行政管理部门主管局长和科处长及在大连央企、外省在大连企业、民营企业参加的全市粮油仓储规范化管理动员大会。各区市县粮食行政管理部门及各粮食仓储企业积极投身于规范化管理活动中，广泛开展了完善规章制度、改善仓储条件、规范作业行为、降低管理成本、增强企业效益为主要内容的规范化管理活动。进行了全市的粮油仓储企业规范化管理的考评，23家企业被评为全市粮油仓储规范化管理先进企业。截至2012年底，全市已有2家企业荣膺全国粮油仓储规范化管理先进企业称号，14家企业被评为全省粮油仓储规范化管理先进企业。

五   粮食应急保障有新突破

制定下发了《2012年度大连市粮油市场应急供应工作要点》，就粮油市场应急管理的预案修订、实施方案、模拟演练、专家队伍、年度培训、信息宣传等方面工作作出了详尽安排。对全市24家应急粮油加工、运输、销售企业的基本情况进行梳理，及时调整了联系人、联系电话，确保在紧急状态下沟通顺畅。组建粮油应急管理专家组，积极发挥专业人员在应急管理工作中的指导咨询及理论引领作用。联合军地相关企业，成功举办了粮油市场应急供应桌面推演，提高了应对突发事件和化解市场风险的能力，提升了粮食应急供应保障能力。

六   军粮保障服务得以强化

严格落实军粮质量"一批一检一报告"制度，坚决杜绝不合格粮油流入军营。多次组织各区市县军粮供应企业对站（库）内现存的军粮进行自查并抽样报检，经各相关检测机构检测化验，军供大米和面粉均符合并优于国家规定的军粮质量标准。注重抓好军供政策宣讲落实和业务培训，在全市军供企业开展了以"降低费用、减少亏损"为主要内容的规范化管理评比达标活动，采取多种措施，严格控制各种费用，保证军供粮的入库价格接近和达到全省平均基准水平，受到国家军粮办、总后和沈阳军区后勤部门给予的充分好评。

大连军供站、金州区军供站被评为"全国百强军供站"，成为全国唯一一个拥有两个"全国百强军供站"的城市。

七   粮食流通监督检查有序开展

一是按照国家和省农委要求，对纳入粮食流通统计范围的重点非国有粮食经营企业及转化用粮企业的商品粮库存开展了全面调查。重点调查了粮食数量、质量、财务账目、储备粮轮换、粮食库贷等内容，接受了国家和省有关部门的复查，得到检查组的充分肯定。二是按计划开展了秋粮收购监督检查，对区域内从事粮食收购活动的各类粮食收购主体进行了检查，共检查粮食收储企业144家。对22家违反《粮食流通管理条例》，没有按期上报粮食统计数据的企业下达了《责令整改通知书》。三是开展了粮食竞价销售出库专项检查，对2家通过竞价销售方式交易国家政策性小麦的企业出库情况进行了检查，均符合国家要求，没有发现问题。

八   其他工作

高标准完成了"农户科学储粮专项工程"，完成了6000个农户科学储粮仓的加工制作和发放工作，有效降低了农民种粮的产后减损。完成了地区粮食供需平衡调查，对全市432户农户、606户城镇居民户、42户国有粮食企业、276户社会粮食经营和转化企业、66户油脂经营企业和油脂转化企业进行了逐户的调查，摸清了2012年度粮食和食用植物油及油料收支平衡情况。

◆ **大连市粮食局领导班子成员**

张跃良	党委书记、局长
周传富	副局长
尼松发	党委副书记、纪委书记
陈祥立	副局长
李延锋	副局长
朱保奎	副巡视员
高宪明	副巡视员

大连市召开2012年全市粮食流通工作会议。

大连市召开2012年大连市粮食库存检查工作动员部署大会。

大连市召开全市粮食仓储单位备案管理工作部署暨规范化管理活动动员会议。

青岛市粮食工作 基本情况

　　2012年，青岛市实现生产总值（GDP）7302.11亿元，按可比价格计算，增长10.6%。其中，第一产业增加值324.41亿元，增长3.2%；第二产业增加值3402.23亿元，增长11.5%；第三产业增加值3575.47亿元，增长10.5%。三次产业比例为4.4:46.6:49.0。全年财政总收入实现2449.69亿元，增长1.7%；公共财政预算收入670.18亿元，增长18.4%；公共财政预算支出765.98亿元，增长16.3%。全年国税系统组织税收收入（含海关代征）1326.13亿元，增长8.5%。其中，国内税收581.95亿元，增长11.6%；地税税收收入462.8亿元，增长17.9%。城市居民人均可支配收入32145元，增长12.5%；城市居民人均消费性支出20391元，增长5.7%。粮食播种面积54.08万公顷，下降0.9%；粮食总产量达到369.96万吨，增长1.9%。

　　青岛市国有粮食企业完成购销总量559.6万吨；实现销售收入19.38亿元；年度实现利润1096.07万元，完成目标计划219.2%。全市粮油加工企业工业总产值达到207.7亿元；产品销售收入219.2亿元。粮油专业批发市场交易量达到40万吨，交易额17亿元。

2012年粮食工作

　　2012年，青岛市国有粮食企业实现本地粮食购销总量388.5万吨；实现销售收入19.38亿元；年度实现利润1096.07万元，完成目标计划219.2%。全市粮油加工企业工业总产值达到207.7亿元，同比增长1.5%；产品销售收入219.2亿元，增长1.2%。

一 粮食宏观调控

　　粮食购销总量稳步增长，全市国有粮食企业省内收购粮食192.5万吨；销售粮食281万吨。夏粮收购取得历史突破，全市国有粮食购销企业共收购入库小麦53.2万吨，同比多购19.7万吨，增长59%，取得了历史突破。平度市启动了托市收购，收购小麦2.1万吨，维护了种粮农民利益。秋粮收购取得新突破，全市地方各类涉粮企业共收购玉米30万吨，同比增长130%。粮食应急管理水平不断提高，完善了粮食应急工作预案，建立粮油价格直接监测点，加强市场价格预警监测，及时掌握粮油价格动态。加强对粮油批发市场的检测和指导，对全市应急加工定点企业、保供网点实施动态监管，确保了粮食调控措施得到有效落实，保障了粮油市场有效供给，维护了粮价基本稳定。

二   储备粮油管理

加强了储备粮油管理力度，开展了"抓现场促文明生产、抓财务促资金增值、抓安全促和谐稳定、抓创新促技术提高"四抓活动，促进粮油储备管理再上新台阶。规范化管理工作取得新成效，创建省级示范粮库6个，创建省级示范油库1个，是山东省唯一的示范油库，全市规范化粮油库创建数量位居全省第一。储备粮油结构不断优化，完成市本级4万吨稻谷储备任务，新增并落实了市本级面粉商业储备0.2万吨计划，提前完成了市政府下达的5.55万吨储备小麦轮换计划，确保了储备粮油质量。仓储基础设施不断完善，研究提出了智慧粮库建设方案，全面提升信息化管理水平。开通营海库铁路粮食专用线，为打造物流园区奠定基础。加快仓储设施建设，崂山区、开发区总投资1.2亿元、仓容12万吨的粮食储备库新建、扩建项目前期各项准备工作就绪。

三   粮食行政执法

深入开展粮食规范化执法示范县创建活动，指导各区市创建4个省规范化粮食执法示范县，1个全国规范化执法示范县。按照国家四部委通知要求，与市发展改革委、市财政局、市农发行联合制定检查方案，共派出153人次，对区域内的45个粮食承储企业、31个非国有经营企业进行检查，完成库存检查任务，全市各级各类粮食库存数量真实，质量良好，储存安全。严格粮食收购市场准入制度，组织全市对199家粮食经营者进行收购资格核查。做好收购市场秩序专项检查，全市共出动执法人员2188人次，对900多户粮食收购者进行收购市场秩序检查，责令改正9起，行政罚款7起，维护了粮食收购市场秩序。

四   军粮供应工作

扎实开展优质服务活动，稳定军粮采购机制，扩宽军粮采购渠道，全面完成驻青各部队的军粮供应任务，坚持走访慰问制度，开展"送文化、送知识、送技能"，"好米好面送部队、诚心爱心献军人"，"粮油科技进军营"等拥军活动，义务装卸送粮面98％以上，部队满意率100％，为全市争创全国双拥模范城市作出了积极贡献。加强应急保障机制建设，配备应急保障物资，加强应急保障训练，努力构建"全天候"应急保障体系，确保军粮供应及时。军供规范化管理取得新成效，全年共有省级四星级军供站2家，省"十强"军供站3家，省军粮供应"十佳"单位1家，全国军粮供应管理先进单位1家，全国"百强军供站"2家。

五   粮食质量监管

落实储备粮半年定期质量检查和政策性军供用粮季度定期检查制度，组织进行了库存粮食质量检查，共抽检储备粮55批次，政策性军供用粮26批次。扩大质量监管覆盖面，对全市新收购和新入库小麦进行了质量抽查，对40家粮所及直属粮库共抽查59批次，有效监管面达到100％，保障了全市粮食质量安全。建立了粮油产品入市"批检"制度和不合格产品"退市"制度，完成了粮油综合批发交易市场入市粮油质量检测8000批次，其中定量检测3510批次，定性检测4490批次，检测覆盖全部入市粮油产品，保障了居民粮食消费质量安全。

六　粮食产业发展

国有粮食经济保持稳步增长，全年实现销售收入19.38亿元，实现利润1096.07万元，实现净资产5.1亿元。粮油加工企业经济实力增强，全市粮油加工企业工业总产值达207.7亿元，同比增长1.5%；产品销售收入219.2亿元，增长1.2%。粮油专业批发市场交易量达到40万吨，交易额17亿元。放心粮油体系建设不断加强，在全市范围扩大放心粮油网点布局，建设了56个放心粮油销售店，初步形成了放心粮油销售网络。

七　粮食部门建设

深入开展创先争优活动，"聚力安粮"提升为粮食系统党建品牌，创先争优工作做法作为市机关五个单位之一在青岛市创先争优总结会上交流。全面推行廉政风险防控，岗位廉政风险防控工作经验在全国粮食系统推广。组织全系统开展"五标"、"六治"、"机关作风提升"和"为基层群众解难题办实事"等活动，公务员队伍建设被青岛市评为优秀，信息工作荣获全国粮食系统先进单位。强化了科学发展综合考核工作，取得了青岛市科学发展考核良好成绩。在全国同行业第一个推出了粮食仓储企业事故隐患自查标准，组织安全隐患检查60余次，及时整改安全隐患，实现安全生产零事故。加强信访稳控工作，落实领导包案，化解了5起信访积案，实现了粮食系统和谐稳定，保持了省级文明单位称号。

◆ **青岛市粮食局领导班子成员**

张　斌	党委书记、局长
岳　军	党委委员、副局长
孙一宇	党委委员、纪委书记
于莲华（女）	党委委员、副局长
柳永志	党委委员、副局长

青岛市粮食局领导在"民生在线"回答市民关注的粮食问题。

青岛市召开全市粮食工作暨夏粮收购座谈会。

青岛市粮食收购执法现场。

青岛市举行农户科学储粮示范仓发放仪式。

青岛市举行全市粮食系统每季一讲暨道德讲堂现场观摩会。

宁波市粮食工作　基本情况

　　宁波是我国首批沿海对外开放城市、计划单列市和副省级城市。2012年全年全市实现地区生产总值6524.7亿元，按可比价格计算，比上年增长7.8%，按常住人口计算人均生产总值为85475元（按年平均汇率折算为13541美元）；公共财政预算收入1536.5亿元，其中地方财政收入725.5亿元，分别增长7.3%和10.3%；市区居民人均可支配收入37902元，增长11.3%，农村居民人均纯收入18475元，增长11.8%；港口货物吞吐量4.5亿吨，增长4.5%，集装箱吞吐量1567.1万标箱，增长8.0%。

　　宁波辖海曙、江东、江北、镇海、北仑、鄞州6个区，宁海、象山2个县，慈溪、余姚、奉化3个县级市。共有78个镇、11个乡、64个街道办事处、533个社区、106个居民委员会和2567个村民委员会。2012年底全市拥有户籍人口577.7万人，其中市区226.1万人。按户籍分农业人口366.3万人，占63.4%，非农业人口211.5万人。

　　2012年，全市实现农林牧渔业总产值420.5亿元，按可比价格计算，比上年增长1.9%。其中，农业200.0亿元，下降0.3%。全年粮食总产量85.7万吨，下降4.9%。基本农田面积2.0万公顷，垦造耕地1666.7公顷。共建设标准化粮食生产功能区6733公顷，新增农业产业基地5个、农民专业合作社264家，新增现代农业园区63个，新启动市级科技示范园区42个累计289个。新增旱涝保收面积9137公顷，扩大灌溉面积6171公顷。全市粮食总需求量306万吨，供需缺口220万吨，其中稻谷需求198万吨，缺口135万吨。主要通过积极扶持市场主体、推进产销合作、运用市场手段落实缺口粮食采购渠道，达到供求平衡。并且认真做好区域内的粮食采购、批发、加工、零售等环节的紧密衔接，保证粮食有效供给。省外粮食购销渠道已拓展到全国16个省区。

　　截至2012年末，全市具有粮食收购资格企业140家，其中国有企业78家，民营企业56家，外商及港澳台投资企业2家。共有国有粮食购销企业26家，市本级国有粮食购销企业从业人员209人。

2012年粮食工作

　　2012年，宁波市粮食局在市委、市政府的正确领导下，在国家、省粮食局的关心指导下，以构建"供给稳定、储备充足、调控有力、运转高效"的粮食安全保障体系为目标，坚持市场调节与政府调控两手抓，认真抓好粮食保供稳价工作，着力推进粮食基础设施建设，切实加强全行业管理和系统队伍建设，如期完成了年初确定的各项任务，达到了预期成效。

一   着力保障有效供给，粮食市场调节能力稳步增强

一是全面把握粮情动态，为确保粮食市场稳定打好基础。认真组织各地对上年度全社会粮油产需供求平衡情况进行调查，全面掌握粮食供需总量、品种结构、区域余缺和流通动态，为科学决策提供了翔实的依据。同时，定期分析和认真研判国内外粮食形势的宏观环境与粮情动态。经常深入粮食批发市场、加工经营企业了解粮油购销、库存情况，协调各方关系，把握调控方法，为落实稳定市场、保障供给的各项措施奠定了扎实基础。切实加强粮情监测，完善监测网络，做好粮油供求和价格的定期测报工作，全面准确地反映粮食市场动态，确保在第一时间内能够灵敏反应，提高了指导工作的合理性、科学性和时效性，继续保持了粮食供求平衡、市场稳定、质量安全、社会反映良好的局面。

二是加强粮食批发市场管理，确保成品粮油有效供给。市粮食批发市场于2011年8月6日开始试营业，局领导多次进行现场办公，帮助指导市场公司解决各种难题，做好工程审计、权证办理、运营管理等各项工作。目前，粮批市场秩序良好，经营活跃，粮油库存充足，价格基本稳定，交易量逐渐增加，2012年突破30万吨，解决了老三区近90%和全大市50%以上的口粮供应，并辐射舟山、台州等周边地区。

三是积极培育市场主体，扶持多元经营主体稳定发展。坚持粮食购销市场化改革方向，充分发挥机制灵活的民营经济优势，大力培育市场经营主体，通过政府引导和政策支持，鼓励企业加大投入，拓展经营。用足政府对采购东北稻米实行运费补贴政策，2012年，市政府安排运费补贴1500万元，用于采购东北稻米15万吨。各县（市）区根据当地实际，对骨干企业进行技改贴息、周转库存补贴和规模经营奖励。多次协调解决东北粮食的运输困难，发挥国有粮食购销企业基础设施方面的优势，为多元主体提供中转、仓储服务，调动了企业加大投入和扩大经营的积极性。鄞州梁桥米业公司，两年投入5000多万元改造设备，扩建仓库，配置烘干机，年加工粮食近20万吨。城市连锁超市和农村"放心店"网络进一步完善，粮食零售遍布城乡，粮食批发、加工、调运、零售各个环节的衔接更加紧密，市场调节和市场平衡能力逐渐增强，保持了全市粮食市场持续稳定。

四是强化服务，努力做好军粮供应保障工作。本着"以兵为本，服务部队"的宗旨，积极配合部队做好军事斗争准备，认真执行《军粮供应管理办法》，着力提升粮油保障能力。军粮供应工作保持了粮源稳定、质量优良、服务热情、部队受益、政府放心的良好局面。

二   认真履行工作职责，粮食安全责任制全面落实

根据省委和省政府《关于进一步完善粮食安全行政首长负责制并严格考核的意见》精神，市政府与各县（市）区政府签订年度粮食安全责任书，明确各县（市）区政府主要负责人为本行政区域粮食安全第一责任人，分管粮食、农业、国土的领导为承担相应职责的直接责任人，把具体职责分解到各行政管理部门。粮食安全领导小组办公室根据市政府出台的考核办法，从市粮食安全协调小组主要成员单位中抽调人员，组成四个考核组，对各县（市）区粮食安全责任制进行现场考核。考核组严格按照考核要求，通过听取执行情况汇报、核查相关资料台账、现场询问相关情况、随机实地核查等方法，对宁波市各地粮食供需平衡、粮食生产、粮食生产能力、落实粮食储备、应急能力五个方面内容进行认真考核检查。经考核评定，鄞州区、象山县、宁海县、余姚市为优秀，其余5个县（市）区为

良好。通过考核，各地粮食安全责任意识进一步增强，粮食生产和流通的政策支持和工作措施得到加强，粮食生产稳定增加，向外组织粮源能力不断提高。5月30日，市政府召开全市粮食工作会议，马卫光副市长代表市政府与各县（市）区领导签订2012年《粮食安全责任书》，整体执行情况良好。

三　切实搞好收购储备，粮食调控应急措施逐步完善

一是切实抓好粮食订单收购，稳定粮食生产。坚持从有利于保护农民利益、调动农民种粮积极性和掌握粮源出发，研究制定粮食产销政策，扩大补贴范围和提高补贴标准。实行收购环节直补政策。对承包面积1.3公顷以上的市定种粮大户和粮食生产专业合作社，实行种粮直接补贴政策，从原来按田亩补贴转变为按实际投售粮食数量补贴，落实在收购环节，从而支持规模化、集约化种粮，提高种粮规模效益。同时，深入开展优质服务活动，想方设法降低农民售粮费用和劳动强度，方便农民售粮。通过地磅改造、推广机械输送入库、采用计算机结算管理等方法，有效地减轻农户肩挑背扛劳动强度和降低售粮成本。全市新增输送机35台、烘干机13台，收购网点基本应用粮食收购软件，实现计算机结算管理。截至12月底，全市国有粮食购销企业共收购粮食18.3万吨，其中早籼5.4万吨，小麦1.1万吨，晚籼3.8万吨，晚粳8万吨，比上年增加15.4%。随着惠农力度的增强，农民满意度普遍较高，有效稳定了粮食生产。

二是以增强粮食控制力为重点，强化地方储备粮管理。全市36.5万吨地方储备粮、3650吨地方储备食油，做到规模落实、粮源到位、数量真实和管理规范。品种结构逐步优化，粳稻米储备比重达到30%以上，市区达到40%以上。根据市场供求形势，利用储备轮换和订单收购粮源，有节奏地投放市场，发挥调节供求、稳定粮价的作用。严格执行储备粮管理规定，落实质量检测和粮情检查制度，把好库存粮食的质量关，并以争创"星级粮库"为先导，以点带面，全面推进"一符四无"粮仓建设，经各地自查和全市循环检查，地方储备粮库点合格率达到99%以上。

三是加强粮食应急管理，保持粮食市场稳定。建立起纵向到底、横向到边，涵盖批发市场、连锁超市、个体粮店、网上粮食市场、粮食加工厂等单位的库存、价格、行情监测系统，做到第一时间掌握市场动态，监测分析报告平时每周一报，特殊时期每天一报，异常状态随时报告。完善应急预案，落实应急成品粮22048吨，确定应急供应网点293个，加工企业34家、日加工能力3970吨，初步建立了较为完备的粮食应急管理体系。鄞州区认真开展粮食应急预案演练，进一步增加了针对性、实效性和可操作性。

四　积极拓展粮源渠道，粮食产销合作关系更加紧密

根据"远交东北大粮仓、近联毗邻产粮省、扶持民营企业参与"的思路和"政府引导、部门协调、市场运作，企业操作，互惠互利、同等优先"原则，建立长期稳固的产销合作关系和粮源采购基地。积极制定优惠政策，鼓励宁波市粮食企业走出去，把产区粮食经营大企业请进来，推动各类粮食企业与主产区建立多形式、深层次、长时期的产销合作关系。合作领域涉及粮食购销、加工、储存等环节，参与对象有国有、民营、个私三类企业。合作方式组合有产区收储、厂商挂钩、引进储销、产区企业直销五种类型，越来越多样化和立体化，有力地促进了宁波市粮食总量、品种结构和区域供求的基本平衡。特别是粮食缺口较大的慈溪、鄞州、北仑，政府部门重视，企业积极性高，多次深入产

区考察洽谈，落实政策措施，加强指导协调，鼓励和支持各类企业到产区组织粮源，确保储备轮换和市场供应，有效弥补了粮食产需缺口。7月，马卫光副市长还亲自带队考察黑龙江省，该省有关领导对宁波市此行高度重视，第一次与作为副省级城市的宁波市签署了粮食产销合作框架协议。

| 五 | 突出抓好重点项目，粮食流通设施建设扎实推进 |

一是加快实施全市中心粮库建设。建设现代化的中心粮库，不仅是保证粮食安全的需要，也是粮食部门整合资源、降低管理成本的内在需求。为此，各级粮食部门思想重视，认识一致，积极争取当地财政支持，解决建库资金，全力以赴推进项目建设。全市已建成中心粮库6个，占地42.4公顷，仓容26.5万吨，总投资4亿元；在建项目3个，占地20.7公顷，仓容11.6万吨，总投资3.8亿元；规划建设市本级中心粮库，占地6.4公顷，设计仓容6.5万吨，投资匡算3.51亿元，其中一期工程占地4.9公顷，仓容4.5万吨，投资2.7亿元，已完成立项、项目选址等前期工作。这些投入使用的和正在兴建的粮食流通基础设施，必将极大提高宁波市粮食储运、接收、中转能力，改善粮食储存条件，为延缓粮食陈化、保持粮食品质奠定基础。

二是努力推进粮食物流中心项目前期工作。粮食物流中心项目列入宁波市"十二五"规划后，鉴于原规划选址的镇海后海塘存在着难以克服的障碍，尤其是泊航能力受到限制，经向市政府汇报，与市发展改革委协商，意向选址改在北仑的梅山岛，并与市强港办、北仑区政府、梅山港管委会多次进行沟通对接，得到了多方的理解与支持。同时，积极开展招商引资工作，与中粮集团、中储粮总公司、北大荒等大型国有企业开展联系洽谈，力争达成合作意向，各项工作正在推进之中。

三是充分发挥原有骨干粮库的收储功能。各地因地制宜，统筹安排，加紧整合仓储资源，不断优化本地的粮食收储布局。鄞州区积极实施"1515"工程，即1个中心库、5个骨干粮站、15个收购网点。市本级全年安排仓储改造和设备购置资金419.4万元，是多年以来基础设施、设备维修与改造投入最大的一年，已如期完成。台风"海葵"正面袭击宁波市，给粮食仓储设施及其储粮造成了一定损失，各级粮食部门众志成城，周密防范，并及时搞好灾后粮食翻晒和仓储修复工作，把损失降到最低限度。

| 六 | 全面加强自身建设，粮食队伍整体素质不断提高 |

一是以"三思三创"为动力，全面加强队伍建设。认真学习贯彻党的十七届七中全会、十八大和市第十二次党代会精神，围绕中心，点题破题，将"三思三创"主题实践活动引向深入。坚持民主、公开、竞争、择优原则，搞好机关中层干部选拔竞聘和企业领导提拔考评。各县（市）区加强职工队伍建设，有计划招聘各类专业技术人才，及时为企业输入新鲜血液。组织开展全系统各级领导干部的脱产培训，既营造了氛围，又收获了实效。

二是以两个效益为目标，努力促进企业稳定发展。继续深入企业开展调研和现场办公，帮助企业理顺关系，解决难题。抓好国有购销企业绩效管理，做到年初有目标，年底有考核，全年有督查，着力提高企业的两个效益。完善企业财务管理，堵塞漏洞，充分挖掘内部潜力，搞好增收节支。加强国有资产管理，市场化经营，规范化运作，现实国资保值增值。全市国有粮食购销企业管理规范，职工队伍稳定，运营情况良好，无一家亏损企业。

三是以强化考核为抓手，切实提高绩效管理水平。粮食行政管理部门切实加强自身建设，认真履行政府工作职能，崇尚实干，注重实效，确保粮食的一方平安。遵照国家粮食局的统一部署，结合宁波市"安全生产月"活动，全面组织实施"打非治违"专项整治，取得了显著成效，市本级企业未发生一起刑事案件、越级上访事件和安全生产责任事故。认真受理人大代表建议、政协委员提案，做好扶贫帮困、公务用车改革、各类网站升级改造和历年档案清理集并工作，保质保量完成了任务。

◆　**宁波市粮食局领导班子成员**

杜钧宝	党委书记、局长
冯沛福	党委副书记、副局长
杨久义	党委委员、副局长
徐　挺	党委委员、副局长
程宏友	党委委员、总工程师
颜　华（女）	党委委员、副局长
徐常升	副巡视员

宁波市召开全市粮食局长会议。

宁波市召开全市粮食行业安全生产领域"打非治违"专项行动工作会议。

浙江省粮食局副局长韩鹤忠（左二）到宁波调研指导早稻收购工作。

宁海县中心粮库建成并投入使用。

厦门市粮食工作　基本情况

厦门地处我国东南沿海、台湾海峡西岸，东临金门诸岛，位于闽南金三角中心，是全国首批经济特区和副省级计划单列市、国际海港风景旅游城市。现辖思明、湖里、集美、海沧、翔安、同安6个行政区，陆地面积1565平方公里，海域面积300多平方公里。全市农作物播种面积27.79千公顷，其中粮食作物面积约7333公顷，产量4.06万吨。2012年末常住人口367万，户籍人口190.92万，其中城镇人口154.52万。2012年，全市实现地区生产总值2817.07亿元，按可比价格计算，比上年增长12.1%。全市财政预算收入实现739.46亿元，比上年增长13.4%，其中，地方级财政收入422.91亿元，增长14.1%。全市城镇居民人均可支配收入37576元，比上年增长11.9%；农村居民人均纯收入13455元，比上年增长12.8%。

厦门市是粮食纯销区，97%以上的粮食依靠外调。2012年全社会粮食总供给量404.05万吨，其中国内购进量286.14万吨，国外进口量113.85万吨；总需求量398.3万吨，其中本地粮食消费量154.53万吨（口粮消费62.55万吨，工业用粮消费91.98万吨）。全市食用植物油供给量60.47万吨，需求量55.91万吨，其中总消费8.2万吨（口油消费6.64万吨，工业用油消费1.56万吨）。

2012年底，政策性国有企业有效仓容总量52万吨。全市大中型粮油加工企业46家，其中大米加工14家、面粉加工7家、食用油加工5家、粮食复制品加工8家、饲料加工企业12家；骨干粮油加工企业13家，骨干粮店27家。

2012年粮食工作

一　引粮入厦保障能力不断增强

（一）积极拓宽引粮入厦渠道

认真贯彻落实于伟国书记会见齐齐哈尔党政代表团时提出的"厦门可把粮仓'建'到齐齐哈尔"的指示精神，局领导先后带队二上东北、三进中原、四顾赣皖，先后与黑龙江齐齐哈尔市、河南省信阳市、中粮（江西）米业公司建立长期稳定粮食购销合作关系，达成多种形式的粮食经贸与经济技术合作，并利用厦门口岸进口越南、巴基斯坦等7国大米，拓展引粮入厦海外粮源。

（二）充分利用粮洽会引粮入厦

配合省粮食局做好在厦召开的第八届七省产销协作洽谈会的会务保障，组织厦门市33家粮企参会并达成采购意向127万吨，现场签订粮食购销合同49.65万吨，比上届增加20万吨，创历届现场签约采购量和增加量之最；组织13家粮企参加福建省第十一届粮洽会，现场签订粮食购销合同12.8万吨。

（三）协调引粮入厦鼓励扶持政策

积极协调市财政局、农业局、市委编办等职能部门，广泛听取和征求意见建议，完成贯彻省政府34号文件代拟稿，起草《关于构建厦门市粮食安全保障体系的实施意见》报送市政府，并与市财政达成鼓励粮企多调粮、调好粮和引粮入厦补贴奖励机制等扶持政策。认真贯彻《福建省引粮入闽奖励暂行办法》文件，组织建立省外粮油生产基地、引粮入厦情况的调查核实，推荐申报5家骨干粮油企业作为奖励对象。

（四）做好军粮供应保障，筹建军供建设项目

坚持军粮质量季度分析会，组织军粮质量专项检查，举办迎新春军粮工作座谈会、八一节等走访慰问部队活动，军供工作呈现出质量可靠、供应稳定、服务优良、部队满意的良好局面。积极推进市军供粮油仓储加工配送中心建设项目，完成规划选址、用地预审、工程报告等前期工作，争取早日开工建设。认真做好军粮筹措工作，严格执行"一批一检一报告"制度，退回不合格大米3个批次，确保军粮供应质量安全。

二　宏观调控物质基础不断夯实

（一）顺利完成市级储备粮轮换与增储任务

认真制定实施市级储备粮年度轮换、增储方案，通过公开拍卖与竞争性谈判方式，顺利完成市级储备粮年度轮换4.43万吨和增储2.5万吨任务，其中与14个粮食主产区签订订单粮食2.3万吨，并跟踪落实储备粮履约入库进度。率先推行储备粮采购质量安全关口前移至产粮区的做法，强化把好粮源质量关。

（二）进一步加强企业规范化管理

修订市粮食购销公司领导班子分类指标考核方案，更加关注企业规范化管理、劳动效率和经营能力的考核。组织储备粮仓储规范化管理培训，深入推广科技保粮、绿色储粮技术，厦门市储备粮品质宜存率已达100%。认真组织开展春秋两季粮食库存大检查，圆满完成了厦门市粮食库存与储粮安全普查工作，并得到省粮食局复查的充分肯定和好评。

（三）督导"优惠大米"定向加工供应

安排1.45万吨市级储备晚籼稻轮出，实施"优惠大米"定向加工供应，规范配送流程，开展专项监督检查，严把质量关；完成市长专线电话接待工作，适时督导夏商公司增加销售网点提高岛外覆盖率，并主动协调新闻媒体做好宣传。

（四）完成粮油供需平衡调查和各项统计工作

做好粮油流通企业网上直报系统建设。举办粮油流通统计业务培训，开展对16家重点骨干粮油企业开展统计数据质量专项检查，按时完成对上年度粮油供需平衡调查的任务，汇编上报各类表格数据、撰写统计分析报告。

三　粮食流通市场持续规范有序

（一）加强粮油市场监督检查

建立粮食流通监督检查工作日志制度，坚持粮油质量季度考评，重点开展以治理"餐桌污染"、放心粮油示范企业监控、粮油质量安全为主要内容的专项检查，防止不合格产品流入市场。积极搞好粮情监测预警和价格监测，落实粮油价格监测周报、库存旬报和月分析制度，督导粮油加工企业视情增加市场投放量，落实应急预案，确保粮油市场供应量足、质优。

（二）强化粮油质量检验检测

协调组织抽查114家粮油企业，现场抽取原粮、米面、食用植物油等196份样品，检测总体情况良好，并在局网站上公布，接受社会监督。投入近100万元购置原子吸收光谱仪和微波消解仪等检测仪器，新增加实验室面积近500平方米；顺利通过省质监局首次食品检验机构资质认证和计量认证、授权等实验室资质认定现场评审，进一步提升粮油检测能力。

（三）落实依法行政工作

全年完成45家企业许可证年审和13家骨干粮食加工企业、27家骨干粮店进行年审工作，粮食收购资格审批按市政府规定时间进入政务中心，简化行政审批程序，行政审批时限压缩至法定时限的40%以内。健全完善监督检查电子日志，建齐档案资料。利用厦门市粮食局网站建立粮食食品安全交流平台，依法向社会提供可公开的粮食安全信息，并可网上办理粮食收购许可申请事项。

（四）抓好粮食流通法规宣传

利用电子屏幕、墙报板报、宣传栏等形式，积极宣传《粮食流通管理条例》等法规规章，开展"全国爱粮节粮宣传周"、"食品安全宣传月"等活动，倡导爱粮节粮新风。举办纪念第32个"世界粮食日"暨"放心粮油"进社区、进农村专场活动，在新闻媒体开辟专栏进行系列宣传报道，刊登市长署名文章，刊发2篇局长访谈及《鹭岛民富粮安》等专版宣传报道。

四　服务粮油企业水平不断提升

（一）创建实时粮油市场信息发布平台

利用手机短信平台、邮箱和编发《厦门粮油信息》等形式，及时给会员企业发布国内外粮油行业、市场动态与行情以及协会工作等信息，为粮油企业提供信息服务。

（二）帮助粮油企业解决融资难问题

经过联系协调，协助粮油企业和多家银行建立战略合作关系，成功举办银企对接会，帮助20多家粮油食品企业与平安、招商等银行达成1.2亿元贷款，并继续争取更多的授信额度，帮助会员企业解决融资难问题。

（三）助推粮油企业争创名优品牌

组织10家粮企参加第十二届中国国际粮油产品及设备技术展览会，中盛粮油、好年东、金香穗3家企业的参展产品荣获本届展览会金奖。鼓励粮油企业争创名优品牌，中盛粮油、中绿食品等9家会员企业被评选为市级重点农业产业化龙头企业，4家会员企业获得6项省、市著名商标和名牌产品及优质品牌。

（四）开展放心粮油示范企业评选活动

组织引导会员企业导入质量管理体系（ISO9000），并有2家会员企业通过ISO9000认证。厦门市有8家粮油企业获得首批省级"放心粮油示范企业"称号，其中有4家粮油企业获得全国"第二批放心粮油示范企业"称号。

五　机关党建和廉政建设全面强化

（一）转变作风促发展

新老局长于8月交替。在新任局长、党组书记卢晓东的带领下，局班子成员积极贯彻落实中央关于转变工作作风八项规定，分别带队走访120多家粮油企业，深入一线调研了解各类粮食企业生产经营需求和遇到的困难问题，倾听并收集梳理意见建议；提议并在厦门举行首届厦漳泉三市粮食局联席会，举办由50多家央企、国企、民企参加的粮食工作座谈会、应急储备成品粮代储代轮换座谈会，问需于企、问计于企，共谋发展良策。积极协调帮助解决粮企提出的困难问题，为粮企发展排忧解难、办实事。

（二）抓好党建促发展

认真学习贯彻党的十八大精神，注重把十八大的最新理论成果指导粮食工作实际，召开党组民主生活会，广泛听取意见建议，不断强化局党组班子建设。扎实开展基层组织建设年和深化机关效能建设年主题活动，制定实施深化效能建设活动方案、绩效考评方案和"马上就办"工作制度及台账，建立"下解办促"长效机制，设置机关效能评议箱和局长信箱，有力推进机关效能建设。深入开展争创文明单位和创先争优等活动，召开争创省级文明单位动员部署会，制定实施争创省级文明单位方案。

（三）搞好廉政建设促发展

认真传达贯彻中纪委七次全会和省市纪委全会精神，开展以理想信念教育和党性党风党纪教育为重点的反腐倡廉教育活动，建立"党风廉情季度例会"和"廉勤访谈走基层"工作机制。深入开展政风行风评议和廉政风险防控活动各项工作，制定问卷调查服务对象115个样本库，广泛征求意见建议；做好清权确权、风险排查和风险评估的督查工作，确保"规定动作"不走样，推动厦门市粮食局廉政风险防控工作的深入开展。落实领导干部廉洁自律规定，严格遵守财务制度，严格执行预算制度和"财务一支笔"审批制度，加强预算监控力度。

（四）抓好安全生产保发展

坚持把安全生产工作作为发展"保底工程"来抓，以管好"天下粮仓"为重点，狠抓出租房产管理、行车安全管理、安全生产标化建设等难点。开展警企安全应急联防共建活动，举办全系统安全生产法规常识智力竞赛，完成全市33家粮油企业安全生产标准化建设级别评定工作，修订完善应急处置预案，实现粮食系统连续9年安全生产无伤亡无事故。局安全生产应急管理工作在全市安全生产大会上作了经验介绍，受到与会代表的充分肯定。

◆ **厦门市粮食局领导班子成员**

卢晓东　　　　　党组书记、局长（2012年8月任职）

郭勇鹏　　　　　党组成员、副局长

林勇鹏　　　　　党组成员、副局长

张伟生　　　　　党组成员、副局长

段小红（女）　　党组成员、纪检组长（2012年5月任职）

黄启忠　　　　　副巡视员

2012年7月16日，第八届七省粮食产销协作福建洽谈会在厦门隆重举行。

2012年11月，厦门市粮食局举办厦门市粮食工作座谈会。

2012年11月，首届厦门、漳州、泉州三市粮食局联席会议在厦门召开。

2012年12月，厦门市粮食局局长卢晓东（中）到河南信阳粮食主产区考察。

深圳市粮食工作　基本情况

　　深圳市于1979年设市，1980年设立经济特区，现为国家副省级计划单列城市。深圳市地处珠江三角洲腹地，毗邻港澳，全市土地总面积1952.84平方公里，现辖6个行政区和4个功能区：福田区、罗湖区、南山区、盐田区、宝安区、龙岗区及光明新区、坪山新区、龙华新区、大鹏新区，现有实际管理和服务人口约1300万。

　　深圳是改革开放的先行区、试验田。深圳经济总量占全省的20.6%，是全省的第二大市，地方一般预算收入占全省的24.3%，全省排名第一，又是广东省粮食主销区，每年粮食流转约500万吨，占全省12%以上，粮食安全责任重大。

　　深圳粮食供应完全依赖从外省及国外进口，随着市场化改革的深入，深圳粮食企业迅速发展，形成了一批集粮食收购、运输、仓储、加工、配送、批发、零售于一体，具有一定规模的，产业化经营的粮食骨干企业。这些粮食企业及经营网点上千家，形成了良好的粮食经销网络。罗湖区的西货场和深圳市大型农批市场与各区农批、农贸市场已经形成了粮食企业重点集聚地，主要以销售大米为主，其他粮食类产品为辅。大型粮食骨干企业经过多年的培育，已拥有"金龙鱼"、"孟乍隆"、"谷之香"、"泰皇"、"深粮多喜"、"寿星"、"北田"、"禾珠"、"谷尊"、"鑫稻田"、"良记金轮王"等一批品牌系列产品，深得市民的喜爱。

2012年粮食工作

一　全市粮食产品供需基本平衡，粮食价格基本稳定

　　深圳市粮食主要采购地为东北三省和安徽、江苏、湖北、江西等省。为保证全市粮食稳定供应，保障全市粮食安全，粮食主管部门及政府相关部门注重不断加强组织引导和政策扶持。首先，积极外拓基地。采取"走出去"战略，实施粮食的跨区域经营战略，确保"外粮我用"。近年来，市粮食主管部门曾多次带队赴东北三省等粮食主产区进行调研，了解当地粮食生产、销售等情况，积极探索粮食产销合作的方式和途径。市经贸信息委组织粮食企业到耕地资源丰富的省份外建粮食生产基地，注重进一步稳定东北粮食基地。2012年，在市经贸信息委的牵头、支持下，深粮集团与吉林镇赉县结成战略合作伙伴关系，就粮源基地建设达成框架协议。并积极推动与产区建立诚信合作。市经贸信息委

积极组织深圳市与主产区的粮食产销对接、粮食贸易洽谈、购销合同签订、双方互访互通，建立发展稳定的产销合作关系，切实提高粮食产销合同履约率，确保市外粮源供应畅通、高效、安全。其次，重视立法保障。市人大常委会主任刘玉浦在考察粮食安全工作时指出，市人大常委会经济工委已启动《食用农产品管理条例》，在调研论证的基础上可单列一章"粮食安全"，将深圳粮食安全保障工作中的应急储备、粮源保障、粮食流通、粮食质量等纳入其中，对深圳粮食安全进行长远的、战略性的规划。最后，加强对外交流合作。

二　粮食骨干企业逐渐走出了一条具有深圳特色的品牌化发展之路

2012年10月，深圳市经贸信息委率领10多家本市大型粮食企业参加在山东济南举行的"十二届中国国际粮油产品及设备技术展览会"。在此次展览会上，深圳市中泰米业"泰皇"牌大米、春谷园米业"北田"牌大米、盛宝粮油"孟乍隆"牌进口香米、粮食集团"深粮多喜"牌油茶籽油、市粮食集团"谷之香"牌系列米、蛇口南顺面粉"金像"牌小麦粉、深彤鑫"鑫稻田"牌米、联益米业"谷子皇"牌米、振发"泰田"牌香米、泰香米业"良记金轮王、经典金轮"系列米、乐冠公司"俊佳"牌糯米、东贸实业"金舫"牌大米12个品牌获得本届展会金奖称号。虽然深圳所有粮食都依靠外购，但是深圳便利的交通、发达的经济、有力的措施，保障了外来粮食的顺利流通，基本实现了本市粮食产品供需的平衡。2012年，全市粮食企业经营额超过250亿元，约占全市GDP的2%，向国家缴纳税收超过10亿元，行业从业人员超过3万人。

三　粮食应急保障系统不断健全

深圳市政府为了认真贯彻落实《广东省粮食应急预案》，确保深圳市场粮食供应，由市粮食行业主管部门在全市认定了深圳市中泰进出口有限公司、深圳市春谷园茉莉香贸易有限公司等33家企业为粮食应急保障网点企业，要求这些企业在政府粮食应急预案启动后，服从政府的统一安排和调度，优先接受政府征用相关商品和设施，启动最大保障能力，全力以赴，按时、按质、按量完成政府下达的应急保障任务。33家应急保障企业从规模、管理、实力方面，在同行业都具有一定的竞争力。随着城市的不断发展，深圳人口也呈现出快速增长。深圳是一个外来人口超过70%的移民城市，对粮食品种的需求呈现出多样化趋势。同时，由于粮食制品、粮食转化食品及其他粮食转化衍生品对基本粮食的需要等，加大了深圳市对粮食的需求量，确保粮食供需平衡，稳定粮食价格是关系到深圳民生及稳定的头等大事，也确立了粮食行业在经济发展中的地位和作用。这些粮食企业所购进的粮食，不仅供应了深圳市的餐饮企业、学校、医院、单位饭堂，而且相当一部分转化成了其他食品，包括酿酒、豆制品、休闲食品等，他们对食品行业和粮食其他转化企业提供了原材料，促进和保障了这些企业的健康发展，直接和间接地对深圳总体经济、GDP、税收、就业、民生等作出了重要贡献。

四　成立了深圳市粮食行业协会

经过几十年的发展，深圳粮食市场逐步活跃，部分粮食企业具备了一定的经济实力和核心竞争能力，但是行业内企业分散、各自为战、组织化程度差，满足于自己的小天地，条块分割较严重，很难形成群体优势。随着粮食市场化改革的不断深入，行业协会在沟通政府与企业、企业与企业之间的联系，促进行业健康发展的作用越来越重要，已成为不可或缺的服务政府宏观调控、服务企业、服务市场、服务生产者和消费者的重要载体，在发展社会主义市场经济中具有不可替代的重要作用。为了有效整合资源、形成聚合优势，推动全市粮食行业的健康、有序发展，深圳市多家粮食企业自发成立深圳市粮食行业协会。经过一年多的筹备，2012年9月24日，深圳市粮食行业协会第一次会员大会召开，选举产生第一届理事会，深圳市粮食集团有限公司当选为协会会长单位。协会以"服务为本、造福于民"为宗旨，加强自身建设，增强协会的凝聚力；协会致力于服务好会员企业，促进深圳粮食行业健康发展；协会致力于服务好政府，促进粮食宏观调控目标的实现；协会还将实施"放心工程"、让消费者吃上放心粮油；实施"名牌工程"，提高粮食行业产品竞争力；实施"信用工程"，提高企业公信力。深圳市粮食行业协会致力于办成独立公正、行为规范、运作有序、代表性强、公信力高、适应社会主义市场经济发展要求、符合国际惯例的新型社团组织。

五　粮食购销体系日趋完善

深圳粮食市场放开发展以来，国有企业、民营及外资骨干企业、中小企业、连锁超市等市场主体互为补充，构建起较为完善的粮食购销体系，通过多元化的产品供应和不断创新的营销方式，满足了不同层次、类别消费者的多样化需求，有效确保了深圳粮食市场的正常运转。一是国有企业是粮食储备的主体。深圳市粮食集团有限公司、深圳市宝安粮食有限公司、深圳市龙岗区粮食有限公司3家国有企业，承担了全市的粮食储备任务和军粮供应任务，并充分发挥自身优势，不断提高终端市场的份额。二是大型民营及外资企业成为粮食流通的主体。深圳市盛宝粮油供应有限公司、深圳市中泰米业有限公司、深圳市盛中达实业有限公司、深圳市春谷园茉莉香贸易有限公司、深圳市东贸实业发展有限公司、南海油脂工业（赤湾）有限公司、深圳南海粮食工业有限公司等大型民营、外资粮食骨干企业在粮食市场终端销售中占有较大份额。三是中小型粮食企业在经销中发挥了补充和调节作用。部分大型粮食企业建立起了B2B、B2C电子商务平台，通过互联网发布粮食经销信息，进行粮食大宗贸易网上交易，开拓高端粮油产品新型营销模式。

六　国有粮食企业创新经营谋发展

国有粮食购销企业是一个具有双重属性的经济组织，一方面，作为一个企业，具有经济属性，通过粮食购销或劳务获取收益，发挥着市场职能，遵从市场规律的调节，根据市场规则和秩序从事经济运行，因而受到市场因素的影响和左右；另一方面，作为一个社会公有组织具有社会属性，承担国家对粮食的宏观调控，稳定市场经济等社会任务，因而国有粮食购销企业肩负着政府的经济目标和社会目标有别于其他企业。深圳市国有粮食企业面临发展环境的变化，为适应市场化改革，正朝着多元化、精细化趋势发展。一是经营多元化。深圳市已经初步形成了以国有粮食经济为主导、非国有粮食经济并存的多元化粮食经济运行格局。国有粮食企业从传统的"收粮卖粮"的经营方式，向"通过加工转化增值"方向转变，提高了国有粮食企业的市场竞争力。二是深耕细分市场。为打造市场竞争力，部分地方大型国有粮食企业深耕细分市场，提高了盈利能力。如深圳粮食集团在做强传统大米、面粉主业的同时，深耕产业高利润环节，增加了精米加工生产线，推出多喜米网络直销平台，主攻高端大米、油脂市场，用差异化的优质产品与服务开拓高端市场。三是走信息化创新发展之路。近年来，传统国有粮食企业深粮集团在特区创新理念的指引下，一路开拓前行，通过大力推动信息化建设为企业持续、健康发展创造了先发优势，引领了粮食行业信息化发展，实现了粮食生产到消费全程数字化、信息化和智能化监管，推动了整个粮食行业的信息化变革和快速转型升级。

七　民营企业发展势头良好

　　民营粮食企业在深圳粮食市场拥有较高的市场份额，部分民营粮企转向大米、面粉、油脂加工领域。非国有的粮食经营、粮食加工和粮食转化企业，如盛宝粮油、龙洋兴、泰香米业、顺兴龙、国米米业、南顺面粉、南海粮食、正大康地、金钱饲料和华宝饲料等涉粮骨干企业在保证深圳市场的粮食供应和为市民提供多样化的粮食需求方面起着举足轻重的作用。同时，为了提高市场影响力，民营企业也越来越注重品牌的建设，在深圳粮食购销市场的发展中发挥了重要作用，盛宝粮油、中泰米业、春谷园、稼贾福、东贸、瑞和泰、国米米业、联益、深彤鑫等10家民营粮食骨干企业投资总额已达到10.56亿元，其中深圳市中泰米业有限公司的投资总额达1.8亿元。这些企业大米年销售总量已从2006年的427072吨增加到683590吨，年均增速超过12.58%；大米加工数量从305379吨增加到487221吨，年均增速达12.63%；大米仓储数量从140316吨增加到343283吨，年均增速高达25.77%；大米配送车数量从207辆增加到564辆，年均增速达11.29%；仓储总面积从44388平方米增加到89208平方米，年平均增速达19.42%。

八　军粮管理进一步规范

　　进一步健全和完善了各军供站点的军粮采购制度、军粮质量监管制度、价格核定制度、军供财务管理制度、应急保障供应制度、人员管理制度。对照"十强"军供站的要求，将各项管理制度上墙公示，要求员工严格遵守制度，按制度办事。深圳市各军供站（点）店容店貌整齐、干净、卫生，切实加强军粮质量各个环节的管理，全面达到了军粮质量管理的各项要求，严格控制军供粮源，把好原粮采购加工关和储存检验关，坚持入库出库必检，安全保管无事故。严格售后服务措施，供应单位反映良好。军供财务管理做到真实准确，并杜绝了各类失、泄密事故发生。深圳市粮食集团军供站荣获国家"百强军供站"殊荣。

◆ **深圳市经济贸易和信息化委员会领导班子成员**

郭立明	党组书记、主任
王有明	党组成员、投资推广署署长
彭新叶	党组成员、副主任
贾兴东	党组成员、副主任
邓寿棠	党组成员、副主任
谢建民	党组成员、副主任（分管粮食工作）
高　林	党组成员、副主任
张金生	党组成员、市世贸中心主任
顾宏伟	党组成员、市中小中心主任

5

第五篇

粮食政策与法规文件

国务院文件

国务院关于支持农业产业化龙头企业发展的意见

（国发〔2012〕10号　2012年3月6日）

各省、自治区、直辖市人民政府，国务院各部委、各直属机构：

农业产业化是我国农业经营体制机制的创新，是现代农业发展的方向。农业产业化龙头企业（以下简称龙头企业）集成利用资本、技术、人才等生产要素，带动农户发展专业化、标准化、规模化、集约化生产，是构建现代农业产业体系的重要主体，是推进农业产业化经营的关键。支持龙头企业发展，对于提高农业组织化程度、加快转变农业发展方式、促进现代农业建设和农民就业增收具有十分重要的作用。为加快发展农业产业化经营，做大做强龙头企业，现提出如下意见：

一　总体思路、基本原则和主要目标

（一）总体思路

坚持为农民服务的方向，以加快转变经济发展方式为主线，以科技进步为先导，以市场需求为坐标，加强标准化生产基地建设，大力发展农产品加工，创新流通方式，不断拓展产业链条，推动龙头企业集群集聚，完善扶持政策，强化指导服务，增强龙头企业辐射带动能力，全面提高农业产业化经营水平。

（二）基本原则

坚持家庭承包经营制度，充分尊重农民的土地承包经营权，健全土地承包经营权流转市场，引导发展适度规模经营；坚持遵循市场经济规律，充分发挥市场配置资源的基础性作用，尊重企业与农户的市场主体地位和经营决策权，不搞行政干预；坚持因地制宜，实行分类指导，探索适合不同地区的农业产业化发展途径；坚持机制创新，大力发展龙头企业联结农民专业合作社、带动农户的组织模式，与农户建立紧密型利益联结机制。

（三）主要目标

培育壮大龙头企业，打造一批自主创新能力强、加工水平高、处于行业领先地位的大型龙头企业；引导龙头企业向优势产区集中，形成一批相互配套、功能互补、联系紧密的龙头企业集群；推进农业生产经营专业化、标准化、规模化、集约化，建设一批与龙头企业有效对接的生产基地；强化农产品质量安全管理，培育一批产品竞争力强、市场占有率高、影响范围广的知名品牌；加强产业链建设，构建一批科技水平高、生产加工能力强、上中下游相互承接的优势产业体系；强化龙头企业社会责任，提升辐射带动能力和区域经济发展实力。

二   加强标准化生产基地建设，保障农产品有效供给和质量安全

（四）强化基础设施建设

切实加大资金投入，强化龙头企业原料生产基地基础设施建设。支持符合条件的龙头企业开展中低产田改造、高标准基本农田、土地整治、粮食生产基地、标准化规模养殖基地等项目建设，切实改善生产设施条件。国家用于农业农村的生态环境等建设项目，要对符合条件的龙头企业原料生产基地予以适当支持。

（五）推动规模化集约化发展

支持龙头企业带动农户发展设施农业和规模养殖，开展多种形式的适度规模经营，充分发挥龙头企业示范引领作用。深入实施"一村一品"强村富民工程，支持专业示范村镇建设，为龙头企业提供优质、专用原料。支持符合条件的龙头企业申请"菜篮子"产品生产扶持资金。龙头企业直接用于或者服务于农业生产的设施用地，按农用地管理。鼓励龙头企业使用先进适用的农机具，提升农业机械化水平。

（六）实施标准化生产

龙头企业要大力推进标准化生产，建立健全投入品登记使用管理制度和生产操作规程，完善农产品质量安全全程控制和可追溯制度，提高农产品质量安全水平。鼓励龙头企业开展粮棉油糖示范基地、园艺作物标准园、畜禽养殖标准化示范场、水产健康养殖示范场等标准化生产基地建设。支持龙头企业开展质量管理体系和无公害农产品、绿色食品、有机农产品认证。有关部门要建立健全农产品标准体系，鼓励龙头企业参与相关标准制订，推动行业健康有序发展。

三   大力发展农产品加工，促进产业优化升级

（七）改善加工设施装备条件

鼓励龙头企业引进先进适用的生产加工设备，改造升级贮藏、保鲜、烘干、清选分级、包装等设施装备。对龙头企业符合条件的固定资产，按照法律法规规定，缩短折旧年限或者采取加速折旧的方法折旧。对龙头企业从事国家鼓励发展的农产品加工项目且进口具有国际先进水平的自用设备，在现行规定范围内免征进口关税。对龙头企业购置符合条件的环境保护、节能节水等专用设备，依法享受相关税收优惠政策。对龙头企业带动农户与农民专业合作社进行产地农产品初加工的设施建设和设备购置给予扶持。

（八）统筹协调发展农产品加工

鼓励龙头企业合理发展农产品精深加工，延长产业链条，提高产品附加值。在确保口粮、饲料用粮和种子用粮的前提下，适度发展粮食深加工。认真落实国家有关农产品初加工企业所得税优惠政策。保障龙头企业开展农产品加工的合理用地需求。

（九）发展农业循环经济

支持龙头企业以农林剩余物为原料的综合利用和开展农林废弃物资源化利用、节能、节水等项目建设，积极发展循环经济。研发和应用餐厨废弃物安全资源化利用技术。加大畜禽粪便集中资源化力度，发挥龙头企业在构建循环经济产业链中的作用。

四　创新流通方式，完善农产品市场体系

（十）强化市场营销

支持大型农产品批发市场改造升级，鼓励和引导龙头企业参与农产品交易公共信息平台、现代物流中心建设，支持龙头企业建立健全农产品营销网络，促进高效畅通安全的现代流通体系建设。大力发展农超对接，积极开展直营直供。支持龙头企业参加各种形式的展示展销活动，促进产销有效对接。规范和降低超市和集贸市场收费，落实鲜活农产品运输"绿色通"政策，结合实际完善适用品种范围，降低农产品物流成本。铁道、交通运输部门要优先安排龙头企业大宗农产品和种子等农业生产资料运输。

（十一）发展新型流通业态

鼓励龙头企业大力发展连锁店、直营店、配送中心和电子商务，研发和应用农产品物联网，推广流通标准化，提高流通效率。支持龙头企业改善农产品贮藏、加工、运输和配送等冷链设施与设备。支持符合条件的国家和省级重点龙头企业承担重要农产品收储业务。探索发展生猪等大宗农产品期货市场。鼓励龙头企业利用农产品期货市场开展套期保值，进行风险管理。

（十二）加强品牌建设

鼓励和引导龙头企业创建知名品牌，提高企业竞争力。支持龙头企业申报和推介驰名商标、名牌产品、原产地标记、农产品地理标志，并给予适当奖励。整合同区域、同类产品的不同品牌，加强区域品牌的宣传和保护，严厉打击仿冒伪造品牌行为。

五　推动龙头企业集聚，增强区域经济发展实力

（十三）培育壮大龙头企业

龙头企业要完善法人治理结构，建立现代企业制度。落实《国务院关于促进企业兼并重组的意见》（国发〔2010〕27号）的相关优惠政策，支持龙头企业通过兼并、重组、收购、控股等方式，组建大型企业集团。支持符合条件的国家重点龙头企业上市融资、发行债券、在境外发行股票并上市，增强企业发展实力。积极有效利用外资，在符合世贸组织规则前提下加强对外商投资的管理，按照《国务院办公厅关于建立外国投资者并购境内企业安全审查制度的通知》（国办发〔2011〕6号）的规定，对外资并购境内龙头企业做好安全审查。

（十四）推动龙头企业集群发展

积极创建农业产业化示范基地，支持农业产业化示范基地开展物流信息、质量检验检测等公共服务平台建设。引导龙头企业向优势产区集中，推动企业集群集聚，培育壮大区域主导产业，增强区域经济发展实力。

六　加快技术创新，增强农业整体竞争力

（十五）提高技术创新能力

鼓励龙头企业加大科技投入，建立研发机构，加强与科研院所和大专院校合作，培育一批市场竞争力强的科技型龙头企业。通过国家科技计划和专项等支持龙头企业开展农产品加工关键和共性技术研发。鼓励龙头企业开展新品种新技术新工艺研发，落实自主创新的各项税收优惠政策。鼓励龙头企业引进国外先进技术和设备，消化吸收关键技术和核心工艺，开展集成创新。发挥龙头企业在现代农业产业技术体系、国家农产品加工技术研发体系中的主体作用，承担相应创新和推广项目。

（十六）加强技术推广应用

健全农业技术市场，建立多元化的农业科技成果转化机制，为龙头企业搭建技术转让和推广应用平台。农业技术推广机构要积极为龙头企业开展技术服务，引导龙头企业为农民开展技术指导、技术培训等服务。各类农业技术推广项目要将龙头企业作为重要的实施主体。

（十七）强化人才培养

落实《国家中长期人才发展规划纲要（2010－2020年）》的要求，培养一大批具有世界眼光、经营管理水平高、熟悉农业产业政策、热心服务"三农"的新型龙头企业家。鼓励龙头企业采取多种形式培养业务骨干，积极引进高层次人才，并享受当地政府人才引进待遇。有关部门要加强对龙头企业经营管理和生产基地服务人员的培训，组织业务骨干到科研院所学习进修。鼓励和引导高校毕业生到龙头企业就业，对符合基层就业条件的，按规定享受学费补偿和国家助学贷款代偿等政策。

七　完善利益联结机制，带动农户增收致富

（十八）大力发展订单农业

龙头企业要在平等互利的基础上，与农户、农民专业合作社签订农产品购销合同，协商合理的收购价格，确定合同收购底价，形成稳定的购销关系。规范合同文本，明确双方权责关系。要加强对订单农业的监管与服务，强化企业与农户的诚信意识，切实履行合同约定。鼓励龙头企业采取承贷承还、信贷担保等方式，缓解生产基地农户资金困难。鼓励龙头企业资助订单农户参加农业保险。支持龙头企业与农户建立风险保障机制，对龙头企业提取的风险保障金在实际发生支出时，依法在计算企业所得税前扣除。

（十九）引导龙头企业与合作组织有效对接

引导龙头企业创办或领办各类专业合作组织，支持农民专业合作社和农户入股龙头企业，支持农民专业合作社兴办龙头企业，实现龙头企业与农民专业合作社深度融合。鼓励龙头企业采取股份分红、利润返还等形式，将加工、销售环节的部分收益让利给农户，共享农业产业化发展成果。

（二十）开展社会化服务

充分发挥龙头企业在构建新型农业社会化服务体系的重要作用，支持龙头企业围绕产前、产中、产后各环节，为基地农户积极开展农资供应、农机作业、技术指导、疫病防治、市场信息、产品营销等各类服务。

（二十一）强化社会责任意识

逐步建立龙头企业社会责任报告制度。龙头企业要依法经营，诚实守信，自觉维护市场秩序，保障农产品供应。强化生产全过程管理，确保产品质量安全。积极稳定农民工就业，大力开展农民工培训，引导企业建立人性化企业文化和营造良好的工作生活环境，保障农民工合法权益。加强节能减排，保护资源环境。积极参与农村教育、文化、卫生、基础设施等公益事业建设。龙头企业用于公益事业的捐赠支出，对符合法律法规规定的，在计算企业所得税前扣除。

八　开拓国际市场，提高农业对外开放水平

（二十二）扩大农产品出口

积极引导和帮助龙头企业利用普惠制和区域性优惠贸易政策，增强出口农产品的竞争力。加强农产品外贸转型升级示范基地建设，扩大优势农产品出口。在有关控制风险的前提下，鼓励利用出口信用保险为农产品出口提供风险保障。提高通关效率，为农产品出口提供便利。支持龙头企业申请商标国际注册，积极培育出口产品品牌。

（二十三）开展境外投资合作

引导龙头企业充分利用国内两个市场、两种资源，拓宽发展空间。扩大农业对外合作，创新合作方式。完善农产品进出口税收政策，积极对外谈判签署避免双重征税协议。对龙头企业境外投资项目所需的国内生产物资和设备，提供通关便利。

（二十四）完善国际贸易投资服务

切实做好龙头企业开拓国际市场的指导和服务工作，加强国际农产品贸易投资的法律政策研究，及时发布市场预警信息和投资指南。完善农产品贸易摩擦应诉机制，积极应对各类贸易投资纠纷。进一步完善农产品出口检验检疫制度，继续对出口活畜、活禽、水生动物以及免检农产品全额免收出入境检验检疫费，对其他出口农产品减半收取检验检疫费。

九　狠抓落实，健全农业产业化工作推进机制

（二十五）强化组织领导

各地区、有关部门要深刻认识新形势下支持龙头企业发展加快推进农业产业化经营的重要意义，牢固树立扶持农业产业化就是扶持农业、扶持龙头企业就是扶持农民的观念，把发展农业产业化作为我国农业农村工作中一件全局、方向性的大事来抓。各地区、有关部门要按照本意见精神，结合本地区、本部门实际，抓紧研究制定贯彻落实意见。强化各级农业部门的农业产业化工作职能，明确负责农业产业化工作机构，保障工作经费，加强队伍建设。完善农业产业化部门间协商工作机制，强化协作配合，落实责任分工，形成工作合力。

（二十六）落实政策措施

各级财政要多渠道整合和统筹支农资金，在现有基础上增加扶持农业产业化发展的相关资金，切实加大对农业产业化和龙头企业的支持力度。中小企业发展专项资金要将中小型龙头企业纳入重点支持范围，国家农业综合开发产业化经营项目要向龙头企业倾斜。农业发展银行、进出口银行等政策性金融机构要加强信贷结构调整，在各自业务范围内采取授信等多种形式，加大对龙头企业固定资产投

资、农产品收购的支持力度。鼓励农业银行等商业性金融机构根据龙头企业生产经营的特点合理确定贷款期限、利率和偿还方式，扩大有效担保物范围，积极创新金融产品和服务方式，有关满足龙头企业的资金需求。大力发展基于订单农业的信贷、保险产品和服务创新。鼓励融资性担保机构积极为龙头企业提供担保服务，缓解龙头企业融资难问题。中小企业信用担保资金要将中小型龙头企业纳入重点支持范围。全面清理取消汲及龙头企业的不合理收费项目，切实减轻企业负担，优化发展环境。

（二十七）加强指导服务

健全农业产业化调查分析制度，建立省级以上重点龙头企业经济运行调查体系，加强行业发展跟踪分析。完美重点龙头企业认定监测制度，实行动态管理。建立健全主要农产品生产信息收集和发布平台，无偿为龙头企业的生产经营决策提供所需信息。发挥龙头企业协会的作用，加强行业自律，规范企业行为，服务会员和农户。认真总结龙头企业带动农户增收致富、发展现代农业的好经验好做法，大力宣传农业产业化发展成就，对发展农业产业化成绩的单位和个人按照国家有关规定给予表彰奖励，营造全社会关心支持农业产业化和龙头企业发展的良好氛围。

国务院关于加强食品安全工作的决定

（国发〔2012〕20号 2012年6月23日）

各省、自治区、直辖市人民政府，国务院各部委、各直属机构：

食品安全是重大的民生问题，关系人民群众身体健康和生命安全，关系社会和谐稳定。党中央、国务院对此高度重视，近年来制定实施了一系列政策措施。各地区、各部门认真抓好贯彻落实，不断加大工作力度，食品安全形势总体上是稳定的。但当前我国食品安全的基础仍然薄弱，违法违规行为时有发生，制约食品安全的深层次问题尚未得到根本解决。随着生活水平的不断提高，人民群众对食品安全更为关注，食以安为先的要求更为迫切，全面提高食品安全保障水平，已成为我国经济社会发展中一项重大而紧迫的任务。为进一步加强食品安全工作，现作出如下决定。

一　明确加强食品安全工作的指导思想、总体要求和工作目标

（一）指导思想

以邓小平理论和"三个代表"重要思想为指导，深入贯彻落实科学发展观，从维护人民群众根本利益出发，进一步加强对食品安全工作的组织领导，完善食品安全监管体制机制，健全政策法规体系，强化监管手段，提高执法能力，落实企业主体责任，提升诚信守法水平，动员社会各界积极参与，促进我国食品安全形势持续稳定好转。

（二）总体要求

坚持统一协调与分工负责相结合，严格落实监管责任，强化协作配合，形成全程监管合力。坚持集中治理整顿与严格日常监管相结合，严厉惩处食品安全违法犯罪行为，规范食品生产经营秩序，强化执法力量和技术支撑，切实提高食品安全监管水平。坚持加强政府监管与落实企业主体责任相结合，强化激励约束，治理道德失范，培育诚信守法环境，提升企业管理水平，夯实食品安全基础。坚持执法监督与社会监督相结合，加强宣传教育培训，积极引导社会力量参与，充分发挥群众监督与舆论监督的作用，营造良好社会氛围。

（三）工作目标

通过不懈努力，用3年左右的时间，使我国食品安全治理整顿工作取得明显成效，违法犯罪行为得到有效遏制，突出问题得到有效解决；用5年左右的时间，使我国食品安全监管体制机制、食品安全法律法规和标准体系、检验检测和风险监测等技术支撑体系更加科学完善，生产经营者的食品安全管理水平和诚信意识普遍增强，社会各方广泛参与的食品安全工作格局基本形成，食品安全总体水平得到较大幅度提高。

二　进一步健全食品安全监管体系

（四）完善食品安全监管体制

进一步健全科学合理、职能清晰、权责一致的食品安全部门监管分工，加强综合协调，完善监

管制度，优化监管方式，强化生产经营各环节监管，形成相互衔接、运转高效的食品安全监管格局。按照统筹规划、科学规范的原则，加快完善食品安全标准、风险监测评估、检验检测等的管理体制。县级以上地方政府统一负责本地区食品安全工作，要加快建立健全食品安全综合协调机构，强化食品安全保障措施，完善地方食品安全监管工作体系。结合本地区实际，细化部门职责分工，发挥监管合力，堵塞监管漏洞，着力解决监管空白、边界不清等问题。及时总结实践经验，逐步完善符合我国国情的食品安全监管体制。

（五）健全食品安全工作机制

建立健全跨部门、跨地区食品安全信息通报、联合执法、隐患排查、事故处置等协调联动机制，有效整合各类资源，提高监管效能。加强食品生产经营各环节监管执法的密切协作，发现问题迅速调查处理，及时通知上游环节查明原因、下游环节控制危害。推动食品安全全程追溯、检验检测互认和监管执法等方面的区域合作，强化风险防范和控制的支持配合。健全行政执法与刑事司法衔接机制，依法从严惩治食品安全违法犯罪行为。规范食品安全信息报告和信息公布程序，重视舆情反映，增强分析处置能力，及时回应社会关切。加大对食品安全的督促检查和考核评价力度，完善食品安全工作奖惩约束机制。

（六）强化基层食品安全管理工作体系

推进食品安全工作重心下移、力量配置下移，强化基层食品安全管理责任。乡（镇）政府和街道办事处要将食品安全工作列为重要职责内容，主要负责人要切实负起责任，并明确专门人员具体负责，做好食品安全隐患排查、信息报告、协助执法和宣传教育等工作。乡（镇）政府、街道办事处要与各行政管理派出机构密切协作，形成分区划片、包干负责的食品安全工作责任网。在城市社区和农村建立食品安全信息员、协管员等队伍，充分发挥群众监督作用。基层政府及有关部门要加强对社区和乡村食品安全专、兼职队伍的培训和指导。

三 加大食品安全监管力度

（七）深入开展食品安全治理整顿

深化食用农产品和食品生产经营各环节的整治，重点排查和治理带有行业共性的隐患和"潜规则"问题，坚决查处食品非法添加等各类违法违规行为，防范系统性风险；进一步规范生产经营秩序，清理整顿不符合食品安全条件的生产经营单位。以日常消费的大宗食品和婴幼儿食品、保健食品等为重点，深入开展食品安全综合治理，强化全链条安全保障措施，切实解决人民群众反映强烈的突出问题。加大对食品集中交易市场、城乡结合部、中小学校园及周边等重点区域和场所的整治力度，组织经常性检查，及时发现、坚决取缔制售有毒有害食品的"黑工厂"、"黑作坊"和"黑窝点"，依法查处非法食品经营单位。

（八）严厉打击食品安全违法犯罪行为

各级监管部门要切实履行法定职责，进一步改进执法手段、提高执法效率，大力排查食品安全隐患，依法从严处罚违法违规企业及有关人员。对涉嫌犯罪案件，要及时移送立案，并积极主动配合司法机关调查取证，严禁罚过放行、以罚代刑，确保对犯罪分子的刑事责任追究到位。加强案件查处监督，对食品安全违法犯罪案件未及时查处、重大案件久拖不结的，上级政府和有关部门要组织力量直接查办。各级公安机关要明确机构和人员负责打击食品安全违法犯罪，对隐蔽性强、危害大、涉嫌犯罪的案件，根据需要提前介入，依法采取相应措施。公安机关在案件查处中需要技术鉴定的，监管部门要给予支持。坚持重典治乱，始终保持严厉打击食品安全违法犯罪的高压态势，使严惩重处成为食品安全治理常态。

（九）加强食用农产品监管

完善农产品质量安全监管体系，加快推进乡镇农产品质量安全监管公共服务机构建设，开展农产品质量安全监管示范县创建，着力提高县级农产品质量安全监管执法能力。严格农业投入品生产经营管理，加强对食用农产品种植养殖活动的规范指导，督促农产品标准化生产示范园（区、场）、农民专业合作经济组织、食用农产品生产企业落实投入品使用记录制度。扩大对食用农产品的例行监测、监督抽查范围，严防不合格产品流入市场和生产加工环节。加强对农产品批发商、经纪人的管理，强化农产品运输、仓储等过程的质量安全监管。加大农产品质量安全培训和先进适用技术推广力度，建立健全农产品产地准出、市场准入制度和农产品质量安全追溯体系，强化农产品包装标识管理。健全畜禽疫病防控体系，规范畜禽屠宰管理、完善畜禽产品检验检疫制度和无害化处理补贴政策，严防病死病害畜禽进入屠宰和肉制品加工环节。加强农产品产地环境监管，加大对农产品产地环境污染治理和污染区域种植结构调整的力度。

（十）加强食品生产经营监管

严格实施食品生产经营许可制度，对食品生产经营新业态要依法及时纳入许可管理。不能持续达到食品安全条件、整改后仍不符合要求的生产经营单位，依法撤销其相关许可。强化新资源食品、食品添加剂、食品相关产品新品种的安全性评估审查。加强监督抽检、执法检查和日常巡查，完善现场检查制度，加大对食品生产经营单位的监管力度。建立健全食品退市、召回和销毁管理制度，防止过期食品等不合格食品回流食品生产经营环节。依法查处食品和保健食品虚假宣传以及在商标、包装和标签标识等方面的违法行为。严格进口食品检验检疫准入管理，加强对进出口食品生产企业、进口商、代理商的注册、备案和监管。加强食品认证机构资质管理，严厉查处伪造冒用认证证书和标志等违法行为。加快推进餐饮服务单位量化分级管理和监督检查结果公示制度，建立与餐饮服务业相适应的监督抽检快速检测筛查模式。切实加强对食品生产加工小作坊、食品摊贩、小餐饮单位、小集贸市场及农村食品加工场所等的监管。

四　落实食品生产经营单位的主体责任

（十一）强化食品生产经营单位安全管理

食品生产经营单位要依法履行食品安全主体责任，配备专、兼职食品安全管理人员，建立健全并严格落实进货查验、出厂检验、索证验票、购销台账记录等各项管理制度。规模以上生产企业和相应的经营单位要设置食品安全管理机构，明确分管负责人。食品生产经营单位要保证必要的食品安全投入，建立健全质量安全管理体系，不断改善食品安全保障条件。要严格落实食品安全事故报告制度，向社会公布本单位食品安全信息必须真实、准确、及时。进一步健全食品行业从业人员培训制度，食品行业从业人员必须先培训后上岗并由单位组织定期培训，单位负责人、关键岗位人员要统一接受培训。

（十二）落实企业负责人的责任

食品生产经营企业法定代表人或主要负责人对食品安全负首要责任，企业质量安全主管人员对食品安全负直接责任。要建立健全从业人员岗位责任制，逐级落实责任，加强全员、全过程的食品安全管理。严格落实食品交易场所开办者、食品展销会等集中交易活动举办者、网络交易平台经营者等的食品安全管理责任。对违法违规企业，依法从严追究其负责人的责任，对被吊销证照企业的有关责任人，依法实行行业禁入。

（十三）落实不符合安全标准的食品处置及经济赔偿责任

食品生产经营者要严格落实不符合食品安全标准的食品召回和下架退市制度，并及时采取补救、无害化处理、销毁等措施，处置情况要及时向监管部门报告。对未执行主动召回、下架退市制度，或未及时采取补救、无害化处理、销毁等措施的，监管部门要责令其限期执行；拒不执行的，要加大处罚力度，直至停产停业整改、吊销证照。食品经营者要建立并执行临近保质期食品的消费提示制度，严禁更换包装和日期再行销售。食品生产经营者因食品安全问题造成他人人身、财产或者其他损害的，必须依法承担赔偿责任。积极开展食品安全责任强制保险制度试点。

（十四）加快食品行业诚信体系建设

加大对道德失范、诚信缺失的治理力度，积极开展守法经营宣传教育，完善行业自律机制。食品生产经营单位要牢固树立诚信意识，打造信誉品牌，培育诚信文化。加快建立各类食品生产经营单位食品安全信用档案，完善执法检查记录，根据信用等级实施分类监管。建设食品生产经营者诚信信息数据库和信息公共服务平台，并与金融机构、证券监管等部门实现共享，及时向社会公布食品生产经营者的信用情况，发布违法违规企业和个人"黑名单"，对失信行为予以惩戒，为诚信者创造良好发展环境。

五　加强食品安全监管能力和技术支撑体系建设

（十五）加强监管队伍建设

各地区要根据本地实际，合理配备和充实食品安全监管人员，重点强化基层监管执法力量。加强食品安全监管执法队伍的装备建设，重点增加现场快速检测和调查取证等设备的配备，提高监管执法能力。加强监管执法队伍法律法规、业务技能、工作作风等方面的教育培训，规范执法程序，提高执法水平，切实做到公正执法、文明执法。

（十六）完善食品安全标准体系

坚持公开透明、科学严谨、广泛参与的原则，进一步完善食品、食品添加剂、食品相关产品安全标准的制修订程序。加强食品安全标准制修订工作，尽快完成现行食用农产品质量安全、食品卫生、食品质量标准和食品行业标准中强制执行标准的清理整合工作，加快重点品种、领域的标准制修订工作，充实完善食品安全国家标准体系。各地区要根据监管需要，及时制定食品安全地方标准。鼓励企业制定严于国家标准的食品安全企业标准。加强对食品安全标准宣传和执行情况的跟踪评价，切实做好标准的执行工作。

（十七）健全风险监测评估体系

加强监测资源的统筹利用，进一步增设监测点，扩大监测范围、指标和样本量，提高食品安全监测水平和能力。统一制定实施国家食品安全风险监测计划，规范监测数据报送、分析和通报等工作程序，健全食品安全风险监测体系。加强食用农产品质量安全风险监测和例行监测。建立健全食源性疾病监测网络和报告体系。严格监测质量控制，完善数据报送网络，实现数据共享。加强监测数据分析判断，提高发现食品安全风险隐患的能力。完善风险评估制度，强化食品和食用农产品的风险评估，充分发挥其对食品安全监管的支撑作用。建立健全食品安全风险预警制度，加强风险预警相关基础建设，确保预警渠道畅通，努力提高预警能力，科学开展风险交流和预警。

（十八）加强检验检测能力建设

严格食品检验检测机构的资质认定和管理，科学统筹、合理布局新建检验检测机构，加大对检验检测能力薄弱地区和重点环节的支持力度，避免重复建设。支持食品检验检测设备国产化。积极稳妥推进食品检验检测机构改革，促进第三方检验检测机构发展。推进食品检验检测数据共享，逐步实现网络化查询。鼓励地方特别是基层根据实际情况开展食品检验检测资源整合试点，积极推广成功经验，逐步建立统筹协调、资源共享的检验检测体系。

（十九）加快食品安全信息化建设

按照统筹规划、分级实施、注重应用、安全可靠的原则，依托现有电子政务系统和业务系统等资源，加快建设功能完善的食品安全信息平台，实现各地区、各部门信息互联互通和资源共享，加强信息汇总、分析整理，定期向社会发布食品安全信息。积极应用现代信息技术，创新监管执法方式，提高食品安全监管的科学化、信息化水平。加快推进食品安全电子追溯系统建设，建立统一的追溯手段和技术平台，提高追溯体系的便捷性和有效性。

（二十）提高应急处置能力

健全各级食品安全事故应急预案，加强预案演练，完善应对食品安全事故的快速反应机制和程序。加强食品安全事故应急处置体系建设，提高重大食品安全事故应急指挥决策能力。加强应急队伍建设，强化应急装备和应急物资储备，提高应急风险评估、应急检验检测等技术支撑能力，提升事故响应、现场处置、医疗救治等食品安全事故应急处置水平。制定食品安全事故调查处理办法，进一步规范食品安全事故调查处理工作程序。

六　完善相关保障措施

（二十一）完善食品安全政策法规

深入贯彻实施食品安全法，完善配套法规规章和规范性文件，形成有效衔接的食品安全法律法规体系。推动完善严惩重处食品安全违法行为的相关法律依据，着力解决违法成本低的问题。各地区要积极推动地方食品安全立法工作，加强食品生产加工小作坊和食品摊贩管理等具体办法的制修订工作。定期组织开展执法情况检查，研究解决法律执行中存在的问题，不断改进和加强执法工作。大力推进种植、畜牧、渔业标准化生产。完善促进食品产业优化升级的政策措施，提高食品产业的集约化、规模化水平。提高食品行业准入门槛，加大对食品企业技术进步和技术改造的支持力度，提高食品安全保障能力。推进食品经营场所规范化、标准化建设，大力发展现代化食品物流配送服务体系。积极推进餐饮服务食品安全示范工程建设。完善支持措施，加快推进餐厨废弃物资源化利用和无害化处理试点。

（二十二）加大政府资金投入力度

各级政府要建立健全食品安全资金投入保障机制。中央财政要进一步加大投入力度，国家建设投资要给予食品安全监管能力建设更多支持，资金要注意向中西部地区和基层倾斜。地方各级政府要将食品安全监管人员经费及行政管理、风险监测、监督抽检、科普宣教等各项工作经费纳入财政预算予以保障。切实加强食品安全项目和资金的监督管理，提高资金使用效率。

（二十三）强化食品安全科技支撑

加强食品安全学科建设和科技人才培养，建设具有自主创新能力的专业化食品安全科研队伍。整合高等院校、科研机构和企业等科研资源，加大食品安全检验检测、风险监测评估、过程控制等方面的技术攻关力度，提高食品安全管理科学化水平。加强科研成果使用前的安全性评估，积极推广应用食品安全科研成果。建立食品安全专家库，为食品安全监管提供技术支持。开展食品安全领域的国际交流与合作，加快先进适用管理制度与技术的引进、消化和吸收。

七　动员全社会广泛参与

（二十四）大力推行食品安全有奖举报

地方各级政府要加快建立健全食品安全有奖举报制度，畅通投诉举报渠道，细化具体措施，完善工作机制，实现食品安全有奖举报工作的制度化、规范化。切实落实财政专项奖励资金，合理确定奖励条件，规范奖励审定、奖金管理和发放等工作程序，确保奖励资金及时兑现。严格执行举报保密制度，保护举报人合法权益。对借举报之名捏造事实的，依法追究责任。

（二十五）加强宣传和科普教育

将食品安全纳入公益性宣传范围，列入国民素质教育内容和中小学相关课程，加大宣传教育力度。充分发挥政府、企业、行业组织、社会团体、广大科技工作者和各类媒体的作用，深入开展"食品安全宣传周"等各类宣传科普活动，普及食品安全法律法规及食品安全知识，提高公众食品安全意识和科学素养，努力营造"人人关心食品安全、人人维护食品安全"的良好社会氛围。

（二十六）构建群防群控工作格局

充分调动人民群众参与食品安全治理的积极性、主动性，组织动员社会各方力量参与食品安全工作，形成强大的社会合力。支持新闻媒体积极开展舆论监督，客观及时、实事求是报道食品安全问题。各级消费者协会要发挥自身优势，提高公众食品安全自我保护能力和维权意识，支持消费者依法维权。充分发挥食品相关行业协会、农民专业合作经济组织的作用，引导和约束食品生产经营者诚信经营。

八　加强食品安全工作的组织领导

（二十七）加强组织领导

地方各级政府要把食品安全工作摆上重要议事日程，主要负责同志亲自抓，切实加强统一领导和组织协调。要认真分析评估本地区食品安全状况，加强工作指导，及时采取有针对性的措施，解决影响本地区食品安全的重点难点问题和人民群众反映的突出问题。要细化、明确各级各类食品安全监管岗位的监管职责，主动防范、及早介入，使工作真正落实到基层，力争将各类风险隐患消除在萌芽阶段，守住不发生区域性、系统性食品安全风险的底线。国务院各有关部门要认真履行职责，加强对地方的监督检查和指导。对在食品安全工作中取得显著成绩的单位和个人，要给予表彰。

（二十八）严格责任追究

建立健全食品安全责任制，上级政府要对下级政府进行年度食品安全绩效考核，并将考核结果作为地方领导班子和领导干部综合考核评价的重要内容。发生重大食品安全事故的地方在文明城市、卫生城市等评优创建活动中实行一票否决。完善食品安全责任追究制，加大行政问责力度，加快制定关于食品安全责任追究的具体规定，明确细化责任追究对象、方式、程序等，确保责任追究到位。

国务院关于深化流通体制改革加快流通产业发展的意见

（国发〔2012〕39号　2012年8月3日）

各省、自治区、直辖市人民政府，国务院各部委、各直属机构：

改革开放以来，我国流通产业取得长足发展，交易规模持续扩大，基础设施显著改善，新型业态不断涌现，现代流通方式加快发展，流通产业已经成为国民经济的基础性和先导性产业。但总的看，我国流通产业仍处于粗放型发展阶段，网络布局不合理，城乡发展不均衡，集中度偏低，信息化、标准化、国际化程度不高，效率低、成本高问题日益突出。为适应新形势下经济社会发展需要，加快推进流通产业改革发展，现提出如下意见：

一　指导思想、基本原则和主要目标

（一）指导思想

以邓小平理论和"三个代表"重要思想为指导，深入贯彻落实科学发展观，围绕提高流通效率、方便群众生活、保障商品质量、引导生产发展和促进居民消费，加快推进流通产业发展方式转变，着力解决制约流通产业发展的关键问题，有效降低流通成本，全面提升流通现代化水平。

（二）基本原则

坚持发挥市场作用与完善政府职能相结合。在更大程度上发挥市场配置资源的基础性作用，遵循价值规律和市场规则，强化企业在市场中的主体地位；提升政府公共服务、市场监管和宏观调控能力。坚持深化改革与扩大开放相结合。深化流通领域各项改革，为流通产业发展提供制度保障；继续推进流通产业对内对外开放，以开放促改革促发展。坚持促进发展与加强规范相结合，加大对重点领域和薄弱环节的支持力度，推动流通产业加快发展；强化规范市场秩序，提升行业发展质量，切实保障和改善民生。坚持立足当前与着眼长远相结合。既要紧密结合当前需要，着力降低流通成本，又要注重长远发展，建立流通引导生产、促进消费的长效机制。

（三）主要目标

到2020年，我国流通产业发展的总体目标是：基本建立起统一开放、竞争有序、安全高效、城乡一体的现代流通体系，流通产业现代化水平大幅提升，对国民经济社会发展的贡献进一步增强。

——流通领域提高效率降低成本效果显著，批发零售企业流动资产周转速度加快，全社会物流总费用与国内生产总值的比率明显降低。

——现代信息技术在流通领域得到广泛应用，电子商务、连锁经营和统一配送等成为主要流通方式，连锁化率达到22%左右，商品统一配送率达到75%左右，流通产业整合资源、优化配置的能力进一步增强。

——流通主体的竞争力明显提升，形成一批网络覆盖面广、主营业务突出、品牌知名度高、具有国际竞争力的大型流通企业。

——流通产业发展的政策、市场和法制环境更加优化，市场运行更加平稳规范，居民消费更加便捷安全，全国统一大市场基本形成。

二　主要任务

（四）加强现代流通体系建设

依托交通枢纽、生产基地、中心城市和大型商品集散地，构建全国骨干流通网络，建设一批辐射带动能力强的商贸中心、专业市场以及全国性和区域性配送中心。推动大宗商品交易市场向现货转型，增加期货市场交易品种。优化城市流通网络布局，有序推进贸易中心城市和商业街建设，支持特色商业适度集聚，鼓励便利店、中小综合超市等发展，构建便利消费、便民生活服务体系。鼓励大型流通企业向农村延伸经营网络，增加农村商业网点，拓展网点功能，积极培育和发展农村经纪人，提升农民专业合作社物流配送能力和营销服务水平。支持流通企业建立城乡一体化的营销网络，畅通农产品进城和工业品下乡的双向流通渠道。大力发展第三方物流，促进企业内部物流社会化。加强城际配送、城市配送、农村配送的有效衔接，推广公路不停车收费系统，规范货物装卸场站建设和作业标准。加快建设完整先进的废旧商品回收体系，健全旧货流通网络，促进循环消费。

（五）积极创新流通方式

大力推广并优化供应链管理，鼓励流通企业拓展设计、展示、配送、分销、回收等业务。加快发展电子商务，普及和深化电子商务应用，完善认证、支付等支撑体系，鼓励流通企业建立或依托第三方电子商务平台开展网上交易。创新网络销售模式，发展电话购物、网上购物、电视购物等网络商品与服务交易。统筹农产品集散地、销地、产地批发市场建设，构建农产品产销一体化流通链条，积极推广农超对接、农批对接、农校对接以及农产品展销中心、直销店等产销衔接方式，在大中城市探索采用流动售卖车。围绕节能环保、流通设施、流通信息化等关键领域，大力推进流通标准应用。鼓励商业企业采购和销售绿色产品，促进节能环保产品消费，支持发展信用消费。推动商品条码在流通领域的广泛应用，健全全国统一的物品编码体系。

（六）提高保障市场供应能力

支持建设和改造一批具有公益性质的农产品批发市场、农贸市场、菜市场、社区菜店、农副产品平价商店以及重要商品储备设施、大型物流配送中心、农产品冷链物流设施等，发挥公益性流通设施在满足消费需求、保障市场稳定、提高应急能力中的重要作用。完善中央与地方重要商品储备制度，优化储备品种和区域结构，适当扩大肉类、食糖、边销茶和地方储备中的小包装粮油、蔬菜等生活必需品储备规模。强化市场运行分析和预测预警，增强市场调控的前瞻性和预见性。加强市场应急调控骨干企业队伍建设，提高迅速集散应急商品能力，综合运用信息引导、区域调剂、收储投放、进出口等手段保障市场供求基本平衡。

（七）全面提升流通信息化水平

将信息化建设作为发展现代流通产业的战略任务，加强规划和引导，推动营销网、物流网、信息网的有机融合。鼓励流通领域信息技术的研发和集成创新，加快推广物联网、互联网、云计算、全球定位系统、移动通信、地理信息系统、电子标签等技术在流通领域的应用。推进流通领域公共信息服务平台建设，提升各类信息资源的共享和利用效率。支持流通企业利用先进信息技术提高仓储、采购、运输、订单等环节的科学管理水平。鼓励流通企业与供应商、信息服务商加强合作，支持开发和推广适用于中小流通企业的信息化解决方案。加强信息安全保障。

（八）培育流通企业核心竞争力

积极培育大型流通企业，支持有实力的流通企业跨行业、跨地区兼并重组。支持中小流通企业特别是小微企业专业化、特色化发展，健全中小流通企业服务体系，扶持发展一批专业服务机构，为中小流通企业提供融资、市场开拓、科技应用和管理咨询等服务。鼓励发展直营连锁和特许连锁，支持流通企业跨区域拓展连锁经营网络。积极推进批发市场建设改造和运营模式创新，增强商品吞吐能力和价格发现功能。推动零售企业转变营销方式，提高自营比重。支持流通企业建设现代物流中心，积极发展统一配送。加强知识产权保护，鼓励流通品牌创新发展。

（九）大力规范市场秩序

加强对关系国计民生、生命安全等商品的流通准入管理，形成覆盖准入、监管、退出的全程管理机制。充分利用社会检测资源，建立涉及人身健康与安全的商品检验制度。建立健全肉类、水产品、蔬菜、水果、酒类、中药材、农资等商品流通追溯体系。加大流通领域商品质量监督检查力度，改进监管手段和检验检测技术条件。依法严厉打击侵犯知识产权、制售假冒伪劣商品、商业欺诈和商业贿赂等违法行为。加强网络商品交易的监督管理。规范零售商、供应商交易行为，建立平等和谐的零供关系。加快商业诚信体系建设，完善信用信息采集、利用、查询、披露等制度，推动行业管理部门、执法监管部门、行业组织和征信机构、金融监管部门、银行业金融机构信息共享。细化部门职责分工，堵塞监管漏洞。

（十）深化流通领域改革开放

建立分工明确、权责统一、协调高效的流通管理体制，健全部门协作机制，强化政策制定、执行与监督相互衔接，提高管理效能。加快流通管理部门职能转变，强化社会管理和公共服务职能。在有条件的地区开展现代流通综合试点，加强统筹协调，加快推进大流通、大市场建设。消除地区封锁和行业垄断，严禁阻碍、限制外地商品、服务和经营者进入本地市场，严厉查处经营者通过垄断协议等方式排除、限制竞争的行为。鼓励民间资本进入流通领域，保障民营企业合法权益，促进民营企业健康发展。进一步提高流通产业利用外资的质量和水平，引进现代物流和信息技术带动传统流通产业升级改造。支持有条件的流通企业"走出去"，通过新建、并购、参股、增资等方式建立海外分销中心、展示中心等营销网络和物流服务网络。积极培育国内商品市场的对外贸易功能，推进内外贸一体化。

三　支持政策

（十一）制定完善流通网络规划

制定全国流通节点城市布局规划，做好各层级、各区域之间规划衔接。科学编制商业网点规划，确定商业网点发展建设需求，将其纳入城市总体规划和土地利用总体规划。乡镇商业网点建设纳入小城镇建设规划。各地制定控制性详细规划和修建性详细规划时应充分考虑商业网点建设需求，做好与商业网点规划的相互衔接。完善社区商业网点配置，新建社区（含廉租房、公租房等保障性住房小区、棚户区改造和旧城改造安置住房小区）商业和综合服务设施面积占社区总建筑面积的比例不得低于10%。地方政府应出资购买一部分商业用房，用于支持社区菜店、菜市场、农副产品平价商店、便利店、早餐店、家政服务点等居民生活必备的商业网点建设。严格社区商业网点用途监管，不得随意改变必备商业网点的用途和性质，拆迁改建时应保证其基本服务功能不缺失。各地可根据实际发布商业网点建设指导目录，引导社会资金投向。

（十二）加大流通业用地支持力度

按照土地利用总体规划和流通业建设项目用地标准，在土地利用年度计划和土地供应计划中统筹安排流通业各类用地。鼓励利用旧厂房、闲置仓库等建设符合规划的流通设施，涉及原划拨土地使用权转让或租赁的，经批准可采取协议方式供应。政府对旧城区改建需搬迁的流通业用地，在收回原国有建设用地使用权后，经批准可以协议出让方式为原土地使用权人安排用地。鼓励各地以租赁方式供应流通业用地。支持依法使用农村集体建设用地发展流通业。制定政府鼓励的流通设施目录，对纳入目录的项目用地予以支持。依法加强流通业用地管理，禁止以物流中心、商品集散地等名义圈占土地，防止土地闲置浪费。

（十三）完善财政金融支持政策

积极发挥中央政府相关投资的促进作用，完善促进消费的财政政策，扩大流通促进资金规模，重点支持公益性流通设施、农产品和农村流通体系、流通信息化建设，以及家政和餐饮等生活服务业、中小流通企业发展、绿色流通、扩大消费等。鼓励银行业金融机构针对流通产业特点，创新金融产品和服务方式，开展动产、仓单、商铺经营权、租赁权等质押融资。改进信贷管理，发展融资租赁、商圈融资、供应链融资、商业保理等业务。充分发挥典当等行业对中小和微型企业融资的补充作用。拓宽流通企业融资渠道，支持符合条件的大型流通企业上市融资、设立财务公司及发行公司（企业）债券和中期票据等债务融资工具。引导金融机构创新消费信贷产品，改进消费信贷业务管理方式，培育和巩固消费信贷增长点。

（十四）减轻流通产业税收负担

在一定期限内免征农产品批发市场、农贸市场城镇土地使用税和房产税。将免征蔬菜流通环节增值税政策扩大到有条件的鲜活农产品。加快制定和完善促进废旧商品回收体系建设的税收政策。完善并落实家政服务企业免征营业税政策，促进生活服务业发展。落实总分支机构汇总纳税政策，促进连锁经营企业跨地区发展。积极推进营业税改增值税试点，完善流通业税制。

（十五）降低流通环节费用

抓紧出台降低流通费用综合性实施方案。优化银行卡刷卡费率结构，降低总体费用水平，扩大银行卡使用范围。加快推进工商用电用水同价。落实好鲜活农产品运输"绿色通道"政策，确保所有整车合法装载运输鲜活农产品车辆全部免缴车辆通行费，结合实际完善适用品种范围。切实规范农产品市场收费、零售商供应商交易收费等流通领域收费行为。深入推进收费公路专项清理，坚决取缔各种违规及不合理收费，降低偏高的通行费收费标准。从严审批一级及以下公路和独立桥梁、隧道收费项目。按照逐步有序的原则，加快推进国家确定的西部地区省份取消政府还贷二级公路收费工作进度。

四　保障措施

（十六）完善流通领域法律法规和标准体系

推动制定、修改流通领域的法律法规，提升流通立法层级。抓紧修订报废汽车回收管理办法，积极推动修改商标法、反不正当竞争法、广告法和消费者权益保护法等法律，研究制定典当管理、商业网点管理、农产品批发市场管理等方面的行政法规。全面清理和取消妨碍公平竞争、设置行政壁垒、排斥外地产品和服务进入本地市场的规定。积极完善流通标准化体系，加大流通标准的制定、实施与宣传力度。

（十七）健全统计和监测制度

加快建立全国统一科学规范的流通统计调查体系和信息共享机制，不断提高流通统计数据质量和工作水平。加强零售、电子商务、居民服务、生产资料流通等重点流通领域的统计数据开发应用，提高服务宏观调控和企业发展的能力。扩大城乡市场监测体系覆盖面，优化样本企业结构，推进信息采集智能化发展，保证数据真实、准确、及时，加快监测信息成果转化。

（十八）发挥行业协会作用

完善流通行业协会的运行机制，引导行业组织制定行业规范和服务要求，加强行业自律和信用评价。支持行业协会为流通企业提供法律、政策、管理、技术、市场信息等咨询及人才培训等服务，及时反映行业诉求，维护企业合法权益。

（十九）强化理论体系、人才队伍和基层机构建设

深化流通领域理论和重大课题研究，完善我国现代流通产业发展的理论和政策研究体系。大力培养流通专业人才，加快形成高校、科研院所与部门、行业企业联合培养人才的机制，积极开展职业教育与培训，提高流通专业人才培养质量。加强干部队伍建设，提高基层干部的服务意识和监管执法能力。加强基层流通管理部门建设，充实一线力量，保证基层流通管理工作通畅有效。

（二十）加强组织领导

国务院有关部门、地方各级人民政府要高度重视加快流通产业改革发展的重要性，切实加强组织领导，根据要求抓紧制定具体实施方案，完善和细化政策措施，确保各项任务落实到位。建立由商务部牵头的全国流通工作部际协调机制，加强对流通工作的协调指导和监督检查，及时研究解决流通产业发展中的重大问题。各地要将加快流通产业改革发展作为调结构、转方式、惠民生的重要抓手，完善配套政策和监管措施，保障流通产业改革发展所需资金，促进流通产业持续健康发展。

联合发文

关于印发2012年小麦最低收购价执行预案的通知

（国家发展改革委　财政部　农业部　国家粮食局
中国农业发展银行　中国储备粮管理总公司
发改经贸〔2012〕1494号　2012年5月21日）

各省、自治区、直辖市发展改革委、财政厅、农业厅、粮食局、物价局、农业发展银行分行，中储粮有关分公司：

为落实好粮食最低收购价政策，做好今年小麦收购工作，保护种粮农民利益，经国务院批准，现将《2012年小麦最低收购价执行预案》印发给你们。

请各有关地方和部门高度重视夏粮收购工作，密切关注小麦市场价格变化，周密部署，紧密配合，认真做好今年小麦最低收购价执行预案的各项准备和组织实施工作，指导各类市场主体有序入市收购新粮，及时协调解决收购过程中出现的矛盾和问题，确保收购工作顺利开展、小麦市场平稳运行。

特此通知。

附件：2012年小麦最低收购价执行预案

2012年小麦最低收购价执行预案

第一条　为认真贯彻落实小麦最低收购价政策，切实保护种粮农民利益，确保收储的最低收购价小麦数量真实、质量安全，根据《粮食流通管理条例》有关规定，制定本预案。

第二条　执行本预案的小麦主产区为河北、江苏、安徽、山东、河南、湖北6省。

其他小麦产区是否实行最低收购价政策，由省级人民政府自主决定。

第三条　以2012年生产的国标三等小麦为标准品，白小麦、红小麦和混合小麦最低收购价格均为每市斤1.02元。白小麦分为硬质白小麦和软质白小麦。硬质白小麦的硬度指数不低于60，软质白小麦的硬度指数不高于45，其种皮白色或黄白色的麦粒均不低于90%。红小麦分为硬质红小麦和软质红小麦。硬质红小麦的硬度指数不低于60，软质红小麦的硬度指数不高于45，其种皮深红色或红褐色的麦粒均不低于90%。不符合上述标准的均为混合小麦。标准品小麦的具体质量标准为：容重750～770g/L（含750g/L），水分12.5%以内，杂质1%以内，不完善粒8%以内。执行最低收购价的小麦为2012年生产的等内品。相邻等级之间等级差价按每市斤0.02元掌握。最低收购价是指承担最低收购价收购任务的收储库点向农民直接收购的到库价。

　　非标准品小麦的具体收购价格水平，按照《国家发展改革委、国家粮食局、财政部、国家质检总局关于印发〈关于执行粮油质量标准有关问题的规定〉的通知》（国粮发〔2010〕178号）有关规定确定。

　　第四条　在河北、江苏、安徽、山东、河南、湖北6个小麦主产区执行最低收购价的企业为：（1）中储粮总公司及其有关分公司，受中储粮总公司委托的中粮集团有限公司所属企业和中国华粮物流集团公司所属企业；（2）上述6省地方储备粮管理公司（或单位）；（3）北京、天津、上海、浙江、福建、广东、海南7个主销区省级地方储备粮管理公司（或单位）。

　　第五条　中储粮有关分公司及其直属企业要按照"有利于保护农民利益、有利于粮食安全储存、有利于监管、有利于销售"的原则，合理确定执行小麦最低收购价的委托收储库点。委托收储库点应具有粮食收购资格，在农发行开户，有一定规模的自有仓容，仓房条件符合《粮油仓储管理办法》（国家发展改革委令2009第5号）要求，具备必要的检化验设备和人员，具有较高管理水平和良好信誉，并按统计制度规定报送了统计报表，三年内在收储及销售出库等方面无违法违纪行为。为充分发挥国有企业的主渠道作用，国有及国有控股粮食企业优先作为委托收储库点安排。在已开展粮油仓储单位备案的省份，委托收储库点应按规定完成了备案工作。在确定委托收储库点时，要统筹考虑中储粮直属库、中粮集团有限公司和中国华粮物流集团公司所属企业及地方国有和国有控股粮库，以充分利用现有仓储资源，确保储粮安全。

　　以县为单位，每个县内委托收储库点仓容总量应与当地最低收购价小麦预计收购量相衔接，实际收购中仓容量不足的，可通过县内集并或适当增加委托收储库点解决。为保证收储小麦的储存安全，降低损耗，保持品质，一般情况下对最低收购价小麦不搭建露天设施储存。白小麦、红小麦和混合小麦必须分仓、分等级储存。

　　中储粮有关分公司确定的委托收储库点名单报中储粮总公司审核备案后对外公布，同时抄报省级人民政府。中储粮总公司要将备案的委托收储库点名单报送国家发展改革委、财政部、国家粮食局和农业发展银行。

　　地方储备粮管理公司（或单位）也要根据省级人民政府的统一要求，合理设置委托收储库点，并积极入市收购，充实地方储备。地方储备粮管理公司（或单位）设定的委托收储库点要与中储粮分公司确定的委托收储库点相互衔接。

　　执行最低收购价收储库名单确定后，中储粮直属企业和地方储备粮管理公司（或单位）要与委托收储库点签订委托收购合同，明确双方权利、义务等。委托收储库点要严格按照本执行预案的有关规定和收购合同进行收购活动。

　　第六条　第三条规定的最低收购价执行时间为2012年5月21日至9月30日。在此期间，以县为单位，当其小麦市场价格连续3天低于国家公布的小麦最低收购价格时，由中储粮分公司会同省级价格、粮食、农业、农发行等有关部门核实确认后，报中储粮总公司批准在相关市县或全省范围内启动预案，并报国家有关部门备案。各委托收储库点要按照本预案第三条的规定，在上述小麦主产区挂牌收购农民交售的小麦。

　　第七条　执行最低收购价的委托收储库点，要在收购场所显着位置张榜公布实行最低收购价有关政策的粮食品种收购价格、质量标准、水杂增扣量方式、结算方式和执行时间等政策信息，让农民交

"放心粮"；按照小麦国家标准（GB1351—2008）做好最低收购价小麦收购入库工作，不得压级压价、抬级抬价收购，不得拒收农民交售的符合标准的粮食；及时结算农民交售小麦的价款，不得给农民打白条；也不得将农业发展银行贷款挪作他用。

第八条　预案执行期间，中央和地方储备粮的承储企业应积极入市收购新粮用于轮换，轮换收购的小麦价格应不低于国家规定的最低收购价格水平。对承担轮换任务的委托收储库点，应优先安排储备粮轮换。

第九条　新麦上市后，地方各级政府和粮食行政管理部门要加强对收购工作的指导，引导和鼓励各类粮食经营和加工企业积极入市收购新粮；国有和国有控股粮食企业要按照《粮食流通管理条例》有关规定，切实发挥主渠道作用。农业发展银行要积极为各类收购主体入市收购提供信贷支持，保证具备贷款条件的国有和国有控股粮食企业资金供应。

第十条　中储粮公司确定的委托收储库点按最低收购价收购小麦所需贷款（收购资金和收购费用），由所在地中储粮直属企业统一向农业发展银行承贷，并根据小麦收购情况及时预付给委托收储库点，保证收购需要。对于没有中储粮直属企业的市（地）区域，为保证收购需要，可暂由中储粮分公司指定该区域内具有农发行贷款资格、资质较好的委托收储企业承贷；收购结束后，贷款要及时划转到中储粮公司直属企业统一管理。农业发展银行要按照国家规定的最低收购价格和收购费用及时足额供应。收购费用为每市斤2.5分钱（含县内集并费），由中储粮总公司包干使用，其中拨付委托收储库点直接用于收购的费用不得低于每市斤2分钱。

第十一条　地方储备粮管理公司（或单位）按最低收购价收购的小麦主要用于充实地方储备，所需收购贷款由农业发展银行按照国家规定的最低收购价格及时足额发放。有关收购、保管费用和利息按地方储备粮管理的有关规定执行。

第十二条　预案执行期间，中储粮总公司和有关省粮食局每5日分别将中储粮分公司和地方储备粮管理公司（或单位）按最低收购价收购的小麦品种、数量汇总后报国家粮食局。中储粮总公司汇总的数据要同时抄送农业发展银行。具体报送时间为每月逢5日、10日期后第2个工作日中午12时之前。

省级农发行在每月初5个工作日内将上月最低收购价收购资金的发放情况抄送当地中储粮分公司和省级粮食行政管理部门。同时，中储粮有关分公司将最低收购价小麦每月收购进度情况抄送当地省级粮食行政管理部门、农发行省分行，每5日的收购进度也要及时通报，便于省级有关部门了解情况。各委托收储库点要每5日将实际收购进度数据同时抄报所在地市（地）或县级粮食行政管理部门。

第十三条　中储粮总公司及其有关分公司和直属企业执行最低收购价政策收购的小麦，粮权属国务院，未经国家批准不得动用。对收购入库的最低收购价小麦品种、数量和质量等级，中储粮有关分公司及其直属企业要按有关规定及时进行审核验收，并对验收结果负责。对验收中发现入库的小麦数量、质量指标与收购码单等原始凭证标注不符的，要及时核减最低收购价收购进度和库存统计，扣回全部费用利息补贴。对验收合格的，要建立委托收储库点的质量档案，做到分品种、分等级专仓储存。中储粮直属企业要与委托收储

库点签订代储保管合同，明确品种、数量、等级、价格和保管、出库责任等，作为以后安排销售标的的质量依据。

中储粮有关分公司要将委托收储库点最低收购价小麦质量验收结果于2012年10月底前汇总报中储粮总公司、有关省级粮食行政管理部门和农发行省分行。中储粮总公司要对分公司上报的收购进度和

库存数据进行审核，并及时汇总情况报告国家发展改革委、财政部、国家粮食局和农业发展银行。

在销售时发现库存的最低收购价小麦实际数量和质量与销售标的不符的，造成的损失由负有监管责任的中储粮直属企业先行赔付，并查明原因。属于审核验收环节的问题，要追究负责审核验收的中储粮分公司（或直属库）和相关人员责任，并由其承担相应的经济损失。属于委托收储库点违反代储保管合同约定，因保管不善造成损失的，由该收储库点承担经济损失，并追究其主要负责人和监管人员的责任。对因未按规定及时足额拨付收购和保管费用而导致库存粮食质量发生问题的，要追究中储粮分公司（或直属库）主要负责人的责任，并承担相应损失。

对于有购买陈粮冒充新粮，或就地划转本库存粮的"转圈粮"套取费用补贴等行为的委托收储库点，一经发现要将其收购的小麦全部退出最低收购价小麦收购进度和库存统计，扣回全部费用利息补贴，由承贷企业追回粮款归还农发行贷款，取消其最低收购价收购资格，由中储粮公司负责收回企业不当得利，并上交中央财政。如发生损失，由委托收储库点承担，并追究其主要负责人和相关人员的责任，以及负责监管的人员责任，并将其以前年度收储的最低收购价小麦实行移库或按有关程序及时安排拍卖，所发生的费用由违规企业承担。承担审核验收的中储粮分公司（或直属库）在验收工作中弄虚作假的要追究其主要负责人和有关人员的责任。

第十四条　中储粮总公司及其有关分公司管理的临时存储最低收购价小麦，保管费用补贴（含损耗，下同）和贷款利息补贴由中央财政负担，先预拨，后清算。委托收储库点的保管费用补贴标准按照《财政部关于批复最低收购价等中央政策性粮食库存保管费用补贴拨付方案的通知》（财建〔2011〕996号）执行。保管费用补贴自小麦收购入库当月起根据月末库存数量拨付，贷款利息根据入库结算价与同期银行贷款利率计算。中央财政根据中储粮总公司上报的最低收购价粮食库存情况，按季度将保管费用补贴和贷款利息补贴预拨给中储粮总公司。中储粮总公司及其分公司要将保管费用按季足额拨付到委托收储库点。事后，由中央财政根据中储粮总公司验收确认后的实际保管数量、等级和核定的库存成本等对中储粮总公司进行清算。清算过程中，对有关部门确认的中储粮公司所属企业虚报收购数量、质量以次充好等套取中央财政资金的违纪行为，按规定扣减相关补贴，并由有关部门追究相关负责人和有关人员的责任。

第十五条　中储粮总公司及其分公司和直属企业要严格规范储粮行为，中储粮有关分公司及其直属企业和委托收储企业不得租仓储粮，也不得变相租仓降低保管费用补贴标准，确保安全储粮的需要。违反本预案规定擅自租仓储粮的，由当地粮食行政管理部门责令改正，由中储粮有关分公司负责将所收购粮食调到符合条件的承储企业，所需费用由中储粮直属企业承担。

第十六条　中储粮有关分公司及其直属企业和委托收储库点保管的临时存储最低收购价小麦，由国家有关部门按照顺价销售的原则，合理制定销售底价，通过在粮食批发市场或网上公开竞价销售，销售盈利上交中央财政，亏损由中央财政负担。中储粮总公司对销售盈亏进行单独核算，中央财政对中储粮总公司及时办理盈亏决算。

预案执行期间，为满足市场对陈麦的需求，按照顺价销售、保证市场供应、保持市场粮价基本稳定的原则，继续竞价销售2010年及以前年份临时存储最低收购价小麦，并把握好销售力度和节奏；为防止出现"转圈粮"等问题，中央和地方储备粮的承储企业以及承担小麦最低收购价收储任务的库点一律不得直接和间接购买国家拍卖的最低收购价小麦；中储粮总公司及有关分公司要按照均衡出库的原则，制定委托收储库点出库计划，均衡有序组织安排竞价销售。

第十七条　国家发展改革委负责协调落实小麦最低收购价政策的工作，监测小麦收购价格变化情况，检查价格政策执行情况，会同有关部门解决最低收购价政策执行中的矛盾和问题。

财政部负责及时拨付中储粮总公司按最低收购价格收购小麦所需的费用和利息补贴。农业部负责了解各地执行最低收购价政策情况，监测小麦市场价格，反映农民的意见和要求。国家粮食局负责组织指导地方粮食行政管理部门检查最低收购价政策执行情况和储粮安全等情况，督促国有和国有控股粮食企业积极入市收购，发挥主渠道作用。农业发展银行负责向执行最低收购价任务的贷款企业及时提供收购资金和费用贷款，并实施信贷监管。中储粮总公司作为国家委托的最低收购价政策执行责任主体，对其执行最低收购价政策收购的小麦的数量、质量、库存管理及销售出库等负总责，并逐级落实管理责任，建立定期巡查制度，确保最低收购价库存粮食数量真实、质量良好、储存安全。小麦最低收购价政策执行结束后1个月内，中储粮总公司要将执行情况报告国家发展改革委、财政部、农业部、国家粮食局、农业发展银行。省级人民政府要督促、协调地方各部门支持和配合中储粮公司的工作；地方粮食、价格部门对最低收购价政策执行落实情况，依照《价格法》、《粮食流通管理条例》等法律法规履行监督检查职责。中储粮有关直属企业和委托收储库点要主动配合监督检查。地方粮食行政管理部门要切实落实仓库维修工作，确保在新粮收购前投入使用，共同完成托市收购任务。

第十八条　本预案由国家发展改革委、财政部和国家粮食局负责解释。

关于印发《国家政策性粮食出库管理暂行办法》的通知

（国家发展改革委　国家粮食局
发改经贸〔2012〕1520号　2012年5月28日）

各省、自治区、直辖市发展改革委、粮食局、物价局，中国储备粮管理总公司：

为加强国家政策性粮食出库管理，确保国家政策性粮食按质、按量、及时出库投放市场，充分发挥国家政策性粮食在国家宏观调控中的作用，特制定《国家政策性粮食出库管理暂行办法》，现予印发，请按照执行。

附件：国家政策性粮食出库管理暂行办法

国家政策性粮食出库管理暂行办法

第一章　总　则

第一条　为加强国家政策性粮食出库管理，确保按质、按量、及时出库投放市场，有效发挥国家政策性粮食在国家宏观调控中的作用，根据《粮食流通管理条例》、《中央储备粮管理条例》和国家有关政策规定，制定本办法。

第二条　通过受国家委托的粮食批发市场，以竞价形式销售的国家政策性粮食出库管理适用本办法。

第三条　本办法所称国家政策性粮食（含食用植物油，下同），包括实行最低收购价和国家临时收储政策收购的粮食、中央储备粮、国家临时储备和临时存储进口粮。

第四条　本办法所称国家政策性粮食承储库（以下简称承储库），包括中国储备粮管理总公司（以下简称中储粮总公司）直属企业（以下简称直属库）、受直属库委托承储国家政策性粮食的非直属企业（以下简称非直属库）。

非直属库按照隶属关系分为中央企业粮库、地方国有粮库和非国有粮库。

第二章　职责分工

第五条　国家粮食行政管理部门负责组织指导地方人民政府粮食行政管理部门对国家政策性粮食出库进行监督检查。

县级以上地方人民政府粮食行政管理部门负责对本地区国家政策性粮食出库进行监督检查，依法查处出库中的违法违规行为，督促承储库履行出库义务，并及时协调处理直属库移交的本地区非直属库出库纠纷。

第六条　国务院发展改革部门会同有关部门研究制定国家政策性粮食出库管理政策制度，并协调处理重大疑难问题。

第七条　中储粮总公司负责组织实施国家政策性粮食出库工作，及时处理中储粮总公司分支机构转来的直属库出库纠纷，确保国家政策性粮食按质、按量、及时出库。

中储粮总公司分支机构代表中储粮总公司具体组织所辖地区国家政策性粮食出库工作，及时处理粮食批发市场转来的本辖区直属库出库纠纷。

直属库具体承担出库工作，指导督促其委托的非直属库开展出库工作，及时处理粮食批发市场转来的其委托的非直属库出库纠纷。

中储粮总公司主要负责人与分支机构主要负责人、分支机构主要负责人与直属库主要负责人应当分别签订出库工作责任状，逐级落实出库责任。责任状具体内容由中储粮总公司统一规定。

第八条　直属库委托非直属库承担国家政策性粮食收储任务，应当与其签订《国家政策性粮食仓储合同》，明确出库义务和责任。《国家政策性粮食仓储合同》样本的具体内容由中储粮总公司统一规定，报国家粮食行政管理部门备案。

第九条　粮食批发市场按照国家有关规定向买方和承储库收取履约保证金，及时协调处理出库纠纷，并向省级粮食行政管理部门报告出库纠纷的处理结果。

第三章　出　库

第十条　国家粮食行政管理部门安排国家政策性粮食销售分地区计划、中储粮总公司提报政策性粮食销售库点，应当符合推陈储新、合理均衡原则，避免出现国家政策性粮食存储时间过短、规定时间内应该出库粮食数量超过承储库实际出库能力等情况。

第十一条　粮食批发市场根据买方付款进度向买方出具《出库通知单》，并通知中储粮分支机构安排承储库发货。买方持出库通知单到承储库组织现场验收并监装。直属库按照《出库通知单》和买方与中储粮分支机构签订的购销合同约定，根据《关于执行粮油质量国家标准有关问题的规定》（国粮发〔2010〕178号），对销售出库粮食进行水分、杂质等增扣量，并组织装车、检斤等出库工作。

第十二条　承储库应当履行以下出库义务：

（一）配合买方查验货物，买方自购销合同生效之日起，可到承储库挂拍仓房查验货物，承储库经与粮食批发市场核实购销合同后，应当予以配合。

（二）严格按照购销合同规定的品种、数量、质量、交货时间出库。除不可抗力原因并经粮食批发市场会同中储粮总公司分支机构核实外，不得以任何借口拖延、阻挠出库。

（三）公示并严格执行国家规定的出库费用标准，不得自立收费项目、自定收费标准，也不得向买方收取其他任何费用。

（四）接受粮食行政管理部门的监督检查，按要求报告出库进度及出库过程中的问题。

第十三条　建立国家政策性粮食出库监管员制度。非直属库由直属库指定出库监管员，直属库由中储粮总公司分支机构指定出库监管员。出库监管员为直属库或中储粮总公司分支机构正式员工，其姓名、电话等联系方式应当在购销合同上注明，并在有关粮食批发市场网站上公布。出库监管员代表派出单位，对国家政策性粮食出库进行全程跟踪，负责统计进度、督促出库、协调处理纠纷等。

第四章 纠纷处理

第十四条　国家政策性粮食出库纠纷，由粮食批发市场根据交易细则自收到投诉之日起在 10 个工作日内先行协调处理。买方和承储库拒不执行交易细则，拒不按照国家规定进行增扣量，故意拖延导致出库纠纷的，由粮食批发市场扣除其履约保证金，暂停或取消其交易资格，并列入粮食批发市场诚信黑名单。

协调处理后仍难以出库的，粮食批发市场应当转交负责该库的出库监管员处理，并交付下列意见和检验结果等资料：

（一）会同中储粮总公司分支机构核实是否因不可抗力影响出库的书面意见。

（二）买方提出竞买粮食质量异议的，由有资质的第三方粮食质量检验机构在买卖双方同时在场的情况下，在承储库挂拍仓房内按规定抽取样品检验后作出的检验结果。

（三）对买卖双方责任的判定意见。

第十五条　出库监管员接到粮食批发市场转来的出库纠纷，应当于当日建立投诉档案，协调纠纷双方意见，并通知承储库企业集团总部（或主管部门）协助督促出库。

出库监管员接到未经粮食批发市场协调处理的出库纠纷投诉的，应当告知先由粮食批发市场协调处理。

第十六条　出库监管员协调、督促出库无效的，自建立投诉档案之日起 3 个工作日内采取以下措施，并将有关处理结果报告上级单位，同时抄送相关粮食批发市场：

（一）除存在不可抗力因素外，对拖延或阻挠出库、索取不合理费用等行为，根据《国家政策性粮食仓储合同》约定采取扣除保证金、取消委托等措施处理。

（二）因粮食质量低于购销合同约定标准导致出库纠纷的，买方愿意接收粮食的，由直属库先行支付质量差价；买方不愿意接收粮食的，终止合同执行，并由直属库先行支付违约金。先行支付的质量差价和违约金，由责任方承担。

采取前款措施后仍难以出库的，属于直属库的出库纠纷，报中储粮总公司处理；属于非直属库的出库纠纷，以书面形式报同级粮食行政管理部门处理，同时交付购销合同复印件、出库进度表、粮食批发市场的判定意见和派出单位处理意见等资料。

第十七条　中储粮总公司接到出库监管员派出单位转来的直属库出库纠纷后，应当在接到出库纠纷之日起 5 个工作日内处理完毕，并将处理结果报告国家粮食行政管理部门。

第十八条　地方人民政府粮食行政管理部门接到出库监管员派出单位转来的非直属库出库纠纷后，应当自接到出库纠纷之日起 5 个工作日内处理完毕，并将处理结果报告上级粮食行政管理部门。地方人民政府粮食行政管理部门认为粮食批发市场或出库监管员派出单位不作为或处置不当的，应当首先履行查处违规案件、督促出库的职责，再依法追究相关单位和人员的责任。

第十九条　中储粮总公司分支机构、省级粮食行政管理部门应当对本辖区内出库纠纷定期清理、督办，并每月将有关案件处理情况分别向中储粮总公司和国家粮食行政管理部门报告。

第五章 罚　则

第二十条　承储库违反本办法第十二条规定的，由粮食行政管理部门责令改正，予以警告，可以处 20 万元以下的罚款；情节严重的，暂停或者取消粮食收购资格；其他法律法规另有规定的，从其规定。因保管不善，导致粮食质量低于购销合同约定标准影响出库的，承储库应当承担经济损失。承储库是直属库的，由国家粮食行政管理部门责成中储粮总公司对其限期整改。承储库是非直属库的，由直属库根据《国家政策性粮食仓储合同》约定取消委托。中储粮总公司分支机构负责将上述非直属库剩余库存移库。承储库是具备中央储备粮代储资格非直属库的，由国家粮食行政管理部门取消其代储资格。

第二十一条　买方存在本办法第十四条第一款规定情形的，由粮食行政管理部门责令改正，予以警告，可以处 20 万元以下的罚款；情节严重的，由粮食行政管理部门暂停或者取消粮食收购资格。

第二十二条　直属库、中央企业粮库和地方国有粮库违反本办法第十二条规定的，按照人事管理权限，由企业集团总部（或主管部门）对其主要负责人、直接责任人给予降级、撤职、开除等处分，并进行通报。

第二十三条　出库监管员不履行职责、协调督促不力，或推诿、拖延处理出库纠纷案件的，由上级单位对派出单位主要负责人通报批评并责令改正；情节严重的，依法给予降级、撤职、开除等处分，并对出库监管员给予相应处分。

第二十四条　粮食批发市场违反本办法规定，未履行及时协调处理出库纠纷职责的，由省级粮食行政管理部门责令改正，并追究直接责任人和主要负责人责任；情节严重的，由国家粮食行政管理部门取消其组织国家政策性粮食竞价交易资格。

第二十五条　县级以上地方人民政府粮食行政管理部门未按《粮食流通管理条例》及本办法规定查处出库纠纷中违规行为的，由上一级主管部门责令改正；情节严重的，建议同级人民政府对其主要负责人给予降级、撤职、开除等处分。

第六章 附　则

第二十六条　定向销售或其他形式销售的国家政策性粮食出库管理，参照本办法有关规定执行。

第二十七条　本办法自发布之日起施行。其他有关竞价销售国家政策性粮食出库的规定、办法、交易规则等，与本办法不一致的，以本办法为准。

关于印发2012年早籼稻最低收购价执行预案的通知

（国家发展改革委　财政部　农业部　国家粮食局
中国农业发展银行　中国储备粮管理总公司
发改经贸〔2012〕1943号　2012年7月2日）

各省、自治区、直辖市发展改革委、财政厅、农业厅、粮食局、物价局、农业发展银行分行，中储粮有关分公司：

为落实好粮食最低收购价政策，做好今年早籼稻收购工作，保护种粮农民利益，现将《2012年早籼稻最低收购价执行预案》印发给你们。

请各有关地方和部门高度重视早籼稻收购工作，密切关注早籼稻市场价格变化，周密部署，紧密配合，认真做好今年早籼稻收购的各项准备和组织实施工作，指导各类市场主体有序入市收购新粮，及时协调解决收购过程中出现的矛盾和问题，确保早籼稻收购工作顺利开展和市场平稳运行。

特此通知。

附件：2012年早籼稻最低收购价执行预案

2012年早籼稻最低收购价执行预案

第一条　为认真贯彻落实早籼稻最低收购价政策，切实保护种粮农民利益，确保收储的最低收购价早籼稻数量真实、质量安全，根据《粮食流通管理条例》有关规定，制定本预案。

第二条　执行本预案的早籼稻主产区为安徽、江西、湖北、湖南、广西5省（自治区）。

其他早籼稻产区是否实行最低收购价政策，由省级人民政府自主决定。

第三条　早籼稻最低收购价每市斤1.20元，以2012年生产的国标三等早籼稻为标准品，具体质量标准按稻谷国家标准（GB1350—2009）执行，即：杂质1%以内，水分13.5%以内，出糙率75%～77%（含75%，不含77%），整精米率44%～47%（含44%，不含47%）。执行最低收购价的早籼稻为2012年生产的等内品。相邻等级之间等级差价按每市斤0.02元掌握。最低收购价是指承担最低收购价收购任务的收储库点向农民直接收购的到库价。

非标准品早籼稻的具体收购价格水平，按照《国家发展改革委、国家粮食局、财政部、国家质检总局关于印发〈关于执行粮油质量标准有关问题的规定〉的通知》（国粮发〔2010〕178号）有关规定确定。

第四条　在安徽、江西、湖北、湖南、广西5个早籼稻主产区执行最低收购价的企业为：（1）中储粮总公司及其有关分公司，受中储粮总公司委托的中粮集团有限公司所属企业和中国华粮物流集团公司所属企业；（2）上述5省（自治区）地方储备粮管理公司（或单位）；（3）北京、天津、上海、浙江、福建、广东、海南等7个主销区省级地方储备粮管理公司（或单位）。

第五条　中储粮有关分公司及其直属企业要按照"有利于保护农民利益、有利于粮食安全储存、有利于监管、有利于销售"的原则，合理确定执行早籼稻最低收购价的委托收储库点。委托收储库点应具有粮食收购资格，在农发行开户，有一定规模的自有仓容，仓房条件符合《粮油仓储管理办法》（国家发展改革委令2009第5号）要求，具备必要的检化验设备和人员，具有较高管理水平和良好信誉，并按统计制度规定报送了统计报表，三年内在收储及销售出库等方面无违规违纪行为。为充分发挥国有企业的主渠道作用，国有及国有控股粮食企业优先作为委托收储库点安排。在已开展粮油仓储单位备案的省份，委托收储库点应按规定完成了备案工作。在确定委托收储库点时，要统筹考虑中储粮直属库、中粮集团有限公司和中国华粮物流集团公司所属企业及地方国有和国有控股粮库，以充分利用现有仓储资源，确保储粮安全。

以县为单位，每个县内委托收储库点仓容总量应与当地最低收购价早籼稻预计收购量相衔接，实际收购中仓容量不足的，可通过县内集并或适当申请增加委托收储库点解决。为保证收储早籼稻的储存安全，降低损耗，保持品质，一般情况下对最低收购价早籼稻不搭建露天设施储存。

中储粮有关分公司确定的委托收储库点名单报中储粮总公司审核备案后对外公布，同时抄报省级人民政府。中储粮总公司要将备案的委托收储库点名单报送国家发展改革委、财政部、国家粮食局和农业发展银行。

地方储备粮管理公司（或单位）也要根据省级人民政府的统一要求，合理设置委托收储库点，并积极入市收购，充实地方储备。地方储备粮管理公司（或单位）设定的委托收储库点要与中储粮分公司确定的委托收储库点相互衔接。

执行最低收购价收储库名单确定后，中储粮直属企业和地方储备粮管理公司（或单位）要与委托收储库点签订委托收购合同，明确双方权利、义务等。委托收储库点要严格按照本预案的有关规定和收购合同进行收购活动。

第六条　第三条规定的最低收购价执行时间为2012年7月16日至9月30日。在此期间，以县为单位，当其早籼稻市场价格连续3天低于国家公布的早籼稻最低收购价格时，由中储粮分公司会同省级价格、粮食、农业、农发行等有关部门核实确认后，报中储粮总公司批准在相关市县或全省（区）范围内启动预案，并报国家有关部门备案。各委托收储库点要按照本预案第三条的规定，在上述早籼稻主产区挂牌收购农民交售的早籼稻。

第七条　执行最低收购价的委托收储库点，要在收购场所显著位置张榜公布实行最低收购价有关政策的粮食品种收购价格、质量标准、水杂增扣量方式、结算方式和执行时间等政策信息，让农民交"放心粮"；按照稻谷国家标准（GB1350—2009）做好最低收购价早籼稻收购入库工作，不得压级压价、抬级抬价收购，不得拒收农民交售的符合标准的粮食；及时结算农民交售早籼稻的价款，不得给农民打白条；也不得将农业发展银行贷款挪作他用。

第八条　预案执行期间，中央和地方储备粮的承储企业应积极入市收购新粮用于轮换，轮换收购的早籼稻价格应不低于国家规定的最低收购价格水平。对承担轮换任务的委托收储库点，应优先安排储备粮轮换。

第九条　早籼稻上市后，地方各级政府和粮食行政管理部门要加强对收购工作的指导，引导和鼓励各类粮食经营和加工企业积极入市收购新粮；国有和国有控股粮食企业要按照《粮食流通管理条例》有关规定，切实发挥主渠道作用。农业发展银行要积极为各类收购主体入市收购提供信贷支持，保证具备贷款条件的国有和国有控股粮食企业资金供应。

第十条　中储粮公司确定的委托收储库点按最低收购价收购早籼稻所需贷款（收购资金和收购费用），由所在地中储粮直属企业统一向农业发展银行承贷，并根据早籼稻收购情况及时预付给委托收储库点，保证收购需要。对于没有中储粮直属企业的市（地）区域，为保证收购需要，可暂由中储粮分公司指定该区域内具有农发行贷款资格、资质较好的委托收储企业承贷；收购结束后，贷款要及时划转到中储粮公司直属企业统一管理。农业发展银行要按照国家规定的最低收购价格和收购费用及时足额供应。收购费用为每市斤 2.5 分钱（含县内集并费），由中储粮总公司包干使用，其中拨付委托收储库点直接用于收购的费用不得低于每市斤2分钱。

第十一条　地方储备粮管理公司（或单位）按最低收购价收购的早籼稻主要用于充实地方储备，所需收购贷款由农业发展银行按照国家规定的最低收购价格及时足额发放。有关收购、保管费用和利息按地方储备粮管理的有关规定执行。

第十二条　预案执行期间，中储粮总公司和有关省（区）粮食局每5日分别将中储粮分公司和地方储备粮管理公司（或单位）按最低收购价收购的早籼稻数量汇总后报国家粮食局。

中储粮总公司汇总的数据要同时抄送农业发展银行。具体报送时间为每月逢5日、10日期后第2个工作日中午12时之前。

省级农发行在每月初5个工作日内将上月最低收购价收购资金的发放情况抄送当地中储粮分公司和省级粮食行政管理部门。同时，中储粮有关分公司将最低收购价早籼稻每月收购进度情况抄送当地省级粮食行政管理部门、省级价格主管部门、农发行省（区）分行，每5日的收购进度也要及时通报，便于省级有关部门了解情况。各委托收储库点要每5日将实际收购进度数据同时抄报所在地的市（地）或县级粮食行政管理部门。

第十三条　中储粮总公司及其有关分公司和直属企业执行最低收购价政策收购的早籼稻，粮权属国务院，未经国家批准不得动用。对收购入库的最低收购价早籼稻数量和质量等级，中储粮有关分公司及其直属企业要按有关规定及时进行审核验收，并对验收结果负责。对验收中发现入库的早籼稻数量、质量指标与收购码单等原始凭证标注不符的，要及时核减最低收购价收购进度和库存统计，扣回全部费用利息补贴。对验收合格的，要建立委托收储库点的质量档案，做到分等级专仓储存。中储粮直属企业要与委托收储库点签订代储保管合同，明确数量、等级、价格和保管、出库责任等，作为以后安排销售标的的质量依据。

中储粮有关分公司要将委托收储库点最低收购价早籼稻质量验收结果于2012年10月底前汇总报中储粮总公司、有关省级粮食行政管理部门和农发行省（区）分行。中储粮总公司要对分公司上报的收购进度和库存数据进行审核，并及时汇总情况报告国家发展改革委、财政部、国家粮食局和农业发展银行。

在销售时发现库存的最低收购价早籼稻实际数量和质量与销售标的不符的，造成的损失由负有监管责任的中储粮直属企业先行赔付，并查明原因。属于审核验收环节的问题，要追究负责审核验收的中储粮分公司（或直属库）和相关人员责任，并由其承担相应的经济损失。属于委托收储库点违反代储保管合同约定，因保管不善造成损失的，由该收储库点承担经济损失，并追究其主要负责人和监管人员的责任。对因未按规定及时足额拨付收购和保管费用而导致库存粮食质量发生问题的，要追究中储粮分公司（或直属库）主要负责人的责任，并承担相应损失。

对于有购买陈粮冒充新粮，或就地划转本库存粮的"转圈粮"套取费用补贴等行为的委托收储库点，一经发现要将其收购的早籼稻全部退出最低收购价早籼稻收购进度和库存统计，扣回全部费用利息补贴，由承贷企业追回粮款归还农发行贷款，取消其最低收购价收购资格，由中储粮公司负责收回企业不当得利，并上交中央财政。如发生损失，由委托收储库点承担，并追究其主要负责人和相关人员的责任，以及负责监管的人员责任，并将其以前年度收储的最低收购价早籼稻实行移库或按有关程序及时安排拍卖，所发生的费用由违规企业承担。承担审核验收的中储粮分公司（或直属库）在验收工作中弄虚作假的要追究其主要负责人和有关人员的责任。

第十四条　中储粮总公司及其有关分公司管理的临时存储最低收购价早籼稻，保管费用补贴（含损耗，下同）和贷款利息补贴由中央财政负担，先预拨，后清算。委托收储库点的保管费用补贴标准按照《财政部关于批复最低收购价等中央政策性粮食库存保管费用补贴拨付方案的通知》（财建〔2011〕996号）执行。保管费用补贴自早籼稻收购入库当月起根据月末库存数量拨付，贷款利息根据入库结算价与同期银行贷款利率计算。中央财政根据中储粮总公司上报的最低收购价粮食库存情况，按季度将保管费用补贴和贷款利息补贴预拨给中储粮总公司。中储粮总公司及其分公司要将保管费用按季足额拨付到委托收储库点。事后，由中央财政根据中储粮总公司验收确认后的实际保管数量、等级和核定的库存成本等对中储粮总公司进行清算。清算过程中，对有关部门确认的中储粮公司所属企业虚报收购数量、质量以次充好等套取中央财政资金的违纪行为，按规定扣减相关补贴，并由有关部门追究相关负责人和有关人员的责任。

第十五条　中储粮总公司及其分公司和直属企业要严格规范储粮行为，中储粮有关分公司及其直属企业和委托收储企业不得租仓储粮，也不得变相租仓降低保管费用补贴标准，确保安全储粮的需要。违反本预案规定擅自租仓储粮的，由当地粮食行政管理部门责令改正，由中储粮有关分公司负责将所收购粮食调到符合条件的承储企业，所需费用由中储粮直属企业承担。

第十六条　中储粮有关分公司及其直属企业和委托收储库点保管的临时存储最低收购价早籼稻，由国家有关部门按照顺价销售的原则，合理制定销售底价，通过在粮食批发市场或网上公开竞价销售，销售盈利上交中央财政，亏损由中央财政负担。中储粮总公司对销售盈亏进行单独核算，中央财政对中储粮总公司及时办理盈亏决算。中储粮总公司及有关分公司要按照均衡出库的原则，制定委托收储库点出库计划，均衡有序组织安排竞价销售。

第十七条　国家发展改革委负责协调落实早籼稻最低收购价政策的工作，监测早籼稻收购价格变化情况，检查价格政策执行情况，会同有关部门解决最低收购价政策执行中的矛盾和问题。财政部负责及时拨付中储粮总公司按最低收购价格收购早籼稻所需的费用和利息补贴。农业部负责了解各地执行最低收购价政策情况，监测早籼稻的市场价格，反映农民的意见和要求。国家粮食局负责组织指导地方粮食行政管理部门检查最低收购价政策执行情况和储粮安全等情况，督促国有和国有控股粮食企业积极入市收购，发挥主渠道作用。农业发展银行负责向执行最低收购价任务的贷款企业及时提供收购资金和费用贷款，并实施信贷监管。中储粮总公司作为国家委托的最低收购价政策执行责任主体，对其执行最低收购价政策收购的早籼稻的数量、质量、库存管理及销售出库等负总责，并逐级落实管理责任，建立定期巡查制度，确保最低收购价库存粮食数量真实、质量良好、储存安全。早籼稻最低收购价政策执行结束后1个月内，中储粮总公司要将执行情况报告国家发展改革委、财政部、农业部、国家粮食局、农业发展银行。省级人民政府要督促、协调地方各部门支持和配合中储粮公司的工作；地方粮食、价格部门对最低收购价政策执行落实情况，依照《价格法》、《粮食流通管理条例》等法律法规履行监督检查职责。中储粮有关直属企业和委托收储库点要主动配合监督检查。地方粮食行政管理部门要切实落实仓库维修工作，确保在新粮收购前投入使用，共同完成托市收购任务。

第十八条　本预案由国家发展改革委、财政部和国家粮食局负责解释。

关于印发2012年中晚稻最低收购价执行预案的通知

**（国家发展改革委　财政部　农业部　国家粮食局
中国农业发展银行　中国储备粮管理总公司
发改经贸〔2012〕2726号　2012年8月28日）**

各省、自治区、直辖市及发展改革委、财政厅、农业厅、粮食局、物价局、农业发展银行分行，中储粮有关分公司：

为落实好粮食最低收购价政策，做好今年中晚稻收购工作，保护种粮农民利益，现将《2012年中晚稻最低收购价执行预案》印发给你们。

请各有关地方和部门高度重视中晚稻收购工作，密切关注中晚稻市场价格变化，周密部署，紧密配合，认真做好今年中晚稻收购的各项准备和组织实施工作，指导各类市场主体有序入市收购新粮，及时协调解决收购过程中出现的矛盾和问题，确保中晚稻收购工作顺利开展和市场平稳运行。

特此通知。

附件：2012年中晚稻最低收购价执行预案

2012 年中晚稻最低收购价执行预案

第一条　为认真贯彻落实中晚稻最低收购价政策，切实保护种粮农民利益，确保收储的最低收购价中晚稻数量真实、质量安全，根据《粮食流通管理条例》有关规定，制定本预案。

第二条　执行本预案的中晚稻（包括中晚籼稻和粳稻）主产区为辽宁、吉林、黑龙江、江苏、安徽、江西、河南、湖北、湖南、广西、四川11省（区）。

其他中晚稻产区是否实行最低收购价政策，由省级人民政府自主决定。

第三条　中晚籼稻最低收购价每市斤1.25元，粳稻最低收购价每市斤1.40元，以2012年生产的国标三等中晚稻为标准品，具体质量标准按稻谷国家标准（GB1350 — 2009）执行，即中晚籼稻 杂质1%以内，水分13.5%以内，出糙率75%～77%（含75%，不含77%），整精米率44%～47%（含44%，不含47%）；粳稻杂质1%以内，水分14.5%以内，出糙率77%～79%（含77%，不含79%），整精米率55%～58%（含55%，不含58%）。执行最低收购价的中晚稻为2012年生产的等内品。相邻等级之间等级差价按每市斤0.02元掌握。最低收购价是指承担最低收购价收购任务的收储库点向农民直接收购的到库价。非标准品中晚稻最低收购价的具体水平，按照《国家发展改革委、国家粮食局、财政部、国家质检总局关于印发〈关于执行粮油质量标准有关问题的规定〉的通知》（国粮发〔2010〕178号）有关规定确定。整精米率低于38%的中晚籼稻和整精米率低于49%的粳稻不列入最低收购价范围。

第四条　在辽宁、吉林、黑龙江、江苏、安徽、江西、河南、湖北、湖南、广西、四川11个中晚稻主产区执行最低收购价的企业为：（1）中储粮总公司及其有关分公司，受中储粮总公司委托的中粮集团有限公司所属企业和中国华粮物流集团公司所属企业；（2）上述11省（区）地方储备粮管理公司（或单位）；（3）北京、天津、上海、浙江、福建、广东、海南7个主销区省级地方储备粮管理公司（或单位）。

第五条　中储粮有关分公司及其直属企业要按照"有利于保护农民利益、有利于粮食安全储存、有利于监管、有利于销售"的原则，合理确定执行中晚稻最低收购价的委托收储库点。委托收储库点应具有粮食收购资格，在农发行开户，有一定规模的自有仓容，仓房条件符合《粮油仓储管理办法》（国家发展改革委令2009第5号）要求，具备必要的检化验设备和人员，具有较高管理水平和良好信誉，并按统计制度规定报送了统计报表，三年内在收储及销售出库等方面无违规违纪行为。为充分发挥国有企业的主渠道作用，国有及国有控股粮食企业优先作为委托收储库点安排。在已开展粮油仓储单位备案的省份，委托收储库点应按规定完成了备案工作。在确定委托收储库点时，要统筹考虑中储粮直属库、中粮集团有限公司和中国华粮物流集团公司所属企业及地方国有和国有控股粮库，以充分利用现有仓储资源，确保储粮安全。

以县为单位，每个县内委托收储库点仓容总量应与当地最低收购价中晚稻预计收购量相衔接，实际收购中仓容量不足的，可通过县内集并或适当申请增加委托收储库点解决。为保证收储中晚稻的储存安全，降低损耗，保持品质，一般情况下对最低收购价中晚稻不搭建露天设施储存。

中储粮有关分公司确定的委托收储库点名单报中储粮总公司审核备案后对外公布，同时抄报省级人民政府。中储粮总公司要将备案的委托收储库点名单报送国家发展改革委、财政部、国家粮食局和农业发展银行。

地方储备粮管理公司（或单位）也要根据省级人民政府的统一要求，合理设置委托收储库点，并积极入市收购，充实地方储备。地方储备粮管理公司（或单位）设定的委托收储库点要与中储粮分公司确定的委托收储库点相互衔接。

执行最低收购价收储库名单确定后，中储粮直属企业和地方储备粮管理公司（或单位）要与委托收储库点签订委托收购合同，明确双方权利、义务等。委托收储库点要严格按照本预案的有关规定和收购合同进行收购活动。

第六条　第三条规定的最低收购价执行时间：江苏、安徽、江西、河南、湖北、湖南、广西、四川8省（区）为2012年9月16日至2012年12月31日，辽宁、吉林、黑龙江3省为2012年11月16日至2013年3月31日。在此期间，以县为单位，当其中晚稻市场价格连续3天低于国家公布的中晚稻最低收购价格时，由中储粮分公司会同省级价格、粮食、农业、农发行等有关部门核实确认后，报中储粮总公司批准在相关市县或全省（区）范围内启动预案，并报国家有关部门备案。各委托收储库点要按照本预案第三条的规定，在上述中晚稻主产区挂牌收购农民交售的中晚稻。

第七条　执行最低收购价的委托收储库点，要在收购场所显著位置张榜公布实行最低收购价有关政策的粮食品种收购价格、质量标准、水杂增扣量方式、结算方式和执行时间等政策信息，让农民交"放心粮"；按照稻谷国家标准（GB1350—2009）做好最低收购价中晚稻收购入库工作，不得压级压价、抬级抬价收购，不得拒收农民交售的符合标准的粮食；及时结算农民交售中晚稻的价款，不得给农民打白条；也不得将农业发展银行贷款挪作他用。

第八条　预案执行期间，中央和地方储备粮的承储企业应积极入市收购新粮用于轮换，轮换收购的中晚稻价格应不低于国家规定的最低收购价格水平。对承担轮换任务的委托收储库点，应优先安排储备粮轮换。

第九条　中晚稻上市后，地方各级政府和粮食行政管理部门要加强对收购工作的指导，引导和鼓励各类粮食经营和加工企业积极入市收购新粮；国有和国有控股粮食企业要按照《粮食流通管理条例》有关规定，切实发挥主渠道作用。农业发展银行要积极为各类收购主体入市收购提供信贷支持，保证具备贷款条件的国有和国有控股粮食企业资金供应。

第十条　中储粮公司确定的委托收储库点按最低收购价收购中晚稻所需贷款（收购资金和收购费用），由所在地中储粮直属企业统一向农业发展银行承贷，并根据中晚稻收购情况及时预付给委托收储库点，保证收购需要。对于没有中储粮直属企业的市（地）区域，为保证收购需要，可暂由中储粮分公司指定该区域内具有农发行贷款资格、资质较好的委托收储企业承贷；收购结束后，贷款要及时划转到中储粮公司直属企业统一管理。农业发展银行要按照国家规定的最低收购价格和收购费用及时足额供应。收购费用为每市斤2.5分钱（含县内集并费），由中储粮总公司包干使用，其中拨付委托收储库点直接用于收购的费用不得低于每市斤2分钱。

第十一条　地方储备粮管理公司（或单位）按最低收购价收购的中晚稻主要用于充实地方储备，所需收购贷款由农业发展银行按照国家规定的最低收购价格及时足额发放。有关收购、保管费用和利息按地方储备粮管理的有关规定执行。

第十二条　预案执行期间，中储粮总公司和有关省（区）粮食局每5日分别将中储粮分公司和地方储备粮管理公司（或单位）按最低收购价收购的中晚稻品种、数量汇总后报国家粮食局。中储粮总公司汇总的数据要同时抄送农业发展银行。具体报送时间为每月逢5日、10日期后第2个工作日中午12时之前。

省级农发行在每月初5个工作日内将上月最低收购价收购资金的发放情况抄送当地中储粮分公司和省级粮食行政管理部门。同时，中储粮有关分公司将最低收购价中晚稻每月收购进度情况抄送当地省级粮食行政管理部门、省级价格主管部门、农发行省（区）分行，每5日的收购进度也要及时通报，便于省级有关部门了解情况。各委托收储库点要每5日将实际收购进度数据同时抄报所在地的市（地）或县级粮食行政管理部门。

第十三条　中储粮总公司及其有关分公司和直属企业执行最低收购价政策收购的中晚稻，粮权属国务院，未经国家批准不得动用。对收购入库的最低收购价中晚稻品种、数量和质量等级，中储粮有关分公司及其直属企业要按有关规定及时进行审核验收，并对验收结果负责。对验收中发现入库的中晚稻数量、质量指标与收购码单等原始凭证标注不符的，要及时核减最低收购价收购进度和库存统计，扣回全部费用利息补贴。对验收合格的，要建立委托收储库点的质量档案，做到分品种、分等级专仓储存。中储粮直属企业要与委托收储库点签订代储保管合同，明确品种、数量、等级、价格和保管、出库责任等，作为以后安排销售标的的质量依据。

中储粮有关分公司要将委托收储库点最低收购价中晚稻质量验收结果，于本预案执行结束后1个月内汇总报中储粮总公司、有关省级粮食行政管理部门和农发行省（区）分行。中储粮总公司要对分公司上报的收购进度和库存数据进行审核，并及时汇总情况报告国家发展改革委、财政部、国家粮食局和农业发展银行。

在销售时发现库存的最低收购价中晚稻实际数量和质量与销售标的不符的，造成的损失由负有监管责任的中储粮直属企业先行赔付，并查明原因。属于审核验收环节的问题，要追究负责审核验收的中储粮分公司（或直属库）和相关人员的责任，并由其承担相应的经济损失。属于委托收储库点违反代储保管合同约定，因保管不善造成损失的，由该收储库点承担经济损失，并追究其主要负责人和监管人员的责任。对因未按规定及时足额拨付收购和保管费用而导致库存粮食质量发生问题的，要追究中储粮分公司（或直属库）主要负责人的责任，并承担相应损失。

对于有购买陈粮冒充新粮、或就地划转本库存粮来套取费用补贴等行为的委托收储库点，一经发现要将其收购的中晚稻全部退出最低收购价中晚稻收购进度和库存统计，扣回全部费用利息补贴，由承贷企业追回粮款归还农发行贷款，取消其最低收购价收购资格，由中储粮公司负责收回企业不当得利，并上交中央财政。如发生损失，由委托收储库点承担，并追究其主要负责人和相关人员的责任，以及负责监管的人员责任，并将其以前年度收储的最低收购价中晚稻实行移库或按有关程序及时安排拍卖，所发生的费用由违规企业承担。承担审核验收的中储粮分公司（或直属库）在验收工作中弄虚作假的要追究其主要负责人和有关人员的责任。

第十四条　中储粮总公司及其有关分公司管理的最低收购价中晚稻，保管费用补贴（含损耗，下同）和贷款利息补贴由中央财政负担，先预拨，后清算。委托收储库点的保管费用补贴标准按照《财政部关于批复最低收购价等中央政策性粮食库存保管费用补贴拨付方案的通知》（财建〔2011〕996号）执行。保管费用补贴自中晚稻收购入库当月起根据月末库存数量拨付，贷款利息根据入库结算价与同期银行贷款利率计算。中央财政根据中储粮总公司上报的最低收购价粮食库存情况，按季度将保管费用补贴和贷款利息补贴预拨给中储粮总公司。中储粮总公司及其分公司要将保管费用按季足额拨付到委托收储库点。事后，由中央财政根据中储粮总公司验收确认后的实际保管数量、等级和核定的库存成本等对中储粮总公司进行清算。清算过程中，对有关部门确认的中储粮公司所属企业虚报收购数量、质量以次充好等套取中央财政资金的违纪行为，按规定扣减相关补贴，并由有关部门追究相关负责人和有关人员的责任。

第十五条　中储粮总公司及其分公司和直属企业要严格规范储粮行为，中储粮有关分公司及其直属企业和委托收储企业不得租仓储粮，也不得变相租仓降低保管费用补贴标准，确保安全储粮的需要。违反本预案规定擅自租仓储粮的，由当地粮食行政管理部门责令改正，由中储粮有关分公司负责将所收购粮食调到符合条件的承储企业，所需费用由中储粮直属企业承担。

第十六条　中储粮有关分公司及其直属企业和委托收储库点保管的最低收购价中晚稻，由国家有关部门按照顺价销售的原则，合理制定销售底价，通过在粮食批发市场或网上公开竞价销售，销售盈利上交中央财政，亏损由中央财政负担。中储粮总公司对销售盈亏进行单独核算，中央财政对中储粮总公司及时办理盈亏决算。中储粮总公司及有关分公司要按照均衡出库的原则，制定委托收储库点出库计划，均衡有序组织安排竞价销售。

第十七条　国家发展改革委负责协调落实中晚稻最低收购价政策的工作，监测中晚稻收购价格变化情况，检查价格政策执行情况，会同有关部门解决最低收购价政策执行中的矛盾和问题。财政部负责及时拨付中储粮总公司按最低收购价格收购中晚稻所需的费用和利息补贴。农业部负责了解各地执行最低收购价政策情况，监测中晚稻市场价格，反映农民的意见和要求。国家粮食局负责组织指导地方粮食行政管理部门检查最低收购价政策执行情况和储粮安全等情况，督促国有和国有控股粮食企业积极入市收购，发挥主渠道作用。农业发展银行负责向执行最低收购价任务的贷款企业及时提供收购资金和费用贷款，并实施信贷监管。中储粮总公司作为国家委托的最低收购价政策执行责任主体，对其执行最低收购价政策收购的中晚稻的数量、质量、库存管理及销售出库等负总责，并逐级落实管理责任，建立定期巡查制度，确保最低收购价库存粮食数量真实、质量良好、储存安全。 中晚稻最低收购价政策执行结束后1个月内，中储粮总公司要将执行情况报告国家发展改革委、财政部、农业部、国家粮食局、农业发展银行。省级人民政府要督促、协调地方各部门支持和配合中储粮公司的工作；地方粮食、价格部门对最低收购价政策执行落实情况，依照《价格法》、《粮食流通管理条例》等法律法规履行监督检查职责。中储粮有关直属企业和委托收储库点要主动配合监督检查。地方粮食行政管理部门要切实落实仓库维修工作，确保在新粮收购前投入使用，共同完成托市收购任务。

第十八条　本预案由国家发展改革委、财政部和国家粮食局负责解释。

关于提高2013年小麦最低收购价格的通知

（国家发展改革委　财政部　农业部　国家粮食局　中国农业发展银行
发改价格〔2012〕3171号　2012年10月16日）

各省、自治区、直辖市发展改革委、物价局、财政厅（局）、农业厅（局、委、办）、粮食局、农业
发展银行分行：

为保护农民种粮积极性，促进粮食生产发展，经国务院批准，决定从2013年新粮上市起适当提高
主产区2013年生产的小麦最低收购价水平。每50公斤小麦（三等）最低收购价提高到112元，比2012
年提高10元。

当前正值冬小麦播种季节，各地要做好宣传工作，以调动农民种粮积极性，促进粮食生产稳定
发展。

特此通知。

国家粮食局文件
局发文部分

关于印发《粮食质量安全宣传教育工作纲要（2012－2015年）》的通知

（国家粮食局 国粮政〔2012〕17号 2012年2月8日）

各省、自治区、直辖市及新疆生产建设兵团粮食局：

为深入贯彻落实《中华人民共和国食品安全法》和国务院食品安全委员会办公室《食品安全宣传教育工作纲要（2011－2015年）》的有关精神，广泛开展面向全社会的粮食质量安全宣传教育，我局制定了《粮食质量安全宣传教育工作纲要（2012－2015年）》，现印发给你们。请结合各地实际，认真贯彻执行。

粮食质量安全宣传教育工作纲要（2012－2015年）

为深入贯彻落实《中华人民共和国食品安全法》和国务院食品安全委员会办公室《食品安全宣传教育工作纲要（2011－2015年）》，广泛开展面向全社会的粮食质量安全宣传教育，切实增强粮食质量安全宣传教育工作的系统性和实效性，特制定本纲要。

一 指导思想

以邓小平理论和"三个代表"重要思想为指导，深入贯彻落实科学发展观，大力开展粮食质量安全宣传教育活动，广泛普及粮食质量安全法律法规和科普知识，提高社会公众的粮食质量安全意识和认知水平，增强粮食经营者的法治观念和诚信意识，提高粮食质量监管人员的责任意识和业务素质，积极营造人人关注粮食质量安全的社会氛围，确保粮食质量安全。

二 主要目标

到2015年底，建立起比较完善的粮食质量安全宣传教育工作机制，形成政府、企业、行业组织、技术科研机构、消费者共同参与的全方位、多层次的宣传教育网络体系，粮食质量安全常识和法律知识得到普及，社会公众的粮食质量安全意识和认知水平明显提高，粮食生产经营者的法制观念、主体责任意识和诚信意识显著增强，粮食质量安全监管人员岗位培训实现规范化、制度化、监管能力明显提高。粮食质量安全宣传报道工作进一步加强，信息发布公开透明，舆论引导及时有效。

（一）公众粮食质量安全基本知识的知晓率达到80%。

（二）各级粮食质量安全监管人员和质检人员每人每年接受不少于40小时的粮食质量安全集中专业培训。

（三）各类粮食经营企业负责人每人每年接受不少于40小时的粮食质量安全法律法规、科学知识和行业道德的集中培训；主要从业人员每人每年接受不少于40小时的粮食质量安全集中专业培训。

（四）各级粮食行政管理部门政府网站开设粮食质量安全专栏、专版、专题等，做到粮食质量安全宣传经常化。

三　重点任务

（一）社会科普

1.开展"食品安全宣传周"主题宣传活动。在每年6月第3周食品安全宣传周期间，国家粮食局按照国务院食品安全办的统一部署，围绕当年粮食质量安全重点工作，举办粮食质量安全专题新闻发布会或通气会，大力宣传粮食质量监管工作的开展情况及取得的成效、典型经验等，按照国家有关规定的要求，公布主要粮食品种监测抽查结果，并结合当时公众关注的热点问题，进行解疑释惑。

各地粮食行政管理部门应根据同级食品安全议事协调机构的统一安排和部署，积极开展宣传周的各项活动。

2.结合"粮食科技活动周"、"放心粮油宣传日"和《粮食流通管理条例》周年宣传等活动加强粮食质量安全法律法规和科普知识宣传。通过编印发放粮食质量安全宣传材料、制作张贴宣传海报、建立宣传橱窗、摆放展板、举办知识讲座、接受现场咨询等群众喜闻乐见的形式，宣传普及《食品安全法》、《农产品质量安全法》、《食品安全法实施条例》、《粮食流通管理条例》、《粮食质量安全监管实施办法（暂行）》等粮食质量安全相关法律、法规和规范性文件；宣传普及粮食质量安全科普知识，包括主要粮油品种的营养健康、适度加工、科学膳食等方面的食品安全知识，以及粮食采购、存放、质量鉴别、危害防范知识，增加消费者的食品安全知识和自我保护意识，促进科学消费理念的树立；宣传放心粮油品牌，树立行业形象和企业形象，增强粮油企业的质量意识、安全意识、诚信意识和服务意识。

3.认真开展粮食质量安全"进社区、进学校、进农村、进企业"活动。采取各种方式积极开展粮食质量安全"四进"活动。以"四进"活动为契机，积极实施"放心粮油"工程和农户科学储粮工程。组织"放心粮油"生产经营企业，通过开展"放心粮油"进农村、进社区活动，积极宣传食品安全科普知识和粮油食品卫生标准，帮助消费者树立健康消费的理念；组织粮食科研院所院校和检验机构为粮油加工企业提供技术服务和咨询，帮助企业提升质量安全管理能力。并通过向农户发放新型储粮装具、防虫药剂、科学储粮技术手册、宣传资料，以及入户技术指导和组织知识培训等，帮助农民学习并掌握科学收获、整晒、储存粮食知识和技能，避免粮食受到污染。推广新型储粮装具，减少农户粮食产后储存损失，帮助农民减损增收。

（二）新闻宣传

1.大力宣传粮食质量安全工作方针政策和重要措施。各地粮食部门要依法建立粮食质量安全信息发布制度，通过新闻发布会、专题访谈、媒体吹风会等形式，充分利用主流媒体和较具影响的都市类媒体等，大力宣传党和政府加强食品安全工作的方针政策和工作部署，以及各级粮食部门开展粮食质量安全监管、规范企业生产经营行为、提高粮食行业自律能力、建立健全粮食质量安全监管长效机制等方面的重大进展和显著成效。坚持日常宣传与集中宣传有机结合，特别要组织好元旦、春节、中秋、国庆等重要节假日期间的粮食质量安全宣传教育活动。

2.办好粮食质量安全网站。各级粮食行政管理部门和有关单位，要以政府网站和部门网站为载体，开设粮食质量安全宣传专栏和窗口，切实加强与公众间的粮食质量信息沟通交流，大力宣传粮食质量安全工作的方针政策和政务信息等，包括粮食质量安全监测、库存粮食质量检查、粮食质量调查和品质测报、粮食质量安全监管长效机制建设、粮油标准制修订、粮食质量检验监测体系建设等工作动态情况，以及在规范企业经营行为、服务"三农"和加强粮食质量安全监管等方面取得的重大进展和显著成效。做好监督执法信息公开工作，按照国家的有关规定，及时准确地公布监督检查和监测信息。积极宣传监管执法先进集体或个人，以及诚信守法经营的优秀企业等正面典型和事迹。

3.建立粮食质量安全舆情监测制度。国家和省级粮食部门应指定专门机构和人员负责实时监测粮食质量安全舆情。依据职责并按照属地分级管理原则，及时收集掌握和核查处理群众、媒体反映的粮食质量安全问题。对可能存在的粮食质量安全隐患，要及时组织排查、抽检和研判，尽快发布核实处置的权威信息，特别是对那些社会敏感度高、影响面广的粮食质量安全信息，要及时组织专家稳妥、准确地回应解答，消除公众疑虑，正确引导舆论。

（三）教育培训

1.加强对粮食质量安全监管人员的培训。各级粮食行政管理部门要把在职人员的培训纳入年度工作计划。通过制作发放专业培训教材、课件，举办集中培训等方式，分别针对不同岗位的监督管理人员进行专业培训。加强粮食质量安全法律、法规、规范性文件和粮食购销政策、粮食质量监管制度、粮油质量标准、食品安全标准及相关专业知识的学习和掌握，提高科学监管能力和服务水平，促进严格执法、公正执法、文明执法。同时，针对各级粮食质量安全相关领导干部举办专题培训，增强各级领导干部的粮食质量安全监管责任意识和业务水平。

2.加强对粮食质量检验人员的培训。在对粮食质检从业人员进行职业技能鉴定的基础上，国家粮食局每年定期组织国家粮食质量监测机构开展粮食质量安全相关法律法规政策和粮油卫生检验技术、粮油检测方法、新标准及执行标准有关问题的培训，着重分析解决近年来检验监测中存在的问题，并将定期组织专家组对国家粮食质量监测中心和区域监测站进行巡查指导、评审。各省级粮食行政管理部门要依托省级检验监测中心，根据本行政区域粮食质量检验监测能力和工作任务，本着解决实际问题的原则，定期组织市县级检验监测机构和粮食企业检验人员进行相关政策法规、标准、粮油检验技术和检测方法的培训，以满足粮食质量安全监管的技术需要。

3.加强对粮食经营企业的教育培训。粮食经营企业的保管员、检验员应按照有关规定取得人力资源和社会保障部、国家粮食局颁发的国家职业资格证书，坚持"持证上岗"。各级粮食行政管理部门和粮食经营企业还应定期组织对从业人员进行粮食质量安全知识、法律知识和行业道德的宣传教育，并有针对性的开展对保管员粮油储藏技术规范、储粮药剂使用规范、相关储藏技术和专业知识的培训，以及对检验员粮油标准和检验技术的培训。

四　　工作要求

（一）提高认识，加强领导

粮食质量安全宣传教育工作对加强粮食质量监管具有重要推动作用，各级粮食行政管理部门要进一步增强政治意识、大局意识和责任意识，加强领导，采取有效措施，将粮食质量安全宣传教育列入日常重点工作抓好抓实。各地粮食行政管理部门要按照本纲要，结合实际制定本部门的宣传教育纲要，有计划、有重点地统筹安排粮食质量安全宣传教育活动。

（二）争取支持，广泛参与

积极争取当地政府的支持，将粮食质量安全宣传教育工作纳入地方经济和社会发展规划，确保宣传教育经费投入。积极组织动员社会团体、行业组织、企事业单位等各类力量，形成粮食行政管理部门、企业、行业组织、专家、消费者共同参与的粮食质量安全宣传教育格局。

（三）考核评价，激励先进

将粮食质量安全宣传教育工作作为粮食质量安全监管工作综合考核评价的指标之一，逐步完善考核评价机制和激励机制，确保各项工作落到实处、收到实效。适时开展粮食质量安全宣传教育先进单位和先进个人评选、表彰等激励活动，树立先进典型，推动粮食质量安全宣传教育工作扎实开展。

关于印发《2012年全国粮食行业普法依法治理工作要点》的通知

（国家粮食局　国粮政〔2012〕47号　2012年4月1日）

各省、自治区、直辖市及新疆生产建设兵团粮食局，中国储备粮管理总公司、中粮集团有限公司、中国华粮物流集团公司、中国中纺集团公司，各司室、直属单位、联系单位：

为做好2012年全国粮食行业普法依法治理工作，根据全国普法办《关于印发〈2012年全国普法依法治理工作要点〉的通知》（普法办〔2012〕1号）和《全国粮食行业法制宣传教育第六个五年规划（2011－2015年）》（国粮政〔2011〕151号），结合今年粮食流通工作重点，我局制定了《2012年全国粮食行业普法依法治理工作要点》，现印发给你们，请结合实际，认真贯彻执行。

2012年全国粮食行业普法依法治理工作要点

2012年是全面实施全国粮食行业"六五"普法规划的关键一年，也是实施"十二五"规划的重要一年。2012年全国粮食行业普法依法治理工作总的要求是：全面贯彻党的十七大和十七届三中、四中、五中、六中全会精神，以邓小平理论和"三个代表"重要思想为指导，深入贯彻落实科学发展观，按照《粮食行业"十二五"发展规划纲要》总体部署，紧紧围绕全国粮食局长会议确定的"稳市场保供给、强产业促发展"中心任务，结合贯彻《国家粮食局关于粮食行政管理部门深入推进依法行政的意见》（国粮政〔2011〕148号），大力弘扬社会主义法治精神，扎实推进粮食普法依法治理工作，为粮食流通事业又好又快发展营造良好的法治环境，迎接党的十八大胜利召开。

一　加强以宪法为统率、以粮食流通法律法规为重点的法制学习宣传，为粮食流通产业发展营造良好法制环境

1.深入学习宣传宪法和中国特色社会主义法律体系。坚持把学习宣传宪法放在首位，使粮食行业广大干部职工全面深刻理解宪法的基本原则和精神，在粮食行业形成崇尚宪法、遵守宪法、维护宪法权威的良好氛围。深入学习中国特色社会主义法律体系形成的重大意义和基本构成，学习宪法相关法、民商法、行政法、经济法、刑法、诉讼法等国家基本法律的主要内容，教育引导粮食行业广大干部职工牢固树立社会主义法治理念。

2.重点学习与粮食流通工作相关的法律法规。积极开展《粮食流通管理条例》、《中央储备粮管理条例》、《食品安全法》、《农产品质量安全法》、《食品安全法实施条例》等相关法律法规的学习宣传，重点学习粮食市场准入制度、储备制度、统计制度、仓储制度、监督检查制度、质量卫生制度、应急制度、粮食经营者最低最高库存制度等，进一步增强粮食行政管理部门依法行政的能力，增强粮食经营者依法诚信经营的意识，加强服务保障和改善民生。

3.深入学习宣传与加强依法行政和创新社会管理相关的法律法规。加强行政处罚法、行政复议法、行政许可法、行政强制法等行政法的学习和宣传，确保粮食行政管理部门工作人员依法行政，切实履行法定职责。引导粮食生产者、经营者和消费者依法按程序表达利益诉求，提高粮食行政管理部门依法化解矛盾纠纷的能力，维护社会公平正义。

二 结合开展"深化'法律六进'，服务科学发展"活动，加强重点对象的法制宣传教育

4.结合"法律进机关"，加强粮食行政管理部门工作人员的法制宣传教育。认真落实领导干部学法用法制度，组织领导干部有计划地学习法律知识，推进领导干部学法经常化、制度化；组织开展"读书学法"和法律知识培训与测试活动，促进工作人员学习宪法、通用法律以及与履行职责相关的专门法律，不断增强工作人员依法管粮和服务社会的能力。

5.结合"法律进农村"，加强面向粮食生产者的法制宣传。通过组织粮食收购、放心粮油进农村、农户科学储粮等活动，开展向粮食生产者"送法"活动，加强对粮食收购政策和质量标准、粮食消费、科学储粮技术等相关法律和知识的宣传，增强粮食生产者依法维护自身合法权益的意识。

6.结合"法律进企业"，加强面向粮食经营者的法制宣传教育。通过2012年全国粮食库存检查、粮食质量安全检查、粮食收购市场检查以及安全生产检查，增强粮食经营者执行国家有关粮食法律法规和政策，报送统计数据，履行粮食最低最高库存量规定，承担应急任务，服从国家宏观调控，确保安全生产等法定义务的意识和能力。

7.结合"法律进社区"、"法律进学校"，加强面向粮食消费者的法制宣传。通过放心粮油进社区、世界粮食日等活动，向居民、学生等粮食消费者宣传有关粮食质量卫生与食品安全的法律法规，普及粮油消费知识，增强粮食消费者爱粮、节粮和科学消费的观念。

三 丰富创新宣传活动形式，扎实开展法制宣传教育活动

8.通过知识竞赛、征文、调研、座谈会及粮食收购、粮食库存检查等形式，组织好《粮食流通管理条例》八周年宣传活动。中国储备粮管理总公司和承担中央储备粮代储任务的单位要做好《中央储备粮管理条例》九周年宣传活动。

9.通过编印发放宣传材料、制作张贴宣传海报和展板、建立宣传橱窗、举办知识讲座、接受现场咨询、利用广播、移动通讯、电视等形式，组织好"12·4"全国法制宣传日、"10·16"世界粮食日、"食品安全宣传周"、"粮食科技活动周"等活动的宣传报道。

10.通过总结、交流和推广经验，发挥典型示范带动作用，推进依法行政示范单位、监督检查示范单位、诚信守法粮食企业创建活动。

四 推进粮食法制宣传与法治实践相结合，提高粮食流通法制化管理水平

11.依法做好粮食有关行政许可工作。大力推行和规范网上公布粮食有关许可事项、申请条件、许可流程、办结时限、服务承诺等，做好粮食收购资格、中央储备粮代储资格、粮油质量监督检验

机构资质认定，中央储备粮保管、检验、防治人员资格等行政许可的受理、审查、决定、变更与延续、案卷管理与评查工作，保护粮食经营者合法权益，保障和监督粮食行政管理部门有效实施行政管理。

12.认真做好粮食流通监督检查工作。搞好粮食库存检查，提高粮食库存管理水平；加强政策性粮食购销活动的监督检查，确保粮食购销政策落实到位；广泛开展社会粮食流通监督检查，督促粮食经营者认真履行义务，维护粮食流通秩序；严肃查处涉粮案件，维护国家粮食法律和政策的权威性。

13.扎实推进粮食质量监管工作。进一步落实粮食经营者的质量安全主体责任和各级粮食行政管理部门的质量安全监管责任，加强粮食收购、储存、运输和政策性粮食购销活动中的粮食质量检验检测与监管。

14.认真做好粮食规范性文件定期清理和备案工作。建立健全规范性文件定期清理制度，根据实施情况对规范性文件进行全面评估，清理结果要及时向社会公布。地方粮食行政管理部门要严格履行规范性文件备案程序，符合公开条件的要及时向社会公开。

15.大力开展粮食行业法治文化建设活动。通过粮食法制宣传阵地、法治文化产品创作和推广等活动，鼓励广大干部职工参加法治文化建设，增强法制宣传教育的实效性。

五　加强粮食法制宣传工作的组织领导，完善普法依法治理保障机制

16.切实加强粮食普法依法治理工作的组织领导。各级粮食行政管理部门和各单位要建立健全本部门、本单位普法依法治理领导机构，健全工作制度，及时研究解决普法工作中遇到的问题，确保粮食行业"六五"普法规划顺利实施。

17.大力抓好粮食法制宣传教育队伍建设。各级粮食行政管理部门和各单位要指定专门机构负责法制宣传教育，配齐配强法制宣传教育工作人员。国家粮食局将组织编写全国粮食行业"六五"普法教材，组织开展省级粮食行政管理部门、大型粮食企业法制宣传骨干的集中研讨。各地粮食行政管理部门和各单位要做好粮食法制宣传骨干的培训工作。

18.加强粮食普法经费保障。要将粮食普法经费列入专门预算，做到足额落实、专款专用，保证粮食法制宣传教育工作的正常开展。

19.加强粮食普法依法治理工作内部交流。下级粮食行政管理部门要定期向上级粮食行政管理部门报送普法依法治理工作情况，有关中央粮食企业要定期向国家粮食局报送本单位普法依法治理工作情况。国家粮食局定期通报各级粮食行政管理部门和各单位普法依法治理的工作情况。

关于切实做好2012年
粮食质量安全重点工作的通知

（国家粮食局　国粮发〔2012〕59号　2012年4月20日）

各省、自治区、直辖市及新疆生产建设兵团粮食局：

为认真贯彻落实国务院食品安全委员会第四次全体会议精神、《国务院办公厅关于印发2012年食品安全重点工作安排的通知》（国办发〔2012〕16号）要求以及《国务院食品安全委员会办公室关于2012年食品安全重点工作任务分工的通知》（食安办〔2012〕6号）中关于"强化收购粮食质量监测和库存粮油质量安全监督检查"等工作部署，切实做好收购、储存环节和政策性粮食购销活动中的粮食质量安全监管工作，现就切实做好2012年粮食质量安全重点工作通知如下。

一　全面落实粮油质量安全地方负责制

各地粮食部门要按照食品安全地方负责制原则和《粮食流通管理条例》赋予的监管职责，按照当地政府的统一领导和部署，将辖区内各种性质的粮油纳入食品安全监管范围，强化属地管理、责任落实、全程监管和制度建设等基础性工作。要建立健全粮食质量安全监管协调领导小组，明确机构、明确岗位、明确人员、明确要求、明确责任，进一步细化明确分管领导、职能处（科、股）室负责人的领导责任和岗位负责人的监管责任，切实将责任层层落实到岗、到人，确保问题可倒查、责任可追究，坚决纠正不作为或乱作为问题。要逐级细化分解任务，堵塞监管漏洞，以"分责、知责、履责、问责"为主要内容，建立粮油质量安全监管机制，形成粮油质量安全工作有人抓、有人管、有人负责的监管格局。继续实行和健全上级粮食部门定期对下级粮食部门履责的考核评价与通报机制。

质量安全的关键在省级，省级粮食部门要从讲政治、讲大局的高度，谋划和推进粮食质量安全监管工作，认真做好本行政区域粮油质量安全监管的规划、组织与实施工作，充分发挥在质量安全监管机制建设、监测体系规划、监管职责的履行及突发质量安全事故协调处置等方面的主体作用，加强对市、县级粮食部门履责情况的督导检查。

质量安全监管的重点在基层，各地要积极推进质量安全监管工作重心下移，强化市、县级基层粮食部门的监管责任，使监管措施真正落实到基层，质量安全问题切实解决在基层。

二　严格落实粮油经营者的质量安全主体责任

（一）认真梳理质量安全监管对象

各地粮食部门要依照《粮食流通管理条例》和国务院赋予粮食部门在粮食收购、储存环节的粮食质量和原粮卫生监督管理职责，按照属地监管原则，对从事粮食收购、储存活动的各类经营者及其经营状况进行认真梳理，纳入不同层级粮食部门的监管范围，并逐级汇总到省级粮食部门，既要避免重复交叉，又要避免遗漏，出现监管空白。省级粮食部门应明确一名主管领导和专门处（室）负责各层级监管对象的梳理和汇总工作，以便全面落实各层级粮食部门的质量安全监管职责。

（二）督促粮油经营者严格落实质量安全主体责任

质量安全工作的基础是企业，企业法人是粮油质量安全的第一责任人，要强化粮油经营者履行质量安全主体责任的理念和意识。要进一步健全并严格执行粮油质量安全相关的法律、法规规定的粮油入库和销售出库检验制度、索证索票制度、质量档案制度、抽查、监测制度等。要根据粮源可能受到的有毒有害物质污染、真菌感染等情况，加强对相关粮食质量安全指标的检测，规范自检行为，提高质量安全风险控制能力。要严格执行国家粮油质量安全标准、技术规范、操作规程，及时对杂质、水分超标的粮食进行整理，防止发生质量安全事故；对因未严格履行入库质量把关和出库检验责任而造成质量安全事故或不良社会影响的，要追究有关人员的责任。要建立质量管理主要负责人、有关经营管理人员、技术岗位人员等相关从业人员定期培训制度。

（三）加强对粮油经营者履行质量安全主体责任的检查和指导

各地粮食部门要按照不同层级明确的监管对象，加强对粮油经营者履行质量安全主体责任情况的监督检查，建立检查档案。要指导各类粮油经营者建立健全质量安全监管制度，完善检验手段。要督促粮油经营者健全内部质量安全管理机构，明确主管负责人和关键岗位的责任，落实质量安全措施和责任。要采取签订质量安全责任承诺书、向监管部门备案等措施，切实将质量安全管理、信息报告等责任落实到位。要严格粮食收购许可制度，规范许可程序和条件，逐步提高准入门槛。要督促企业配备必要的质量安全检验设备，把好粮油入库和销售出库检验关。研究建立粮油经营者履行质量安全主体责任诚信档案，推进信用分级分类监管，对违规经营者建议其主管单位追究企业法人代表、主管负责人和直接责任人的责任，强化惩戒措施。

三　强化收购粮食质量监测和库存粮油质量安全监督检查

（一）强化收购粮食质量监测

粮食质量安全监测工作由省级粮食部门统一组织、统一分析、统一评判、统一报送（通报）。省级粮食部门要根据不同区域可能受到的污染和异常天气情况，按照国家监测计划的2~3倍，编制本行政区粮食质量监测计划。要有针对性地开展主要粮食品种的常规质量重金属、真菌毒素和农药残留监测，并相对固定监测点。要加强对采样人员和检验人员的技术培训，合理布点，科学取样，确保样品的代表性和时效性，确保检验结果的准确性和真实性。对存在质量安全问题的区域，要及时报告省级人民政府食品安全主管部门，通报当地政府和有关部门，并报国家粮食局备案；要在省级人民政府的领导下，按照统一部署，科学组织、指导粮食收购。

（二）加强库存粮油质量安全监督检查

国家粮食局统一组织2012年库存粮食和食用植物油质量安全检查，重点检查中央事权和地方事权粮油质量安全状况。各地粮食部门应按照属地监管原则，加强对库存粮油质量安全状况的监督检查，特别要加强对影响储粮安全的水分和杂质含量指标，以及储粮药剂残留等影响食用安全的卫生指标进行检查，进一步提高隐患排查能力。对检查出的储粮安全隐患，要督促企业采取通风、整理等措施加以消除；对查出的不符合国家食用安全标准的粮油，要及时进行无害化处理并加强对其处理的全程监管，严防流入口粮市场，确保广大消费者的身体健康和生命安全。有条件的地区应扩大检查的频次、范围、品种，加大军供、救灾等政策性成品粮油质量安全状况的专项检查力度。

四　强化粮油质量安全监管基础

各地粮食部门要继续加强粮油质量安全监管队伍建设，重点强化市、县级监管队伍建设；要不断提高监管设备配备水平，提高履责能力。要从监测和监管的层面，完善粮食质量安全保障体系，按照"机构成网络、监测全覆盖、监管无盲区"的原则，统筹规划粮油质量检验监测体系建设，结合粮食品种区域布局、各地区种植特点、东西部地区布局平衡等因素，全面优化粮食检验监测机构布局和资源配置，进一步健全以解决粮食质量安全问题为主的布局合理、职能明确、运行高效的粮食质量检验监测体系。2012年，各地要以省级监测中心和薄弱地区监测站为建设重点，严格按照《粮食检验监测能力项目建设管理暂行办法》的要求，认真实施项目建设规划，积极争取地方财政支持，切实落实配套资金，专账管理，专款专用，确保资金安全，进一步补充更新与粮食质量安全监管任务相适应的配套仪器设备，确保项目建设取得实质性成效。省级粮食行政管理部门要加强对项目实施情况的督导检查，并注重以项目实施促进机构建设，重点加强检验机构工作任务量的充实，促进机构充分发挥技术服务作用，避免仪器设备闲置浪费。

要从日常和应急的角度，夯实粮食质量安全监管的基础，树立应急观念，建立和完善粮食质量安全事故应急处置机制和预案，加强演练，提高预警预判能力、应急处置能力和危机管理的能力。要建立健全舆情监测与处置制度、信息报送与发布制度等管理制度，细化落实措施，审慎稳妥地应对公众关注的质量安全问题，加强正面宣传，消除不良影响。要落实好库存粮油质量检查中扦样、检验、结果报送等重点环节的监督措施。要加强监测与检查结果的风险评估，坚持全面客观、统筹兼顾的基本要求，防范引起社会稳定风险。要认真组织食品安全宣传周活动，积极落实《粮食质量安全宣传教育工作纲要（2012－2015年）》有关要求，切实增强粮油经营者的诚信守法意识和质量安全管理水平，逐步提高社会公众质量安全认知水平和监管人员的监管能力。

五　加强粮油标准体系建设

一是组建国家粮食质量安全专家组，承担粮食质量安全风险评估、科学研究、技术咨询、决策参谋、热点解读和科普宣传等方面有关工作。二是按照国务院食品安全委员会的统一要求，积极与卫生部、农业部沟通协调，做好粮食安全标准的制修订工作，开展粮食污染基础研究，为促进粮食资源的充分利用提供技术依据；积极开展粮食安全指标快速检验方法研究，保障收购粮食质量安全；加强污染粮食处理技术研究，为国家对污染粮食干预性收购和处置政策制定、合理利用粮食资源提供技术方案。三是加强标准基础研究，合力推动油脂真实性检验、粮食安全储存水分标准、粮油卫生快速监测等粮油食品安全标准基础研究工作进展。四是加强标准宣贯培训，加大粮食食品安全标准宣贯力度，强化相关项目检测技术培训，提升检验机构检测能力水平。五是做好国际标准化工作，认真履行成员国义务，充分利用承担谷物与豆类分技术委员会秘书处这一平台，进一步促进我国国家标准与国际标准的融合，让国际标准更好地为我国粮食工作服务。

六　加强粮食质量安全工作的领导

　　食品安全是关乎民生的重大问题。粮油质量安全是食品安全的重要组成部分。各地粮食部门要加强对粮油质量安全监管工作的组织领导，抓紧制定本地区的具体工作方案，分解细化任务，明确工作要求，落实责任分工。要坚持严字当头，针对重点品种、重点区域和薄弱环节，加大综合治理力度，严格落实粮食质量安全责任制和责任追究制，规范责任追究方法，切实做到质量监测全覆盖，安全监管无盲区。省级粮食部门要加强对市、县级粮食部门的监督指导，适时开展督促检查，确保各项工作扎实推进。

关于在粮食行业安全生产领域
开展"打非治违"专项行动的通知

（国家粮食局 国粮展〔2012〕63号 2012年4月25日）

各省、自治区、直辖市及新疆生产建设兵团粮食局，中国储备粮管理总公司、中粮集团有限公司、中国华粮物流集团公司、中国中纺集团公司：

根据《国务院办公厅关于集中开展安全生产领域"打非治违"专项行动的通知》（国办发明电〔2012〕10号）以及"全国集中开展安全生产领域'打非治违'专项行动电视电话会议"的部署，国家粮食局决定在全行业安全生产领域开展打击非法违法生产经营建设、治理纠正违规违章行为（以下简称"打非治违"）专项行动。现就有关事项通知如下：

一　提高认识，高度重视

各地区各单位要认真学习领会国务院明传电报要求和国务委员马凯同志在"全国集中开展安全生产领域'打非治违'专项行动电视电话会议"的重要讲话精神，提高对"打非治违"专项行动重要意义的认识，把"打非治违"作为当前粮食流通的一项重要工作来抓。各地区各单位要成立专项行动领导小组，抽调业务熟、责任心强的同志参与本次专项行动，确保专项行动的各项要求得到落实。

二　强化责任，突出重点

通过专项行动，要切实落实安全生产企业主体责任，进一步细化和落实部门监管责任。要按照《粮食行业安全生产领域"打非治违"专项行动工作方案》的要求，紧紧抓住重点企业和关键环节，切实消除粮食流通领域安全生产隐患。

三　精心组织，密切配合

各地区各单位要按照总体工作部署，把专项行动与全国粮食清仓查库、夏季储粮安全普查和夏粮收购前期准备等当前粮食流通重点工作有机地结合起来。中国储备粮管理总公司、中粮集团有限公司、中国华粮物流集团公司、中国中纺集团公司要积极参与本次专项行动，指导所属企业配合地方粮食行政管理部门按照属地原则搞好专项行动的有关工作。

附件：粮食行业安全生产领域"打非治违"专项行动工作方案

粮食行业安全生产领域"打非治违"专项行动工作方案

为深入贯彻落实科学发展观，进一步夯实粮食行业安全生产工作基础，全面提升粮食行业安全发展科学发展水平，全力促进粮食行业安全生产形势持续稳定好转，有效防范和坚决遏止重特大事故，为党的十八大胜利召开创造良好的社会环境，根据《国务院办公厅关于集中开展安全生产领域"打非治违"专项行动的通知》（国办发明电〔2012〕10号）以及"全国集中开展安全生产领域'打非治违'专项行动电视电话会议"的部署，国家粮食局决定在全行业安全生产领域开展打击非法违法生产经营建设、治理纠正违规违章行为（以下简称"打非治违"）专项行动。专项行动活动方案如下：

一　总体要求

粮食行业安全生产领域"打非治违"专项行动要认真落实《国务院关于进一步加强企业安全生产工作的通知》（国发〔2010〕23号）、《国务院关于坚持科学发展安全发展促进安全生产形势持续稳定好转的意见》（国发〔2011〕40号）、《国务院办公厅关于继续深入扎实开展"安全生产年"活动的通知》（国办发〔2012〕14号）、《国家粮食局关于落实〈安全生产"十二五"规划〉的意见》（国粮展〔2011〕173号）和全国粮食局长会议精神，普遍提高广大粮食干部职工安全生产意识，全面落实安全生产企业主体责任和部门监管责任，严厉打击各类非法违法生产经营建设行为，坚决治理纠正违规违章行为，及时发现和整改安全隐患，有效防范和坚决遏止非法违法行为导致的重特大安全生产事故，着力构建安全生产长效机制，为粮食行业科学发展创造良好的安全生产环境。

二　专项行动的重点内容

粮食行业安全生产领域"打非治违"专项行动的重点内容：

1.待报废、需大修等病险仓房（油罐）仍在存储粮油的行为；

2.擅自改变粮仓建筑结构以及立筒仓、浅圆仓进出仓工艺的行为；

3.直接利用包装仓储存散粮或超设计标高、超设计仓（罐）容存储粮油的行为；

4.未执行储粮化学药剂专仓储存，双人、双锁管理规定的行为；

5.未执行粉尘爆炸作业环境有关机电设备配备和操作规定的行为；

6.未执行粮油进出仓作业安全生产规定的行为；

7.未执行烘干机等大型机电设备操作规程的行为；

8.未执行熏蒸作业、登高作业、受限空间作业等危险作业操作规程的行为；

9.拒不执行安全监管监察指令、抗拒安全执法的行为；

10.未执行安全生产相关资质和持证上岗规定以及用工未经安全培训的行为；

11.企业安全生产规章制度不健全、操作规程不完善，现场管理混乱、违章作业、违章指挥和违反安全生产劳动纪律的行为；

12.未给职工配备符合规定要求的劳动防护用品的行为；

13.隐患排查治理制度不健全、责任不明确、措施不落实、整改不到位的行为；

14.应急预案制定修订演练不及时、应急装备不落实的行为；

15.瞒报谎报事故，以及重大隐患隐瞒不报或不按规定期限予以整治的行为。

另外，高度关注露天储粮设施、简易粮仓、油脂浸出车间的安全生产情况，要把上述设施和环节作为重大危险源管理，切实做到整改方案、责任、时限、措施和资金"五落实"，防止发生安全生产以及储粮安全事故。

三 方法步骤

各省（区、市）粮食局，中国储备粮管理总公司、中粮集团有限公司、中国华粮物流集团公司、中国中纺集团公司（以下简称四大公司）要加强"打非治违"专项行动的宣传工作，利用会议、杂志、网络、板报、宣传画、知识竞赛等渠道和形式，结合"安全生产月"、"安全生产年"等活动，广泛宣传"打非治违"专项行动的意义、目的、要求和做法，引导粮食企业正确把握"打非治违"专项行动的重点内容、关键环节和方法措施。要切实落实部门监管责任，引导地方各级粮食行政管理部门积极参与地方人民政府组织的各项活动，发挥粮食部门与企业联系紧密、熟悉粮食企业安全生产特点的优势，保证专项行动质量。要坚持属地为主与行业督导相结合，企业自查自纠与政府督查相结合，全面排查与重点整治相结合，监督检查与联合执法相结合，确保专项行动的各项安排落到实处。

专项行动从2012年4月下旬开始，到9月底结束，分四个阶段进行：

（一）制定方案，自查自纠阶段（4月下旬~5月）

各省（区、市）粮食局，四大公司结合本地区本单位实际制定实施方案，于5月5日前将实施方案报国家粮食局流通与科技发展司。各地区各单位要迅速动员部署，督促基层企业全面开展自查自纠工作，及时治理纠正非法、违法、违规、违章行为，消除安全隐患。对于本次排查出来的问题要逐一登记，建档立案，挂牌督办。要按照属地原则将自查自纠情况上报当地安全监管部门、粮食行政管理部门，其中四大公司还应将下属企业自查自纠情况汇总后报国家粮食局流通与科技发展司。相关粮食行政管理部门要做好全社会粮食企业自查自纠阶段发现问题的督促整改工作。在自查自纠阶段，各地区要对本地区"危仓险库"情况进行一次专项调查，具体调查方案另行通知。

（二）联合执法、集中整治阶段（6~7月）

各地粮食行政管理部门和有关单位要按照地方人民政府的要求，在第一阶段工作的基础上，结合"安全生产年活动"，积极参与部门联合执法行动，切实做到"四个一律"，即对非法生产经营建设和经停产整顿仍未达到要求的，一律关闭取缔；对非法生产经营建设的有关单位和责任人，一律按规定上限予以处罚；对存在非法生产经营建设的单位，一律责令停产整顿，并严格落实监管责任；对触犯法律的有关单位和人员，一律依法严格追究法律责任。其中，对于存在重大安全生产隐患且短时间内无法消除的粮油仓储企业，有关单位不得安排其承担政策性粮食收购、储存和加工任务，已经安排的，要立即停止并调出库存政策性粮油。对于2011年以来发生的"重大事故"及以上级别事故和反复发生进出仓作业、登高作业事故并且整改工作不到位的企业，要严格追究企业负责人责任，并逐级上报国家粮食局备案。

（三）全面检查、重点抽查阶段（8月）

各地粮食行政管理部门和有关单位要根据地方人民政府的总体部署，通过交叉检查、跟踪检查等方式，对粮食企业开展"打非治违"专项行动情况进行全面检查，及时发现解决工作中存在的突出问题，堵塞漏洞，推动"打非治违"专项行动深入开展。国家粮食局将对重点地区、大型企业开展抽查工作，确保粮食行业"打非治违"工作取得实效。

（四）督查总结，巩固提高阶段（9月）

各省（区、市）粮食局和四大公司要总结本地区本单位专项行动开展情况，9月15日前将总结报告上报国家粮食局流通与科技发展司。在督察总结、巩固提高阶段，各地区各单位要注意发现典型经验和好的做法，提出建立"打非治违"长效机制的工作建议和意见。

四 工作要求

（一）加强领导，切实把专项行动的各项安排落实下去

国家粮食局决定成立"打非治违"专项行动领导小组，由党组成员、副局长吴子丹同志任组长。领导小组办公室设在流通与科技发展司。请各地区各单位要加强对专项行动的领导，明确分工、落实责任，切实把专项行动的各项安排部署到县级粮食行政管理部门，落实到企业的日常经营管理活动中。地方粮食行政管理部门要加强与同级安全生产监督管理部门的沟通协调，及时通报情况，积极参与联合执法行动，密切配合，形成合力。近期我局还将召开"粮食行业安全生产领域'打非治违'专项行动动员会议"，具体部署相关工作。

（二）夯实基础，着力抓好源头治理工作

首先，各地区要做好"危仓险库"专项调查工作，加大仓储设施建设和维修改造力度，逐步淘汰待报废、需大修等病险仓房，逐步消除露天储粮、简易仓储设施储粮等安全隐患。其次，要深入分析粮食企业安全生产事故原因，总结事故规律，加强标准制度建设，堵塞漏洞。第三，要严格粮油仓储单位备案制度，切实把好粮油仓储企业"入口关"，禁止不符合安全生产标准的企业（包括业务外包企业）进入粮油仓储市场。第四，要进一步强化对粮食企业负责人、安全生产管理员、粮油保管员和业务外包企业作业人员的培训，落实岗前安全培训制度，全面提升从业人员的安全生产意识和安全生产技能。

（三）突出重点，做好重点企业和关键环节专项行动的督导工作

各地区要把大型粮油仓储加工企业作为专项行动的重点，实行专门督导、专项统计。要把危仓险库、储粮化学药剂储存与使用、进出仓作业、登高作业、烘干作业、油脂浸出车间等作为专项行动的关键环节，全面清查、重点督导。四大公司要加强与地方粮食行政管理部门的协调配合，指导下属企业全面参与"打非治违"专项行动。

（四）精心组织，确保专项行动取得实效

各地区和有关单位要把专项行动与全国粮食清仓查库、夏季储粮安全普查和夏粮收购前期准备等工作有机地结合起来。要严格按照国务院的总体部署和本通知精神，细化四个阶段的工作内容，按期、保质、保量完成各阶段工作任务，确保专项行动取得实效。

关于切实做好2012年国家临时存储菜籽（油）收购工作的通知

**（国家发展改革委　国家粮食局　财政部　中国农业发展银行
国粮调〔2012〕85号　2012年6月1日）**

中国储备粮管理总公司，内蒙古、江苏、浙江、安徽、江西、河南、湖北、湖南、重庆、四川、贵州、云南、西藏、陕西、甘肃、青海和新疆等省、自治区、直辖市发展改革委、粮食局、财政厅（局）、物价局，农发行内蒙古、江苏、浙江、安徽、江西、河南、湖北、湖南、重庆、四川、贵州、云南、西藏、陕西、甘肃、青海和新疆等省、自治区、直辖市分行：

为保护农民利益，保证食用油市场供应和价格基本稳定，促进食用油产业持续健康发展，经国务院批准，决定由中储粮总公司在油菜籽主产区收购部分菜籽委托加工后转入国家临时存储。现将有关事项通知如下：

一　收购区域

这次国家临时存储油菜籽收购总量暂按500万吨掌握（折菜籽油166.7万吨左右），收购执行区域为内蒙古、江苏、浙江、安徽、江西、河南、湖北、湖南、重庆、四川、贵州、云南、西藏、陕西、甘肃、青海和新疆等省（区、市）。各省（区、市）具体启动时间由中储粮总公司根据市场价格情况提出建议，报国家粮食局审核确定。以上收购总量如不能满足实际收购需要，国家有关部门将另行研究。

二　执行主体

中储粮总公司受国家委托承担这次国家临时收储任务，安排其直属企业、具有中央储备油代储资格的企业，或其他有一定规模和罐容量、符合《粮油仓储管理办法》要求、有一定资质和良好信誉（三年内在收储及销售出库等方面无违规违纪行为）、具有较高管理水平的国有或民营粮油企业执行国家临时收储菜籽油任务，受委托的收购和加工企业（含中储粮直属企业，下同）应执行国家粮食流通统计制度的有关规定，并已报送2011年粮食流通统计报表，加工企业还须报送2011年度加工业统计年报表。符合上述条件的中粮集团、中纺集团所属企业和地方大型骨干企业，要优先安排。受委托企业收购、加工的数量和布局，要与当地油菜籽生产情况相适应，既要能够保护农民利益，又要避免企业争夺油源扰乱市场秩序。受委托收购、加工企业由中储粮总公司确定，分省的企业数量和布局报国家粮食局审核。中储粮总公司要及时将委托收购、加工企业具体名单通过中储粮总公司网站对外公布，并抄报省级人民政府和国家有关部门。

三　收购方式

这次国家临时存储菜籽油收购，采取由委托收储企业按规定挂牌价格向农民收购油菜籽，再委托加工企业加工成菜籽油转为国家临时存储油的方式进行。油菜籽挂牌收购价格为2.5元/斤（国标三等质量标准，相邻等级之间差价按0.02元/斤掌握）。油菜籽委托加工后，应及时将菜籽油集并到委托收储企业作为国家临时存储油，今后由国家有关部门视市场情况再择机安排销售。国家临时存储菜籽油入库数量，由国家有关部门按照所收购油菜籽加工菜籽油的数量据实确定。入库的国家临时存储菜籽油质量标准为国标四级，不符合标准的菜籽油不得入库。严禁从现有库存陈油中划转或直接收购菜籽油入库；严禁将进口油菜籽加工后作为国家临时存储油入库；不得有混掺棉籽油、棕榈油等掺杂使假行为。国家临时存储油收购、加工、入库等费用由中央财政对中储粮总公司实行包干；收储结束后，财政部按照"从紧、合理"的原则，核定国家临时存储菜籽油的入库成本。

四　收购资金

这次国家临时存储油收购所需资金，由中国农业发展银行按照油菜籽收购数量、价格及相关费用等有关政策安排贷款解决，由中储粮直属企业承贷，并根据收购情况及时预付给委托收储企业，保证收购需要。农发行油菜籽收购贷款使用"国家临储油脂贷款"科目核算，贷款利息从贷款企业计收。

五　统计处理

这次油菜籽国家临时收储政策执行期限，冬播油菜籽产区为2012年6月1日～9月30日，具体包括：江苏、浙江、安徽、江西、河南、湖北、湖南、重庆、四川、贵州、云南、陕西、甘肃等省（市）；春播油菜籽产区为2012年9月1日～2013年2月28日，具体包括：内蒙古、西藏、陕西、甘肃、青海和新疆等省（区）。在统计处理上，菜籽油入库后，中储粮总公司应在"政策性粮食收支存月（年）报表"中作"收购"统计，并相应增加国家临时存储库存，冬播油菜籽和春播油菜籽兼有的省（区），应按国家规定的政策执行期限分别统计。中储粮总公司应督促委托收储企业认真做好收购进度统计工作，每5日将分省油菜籽收购进度、价格，国家临时存储油加工、入库数量等情况汇总后报国家发展改革委（经贸司、价格司）、国家粮食局（调控司）、财政部（经建司）和中国农业发展银行（客户一部）。中储粮有关分公司每5日将分库点油菜籽收购进度、价格，国家临时存储油加工、入库数量等情况抄送当地省级粮食行政管理部门、省级价格主管部门和省级农发行。各委托收储库点（含中储粮直属企业）要每5日将本库点实际收购进度数据同时抄报所在地的市（地）或县级粮食行政管理部门。具体报送时间为每逢5日、10日（或月底）后的第2个工作日下班前。各级粮食、价格主管部门要做好油菜籽市场和价格监测工作。省级粮食行政管理部门要将分库点收购进度、价格等信息通过部门网站及时发布，以便收购、加工所在地政府和有关部门掌握收购信息，加强社会监督。

六　有关要求

中储粮总公司作为国家临时收储的执行主体，对受委托企业收购油菜籽的真实性和加工入库菜籽

　　油的数量和质量负总责，要制定油菜籽临时收储的具体管理办法，规范业务流程，细化各环节要求，严格执行国家质价政策，严禁压级压价收购和抬级抬价抢购，确保国家政策执行不走样。中储粮有关分公司及其直属企业要对油菜籽收购、加工和菜籽油入库等各环节进行全程跟踪监控，督促有关受委托企业认真做好国家临时存储菜籽油收购工作，严格执行国家规定的临时收储价格，当油菜籽市场价格快速上涨、超过临时收储价格时，要及时停止收购。对验收合格的油菜籽，要适时委托加工企业加工成菜籽油，并签订委托加工合同，明确数量、质量及权利义务。经验收合格入库的菜籽油可转入国家临时存储，建立质量档案，并由中储粮直属企业与委托收储库点签订代储保管合同，明确数量、等级、价格和保管、出库责任等，作为以后安排销售标的的质量依据。

　　在销售时发现加工入库的菜籽油实际数量和质量与销售标的不符的，造成的损失由负有监管责任的中储粮直属企业先行赔付，并查明原因。属于审核验收环节问题的，要追究审核验收的中储粮分公司（或直属库）和相关人员责任，并由其承担相应的经济损失。属于承储企业违反代储保管合同约定，因保管不善造成菜籽油损失的，由该承储企业承担经济损失，并追究其主要负责人和监管人员的责任。

　　对受委托企业通过压级压价、抬级抬价，从现有库存陈油中划转、直接收购菜籽油、或用进口油菜籽加工成为国家临时存储油，混掺棉籽油、棕榈油等掺杂使假行为，一经发现要将其已入库的食用油全部退出国家临时存储的收购进度和库存统计，扣回全部费用利息补贴，由承贷企业追回油款归还农发行贷款，取消其收储资格，由中储粮公司负责收回企业不当得利，并上交中央财政。如发生损失，由受委托企业承担，并追究其主要负责人和相关人员的责任，以及负责监管的人员责任，还要将其以前年度收储的油脂实行移库或按有关程序及时安排拍卖，所发生的费用由违规企业承担。承担审核验收的中储粮分公司（或直属库）在验收工作中弄虚作假、未认真履行职责的要追究其主要负责人和有关人员的责任。中储粮总公司及其分公司和直属企业要严格规范储油行为，不得变相租罐降低保管费用补贴标准，确保安全储油的需要。

　　各地和各有关部门要按照职责分工，对政策执行情况切实履行监督检查职责，确保国家的惠农政策落到实处。国家粮食局将对中储粮总公司执行油菜籽收储政策以及储油安全情况等加强督导，必要时组织有关部门进行巡查。农业发展银行及其分支机构要对承担菜籽油临时收储任务的贷款企业加强信贷监管。地方价格和粮食部门要按在地原则，依照《价格法》、《粮食流通管理条例》等法律法规，加强对油菜籽临时收储政策执行情况的监督检查，及时查处违法违规行为，切实保护农民利益，维护正常的收购秩序。

关于全国粮食系统支持
西藏粮食流通工作跨越式发展的实施意见

（国家粮食局 国粮展〔2012〕86号 2012年6月1日）

各省、自治区、直辖市、计划单列市及新疆生产建设兵团粮食局，黑龙江省农垦总局，中国储备粮管理总公司、中粮集团有限公司、中国华粮物流集团公司、中国中纺集团公司：

西藏工作在党和国家工作全局中具有特殊重要的战略地位，做好对口支援西藏工作，具有重大的经济意义和政治意义。为贯彻落实中央第五次西藏工作座谈会精神，推动西藏粮食流通工作跨越式发展，现就全国粮食系统支持西藏粮食流通工作提出以下实施意见：

一 重要意义

各级粮食行政管理部门和中央企业要深刻领会中央第五次西藏工作座谈会精神，增强学习贯彻会议精神的自觉性和坚定性，把思想和行动统一到中央的决策部署上来。要站在党和国家工作全局的战略高度，进一步认识做好西藏工作的重要性和紧迫性，认真落实中央关于西藏工作的一系列方针政策，不断开创西藏工作新局面。

紧扣推进跨越式发展和长治久安的西藏工作主题，高度重视保障粮食安全的重要作用和意义，充分认识支持西藏粮食流通工作的重要性，增强责任感和使命感，把落实中央要求同粮食流通工作实际结合起来，扎实做好支持西藏粮食流通事业跨越式发展的各项工作。紧密结合西藏和本地粮食流通工作现状，因地制宜，立足当前，谋划长远，创新方式，构建政策、资金、项目、人才、科技、管理等全方位支援的长效工作机制。

二 基本原则

全国粮食系统支持西藏粮食流通工作本着统筹协调、互惠合作、综合支援的原则，鼓励条件好的单位开展多种形式的援藏工作，形成长效机制，同时积极鼓励各地兼顾支持四川、云南、甘肃、青海四省藏区粮食流通工作。

（一）统筹规划，明确目标

从西藏粮食流通发展的现实需求出发，统筹规划人力、财力、物力等各项措施，科学确定各项工作的阶段目标和长远目标。既要注重解决当前发展中的突出问题，又要着眼长远的持续发展。

（二）突出重点，分步实施

按照加快西藏粮食宏观调控能力建设的总体要求，加大对重点领域和薄弱环节的扶持力度，集中资源要素投入，在解决制约发展的瓶颈问题上有所突破，有计划、有步骤地推进各项工作。

（三）综合支援，提升能力

实行资金、项目、人才、技术、管理等多种形式相结合的支持方式，既要落实好政府支持资金的使用，又要广泛动员社会力量参与各项工作。引进先进理念和成功经验，着力提升西藏粮食流通工作的自我发展能力。

（四）加强协作，促进双赢

支援方和受援方要加强沟通，增强互信，搞好衔接，协调配合。把受援与合作结合起来，不断拓宽合作渠道，创新合作方式，以支援促合作、促发展，形成互惠互利、共同发展的援藏新局面。

（五）成立机构，加强组织

成立全国粮食系统援藏工作领导小组，国家粮食局党组书记、局长任正晓同志任组长，党组成员、副局长吴子丹同志任副组长，成员由22个省（区、市）粮食局主管局长、中央企业有关负责人，以及国家粮食局有关司室负责人组成（名单详见附件）。领导小组办公室设在国家粮食局发展司，负责具体工作落实。

三　重点内容

（一）强化政策支持，完善粮食调控体系

1.支持完善西藏粮食风险基金制度。积极协调财政等部门和单位，适当增加西藏粮食风险基金规模，并争取逐步取消西藏粮食风险基金地方配套。

2.优化西藏储备粮品种结构。协调在西藏中央储备粮中增加一定数量的储备稻谷，以满足西藏应急粮食需要。同时，支持西藏建立保证13～15天市场供应的地方储备大米（包括小包装成品粮），提升西藏成品粮应急保障能力。

3.提高粮食调控能力。根据西藏申请的粮食品种、需求时间等，协调有关部门及时调入国家政策性粮油，以帮助解决西藏市场供应和应急粮源，提高区域粮食调控能力，保证粮油供应，维护粮食市场和价格基本稳定，确保区域粮食安全。

4.支持西藏开展省际间粮食产销协作。支持西藏与国内粮食主产省建立产销协作长效机制，拓宽入藏粮源渠道；对西藏执行产销合作协议，积极协调铁路、交通部门优先安排运力，畅通引粮入藏通道。

（二）加强沟通协调，促进国有粮食企业改革和发展

1.支持西藏国有粮食企业改革和发展。深入调查了解西藏国有粮食企业改革和发展现状，指导其研究提出下一步的改革发展目标和政策措施。

2.支持协调解决西藏"老账"问题。协调财政部、中国农业银行等部门和单位，按照国务院核准的政策性粮食财务挂账数额，尽快将西藏国有粮食企业政策性粮食财务挂账从企业剥离上划到自治区粮食行政管理部门集中管理，减轻企业负担。

3.积极促成和支持中国农业发展银行在西藏粮食系统发挥政策性金融作用。协调农发行及有关主管部门尽快完成分支机构的设立并早日开展运营，发挥政策性金融作用，支持西藏国有粮食企业经营和发展。

4.实施企业援藏。协调中央企业和对口援藏省（区、市）中的改革成功、经营较好的企业对西藏

国有粮食企业实施传帮带，人才交流，并进行资金支持和项目合作开发，促进西藏国有粮食企业加快发展。

（三）加强基础设施建设，推进粮食流通产业发展

1.争取将粮食系统援藏内容列入各省援藏计划。对口援藏省（区、市）粮食行政管理部门积极与本省级政府的相关部门沟通，争取将粮食系统援助列入本省（区、市）援藏计划。

2.支持西藏农户科学储粮专项建设。在西藏推进农户科学储粮，确定农户标准化储粮装具投资中的中央、自治区和农户投资比例，加大中央补助投资扶持和引导力度，通过配置标准化储粮装具，提供技术指导，帮助农民改善储粮条件，减少粮食产后损失。

3.支持西藏粮食质量安全检验监测体系建设。积极支持西藏建立以自治区级监测中心为龙头，以2～3家区域性监测站为骨干的粮食检验监测体系，并纳入国家粮食质量监测体系管理。支持西藏自治区级监测中心和区域监测站改善检验设备及相关配套条件。加强技术培训和交流，提高粮油检验技术水平。在检验任务和经费结算方面，对西藏给予适当倾斜。

4.加大对西藏粮食应急供应网点和应急加工网点建设的支持力度。对口援藏省（区、市）积极支持对西藏日喀则、山南、昌都、那曲、阿里五地区纳入计划的应急粮油加工厂进行厂房改扩建，并对生产工艺设备进行技术改造，提升粮食应急加工处置能力。积极争取国家支持建设拉萨、山南、林芝、昌都、那曲五地市纳入计划的粮食应急供应网点，增强西藏粮食宏观调控能力。

（四）完善信息化和监督检查体系，提升粮食流通服务水平

1.支持推动西藏粮食信息化建设。协调和指导西藏粮食信息化项目建设，对西藏粮食信息化发展给予必要的政策倾斜和适当的资金支持，推进西藏粮食信息化工作，指导做好西藏粮食信息化发展规划。

2.促进和完善西藏粮食流通监督检查工作体系。进一步加强对西藏粮食监督检查工作的业务指导，积极支持西藏粮食监督检查法规制度建设、体系建设和队伍建设。争取中央财政对西藏开展粮食和食用植物油库存检查等粮食监督检查工作提供必要的经费支持，在政策和条件允许的条件下优先帮助配备一定的执法调查取证器材。

（五）加快人才队伍建设，构建粮食流通科学发展长效机制

1.支持西藏粮食干部队伍建设。积极做好干部人才援藏工作，协调干部人才进藏挂职或开展技术培训，积极接受并妥善安排西藏粮食干部到国家粮食局机关挂职锻炼。协助西藏粮食干部到对口援藏省（区、市）挂职、培训，支持西藏干部参加全国粮食系统各类专业人才和专门知识培训班，并酌情减免培训费用。协调粮食系统院校或培训机构，通过联合办学、委托培养、函授等多种形式，为西藏粮食职工提供学习、深造机会。

2.支持西藏职业技能人才培训工作。对西藏粮食行业特有工种职业技能鉴定工作给予政策支持，并适当减免鉴定费用。指导西藏粮食职业技能鉴定工作的开展。

四　抓好落实

粮食系统援藏工作是全国支持西藏工作中不可分割的重要组成部分，各级粮食行政管理部门要牢固树立政治意识、大局意识、责任意识，认真贯彻中央关于对口援藏的重大决策部署，健全制度，强

化措施，确保高质量、高效率地完成各项任务。

（一）统一思想，加强领导，明确责任

各对口援藏省（区、市）粮食局和中央企业要充分认识粮食援藏工作的重要意义，把粮食系统援藏工作作为一项重大政治任务列入重要议事日程，建立援藏资金、项目、技术和人才机制。明确任务，落实责任，实行层层负责的工作机制，确保各项援藏工作落到实处，取得实效。

（二）统筹规划，突出重点，健全机制

各对口援藏省（区、市）、单位要制定支持规划，坚持近期支持与长远支持相结合，按照轻重缓急，突出支持重点。创新粮食系统对口援藏工作机制，逐步深化粮食系统援藏工作内涵，以全新的援藏工作方式，推动西藏粮食流通工作的发展。

（三）强化管理，狠抓落实，确保实效

要强化对粮食系统援藏政策、项目、设备、技术、人才等援助事项执行情况和进展情况的督促管理，制定工作措施，认真执行。严格项目、设备、技术援助管理，严格按规定时间运作。注重援藏含金量，确保各项支持工作的有序实施和规范管理，确保粮食系统援藏工作取得实效。

附件：全国粮食系统援藏工作领导小组名单

全国粮食系统援藏工作领导小组名单

组　长：

任正晓　　　　国家粮食局局长

副组长：

吴子丹　　　　国家粮食局副局长

成　员：

杨　牧　　　　北京市粮食局副局长

周　海　　　　天津市粮食局副局长

佟军亭　　　　河北省粮食局副巡视员

钱程广　　　　辽宁省农村经济委员会副主任

张宏明　　　　吉林省粮食局副局长

金　辉　　　　黑龙江省粮食局副局长

王建忠　　　　上海市粮食局副局长

王元慧（女）　江苏省粮食局局长

李立民　　　　浙江省粮食局副局长

孙良龙　　　　安徽省粮食局局长

陈则生　　　　福建省粮食局局长

缑怀祯　　　　山东省粮食局副局长

乔心冰　　　　河南省粮食局副局长

马木炎　　　　湖北省粮食局副局长

石少龙　　　　湖南省粮食局副局长

冯晓光　　　　广东省粮食局副局长

张书冬　　　四川省粮食局局长

蒋寿光　　　重庆市商业委员会副主任

岳万民　　　陕西省粮食局副局长

陈玉皎　　　甘肃省粮食局副局长

顾艳华　　　青海省粮食局局长

王卫军　　　新疆维吾尔自治区粮食局副局长

刘新江　　　中国储备粮管理总公司副总经理

赵博雅　　　中国中纺集团公司董事长

李明华　　　中粮集团有限公司党群工作部部长

孙鉴奇　　　国家粮食局办公室主任

徐京华　　　国家粮食局人事司司长

卢景波　　　国家粮食局调控司司长

颜　波　　　国家粮食局政策法规司司长

程传秀（女）国家粮食局监督检查司司长

贾　骞　　　国家粮食局财务司司长

何　毅　　　国家粮食局流通与科技发展司司长

唐瑞明　　　国家粮食局标准质量中心主任

粮油仓储信息化建设指南（试行）

（国家粮食局　国粮展〔2012〕114号　2012年7月6日）

　　本指南是粮油仓储信息化指导性文件。各级粮食行政管理部门可参照本指南来规范本地区信息化建设工作，有关企业可参照本指南开展粮油仓储信息化工作。

　　本指南明确了粮油仓储企业信息化的定义与功能、建设目标、建设原则以及各管理系统的主要功能、技术要求、保障措施等。

　　为避免出现"数据孤岛"等问题，有关企业应执行国家和行业相关技术标准，以及数据接口和数据库结构方面的规范，为实现全行业的互联互通奠定基础。

目 录

第一章　综　述

本章规定了粮油仓储信息化定义与功能、建设目标和基本要求等。

第一节　定义与功能

一、定义

粮油仓储信息化是指通过利用计算机网络技术、软件技术、传感技术、自动控制技术、物联网[1]技术等手段，实现粮油仓储业务管理的自动化、信息化和智能化。

粮油仓储信息化系统包括：远程监管系统、业务管理系统、自动化作业系统、智能仓储系统、办公自动化系统以及各系统之间的集成等。

二、主要功能

（一）全面实现粮油仓储日常管理和业务处理的网络运行和计算机操作。在粮油仓储业务中，从传统人工和纸质单据的管理模式，逐步过渡到电子识别、自动信息录入、网络传输、计算机处理，实现业务数据电子化、作业单据无纸化、管理流程规范化。

（二）全面实现数据采集自动化和生产作业控制自动化。粮油仓储企业的筒仓、成品库、油罐等逐步采用DCS[2]自动控制系统，对出入仓作业实现自动化控制；采用RFID[3]等技术，实现地磅自动称重或半自动称重；实现车辆和物品的库区跟踪，实现粮油货位和物品等属性信息的电子化记录与识别；实现数据的自动采集，并与业务管理系统自动连接。

（三）全面实现粮油仓储智能化管理。利用智能粮情测控系统，逐步实现温度、湿度、气体、虫情等数据的自动采集，通过智能决策模型判断，实现通风、熏蒸、调温等粮油仓储保管作业的智能化控制。

（四）完善粮油仓储企业安防系统。通过视频监视、热敏传感、电子巡更、自动报警等技术手段，实现企业安全保卫的自动化控制。

（五）实现粮油仓储企业管理的可视化。有条件的粮油仓储企业可以利用计算机图形仿真技术[4]、多媒体技术[5]、人工智能技术[6]等，对库内的仓储设施、办公楼等进行三维图示化建模，并与粮油仓储企业业务管理系统、远程监管系统进行对接，实现粮油仓储企业管理的可视化。

（六）加强库内各信息平台（子）系统之间的整合。粮油仓储企业业务管理系统作为企业信息化系统的核心和粮油仓储信息化的基础，应为库内各信息化系统之间的集成提供准确有效的信息接入接口和信息交换接口，以确保实现系统与系统之间、上下级之间的数据共享、业务协同，避免出现信息孤岛。

（七）实现对粮油仓储企业网络化远程监管。粮食行政管理部门或企业上级单位与粮油仓储企业之间通过网络实现数据共享和远程监测、控制。

（八）实现与公共信息系统的数据交换。粮油仓储企业信息管理系统可以实现与特定共同的信息系统互通互联，进行数据交换，提高企业管理效率。

第二节　建设目标

粮食行政管理部门和粮油仓储企业应根据规划设定本单位信息化建设目标，创造条件加快信息化建设步伐，利用信息化技术手段，提高粮油仓储管理水平。

一、近期目标

1～2年内，在部分省级粮食行政管理部门和大型粮油仓储企业基本实现仓储管理信息化。

二、中期目标

到2016年左右，在大部分省级粮食行政管理部门建成一批局域网络和广域网络的联网应用，包括远程监管系统、应急保障系统、粮食物流平台等。

三、远期目标

到2020年，基本实现全国联网，形成完善的智能仓储数据库，搭建统一的电子粮食政务平台、电子粮食商务平台、远程监管平台、粮食物流平台。

第三节 建设原则

粮油仓储信息化的主要目的是提高企业管理水平，强化对储备粮的监督管理，促进粮食流通产业协调科学发展。在粮油仓储信息化建设过程中，应坚持以下原则：

一、规划引领，做好顶层设计工作

粮油仓储企业、地方粮食行政管理部门应对本单位本地区信息化建设工作做出战略部署，加强顶层设计，编制发展规划。通过规划引领，有序开展信息化建设工作。

二、确保安全，实现全行业信息互联互通

粮油仓储企业、各级粮食行政管理部门应贯彻落实有关信息标准和规范，采用合规的数据接口和数据库结构，为实现全行业各类业务信息互联互通创造条件。同时要采取必要措施，确保信息安全。

三、突出应用，切实解决行业和企业信息管理需求

各信息系统的开发应立足于企业或行业管理的现实需求，通过信息化建设，能够为企业创造价值，降低管理成本，提高管理效能和行业监管水平。

四、经济适用，有较强的可操作性

粮油仓储信息化软件设计应贯彻模块化、层次化、参数化原则，为企业和有关管理部门提供不同功能、不同档次、专业化、个性化的选择。各信息化系统应使用成熟、先进的技术开发，操作界面简洁友好、系统安全可靠、运行稳定。系统要有较好的开放性、可扩展性，便于非专业人员的日常维护。

第四节 粮油仓储企业信息化系统建设基本要求

粮油仓储企业信息化建设要统筹规划，分步实施，总体上应达到以下要求：

一、系统功能

粮油仓储企业信息化系统一般包括以下模块：业务管理系统、自动化作业系统、智能仓储系统、办公自动化系统以及各系统之间的集成。

二、网络布线

粮油仓储企业内部局域网络[7]节点应覆盖各业务科室、库内主要作业点以及仓储设施（包括仓房、烘干塔、油罐、汽车衡等）等关键位置。新建粮油仓储设施，应同步规划信息化系统，或者预留接口。对于仓房位置较为集中、管线改造较为困难的粮油仓储企业可以考虑使用WiFi[8]无线方案。为提高网络稳定性，有条件的粮油仓储企业也可同时建设有线、WiFi双网。

三、网络安全

粮油仓储企业网络建设应分别包含外网、企业内网两部分。外网与互联网相连。企业内网与外网

之间根据安全性要求，有三种连接方式：一是完全物理隔离；二是通过安全隔离网闸设备[9]实现有限的数据通信；三是直接连通，但外网入口需要设置防火墙、入侵检测等安全防护措施。

企业内网带宽不宜低于100兆，外网带宽不宜低于2兆。

四、网络构架

粮油仓储企业信息化网络拓扑结构图参考如下：

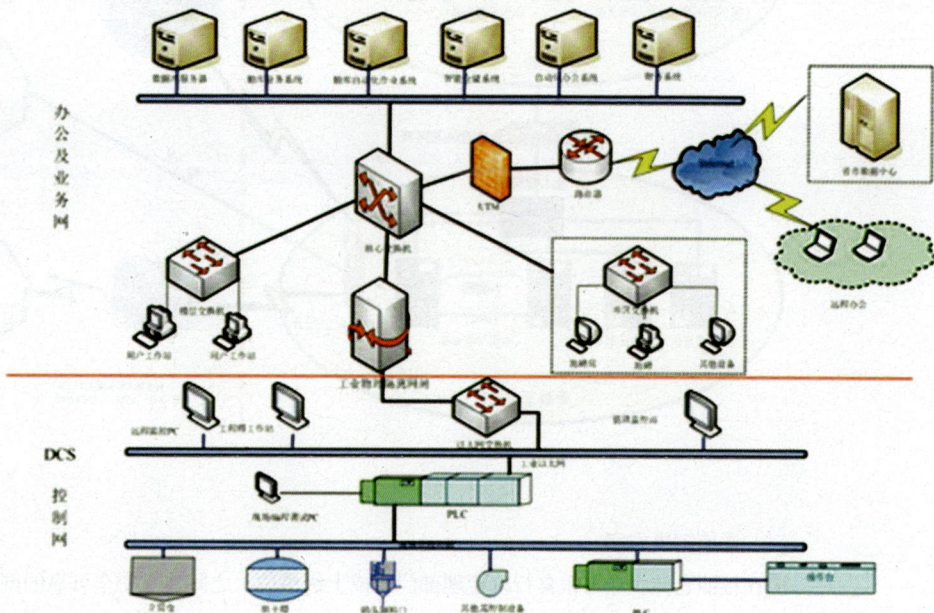

五、机房

粮油仓储企业应建设独立的机房，用于企业网络中心和数据中心，机房应配备可支持60分钟以上供电的UPS[10]备用电源。

六、设备

用于建设网络的通用设备，包括路由器[11]、网络交换机[12]、防火墙[13]及服务器[14]等，应采购符合国家规定，有一定市场份额，性能稳定的产品，设备配置应达到或高于当前主流产品性能。

第五节　远程监管系统建设基本要求

远程监管系统主要用于各级粮食行政管理部门和上级单位对粮油仓储企业经营管理情况和储备粮管理情况的远程监督管理。

一、功能描述

远程监管系统应具备以下主要功能：各级粮食行政管理部门、农业发展银行等相关部门能够对企业承储的储备粮数量、质量、储存安全进行实时远程管理，对于下属企业的日常经营管理情况进行实时远程监管。

二、网络构架

远程监管系统的网络构架拓扑结构图[15]参考如下：

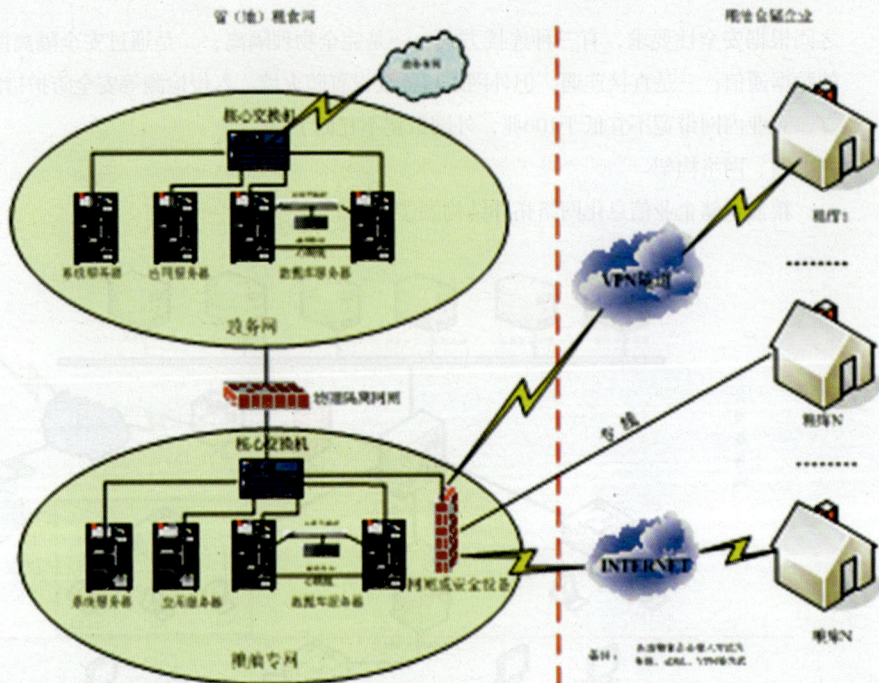

三、通信解决方案

应在粮油仓储企业与粮食行政管理部门（或上级单位）之间建立安全可靠的网络传输通道。

（一）使用政府政务专网。通过接入政府政务专网，实现与粮食行政管理部门或上级单位的网络连通。此种方案带宽固定，保密性能好。

（二）租用专线。通过租用本地网络运营商专线的方式，实现与粮食行政管理部门或上级单位的网络连通。此种方案带宽固定，系统不易受到外部恶意攻击。

（三）在互联网上使用VPN[16]进行传输。在粮油仓储企业和粮食行政管理部门或上级单位之间，建立基于互联网的VPN虚拟专用网络，此种连接方式成本低，但容易受到来自互联网的恶意攻击。

四、远程监管系统的流程

储备粮远程监管系统流程如下：

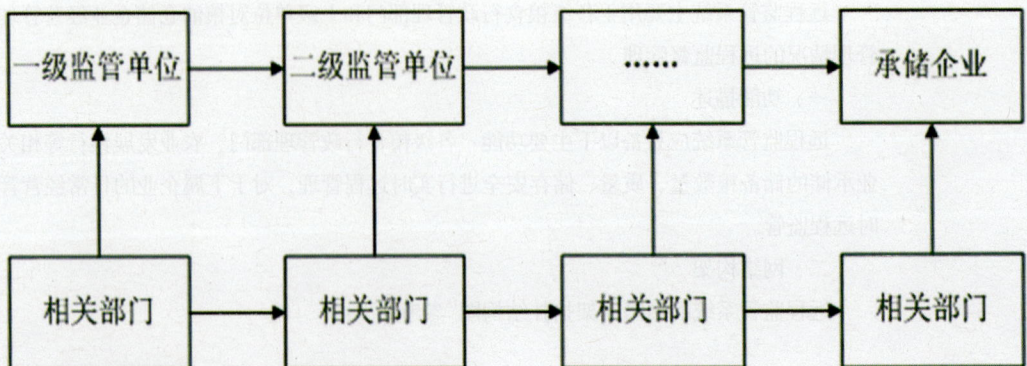

第二章　业务管理系统

　　业务管理系统是粮油仓储企业信息化应用的核心系统，在整个企业信息化中处于统领地位，同时负责与远程监管系统的衔接。

　　该系统主要实现业务管理信息化及账目电子化。包含经营管理、仓储管理、质量管理、作业调度管理等模块。

第一节　总体要求

　　业务管理系统应使用成熟、先进的软件开发技术，系统要有较好的开放性、可扩展性。建议基于J2EE或.NET等软件开发框架[17]进行开发，使用成熟的关系型数据库软件[18]，如SQL Server、MySQL、Oracle等。

第二节　经营管理模块

　　经营管理模块应具有以下功能：

　　一、经营管理

　　为企业经营管理部门提供市场动态、交易过程等数据支持。

　　二、计划管理

　　为企业相关部门提供计划下达、计划执行等数据支持。包括粮油收购计划、销售计划、轮换计划等。系统能够接收主管部门下达的计划，能够对计划执行情况进行跟踪和监督，并将计划执行情况定时或实时上传给上级单位或粮食行政管理部门。

　　三、合同管理

　　为企业相关部门提供合同签订、执行和结算等数据支持。系统能够对合同执行情况进行跟踪，并对合同执行产生的各类单据进行管理。

　　四、客户管理

　　建立客户数据库，对粮油仓储企业的客户信息进行分类管理。

　　五、统计管理

　　为粮油仓储企业的数据统计管理提供报表服务，将繁杂、大量的业务数据进行梳理分析，汇总计算后按照一定的模板格式形成电子化的统计图表。

　　六、财务管理

　　企业业务管理系统要预留数据接口，与企业财务管理软件进行对接。

第三节　生产管理模块

　　一、仓储管理

　　为粮油仓储企业的仓储管理部门提供信息化支撑。主要包括：

　　（一）粮油保管账

　　对粮油出入库记录、冲补账记录进行管理，对粮油仓储的保管账、统计账进行电子化管理。

　　（二）仓储作业管理

　　对粮油仓储过程中的粮情（温度、水分、湿度、虫害等）、通风、熏蒸等作业记录进行管理。

　　（三）仓储设施管理

　　对粮油仓储企业的仓房、油罐、烘干塔、汽车衡等仓储设施进行管理，包括仓储设施的基本信息、状态信息和当前存粮信息等。

（四）作业调度管理

为粮油仓储企业内的作业调度安排提供信息化支撑。包括作业任务管理、作业调度安排、作业进度跟踪、作业记录查询等功能。粮油仓储企业内的作业包括粮油出入库、倒仓、中转等业务种类，涉及入库、合同审查、质量检验、称重、筒仓作业等多个环节。作业调度管理可以与自动化作业系统进行对接，实现作业过程自动化。

（五）药剂及包装物管理

实现储粮化学药剂的购买计划、入库、提货、退回、货位卡管理、销毁审批等流程管理。

（六）智能报表管理

包括库存总账、明细账，待转储备粮油库存报表，不同储备性质的粮油月报表，仓储基础设施报表。

（七）电子签名或电子印章[19]

系统在表单的流转过程中，应采用电子签名、电子印章系统，确保数据完整，不被篡改。

二、质量管理

为粮油仓储企业的质量管理部门提供信息化支撑。

（一）检验任务管理

对检验任务及检验过程进行管理。包括检验任务的启动，检验完成时在系统中填写检验单。粮油仓储企业可以将粮油检验设备与计算机连接，或采用具有网络功能的检测仪器和设备，实现检验结果的自动录入。

（二）检验单管理

对检验单据内容进行管理、查询和统计。可提供每一批次粮油从入库、仓储保管到出库全过程中的检验和质量检查记录查询，实现粮油质量安全的全程跟踪、追溯。

（三）扦样及样品管理

通过条形码、二维码或电子标签对扦样样品进行标识和管理。

（四）检验结果的自动判定

将检验结果与检测标准进行自动比对，判定质量是否合格，评估储存品质，提出是否轮换的建议。

第三章　智能仓储系统

粮油企业应以"四合一"新技术[20]为依托，利用智能控制模型和自动控制技术，实现对粮油仓储保管作业的自动控制与管理。

第一节　信息采集系统

信息采集系统主要由粮情测控系统组成，负责收集整理有关仓储信息数据。

一、系统设备质量要求

系统设备应符合《粮情测控系统》（LS/T1203）、《粮油储藏　粮情测控系统》（GB/T26882.1～26882.4）要求。其中：仓内固定安装的测温电缆、通讯线、电源线等要具有一定的防腐性能，防止熏蒸作业时的腐蚀破坏；应具有抗电磁冲击（雷击）的能力。不具备防腐性能的设备，应能灵活安装拆除，便于熏蒸作业前取下并妥善保管。

二、数据库格式要求

数据库格式应符合有关标准规定，能够为外部系统提供远程启动、停止的访问控制，并通过Web Service[21]、开放数据表结构等方式提供粮情数据的查询接口。

粮情测控系统的测控分机应能够连接其他带有温度、湿度、压力等传感器的标准电缆，并对温度、湿度、压力等数据进行采集、处理。

三、系统功能要求

系统能够检测粮堆湿度、温度、虫害、气体成分等指标。

第二节　智能控制模型

智能控制模型应以"四合一"新技术为依托，结合当地的气候条件、仓储条件以及储粮品种、性质、储存时间等因素，设计具有自我分析、判断、报警、反应和自动控制功能的数学模型。

智能控制模型和辅助决策储粮专家系统，应具有成熟储粮和防治技术的方案库、模型库和数据库，并有自我学习功能。

第三节　自动控制系统

自动控制系统能够根据智能控制模型的控制信息，控制通风、调温、熏蒸等设备的启动、停止，并对设备工作情况、能耗等进行记录。

第四章　自动化作业系统

自动化作业系统是利用自动化控制技术，实现作业过程的自动化控制，部分环节可以实现无人值守的智能系统。

自动化控制设备及系统应选择通过国家技术监督部门检测合格的产品，同时还应符合粮库环境下的安全生产要求。

第一节　出入库系统

对来库办理业务的车、船、火车等发行RFID电子标签或条码等标识，通过电子标签或条码实现出入库作业过程的自动跟踪和控制。业务办理结束后，电子标签收回并可重复利用。

第二节　扦样系统

粮油仓储企业通过电子标签或条码识别车辆身份并执行自动扦样、标识，减少人工参与。

第三节　称重系统

粮油仓储企业通过电子标签或条码识别车辆身份，判断车辆称重的合法性，自动记录车辆称重性质、重量，对称重过程进行自动拍照存档。

第四节　自动出入仓系统

在企业的仓房出入口安装固定式RFID读写设备，或使用手持式RFID读写设备或者与电子标识物对应的读写装置，对前来装粮/卸粮的车辆身份进行识别，对其业务合法性进行判断，并自动记录粮油出入库信息。

第五节　筒仓DCS控制系统

用于控制筒仓进出仓设备的自动化控制系统，系统应提供基于OPC[22]等主流安全协议的远程访问控制和数据通信。

第五章　粮油仓储企业其他管理系统

第一节　安防系统

粮油仓储企业的安防系统可采用视频监控、电子巡更[23]、电子周界、自动报警系统或上述系统的不同组合。其中，视频监控系统是粮油仓储企业最常用的安防方式。

一、视频监控系统的基本要求

（一）点位覆盖全面

摄像头要覆盖粮油仓储企业内的主要进出通道、主要作业点及药品库、器械库等重要场所；对于重要的仓房，可以考虑在仓内安装摄像头。

（二）录像数据保存一个月以上

摄像头监控视频应录像并存储一个月以上。

（三）提供远程访问功能

为粮食行政管理部门或上级单位提供远程、实时视频访问服务。

（四）系统应符合《视频安防监控系统工程设计规范》（GB 50395）和《安全防范技术工程设计规范》（GB 50348）。

二、电子巡更系统的基本要求

（一）点位覆盖

巡更点要覆盖主要进出通道、药品库、器械库、重点防火防盗场所以及视频监控的盲区。

（二）可以与视频监控等系统整合集成，接口符合国家相关标准。

（三）具备巡查信息采集、巡查信息查询、巡查信息统计、巡查班次路线安排等功能。

（四）符合《电子巡查系统技术要求》（GA/T 644）和《安全防范技术工程设计规范》（GB 50348）。

三、电子周界系统的基本要求

（一）覆盖区域为整个建筑场所的一周，出入场所通道除外。

（二）可以与视频监控等系统整合集成，接口符合国家相关标准。

（三）具备阻挡威慑、入侵报警、区域性报警、图像化显示等功能，并支持与其他安防系统的报警联动。

（四）系统应符合《安全防范技术工程设计规范》（GB 50348）。

四、自动报警系统的基本要求

（一）覆盖范围

应覆盖药品库、财务室、重要办公场所等重点区域。

（二）可集成

可以与视频监控等系统整合集成，接口符合国家相关标准。

（三）有效报警

应能准确及时地探测入侵行为、发出报警信号；对入侵报警信号、防拆报警信号、故障信号的来源应有清楚和明显的指示。自动报警系统不允许有遗漏报警。自动报警条件在一定的授权下可做调整。

（四）系统应符合《安全防范技术工程设计规范》（GB 50348）。

第二节　可视化管理系统

通过VR[24]虚拟现实技术、GIS地理信息系统[25]等技术对粮油仓储企业内的仓储设施、地磅、港口、办公楼等进行三维建模，构建与实际粮油仓储企业一样的虚拟空间，并与粮油仓储企业业务管理系统进行对接，实现在虚拟空间内对粮油仓储企业仓储信息、作业信息及经营管理信息的真实管理，并结合自动化控制系统实现对设备的远程操作，实现更为直观的可视化管理。

第三节　办公自动化系统

安装办公自动化软件，并将粮油仓储企业办公自动化系统与粮食行政管理部门或上级单位办公自动化系统进行对接，实现同级或上下级之间的公文审批、信息发布等网上办公业务。

第六章　远程监管系统

本章规定了远程监管系统的基本功能。远程监管系统一般由储备粮业务管理系统、远程视频监控系统、可视化管理系统等组成。

第一节　储备粮业务管理系统

储备粮业务管理系统主要包括储备粮计划管理、储备粮库存实物台账管理、储备粮粮情监测管理、储备粮出入库管理等功能。

一、计划管理

下达储备粮收购、销售和轮换计划并对计划执行情况进行跟踪和远程监管。

二、仓储管理

对企业承储储备粮的仓储管理情况进行远程监管。包括储备粮的品种、数量、质量、出入库时间，并通过远程启动粮情测控系统获取储备粮的实时粮情信息，以及通过远程视频监控系统对储备粮的仓储管理和作业现场进行监控。

三、统计管理

对各粮油仓储企业上报的储备粮数据进行处理，并自动统计产生各类储备粮统计报表。

第二节　远程视频监控系统

远程视频监控系统应具备以下功能：

能够实时监控、定期报备、主动抽查、自动报警。各粮油仓储企业在已经完成本库视频监控系统建设的基础上，通过向粮食行政管理部门或上级单位开放硬盘录像机远程服务或架设流媒体服务器的方式，提供库内所有（或必须接受远程监管的部分）摄像头的远程视频服务。

粮食行政管理部门或上级单位可以不受干扰和限制地实时、远程查看各承储企业的监控视频，并对其中的摄像头进行方向、焦距缩放等远程控制，对监控画面进行录像、拍照等操作。

第三节　远程监控可视化管理系统

利用企业的有关数据，应用GIS地理信息系统、三维建模等技术对储备粮承储企业的地理位置分布、储粮品种及数量分布等信息进行直观、可视化地展示。

第四节　办公自动化系统

粮食行政管理部门或上级单位配备的办公自动化系统与粮油仓储企业配备的办公自动化系统连接，实现办公数据资源的共享与数据的自动传输。

第七章　建设与运营管理

开展粮油仓储信息化建设，既要重视顶层设计、总体规划以及建设投入，还要高度重视系统建成后的运营管理。要从制度、人员、资金等方面保障系统的正常运转。

第一节　规划建设

一、系统规划

首先应编制本地区本单位信息化建设规划，按照规划要求提出建设任务书，对信息化系统进行总体设计，然后再组织实施。

二、组织实施

组织成立专门的信息化建设工作小组，统筹协调信息化建设工作。在实施过程中，要加强与有关业务部门的沟通协调，不断优化、改善企业管理流程与工作要求，提高企业管理水平。

三、集成商选择

一般通过招标方式选择系统集成商。选择系统集成商时，一方面要考虑集成商的开发能力，另一方面还要考察集成商的经验、服务能力以及价格等因素。

系统集成商一般应具有二级以上系统集成资质及涉密信息系统集成资质。

第二节　运行维护

信息化系统建成后，应加强对系统的日常维护，保持系统正常运转。应建立日常维护、数据备份、软件升级、硬件设备维护升级等管理制度。

一、电子档案管理

建立电子档案管理制度，及时对电子文件及数据进行整理并建档，确保电子档案的存储安全。

二、安全保密管理

建立信息化安全管理机制，制订并严格执行保密措施，确保系统的安全，达到国家规定的保密要求。

（一）网络安全措施

粮油仓储企业局域网与互联网实现物理隔离或逻辑隔离，采取安装防火墙、杀毒软件等措施，防范黑客攻击、计算机病毒等安全风险。

（二）数据加密措施

关键数据应加密存储、传输，并对访问权限进行精细化控制，防止数据泄密。

（三）数据冗余和备份措施

粮油仓储企业所有信息化数据应有冗余机制，数据定期备份，防止设备故障导致的数据损失。

（四）故障应急响应

信息化系统应具有一定的故障应急响应机制，在系统出现故障时能自我识别、恢复，并自动切换到应急处理方案。

第三节　保障措施

系统建成后，还需要企业持续的投入与改造，确保系统能够与日常工作深度融合，支持系统正常运转。

一、人员保障

各级粮食主管部门应加强信息化人才队伍建设，重视对粮食职工的信息化知识培训，为本地区信息化建设提供人才保障。

二、经费保障

粮油仓储企业和有关粮食管理部门应保障信息化建设的资金需求，同时应对系统日常运营、维护提供专门的经费保障。

第四节 示范单位建设

国家粮食局将启动粮食信息化示范单位建设工作，通过典型应用示范，推进粮油仓储信息化建设进程。

一、信息化示范单位评价

国家粮食局负责示范单位考查工作，省级粮食行政管理部门和相关单位负责示范单位的推荐工作。示范单位评价与管理办法由国家粮食局另行发布。

二、信息化示范单位要求

粮油仓储企业的信息化示范单位必须符合本指南的有关规定。

附件：　　　　　　　　　　　术语解释

1.**物联网**：通过信息传感设备，按照约定的协议，把任何物品与互联网连接起来，进行信息交换和通讯，以实现智能化识别、定位、跟踪、监控和管理的一种网络。它是在互联网基础上延伸和扩展的网络。

2.**DCS（Distributed Control System）**：分散控制系统，一般习惯称为集散控制系统。它是一个由过程控制级和过程监控级组成的以通信网络为纽带的多级计算机系统，综合了计算机、通讯、显示和控制等技术，其基本思想是分散控制、集中操作、分级管理、配置灵活、组态方便。

3.**RFID（Radio Frequency Identification）**：无线射频识别，俗称电子标签。RFID是一种简单的无线系统，只有两个基本器件，该系统用于控制、检测和跟踪物体。系统由一个询问器（或阅读器）和很多应答器（或标签）组成。

4.**计算机图形仿真**：在计算机中以图像的形式模拟现实世界的事物，用一系列有目的、有条件的计算机仿真实验来刻画事物的特征，从而得出数量指标，为决策者提供有关这一事物的定量分析结果，作为决策的依据。

5.**多媒体技术（Multimedia Technology）**：利用计算机对文本、图形、图像、声音、动画、视频等多种信息综合处理、建立逻辑关系和人机交互作用的技术。

6.**人工智能（Artificial Intelligence）**：研究、开发用于模拟、延伸和扩展人的智能的理论、方法、技术及应用系统的一门新的技术科学。人工智能是计算机科学的一个分支，它企图了解智能的实质，并生产出一种新的能以与人类智能相似的方式做出反应的智能机器，该领域的研究包括机器人、语言识别、图像识别、自然语言处理和专家系统等。

7.**局域网络**：把分布在数公里范围内的不同物理位置的计算机设备连在一起，在网络软件的支持下可以相互通讯和资源共享的网络系统。局域网络内的计算机可以实现文件管理、应用软件共享、打印机共享、工作组内的日程安排、电子邮件和传真通信服务等功能。局域网是封闭型的，可以由办公室内的两台计算机组成，也可以由一个公司内的上千台计算机组成。

8.Wi-Fi（Wireless Fidelity）："无线保真"，是一种将个人电脑、手持设备（如PDA、手机）等终端以无线方式互相连接的技术，目前多应用于无线路由设备上。

9.安全隔离网闸：又名"网闸"、"物理隔离网闸"，用以实现不同安全级别网络之间的安全隔离，并提供适度可控的数据交换的软硬件系统。解决涉密网络与公共网络连接时的安全问题。

10.UPS（Uninterruptible Power System）：不间断电源，是一种含有储能装置，以逆变器为主要组成部分，恒压恒频的不间断电源。主要用于给单台计算机、计算机网络系统或其它电力电子设备提供不间断的电力供应。当市电输入正常时，UPS 将市电稳压后供应给负载使用，此时的UPS就是一台交流市电稳压器，同时它还向机内电池充电；当市电中断（事故停电）时，UPS立即将机内电池的电能，通过逆变转换的方法向负载继续供应220V交流电，使负载维持正常工作并保护负载软、硬件不受损坏。UPS 设备通常对电压过大和电压太低都提供保护。

11.路由器（Router）：连接因特网中各局域网、广域网的设备，它会根据信道的情况自动选择和设定路由，以最佳路径，按前后顺序发送信号的设备。路由器是互联网络的枢纽。

12.网络交换机：一个扩大网络的设备，能为子网络提供更多的连接端口，以便连接更多的计算机。

13.防火墙（Firewall）：一项协助确保信息安全的设备，会依照特定的规则，允许或是限制传输的数据通过。防火墙可以是一台专属的硬件也可以是架设在一般硬件上的一套软件。

14.服务器：指一个管理资源并为用户提供服务的计算机软件，通常分为文件服务器、数据库服务器和应用程序服务器。运行以上软件的计算机或计算机系统也被称为服务器。相对于普通计算机来说，服务器在稳定性、安全性、性能等方面都要求更高，因此CPU、芯片组、内存、磁盘系统、网络等硬件和普通计算机有所不同。

15.网络拓扑结构：用传输媒体互连各种设备的物理布局，就是用什么方式把网络中的计算机等设备连接起来。拓扑结构图给出网络服务器、工作站的网络配置和相互间的连接，主要有星型结构、环型结构、总线结构、分布式结构、树型结构、网状结构、蜂窝状结构等。

16.虚拟专用网络（Virtual Private Network，简称VPN）：在公用网络上建立专用网络的技术。它涵盖了跨公用网络或公共网络的封装、加密和身份验证链接的专用网络的扩展。VPN属于远程访问技术，利用公网链路架设私有网络，用户只要能上互联网就能利用VPN非常方便的访问内网资源。

17.软件开发框架：为了实现某个业界标准或完成特定基本任务的软件组件规范，也指为了实现某个软件组件规范时，提供规范所要求之基础功能的软件产品。框架的功能类似于基础设施，与具体的软件应用无关，但是提供并实现最为基础的软件架构和体系。软件开发者通常依据特定的框架实现更为复杂的商业运用和业务逻辑。这样的软件应用可以在支持同一种框架的软件系统中运行。简而言之，框架就是制定一套规范或者规则（思想），大家（程序员）在该规范或者规则（思想）下工作。或者说就是使用别人搭好的舞台，你来做表演。J2EE、.NET是不同的软件开发框架。

18.数据库："按照数据结构来组织、存储和管理数据的仓库"。关系数据库是建立在关系模型基础上的数据库，借助于集合代数等数学概念和方法来处理数据库中的数据。现实世界中的各种实体以及实体之间的各种联系均用关系模型来表示。SQL Server、MySQL、Oracle是不同厂商提供的关系数据库产品。

19.电子签名：数据电文中以电子形式所含、所附用于识别签名人身份并表明签名人认可其中内容的数据。通俗点说，电子签名就是通过密码技术对电子文档的电子形式的签名，并非是书面签名的数字图像化，它类似于手写签名或印章，也可以说它就是电子印章。

20."四合一"新技术：在高大平房仓或浅圆仓、立筒仓中采用计算机粮情检测、环流熏蒸、机械通风、谷物冷却等技术和装备的集成及优化组合。由国家粮食局科学研究院牵头完成的《粮食储备"四合一"新技术研究开发与集成创新》成果获2010年度国家科技进步一等奖。

21.Web Service：一种应用程序，它可以使用标准的互联网协议，将功能纲领性地体现在互联网和企业内部网上。

22.OPC（OLE for Process Control）：一个工业标准。OPC包括一整套接口、属性和方法的标准集，用于过程控制和制造业自动化系统。

23.电子巡更：一种对巡逻人员巡更工作进行科学化、规范化管理的全新技术，是治安管理中人防与技防的一种有效整合。用于在下班之后特别是夜间的保卫与管理，实行定时定点巡查，是防患于未然的一种措施。

24.虚拟现实技术（VR）：又称灵境技术，是以沉浸性、交互性和构想性为基本特征的计算机高级人机界面。它综合利用了计算机图形仿真技术、多媒体技术、人工智能技术、计算机网络技术、并行处理技术和多传感器技术模拟人的视觉、听觉、触觉等感觉器官功能，使人能够沉浸在计算机生成的虚拟境界中，并能够通过语言、手势等自然的方式与之进行实时交互，创建了一种适人化的多维信息空间，具有广阔的应用前景。

25.地理信息系统（Geographic Information System，简称GIS）：又称为"地学信息系统"或"资源与环境信息系统"。它是一种特定的十分重要的空间信息系统，在计算机硬、软件系统支持下，对整个或部分地球表层（包括大气层）空间中的有关地理分布数据进行采集、储存、管理、运算、分析、显示和描述。

关于贯彻落实全国科技创新大会精神加快推进粮食行业科技进步与发展的通知

（国家粮食局 国粮展〔2012〕124号 2012年7月24日）

各省、自治区、直辖市、计划单列市及新疆生产建设兵团粮食局、国家粮食局科学研究院、河南工业大学、南京财经大学、武汉工业学院、中国储备粮管理总公司、中粮集团有限公司、中国华粮物流集团公司、中国中纺集团公司：

2012年7月6日至7日，党中央、国务院在北京召开了全国科技创新大会。这次大会是在全面建设小康社会的关键时期和加快转变经济发展方式的攻坚阶段召开的一次重要会议，是全面部署加快创新型国家建设的动员会。粮食行业要深入学习领会全国科技创新大会精神，充分认识加快建设创新型国家对行业科技发展的新要求，进一步明确新时期粮食行业发展的重要任务，把党和国家的重大决策转化为行业科学发展的动力。为深入贯彻落实全国科技创新大会精神和《中共中央国务院关于深化科技体制改革加快国家创新体系建设的意见》，现就有关问题通知如下：

一　认真学习领会全国科技创新大会精神，增强以科技促进粮食行业发展的紧迫感

各级粮食部门、粮食科研教育机构和粮食企业要认真组织深入学习会议精神，深刻领会党中央、国务院关于深化科技体制改革、加快国家创新体系建设的战略指导方针和目标要求，深刻理解发展依靠创新驱动、提高自主创新能力、深化科技体制改革、完善人才发展机制、优化创新环境和扩大科技开放合作的重要意义。坚决贯彻中央部署，切实抓好会议精神的落实工作。各地各单位要科学分析粮食行业科技工作现状，结合行业实际，研究提出本地区、本单位的科技创新工作目标和具体措施，深入推进粮食科技创新，加强科技推广力度，为行业发展提供有力的科技支撑。加强统筹协调，强化组织领导，落实各项政策措施。尽快研究制定科技创新实施意见，突出工作重点，明确责任分工，着力解决粮食行业科技创新的实际问题，为推进粮食流通事业的进一步发展打好基础。

二　落实以企业为创新主体的战略决策，进一步促进科技创新与行业发展相结合

提升粮食企业特别是大型龙头企业以及科技型企业的创新主体作用，提高本土粮食企业的核心竞争力。支持企业建立研发中心，以企业为主导深化产学研相结合，建立科技资源开放共享机制，创造公平开放的市场环境，实现以创新促发展的目标。积极推动企业为主体的粮食行业产业技术创新战略联盟的建设工作，鼓励优先在粮食购销、储藏、质检、加工、物联网等领域由企业牵头承担产业目标明确的重大科技项目，围绕国家重点研发任务，开展技术创新和促进成果产业化。

三　紧紧抓住粮食安全的重点工作，提高自主创新能力，完善创新体系

加强协同创新，提高粮食科技创新体系整体发展水平。继续加强和完善粮食产后国家工程实验室、国家粮食局工程技术研究中心、国家粮食局重点实验室等创新平台。统筹目标导向，强化科技创新资源聚集效应，注重吸引粮食企业和行业内外具有特色与优势的科技研发力量参与，建设优势互补的社会化粮食科技创新体系。深入开展保障国家粮食安全的粮食购销、储藏、物流、加工和质量安全领域重大科技问题的研究和新技术推广，重点开展数字粮库、生态储粮、快速检测、清仓查库、应急保障等战略先导研究。提高自主创新能力，满足社会经济发展对粮食安全的要求。

四　以科技创新支撑粮食产业升级，服务粮食产业发展

粮食行业科技创新要瞄准世界科技前沿、跟踪国际先进水平、紧密联系市场需求、优化创新资源配置、做好行业规划落实。以科技创新支撑行业发展方式的转变，推动产业结构升级。加大行业应用基础性研究，突破技术瓶颈，掌握核心关键技术，促进新一代信息技术、生物、节能减排、高端装备制造在改造传统粮食产业中的作用。抓紧做好正在开展的科技创新项目实施工作，加大工作力度，确保稳步推进。加强国际科技交流与合作，充分利用国际科技资源，吸引优秀国际人才参与粮食创新。主动提出或参与国际标准制定，增强我国作为粮食大国的国际话语权。

五　发挥公益型粮食科研和教育机构的基础研发作用，促进基础研究与产业发展的高度融合

鼓励公益性科研机构积极承担行业基础性、前瞻性、战略性研究。本着公益、基础、培育、应急的创新要求，统筹安排粮食公益性行业科研专项工作。建立适应创新发展的用人制度，形成培养高水平行业科技人才和技能人才的环境和机制，树立严谨治学的科研态度和实事求是的学风，激发科技人员的积极性、创造性，加强学术道德和创新文化建设。加大科技奖励工作力度，重视知识产权保护，促进科技成果转化。

关于进一步推进主食产业化 增强口粮供应保障能力的指导意见

（国家粮食局 国粮展〔2012〕164号 2012年8月24日）

各省、自治区、直辖市、计划单列市、新疆生产建设兵团及黑龙江省农垦总局粮食局，中国储备粮管理总公司、中粮集团有限公司、中国华粮物流集团公司、中国中纺集团公司：

为认真贯彻落实中共中央、国务院关于加快推进农业科技创新持续增强农产品供给保障能力的精神，全面实施粮食行业"十二五"发展规划纲要、粮油加工业"十二五"发展规划，加快转变粮食产业发展方式，促进粮油加工产业转型升级，适应城乡居民对主食口粮消费的新需求，我局研究决定在"十二五"期间进一步推进主食产业化发展，全面提升城乡居民口粮供应保障能力。国家发展改革委对推进主食产业化高度重视，会同我局共同研究并提出以下指导意见：

一   充分认识推进主食产业化的重要意义

主食是城乡居民生活必须食用的主要粮食制成品，既包括米饭、馒头、面条、杂粮等主食制品，也包括大米、小麦粉等主食原料。主食产业化，则是在构建从田间到餐桌的粮食全产业链过程中形成的，以粮食生产基地化、主食加工工业化、营销供应社会化为主要特征的，具有中国膳食特色的新型主食产业发展方式。

近年来，我国主食产业经历了工业化起步、规模化扩张、产业化发展提速等阶段，初步形成了主体多元化、原料产品规模化、主食产品多样化、产供销一体化、工艺科技化、品牌特色化的发展新格局。当前主食产业化呈现了蓬勃发展的良好态势。但与世界发达国家和地区主食产业化水平相比还有很大差距，也存在着产业化程度偏低、装备和技术落后、主食品安全有待加强、市场占有率不高等亟待解决的问题。

在我国全面建设小康社会的进程中，推进主食产业化具有重要意义：一是适应城乡居民消费方式升级，保障军需民食新需求，保障粮油主食品安全的重要"民生工程"；二是推动粮食产业结构调整、加快粮油加工业转型升级、振兴粮食行业的重要举措；三是提升粮油产品的附加值和市场竞争力，推动农民增收、企业增效的有效手段；四是转变粮食产业发展方式，增强口粮供应保障能力，促进新型工业化、城镇化和农业现代化协调发展的重要途径。

二   指导思想、基本原则和主要目标

（一）指导思想

以科学发展为主题，以加快转变经济发展方式为主线，以保障国家粮食安全、保障和改善民生为宗旨，以增强口粮供应保障能力，提升城乡居民生活品质为目标，以科技进步和装备创新为先导，坚

持走中国特色的新型工业化道路，用产业化运行模式，加快推进以传统蒸煮米面制品为代表的主食产业化进程，努力构建多元化、多层次的现代化主食产业体系。

（二）基本原则

坚持市场导向、政府引导、企业运作的原则；坚持机制创新、主体多元、互利共赢的原则；坚持优质营养、健康美味、经济便捷的原则；坚持科技支撑、质量安全、装备先进的原则；坚持因地制宜、突出特色、稳步推进的原则。

（三）主要目标

到2015年，主食工业化的比例明显提高，其中面制主食品工业化的比例提高到30%左右，米制主食品工业化的比例提高到20%左右；优化和改进传统主食生产工艺，加工装备自主化率达到60%以上；食品安全水平明显提升，培育一批市场占有率高的知名品牌；培育壮大一批自主创新能力强、集约化程度高、处于行业领先地位的大型主食产业化龙头企业，形成一批相互配套、功能互补、联系紧密的主食产业化集聚示范区；建立军民融合、平战结合、宜军宜民、应急保障有力的军粮主食供应体系。使成品粮应急加工和供应体系更加健全，主食产业化发展水平明显提升，口粮供应保障能力明显增强。

三　加快推进主食产业结构调整和发展

（四）加快开发主食新产品，推进产业升级

大力发展主食加工业，丰富花色品种，提高优、新、特产品的比重，促进传统米面和杂粮主食的工业化、方便化、大众化，提高即食性，保证品质；加快系列化、多元化、营养化、专用化的主食原料产品开发，提高米制食品专用米、面制食品专用粉、全麦粉、营养强化粉等的比重，大力倡导适度加工，提倡科学健康消费；大力发展各种馒头、面条（挂面、鲜湿面条）、饺子等面制主食品，提升产品档次；积极发展方便米饭、米粉（米线）、米粥等米制主食品，提高规模化生产水平；积极开发多种规格和风味的速冻、即食米面及杂粮主食制品，扩大规模，改进工艺，提高节能降耗水平。

（五）实施主食产业化工程，发挥示范作用

发挥骨干企业的优势，在北京、天津、河北、山东、河南、陕西等地建设或改造一批优质面制主食加工示范基地；在东北地区和上海、安徽、江西、湖南、广东、广西、重庆、四川、贵州、云南等地建设和改造一批优质米制主食加工示范基地；在华北、西北、西南等地区发展以杂粮为主的主食、方便食品。实现主食生产工业化、产品标准化和配送社区化。建设和改造一批规范化、机械化、规模化的大型主食生产加工中心，支持建立一体化主食冷链物流配送体系试点，有效增强其加工、配送及质量安全保障能力。

（六）培育主食产业化企业，推进集聚发展

鼓励龙头企业大力发展粮食订单农业，建立生产基地，带动优质、专用粮食生产结构调整，形成种植、收储、加工和市场营销一条龙的全产业链发展模式。引导龙头企业与农户、合作社有效对接，形成稳定的购销关系，共享发展成果。支持通过兼并、重组、收购、控股、联营等方式，组建一批具有核心竞争力的大型集团。科学规划，合理布局，依托大型加工企业，加强粮油食品加工、仓储、物流设施及质量检验检测、信息处理等公共服务平台建设，打造一批各具特色的现代主食加工园区，引

导企业向园区集聚。支持粮食大省向粮食强省发展，支持河南等省建设主食产业化集聚示范区，培育产业集群，推进集约化经营、规模化发展。

（七）创新流通方式，完善主食供应体系

整合粮食行业资源，鼓励主食产业化企业与"放心粮油店"、军粮供应站、粮油应急供应点等相结合，充分利用现有供应网点，增加网点经营业务，减少布点成本，互惠互利。以现有大型主食加工、小麦加工、稻谷加工、粮油仓储企业和军粮供应企业为主体，充分挖掘和利用现有土地、厂房、人才、技术和销售网络等资源优势，实现企业强强联合或低成本扩张。鼓励现有主食加工优势企业，建设新型物流配送网络，优化网点布局。探索新型商业模式，创新主食流通方式，鼓励大力发展连锁经营、直营店、配送中心、放心粮店、放心主食专卖店、厂店对接、校企对接和电子商务，积极开展直营直供。

（八）加强科技创新，提高核心竞争力

有效整合粮食科技资源，建立协同创新机制，推动产学研紧密结合，面向产业需求，通过国家主食产业化科技重大项目等，从原料配方、工艺选择、工艺指标等对主食成分的结构和品质影响的机理上深入研究，着力推进传统主食品现代加工、全谷物食品加工、抗老化保鲜、超高压加工、挤压加工、质量评价方法和质量安全溯源等关键技术和装备的创新与产业化，提升主食加工业整体技术水平。鼓励龙头企业加大主食科研领域的投入，建立企业研发中心，培育市场竞争力强的科技型龙头企业。加强面制、米制主食国家企业技术中心、国家工程实验室、工程（技术）研究中心等创新平台和产业创新联盟建设。

（九）加快企业技术进步和改造，提高装备水平

鼓励和支持拥有一定基础的自主品牌企业加大技术进步和技术改造力度，支持新工艺、新技术、新材料、新装备的推广应用和新产品的产业化，优化生产流程，适当借鉴和引进国外先进技术和设备，加快提升企业工艺、装备水平和核心竞争力。支持小企业改善生产条件，提高技术水平，开发"专、精、特、新"产品。在速冻主食品领域，加快节能减排技术改造，加快推广高效节能新工艺新设备。加强具有自主知识产权的主食装备研发，加快推进馒头、鲜湿面条、方便米饭、杂粮主食、速冻主食等加工装备自主化，推动生产过程智能化和生产装备数字化，提高自动化水平，依托骨干企业，扶持建设一批主食加工成套装备制造基地。

（十）健全主食质量安全保障体系，确保消费安全

完善主食质量标准体系建设，加快制修订具有中国特色的主食产品标准、卫生标准、安全生产技术规范和检测方法标准，严格粮油食品质量标准实施，强化食品安全全程控制，确保产品质量安全。加强主食安全检验监测能力建设，满足企业对原辅料、半成品、成品等的农药残留、真菌毒素、重金属等质量安全指标快速检验的需要，构建制度完善、风险可控、监管有效的主食质量安全保障体系。加快粮油食品安全风险监测管理系统和信息化网络建设，建立健全粮油食品安全数据库和预警体系，预防和控制粮油食品安全风险。支持建立主食质量安全追溯体系试点及召回退市制度，全面提高主食加工和流通安全保障水平。支持示范省份开展以示范基地和粮油质检机构为核心的产业化主食质量安全保障体系和监管工作，保证产品质量安全。

（十一）实施品牌带动战略，丰富主食文化内涵

引导主食加工企业由做产品向做品牌并举转变，以优势骨干企业为主体，通过自主创新、品牌经营、商标注册、专利申请等手段，培育一批拥有自主知识产权、核心技术和较强市场竞争力的全国性

知名品牌。发挥品牌扩散效应和聚合效应，推进品牌整合，扩大知名品牌市场占有率，提升企业核心竞争力。践行"为耕者谋利，为食者造福"的理念，丰富和发展主食文化的科学内涵，将品牌培育与产品开发和技术创新紧密结合，提高品牌附加值。

（十二）完善应急供应体系，服务宏观调控

将主食产业化体系建设与成品粮应急加工及供应体系建设相结合，加强大中城市及重点地区供应渠道网点建设。积极开拓城乡市场，推广连锁经营和开展优质服务，保障城乡居民及部队的主食供应和食用安全。在环渤海、长三角、珠三角、成渝等地区的特大城市、省会城市，以及其他重点地区，依托大型加工企业，完善应急加工、供应和储运体系，合理布局应急供应网点，确保应急时主食产品的有效供给。

四　狠抓落实，加强组织领导和统筹协调

（十三）强化组织领导

推进主食产业化是政府引导的民生工程，国家发展改革委加强对主食产业化政策的指导和协调。国家粮食局负责指导意见的组织实施，具体部署，落实有关政策，扎实推进各项工作。省级粮食行政管理部门要与发展改革等部门加强指导意见实施的沟通协调和支持配合，切实落实责任，细化目标任务，确保指导意见目标任务的顺利完成。各级粮食行政管理部门要把主食产业化作为发展现代粮食流通产业工作中一件带有全局性、方向性的大事来抓，大力争取各级政府的支持，切实加强对主食产业化发展工作的组织领导，把主食产业化纳入地方经济社会整体发展总体和专项规划。建立健全部门间沟通协商的工作机制，强化协作配合，落实责任分工，形成工作合力。结合"放心粮油进农村进社区工程"、"主食厨房工程"、"早餐工程"、"万村千乡市场工程"、"农村义务教育学生营养改善计划"、"军粮供应主食平台建设工程"等项目的实施，相关部门形成强有力的协作机制，研究解决发展中的重大问题，确保主食产业化的顺利推进。

（十四）落实优惠政策

贯彻落实国家有关支持龙头企业发展的相关政策，筛选一批主食产业化企业，推荐纳入国家重点支持的农业产业化龙头企业范围。加大对主食产业化企业和产业园区建设的资金支持力度。积极引导社会资金投入到主食产业化领域。农发行等政策性金融机构应加大对龙头企业固定资产投资、农产品收购、融资授信的支持力度。认真落实国家有关农产品初加工企业税收优惠政策，研究修订主食加工增值税政策。

（十五）加强行业指导

国家粮食局加强对粮油加工业及主食产业化发展的指导、协调和服务，组织实施主食产业化示范工程，完善全国粮油加工业统计调查体系，实施主食产业化专项调查，为研究制定产业政策提供依据。省级粮食行政管理部门要落实行业规划和本指导意见，统筹主食产业化推进，科学布局，以规划引导重点项目和重点园区建设，认真总结和借鉴各地主食产业化的典型经验，按照本意见精神，结合本地区实际，抓紧研究制定贯彻落实意见。发挥粮食行业协会、粮油学会等中介组织的作用，加强行业自律，规范企业行为，服务会员和农户。各级粮食行政管理部门要会同有关部门，加强宣传引导，营造全社会关心支持主食产业化和龙头企业发展的良好氛围，促进主食产业化健康、协调、持续发展。各地要将本地区推进主食产业化规划，以及实施过程中遇到的新情况、新问题及时报送国家粮食局。

关于表彰全国粮食行业技术能手技能人才培育突出贡献奖单位和个人的决定

（国家粮食局 国粮人〔2012〕187号 2012年9月25日）

各省、自治区、直辖市及新疆生产建设兵团粮食局，中国储备粮管理总公司、中粮集团有限公司、中国华粮物流集团公司：

为表彰全国粮食行业涌现的优秀高技能人才和在高技能人才培养工作中做出突出贡献的单位和个人，树立全行业学习的榜样，进一步推进粮食行业高技能人才队伍建设工作，按照《全国粮食行业技术能手评选表彰管理办法》、《全国粮食行业技能人才培育突出贡献奖评选表彰管理办法》有关规定，在各省、自治区、直辖市粮食局和有关中央粮食企业推荐的基础上，经粮食行业专家评审委员会评审、社会公示，国家粮食局决定：

一、授予冯利等20名同志"全国粮食行业技术能手"荣誉称号，颁发奖章、荣誉证书。

二、授予内蒙古呼和浩特白塔国家粮食储备中转库等11家单位"全国粮食行业技能人才培育突出贡献奖单位"荣誉称号，颁发奖牌、荣誉证书。

三、授予滕化生等11名同志"全国粮食行业技能人才培育突出贡献奖个人"荣誉称号，颁发奖牌、荣誉证书。

希望受表彰的个人以这次获得的荣誉为新的起点，总结经验，再接再厉，积极进取，运用自己的职业技能，做好传帮带工作，为粮食行业的发展再立新功。希望受表彰的单位继续重视和加强技能人才的培养，建立良好机制，营造高技能人才成长的良好氛围，培养造就更多的技能人才。粮食行业广大职工要以全国粮食行业技术能手为榜样，立足本职工作，爱岗敬业，求实创新，进一步提高技能水平，在为粮食流通中心工作服务中作出更大贡献。

附件：1.全国粮食行业技术能手
2.全国粮食行业技能人才培育突出贡献奖单位
3.全国粮食行业技能人才培育突出贡献奖个人

附件1：全国粮食行业技术能手

冯 利（女）	内蒙古呼和浩特白塔国家粮食储备中转库
陈素君（女）	沈阳市第一粮库
何志军（女）	上海科茂粮油食品质量检测有限公司
刘林生	浙江省粮食局直属粮油储备库
张云峰	浙江省粮食局直属粮油储备库
陈 兵	江西省樟树东站国家粮食储备库

熊　玲（女）	新余市粮食局第三粮库
陈怀安	河南省粮油对外贸易有限公司
白　巍	河南郑州兴隆国家粮食储备库
张士靖	河南方欣米业集团股份有限公司
程益林	湖南益阳琼湖国家粮食储备库
龚爱军（女）	湖南益阳琼湖国家粮食储备库
李丹青（女）	广东省储备粮管理总公司湛江直属库
王泽文	成都市粮油储备有限责任公司
张　华（女）	四川巴中国家粮食质量监测站
吴丽华（女）	西安市粮油质量检验中心
贺瑞红（女）	宁夏石嘴山国家粮食储备库
王念东	中央储备粮巢湖直属库
刘天寿	山东黄岛国家粮食储备库
孟繁林	北京八达岭华天国家粮食储备库

附件2：　全国粮食行业技能人才培育突出贡献奖单位

内蒙古呼和浩特白塔国家粮食储备中转库

辽宁省粮食科学研究所

齐齐哈尔市第一粮库有限公司

江苏无锡国家粮食储备库

福建省储备粮管理有限公司

山东鲁北国家粮食储备库

河南省经济管理学校

湖南省经济贸易高级技工学校

新疆工业经济学校（新疆经济贸易技术学校）

中储粮培训中心（中储粮总公司职业技能鉴定基地）

中粮粮油有限公司

附件3：　全国粮食行业技能人才培育突出贡献奖个人

滕化生	天津市粮食行业特有工种职业技能鉴定站
郁　伟（女）	辽宁省粮油检验监测所
谭晓燕（女）	黑龙江粮食职业学院

郭维荣（女）　江苏省经贸技师学院

章　烜　　　江西省粮油质量监督检验中心

郭国强　　　河南经济贸易高级技工学校

覃世民　　　湖南省粮油科学研究设计院

蒋天科　　　重庆铜梁国家粮食储备库

彭万达　　　甘肃省经济贸易学校

樊丽华（女）　新疆工业经济学校（新疆经济贸易技术学校）

王静波（女）　中储粮总公司职业技能鉴定基地

关于进一步加强合作
推进国有粮食企业改革发展的意见

（国家粮食局　中国农业发展银行
国粮财〔2012〕205号　2012年11月2日）

各省、自治区、直辖市及新疆生产建设兵团粮食局，中国农业发展银行各省级分行：

国有粮食企业是国家收购掌握粮源和实施粮食宏观调控、促进粮食增产和农民增收、维护粮食市场与价格基本稳定、确保国家粮食安全的重要载体和得力抓手，承担着重要的公益性、基础性和社会性职能。近些年来，各地按照中央关于进一步深化粮食流通体制改革的部署，大力推动国有粮食企业改革和发展，企业"三老"问题基本解决，新的经营管理机制逐步建立。国有粮食企业在农业政策性金融的支持下，积极开展粮食购销，经济效益稳步提高，开始走向振兴发展的新阶段。但是，在多元市场主体日益激烈的竞争中，受历史遗留问题及当前经济环境等因素影响，国有粮食企业融资难、竞争力弱、经营模式单一、缺乏自我积累等问题比较突出，"小、散、弱"的状况没有得到根本性改变，粮食购销主渠道的地位和功能受到影响。

为进一步优化国有粮食企业改革发展环境，充分发挥农业政策性金融的重要支持作用，促进国有粮食企业尽快做大做强，更好地服务国家粮食宏观调控，切实保护种粮农民利益，维护粮食市场稳定，保障国家粮食安全，国家粮食局和中国农业发展银行（以下简称农发行）就进一步加强合作，推进国有粮食企业改革和发展提出以下意见：

一　推动战略重组，做大做强国有粮食企业

（一）重点推进县级国有粮食购销企业兼并重组，促进资产优化组合。每个县（市、区）原则上保留1家地方国有或国有控股粮食购销企业，以优势骨干粮库为主体，基层购销网络为基础，通过兼并重组，组建公司制、股份制粮食企业，主要承担粮食储备、政府调控和市场化收购任务。逐步实现"一县一企、一企多点"模式，促进资产、资源向优势企业集中，把国有粮食企业做大做强。

（二）积极适应区域粮食宏观调控需要，着力培育区域性国有或国有控股的地方大型粮食企业，并以具备规模优势、资产优势和市场影响力的区域性大中型粮食企业为依托，打造国有或国有控股的区域性粮食集团，不断提高国有粮食企业的竞争力、影响力和控制力。

（三）按照有利于保护售粮农民利益、有利于粮食市场稳定、有利于国家粮食安全、有利于发挥国有粮食企业主渠道作用的原则，在深入分析本地国有粮食购销企业资产状况、经营能力的基础上，充分考虑当地粮食购销数量、企业辐射半径和应急保障需要，制定本地区国有粮食企业改革重组规划方案。省、市、县三级规划方案要上下对应、统一协调，并征得当地政府同意及有关部门的支持，确保规划方案的顺利实施。

二   转变企业经营模式，建立现代企业制度

（四）着力改变国有粮食购销企业"买原粮、卖原粮"的单一经营发展模式，推动有条件的国有粮食企业向收购、仓储、物流、加工、销售等一体化发展，延伸和完善产业链条，增强企业竞争力。鼓励地方国有粮食企业通过积极参与"主食产业化"、"放心粮油工程"等，拓展经营空间，实现经营多元化发展。

（五）按照"产权清晰、权责明确、政企分开、管理科学"的现代企业制度要求，创新机制，规范运作，完善法人治理结构，真正形成以资产为纽带、统一发展战略、统一资产管理、统一财务核算、统一制度管控、统一人力配置的统分结合的公司制发展模式，切实增强企业市场竞争力。

三   积极协调和争取地方政府支持，为国有粮食企业改革发展创造良好环境

（六）在改制重组过程中，要通过采取免征、先征后返或减征土地出让金的方式，将地方国有粮食企业现有的国有划拨土地改变为出让用地。结合"退城进郊"、创办"粮食产业园"等，盘活地方国有粮食企业现有资产，扩大资产规模，改善资产质量。

（七）加强对地方国有粮食企业改革的指导、协调、监督和服务，在人员分流、社会保障、经营性亏损处置等方面给予一定优惠政策，争取重组、改制后的地方国有和国有控股粮食企业，继续享受原有国有粮食企业的税收优惠政策，减少企业经营成本。

（八）采取政府注资、企业入股等方式，多渠道充实国有粮食企业资本金，提高企业资信状况，增强地方国有粮食企业融资偿贷能力，实现可持续发展。

四   发挥政策性金融支持作用，加大信贷支持力度

（九）以省、市两级粮食储备为重点，加大对地方储备信贷支持力度，确保省、市级储备粮增储、轮换资金需要，不断增强地方政府区域粮食市场调控能力。对省、市级储备粮管理公司或直属库，地方储备先购后销所需的轮换贷款，应给予信用贷款支持。对军粮供应企业保障军粮供应所需资金足额贷款。

（十）对县级粮食储备实行有区别的信贷政策。对制度健全、财政补偿政策落实、符合贷款集中管理要求的，增储贷款要优先支持；对财政补贴不落实的，原则上不予支持。对承担县级储备的企业，地方财政补贴能够弥补价差亏损，或企业足额建立轮换风险准备金的，所需轮换贷款可采取信用贷款方式。

（十一）对经营管理状况好的地方国有粮食企业开展自主经营的市场化粮食收购资金需求，要按照企业的风险承受能力和经营能力，在企业有效资产应抵尽抵，落实一定比例的自有资金或缴存风险准备金后，可发放信用贷款。不得将自有资金和风险准备金两种风险保障措施同时使用。

（十二）对从事粮食储运、调销、加工的国有粮食企业符合流动资金贷款条件和要求的，要积极给予流动资金贷款支持，促进其扩大经营。

（十三）在地方国有粮食购销企业资产重组过程中，可以发放重组贷款，支持企业资产整合，提

高竞争优势。对地方国有粮食购销企业在战略重组过程中关闭、注销和破产的，农发行可依照国家有关规定，加快处置所形成的呆坏账。

（十四）充分利用现有的流动资金贷款、中长期固定资产贷款，积极支持改制后的地方国有粮食企业开展粮食收储、科技创新、技术升级改造、质量体系建设、军粮供应保障能力提升以及生产基地建设，引导企业延伸产业链条，加快产业布局，尽快做大做强。

（十五）对改革改制后的地方国有粮食购销企业，暂时达不到粮食收购贷款条件的，给予1～2年过渡期限。在粮食主产区和有粮食收购任务地区，一个县（市、区）域内没有具备粮食收购贷款资格企业的，应由当地政府指定，落实必要风险防控措施，选择1～2家条件较好的地方国有粮食企业发放粮食收购贷款，确保不留收购空白点，地方政府和粮食行政管理部门要负责对指定企业进行监管，确保农发行收购资金安全。

（十六）地方国有粮食企业要按照农发行粮食收购资金封闭管理要求，确保粮食收购资金专款专用，不得挤占挪用。申请粮食收购资金贷款须在农发行开立粮食收购资金存款账户，积极配合农发行对收购资金的信贷监管，销售货款要全额回笼至农发行存款账户，并及时归还占用的粮食收购贷款。

五　改进信贷服务，提高办贷效率

（十七）积极协调地方政府发展贷款担保机构。通过粮食企业的联合筹资、吸收社会资金入股、向现有担保机构注资、争取财政资金补助等方式组建融资性担保公司，对地方国有粮食企业定向提供担保，提高地方国有粮食企业的融资能力。

（十八）建立粮食共同担保基金。有条件的地方，要积极协调政府有关部门和地方国有粮食企业共同出资，在粮食行政管理部门或财政部门建立粮食共同担保基金，为地方国有粮食企业融资进行担保。

（十九）不断创新信贷产品，满足地方粮食企业改革发展的需要。对产业链比较完善的粮食企业，农发行要创新信贷产品，以核心业务为依托，满足企业上下游整个产业链的融资需求。

（二十）创新地方国有粮食企业的贷款担保方式，增大对企业融资额度。实行粮食库存浮动抵押、仓单质押等安全、便捷的担保方式，切实改善地方国有粮食企业融资担保难问题。

（二十一）对于地方国有粮食企业使用粮食收购贷款，每年在收购旺季前要及早开展收购贷款资格认定、信用等级评定和授信工作，将粮食收购贷款额度核批到企业，并及时通知企业办理相关手续。

（二十二）严格执行中国银监会和农发行有关金融服务收费相关规定，严禁违规向企业收费。对于符合收费减免政策规定的，要减免相关费用，降低企业融资成本。

六　密切加强合作，建立工作协调机制

（二十三）各级粮食行政管理部门和农发行要建立国有粮食企业资信共同考评机制，把企业发展潜力、经营管理能力、履约还贷能力等作为考核重要内容，共同把发展前景良好、管理规范、信誉良好的国有粮食企业纳入"信誉良好企业"名单，在贷款条件和政策上给予适当优惠和支持。

（二十四）各级粮食行政管理部门和农发行要建立国有粮食企业贷款风险共同监管机制，科学区分市场经营风险等系统性风险和恶意挤占挪用等非系统性风险，分类指导、突出重点。农发行适当提高对因价格波动而带来的市场风险承受度和容忍度。粮食部门要加强对国有粮食企业经营管理的指导，努力规避市场风险。同时建立国有粮食企业贷款非系统性风险责任追究机制，对企业发生的恶意挤占挪用农发行贷款的行为，按照人事管理权限严肃追究直接责任人和相关责任人的责任。

（二十五）各级粮食行政管理部门和农发行要建立定期联系共同会商制度，加强对国有粮食企业改革发展的调查研究，掌握粮食行业发展规划、产业政策、改革动态等，共同参与当地国有粮食企业改革方案的制定，积极争取政府和有关部门的支持，及时沟通国有粮食企业改革进展、经营管理和信贷资金的使用情况，协商解决工作中存在的困难和问题，及时总结改革的成功经验和典型做法，完善政策措施，进一步提高服务水平。

各级粮食行政管理部门和农发行要认真贯彻落实本意见精神，并将执行过程中遇到的新情况、新问题，及时向国家粮食局（财务司）和农发行（客户一部）报告。

当前，正值秋粮收购的关键时期，各级粮食行政管理部门、农发行要通力合作，认真分析秋粮收购资金需求，及早安排和落实收购资金，加强对收购资金监管，确保不出现"打白条"问题。

关于2012年国家临时存储玉米收购等有关问题的通知

（国家发展改革委 国家粮食局 财政部 中国农业发展银行
国粮调〔2012〕212号 2012年11月14日）

中国储备粮管理总公司，内蒙古、辽宁、吉林、黑龙江省（自治区）发展改革委、粮食局、财政厅，农发行内蒙古、辽宁、吉林、黑龙江省（自治区）分行：

为切实保护种粮农民利益，稳定市场价格，促进粮食生产稳定发展，2012年国家在内蒙古、辽宁、吉林、黑龙江等省（自治区）实行玉米国家临时收储政策。根据国家发展和改革委员会、财政部、国家粮食局、中国农业发展银行《关于做好2012年秋粮收购工作的通知》（发改电〔2012〕204号）精神，现将有关事项通知如下：

一 收购价格

此次国家临时存储玉米挂牌收购价格（国标三等质量标准）为：内蒙古、辽宁1.07元/斤，吉林1.06元/斤，黑龙江1.05元/斤，具体质量标准按玉米国家标准（GB1353—2009）执行。相邻等级之间差价按每市斤0.02元掌握。挂牌收购价是指承担向农民直接收购的指定库点的到库收购价。非标准品玉米的收购，由指定库点根据等级、杂质等情况，按照国家发展和改革委员会、国家粮食局、财政部、国家质量监督检验检疫总局《关于执行粮油质量国家标准有关问题的规定》（国粮发〔2010〕178号）执行。其中对实际水分含量高于标准规定的玉米，以标准中规定的指标为基础，每高0.5个百分点扣量0.825%；低于或高于不足0.5个百分点的，不计增扣量。各指定库点要按照规定价格公开挂牌收购，对农民交售的玉米做到应收尽收，不限收、不拒收，切实做到敞开收购。同时，各指定库点要积极向农民提供"代烘干"服务，引导农民出售符合安全水分的粮食，增加售粮收入。

二 执行主体

中储粮总公司受国家委托承担这次国家临时收储任务，安排其直属企业、具有中央储备粮代储资格的企业或其他有一定规模和仓容量、仓房条件符合《粮油仓储管理办法》（国家发展和改革委员会令2009第5号）要求，具备必要的检化验设备和人员，具有较高管理水平和良好信誉的国有粮食企业，执行国家临时存储粮食收购任务。符合上述条件的中粮集团、华粮集团、中纺集团所属企业和地方大型骨干粮食企业，要优先安排。中储粮有关分公司要合理布设收购库点，对售粮较为集中、交通条件相对较差、农民反映问题较多的地区要增设收购库点，扩大布点范围，方便农民售粮。要合理调度使用烘干设施，引导农民均衡有序售粮，避免出现农民集中售粮、排长队的现象。同时要主动延长收购时间，不让农民卖"过夜粮"。指定收储库点必须具有粮食收购资格，具体名单（按照企业工商登记名称）由中储粮有关分公司负责提出，报中储粮总公司审核确定，并由中储粮总公司报国家有关部门和省级人民政府备案后及时向社会公布，接受社会监督。地方各级粮食部门要按照《粮食流通管理条例》和国家有关文件规定，加强对有关企业收购资格的审查和复查，加强对粮食收购活动、临时收储政策执行情况的监督检查，及时掌握农民售粮动态。对于农民反映存在"卖粮难"的地区，中储粮有关分公司要及时增加指定收购库点，满足方便农民售粮的需要。各指定收储库点要将以下材料留存备查：收购环节开具的收购结算单、质检单、称重计量单。中储粮总公司要统一规范收储合同文本并向国家有关部门备案。

中储粮总公司及其有关分公司必须充分利用中央和地方粮食企业现有仓储设施。如部分地区仓容不足，确需搭建露天储粮设施的，由中储粮分公司会同省级粮食行政管理部门、中国农业发展银行省级分行共同调查测算本省（区）预计搭建总量，经中储粮总公司审核并报国家有关部门批准后实施。在露天储粮设施搭建过程中，中储粮有关分公司要严格控制搭建数量，根据收购进度和实际仓容情况逐批分解下达露天储粮计划指标。如实际搭建数量超过批复总量的，中储粮总公司要在收购结束后1个月内报国家有关部门批准。

三　入库粮食质量

这次收购入库的玉米必须是2012年生产的新粮，应符合国标等内品质量标准，不符合标准的玉米不得入库。对实际水分、杂质高于标准规定指标的，必须经过烘晒整理达标后入仓储存。严禁从现有库存陈粮中划转或移库，违者将依照有关规定严肃处理。不同年度、不同性质的玉米必须分仓存放，不得混存。

四　财务处理

这次国家临时存储粮收购入库后，由中央财政按挂牌收购价加收购费用给予贷款利息补贴。玉米收购费用为2.5分/斤（含确需集并的县内集并费），由中储粮总公司包干使用，其中拨付指定收储库点的收购费用不得低于2分/斤。国家临时存储粮保管费用补贴标准按《财政部关于批复最低收购价等中央政策性粮食库存保管费用补贴拨付方案的通知》（财建〔2011〕996号）执行。对指定库点的收购、保管费用要足额拨付，不得截留挪用，保证企业收购和储粮需要。中储粮总公司要规范储粮行为，指定库点不得租仓储粮，也不得变相租仓降低保管费用补贴标准，以保证安全储粮的需要。

五　收购资金

农业发展银行按有关政策规定安排国家临时存储粮食贷款解决本次玉米收购所需资金（含收购费用），由收购所在地的中储粮直属企业统一承贷，并根据收购情况及时预付给指定库点，保证收购需要。对于没有中储粮直属企业的市（地）级行政区域，为保证收购需要，可暂由中储粮分公司指定具有农发行贷款资格、资质较好的企业承贷；收购工作结束后，贷款要及时划转中储粮公司直属企业统一管理。

六　统计处理

此次国家临时存储玉米收购期限为自本通知印发之日至2013年4月30日。统计处理按国家有关统计制度执行。收购期间，中储粮总公司每5天将有关分公司国家临时储存玉米的收购数量汇总后报国家粮食局、财政部和中国农业发展银行。具体报送时间为每月逢5日、10日（或月底）后的第2个工作日下班前。同时，中储粮有关分公司将玉米的月度收购进度情况，抄送当地省级农发行和省级粮食行政管理部门，指定收储库点要将收购进度抄送当地县级粮食行政管理部门。中储粮总公司要认真做好收购工作总结，并于2013年5月底前报告国家有关部门。

七　其他要求

中储粮总公司作为玉米国家临时收储政策的执行主体，对受委托企业收购玉米的数量、质量和销售出库负总责，要制定玉米临时收储的具体管理办法，规范业务流程，细化各环节要求，严格执行国家质价政策，既不能压级压价损害农民利益，也不能抬级抬价扰乱市场秩序，确保执行国家政策不走样。中储粮有关分公司及其直属企业要对玉米收购、入库等各环节进行全程跟踪监控，督促有关受委托企业认真做好国家临时存储玉米收购工作，严格执行国家规定的临时收储价格。经验收合格入库的玉米作为国家临时存储，建立质量档案，并由中储粮直属企业与委托收储库点签订代储保管合同，明确数量、等级、价格和保管、出库责任等，作为以后安排销售标的的质量依据。

在销售时发现入库的玉米实际数量和质量与销售标的不符的，造成的损失由负有监管责任的中储粮直属企业先行赔付，并查明原因。属于审核验收环节问题的，要追究审核验收的中储粮分公司（或直属库）和相关人员责任，并由其承担相应的经济损失。属于承储企业违反代储保管合同约定，因保管不善造成玉米损失的，由该承储企业承担经济损失，并追究其主要负责人和监管人员的责任。

对受委托企业压级压价、抬级抬价、从现有库存中划转等违规行为，一经发现要将其已入库的玉米全部退出国家临时存储的收购进度和库存统计，扣回全部费用利息补贴，由承贷企业追回粮款归还农发行贷款，取消其收储资格，由中储粮公司负责收回企业不当得利，并上交中央财政。如发生损失，由受委托企业承担，并追究其主要负责人和相关人员的责任，以及负责监管的人员责任，还要将其以前年度收储的玉米实行移库或按有关程序及时安排拍卖，所发生的费用由违规企业承担。承担审核验收的中储粮分公司（或直属库）在验收工作中弄虚作假的要追究其主要负责人和有关人员的责任。

各地和各有关部门要按照职责分工，对政策执行情况切实履行监督检查职责，确保国家的惠农政策落到实处。国家粮食局对中储粮总公司执行玉米收储政策以及储粮安全情况等加强督导，必要时协调有关部门进行巡查。农业发展银行及其分支机构对承担玉米临时收储任务的贷款企业加强信贷监管。地方粮食行政管理等部门要按在地原则，依照《粮食流通管理条例》等规定，加强对玉米临时收储政策执行情况的监督检查，及时查处违规行为，切实保护农民利益，维护正常的收购秩序。

关于2012年国家临时存储大豆收购等有关问题的通知

（国家发展改革委　国家粮食局　财政部　中国农业发展银行
国粮调〔2012〕213号　2012年11月14日）

中国储备粮管理总公司，内蒙古、辽宁、吉林、黑龙江省（自治区）发展改革委、粮食局、财政厅，农发行内蒙古、辽宁、吉林、黑龙江省（自治区）分行：

为切实保护种粮农民利益和生产积极性，经国务院批准，2012年国家继续在内蒙古、辽宁、吉林、黑龙江等省（自治区）实行大豆临时收储政策。根据国家发展和改革委员会、财政部、国家粮食局、中国农业发展银行《关于做好2012年秋粮收购工作的通知》（发改电〔2012〕204号）精神，现将有关事项通知如下：

一　收购价格

此次国家临时存储大豆挂牌收购价格（国标三等质量标准）为2.30元/斤，具体质量标准按大豆国家标准（GB1352—2009）执行。相邻等级之间差价按每市斤0.02元掌握。挂牌收购价是指承担向农民直接收购的指定库点的到库收购价。非标准品大豆的收购，由指定库点根据等级、水分、杂质等情况，按照国家发展和改革委员会、国家粮食局、财政部、国家质量监督检验检疫总局《关于执行粮油质量国家标准有关问题的规定》（国粮发〔2010〕178号）执行。为保护农民利益，对大豆损伤粒率和热损伤粒率符合等内品要求的，不扣量。各指定库点要按照规定价格公开挂牌收购，对农民交售的大豆做到应收尽收，不限收、不拒收，切实做到敞开收购。

二　执行主体

中储粮总公司受国家委托承担这次国家临时收储任务，安排其直属企业、具有中央储备粮代储资格的企业或其他有一定规模和仓容量、仓房条件符合《粮油仓储管理办法》（国家发展和改革委员会令2009第5号）要求，具备必要的检化验设备和人员，具有较高管理水平和良好信誉的国有粮食企业，执行国家临时存储粮食收购任务。符合上述条件的中粮集团、华粮集团、中纺集团所属企业和地方大型骨干粮食企业，要优先安排。中储粮有关分公司要合理布设收购库点，对去年售粮较为集中、交通条件相对较差、农民反映问题较多的地区要增设收购库点，扩大布点范围，方便农民售粮。要引导农民均衡有序售粮，避免出现农民集中售粮、排长队的现象。同时要主动延长收购时间，不让农民卖"过夜粮"。指定收储库点必须具有粮食收购资格，具体名单（按照企业工商登记名称）由中储粮有关分公司负责提出，报中储粮总公司审核确定，并由中储粮总公司报国家有关部门和省级人民政府备案后及时向社会公布，接受社会监督。地方各级粮食部门要按照《粮食流通管理条例》和国家有关文件规定，加强对有关企业收购资格的审查和复查，加强对粮食收购活动、临时收储政策执行情况的监督检查，及时掌握农民售粮动态。对于农民反映存在"卖粮难"的地区，由省级粮食行政管理部门责成中储粮有关分公司及时增加指定收购库点，满足方便农民售粮的需要。各指定收储库点要将以下材料留存备查：收购环节开具的收购结算单、质检单、称重计量单。中储粮总公司要统一规范收储合同文本并向国家有关部门备案。

中储粮总公司及其有关分公司必须充分利用中央和地方粮食企业现有仓储设施。如部分地区仓容不足，确需搭建露天储粮设施的，由中储粮分公司会同省级粮食行政管理部门、中国农业发展银行省级分行共同调查测算本省（区）预计搭建总量，经中储粮总公司审核并报国家有关部门批准后实施。在露天储粮设施搭建过程中，中储粮有关分公司要严格控制搭建数量，根据收购进度和实际仓容情况逐批分解下达露天储粮计划指标。如实际搭建数量超过批复总量的，中储粮总公司要在收购结束后1个月内报国家有关部门批准。

考虑到内蒙古呼伦贝尔地区幅员辽阔，当地粮食企业改制后国有粮食企业较少，为方便农民就近交售大豆，保护豆农利益，同时减少露天设施存储数量，由中储粮总公司及有关分公司在充分发挥当地国有粮食企业主渠道作用以及确保储粮安全的前提下，根据自身监管能力，在呼伦贝尔大豆产区选择仓容和场地设置部分中储粮直属库的延伸收购库点，由中储粮直属库派人直接管理，支付相关仓容和场地费用等，防止出现农民卖大豆难的问题。延伸收购库点收购的粮食，在国家安排移库时，及时组织调出。中储粮直属库要对这部分粮食的收购、保管和出库等负责，延伸收购库点不得露天储粮。要特别加强对延伸收购库点的监管，确保大豆临时收储政策落实到位和粮食储存安全。这种收购方式是解决内蒙古呼伦贝尔地区农民卖粮难的一项临时性措施，不适用于其他地区。从长远看，内蒙古呼伦贝尔地区要进一步完善国有粮食企业布局和购销服务体系，发挥国有粮食企业主渠道作用，以方便农民售粮。

三　入库粮食质量

这次收购入库的大豆为2012年国产新大豆，应符合国标等内品质量标准，不符合标准的大豆不得入库。中储粮总公司及有关分公司、地方有关部门（单位）要采取措施，加强大豆收购监管。严禁从现有库存大豆中划转或移库；严禁收购国外进口的转基因大豆，一旦发现疑似国外转基因大豆，暂缓收购，并请有关部门进行鉴别，跟踪来源，严防国外进口转基因大豆进入本次收储环节，违者将依照有关规定严肃处理。

四　财务处理

这次国家临时存储粮收购入库后，由中央财政按挂牌收购价加收购费用给予贷款利息补贴。大豆收购费用为2.5分/斤（含确需集并的县内集并费），由中储粮总公司包干使用，其中拨付指定收储库点的收购费用不得低于2分/斤。国家临时存储粮保管费用补贴标准按《财政部关于批复最低收购价等中央政策性粮食库存保管费用补贴拨付方案的通知》（财建〔2011〕996号）执行。对指定库点的收购、保管费用要足额拨付，不得截留挪用，保证企业收购和储粮需要。中储粮总公司要规范储粮行为，指定库点不得租仓储粮，也不得变相租仓降低保管费用补贴标准，以保证安全储粮的需要。

五　收购资金

农业发展银行按有关政策规定安排国家临时存储粮食贷款解决本次大豆收购所需资金（含收购费用），由收购所在地的中储粮直属企业统一承贷，并根据收购情况及时预付给指定库点，保证收购需要。对于没有中储粮直属企业的市（地）级行政区域，为保证收购需要，可暂由中储粮分公司指定具有农发行贷款资格、资质较好的企业承贷；收购工作结束后，贷款要及时划转到中储粮公司直属企业统一管理。

六　统计处理

此次国家临时存储大豆收购期限为自本通知印发之日至2013年4月30日。统计处理按国家有关统计制度执行。收购期间，中储粮总公司每5天将有关分公司国家临时存储大豆的收购数量汇总后报国家粮食局、财政部和中国农业发展银行。具体报送时间为每月逢5日、10日（或月底）后的第2个工作日下班前。同时，中储粮有关分公司将大豆的月度收购进度情况，抄送当地省级粮食行政管理部门和省级农发行，指定收储库点要将收购进度抄送当地县级粮食行政管理部门。中储粮总公司要认真做好收购工作总结，并于2013年5月底前报告国家有关部门。

七　其他要求

中储粮总公司作为国家临时收储的执行主体，对受委托企业收购大豆的数量、质量和销售出库负总责，要制定大豆临时收储的具体管理办法，规范业务流程，细化各环节要求，严格执行国家质价政策，既不能压级压价损害农民利益，也不能抬级抬价扰乱市场秩序，确保执行国家政策不走样。中储粮有关分公司及其直属企业要对大豆收购、入库等各环节进行全程跟踪监控，督促有关受委托企业认真做好国家临时存储大豆收购工作，严格执行国家规定的临时收储价格和相关政策。经验收合格入库的大豆作为国家临时存储，建立质量档案，并由中储粮直属企业与委托收储库点签订代储保管合同，明确数量、等级、价格和保管、出库责任等，作为以后安排销售标的的质量依据。

在销售时发现入库的大豆实际数量和质量与销售标的不符的，造成的损失由负有监管责任的中储粮直属企业先行赔付，并查明原因。属于审核验收环节问题的，要追究审核验收的中储粮分公司（或直属库）和相关人员责任，并由其承担相应的经济损失。属于承储企业违反代储保管合同约定，因保管不善造成大豆损失的，由该承储企业承担经济损失，并追究其主要负责人和监管人员的责任。

对受委托企业压级压价、抬级抬价、从现有库存中划转或用进口大豆代替国产大豆等违规行为，一经发现要将其已入库的大豆全部退出国家临时存储的收购进度和库存统计，扣回全部费用利息补贴，由承贷企业追回粮款归还农发行贷款，取消其收储资格，由中储粮公司负责收回企业不当得利，并上交中央财政。如发生损失，由受委托企业承担，并追究其主要负责人和相关人员的责任，以及负责监管的人员责任，还要将其以前年度收储的大豆实行移库或按有关程序及时安排拍卖，所发生的费用由违规企业承担。承担审核验收的中储粮分公司（或直属库）在验收工作中弄虚作假的要追究其主要负责人和有关人员的责任。

　　各地和各有关部门要按照职责分工，对政策执行情况切实履行监督检查职责，确保国家的惠农政策落到实处。国家粮食局对中储粮总公司执行大豆收储政策以及储粮安全情况等加强督导，必要时组织有关部门进行巡查。农业发展银行及其分支机构对承担大豆临时收储任务的贷款企业加强信贷监管。地方粮食行政管理等部门要按在地原则，依照《粮食流通管理条例》等规定，加强对大豆临时收储政策执行情况的监督检查，及时查处违规行为，切实保护农民利益，维护正常的收购秩序。

关于全面贯彻落实
《国务院关于加强食品安全工作的决定》的通知

（国家粮食局 国粮发〔2012〕222号 2012年12月7日）

各省、自治区、直辖市及新疆生产建设兵团粮食局：

为全面贯彻落实《国务院关于加强食品安全工作的决定》（国发〔2012〕20号）、《国务院办公厅关于印发国家食品安全监管体系"十二五"规划的通知》（国办发〔2012〕36号）精神，按照《国务院办公厅印发贯彻落实国务院关于加强食品安全工作决定重点工作分工方案的通知》（国办函〔2012〕148号）、国务院食品安全委员会办公室《关于落实〈国家食品安全监管体系"十二五"规划〉重点建设项目任务分工的通知》（食安办〔2012〕22号）部署，为切实做好粮食质量安全工作，保障粮食质量安全，现将有关事项通知如下。

一　进一步健全粮食质量安全监管体制机制

（一）健全粮食质量安全监管体制

地方各级粮食行政管理部门要高度重视粮食质量安全工作，由"一把手"负总责，分管领导具体负责。健全机构，强化职能，充实力量，确保粮食质量安全监管快捷高效。

按照食品安全地方政府负总责的原则，地方各级粮食行政管理部门要将包括中央储备粮在内的各种性质粮食的质量安全纳入监管范围，强化层级监督和监管重心下移。完善粮食质量安全监管联动机制，建立健全粮食行政执法体系，不断提高粮食行政执法能力。实现粮食质量安全"机构成网络、监测全覆盖、监管无盲区、系统无风险"的工作目标。

（二）完善粮食质量安全工作机制

进一步落实和细化地方各级粮食行政管理部门的监管责任。省级粮食行政管理门要坚持开展例行监测、专项监督检查。市、县级粮食行政管理部门要对粮食经营企业加大监督检查力度，并为粮食经营企业和售粮农民粮食烘晒、清理及对不符合食品安全标准的粮食无害化处理等提供技术指导和帮助。

建立和完善粮食质量安全工作信息报送制度，省级粮食行政管理部门要及时向省级食品安全综合协调机构和国家粮食局报送粮食质量安全工作信息。报送内容包括本行政区域的粮食质量安全工作重要动态、典型经验和创新举措、重大项目建设成果、案例分析、粮食质量安全突发事件和处置情况、工作建议和研究成果、新情况和新问题等。对于粮食质量安全突发事件、例行监测和专项抽查结果，要及时报告省级人民政府，并向有关部门通报。

加强舆情监测、研判，妥善应对与处置群众关心的粮食质量安全热点问题，正确引导舆论。

（三）强化基层粮食质量安全管理体系

推进粮食质量安全工作重心下移，落实粮食质量安全地方责任制，强化地方粮食质量安全管理工作体系建设，加强基层监管队伍、监管能力建设，突出抓好县级粮食质量安全监督检查和行政执法力量建设，充实基层粮食检验监测力量。

二　加大粮食质量安全监管力度

（四）深入开展粮食质量安全治理整顿

加强粮食质量安全重点环节整治，突出源头治理，落实库存粮油分类储存制度、储粮质量安全事故报告制度，严格管控粮食收购、储存、出库、销售等重点环节的质量安全。加强粮食收购资格许可管理。继续坚持开展全国库存粮油质量安全专项检查。从修订标准、完善制度等环节着手，排查和治理"潜规则"问题，防范系统性质量安全风险。

（五）严厉打击粮食质量安全违法犯罪行为

地方各级粮食行政管理部门要切实履行粮食收购、储存活动和政策性粮食购销活动中质量安全监管职责，加大粮食质量安全监督检查力度，及时排查粮食质量安全隐患。在原粮收购、储存环节和政策性粮食购销活动中发生的粮食质量安全案件，一经查实，严肃处理。涉嫌违法犯罪的，要及时移送有关部门，并从技术鉴定等方面配合公安、司法等部门依法从严惩治粮食质量安全违法犯罪行为。

（六）加强粮食质量安全监管

进一步加强粮食质量安全隐患排查工作，增强风险管理意识，坚持预防为主、防患于未然的原则，将隐患排查与日常监管、风险监测和专项抽查等工作相结合。对收获粮食质量的安全监测，要扩大范围，加大力度，切实掌握粮食质量安全总体状况和存在的问题，指导粮食收购，促进科学合理利用粮食资源。进一步强化出入库粮食质量监督抽查，严防质量不安全粮食进入口粮市场。

（七）加强粮食经营监管

进一步加强粮食收购资格审核和储备粮代储资格认定工作，完善军粮、救灾粮和其他政策性粮食经营单位资格管理制度。对质量管控不符合资格条件的，要限期整改；对限期整改仍达不到要求的则取消其相应资格。

加强粮食质量安全监督抽查、执法检查和日常巡查，对重点地区、重点环节、重点企业要加大抽检力度，提高抽检频次，增加抽检样品数量。对规模以上的粮食经营者，要重点检查其质量安全主体责任是否落实，质量管理体系是否健全，质量管理制度是否完善，制度执行是否严格，质量安全保障措施是否有效。

加强粮油加工行业管理。配合有关部门深入开展米、面、油等加工企业食品安全整治行动，完善米、面、油及主食加工行业准入条件。加快产业结构调整升级，加大粮油加工企业技改项目支持力度，支持加工企业食品安全检验能力建设，提升产品质量。

充分发挥粮食行业协会的作用，推进"放心粮油"工程，加大"放心粮油"进农村、进社区力度，积极开展放心粮油示范企业创建工作，增加服务网点，进一步推进主食产业化。

三　落实粮食经营者的主体责任

（八）强化粮食经营者质量安全管理

地方各级粮食行政管理部门要加强对粮食经营者的指导，督促粮食经营者进一步落实粮食质量安全主体责任，健全粮食出入库检验、索证索票、质量档案以及仓储单位备案、相关从业人员定期培训和持证上岗等制度。加强对粮食质量安全指标的检验，规范自检行为。严格执行粮油标准、技术规范、操作规程，严防发生质量安全事故。推进仓储信息化建设，实现仓房设施标准化、技术装备现代化，确保储粮质量安全。

（九）落实企业负责人的责任

粮食企业要明确质量安全主管负责人和关键岗位的责任，切实将质量安全责任落实到位。对于违法违规经营企业，依法追究企业法人代表、主管负责人和直接责任人的责任，并与粮食收购资格、代储资格以及其他经营资格审核挂钩，强化惩戒措施。

（十）加快粮食行业诚信体系建设

大力加强粮食企业守法经营宣传教育工作，加强粮食行业诚信体系建设。省级粮食行政管理部门要根据本行政区域的实际情况，开展示范库点活动和粮油加工业诚信管理体系建设，开展粮食行业信用评价试点，加大宣传引导力度，提高粮食企业诚信意识，规范经营行为，营造行业诚信环境，推动行业自律。

四　加强粮食质量安全监管能力建设

（十一）加强监管队伍建设

大力加强基层监管执法队伍建设，完善粮食质量安全监管队伍培训、考评机制。定期、适时开展粮食质量安全监管队伍法律法规、业务技能教育培训，建立《个人学习档案》，实行规范化考评，提高监管执法能力，打造一支素质较高、执法规范、响应及时、应对得力的粮食质量安全监管队伍。同时，要不断提高质量监管执法的装备水平，争取财政资金投入，重点增加现场快速检测、调查取证等设备的配备，提高监管效力。

（十二）完善粮食质量安全标准体系

地方各级粮食行政管理部门要加强对粮食质量安全标准的宣传和组织实施，进一步强化标准实施情况的监督检查，做好标准执行情况的跟踪评价工作，积极参与相关技术研究和标准制修订工作。

（十三）健全风险监测评估体系

建立健全覆盖省、市、县三级的粮食质量安全风险监测体系，扩大监测范围，增加监测频次、监测指标和样本量。严格监测质量控制，提升样品采集、检验的时效性，确保检验数据准确可靠，切实提高数据分析及研判速度，保证监测数据的代表性、连续性和系统性，提高发现粮食质量安全风险隐患的能力。在食品安全综合协调机构的统一协调下，粮食部门会同相关部门建立健全粮食质量安全风险监测评估会商机制，统一制订实施风险监测计划，统一监测管理体系和工作程序，统一数据报送、归集和分析，完善数据报送网络，实现数据共享。

（十四）加强检验监测能力建设

地方各级粮食行政管理部门要在现有粮食检验资源基础上，统筹规划，合理布局，建立健全粮食质量安全检验监测体系。省级粮食行政管理部门要按照国家粮食局2012年9月印发的《全国粮食质量安全检验监测能力"十二五"建设规划》的要求，做好组织落实工作，保质、保量、按时完成建设任务。各级粮食检验监测机构要加强自身管理，发挥行业优势和技术优势，拓展业务范围，扩大服务领域。

（十五）加快粮食质量安全信息化建设

促进粮食流通数据平台的互联互通，提高粮食质量信息资源共享和有效利用水平。落实国家粮食局《推动粮食行业信息化发展的指导意见》，在粮油仓储管理、粮油加工、粮食质量安全监管和粮食监督检查等方面，形成国家、省、市、县四级纵向贯通和横向连接的全国粮食质量信息化网络体系。

（十六）提升应急处置能力水平

地方各级粮食行政管理部门要根据本地实际，制定与完善粮食质量安全应急预案，明确事故分级和处置原则、措施；健全组织机构和应急处置体系，明确人员，明确职责；完善事故预防、应急准备、监测预警、事故报告、指挥协调、信息发布、应急保障、应急响应和快速反应机制，提高应急指挥决策、应急处置和应急保障能力，提高预警预判和危机管理能力。

五　完善相关保障措施

（十七）完善粮食质量安全政策法规

地方各级粮食行政管理部门要进一步完善粮食质量安全监管规章制度，特别是针对不符合食品安全标准以及生芽、生霉的粮食，要积极向同级人民政府提出收购和处置的政策建议。

（十八）争取加大地方财政资金投入力度

地方各级粮食行政管理部门要主动向当地人民政府报告粮食质量安全工作，积极争取地方财政资金支持，力争将质量监管人员经费及行政管理、设备购置、风险监测、监督抽查、科普宣教等各项经费纳入当地财政预算予以保障。

（十九）强化粮食质量安全科技支撑

加强粮食质量安全学科建设和科技人才培养，建设具有自主创新能力的专业化粮食质量安全的科研队伍。充分利用院校、科研机构和企业等科技资源、科研力量，开展粮食标准、无害化处理、检验技术研究和相关仪器开发，积极推广应用粮食质量安全科研成果。省级粮食行政管理部门要组建粮食质量安全专家委员会，为粮食质量安全风险监测、评估、研判、预警和处置提供技术支持。

六　推动全社会广泛参与

（二十）加强宣传和科普教育

根据《粮食质量安全宣传教育工作纲要（2012—2015年）》，采取人民群众喜闻乐见、通俗易懂、灵活多样的形式，开展粮食质量安全宣传教育活动，利用"世界粮食日"、"放心粮油宣传日"、"食品安全宣传周"和"粮食科技活动周"等活动，普及粮食质量安全法律法规和科普知识，介绍粮食质量安全监管工作、成效和典型经验，加强宣传引导，树立公众消费信心，营造良好社会氛围。

（二十一）推行粮食质量安全有奖举报

研究建立粮食质量安全有奖举报制度，细化具体工作程序，公开投诉举报渠道，严格执行举报保密制度，鼓励和推动社会公众对粮食质量安全工作的参与和监督，构建群防群控工作格局。

七　加强粮食质量安全工作的组织领导

（二十二）加强组织领导

各级粮食行政管理部门要切实加强对粮食质量安全工作的组织领导，明确职能机构，认真履行职责，主动防范、消除粮食质量安全隐患，及时发现、切实解决各种粮食质量安全问题，使各项粮食质量安全工作落到实处，推动粮食质量安全监管再上新台阶。

（二十三）严格责任追究

完善粮食质量安全责任制，按照《粮食质量监管工作评估考核暂行办法》的规定，进一步加强对粮食质量安全监管工作的督促检查和考核评价，将粮食质量监管工作考核结果作为单位和个人综合考核评价的重要依据和内容。加大粮食质量安全行政问责力度，完善粮食质量安全责任追究途径和方式，确保责任追究到位。

关于印发《国家粮食局关于深入学习贯彻党的十八大精神全面推进粮食流通事业科学发展的意见》的通知

（国家粮食局　国粮发〔2012〕236号　2012年12月24日）

各省、自治区、直辖市、计划单列市和新疆生产建设兵团粮食局：

《国家粮食局关于深入学习贯彻党的十八大精神全面推进粮食流通事业科学发展的意见》已经国家粮食局党组会议审议通过，现印发给你们，请结合实际，认真贯彻落实。

国家粮食局关于深入学习贯彻党的十八大精神全面推进粮食流通事业科学发展的意见

为深入学习贯彻党的十八大精神，把全国粮食系统党员干部职工的思想统一到党的十八大精神上来，把力量凝聚到完成党的十八大确定的工作任务上来，根据中共中央《关于认真学习宣传贯彻党的十八大精神的通知》（中发〔2012〕10号）要求，现就全国粮食系统深入学习贯彻党的十八大精神、全面推进粮食流通事业科学发展提出如下意见。

一　充分认识学习贯彻党的十八大精神的重大意义，切实把思想统一到党的十八大精神上来

党的十八大是在我国进入全面建成小康社会决定性阶段召开的一次十分重要的会议，是一次高举旗帜、继往开来、团结奋进的大会。大会高举中国特色社会主义伟大旗帜，深刻分析了国际国内形势发展变化，总结了过去五年的工作和党的十六大以来的奋斗历程及取得的历史性成就，确立了科学发展观的历史地位，提出了夺取中国特色社会主义建设新胜利必须牢牢把握的基本要求，确定了全面建成小康社会和全面深化改革开放的目标，对新的时代条件下推进中国特色社会主义事业作出了全面部署，对全面提高党的建设科学化水平提出了明确要求。认真学习贯彻党的十八大精神，关系党和国家工作全局，关系中国特色社会主义事业长远发展，对动员全党全国各族人民在以习近平同志为总书记的党中央领导下，高举中国特色社会主义伟大旗帜，满怀信心为全面建成小康社会、夺取中国特色社会主义新胜利而奋斗，具有重大现实意义和深远历史意义。

党的十八大报告指出，要加快发展现代农业，增强农业综合生产能力，确保国家粮食安全和重要农产品有效供给。粮食系统广大党员干部职工必须深入学习领会十八大对做好粮食工作的重要部署和明确要求，充分认清在保障国家粮食安全、促进经济社会持续健康发展、全面建成小康社会中肩负的重要职责，切实把思想认识统一到党的十八大精神上来。要以党的十八大精神为指导，把对粮食工作的新部署、新要求转化为做好粮食流通工作的具体政策措施，推动粮食事业的科学发展。全面提高粮

食系统党的建设科学化水平，建设一支素质过硬、作风优良的粮食人才队伍，为完成党的十八大确定的各项重大决策部署提供坚强保证。粮食系统各级党组织是落实党的路线方针政策和粮食工作各项任务的战斗堡垒，要把深入学习贯彻党的十八大精神作为当前首要的政治任务，动员组织广大党员干部充分认清肩负的责任和使命，以更高标准、更严要求和更加奋发有为的精神状态学习贯彻好党的十八大精神，努力学在先、走在前、作表率、做贡献，全面推进粮食流通事业科学发展。

二　深刻领会全面准确把握党的十八大精神，切实增强贯彻落实的自觉性和坚定性

在粮食流通工作中认真贯彻落实党的十八大精神，首先要深刻领会、全面准确把握十八大精神。粮食系统的广大党员干部特别是各级领导干部要认真研读党的十八大文件，原原本本学习党的十八大报告和党章，认真学习习近平同志在党的十八届一中全会上的重要讲话，深刻领会、全面准确把握十八大精神。

（一）要深刻领会党的十八大的主题

党的十八大的主题，鲜明回答了我们党举什么旗、走什么路、以什么样的精神状态、朝着什么样目标继续前进的重大问题。中国特色社会主义是当代中国发展进步的旗帜，也是全党全国各族人民团结奋斗的旗帜。解放思想是推动党和人民事业发展的强大思想武器，改革开放是推动党和人民事业发展的强大动力，凝聚力量、攻坚克难是坚持和发展中国特色社会主义的基本要求，全面建成小康社会是党和国家到2020年的奋斗目标，是全国各族人民的根本利益所在。要深刻理解这个主题，认真落实党和国家工作的这一总要求，牢牢把握好发展进步的正确方向。

（二）要深刻领会过去五年和十年党和国家事业取得的历史性成就

党的十七大以来的五年，是党团结带领全国各族人民在中国特色社会主义道路上奋勇前进的五年，是经受住各种困难和风险考验、夺取全面建设小康社会新胜利的五年。过去五年的工作，是党的十六大以来全面建设小康社会十年实践的重要组成部分。这十年，我们党紧紧抓住和用好我国发展的重要战略机遇期，战胜一系列重大挑战，奋力把中国特色社会主义推进到新的发展阶段。实践充分证明，党的十六大以来党中央作出的一系列决策部署完全正确。粮食系统各级党组织和广大党员干部要坚决贯彻执行党的路线方针政策和中央的决策部署，按照中央的要求，进一步做好粮食流通工作。

（三）要深刻领会科学发展观的历史地位和指导意义

科学发展观是马克思主义同当代中国实际和时代特征相结合的产物，是中国特色社会主义理论体系最新成果，是中国共产党集体智慧的结晶，是指导党和国家全部工作的强大思想武器。把科学发展观同马列主义、毛泽东思想、邓小平理论、"三个代表"重要思想一道，确立为党必须长期坚持的指导思想，顺应了时代发展规律，深得党心民心。粮食系统必须把科学发展观贯彻到粮食流通事业发展的全过程、体现到工作的各方面，更加自觉地把推动粮食流通事业科学发展作为深入贯彻落实科学发展观的第一要义，更加自觉地把以人为本作为深入贯彻落实科学发展观的核心立场，更加自觉地把全面协调可持续发展作为深入贯彻落实科学发展观的基本要求，更加自觉地把统筹兼顾作为深入贯彻落实科学发展观的根本方法，坚持解放思想、实事求是、与时俱进、求真务实，积极推动粮食流通事业科学发展。

（四）要深刻领会中国特色社会主义的丰富内涵和夺取中国特色社会主义新胜利的基本要求

中国特色社会主义道路、中国特色社会主义理论体系、中国特色社会主义制度是党和人民90多年奋斗、创造、积累的根本成就，必须倍加珍惜、始终坚持、不断发展，坚定道路自信、理论自信、制度自信。中国特色社会主义道路是实现途径，中国特色社会主义理论体系是行动指南，中国特色社会主义制度是根本保障，三者统一于中国特色社会主义伟大实践。建设中国特色社会主义，总依据是社会主义初级阶段，总布局是五位一体，总任务是实现社会主义现代化和中华民族伟大复兴。在新的历史条件下夺取中国特色社会主义新胜利，关键是牢牢把握党的十八大报告中提出的"八个必须"基本要求，坚定不移地贯彻执行党的基本路线，把以经济建设为中心同坚持四项基本原则、坚持改革开放这两个基本点统一于中国特色社会主义伟大实践，扎扎实实夺取中国特色社会主义新胜利。

（五）要深刻领会全面建成小康社会和全面深化改革开放的目标

党的十八大根据我国经济社会发展实际，在党的十六大、十七大确立的全面建设小康社会目标的基础上，明确提出了到2020年全面建成小康社会的新要求。这个奋斗目标，顺应人民群众过上美好生活的新期盼，进一步强化了提高发展质量和效益的导向，内容更加丰富，特点更加鲜明，描述更加具体，前景振奋人心。如期全面建成小康社会，必须不失时机地推进重要领域改革，坚决破除一切妨碍科学发展的思想观念和体制机制弊端，加快健全完善中国特色社会主义经济、政治、文化、社会、生态文明等方面的体制机制，构建系统完备、科学规范、运行有效的制度体系，使各方面制度更加成熟更加定型。

（六）要深刻领会中国特色社会主义总体布局和各项重大部署

党的十八大把生态文明建设纳入中国特色社会主义事业五位一体总体布局，对加快完善社会主义市场经济体制和加快转变经济发展方式，坚持走中国特色社会主义政治发展道路，积极稳妥推进政治体制改革，扎实推进社会主义文化强国建设，在改善民生和创新管理中加强社会建设，大力推进生态文明建设、努力建设美丽中国等作了全面部署。党的十八大提出的一系列新思路、新任务、新举措、新要求，既有原则要求，又有政策安排，具有很强的战略性、指导性和针对性，必须结合实际认真学习领会，深入贯彻落实。

（七）要深刻领会全面提高党的建设科学化水平的新要求

党的十八大指出，新形势下党面临的执政考验、改革开放考验、市场经济考验、外部环境考验是长期的、复杂的、严峻的，精神懈怠危险、能力不足危险、脱离群众危险、消极腐败危险更加尖锐地摆在全党面前。要牢牢把握加强党的执政能力建设、先进性和纯洁性建设这条主线，坚持解放思想、改革创新，坚持党要管党、从严治党，全面加强党的思想建设、组织建设、作风建设、反腐倡廉建设、制度建设，增强自我净化、自我完善、自我革新、自我提高能力。

（八）要深刻领会十八大对粮食工作的战略部署和明确要求

十八大报告作出了"确保国家粮食安全和重要农产品有效供给"的重要部署，为我们做好粮食流通工作指明了方向，明确了任务，是做好粮食流通工作的重要思想武器。要结合粮食流通工作实际，认真贯彻落实党和国家强农惠农富农政策，全面推进粮食省长负责制，进一步加强和完善宏观调控，保护好种粮农民利益，保证粮食市场有效供应，保持粮食市场和价格基本稳定，确保国家粮食安全，为早日建成小康社会作出应有贡献。

三 紧密联系实际，扎实推进粮食流通事业科学发展

要大力弘扬马克思主义学风，紧密联系实际，把用党的十八大精神武装头脑、指导实践、推动工作作为深入学习贯彻的出发点和落脚点，使十八大精神真正贯彻落实到粮食流通工作的各方面，贯彻落实到全系统党的建设全过程。

（一）按照"确保粮食安全和重要农产品有效供给"的要求，扎实做好粮食流通各项工作

党的十八大报告提出的"确保国家粮食安全和重要农产品有效供给"这一部署，是做好粮食流通工作的方向和目标。全国粮食系统要把这个新的要求贯彻落实到粮食流通工作的各环节、各方面。当前，要切实抓好粮食收购，帮助农民增收；改善宏观调控，保证市场供应；深化体制改革，推动产业发展；加强市场监管，全力保障国家粮食安全，为早日建成小康社会作出应有贡献。

（二）按照"加快转变经济发展方式"的要求，推进国有粮食企业改革和发展

国有粮食企业是粮食收购、调控和供给的重要载体。国有粮食企业要根据经济社会发展、现代粮食流通产业发展的新形势，积极适应粮食生产方式规模化、集约化，粮食消费方式社会化、多样化的发展趋势，转变企业经营模式和发展方式，创新企业服务方式，延伸产业经营链条，有效发挥国有粮食企业在引导粮食生产、促进农民增收，引导粮食消费、保障粮食有效供给中的积极作用。

（三）按照"把保障和改善民生放在更加突出的位置"的要求，把粮食流通服务工作做进千家万户

粮食流通工作联结着粮食生产和消费，关系着广大种粮农民、广大粮食消费者和粮食部门广大干部职工的切身利益。首先要心系农民，把"五要五不准"的粮食收购守则作为全行业的职业操守，严格执行，切实保护好广大种粮农民利益，把党的强农惠农富农政策真正落实到农民手中。要心系居民，大力发展"放心粮油"工程和主食产业化工程，提高"放心粮油"覆盖率，强化粮油产品质量安全保障，满足广大消费者方便化、多样化、营养化、健康化的消费需求。要心系干部职工，关心广大粮食干部职工的工作、学习和生活，关心年轻干部职工的成长进步，要特别关注粮食企业困难职工，尽一切努力让他们吃得饱、穿得暖、住得安。

（四）按照"加强社会主义核心价值体系建设"的要求，切实加强粮食文化建设

要深刻认识加强粮食文化建设的重要意义，紧紧围绕经济社会发展和粮食工作大局，以继承发展弘扬优秀粮食文化为主题，以培育粮食行业核心价值观为根本任务，以满足粮食人精神文化需求为出发点和落脚点，大力加强粮食文化建设，建设粮食行业精神鲜明、核心价值观先进、发展理念创新、行业内外诚信和谐的粮食文化体系，提高行业凝聚力，努力践行"为耕者谋利，为食者造福"的理念，为粮食流通事业科学发展提供强大的精神动力。

（五）按照"全面提高党的建设科学化水平"的要求，加强党风廉政建设和反腐败工作

粮食部门各级党组织、党务工作者、广大党员都要切实增强责任感和使命感，按照党的十八大部署，紧紧围绕加强党的执政能力建设、先进性建设和纯洁性建设这条主线，围绕服务中心、建设队伍两大根本任务，努力建设学习型、服务型、创新型党组织，为粮食流通事业科学发展提供坚强的组织保证。粮食系统各级纪检监察机构，要按照党的十八大关于党风廉政建设和反腐败工作的新要求，结合粮食纪检监察工作实际，加强对国家粮食政策执行、落实等情况的监督检查，加强基层党风廉政建设和反腐败工作，加大涉粮案件查办力度，为粮食流通事业科学发展营造良好的环境。

四　加强组织领导，切实把深入学习贯彻党的十八大精神工作落到实处

全国粮食系统各级党组织和广大党员领导干部要以高度的政治责任感，把深入学习贯彻党的十八大精神作为当前和今后一个时期的首要政治任务，摆上重要议事日程，切实负起领导责任，作出周密安排部署，狠抓贯彻落实。

（一）要明确领导责任

建立党组（党委）统一领导，机关党委牵头协调，有关部门分工负责、密切配合，各级党组织和广大党员干部积极参与的工作机制。明确"一把手"负总责的领导责任，加强督导检查，形成层层抓学习、抓贯彻、抓落实的工作格局。要发挥党组（党委）理论学习中心组的带头示范作用，着力抓好党员领导干部的学习培训，领导干部要以身作则、带头读原文、带头谈体会、带头找差距、带头定措施、带头抓落实，在求真、求深、求实上下功夫，努力成为刻苦学习、勤于思考的模范，解放思想、勇于实践的模范，深入基层、联系群众的模范，以实际行动带动全系统党员干部深入学习贯彻落实党的十八大精神。

（二）要努力创新学习方式方法

要努力创新学习的形式和载体，探索学习的有效方法，采取办学习班、辅导报告、座谈交流、实地考察等多种形式，努力增强学习教育的吸引力、感染力和针对性、实效性，确保学习时间落实、人员落实、内容落实、效果落实。2013年初，国家粮食局将举办全国粮食局长培训班，对粮食系统学习贯彻党的十八大精神，全面推进粮食流通事业科学发展进行培训。

（三）要牢牢把握正确导向

坚持用推动粮食流通中心工作的实际成果来衡量检验学习成效，把学习成效体现到促进党员干部群众思想稳定、团结向上、努力工作中，及时了解掌握干部群众的思想状况，加强对敏感、热点问题的正面引导，有针对性地解疑释惑，做好思想工作，着力用党的十八大精神统一思想、凝聚共识、凝聚力量，确保广大党员和干部群众思想稳定，与党中央保持高度一致。

大力推进粮食行业
信息化发展的指导意见

（国家粮食局　国粮展〔2012〕241号　2012年12月）

国家粮食局
2012年12月

目 录

第十章　粮食质量安全监管信息体系
第一节　粮食质量安全监测与检查管理信息系统
第二节　粮食质量检验监测资源管理信息系统
第三节　粮油标准化管理系统

第十一章　军粮供应服务信息体系
第一节　军粮供应业务管理信息系统
第二节　军粮仓储管理与质量监控
第三节　军粮应急保障系统

第十二章　粮食公共信息服务体系
第一节　粮食信息服务手段
第二节　粮食信息服务专业化
第三节　粮食市场行情信息服务机制

第十三章　信息化标准与安全保障体系
第一节　信息化标准
第二节　安全保障

第十四章　重大科研课题和建设项目
第一节　粮食专用物联网研究及产业示范
第二节　粮食流通信息平台及追溯技术研究
第三节　粮食基础信息数据库
第四节　信息化重点建设项目

第十五章　保障措施
第一节　组织领导
第二节　制度建设
第三节　政策资金保障
第四节　人才队伍建设
第五节　考核评价机制

附件：名词术语解释

信息化发展日新月异，是行业现代化水平的重要标志。大力推进粮食行业信息化[1]，是粮食流通产业"转方式、调结构"的重要手段，是加强粮食质量安全监管、增强粮食宏观调控能力、保障国家粮食安全的重要举措。根据深入学习贯彻党的十八大精神有关促进工业化、信息化、城镇化、农业现代化同步发展的战略部署，及《国务院关于大力推进信息化发展和切实保障信息安全的若干意见》、《国家发展改革委"十二五"国家政务信息化工程建设规划》、《国家发展改革委、国家粮食局关于印发〈粮食行业"十二五"发展规划纲要〉的通知》要求，为进一步明确粮食行业信息化发展的目标、原则、主要建设任务，使粮食行业信息化发展健康有序，提出以下指导意见。

第一章　指导思想、基本原则与主要目标

第一节　面临的形势

粮食行业信息化发展取得了初步成效。一是电子政务[2]建设取得进展。行业电子政务平台初步建成，粮食行政管理部门基本建成门户网站并成为政务公开的主渠道，国家和省级粮食购销存数据中心[3]、全国粮食动态信息系统[4]等项目建设进度明显加快。二是信息技术得到推广应用。配备自动化粮情监控系统[5]的仓容达到全国有效仓容的56%，具备智能通风[6]、远程监管等功能的新一代粮情测控、重量与水分传感、清仓查库等关键技术取得突破，部分地区已开展基于物联网[7]的数字粮库[8]试点建设并取得成功。三是信息网络体系不断完善。各级粮食行政管理部门基本建立内外网隔离的局域网，地方与企业行业信息化建设加快，业务管理信息系统[9]得到应用，信息网络安全[10]保障机制初步建成。四是粮食行业信息化标准规范[11]制定工作稳步推进。已制订发布《粮油仓储信息化建设指南（试行）》等规范，一些省（区、市）出台了部分信息化应用标准。

"十二五"时期是加快现代粮食流通产业发展的重要战略机遇期，新形势下粮食行业信息化发展面临着难得的机遇。一是党的十八大明确了坚持走中国特色新型工业化、信息化、城镇化、农业现代化道路，推动信息化和工业化深度融合、工业化和城镇化良性互动、城镇化和农业现代化相互协调，促进工业化、信息化、城镇化、农业现代化同步发展的战略部署，《国民经济和社会发展第十二个五年规划纲要》明确了国家信息化发展战略，国家相关部委出台了不同层面的行业信息化发展规划，为粮食行业信息化发展提供了强有力的政策保障。二是调整经济结构和转变经济发展方式的力度进一步加大，为粮食流通产业结构调整、优化升级提供了重要契机。三是新形势下保障国家粮食安全要求应用信息化手段提升粮食流通管理水平和效能，推进粮食行业信息化是发展现代粮食流通产业的战略任务。四是信息技术正在发生重大变革，云计算[12]、物联网、新一代移动通信等新技术不断涌现，为粮食行业信息化发展提供了强有力的科技支撑。

同时粮食行业信息化发展还存在不可忽视的困难和问题：一是部分地区和单位思想认识不到位，信息化发展动力不足，信息化建设水平与管理职能需求差距较大，阻碍了粮食行业信息化的发展。二是缺乏有效的统筹规划和顶层设计，建设方案缺乏严格的科学论证，造成各自为政，条块分割突出，开发成本高，低水平重复建设。三是行业信息化标准体系不完善，共享程度低，难以互联互通，存在信息孤岛[13]，重硬件轻软件、重技术轻服务等现象较为普遍。四是信息化科研成果转化率不高，信息化关键技术与装备亟须突破，高质量的信息化科技成果储备不足，粮食信息资源开发利用严重滞后。五是缺乏扶持政策，信息化建设资金投入不足，信息化基本建设和运行维护费用存在较大缺口，缺乏复合型、应用型信息技术人才。

第二节　指导思想、基本原则与主要目标

指导思想：以粮食流通科学发展为主题，以提高粮食宏观调控及监管能力、提升应急保障水平、确保粮食数量与质量安全为目标，以粮油仓储企业信息化建设为基础，以深化粮食信息资源[14]开发利用和共享服务为主线，以粮食流通购销存动态管理信息系统建设为重点，加强顶层设计[15]、坚持需求主导，加强信息基础设施和网络信息安全保障能力建设，强化信息共享、业务协同和互联互通，有效提高公共服务水平，加快建成先进实用、安全可靠、布局合理、便捷高效的粮食行业信息化体系，全面提升粮食行业信息化水平。

基本原则：统筹规划、注重实效、协同共享、保障安全。

统筹规划。按照国家信息化战略部署，加强全国粮食行业信息化发展顶层设计，统一规划、统一标准，有序推进粮食行业信息化建设，避免低水平重复建设。因地制宜，合理布局，以点带面，稳步推进。

注重实效。以提升粮食行业业务管理水平、降低粮食流通成本、提高粮食流通效益为重点，突出粮食行业特色，注重前瞻性、先进性、实用性和可靠性，优先采用成熟、适用的信息技术支撑整个粮食行业信息化发展。

协同共享。充分发挥各级粮食行政管理部门、企业以及有效的社会力量的作用，建立全国统一的网络平台和应用平台[16]，合力推进粮食行业信息化建设。同时打破部门界限，以信息资源共享、利用为核心，优化资源配置，实现信息资源共享和业务高效协同。

保障安全。优先采用自主可控的国产化设备和系统建设信息安全基础设施。有序推进粮食行业信息化标准体系和安全保障体系建设，加强风险评估和安全防护，强化信息安全保密管理，确保粮食行业信息化基础设施和应用系统安全可靠。

主要目标：到2015年，粮食行业信息化基础设施基本完善，建成覆盖地市级以上的国家粮食电子政务网络，建成全国粮食动态信息系统；粮食行业信息资源开发利用、信息系统集成[17]、信息共享服务和业务协同能力进一步提高；物联网、云计算应用取得示范性效果，信息化自主创新能力明显增强，建成一批粮食行业信息示范单位；信息化标准体系和安全保障能力进一步增强，行业信息化应用水平全面提高。

到2020年，形成统一完善的国家粮食电子政务网络平台；实现物联网、云计算等信息化技术在粮食流通领域的广泛应用，粮食流通信息服务[18]体系进一步健全，粮食电子商务[19]水平明显提高；建立完善的粮食行业信息化标准体系和安全保障体系，信息化自主创新能力显著增强。

第二章　粮食电子政务

形成统一完整、安全可靠、管理规范、保障有力的粮食流通电子政务网络平台，满足政务应用需要；有序推进粮食行业业务协同和政务资源共享，粮食行政管理部门整体运行效率和社会服务效能显著提升；进一步增强对粮食突发事件的监控、决策和应急处理能力，粮食宏观调控的能力、决策的科学性和有效性不断提升。

第一节　粮食电子政务网络平台

充分利用已有信息基础设施，建设统一的国家、省、市、县各级粮食电子政务网络，有效推进政务内网、政务外网建设，逐级实现与国家电子政务内网、外网的互联互通，打造政务综合信息服务

平台。建设统一的密钥管理[20]体系、网络信任体系[21]和安全管理体系，加快实施信息安全[22]分级保护制度，加强安全存储、数据备份与恢复、主动防护、安全事件监控等信息安全保障，提高粮食电子政务信息系统的安全保障能力。

依托统一的粮食电子政务网络平台和信息安全基础设施，以粮食行业业务协同需求为导向，积极推进跨地区、跨部门信息共享[23]，明确共享信息内容和程序，制定信息共享制度，保障共享信息安全。围绕粮食行业业务流程，优先选择业务流程相对稳定、信息密集的粮食业务开展应用系统建设，改造和完善已建应用系统，提升业务协同、信息资源共享、信息服务水平。

第二节　粮食流通数据中心

围绕粮食购销、储运、加工、管理等业务环节和监管需求，建设粮食流通数据中心、粮食基础信息[24]库和各类业务信息库，对已有数据库[25]进行标准化改造，实现粮食数据资源的汇聚和共享。利用数据库技术、数据挖掘技术等，实现不同历史时期各类粮食数据信息的动态管理，提升对粮食信息资源的开发和综合利用能力，为粮食宏观调控提供综合信息支撑。积极研究云计算模式在电子政务系统中的应用。

第三章　粮情监测预警信息体系

建立以粮食供求形势和市场价格为重点内容的监测预警系统，为粮食宏观调控提供信息支撑，增强粮食宏观调控的前瞻性、针对性和有效性。

第一节　粮情基础信息采集平台

提升粮食购销存动态信息监测能力。加强整合，形成网络化粮情信息监测平台，促进粮油市场监测信息的实时汇聚和动态更新。通过各级粮食行政管理部门对辖区内所有国有粮食企业、重点非国有粮食企业和重点粮食加工转化企业等的粮食经营数量信息、粮食收购、销售和库存数量等信息的采集，全面掌握粮食收购、销售和库存等动态变化情况，实现对粮食流通形势的实时监测。加强对粮食进出口监测和调控，合理利用国际市场，进行品种调剂。

提升粮食供需监测能力。科学合理设置城乡居民、餐饮企业和各类涉粮企业固定调查点，稳步扩大农户、城镇居民户和企业的抽样调查范围，从粮食供给、需求和消费数量方面实现对当前和未来的粮食供需形势的监测预警，提升国内粮油供需状况监测信息的可靠性和准确性。

建立国有粮食企业改革和发展信息系统。采用分级管理模式，实现联网互通，逐级报送全国国有粮食企业改革情况调查表、国有粮食购销企业改革情况调查表等有关数据，实现历史数据检索、查询、对比等信息服务，完善各地企业改革和发展工作沟通机制。

第二节　粮情监测预警平台

提升粮食监测预警能力。综合考虑粮食品种、价格类型、区域布局和监测点等因素，科学合理设置粮食市场信息监测直报点，通过网上直报的方式收集粮食市场价格信息，实现对短期粮食价格走势的监测预警，增强粮食价格动态监测预警能力。

加强粮油市场监测预警模型的研究。开发粮油市场监测预警系统，通过分级定等的方式动态反映区域粮食安全状况，实现对粮食供应和保障能力的综合评判，提升粮食宏观调控能力和国家粮食应急响应能力。搭建应急保供信息平台，实现相关部门在应急指挥、储备调节、应急供应保障、公共信息发布等方面的业务协同，提高应对突发事件和风险的能力。加强各地粮食应急供应网点的信息管理，及时了解动态掌握应急供应网点的粮食销售和库存情况。

第三节　粮情信息服务平台

利用固定报表和信息发布方式，及时向各级粮食行政管理部门报送各类统计数据和分析数据，实现互联互通和信息共享。通过报刊、杂志、网络等媒体，发布粮食收购、销售、价格、粮油加工业产能和产量等信息，正确引导国内生产、流通和消费，维护国内粮食市场的基本稳定。

综合利用粮食生产、消费、库存、加工、运输条件等信息资源，开发以数据挖掘[26]技术为支撑的粮食流通形势、粮食供需和粮食价格预警模型[27]，实现粮食信息资源的深度利用。建立区域粮食安全状况的动态反映机制，实现对区域粮食供求形势和变动趋势的客观分析。

第四章　粮油仓储信息体系

开发建设仓储管理信息系统，逐步建立和完善粮油仓储管理信息化体系，在行政管理、行业指导、社会服务和企业管理等层面拓宽信息化应用范围，提升管理水平。

第一节　全国粮油仓储管理信息系统

围绕仓储管理环节，以粮油仓储单位备案、仓储业务指导及信息共享服务功能为主，建立面向各级粮食行政管理部门及各类粮油仓储企业的管理信息系统。促进各项业务数据进入全国粮食动态信息系统数据库，实现管理环节信息资源的共享。

建设并完善粮油储藏技术服务信息系统。开发不同储粮生态区域、不同粮食品种的粮油储藏技术数据库、方法库和智能控制模型，通过在线服务[28]等方法，向农户、仓储企业、加工企业提供优质技术服务，推广先进适用储藏技术。

第二节　粮油仓储企业业务管理信息系统

立足现实需求，在仓储企业、特别是大中型储备粮库中大力推进业务管理信息化，提升仓储管理的信息化和自动化水平。采用先进、成熟的软件开发技术，建设具有开放性、可扩展性的粮油仓储业务管理信息系统，实现仓储、经营、质量、办公、人财物、安防监控等各环节的信息化管理以及业务模块之间的协同。指导中小型粮食购销企业推广使用功能简便、成本低廉、易于操作的粮食购销存管理软件，提高信息化管理水平。

第三节　自动化作业系统

利用自动控制技术，提升作业过程的自动化水平。通过电子标签或条码技术[29]，实现对来库办理业务的车、船、火车等出入库作业过程的自动跟踪和控制，实现对装粮、卸粮的车辆身份识别、自动扦样[30]、称重、业务合法性判定和粮油出入库信息自动记录。研究开发用于控制筒仓进出仓设备的自动化控制系统，提供远程访问控制和数据通信。

第五章　粮食现代物流信息体系

建立覆盖跨省粮食物流通道及主要节点的粮食现代物流信息体系，建设一批面向重点粮食物流区域、物流节点、物流园区的公共信息平台，实现我国主要粮食通道的粮食流量、流向和流速的动态监测，提升粮食物流信息监管和共享水平，提高粮食物流效率，降低物流成本。

第一节　粮食物流企业管理信息系统

积极引导、支持粮食物流企业利用信息网络技术改造和提升传统业务流程，实现企业粮食物流业务环节管理信息化。积极鼓励大型粮食物流企业实行信息化改造，实现企业间数据和信息的互联互通，形成系统化的物流综合管理平台。

第二节　粮食现代物流公共信息平台

基于物联网、云计算、定位、地理信息等技术，结合现有政策性粮食交易平台系统、全国粮食动态信息系统以及大型企业物流网络系统，整合公路、水路、铁路运输等部门的基础物流信息，建立统一采集指标、统一编码规则、统一传输格式、统一接口规范、统一追溯规程的全国和区域粮食物流公共信息平台，形成物流信息化服务体系。完善粮食物流标准化体系，建立物流信息采集、处理和服务的交换共享机制，构建以信息平台为中心的物流信息共享体系。推动现代物流和电子商务紧密结合，实现资金流、物流、信息流的融合互通，提升粮食物流信息资源服务水平和利用效率。

第三节　粮食现代物流监管平台

建设国家粮食物流监管调度系统[31]，全景展示我国"北粮南运"主要通道的物流状况，实时监控粮食物流信息，发布粮食流通相关指导信息，为我国粮食宏观调控、应急处理提供有力保障。

加快建设粮食物流地理信息平台。通过地理信息系统[32]直观展示主要粮食物流通道及主要节点项目分布，各主要节点项目设施条件、投资安排情况、物流中转能力及各年度主要粮食品种中转量等信息，统筹项目建设，优化资源配置，降低流通成本，并根据突发事件和粮食应急预案，指导、协助粮食流通的调度。

完善粮食交易市场物流信息直采系统。使用物联网技术标识粮食交易市场中的交易主体，及时采集市场交易的粮食品种、数量、价格、品质和储运等信息，并与国家粮食物流数据中心互联互通。

第六章　粮油加工业信息体系

推进信息化与粮油加工企业生产过程、经营管理的深度融合，提高业务流程优化再造和产业链协同能力；提升粮机装备国产化、智能化[33]水平及产品研发设计水平，增强自主创新能力。

第一节　生产过程智能化集成应用

推动粮油加工生产过程的自动化和智能化建设。提升粮油加工业关键生产工艺、核心装备及生产线的集成化、智能化水平；推动粮油加工业的生产过程状态监测、质量控制、节能减排、快速检测系统建立和应用，建立产品质量和安全的全周期管理体系。

提高粮油加工装备设计与制造智能化水平。利用计算机辅助工程[34]分析（CAE）、虚拟仿真[35]和数字模型[36]等先进设计工具，实现产品设计数字化；鼓励产品开发和工艺流程中的智能感知、知识挖掘、工艺分析、系统仿真[37]、人工智能[38]等技术的集成应用，推动大型高效低耗粮机装备的智能化、网络化。

第二节　粮油产品质量安全追溯信息系统

建立粮油加工产品质量安全追溯信息平台[39]。采用物联网技术、射频识别技术[40]（RFID）、快速检测技术等，采集和管理加工过程的生产工艺、环境、产品质量等信息，实现原料产品加工过程跟踪、质量控制生产周期的全程监控，形成粮油产品质量安全追溯信息系统。在企业质量安全追溯信息系统的基础上，采用云计算技术等，建立全国粮油加工产品质量安全追溯信息服务平台，实现多企业间质量信息的评估、监管和信息交换。

第三节　粮油加工信息服务平台

推进加工企业资源管理系统[41]（ERP）、客户关系管理[42]（CRM）、供应链关系管理[43]（SCM）等现代管理信息系统的应用，加强系统整合与业务协同；在骨干企业推进产、供、销、研、经营管理与生产控制、业务与财务全流程的无缝衔接和综合集成。

建立"放心粮油工程"信息服务平台，汇总"放心粮油"供应服务体系等基本信息，配送中心、"放心粮店"和销售网点布局信息，承担公共服务、质量安全、信息上报、在线查询、数据分析、信用评价、企业诚信电子档案等功能，为社会公众提供信息服务。

建立面向中小企业的研发、设计、服务平台，提供工业设计、虚拟仿真、样品分析、检验检测等软件支持和在线服务。加快研发、推广适合中小企业特点的企业管理系统。推动面向中小企业的信用管理、电子支付[44]、物流配送、身份认证[45]等关键环节的集成化服务。

第七章　粮食财务会计信息体系

提高粮食企业和粮食行政管理部门财务会计工作的智能化和信息化水平，建设"高效、便捷、安全、稳定"的覆盖各省以及基层国有粮食企业的财务会计信息互联平台，促进信息资源共享。

第一节　粮食财务会计信息系统

以现有会计报表系统为基础，进一步提升其综合分析和财务信息输出功能，增强财务数据的汇总、查询、审核功能，完善图表分析功能；扩大数据采集范围，进一步规范数据填报口径和报送级次，全面真实反映粮食经济运行情况和行业发展状况，满足各级粮食行政管理部门对企业主要财务指标数据采集的要求。各级粮食行政、事业单位和粮食企业的会计实务中，应用成熟、实用的信息技术，指导推广粮食会计核算电算化，以替代手工记账。建立起规范、统一、高效的粮食会计核算电子信息数据处理与交互，全面准确反映企业和单位的经营活动和财务状况，进一步提高粮食财务会计管理水平。

第二节　财务会计信息集成共享平台

建立与现有粮食信息网络互联又相对独立的粮食财务报表报送专用数据传输网络，实现国家与省、市、县直至基层粮食企业的互联互通，提高财务数据上报的及时性和安全性，促进财务信息集成和共享。完善财务监督功能，实现重要财务指标智能分析，提升粮食财务信息评价能力和科学决策水平。

第八章　粮食市场信息体系

建立完善的粮食收购、零售、批发市场信息管理系统，及时、准确地收集、整理、传输和分析各类粮食市场的信息，为改善粮食宏观调控提供信息支撑；完善全国统一粮食竞价交易平台[46]，实现粮食现货的网上交易。

第一节　粮食收购市场信息系统

开发全国粮食收购资格动态管理信息系统。实现国家、各省、市、县粮食收购资格相关信息的填报、上报、催报、统计和分类查询，实现全国粮食收购资格信息共享；定期对粮食收购资格信息进行汇总分析，满足政府部门掌握全国粮食收购资格主体变化信息需求。

开发农村粮食经纪人信息管理系统，实时查询并汇总分析国家、各省、市、县农村粮食经纪人的数量、收购粮食的规模等信息，为政府加强农村粮食经纪人的规范管理、科学管理提供决策信息。

第二节　粮食零售市场信息系统

开发粮食零售网络信息管理系统。实现粮食零售超市、便民连锁店、农村集贸市场等城乡粮食供应网点数量、布局及经营信息的实时统计、查询、分析、汇总。

加强粮食零售电子商务建设。深入开展粮食电子商务服务应用模式研究，普及和深化粮食电子商务应用，鼓励粮食销售企业建立或依托第三方电子商务平台开展网上交易，完善粮食电子商务的在线认证、支付等支撑体系。

第三节　粮食批发市场信息系统

建立粮食批发市场交易信息系统。支持全国商流批发市场会员、成品粮批发市场经营商户情况以及商流市场、成品粮市场交易品种、数量、质量、经营额等信息的填报、汇总、分析、查询等；根据商流市场、成品粮市场的建设与发展对信息系统进行动态更新，并及时向政府相关部门报送粮食批发市场交易信息。

加强全国统一粮食竞价交易平台建设。提升交易平台的技术框架、硬件设施和软件，逐步扩大交易系统的市场联网范围，完善统一交易规则，建立客户信息档案，改进交易平台技术后台管理方式，提高交易平台的运行效率；完善网上支付系统、提升客户服务平台、建设更加灵活和方便的交易和客户查询系统，方便客户在更多网络和平台下参与网上交易，强化竞价交易平台的信息统计和报送能力，及时对交易的性质、品种、价格、数量、成交额、交割情况等信息进行分析汇总，定期逐级上报市场交易信息。

加强粮食批发电子商务建设。积极创新粮食批发网络销售模式，鼓励和引导成品粮经营企业开展网上批发交易业务，完善粮食批发的网上竞价、协商交易规则，完善粮食批发电子商务的网上资金结算、划转、保证金代管等支撑系统。

第九章　粮食监督检查信息体系

建设粮食监督检查信息系统，统筹规划，分类指导，有序推进中央与地方之间的信息共享，实现各级粮食监督检查工作信息化和管理智能化，提升粮食流通监管能力。

第一节　粮食监督检查管理信息系统

建设粮食流通监督检查体系管理信息系统，动态掌握粮食行政管理部门机构建设、制度建设、人员队伍、执法培训、经费落实、执法证件等管理情况，指导推进行政执法体系建设；动态掌握监督检查行政执法各项工作开展情况，有针对性地对检查工作进行分类指导，强化层级监督；动态掌握监督检查示范单位有关情况，推动监督检查示范单位创建工作。建立粮油库存检查专业人才信息库，为多样性开展粮食流通监督检查奠定基础。

第二节　粮油库存动态监管信息系统

以粮情基础信息采集平台为依托，开发粮油库存动态监管系统。系统基于粮油库存管辖权限，按照设定检查要求，依据提取的粮油企业库存基本数据信息进行分类检查，实时提供特定监管对象的粮油库存管理状况，为各级粮食行政管理部门开展粮油库存日常监管、随机抽查、突击检查、案件核查等工作提供技术支撑，实现对粮油库存数量、质量、储存安全情况的动态监管。

开发粮油库存检查管理信息系统。基于粮情基础信息采集平台，自动实现检查时点粮油库存统计数据的分解登记；实现检查数据由工作底稿到汇总表格的自动生成，逐级汇总审核，按规定条件查询、分析等功能；实现对检查工作要求的实时发布，辖区内各级库存检查文件资料的实时收集，检查工作进度的实时统计汇总，提高库存检查工作的效率和水平。

第三节　经营者诚信档案和行政执法案件管理系统

建立粮食经营者诚信档案管理系统，动态掌握粮食经营者基本情况、诚信经营情况，筛查重点监管对象，实现对粮食经营者的分类监管。实时记录粮食经营者守法经营诚信档案。适时公开诚信信息，加强社会监督，提高监管效率，提升粮食经营者诚信管理水平。

建立监督检查行政执法案件管理系统，动态掌握各地涉粮案件受理、立案、查处、结案、归档等信息，跟踪案件办理进度，指导各地行政执法工作。实现对案件分类、汇总、分析、总结，剖析典型案例，归纳发案规律，查找粮油监管薄弱环节，为完善相关政策制度、加强监管提供依据。

第十章　粮食质量安全监管信息体系

开发全国粮食质量安全检验监测信息预警系统、检查信息系统和检验监测资源管理系统，完善粮油标准数据库[47]，提升粮食质量安全监管信息化和规范化水平，切实提高政府监管和公共服务能力。

第一节　粮食质量安全监测与检查管理信息系统

建立粮食质量安全监测信息系统，第一时间掌握收购粮食常规质量、内在品质、卫生污染情况，为完善国家收购政策提供依据，指导粮食收购，调整种植结构，促进农民增收，确保国家粮食质量安全。

建立粮食质量安全检查管理系统，动态掌握地方各级粮食行政管理部门日常质量监管工作开展情况，强化层级监管；动态掌握粮食经营企业内部质量安全管理信息，强化企业质量安全第一责任的职责；开发库存粮食质量安全检查管理信息系统，实现国家和地方库存粮食质量检查数据的上传和汇总分析，提高库存粮食质量检查工作效率，实时掌握库存粮食质量安全状况。

第二节　粮食质量检验监测资源管理信息系统

搭建省、市、县三级检验监测资源管理平台，掌握全国粮食质量检验机构建设、人员队伍、经费落实、仪器配置、检验水平等情况，指导粮食质量检验监测体系建设；掌握各级检验机构日常工作开展情况，对相关业务进行指导和管理；有针对性地开展业务培训和考核，推动检验检测能力提升。

第三节　粮油标准化管理系统

建立粮油标准化管理系统，逐步实现粮油标准化工作动态管理。建立粮油标准制修订工作管理系统，推进粮油标准申报、立项、征求意见、审定、报批、批准发布等全过程实时管理；建立粮油标准研究验证体系、管理体系及专家库查询系统，提高粮油标准验证、征求意见等工作的效率和水平；建立粮油标准数据库查询系统，提供粮油标准文本或摘要、会议信息、学术文献以及相关基础研究数据等技术资料的在线查询或咨询链接；建立粮油标准宣贯评估系统，加大粮油标准宣贯力度和时效性，便于粮油标准在实施过程中各方意见及时反馈。

第十一章　军粮供应服务信息体系

加快军粮供应信息化基础设施建设，完善军粮供应管理信息系统，提升军粮供应信息统计分析能力，增强军粮供应信息安全保障能力，提高军粮供应信息化水平。

第一节　军粮供应业务管理信息系统

完善军粮供应综合信息管理系统。搭建军粮供应粮油品种、粮油等级等基础数据库，实现信息共享。实现财务核算电子化。优化整合办公自动化系统，按照不同类型军粮供应单位的业务需求，实现各类原始数据的共享。开发粮油购销信息系统，实现商品进货管理、商品零售管理和商品收支存管理的信息化和自动化。

第二节　军粮仓储管理与质量监控

开发军粮仓储信息系统，实现经营管理、生产管理的信息化。开发军粮质量监管系统，全面采集加工企业管理、库存粮食质量管理、部队满意度信息，动态掌握加工企业资质、生产能力、产品质量、价格信息和库存粮食出入库、扦样、检化验任务、化验单信息等。

第三节　军粮应急保障系统

开发军粮应急保障系统，建设应急机构、应急人员、应急物资等应急保障基础数据库，提升应急指挥管理、应急物资管理、应急资金管理和应急演练保障管理水平。开发军供地理信息系统，指导应急储备粮库科学合理建设。

第十二章　粮食公共信息服务体系

依托粮食行业综合信息服务平台，完善粮食行业公共信息服务体系，健全服务手段，探索建立信息服务长效机制，提高粮食行业社会化、专业化信息服务水平。

第一节　粮食信息服务手段

结合粮食行业信息化管理及服务网络，增加粮食信息服务内容的数量并提高质量。根据各地粮食生产、经营情况，依托粮食经纪人、粮食企业等建立农村粮食信息员队伍，扩大粮食行业互联网、移动终端[48]的应用范围，通过短信、彩信、手机报、手机终端等方式，为粮食行业从业人员、企业提供全面的粮食信息服务。

第二节　粮食信息服务专业化

拓宽与各类大型粮食行业分析机构、企业的合作，建立专业化粮食行业信息分析[49]团队。综合分析我国粮食调控政策、宏观经济、国际传导、供需平衡、市场竞争、生产成本、农民预期、比价关系、自然灾害等因素，提高对我国粮食政策及行情的分析预测能力。合理利用专业化粮食报刊、杂志及门户网站以及传统的电视、广播等媒体，建立统一的定期信息发布机制，面向社会发布粮食行业市场权威分析报告及指导意见，增强粮食信息的专业化服务水平。

第三节　粮食市场行情信息服务机制

加强与各级粮食交易市场、国内主要粮食电子商务企业、大型粮食加工、仓储企业的合作，密切关注各地粮食价格行情，并建立粮食价格的实时反应机制，完善粮食行情信息的汇聚与发布渠道，以各种直观的方式快速将各类粮食行情信息传达至粮食种植农户、加工、收储、贸易运输企业，指导其对粮食行情的判断，提高其种植、经营收益能力。

第十三章　信息化标准与安全保障体系

　　建立完善的粮食行业信息化标准体系，制定粮食信息分类、采集、存储、处理、交换和服务等一系列标准与规范，加快建立健全粮食行业信息化标准实施机制，强化标准在粮食行业信息化建设各个环节中的应用，加强信息化安全保障措施，提高粮食行业信息网络安全保障能力，为信息系统开发和信息服务共享提供保障。

第一节　信息化标准

　　构建科学、合理的粮食行业信息化标准体系。全面梳理粮食行业行政管理、企业生产的标准需求，修订完善已有标准，优先制订粮食行业信息化建设所需共性的、基础性、关键性标准，加快粮食仓储业务管理、粮油市场监测、粮食流通电子政务、粮食电子交易等领域的标准建设，完善粮食行业信息分类编码标准、数据交换标准，提高强制标准的比例，鼓励标准的应用推广和示范；形成包含信息资源标准、应用标准、信息网络标准、服务标准和管理标准的粮食行业信息化标准体系。

第二节　安全保障

　　提升粮食行业信息化安全保障能力。在对各级粮食行业内外网的安全域划分的基础上，加快制订安全基础标准、物理安全、网络安全、系统安全、应用安全和数据安全标准，实现对不同安全域按照等级保护有关要求进行相应的安全保护，确保信息和系统的保密性、完整性和可靠性。按照通用管理标准、质量管理和安全运行与管理标准体系，加强粮食行业信息化管理体系建设，促进粮食行业信息化建设正常进行。强化网络与信息安全，对涉密信息采用人防与技防等措施进行严格管理；对于非涉密数据，要注重信息资源互联互通。

第十四章　重大科研课题和建设项目

　　围绕粮食流通产业需求，应用现代信息技术，解决粮食信息化过程中涉及的粮食信息感知、信息传输、信息安全、数据存储、信息分析等应用基础和工程技术问题，研发粮食信息技术领域关键装备，支撑粮食产业升级。

第一节　粮食专用物联网研究及产业示范

　　开展粮食物联网体系架构基础模型、软件体系架构、物联网数据聚合与建模[50]、物联网数据感知与交互[51]等技术研究；分析粮食物联网的安全需求，建立保护粮食敏感信息[52]的安全体系架构，提出粮食物联网安全协议[53]设计标准；支持适用于物联网的新型近距离无线通信[54]技术和传感器[55]节点的研发，积极研究适用于固定、移动、有线、无线的多层次物联网组网技术；开展粮仓储粮数量、体积、密度、容重、水分、虫害、霉菌等物联网专用传感器的研究开发；开展粮食品质在线检测技术研究和装备研制；开展粮食物联网技术产业化示范。

第二节　粮食流通信息平台及追溯技术研究

　　开展粮食企业平台、公共开放平台及调控管理平台的互联互通技术研究，实现粮食公共物流信息集成，依托"北粮南运"通道，形成以黑龙江、江苏、深圳等的区域管理及国家粮食行政管理信息平台示范；开展基于定位技术、RFID技术的粮食物流信息采集系统及传输系统，在粮食主产区和主销区进行粮食（含成品粮）物流全程跟踪与追溯应用示范；探索粮食流通云服务平台等新型信息系统的技术集成开发，研究粮食流通海量数据获取、传输、分析、管理的技术支撑体系，为粮食流通信息化提供长期技术支撑。

第三节　粮食基础信息数据库

开展粮食感官、物理、化学等特性基础信息研究，建设粮食种类、品种、等级等品质基础数据库；开展粮食生理生化特性研究，开展粮食传热学特性、水分分布、迁移特性、光电声学特性、磁电特性和粮堆的微气流循环规律、散粒体动态力学基本规律、特性和理论研究；研究储粮害虫在粮堆的扩散及分布规律，分析和模拟粮食储藏生态；研究粮食流向、流量等基础流通数据，建立数字粮食[56]的基础数据模拟、预测和评估模型，实现粮库规律信息模拟。

第四节　信息化重点建设项目

按照粮食行业信息化发展需要，围绕粮食电子政务基础设施及网络平台、粮食行业管理信息系统、企业管理信息系统、公共信息服务平台等不同层面，建设一批粮食行业信息化重点项目，深化信息技术在粮食行业的应用，明显提升粮食行业信息资源共享和利用水平。

专栏　粮食行业信息化重点建设项目			
序号	项目名称	建设内容	建设布局
1	粮食流通动态数据中心	建设国家、省级粮食流通动态数据中心，包括粮食流通动态信息业务、粮食应急综合信息和粮食地理信息数据库	全国各级粮食行政管理部门
2	粮食行业管理信息系统	建设覆盖粮食市场监测预警应急、质量安全监控、监督检查执法、军粮供应保障、流通统计、仓储管理、基础设施建设、技术改造项目管理等主要业务、资源共享业务联动的一体化粮食行业监管信息系统及平台	全国各级粮食行政管理部门
3	粮食仓储企业信息系统	建设融合仓储业务管理、经营管理、自动化作业、储备粮监管、网络化远程监控等功能于一体的粮食仓储企业信息系统；建立粮油储藏技术数据库、方法库和智能控制模型	全国粮食仓储企业
4	粮食公共信息服务平台	建设粮食信息发布、现代物流公共信息服务、放心粮油工程、粮油产品加工及流通质量安全追溯、粮食电子交易等公共服务平台	省级以上粮食行政管理部门，重点粮食公共信息服务平台
5	新技术应用试点示范	数字粮库建设试点示范；粮食储运物流监管和物流信息服务试点示范；数字化质量全程追溯试点示范等	部分粮食主产区、主销区等

第十五章　保障措施

粮食行业信息化建设是一项复杂的系统工程，为确保各项重点工作顺利开展，需要从组织领导、制度建设、政策资金、人才队伍、机制建设等方面提供有力保障。

第一节　组织领导

各省级粮食行政管理部门建立信息化工作领导机构和工作机构，统一负责信息化发展和建设。研究编制粮食行业信息化发展规划，严格进行信息化项目规划论证，强化规划引导。切实加强项目建设管理，注重项目建设先进性、可靠性、保密性和安全性，防止低水平重复建设。

第二节　制度建设

抓紧制定粮食行业信息化建设的相关管理办法，建立粮食行业信息资源分类、采集、共享、整合和保密制度，明确各级行政管理部门在信息来源、标准和交换中的责任和义务，探索建立统一规划下灵活、有效的信息资源共享机制；建立健全粮食行业信息化发展水平评价机制、项目建设评估机制，对信息化基础设施和系统平台建设项目进行绩效考核。

第三节　政策资金保障

研究协调粮食行业信息化发展的有关重大问题和政策，各省级粮食行政管理部门应主动加强与发展改革、财政、商务、工信、科技等部门的协同运作，多渠道争取资金支持，有序开展信息化示范项目建设；拓宽投资渠道，对于有条件的地区，积极吸收社会资金，推动粮食行业信息化建设，并充分利用信息增值服务收入，不断加大信息化建设投入。

第四节　人才队伍建设

坚持多渠道培养与高起点引进人才并举，培养一批粮食信息技术创新团队和学术带头人，加强高校培养粮食信息化人才力度，制订科学的培养目标和规划；抓紧对基层信息化技术人员的培养，拓宽教育培训渠道，鼓励各级粮食行政管理部门和教育科研机构与企业联合开展教育培训活动；着力培养既精通粮食业务又通晓信息技术的复合型人才。加强国内外粮食行业信息化技术的研讨与交流。

第五节　考核评价机制

建立粮食行业信息化建设目标、任务分级分部门考核责任制，将信息化建设列入单位工作的一项重要考核内容，细化目标任务，加强督促检查。建立和完善信息化工作激励评价机制，充分调动主动性、积极性和创造性。对率先开展行业信息化建设试点，并发挥示范引导作用的，国家粮食局可将其认定为粮食行业信息化示范单位，优先给予支持。

附件：　名词术语解释

1.**信息化**：是指利用信息技术，开发利用信息资源，促进信息交流和知识共享，提高经济增长质量，推动经济社会发展转型的历史进程。信息化构成要素主要有：信息资源、信息网络、信息技术、信息设备、信息产业、信息管理、信息政策、信息标准、信息应用、信息人才等。本文指粮食行业信息化，即利用信息技术，以深化粮食信息资源开发利用和共享服务、增强业务协同能力为目标，提高粮食宏观调控和监管能力，提升国家粮食安全保障能力。

2.**电子政务**：是指运用计算机、网络和通信等现代信息技术手段，实现政府组织结构和工作流程的优化重组，超越时间、空间和部门分隔的限制，建成一个精简、高效、廉洁、公平的政府运作模式，以便全方位地向社会提供优质、规范、透明、符合国际水准的管理与服务。文中指粮食电子政务系统，用以提升国家各级粮食行政管理部门的运行效率和服务水平，实现政务信息共享和业务协同。

3.**粮食购销存数据中心**：是金农工程的重要组成部分，主要用于采集处理粮食购、销、存等流通信息、粮食生产信息和粮食流通相关政策法规信息等，实现粮食信息资源数字化、信息传输网络化和信息处理自动化。

4.**全国粮食动态信息系统**：是指依托国家发展和改革委员会纵向网和互联网，为实现各级粮食行政管理部门对国内外粮食市场供求形势的实时监测和动态即时分析建设的信息系统。系统包括粮食流通动态信息监测、粮食应急综合信息和粮食地理信息三个数据库和粮食流通动态信息监测、粮食应急保障计划辅助决策、粮食应急保障实施监控、粮食应急响应管理、粮食应急后期处理管理、粮食应急辅助管理和粮食行业综合门户七个应用系统。

5.粮情监控系统：是指利用现代计算机和电子技术对储粮温度、湿度、害虫、气体等粮情进行检测、对粮情数据进行存储与分析，并根据粮情分析结果对储粮设备进行适时控制的信息系统。

6.智能通风：是在指在粮食储藏过程中，根据通风目的和通风控制数学模型，自动检测粮情和判断通风条件，自动控制通风设备与设施的开启和关停的通风方式，解决了常规机械通风可能出现的低效、无效甚至有害通风。

7.物联网：是指通过信息传感设备，按照约定的协议，把任何物品与互联网连接起来，进行信息交换和通讯，以实现智能化识别、定位、跟踪、监控和管理的一种网络。它是在互联网基础上延伸和扩展的网络。文中指粮食行业的物联网应用，通过物联网技术实现粮食收购、储藏、流通等过程的智能化监控。

8.数字粮库：是指利用现有成熟的信息技术等对粮食的出入库、检验、储藏、监管等环节进行信息化管理。粮库的数字化建设主要包括业务流程智能化、仓储作业自动化和仓储管理信息化。

9.业务管理信息系统：信息系统是由计算机硬件、网络和通讯设备、计算机软件、信息资源、信息用户和规章制度组成的以处理信息流为目的的人机一体化系统，具有输入、存储、处理、输出和控制五个基本功能。信息系统的结构模式有集中式的结构模式、客户机/服务器（C/S）结构模式和浏览器/服务器（B/S）结构模式三种。从信息系统的发展和系统特点来看，可分为数据处理系统（Data Processing System，简称DPS）、管理信息系统（Management Information System，简称MIS）、决策支持系统（Decision Support System，简称DSS）、专家系统（人工智能（AI）的一个子集）和虚拟办公室（Office Automation，简称OA）五种类型。业务管理信息系统是指由人和计算机网络集成，能提供企业管理所需信息以支持企业的生产经营和决策的人机系统，主要功能包括经营管理、资产管理、生产管理、行政管理和系统维护等信息系统。文中指以粮库信息化设施为基础，对粮库业务管理信息进行加工和处理的系统。

10.网络安全：是指网络系统的硬件、软件及其系统中的数据受到保护，不因偶然的或者恶意的原因而遭受到破坏、更改、泄露，系统连续可靠正常地运行，网络服务不中断。网络安全从其本质上来讲就是网络上的信息安全。

11.信息化标准规范：是指在信息化建设实践中，对重复性出现的事物和概念，通过制定、发布和实施标准，达到统一，以获得最佳秩序和效益的过程。信息化标准规范通常包括信息技术基础标准、信息资源标准、网络基础设施标准、信息安全标准、应用标准等。文中指粮食行业信息化实施过程中的所涉及的各类通用和专用标准规范。

12.云计算：是指基于互联网的相关服务的增加、使用和交付模式，通常涉及通过互联网来提供动态易扩展且经常是虚拟化的资源。狭义云计算指IT基础设施的交付和使用模式，指通过网络以按需、易扩展的方式获得所需资源；广义云计算指服务的交付和使用模式，指通过网络以按需、易扩展的方式获得所需服务。文中指在对粮食行业自身IT基础设施与社会公共IT基础设施利用虚拟技术进行有效融合的基础上，通过对粮食行业信息数据的标准化，进而利用互联网技术、软标准化，进而利用互联网技术、软件技术、数据库技术等实现IT基础设施和信息服务的行业化、个性化服务模式，并通过移动终端、智能手机等多种终端进行结果展示。

13.**信息孤岛**：是指相互之间在功能上不关联互助、信息不共享互换以及信息与业务流程和应用相互脱节的计算机应用系统。信息孤岛有数据孤岛、系统孤岛、业务孤岛和管控孤岛等形式。文中指粮食信息化建设中存在的信息孤岛问题，如数据不能共享、办公系统相互独立、业务系统不能互联互通等。

14.**信息资源**：是指企业生产及管理过程中所涉及的一切文件、资料、图表和数据等信息的总称。它涉及企业生产和经营活动过程中所产生、获取、处理、存储、传输和使用的一切信息资源，贯穿于企业管理的全过程。文中指粮食收购、储藏、物流、加工和管理等过程中涉及的粮食品质、收购价格、储粮粮情、储粮设施、库存、粮食物流等粮食相关信息的总称。

15.**顶层设计**：是指从全局视角出发，围绕着某个对象的核心目标，统筹考虑和协调对象的各方面和各要素，对对象的基本架构及要素间运作机制进行总体的、全面的规划和设计。顶层设计代表的是一种系统论思想和全局观念，其主要特征有三个：一是顶层决定性；二是整体关联性；三是实际可操作性。粮食信息化建设的顶层设计要以提升粮食行业信息化水平为目标，强化业务协同、信息共享和互联互通，注重建设的前瞻性、实用性、安全性和保密性。

16.**应用平台**：是指支撑一般应用系统开发的基础平台，具有以下特点：不直接面向一般应用的用户，和具体行业和业务没有直接关系；支撑一般应用的基础平台，为一般应用提供权限认证、安全管理、资源管理、事务、数据管理等基础功能；一般的应用构建在平台之上，平台为应用提供基础的服务；基于平台构建的应用系统拥有良好的集成性、扩展性，具有更好的性能和安全；通过应用平台可以构建和扩展新的应用，生成应用功能。

17.**信息系统集成**：是指通过结构化的综合布线系统和计算机网络技术，将各个分离的设备（如个人电脑）、功能和信息等集成到相互关联的、统一和协调的系统之中，使资源达到充分共享，实现集中、高效、便利的管理。系统集成采用功能集成、网络集成、软件界面集成等多种集成技术。系统集成实现的关键在于解决系统之间的互连和互操作性问题，它是一个多厂商、多协议和面向各种应用的体系结构。

18.**信息服务**：是指用不同的方式向粮食相关用户提供所需信息的一项活动。信息服务活动通过研究用户、组织用户、组织服务，将有价值的信息传递给用户，最终帮助用户解决问题，是传播信息、交流信息，实现信息增值的一项活动。信息服务的主要方式包括信息检索服务、信息报道与发布服务、信息咨询服务和网络信息服务。本文指粮食行业相关的信息服务，包括粮食物流信息状况、粮食收购信息、粮食价格指数变化情况、粮食储藏科技信息咨询等。

19.**电子商务**：是指利用计算机技术、网络技术和远程通信技术，实现电子化、数字化和网络化的整个商务过程。电子商务是以商务活动为主体，以计算机网络为基础，以电子化方式为手段，在法律许可范围内所进行的商务活动过程；运用数字信息技术，对企业的各项活动进行持续优化的过程。本文指粮食零售和粮食批发等环节的电子商务行为。

20.**密钥管理**：一般泛指生产、生活所应用到的各种加密技术，能够对个人资料、企业机密进行有效的监管。密钥管理就是指对密钥进行管理的行为，如加密、解密、破解等。

21.**网络信任体系**：是指以密码技术为基础，以法律法规、技术标准和基础设施为主要内容，以解决网络应用中身份认证、授权管理和责任认定等为目的的完整体系。其中，身份认证是一种通过公共密钥基础设施（PKI）的技术手段确认网络信息系统中主客体真实身份的过程和方法，主要以电子认证方式实现；授权管理是综合利用身份认证、访问控制、权限管理等技术措施解决访问者合理使用网络信息资源的过程和方法；责任认定是应用数据保留、证据保全、行为审计、取证分析等技术，记录、保留、审计网络事件，确定网络行为主体责任的过程和方法。文中指粮食电子政务网络的网络信任体系。

22.信息安全：是指信息网络的硬件、软件及其系统中的数据受到保护，不受偶然的或者恶意的原因而遭到破坏、更改、泄露，系统连续可靠正常地运行，信息服务不中断。信息安全主要包括以下五方面的内容，即需保证信息的保密性、真实性、完整性、未授权拷贝和所寄生系统的安全性。其根本目的就是使内部信息不受外部威胁，为保障信息安全，要求有信息源认证、访问控制，防止有非法软件驻留，防止有非法操作。

23.信息共享：是指不同终端（客户端）通过网络（包括局域网、Internet）共同管理、分享服务器（数据库）的数据信息，也指不同层次、不同部门信息系统间，信息和信息产品的交流与共用，以便更加合理地达到资源配置，节约社会成本。信息共享是提高信息资源利用率，避免在信息采集、存储和管理上重复浪费的一个重要手段，其基础是信息标准化和规范化。文中指粮食行业各业务部门之间，行政管理部门和企业之间，各级粮食行政管理部门等之间的信息共享。

24.粮食基础信息：是指粮食品种品质信息；粮食种类、品种、等级等品质，声、光、电、磁等物性特征信息等。

25.数据库：是指按照数据结构来组织、存储和管理数据的仓库。关系数据库是建立在关系模型基础上的数据库，借助于集合代数等数学概念和方法来处理数据库中的数据。现实世界中的各种实体以及实体之间的各种联系均用关系模型来表示。如SQL Server、MySQL、Oracle是不同厂商提供的关系数据库产品。

26.数据挖掘：是指通过分析每个数据，从大量数据中寻找其规律的技术，主要有数据准备、规律寻找和规律表示三个步骤。数据挖掘的任务有关联分析、聚类分析、分类分析、异常分析、特异群组分析和演变分析等。文中指利用数据挖掘技术进行粮食流通数据的分析、预测和预警。

27.粮食价格预警模型：是指利用数学工具，根据粮食生产、消费、库存、加工能力、运输条件等信息，建立的能够反映粮食价格变动趋势的数学模型，用户能够根据该模型对以往总结的规律或观测得到的可能性前兆，发出紧急信号，以避免粮食价格变化危害在不知情或准备不足的情况下发生，从而最大程度的降低危害。

28.在线服务：是指利用互联网技术，向用户提供线上服务的方式。主要分为应用程序在线服务和人力资源的在线服务。应用程序在线服务购成了互联网应用的基础，它包括我们常见的WEB浏览、电子邮件、论坛、即时通信、游戏、下载和专门信息服务、在线视频等。人力资源的在线服务是个人或团体以技能、知识、智力、创意等方式通过互联网实时向被服务者提供服务。

29.条码技术：是实现POS系统、EDI、电子商务、供应链管理的技术基础，是物流管理现代化的重要技术手段。条码技术包括条码的编码技术、条码标识符号的设计、快速识别技术和计算机管理技术，它是实现计算机管理和电子数据交换不可缺少的前端采集技术。本文指利用条码技术进行出入库业务的信息化管理，实现自动扦样、车辆身份识别等。

30.自动扦样：是指粮油仓储企业通过电子标签或条码识别车辆身份并执行扦样、标识的过程，从而达到减少人工参与和提高业务效率的目的。

31.**国家粮食物流监管调度系统**：是指为监管和指导粮食物流过程而开发的信息系统，可全景展示并适时监控我国"北粮南运"主要物流通道的物流状况，根据物流状况发布指导信息，提高物流效率。

32.**地理信息系统（GIS）**：又称作资源与环境信息系统，它是一种特定的十分重要的空间信息系统，在计算机硬、软件系统支持下，对整个或部分地球表层（包括大气层）空间中的有关地理分布数据进行采集、储存、管理、运算、分析、显示和描述。地理信息系统现已广泛用于全球环境变化动态监测、自然资源调查与管理、城市、区域规划和地籍管理等，此外还在金融业、保险业、公共事业、社会治安、运输导航、考古、医疗救护等领域得到了应用。文中指利用地理信息系统建立粮食地理信息数据库、粮食物流地理信息平台等。

33.**智能化**：是指使对象具备灵敏准确的感知功能、正确的思维与判断功能以及行之有效的执行功能而进行的工作。智能化发展具有以下趋势：（1）集成化。采用高度集成化CPU、RISC芯片和大规模可编程集成电路以及专用集成电路ASIC芯片。（2）模块化。硬件模块化易于实现系统的集成化和标准化。（3）网络化。可进行远程控制和无人化操作。

34.**计算机辅助工程（CAE）**：是指用计算机辅助求解分析复杂工程和产品的结构力学性能，以及优化结构性能等，CAE软件可作静态结构分析，动态分析；研究线性、非线性问题；分析结构（固体）、流体、电磁等。文中指利用CAE工具进行粮食企业产品的数字化设计。

35.**虚拟仿真**：是以沉浸性、交互性和构想性为基本特征的计算机高级人机界面。它综合利用了计算机图形仿真技术、多媒体技术、人工智能技术、计算机网络技术、并行处理技术和多传感器技术模拟人的视觉、听觉、触觉等感觉器官功能，使人能够沉浸在计算机生成的虚拟境界中，创建了一种适人化的多维信息空间。虚拟仿真用于工业生产常指用于指导生产的仿真系统，它结合用户业务层功能和数据库数据组建一套完全的仿真系统，可组建B/S、C/S两种架构的应用，可与企业ERP、MIS系统无缝对接，从而实现企业利用虚拟平台，实时管理生产的目的。文中指利用虚拟仿真工具进行粮食企业产品的数字化设计工作。

36.**数字模型**：是指对地理事物特别是诸如城市、流域这样的实体数据表达形成的某种数据集合，并可以通过计算处理显示事物特征。它是以三维的手法进行建模，模拟出一个三维的建筑、场景、效果，可以在数字场景中任意游走、驰骋、飞行、缩放，从整体到局部再从局部到整体。文中指利用数字模型工具进行粮食加工企业产品的数字化设计。

37.**系统仿真**：是指根据系统分析的目的，在分析系统各要素性质及其相互关系的基础上，建立能描述系统结构或行为过程的、且具有一定逻辑关系或数量关系的仿真模型，据此进行试验或定量分析，以获得正确决策所需的各种信息。系统仿真的基本方法是建立系统的结构模型和量化分析模型，并将其转换为适合在计算机上编程的仿真模型，然后对模型进行仿真实验。文中特指利用系统仿真工具进行粮油装备的数字化、智能化设计和改造。

38.**人工智能**：是研究、开发用于模拟、延伸和扩展人的智能的理论、方法、技术及应用系统的一门新的技术科学。人工智能是计算机科学的一个分支，该领域的研究包括机器人、语言识别、图像识别、自然语言处理和专家系统等。文中特指利用人工智能技术进行粮油加工装备的智能化设计和改造，使设备具备信息感知、处理和部分决策的功能。

39.**质量安全追溯信息平台**：是指在原辅料供应、生产管理、仓储物流、营销相关业务环节采用合适的信息技术手段实时记录产品信息，可通过查询跟踪产品生产状态，仓储状态和流向，以达到质量安全管理的目的。

40.射频识别技术（RFID）：又称电子标签、无线射频识别，是一种通信技术，可通过无线电讯号识别特定目标并读写相关数据，而无需识别系统与特定目标之间建立机械或光学接触。常用的有低频（125—134.2K）、高频（13.56MHZ）、超高频，无源等技术。RFID读写器分移动式的和固定式的，通常用于物流管理、供应链管理、运输管理等。文中指利用射频识别技术进行仓储出入库、物流等过程中的信息采集。

41.资源管理系统（ERP）：是一个以管理会计为核心的信息系统，识别和规划企业资源，从而获取客户订单，完成加工和交付，最后得到客户付款。ERP将企业内部所有资源整合在一起，对采购、生产、成本、库存、分销、运输、财务、人力资源进行规划，从而达到最佳资源组合，取得最佳效益。文中指在粮食加工企业运用ERP系统，提升企业的信息共享和业务协同能力。

42.客户关系管理（CRM）：是一个不断加强与顾客交流，不断了解顾客需求，并不断对产品及服务进行改进和提高以满足顾客需求的连续过程。其内涵是企业利用信息技术（IT）和互联网技术实现对客户的整合营销，是以客户为核心的企业营销的技术实现和管理实现。客户关系管理注重的是与客户的交流，企业的经营是以客户为中心，而不是传统的以产品或以市场为中心，为方便与客户的沟通，客户关系管理可以为客户提供多种交流的渠道。

43.供应链关系管理（SCM）：是一种集成的管理思想和方法，它执行供应链中从供应商到最终用户的物流计划和控制等职能。从单一的企业角度来看，是指企业通过改善上、下游供应链关系，整合和优化供应链中的信息流、物流、资金流，以获得企业的竞争优势。供应链管理是围绕核心企业，主要通过信息手段，对供应的各个环节中的各种物料、资金、信息等资源进行计划、调度、调配、控制与利用，形成用户、零售商、分销商、制造商、采购供应商的全部供应过程的功能整体。本文指在粮食加工企业运用SCM系统，进行供应链整合和优化，提升粮食加工企业经营效益。

44.电子支付：是指从事电子商务交易的当事人，包括消费者、厂商和金融机构，通过信息网络，使用安全的信息传输手段，采用数字化方式进行的货币支付或资金流转。电子支付是电子商务系统的重要组成部分，具有数字化的支付方式、开放的系统平台、先进的通讯手段、快捷的支付优势等特点。电子支付的协议有SSL（Secure Sockets Layer，安全套接层协议）和SET（Secure Electronic Transaction，安全电子交易协议）。

45.身份认证：是指在计算机网络中确认操作者身份的过程。常用的身份认证方式包括：静态密码、动态密码、智能卡、动态口令牌、USB KEY、生物识别方式（指纹、视网膜、虹膜、脸型）等。

46.全国统一粮食竞价交易平台：是指为加强粮食市场的宏观调控、做好政策性粮油销售工作，受国家发展和改革委员会、财政部、国家粮食局等部门委托，由国家粮油信息中心开发的粮食电子竞价交易系统。该平台覆盖国内重要产销区省级粮食批发市场，具有网上交易、客户查询、信息统计与报送等功能，对加强粮食宏观调控、维护粮食市场价格的基本稳定，保护种粮农民利益，保障国家粮食安全，推动中国粮食市场体系的发育和成长，发挥着十分重要的作用。

47.粮油标准数据库：是国家标准文本数据库的重要组成部分，包括了国家发布的全部粮油相关标准，其标准数据经过加工，包括了英文主题、中英文主题词和专业分类等信息。

48.**移动终端**：是指可以在移动中使用的设备，广义包括手机、笔记本、平板电脑、POS机和车载电脑。随着集成电路技术的飞速发展，移动终端的处理能力已经拥有了强大的处理能力，移动终端正在从简单的通话工具变为一个综合信息处理平台，给移动终端增加了更加宽广的发展空间。

49.**信息分析**：是指以社会用户的特定需求为依托，以定性和定量研究方法为手段，通过对社会信息的收集、整理、鉴别、评价、分析、综合等系列化的加工过程，形成新的、增值的信息产品，最终为不同层次的科学决策服务的一项具有科研性质的智能活动。文中指为满足粮食行业不用用户需求而对粮食相关数据进行加工处理的过程。

50.**物联网数据聚合与建模**：数据聚合是物联网的一种表现形式，是指对物联网中每个数据进行属性的精确标识，全面实现数据的资源化。数据聚合将使用户能极为方便的任意检索所需的各类数据，在各种数学分析模型的帮助下，不断挖掘这些数据所代表的事物之间普遍存在的复杂联系。数据建模指的是对现实世界各类数据的抽象组织，确定数据库需管辖的范围、数据的组织形式等直至转化成现实的数据库。文中指粮食物联网中感知数据的标识和建模，为从海量数据中提取有效信息提供技术手段。

51.**物联网数据感知与交互**：信息感知是物联网的基本功能，其最基本的形式是数据收集。通过物联网等手段获取的原始感知信息具有显著的不确定性和高度的冗余性。因此需要研究信息感知的有效方法，将不确定信息整合为应用服务所需要的确定信息。信息交互是物联网"物物互联"的目的，是一个基于网络系统有众多异质网络节点参与的信息传输、信息共享和信息交换的过程。物联网信息交互与传统人机交互具有很大的不同，主要体现在：物联网信息交互"用户"的泛在性；物联网信息交互是一种主动交互方式，网络节点按需主动获取信息；物联网信息交互的过程非常复杂，大量异质网络节点参与。

52.**粮食敏感信息**：是指《粮食工作国家秘密范围的规定》的相关信息。

53.**物联网安全协议**：安全协议又称作密码协议，物联网安全协议是指建立在密码体制基础上的一种交互通信协议，它运用密码算法和协议逻辑来实现认证和密钥分配等目标，其目的是在网络环境中提供各种安全服务。安全协议是网络安全的一个重要组成部分，我们需要通过安全协议进行实体之间的认证、在实体之间安全地分配密钥或其他各种秘密、确认发送和接收消息的非否认性等。它是指针对物联网设备数量超大规模这一特征，通过设计针对感知设备的高效密码算法，构造低负载、低能耗、高效的物联网安全通信协议，解决海量规模物联网设备标识的计算、功耗、存储和带宽受限等问题。

54.**无线通信**：是指利用电磁波信号可以在自由空间中传播的特性进行信息交换的一种通信方式，近些年信息通信领域中，发展最快、应用最广的就是无线通信技术。在移动中实现的无线通信又通称为移动通信，人们把二者合称为无线移动通信。文中指利用无线通信技术进行粮食相关信息的传输并设计、开发物联网应用中的近距离无线传输节点。

55.**传感器**：是指能够感受规定的被测量并按照一定规律转换成可用输出信号的器件或装置，通常由敏感元件和转换元件组成。常将传感器的功能与人类5大感觉器官相比拟：光敏传感器——视觉，声敏传感器——听觉，气敏传感器——嗅觉，化学传感器——味觉，压敏、温敏、流体传感器——触觉。文中指在粮食行业中应用最为广泛的温度传感器、湿度传感器、水分传感器、气体成分传感器等。

56.数字粮食：是指粮食储藏信息、粮食流通信息及粮食交易信息的数字存在和数字表现形式；在计算机可识别的可存储介质上概括的、有序的集合，并能够实现信息显示与实际存在相结合的表现对应关系；同时，将对应关系及数据在一定的立体坐标体系内，提供确定的数量、图形的二维或三维表现，将整个粮食流通中的外部环境与内在粮食品质变化机理与数字模型的三维表述直观表现，为粮食流通、管理、调控、应急等提供系统、全面、直观、完整准确的信息，提供修改、检索、传输的控制干预功能，为粮食的高效管理提供支撑。

局办公室发文部分

关于公布国家粮食局2011年度优秀软科学研究成果获奖项目的通知

（国家粮食局　国粮办政〔2012〕131号　2012年5月28日）

各省、自治区、直辖市及新疆生产建设兵团粮食局，河南工业大学、南京财经大学、武汉工业学院，本局各司室、直属单位、联系单位：

根据国家粮食局办公室《关于公布2011年度国家粮食局软科学课题研究方向及有关事项的通知》（国粮办政〔2011〕23号）要求，各有关单位申报并完成了65项课题。按照《国家粮食局优秀软科学研究成果奖励办法》的有关规定，经国家粮食局软科学评审专家委员会的认真评审，共评出国家粮食局2011年度优秀软科学研究成果一等奖4项，二等奖8项，三等奖16项。现予公布。

国家粮食局2011年度优秀软科学研究成果获奖项目名单

一等奖

项目名称：粮食安全背景下的科技支撑体系研究
项目单位：中国粮食研究培训中心

项目名称：构筑上海粮食质量安全追溯体系研究
项目单位：上海市粮食局

项目名称：关于推进优势粮食企业兼并重组的研究
项目单位：江苏省粮食局

项目名称：广东粮食安全报告
项目单位：广东国际经济协会　广东省粮食行业协会

二等奖

项目名称：关于健全和完善粮食行政执法体制的研究
项目单位：国家粮食局办公室

项目名称：做大做强国有粮食企业　促进国家粮食宏观调控研究
项目单位：国家粮食局财务司

项目名称：加快辽宁省粮食流通产业科学发展问题的研究
项目单位：辽宁省农村经济委员会（辽宁省粮食局）

项目名称：优质稻快速发展对湖北储备粮储存轮换的影响分析
项目单位：湖北省粮食局

项目名称：推进我国现代粮食流通产业科技发展的政策措施研究
项目单位：湖南商学院　湖南省粮食局

项目名称：广东粮食流通产业发展研究
项目单位：广东省粮食局

项目名称：粮食质量安全预警体系建设研究
项目单位：河南工业大学

项目名称：我国粮食主产区建设投入和利益补偿机制研究
项目单位：南京财经大学

三等奖

项目名称：关于粮食流通行政管理体制改革的思考
项目单位：国家粮食局人事司

项目名称：国际粮食价格波动、成因及对策建议
项目单位：国家粮食局外事司

项目名称：我国粮食批发市场体系建设与发展研究
项目单位：国家粮食局政策法规司

项目名称：稻谷加工产业政策研究报告
项目单位：国家粮食局流通与科技发展司

项目名称：我国粮食安全预警和应急保障体系研究
项目单位：中国粮食研究培训中心

项目名称：主要跨国粮食企业经营发展模式分析
项目单位：国家粮食局科学研究院

项目名称："粮食银行"是惠农便民的崭新服务平台
项目单位：中国粮食经济学会　中国粮食行业协会

项目名称：首都粮食市场安全保障机制研究
项目单位：北京市粮食局

项目名称：河北省粮食流通与生产能力关系分析
项目单位：河北省粮食局

项目名称：国内玉米产销形势分析及未来产销对策建议
项目单位：吉林省粮食局

项目名称："中国优质稻米之乡——五常"大米品牌保护与开发战略研究
项目单位：黑龙江省粮食局　黑龙江省五常市人民政府

项目名称：关于完善新形势下粮食收购政策的研究
项目单位：江苏省粮食局

项目名称：关于加强粮食产销合作有关政策措施的研究
项目单位：浙江省粮食局

项目名称：关于广西粮食行政管理部门职能发挥问题的研究
项目单位：广西壮族自治区粮食局

项目名称：四川省粮食应急体系建设研究
项目单位：四川省粮食局

项目名称：促进现代粮食流通产业科学发展研究
项目单位：武汉工业学院

关于江苏等四省启动2012年国家临时存储菜籽（油）收购工作等有关问题的通知

（国家粮食局 国粮办调〔2012〕141号 2012年6月15日）

中国储备粮管理总公司，江苏、浙江、安徽、湖北省粮食局：

中国储备粮管理总公司《关于江苏等四省申请启动2012年国家临时存储菜籽（油）收购工作的请示》（中储粮〔2012〕270号）收悉。根据国家发展改革委、国家粮食局、财政部、中国农业发展银行《关于切实做好2012年国家临时存储菜籽（油）收购工作的通知》（国粮调〔2012〕85号）精神，经研究，现就有关问题通知如下：

根据目前油菜籽市场收购价格等情况，同意从即日起在江苏、浙江、安徽、湖北4省启动2012年国家临时存储菜籽（油）收购工作。中储粮总公司要对油菜籽市场价格进行实时监测，以县级为单位，在油菜籽收购价格不高于2.5元/斤（国标三等质量标准）的地区，要按照国家有关要求认真做好国家临时存储菜籽（油）收购工作；当油菜籽市场价格上涨并超过2.5元/斤时，要及时停止国家临时存储菜籽（油）收购。

经审核，中储粮总公司要按照附件所列国家临时存储菜籽（油）收购、加工企业数量，及时确定委托企业名单，切实做到既能够保护农民利益，又避免企业争夺油源扰乱市场秩序。中储粮总公司要及时将委托收购、加工企业具体名单通过中储粮总公司网站对外公布，并抄报省级人民政府和国家有关部门。

中储粮总公司和地方有关部门要认真落实国粮调〔2012〕85号文件精神，切实做好国家临时存储菜籽（油）收购的各项工作。

附件：2012年国家临时存储菜籽（油）收购、加工企业分地区数量（略）

关于江西等六省启动2012年国家临时存储菜籽（油）收购工作等有关问题的通知

（国家粮食局   国粮办调〔2012〕146号   2012年6月21日）

中国储备粮管理总公司，江西、河南、湖南、四川、贵州、云南等省粮食局：

中国储备粮管理总公司《关于江西等六省申请启动2012年国家临时存储菜籽（油）收购工作的请示》（中储粮〔2012〕285号）收悉。根据国家发展改革委、国家粮食局、财政部、中国农业发展银行《关于切实做好2012年国家临时存储菜籽（油）收购工作的通知》（国粮调〔2012〕85号）精神，经研究，现就有关问题通知如下：

根据目前油菜籽市场收购价格等情况，同意从即日起在江西、河南、湖南、四川、贵州、云南6省启动2012年国家临时存储菜籽（油）收购工作。中储粮总公司要对油菜籽市场价格进行实时监测，以县级为单位，在油菜籽收购价格不高于2.5元/斤（国标三等质量标准）的地区，要按照国家有关要求认真做好国家临时存储菜籽（油）收购工作；当油菜籽市场价格上涨并超过2.5元/斤时，要及时停止国家临时存储菜籽（油）收购。

经审核，中储粮总公司要按照附件所列国家临时存储菜籽（油）收购、加工企业数量，及时确定委托企业名单，切实做到既能够保护农民利益，又避免企业争夺油源扰乱市场秩序。中储粮总公司要及时将委托收购、加工企业具体名单通过中储粮总公司网站对外公布，并抄报省级人民政府和国家有关部门。

中储粮总公司和地方有关部门要认真落实国粮调〔2012〕85号文件精神，切实做好国家临时存储菜籽（油）收购的各项工作。

附件：2012年国家临时存储菜籽（油）收购、加工企业分地区数量（略）

关于做好2012年国家临时存储菜籽（油）收购工作的通知

（国家粮食局　国粮办调〔2012〕242号　2012年11月14日）

中国储备粮管理总公司，内蒙古、甘肃、青海、新疆等省（自治区）粮食局：

中国储备粮管理总公司《关于甘肃、青海省申请启动2012年国家临时存储菜籽（油）收购工作的请示》（中储粮〔2012〕703号）收悉。根据国家发展和改革委员会、国家粮食局、财政部、中国农业发展银行《关于切实做好2012年国家临时存储菜籽（油）收购工作的通知》（国粮调〔2012〕85号）精神，经商发展改革委和农发行的相关部门同意，现就有关问题通知如下：

一　关于甘肃、青海省启动临储菜籽（油）收购工作

根据目前油菜籽市场收购价格等情况，同意从即日起在甘肃、青海两省启动2012年国家临时存储菜籽（油）收购工作。中储粮总公司要对油菜籽市场价格进行实时监测，以县级为单位，在油菜籽收购价格不高于2.5元/斤（国标三等质量标准）的地区，要按照国家有关要求认真做好国家临时存储菜籽（油）收购工作；当油菜籽市场价格上涨并超过2.5元/斤时，要及时停止国家临时存储菜籽（油）收购。

二　关于增加内蒙古、新疆委托收购和加工企业有关问题

根据《国家粮食局办公室关于内蒙古新疆启动2012年国家临时存储菜籽（油）收购工作等有关问题的通知》（国粮办调〔2012〕229号）要求，中储粮总公司已在内蒙古和新疆维吾尔自治区启动2012年国家临时存储油菜籽收购工作。为方便农民交售油菜籽、保护农民利益，同意内蒙古和新疆维吾尔自治区均增加1家委托收购企业和1家委托加工企业。

中储粮总公司要按照附件所列国家临时存储菜籽（油）收购、加工企业数量，及时确定委托企业名单，切实做到既能够保护农民利益，又避免企业争夺油源扰乱市场秩序。要及时将委托收购、加工企业具体名单通过中储粮总公司网站对外公布，并抄报相关的省级人民政府和国家有关部门。

地方有关部门和中储粮总公司要认真落实国粮调〔2012〕85号文件精神，切实做好国家临时存储菜籽（油）收购的各项工作。

附件：2012年国家临时存储菜籽（油）收购、加工企业分地区数量（略）

转发财政部和发展改革委等4部委
关于做好扩大中等职业教育免学费政策范围
进一步完善国家助学金制度有关工作的通知

（国家粮食局　国粮办人〔2012〕259号　2012年12月7日）

各省、自治区、直辖市和新疆生产建设兵团粮食局，中国储备粮管理总公司、中粮集团有限公司、中国华粮物流集团公司：

近日，财政部、国家发展改革委、教育部、人力资源社会保障部联合印发了《关于做好扩大中等职业教育免学费政策范围进一步完善国家助学金制度有关工作的通知》（财教明电〔2012〕3号，以下简称《通知》），将中等职业学校粮油饲料加工技术、粮油储运与检验技术专业（以下简称粮食专业）纳入涉农专业范围，享受免学费政策和国家助学金资助。现将《通知》转发给你们，并结合粮食行业实际情况，提出以下意见：

一　深化对中等职业学校粮食专业纳入涉农专业，享受免学费政策和国家助学金资助重要性的认识

国家对中等职业学校农村学生、城市涉农专业学生和家庭经济困难学生实施免学费政策，给予国家助学金资助，是落实《国家中长期教育改革和发展规划纲要（2010-2020年）》，支持中等职业教育发展，促进教育公平和劳动者素质提高的重要举措。中等职业学校粮油饲料加工技术、粮油储运与检验技术专业纳入涉农专业，享受免学费政策和国家助学金资助，有利于提升粮食职业教育吸引力，促进粮食职业教育又好又快发展；有利于完善粮食行业技能人才培养体系，提高粮食行业后备技能人才培养能力；有利于粮食行业建设一支门类齐全、技艺精湛的高技能人才队伍，为保障国家粮食安全提供强有力的人才支持。

二　加大对粮食专业享受涉农专业优惠政策的宣传力度

各地粮食行政管理部门和职业院校要认真学习，准确把握政策，通过网站、报刊等多种形式开展政策解读和宣传工作，加大招生宣传力度，使粮食专业免学费和国家助学金资助的惠民政策家喻户晓，吸引更多优秀学生报考粮食专业。

三　大力推进粮食职业院校和粮食专业建设

各地粮食行政管理部门和职业院校要以落实免学费和国家助学金政策为契机，加强同教育等有关部门的沟通合作，切实履行行业指导职业教育的责任，充分调动粮食企业参与职业教育的积极性，深化校企合作，大力推进粮食职业教育改革创新，认真办好一批粮食职业院校和粮食专业，提升粮食职业教育支撑现代粮食流通产业发展、保障国家粮食安全的能力。

附件：财政部、国家发展改革委、教育部、人力资源社会保障部《关于做好扩大中等职业教育免学费政策范围进一步完善国家助学金制度有关工作的通知》（财教明电〔2012〕3号）（略）

关于印发《粮食科技项目管理实施细则（试行）》的通知

（国家粮食局　国粮办展〔2012〕279号　2012年12月28日）

各省、自治区、直辖市粮食局，国家粮食局科学研究院，国家粮食储备局成都粮食储藏科学研究所、国家粮食储备局郑州科学研究设计院、无锡中粮工程科技有限公司、国家粮食储备局西安油脂科学研究设计院、国家粮食储备局武汉科学研究设计院、河南工业大学、武汉工业学院、南京财经大学，各省粮食科研院所、有关大学及科研单位，中国储备粮管理总公司、中粮集团有限公司、中国华粮物流集团公司、中国中纺集团公司，有关企业和企业研发中心：

为进一步加强粮食科技项目和资金管理，按照科技部、国家发展改革委、财政部等有关科技项目管理的要求，结合粮食科技项目管理的实际，国家粮食局编制了《粮食科技项目管理实施细则（试行）》（以下简称《细则》）。现将《细则》印发给你们，并就有关事项通知如下：

一、粮食科技项目承担单位要严格执行《细则》相关规定，按期报送项目实施进度，我局将按照《细则》规定开展项目检查和督导。

二、《细则》试行期间，我局将密切跟踪使用效果。各单位在执行过程中如有意见或建议，请与我局流通与科技发展司联系。

三、本《细则》自印发之日起试行。《国家粮食局国家科技计划项目课题评审管理细则》（国粮办展〔2009〕147号）同时废止。

粮食科技项目管理实施细则（试行）

第一章　总　则

第一条　为贯彻落实《国家中长期科学和技术发展规划纲要（2006-2020年）》、《粮食行业"十二五"发展规划纲要》和《粮食科技"十二五"发展规划》，加强粮食科技项目的科学化、规范化管理，依据科技部、国家发展改革委、财政部等国家相关主管部门（以下简称为：科技主管部门）发布的有关科技法规以及国家科技计划项目、高技术产业化项目、公益性行业科研专项、科技经费及项目承担人管理办法等要求制定本实施细则。

第二条　本细则适用对象是由国家粮食局管理实施的国家科技计划及粮食行业有关科技项目承担单位。包括：国家粮食局直属科研机构及事业单位、与国家粮食局共建的大专院校、粮食流通与加工领域国家工程实验室、国家粮食局批复的工程技术中心、国家粮食局重点实验室、省级粮食科研院所、粮食企业及其他承担粮食领域科研创新和粮食科技项目的单位。

第二章　组织与责任

第三条　国家粮食局为粮食科技项目管理单位，负责征集需求、编写规划、推荐或立项，并承担项目实施过程监督管理、成果管理及奖励管理等。

第四条　中国大陆境内注册的、具有独立法人资格的企业、科研院所、高等院校等均可按照指南要求申报并承担粮食科技项目。国家粮食局直属科研机构及事业单位、与地方共建的大专院校、国家粮食局批复的工程中心、重点实验室及承担管理的国家级科研创新平台可直接向国家粮食局申报；其他粮食行业科研单位需通过所在地的省级粮食局申报，行业外的企事业单位通过所在地的省级粮食局或上级部门申报。

第五条　申报主体的法人单位应具有较强的协调组织能力，原则上承担过粮食领域国家级主体科技计划项目，近三年内没有科研诚信的不良记录，财务管理制度规范，具有一定的经费配套能力（公益性科研院所大学原则不要求配套经费）。首次申报承担粮食科技项目的单位应该具有一定数量的粮食相关专业研究人员（副研究员以上不少于5名）和技术基础（粮食领域专利3项以上）。

第六条　申报的法人单位要协调组织本单位以及相关合作单位的优势科研力量共同参与。鼓励组织开放式的研究团队，吸收高水平的非粮食行业的科研院所、大专院校、企业参加科技研发。原则上一个项目中，非粮食行业的单位数不低于参加单位总数的40%。每个备选项目的联合申请单位不得超过4家（不接受以个人名义的申请）。

第七条　参与课题研究的各法人单位应在课题牵头单位的组织下，签订标准格式的任务合同，明确参加的研究任务内容和资金数额。课题牵头单位和参与单位不得擅自变更研究内容和参与单位。

第八条　参与课题研究的各法人单位应按照要求及时落实各项研究条件，加强过程管理，保证研究任务能够按时完成。实施期内每年及时编制和报送年度财务决算。优先考虑企业承担有明确产品目标需求和产业化前景的示范、转化和产业化类项目，企业配套资金投入不低于总预算的50%。

第九条　为了促进行业内外优势互补、强强联合攻关，每个法人单位原则上只能在同一项目中牵头1个课题，同一课题中，最多牵头2个独立研究内容（即子课题）；在同一项目中，同一单位牵头的独立研究内容（子课题）数原则上不超过4个；每个课题的参与单位原则上不超过6家。

第十条　项目（课题）各承担单位法人，负责组织本单位的项目申报立项、预算编制，协调支撑项目组织实施和结题验收，审核和监督经费使用，推动成果应用推广和产业化。各参与项目实施单位均应充分尊重科研人员科研自主权，合理安排工作，合理分配资源，保证科研人员的时间投入，有效运用奖惩措施，充分保护、调动和发挥科研人员积极性。

第十一条　申报项目负责人一般需要具备副高级（含）以上职称，具有一定的学术影响力，主持过国家科技支撑计划课题或作为主要承担人员参与国家科技主体计划课题研究，没有科研诚信不良记录。

第十二条　课题负责人不得在同期国家支撑计划等其他主体项目中再担任课题负责人，以保证研究时间；同一研究人员在国家主体科技计划同期研究中，牵头、参与研究的独立研究内容（即子课题）数原则上不超过2个。已承担国家主体计划课题的负责人，在通过验收前不得再牵头承担新的课题。

第三章　需求征集及备选项目

第十三条　国家粮食局根据行业发展实际，结合征集的行业需求制定行业科技发展规划，明确粮食科技发展目标、原则和重点任务。根据行业科技规划，面向全社会征集备选项目。所有备选项目（课题）均需按照要求形成电子文档及纸质文档，报送国家粮食局备案。

第十四条　国家粮食局组织专家对备选项目进行评审。凡通过专家评审的申报项目，经公示无异议后，成为粮食行业备选项目。

第十五条　国家粮食局对备选项目按国家共性关键技术（国家需求）、粮食产业基础和公益及重大应用技术（行业需求）、行业产业发展实用技术（市场需求）三个大类分类，择机推荐为国家科技计划项目及产业化项目。行业科技项目原则上来源于备选项目库。国家粮食局在备选项目库不能满足需求时，可根据相关指南要求和需求进行有针对性的征集。

第十六条　国家粮食局负责建立和管理粮食科技评审专家库，对评审专家动态更新并实施信用管理。

第十七条　国家粮食局本着"公开、公平、公正"的原则，以创新性、实用性、适用性为出发点，召集行业专家进行项目评审。专家评审采取会审或网上函审的方式，由7～15名（总数为奇数）专家组成专家组，采取专家独立评审独立打分，最终由主审专家汇总提出专家评审意见的形式评审项目。评审专家的选择考虑回避本单位、合作者、师生和亲属等关系，专家组组成结构遵循业内外并举、管理和研究及应用岗位兼顾的原则。

第四章　项目分类管理

第一节　支撑计划项目管理

第十八条　国家粮食局根据科技主管部门的项目指南或通知要求，组织入库备选项目承担单位根据备选项目的内容起草项目建议书，并推荐为国家支撑计划候选项目。

第十九条　国家粮食局按照科技主管部门的意见开展国家计划项目立项准备工作，并委托科技部建议的实施优势科研单位开展项目可行性研究报告及项目概算的编写。项目可行性研究报告执笔专家所在单位原则上为项目牵头单位，并作为项目实施协调单位，受国家粮食局委托执行协调管理工作。

第二十条　项目可行性研究报告论证通过后，国家粮食局组织专家研究提出课题任务分解意见，根据项目研究需要，对不符合创新方向的内容进行必要的调整，明确课题任务分解。

第二十一条　各课题经费额度按科技主管部门入库预算及批复意见执行。各课题承担单位的研究经费额度由课题概算科目加和形成，经第三方财务专家审查后提交科技主管部门，国家粮食局负责课题预算转报。

第二十二条　由国家粮食局推荐的备选项目（含项目的部分内容）或有关粮食类备选项目启动后，有关承担单位应将项目、课题的立项情况和签订的任务书及时报国家粮食局备案。

第二十三条　国家粮食局根据科技主管部门的立项文件和批准的预算组织签订课题任务书。负责项目（课题）的总体协调、过程监督及验收。对项目实施中存在的问题进行评估，于每年11月15日前向科技主管部门上报项目年度实施报告。

第二十四条　课题牵头的法人单位为课题协调单位，要根据项目（课题）合同书要求，落实各项研究任务和经费分配，同时根据实际需求，定期或不定期召开课题工作会，全面负责课题的进度、质量、资金及人员管理。按照要求及时上报季度报告、中期检查报告、课题年度报告及验收申请报告，就执行情况和经费到位及使用等情况作出说明。年度报告应于每年11月1日前上报国家粮食局。

第二十五条　课题负责人负责课题研究的具体管理，落实课题各参与单位及参加人员的任务分工及经费安排，执行课题实施方案，对研究任务负总责。

第二十六条　课题执行过程中出现的问题由课题牵头单位及时协调解决，不能解决的问题及时行文报告。课题实施过程中研究任务原则上不予调整，对课题的研究内容、经费预算和主要研究人员变动等事项，由承担单位在认真论证的基础上向国家粮食局行函提出调整建议，国家粮食局报科技主管部门核准后，按核准意见调整。

第二节　政策引导类项目管理

第二十七条　政策引导类项目为科技主管部门规定并由国家粮食局推荐的火炬、软科学、农业科技成果转化资金及科研院所技术开发项目。

第二十八条　火炬项目、软科学项目根据科技主管部门的要求，由项目备选库形成，也可面向粮食行业的企事业单位征集。科研院所开发专项、农转资金项目面向粮食行业转制中央科研院所征集。经专家评审后，发文推荐项目申请。

第二十九条　火炬面上计划项目所依据成果必须拥有自主知识产权证明，申请企业必须具有良好的企业资信和较好成果转化能力和生产规模，有关申请材料规范。经国家粮食局组织专家评审后，择优推荐。

第三十条　火炬面上计划执行期间，须提交年度执行情况报告。

第三十一条　软科学重点项目必须符合行业发展战略，围绕行业发展热点，由行业主管领导主持。软科学面上项目的选题需围绕行业发展的方向和目标。经国家粮食局组织专家评审后，择优推荐。

第三十二条　项目经主管部门批复下达后，国家粮食局组织软科学、农业科技成果转化资金项目承担单位签订课题任务书。签订的任务书报科技主管部门的同时，国家粮食局进行备案。火炬计划项目批复后由国家粮食局将证书发放立项单位。院所技术开发项目批复后，承担单位将立项文件报国家粮食局备案。

第三十三条　国家粮食局负责对农业科技成果转化资金实行中期监理。科研院所技术开发专项项目于每年12月1日前报送年度总结。

第三节　国家863、973专项计划项目管理

第三十四条　国家粮食局根据科技主管部门要求，根据规划和征集的需求，结合备选项目库，提出粮食行业国家重点基础研究发展计划（973）项目和国家高技术发展计划（863）项目的需求。

第三十五条　根据科技主管部门的要求，按照相关指南组织优势单位提出基础性研究项目建议书，协助国家高技术发展计划（863）项目承担单位组织实施。

第四节　高技术产业化项目管理

第三十六条　国家粮食局按照科技主管部门发布的指南，依托备选项目库，选择产业前景明显、技术引导作用突出的项目，有针对性地推荐高技术产业化专项项目。项目突出以企业为创新主体。

第三十七条　在备选项目库不能满足要求时，进行专门的专项征集。

第三十八条　按照科技主管部门批复，国家粮食局组织立项单位编制项目建设可研报告，经专家审核后备案。

第三十九条　建设单位应及时按要求报送项目建设情况。每年10月1日前上报建设进度报告。国家粮食局定期对高技术产业化专项项目进行现场检查。根据建设单位建设进度情况，向科技主管部门报送建设进度报告。

第四十条　高技术产业化项目如需调整应按照要求上报变更申请报告，报送国家粮食局和科技主管部门。待科技主管部门批复后予以调整。如未批复，则按照原计划建设。项目完成后，国家粮食局组织专家验收。

第五节　行业公益性项目管理

第四十一条　国家粮食局根据行业发展方向和目标，在备选项目库选择适合的项目提出启动项目建议方案。经管理咨询委员会审议通过和科技部审核查重，并报局党组批准后作为行业科技项目启动。

第四十二条　国家粮食局按照主管部门批复的预算细化各研究课题预算，并组织相关单位提出细化预算，完善实施方案。

第四十三条　国家粮食局按照科技主管部门的批复，与项目实施牵头单位签订课题研究任务书，并按照有关管理要求执行年度监督检查工作，对项目研究进度和成果进行评估。

第六节　创新平台建设项目管理

第四十四条　国家粮食局根据行业需求或主管部门的指南，向行业有关单位征集国家或国家粮食局创新平台建设项目建议。

第四十五条　国家粮食局按照有关管理办法，对候选项目进行形式审查。形式审查未通过的项目退回申请单位。

第四十六条　国家粮食局组织对申请项目的专家评审。有关专家在现场考察，会审评议后，提出考评结果。国家粮食局根据专家评审结论，开展项目推荐或项目批复。

第四十七条　建设单位应按照建设计划落实建设条件，每年12月1日前报送建设进度报告。国家粮食局根据实际情况组织专家现场考核。

第五章　经费管理

第四十八条　研究任务承担单位是研究经费使用和管理的责任主体，应当建立健全经费管理制度，完善内部控制和监督制约机制，按照国家有关财务管理规定和《国家粮食局项目经费管理暂行办法》（国粮财〔2005〕184号）要求，认真行使经费管理、审核和监督权，对本单位使用、外拨课题经费情况实行有效监管。将课题管理与经费管理紧密结合，加强财务核算和内部审核。

第四十九条　各类课题承担单位应按照项目（课题）预算核定的金额，与合作单位共同安排好间接费用支出，间接费用实行总额控制，不得以任何方式在直接费用中重复提取、分摊、列支属于间接费用范围的支出。

第五十条　各类课题经费在批复后一般不得调整。预算总额不变，研究单位之间的费用调整需由承担单位行文申请，报科技主管部门批准后执行。预算总额发生变化需在变化前1个月正式行文申请，财政部批准同意后变更。如未获批准，仍执行原批预算。支撑计划、行业专项的设备费、材料费、测试化验加工费、燃料动力费、出版/文献/信息传播/知识产权费等预算的调整，由课题承担单位根据研究情况自主调整。会议费、差旅费、国际合作交流费一般不予调增，但可调减用于其他方面。间接费用原则上不得调整。如有特殊原因确需调整，课题承担单位应按照规定审批，由科技主管部门确认。课题承担单位和合作单位不得变相转拨经费。

第五十一条　支撑计划、公益性行业科研专项的课题承担单位要按时提出财务验收申请。课题财务验收通过后，开展课题业务验收。课题承担单位应委托有资质的会计师事务所进行审计，审计完成并符合要求后，开展课题财务验收。承担单位要及时落实和整改项目（课题）经费审计和检查验收的意见和建议。

第五十二条　专家评审（咨询）费用可申请中央财政预算安排。会议评审的专家评审（咨询）费开支为高级专业技术职称人员500～800元/天，其他专业技术人员300～500元/天。会期超过两天的，第三天及以后的（咨询）费标准为高级专业技术职称人员300～400元/天，其他专业技术人员200～300元/天。专家费不得支付给课题参与人员和课题管理人员。

第六章　项目验收

第五十三条　按照课题任务书规定的完成期限，项目（课题）承担单位需按照要求认真总结任务实施情况，汇总取得成果，编写项目实施报告，及时开展课题业务验收。课题验收需在研究期满3个月内完成，不能按期验收的，需在任务书规定的执行期满前3个月提出延期验收申请，经批复后执行。如无批复，须按原研究计划执行。

第五十四条　课题业务验收由国家粮食局组织（973、863项目及支撑计划项目由科技部组织专家评审，火炬计划由实施单位形成研究报告报送国家粮食局），按照项目验收要求，采用专家现场验收方式开展，验收专家按专业和属地相近选择，专家人数7～13人（总数为奇数）。

第五十五条　验收专家费标准按主管部门有关管理规定执行，费用由课题预算支出。课题任务完成超过85％的项目允许通过验收，低于85％完成程度的，除有特殊原因外，视为不合格。

第五十六条　国家粮食局将建立项目承担单位信用制度，对承担项目完成情况进行信用考核。信用考核存在问题的单位，不得承担国家粮食局组织实施的科技项目。

第五十七条　课题承担单位在项目（课题）完成验收后2个月内须完成验收材料的整理和归档工作。装订好的纸质验收材料及电子版验收材料同时上报组织单位。验收中发现的问题应按要求及时进行整改，整改结束后上报整改报告。整改报告与验收材料一并归档。

第五十八条　国家粮食局对粮食科技项目实行验收后评估及责任追究。对于拒不履行项目（课题）任务书中的约定责任造成一定损失，以及违规操作甚至存在科研不端行为的项目（课题）承担单位，一经查实，视情节轻重采取通报批评、取消或建议上级撤消项目（课题）直至取消其1～3年项目申报资格的处罚措施。并对参与计划管理和实施的人员，追究其相应责任。对于在承担农转资金项目和院所开发专项等年度性项目中连续两次不能完全完成任务指标的单位，给予暂停一年申请资格的处罚。

第七章　成果及登记管理

第五十九条　课题承担单位在验收后3个月内，按照科技成果登记的有关要求，完成科技成果登记材料报送工作。

第六十条　登记的科技成果向社会公示，并向成果完成人颁发成果登记证书。非国家粮食局组织的粮食类科研成果，在经有关省级科研部门或学会验收或鉴定后，或获得国家发明专利，也可进行国家粮食局的成果登记。

第六十一条　承担单位对课题实施过程中产生的科研成果应及时采取知识产权保护措施。

第八章　科技成果奖励

第六十二条　鼓励在国家科技计划和粮食行业科技项目成果的基础上，申报行业学会和国家科技奖励。鼓励青年科技人员申报科技奖励。

第六十三条　鼓励企业创新成果申报国家技术发明奖和科技进步奖。

第六十四条　国家粮食局重点推荐推广效益好，创新能力强，已经熟化3年以上的项目申报国家有关科技奖励。优先推荐对粮食行业产业发展产生较大影响和创造良好社会和经济效益的成果为国家科技奖励候选项目。获得粮油学会一等奖以上的项目可作为国家粮食局向国家推荐国家科技奖励的候选项目。

第六十五条　申请奖励项目的授权发明专利等知识产权应为申报者或团队独有，且未在其他奖励项目中使用。项目的第一完成人必须是项目的主要完成人，并回答评审专家质询。

第六十六条　国家粮食局推荐的国家奖励项目必须按照规定完成在申报人单位的公示。国家粮食局推荐前将在国家粮食局政府网站完成公示，并推荐公示无异议的项目。

第九章　统计及后评价

第六十七条　建立粮食科技统计制度。各科研单位及项目（课题）承担单位均须按要求完成相关统计工作，并报省级粮食行政部门。省级粮食行政部门汇总后报国家粮食局。

第六十八条　课题承担单位（含参与单位）需要按照要求完成科技项目跟踪调查工作，做好项目（课题）执行过程中产生的信息和数据管理，及时提交汇总共享，做好课题实施后评价工作。

第六十九条　国家粮食局组织开展粮食科技项目后评价，对五年规划期内实施的国家和行业科技项目的实施情况、效果进行评价，对行业科技人才队伍、创新平台建设的发展及行业创新能力水平进行评价，形成发展报告。

第十章　附　则

第七十条　本细则由国家粮食局流通与科技发展司负责解释。

第七十一条　本细则自发布之日起执行。

关于印发《粮食公益性行业科研专项经费管理暂行办法》的通知

（国家粮食局 国粮办展〔2012〕282号 2012年12月28日）

各省、自治区、直辖市粮食局，国家粮食局科学研究院，河南工业大学、武汉工业学院、南京财经大学，各省粮食科研院所，有关企业：

为贯彻《国家中长期科学和技术发展规划纲要（2006－2020年）》，提升科技支撑行业发展的能力，规范和加强粮食公益性行业科研专项经费项目管理，提高资金使用效益，根据财政部、科技部《公益性行业科研专项经费管理试行办法》（财教〔2006〕219号），我局制定了《粮食公益性行业科研专项经费管理暂行办法》，现印发给你们，请认真贯彻执行。

粮食公益性行业
科研专项经费管理暂行办法

国家粮食局

二〇一二年

目　录

第一章　总　则

第一条　为贯彻落实《科学技术法》、《国家中长期科学和技术发展规划纲要（2006-2020年）》（以下简称《规划纲要》），规范和加强粮食公益性行业科研专项经费项目（以下简称"粮食科技公益专项"）的管理，根据财政部、科技部关于《公益性行业科研专项经费管理试行办法》（财教〔2006〕219号）（以下简称《试行办法》）、《关于调整国家科技计划和公益性行业科研专项经费管理办法若干规定的通知》（财教〔2011〕434号）及相关经费管理要求，制定本办法。

第二条　粮食科技公益专项围绕保障国家粮食安全和粮食行政管理部门职责、任务以及行业发展的实际需要，根据《规划纲要》和行业规划、行业科技规划的重点领域和优先主题，开展应急性、培育性和基础性科研工作。主要包括：

（一）粮食行业应用基础研究；

（二）粮食流通重大公益性技术前期预研究；

（三）粮食流通实用技术研究开发；

（四）国家标准和粮食流通行业重要技术标准研究；

（五）粮食流通监测、检验检测技术研发；

（六）粮食安全及宏观调控应急技术研究。

第三条　粮食科技公益专项经费管理和使用的原则：

（一）目标明确，突出重点

粮食科技公益专项支持的项目要面向粮食行业发展需求，直接为粮食行业有关的科研活动提供支持。重点支持行业发展需要的基础研究、产品开发、装备、工艺技术以及提升产业水平的高新技术项目。项目要明确绩效目标，充分体现粮食行业科研的特点、重点和急需，并且与国家科技计划支持的项目合理区分、有效衔接。专项经费使用要避免分散，专项下只设项目层次，项目不分解。

（二）责权明确，规范管理

粮食科技公益专项经费管理各方权责明确、各负其责，规范化管理，坚持行政决策与专家咨询相结合，注重吸收粮食科技创新体系、行业协会（学会）、学术团体、地方粮食管理部门、粮食企业的意见，实行决策、实施、监督相互独立、相互制约的管理机制。

（三）科学安排，统筹协调

严格按照项目的目标和任务，科学合理地编制和安排预算，杜绝随意性，要加强粮食科技资源的统筹协调和有效整合。

（四）专款专用，绩效问责

严格按照国家有关财务制度的规定，将粮食科技公益专项经费纳入单位财务统一管理，单独核算，确保专款专用。建立面向社会的绩效评价及结果追踪问效问责机制。

第四条　根据粮食科技公益专项经费项目类型特点，一般采取择优委托或招标方式确定项目承担单位和项目牵头人。侧重对重点项目和优势创新团队的稳定支持。

第五条　系统外单位承担粮食科技公益专项项目经费的财政资金占专项总经费的比例，一般不低于50%。

第六条　粮食科技公益专项实行公开、公正、透明化管理，并接受社会监督。

第二章　组织管理体系

第七条　成立粮食科技公益专项管理咨询委员会。根据《试行办法》要求，在财政部、科技部的指导下，组织科技、管理、经济等领域专家成立国家粮食局公益性行业科研专项经费管理咨询委员会（以下简称"委员会"）。粮食科技公益专项经费项目组成员和其他可能影响公正的人员不担任委员会委员。委员会成员不少于9人，其中粮食部门系统以外的人员占40%及以上，委员会主任由国家粮食局领导担任。委员会成员名单报财政部、科技部备案。

委员会的职责是：咨询论证粮食科技发展规划；审议粮食科技公益专项经费项目建议及年度项目；提出粮食科技公益专项经费项目承担单位选择方式的建议；对项目执行的全过程进行咨询评议。

第八条　粮食科技公益专项管理需设立若干执行专家组（以下简称"专家组"），专家组成员动态管理。专家组由相关领域的知名专家组成，视工作需要确定，负责提出相关专业领域的专项实施建议。接受国家粮食局发展司的管理，落实委员会提出的专项具体工作和技术要求，完成项目建议及实施方案的修改完善工作。

第九条　国家粮食局发展司的职责：负责粮食科技公益专项的业务管理。根据有关规定组建管理咨询委员会和项目执行专家组；牵头起草制定粮食科技公益专项规划；根据行业科技发展需要，征集技术需求，建立备选项目库；组织备选项目立项前期研究和评估工作，组织提出项目立项建议并组织编写项目建议书；按照有关部门意见，对项目进行协调，配合财务司组织项目总预算、年度预算的编制、审核和申报工作，具体组织项目实施方案评审；与项目承担单位签订任务书，协调处理项目实施中出现的重大问题，会同财务司及其他相关司室组织项目检查、年度评议、绩效考核、项目验收等工作；完成项目委员会交办的日常具体事务。

第十条　国家粮食局财务司的职责：会同发展司制定专项经费管理制度；组织项目总预算、年度预算的编制、审核和申报工作；根据财政部预算批复下达项目经费总预算及年度预算；参与项目检查、年度评议、绩效考核、项目验收等工作，具体组织财务升级验收和绩效评价等工作；负责粮食科技公益专项经费的管理工作。

第十一条　国家粮食局相关司室的职责：对行业科技规划提出建议；提供技术需求并提出项目实施意见，组织开展相关科研专项产生的先进实用技术和科技成果的推广应用。

第十二条　承担项目研究的单位根据在项目实施中的职责，分为承担单位与协作单位。项目承担单位主要职责是：

（一）按要求编制规划及项目实施方案和项目预算；

（二）按照签订的项目任务书内容具体实施项目，按规定管理和使用项目经费，落实项目约定支付的自筹经费及其他配套条件；

（三）与协作单位签订细化任务书，明确任务分工、年度计划以及项目执行中产生的知识产权与成果权归属；

（四）接受监督检查、年度评议、项目验收和绩效考评，及时报告执行中出现的重大问题。根据需要组织对协作单位的阶段性考核评价；

（五）按要求进行成果登记，并对项目形成的成果资料（包括技术报告、论文、数据、评价报告等）进行归档，推动项目成果应用、转化及推广。

第十三条　项目协作单位按要求细化本单位的任务和预算；签订细化的任务书，按规定使用项目经费，落实本单位自筹经费和其他配套条件；配合管理部门或承担单位监督检查、年度评议、项目验收和绩效考评。

第三章　项目申报及预算审批

第十四条　建立备选项目库。发展司按规划的重点领域和优先主题，在年初征集行业需求，并根据需求，按照基础类、公益类、应急类和应用类分类征集备选项目，通过专家评审的项目，进入备选项目库。

第十五条　凝炼备选项目建议，提出年度项目预算。发展司组织专家组根据当年行业发展目标和需求，进行梳理凝炼、研究讨论，形成备选项目和项目建议，提出项目及年度启动项目建议和预算。

第十六条　确定备选项目。发展司将备选项目建议提交委员会审议，确定启动项目并提出项目承担单位、牵头人的遴选方式建议。

第十七条　确定承担单位和项目牵头人，完成项目建议。发展司根据委员会建议，会同有关方面，委托项目承担单位和牵头人完成项目建议，按有关规定和组织程序，遴选建议项目的承担单位和牵头人，报科技部审核。

第十八条　发展司组织项目承担单位的牵头人和参与单位课题负责人编写项目实施方案和预算，组织专家进行论证评审。财务司会同发展司审核项目预算。项目实施方案和预算审核工作同时进行，以确保预算编制与项目目标、研究任务及工艺指标匹配。项目实施方案和项目预算格式见附件。

第十九条　项目实施方案及预算报批。发展司和财务司对项目预算和实施方案审核后，按照项目优先顺序，报国家粮食局党组会（或局长办公会）批准后，报送财政部。

第二十条　签订任务书，下达财务预算。财政部批复项目总预算后，发展司与项目承担单位签订项目任务书，财务司下达项目总预算，项目承担单位与协作单位签订项目任务书，并纳入全国科研项目预算管理数据库统一管理。

第二十一条　批复年度预算。根据财政部部门预算编制的要求和批复的项目总预算及年度预算，财务司及时报送项目年度预算。按照财政部要求，正式批复年度预算。

第四章　项目申请有关要求

第二十二条　项目承担单位应符合如下条件：

（一）一般为中国大陆境内具有独立法人资格的科研院所、高等院校和内资或内资控股企业等；

（二）具有项目实施必需的科研设施条件，优先支持国家和局重点实验室、工程（技术）中心等建设依托单位；

（三）具有较强的研发优势，拥有相关领域国内知名的学科带头人和相对稳定的学术团队；

（四）具有丰富的项目组织管理经验，优先支持承担过国家相关研究项目的单位。

第二十三条　项目负责人应符合如下条件：

（一）年龄原则上不超过55周岁，院士不超过65岁，具有高级（含副研究员）及以上专业技术职称，有固定工作单位（原则上应在承担单位工作），具有较高的学术水平和开拓创新能力，具有较强的组织协调能力，诚信记录良好，主持或参加过国家级科技计划项目；

（二）粮食科技公益专项项目负责人同期只能承担1项，并最多只能以参加者或合作者的身份再参加1项。参加项目的人员同期参加不得超过3项，若同期主持其他国家级科技项目则参加项目也不能超过1项（包括院所专项、转化项目等）。

第五章　项目实施及预算执行

第二十四条　按任务书落实项目任务。项目承担单位根据与国家粮食局发展司签订的项目任务书，落实项目实施条件，监督项目负责人组织具体实施。

第二十五条　项目执行过程中实行重大事项报告制度。项目在实施过程中出现下列情况的，项目负责人和项目承担单位应当及时报国家粮食局发展司审批，报财务司备案。

（一）市场、技术等情况发生重大变动，造成项目原定目标及技术路线需要修改；

（二）项目依托的工程已不能继续实施；

（三）项目负责人调动、变更，项目承担单位、协作单位变更，项目负责人擅自离开项目；

（四）其他不可抗拒因素，致使研究工作无法正常进行。

第二十六条　承担单位和项目负责人对项目经费使用情况负首要责任，协作单位及相应任务主持人对所安排经费的使用情况负直接责任。承担单位接到项目总预算后，应将各协作单位在项目实施期间的总预算及各支出科目的经费总额度，以书面形式及时通知各协作单位。

第二十七条　项目经费的拨付按照财政资金支付管理的有关规定执行。项目经费专款专用，不得截留挪用。经费使用中涉及政府采购的，按照政府采购有关规定执行。

第二十八条　项目承担单位不得随意向其他单位转拨资金。确因执行项目任务之需，必须与其他单位进行合作并安排相应经费的，原则上在项目承担单位实行报账制；特殊情况下必须拨付资金的，按如下规定办理：

（一）参照测试化验加工费管理和使用方式，由项目承担单位与合作单位签订委托服务协议；

（二）参照项目预算书模式以及规定的支出科目编制明细支出预算，作为委托服务协议附件；

（三）项目承担单位财务部门根据委托服务协议，办理资金支付手续。

第二十九条　经费开支范围按照《试行办法》要求执行。项目承担单位应当建立规范、健全的内部控制办法和机制，以及项目科学数据记录和报告制度，并按照要求及时上报项目有关数据。

第三十条　项目承担单位应当严格按照下达的项目预算执行，一般不予调整。确有必要调整时，按照以下程序审批：

（一）项目总预算（含各项目承担单位总预算）、项目年度预算总额的调整应由承担单位以正式文件报财务司，同时抄报发展司，由财务司报财政部批准。

（二）项目经费中劳务费、专家咨询费和管理费预算一般不予调整。

（三）项目经费中设备费、材料费、测试化验加工费、燃料动力费、差旅费、会议费、国际合作与交流费、出版/文献/信息传播/知识产权事务费的预算调整，在不超过该科目核定预算10%，或超过10%但科目调整金额不超过5万元的，由项目承担单位根据研究需要自行调整；其他支出科目预算执行超过核定预算10%且金额在5万元以上的，由承担单位报财务司审批，发展司备案。

（四）项目实施过程中项目负责人和任务主持人变更或调动单位的，原则上不调整经费预算，按规定报批后，由项目负责人和细化任务主持人在原项目承担单位支配经费。

第三十一条　项目决算。承担单位应当按照财政部规定的时间和方式，组织编制项目经费年度决算报财务司，财务司按规定报送财政部。

第三十二条　需要调整或撤销的项目。需调整的项目由项目承担单位提出书面意见，报发展司核准后执行，必要时，发展司可根据实施情况及专家评估意见等直接进行调整；需要撤销的项目应由项目承担单位根据工作进展、经费使用、已购置设备仪器、阶段性成果、知识产权等情况做出书面报告报发展司核查备案。

第三十三条　终止项目处理。项目因故终止，或协作单位承担的细化任务因故终止，相应项目承担单位财务部门应当及时清理账目与资产，编制财务报告及资产清单，按程序报送财务司。财务司组织进行清查处理，剩余经费（含处理已购物资、材料及仪器、设备的变价收入）收回财务司，按照财政部关于结余资金管理的有关规定执行。

第三十四条　固定资产管理。粮食科技公益专项形成的固定资产属国有资产，一般由项目承担单位进行管理和使用，发展司会同财务司有权调配用于相关科研开发。粮食科技公益专项形成的知识产权等无形资产的管理，按照国家有关规定执行。

第三十五条　粮食科技公益专项实施中所需的仪器设备应当尽量采取共享方式取得。粮食科技公益专项形成的大型科学仪器设备、科学数据、自然科技资源等，按照国家有关规定开放共享，以减少重复浪费，提高资源利用效率。

第六章　项目验收与绩效考评

第三十六条　考评机制。发展司和财务司按照《试行办法》的规定负责组织项目验收和绩效考评。验收和绩效考评的结果将作为项目承担单位预算规模调整以及未来项目立项的重要依据。

第三十七条　中期检查。项目执行期间实行季报制度和年度评议制度。

（一）项目启动后，项目承担单位须于每季初填报上季度项目研发活动和经费支出情况；

（二）当年12月底前，执行专家组编写并提交本年度执行情况报告、财务支出情况报告和实用技术报告（简化版），根据当年存在问题和建议拟定下年度实施方案，报发展司和财务司；

（三）发展司和财务司予以审核。

第三十八条　实行绩效考评制度。项目执行期间及完成后，可根据需要按照财政部《财政支出绩效评价管理暂行办法》（财预〔2011〕285号）组织开展绩效考评，包括实施过程考评和完成结果考评。考评结果作为以后确定立项、遴选项目承担单位、改进项目管理的重要依据。

第三十九条　实行公示制度。除有保密要求外，项目承担单位、项目负责人、研究内容、年度进展等相关信息应及时向社会公开，项目成果通过国家粮食局政府网向社会公示。

第四十条　根据年度评议、绩效考评相关结果及公示反馈核实情况，可酌情采取责令整改、通报批评、核减经费额度、终止项目或终止部分细化任务等措施。

第四十一条　项目验收分为财务验收和业务验收两个阶段，财务验收是进行业务验收的前提，财务审计是财务验收的重要依据。

第四十二条　项目完成后，由承担单位向发展司、财务司提交项目业务和财务验收申请。项目因故不能按规定的执行期完成的，应提前三个月申请延期验收；未获批准的项目仍按原定期限进行验收。在规定的执行期结束后三个月内既未提出验收申请又未申请延期验收的，对承担单位和项目负责人进行通报。

第四十三条 项目需先通过财务验收后方可进行业务验收。财务验收材料包括：验收申请表、财务预算书、财务预算执行情况报告、项目审计报告及采购表。

第四十四条 项目业务验收申请材料包括：业务验收申请验收申请表；项目任务书；项目验收自评估报告；项目财务审计报告及设备采购表及验收专家组意见；项目成果和有关部门出具的成果应用报告。

第四十五条 以招标方式确定有资质的社会中介机构，作为财务审计备选机构，由承担单位报财务司同意后从中选聘开展财务审计工作。必要时可由财务司直接聘请中介机构开展审计业务。审计费用由承担单位从项目经费有关支出科目中列支。

第四十六条 财务验收。财务验收组由3名财务专家及4~8名业务专家组成，财务专家任组长；业务验收组由7~11名行业专家组成，财务专家任副组长。财务验收组与业务验收组可同期进驻共同开展工作。

第四十七条 项目预算管理及经费支出符合本则及其他相关规定的，通过财务验收。存在下列行为之一的，不得通过财务验收：

（一）编报虚假预算，套取国家财政资金；

（二）未对专项经费进行单独核算；

（三）截留、挤占、挪用专项经费；

（四）违反规定转拨、转移专项经费；

（五）提供虚假财务会计资料；

（六）未按规定执行和调整预算；

（七）虚假承诺、自筹经费不到位；

（八）其他违反国家财经纪律的行为。

第四十八条 项目计划目标和任务已按照考核指标要求完成的，通过业务验收。存在下列行为之一的，不得通过业务验收：

（一）项目目标任务完成不足85%；

（二）所提供的验收文件、资料、数据不真实，存在弄虚作假现象；

（三）未经申请或批准，项目承担单位、项目负责人、项目目标、研究内容、技术路线等发生变更；

（四）超过下达的项目任务执行期半年以上未完成，并且事先未作出说明。

第四十九条 因如下情形导致财务验收或业务验收未通过的，可以在首次验收后半年内，针对存在的问题进行整改，并由承担单位再次提出验收申请：

（一）所提供财务资料及业务资料不全、难以做出准确判断，导致验收意见争议较大的；

（二）项目的财务资料及业务资料、成果资料未按要求进行整理归档，导致验收工作难以开展的；

（三）存在研究过程或成果纠纷、债权债务纠纷尚未解决，以及财务收支存在重要未结账款的。

第五十条 项目通过验收后，项目承担单位应在一个月内及时办理财务结账手续。项目经费如有结余，应当由承担单位及时汇总后全额上缴，由财务司按财政部关于结余资金管理的有关规定处理。

第五十一条　项目未通过验收的，责令项目承担单位按原渠道归还全部或部分项目经费。

第五十二条　滚动执行项目应在每年第四季度，按照项目任务书和年度实施协议，撰写年度执行情况报告，并提交财务支出明细，拟定下年度实施方案。发展司会同财务司对项目承担单位提交的报告和方案进行评估。未通过评估的，视情况调整下年度经费额度，情节严重的将中止项目执行并做相应处理。

第五十三条　项目验收结论由发展司书面通知项目承担单位，除有保密要求外，验收成果向社会公示。

第七章　监督管理

第五十四条　未通过验收的项目，或不按照规定及时上缴结余经费的，财务司对有关单位和责任人进行通报，并会同发展司取消该单位或个人今后三年内申请行业科研专项项目的资格。

第五十五条　对不按时上报年度报告材料或信息，以及不接受监督检查的项目，采取缓拨、减拨、停拨经费等措施，要求项目承担单位限期整改。整改不力的项目，视情节给予通报批评、追回已拨付经费，取消其承担粮食科技公益专项经费项目资格等处理。

第五十六条　对于不按规定管理和使用专项经费、不及时编报决算、不按规定进行会计核算的项目承担单位，财务司将会同财政部有关司予以停拨经费或通报批评，情节严重的终止项目。

第五十七条　项目负责人弄虚作假，剽窃他人科技成果的，一经查出，撤销立项，追回已拨付项目经费，并向社会公开，取消其承担或参与粮食科技公益专项的资格。

第八章　附　则

第五十八条　在项目申报、审批过程中，一切接触申报材料的单位和个人对申报项目承担保守秘密的义务。

第五十九条　本办法自发布之日起施行。

附　录

2012年大事记

一月

1月9～10日，经国务院批准，全国粮食局长会议在北京召开。会议的主要任务是：深入学习贯彻党的十七大及历次全会、中央经济工作会议、中央农村工作会议精神，总结交流2011年粮食流通工作，分析当前面临的新形势，研究部署2012年粮食流通各项工作。国家粮食局局长聂振邦在会上作了题为《稳定市场提升产业大力推动粮食行业科学发展》的工作报告。任正晓、张桂凤、曾丽瑛、吴子丹、赵中权同志出席会议。

1月11日，按照国家发展改革委和国家粮食局联合印发的《粮食行业"十二五"发展规划纲要》要求，为积极推进"十二五"期间粮食流通基础设施建设，国家粮食局印发了《粮食流通基础设施"十二五"建设规划》。

1月11日，根据《国家中长期科学和技术发展规划纲要（2006－2020年）》、《国家粮食安全中长期规划纲要（2008－2020年）》、《全国新增1000亿斤粮食生产能力规划（2009－2020年）》、《农业及粮食科技发展规划（2009－2020年）》、《国家"十二五"科学和技术发展规划》、《中华人民共和国国民经济和社会发展第十二个五年规划纲要》及《粮食行业"十二五"发展规划纲要》等有关粮食科技工作的总体部署和要求，国家粮食局印发了《粮食科技"十二五"发展规划》。

1月12日，国家粮食局党组书记、局长聂振邦主持召开局党组扩大会议，传达学习胡锦涛总书记在十七届中央纪委第七次全会上的重要讲话和贺国强同志的工作报告，研究提出贯彻落实会议精神、做好2012年粮食部门党风廉政建设和反腐败工作的具体措施，包括加强对国家粮食宏观调控政策等重要政策措施执行情况的监督检查，维护粮食市场和价格的基本稳定；认真开展粮食最低收购价、临时收储等政策执行情况的监督检查，加大对压级压价等损害群众利益行为的查处力度，确保国家粮食收购政策的贯彻落实；加强党风政风建设，切实解决人民群众反映的突出问题，认真解决粮食收购、销售和企业改革等工作中损害群众利益的问题；切实加强行风建设，推进粮食系统党风廉政建设各项工作等。

1月13日，按照国家发展改革委和国家粮食局联合印发的《粮食行业"十二五"发展规划纲要》要求，为加快发展现代粮食流通产业，完善现代粮油加工体系，加快结构调整，推进转型升级，充分发挥加工对保障国家粮食安全的重要作用，国家粮食局印发了《粮食加工业"十二五"建设规划》。

1月21日，为贯彻落实《国家粮食安全中长期规划纲要（2008-2020年）》、《全国新增1000亿斤粮食生产能力规划（2009-2020年）》及《粮食行业"十二五"发展规划纲要》的有关精神，加强对全国粮食市场体系建设与发展规划指导，国家粮食局印发了《全国粮食市场体系建设与发展"十二五"规划》。

二月

2月2日，为保护农民种粮积极性，进一步促进粮食生产发展，国家决定继续在稻谷主产区实行最低收购价政策，并适当提高2012年最低收购价水平。2012年生产的早籼稻（三等）、中晚籼稻和粳稻最低收购价分别提高到每50公斤120元、125元和140元，比2011年分别提高18元、18元和12元。

2月21日，国务院法制办公室印发《关于〈粮食法（征求意见稿）〉公开征求意见的通知》。通知指出，为促进粮食生产，维护粮食流通秩序，保障国家粮食安全，国家发展改革委、国家粮食局会同有关部门在调查研究的基础上，起草了《粮食法（征求意见稿）》，为广泛听取社会公众的意见，进一步提高立法质量，全文公布征求意见稿及其说明，征求社会各界意见。

2月28日，国家粮食局召开局机关和直属联系单位干部会议，对开展建立廉政风险防控机制工作进行全面动员和部署。为深入贯彻落实中央纪委第七次全会精神和中央纪委、监察部加强廉政风险防控工作的部署，国家粮食局党组决定，从2012年2月下旬至7月底，在局机关和直属联系单位开展建立廉政风险防控机制工作。聂振邦、赵中权同志出席会议并讲话。

2月28日，全国粮食流通监督检查工作会议在广东省东莞市召开。会议回顾总结了2011年粮食流通监督检查工作，交流了各地工作经验，部署了2012年工作，公布了2011年度全国粮食流通监督检查工作考核结果。吴子丹同志出席会议并讲话。

2月28~29日，2012年全国粮食人事处长会议在吉林省延吉市召开。会议的主要内容是：贯彻落实全国组织部长会议、全国人才工作座谈会、全国人力资源和社会保障工作会议、全国行政机关公务员管理工作会议、全国粮食局长会议精神，总结2011年粮食行业人事人才工作，分析当前的形势和任务，研讨今后一段时期行业人事人才工作思路，部署2012年工作。

三月

3月14~16日，粮油国家标准研究及制修订项目中期检查会在贵州省贵阳市召开。会议对47项正在制修订的标准和《主要蒸煮面食小麦品质评价体系的研究》、《食用植物油成分真实性鉴定标准研究》2个质检公益性科研项目进展情况进行了检查，并就2012年行业重点标准制修订计划进行讨论和研究。

3月15~16日，国家粮食局直属机关团委组织召开"共青团创先争优"系列报告会暨学雷锋活动动员会。会议组织参观了雷锋事迹大型图片展，传达学习了共青团中央《关于在全国青少年中深入开展学习雷锋活动的实施意见》和中央国家机关工委《2012年中央国家机关共青团工作要点》，听取了参加"百村调研"活动青年同志的专题汇报。张桂凤同志出席会议并讲话。

3月21日，国家粮食局召开全局干部大会。中共中央组织部副部长王尔乘宣布中共中央决定：任正晓同志任国家粮食局党组书记、局长，聂振邦同志不再担任国家粮食局党组书记、局长职务。宣布决定后，中共中央组织部副部长王尔乘、国家发展和改革委员会党组书记、主任张平作了重要讲话。任正晓、聂振邦同志先后在会上作了讲话。

3月28~29日，全国粮食调控与统计工作会议在上海市召开。会议会审汇编了2011年度全国粮油统计年报，研究分析了2012年粮食供求形势和价格走势，并就做好2012年粮食调控与统计工作进行座谈讨论。会议还公布了2011年度全国粮食流通统计工作考核结果。曾丽瑛同志出席会议并讲话。

3月29～30日，全国粮食质量安全监管工作会议在重庆市召开。会议主要内容是：传达贯彻国务院食品安全委员会第四次全体会议精神，总结2011年全国粮食质量安全监管工作，研究部署2012年粮食质量安全监管重点工作。任正晓同志出席会议并讲话。

3月30～31日，全国粮食财会工作会议在江西省南昌市召开。会议主要内容是：认真贯彻落实中央经济工作会议、中央农村工作会议和全国粮食局长会议精神，总结交流2011年全国粮食财会工作的成绩和经验，研究布置2012年粮食财会工作。任正晓同志出席会议并讲话。

3月31日～4月1日，2012年中国小麦和面粉产业年会在河南省开封市召开。年会围绕"安全、诚信、创新、共赢"主题，邀请业内知名专家学者和企业家就宏观经济形势、农业政策走向、小麦产业发展、品种品质、粮食期货、进出口政策、国内外产销形势及小麦粉加工业新发展、新技术、新工艺应用等作专题报告，为获得首批制粉技师资格的学员代表和4家百年面粉厂进行授牌，同期举办了机械设备、检测仪器及相关产品展示会。张桂凤同志出席会议并讲话。

四月

4月6～7日，全国粮食系统纪检监察工作会议在浙江省杭州市召开。会议传达贯彻了中央纪委第七次全会和国务院第五次廉政工作会议精神，总结交流2011年党风廉政工作，研究部署2012年全国粮食系统党风廉政建设和反腐败工作任务。任正晓同志出席会议并讲话，赵中权同志作工作报告。

4月16日，全国人大农委王云龙主任委员主持召开《粮食法》座谈会，研究讨论《粮食法》起草有关事项。任正晓、赵中权同志参加会议。

4月19日，中国粮食行业协会四届四次理事会暨中国粮食经济学会六届四次理事会在北京召开。理事会聘请任正晓同志为中国粮食行业协会、中国粮食经济学会名誉会长，发布了《粮油企业社会责任指引》和2011年度重点粮油企业专项调查结果，并为"2011年度中国粮油企业100强"等企业颁发证书。任正晓同志出席会议并讲话。

五月

5月3日，全国人大农委王云龙主任委员主持召开《粮食法》座谈会，通报《粮食法》起草有关情况。中权同志参加会议。

5月7日，根据国务院统一部署，国家粮食局在北京召开全国粮食行业集中开展安全生产领域"打非治违"专项行动电视电话会议。会议强调，粮食行业开展"打非治违"专项行动要紧扣行业特点，着力源头治理。一要突出工作重点。重点对象是大型粮食企业，重点领域是"危仓险库"，重点环节是事故易发、高发的一线作业。二要坚持依法依规。各级粮食行政管理部门要牢固树立依法行政、依规治理的意识，做到严格程序、严格标准、严格实施、严格督查、严肃纪律。三要做到边整边改。要认真排查隐患、查处事故、整章建制、边整边改。深入开展事故调查，分析事故原因，总结事故教训，依法依纪处罚有关责任人。任正晓、吴子丹、赵中权同志出席会议并讲话。

5月11～21日，国家发展改革委、国家粮食局等部门派出6个全国粮食库存检查联合抽查工作组对辽宁、江苏、安徽、河南、广西、四川6个重点省区的粮食库存检查情况进行随机抽查。

5月14～18日，全国粮食行业中青年高层次专业技术人才研修班在河南工业大学全国粮食行业（郑州）教育培训基地举行。本次研修班主题是科技创新的思维与方法，内容包括宏观形势与行业发展、科技创新思维、科技创新方法、考察调研、学员研讨五个模块。来自全国粮食行业的55名中青年专业技术骨干参加了研修。

5月16日，30名来自巴基斯坦、东帝汶、柬埔寨、吉尔吉斯斯坦、缅甸、尼泊尔、文莱、伊拉克、也门、埃及、加纳、肯尼亚、卢旺达、马拉维、南苏丹、巴布亚新几内亚、牙买加17个发展中国家的农业和粮食官员及专家到国家粮食局访问，了解我国粮食仓储、物流及加工等方面的情况。

5月16日，全国夏季粮油收购工作会议在安徽省合肥市召开。会议认真分析了2012年小麦和油菜籽生产、收购形势及价格走势，对如何做好夏季粮油收购工作进行了研究和讨论。会议对2012年夏季粮油收购工作作出具体部署：一是及早动手，对当地夏粮收购工作作出全面安排。二是准确把握并严格执行小麦最低收购价和油菜籽临时收储政策。三是加强组织协调，引导各类企业积极开展自营收购。四是加强督促检查，确保收购工作平稳有序进行。任正晓、曾丽瑛同志出席会议并讲话。

5月21日，国家发展改革委、国家粮食局等6部门印发《2012年小麦最低收购价执行预案》。预案规定了2012年小麦最低收购价水平，白小麦（国标三等）、红小麦和混合小麦最低收购价格均为每市斤1.02元。执行区域为河北、江苏、安徽、山东、河南、湖北6省。执行期限为2012年5月21日至9月30日。

5月25日，国家粮食局在北京召开《粮食流通管理条例》颁布实施八周年座谈会，总结交流《粮食流通管理条例》颁布实施以来的贯彻落实情况，研究讨论对《粮食法（草案）》和《粮食流通管理条例》修订的意见建议。国家粮食局围绕"维护市场秩序，保障国家粮食安全"的宣传主题，组织各级粮食行政管理部门在全社会范围内开展了《粮食流通管理条例》及相关法律法规的学习宣传活动。任正晓、赵中权同志出席会议并讲话。

5月28日，为加强国家政策性粮食出库管理，确保国家政策性粮食按质、按量、及时出库投放市场，充分发挥国家政策性粮食在国家宏观调控中的作用，国家发展改革委、国家粮食局联合印发《国家政策性粮食出库管理暂行办法》。

5月30～31日，全国粮油加工业暨主食产业化工作会议在河南省郑州市召开。此次会议是国家粮食局成立以来首次召开的粮油加工业工作会议。会议围绕"转方式调结构稳中求进，保安全增实效惠及民生"的主题，总结了近年来粮油加工业和主食产业化工作，研究落实粮食行业"十二五"发展规划纲要和粮油加工专项规划，部署推动粮油加工业转型升级、全面推进主食产业化的各项工作。任正晓、吴子丹同志出席会议并讲话。

六月

6月1日，为贯彻落实中央第五次西藏工作座谈会精神，推动西藏粮食流通工作跨越式发展，国家粮食局印发了《关于全国粮食系统支持西藏粮食流通工作跨越式发展的实施意见》。意见从完善粮食调控体系、促进国有粮食企业改革和发展、加强基础设施建设、加强信息化和监督检查体系建设、加快人才队伍建设和其他相关工作等六个方面细化支援措施，创新援助方式，确保对口支援工作落到实处、取得实效。

6月11～17日，国家粮食局开展以"迎接党的十八大，保持党的纯洁性"为主题的廉政宣传教育周活动。廉政宣传教育周主要围绕"五个一"活动展开：即举行一场保持党的纯洁性为主题的报告会、组织一次警示教育参观、开展一次廉政教育支部活动、观看一次警示教育片、赠送一批廉政教育书籍。

6月12日～7月2日，国家粮食局陆续派出5个工作组，分别由局领导或司级干部带队，分赴河北、山东、江苏、安徽、河南、湖北、四川、陕西、云南、甘肃10个夏季粮油主产区开展调研督导工作。此次调研督导，重点检查小麦最低收购价和油菜籽临时收储政策落实情况，切实保护种粮农民利益，规范收购市场秩序，维护粮食市场稳定。

6月18日，"粮油质量安全科普宣传日"主题活动在北京粮科大厦举行。本次活动围绕粮食主要污染物霉菌和霉菌毒素，通过现场展板介绍、开放展台展示粮食质量安全快检设备、视频播放储粮"四合一"技术及有关食品安全知识等多种形式，形象直观地向公众介绍了霉菌和霉菌毒素的产生、危害、限量、检测技术以及防控技术，让公众科学了解、正确认识粮食真菌毒素的危害和控制方法。

6月19日，国务院法制办农环司司长王振江一行到国家粮食局就《粮食法（草案）》起草工作进行调研。国家粮食局政策法规司汇报了粮食法制建设和《粮食法（草案）》起草工作情况。任正晓、赵中权同志与调研组全体成员进行座谈。

6月19～20日，国家粮食局直属机关党委组织全局基层党组织和部分党员干部以"坚定理想信念，迎接党的十八大"为主题赴河北省唐山市开展教育实践活动。60余名基层党务工作者、优秀党员和入党积极分子到河北乐亭李大钊纪念馆和故居参观学习，考察参观唐山北环国家粮食储备库，观看了唐山丰南区粮食执法工作成果展览。张桂凤同志出席教育实践活动。

七月

7月2日，国家发展改革委、国家粮食局等6部门印发《2012年早籼稻最低收购价执行预案》。预案规定了2012年早籼稻最低收购价水平，早籼稻（国标三等）最低收购价每市斤1.20元。执行区域为安徽、江西、湖北、湖南、广西5省（自治区）。执行期限为2012年7月16日至9月30日。

7月10日，早籼稻收购工作会议在湖南省长沙市召开。会议对2012年早籼稻收购工作做出具体部署：一要统一思想认识，积极稳妥做好早籼稻收购工作。二要认真落实早籼稻最低收购价政策，加强市场监测和分析研判。三要发挥国有企业主渠道作用，引导各类企业理性入市收购。四要及时跟踪掌握收购进展情况，妥善解决好收购资金问题。五要加大监督检查力度，规范收购市场秩序。曾丽瑛同志出席会议并讲话。

7月31日～8月1日，全国粮食系统政策法规工作会议在湖南省长沙市召开。会议听取了与会代表关于当前和今后粮食流通工作发展重大问题的意见与建议，研究贯彻落实全国粮食市场体系建设与发展"十二五"规划的意见，总结交流《粮食流通管理条例》和《中央储备粮管理条例》的贯彻执行情况。会上，任正晓同志明确提出要统筹兼顾，突出重点，推动粮食流通各项工作科学发展，抓好产业发展，打造"粮安工程"。赵中权同志出席会议并讲话。

八月

8月7～9日，由中国粮油学会和国际谷物科技协会（ICC）共同举办的"第十四届国际谷物科技与面包大会暨国际油料与油脂科技发展论坛"在北京召开。本次大会的主题是：科技创新与健康粮油。主要内容为：交流全球谷物和油脂产业科技发展的情况；探讨国际谷物和油脂科技、经贸发展的方向和重点；展示全球谷物、油脂产业科技发展的成果；推进全球谷物和油脂产业的合作和可持续发展，保障食品营养和安全。任正晓、张桂凤同志出席会议并讲话。

8月22日，国家粮食局印发《关于在部分省份开展国家临时存储菜籽油库存专项检查工作的通知》。决定于2012年10月至11月上旬在浙江、江西、湖北、湖南、贵州、青海等省开展一次国家临时存储油库存专项检查，重点检查上述六省2011年、2012年收购的国家临时存储油库存。检查内容包括：账实、账账相符情况，库存油脂质量卫生情况，仓储管理情况等。

8月23～24日，为深入贯彻落实中央关于西藏工作的决策部署，认真做好对西藏粮食流通工作的对口支援，推动西藏粮食流通工作跨越式发展，保障西藏粮食安全，国家粮食局在北京召开全国粮食系统对口援藏工作会议。任正晓、张桂凤、曾丽瑛、吴子丹、赵中权同志出席会议。

8月24日，国家粮食局印发《关于进一步推进主食产业化增强口粮供应保障能力的指导意见》。提出的主要目标是：到2015年，主食工业化的比例明显提高，其中面制主食品工业化的比例提高到30%左右，米制主食品工业化的比例提高到20%左右；优化和改进传统主食生产工艺，加工装备自主化率达到60%以上；食品安全水平明显提升，培育一批市场占有率高的知名品牌；培育壮大一批自主创新能力强、集约化程度高、处于行业领先地位的大型主食产业化龙头企业，形成一批相互配套、功能互补、联系紧密的主食产业化集聚示范区；建立军民融合、平战结合、宜军宜民、应急保障有力的军粮主食供应体系，使成品粮应急加工和供应体系更加健全，主食产业化发展水平明显提升，口粮供应保障能力明显增强。

8月28日，国家发展改革委、国家粮食局等6部门印发《2012年中晚稻最低收购价执行预案》。预案规定了2012年中晚稻最低收购价水平，中晚籼稻（国标三等）最低收购价每市斤1.25元，粳稻最低收购价每市斤1.40元。执行区域为辽宁、吉林、黑龙江、江苏、安徽、江西、河南、湖北、湖南、广西、四川11省（区）。执行期限为江苏、安徽、江西、河南、湖北、湖南、广西、四川8省（区）为2012年9月16日至2012年12月31日，辽宁、吉林、黑龙江3省为2012年11月16日至2013年3月31日。

九月

9月6日，国家粮食局召开参加首届中央国家机关公文写作技能大赛表彰会。会议对国家粮食局参加首届中央国家机关公文写作技能大赛情况作了通报。全局共19个单位参加公文写作技能大赛，共收到请示报告类、信息简报类、决定决议类、调研报告类等16个门类的参赛公文340余篇，择优评出16类76篇作品上报参赛，参赛作品全部获奖，其中一等奖2篇、二等奖5篇、三等奖5篇，优秀奖64篇，国家粮食局获得"优秀组织奖"。

9月9日，国家粮食局印发《关于切实做好云南贵州抗震救灾工作确保灾区粮油供应的紧急通知》。通知要求：一是加强组织领导，全力做好抗震救灾工作；二是采取有效措施，确保受灾地区粮油供应；三是坚持以兵为本，确保军粮供应及时可靠；四是及时排除隐患，确保库存粮食安全；五是加强市场监测和监管，确保灾区粮油市场稳定；六是认真做好粮油收购工作，帮助受灾群众减少损失。

9月27~28日，全国秋粮收购工作会议在山西省太原市召开。会议对做好2012年秋粮收购工作提出具体要求：一是周密安排，精心组织，摸清底数，有针对性地制订秋粮收购工作方案；二是严格执行秋粮收购政策，妥善落实好秋粮收购资金，积极为售粮农民提供优质服务，抓住有利时机充实储备库存；三是多措并举，狠抓落实，确保收购工作顺利进行，确保粮食入库安全、储存安全。任正晓、曾丽瑛同志出席会议并讲话。

9月29日，为保护农民种粮积极性，进一步促进粮食生产发展，国家决定继续在小麦主产区实行最低收购价政策，并适当提高2013年最低收购价水平。2013年生产的小麦（三等）最低收购价提高到每50公斤112元，比2012年提高10元。

十月

10月12日，国家粮食局召开局长办公会议，安排部署做好秋粮收购的具体工作，要求各级粮食部门和粮食收购企业，严格执行国家粮食收购政策，坚决执行"五要五不准"的收购守则，合理布局收购网点，适时启动执行预案；重点解决好秋粮收购仓容不足问题，做好库存粮食合理移库调出、落实露天储粮措施、维修改造"危仓老库"等工作；切实协调做好收购资金供应工作，解决地方粮食企业收购贷款问题。同时，加强收购政策执行情况监督和粮食收购质量监测。

10月16日，是第32个"世界粮食日"，联合国粮农组织确定2012年"世界粮食日"的主题是"办好农业合作社，粮食安全添保障"。同时，2012年"世界粮食日"所在这一周也是我国的第22个"全国爱粮节粮宣传周"。为此，国家粮食局举办了丰富多彩的纪念活动，进一步唤起全社会树立起爱粮节粮、杜绝浪费的良好风尚，在全国粮食连年丰收的形势下，警醒人们"丰年不忘灾年，增产不忘节约，消费不可浪费"。

10月16~18日，由国家粮食局和山东省人民政府共同主办的第十二届中国国际粮油产品及设备技术展览会在山东省济南市举办。此次展览会有来自全国28个省（区、市）以及新加坡、瑞士、瑞典、韩国、意大利、法国等国家和地区的1000多家企业参展，实现交易总金额63.52亿元，其中合同及现场交易22.62亿元，意向交易40.9亿元；实现粮油产品现场零售及合同交易47.8万吨，实现粮机设备合同交易217台套。任正晓、张桂凤同志出席展览会并讲话。

10月23日，国家粮食局党组书记、局长任正晓同志主持召开全局领导干部大会，宣布中央关于国家粮食局领导班子成员调整的决定。国家发展和改革委员会党组成员、副主任张晓强同志出席会议并讲话。国家发展和改革委员会人事司司长孙霖同志宣布中央决定：卢景波同志任国家粮食局党组成员、副局长，免去张桂凤同志国家粮食局党组成员、副局长职务。

10月24日，为认真贯彻落实国务院领导同志关于做好秋粮收购工作的重要批示精神，切实保护种粮农民利益，维护粮食市场稳定，国家粮食局印发《关于切实做好秋粮收购工作的通知》。通知指出，各地粮食部门和有关中央企业要不折不扣地抓好粮食收购各项政策措施的贯彻落实，所有粮食收购企业都必须严格执行"五要五不准"的粮食收购守则，即：要敞开收购、随到随收，不准折腾农民；要依质论价、优质优价，不准坑害农民；要公平定等、准确计量，不准克扣农民；要现款结算、不打白条，不准算计农民；要优质服务、排忧解难，不准怠慢农民。

10月25日，财政部、国家发展和改革委员会、教育部、人力资源和社会保障部联合印发《关于做好扩大中等职业教育免学费政策范围，进一步完善国家助学金制度有关工作的通知》，将中等职业学校粮油饲料加工技术、粮油储运与检验技术专业纳入涉农专业范围，享受涉农专业免学费政策和国家助学金资助。这是继2009年国家对中等职业学校21个农林类专业实施免学费政策后，首次扩大涉农专业范围。

10月30~31日，全国粮食系统党建工作交流会在海南省海口市召开。这次会议的主要任务是：认真贯彻落实党的十七届六中全会精神，总结交流粮食文化研究成果和弘扬优秀粮食文化，践行"为耕者谋利、为食者造福"理念，加强机关党建的经验做法，研究今后一个时期粮食文化建设工作，推动粮食文化发展繁荣，为粮食流通事业科学发展营造健康向上的文化氛围，提供强大精神动力。

十一月

11月2日，为进一步优化国有粮食企业改革发展环境，充分发挥农业政策性金融的重要支持作用，促进国有粮食企业尽快做大做强，更好地服务国家粮食宏观调控，切实保护种粮农民利益，维护粮食市场稳定，保障国家粮食安全。国家粮食局和中国农业发展银行印发了《关于进一步加强合作推进国有粮食企业改革发展的意见》，从政策层面有效改善了基层国有粮食企业收购资金贷款供应环境。

11月8日，中国共产党第十八次全国代表大会胜利召开。按照中央办公厅、中央国家机关工委的统一部署和局党组的要求，国家粮食局各司室和直属联系单位组织集体收看了大会开幕盛况，认真聆听胡锦涛总书记代表十七届中央委员会所作的报告。全局在京党员干部职工共有600余人收看了开幕式直播，局党组书记、局长任正晓同志出席十八大，曾丽瑛、吴子丹、赵中权、卢景波同志以及各司室、直属联系单位负责同志带头参加了集体收看。

11月9日，全国人大常委会法工委规划室主任吴高盛等一行到国家粮食局就《粮食法》起草工作进行座谈调研。国家粮食局政策法规司汇报了《粮食法》立法工作进展情况和2013年立法工作计划建议。赵中权同志出席座谈会。

11月12日，国家粮食局副局长吴子丹会见了来访的瑞士布勒集团总裁卡尔文·葛瑞德先生一行。双方出席了《国家粮食局科学研究院与瑞士布勒有限公司粮食科技合作框架协议》签字仪式。此《合作协议》的签订，将进一步促进国家粮食局科学研究院与布勒集团在粮油科技研发、技术推广和人员培训等方面的交流与合作。

11月15日，国家粮食局会同有关部门印发了《关于2012年国家临时存储玉米收购等有关问题的通知》和《关于2012年国家临时存储大豆收购等有关问题的通知》，对2012年的临储玉米和大豆收购工作作出具体安排。通知明确，此次国家临时存储玉米挂牌收购价格为：内蒙古、辽宁1.07元/斤，吉林1.06元/斤，黑龙江1.05元/斤；国家临时存储大豆挂牌收购价格为2.30元/斤。临时存储玉米和大豆收购期限截至2013年4月30日。

11月16日，国家粮食局召开全局党员大会传达学习党的十八大会议精神，对全局学习宣传贯彻落实党的十八大精神作了动员部署。十八大代表、局党组书记、局长任正晓同志向全局党员介绍了党的十八大盛况，传达了胡锦涛同志代表第十七届中央委员会向大会作的报告、中央纪委工作报告的重要精神和党章修改的主要情况，结合粮食流通工作实际，对学习宣传贯彻党的十八大精神做出部署，提出明确要求。曾丽瑛、吴子丹、赵中权、卢景波及全国政协委员聂振邦同志出席会议。

11月29日，由国家粮食局和马来西亚种植及原产业部共同主办的2012中国—马来西亚国际棕榈油贸易交流会开幕式在重庆市举行。来自9个国家300多位中外代表参加了此次棕榈油贸易交流会。曾丽瑛副局长在重庆会见了马来西亚种植及原产业部丹斯里柏纳·东博部长、马来西亚驻华使馆伊斯甘达·萨鲁丁大使及马来西亚棕榈油委员会李耀祖主席等一行，并就棕榈油加工、贸易等情况进行了交流。

11月30日，根据国家统计局对全国31个省（区、市）农业生产经营户的抽样调查和农业生产经营单位的全面统计，2012年全国粮食播种面积111267千公顷，比2011年增加694千公顷，增长0.6%；全国粮食单位面积产量5299公斤/公顷，比2011年增加133公斤/公顷，提高2.6%；全国粮食总产量11791亿斤，比2011年增加367亿斤，增长3.2%。我国粮食产量实现"九连增"。

十二月

12月7日，为落实国务院领导同志批示精神，根据国家"十二五"规划纲要有关"加强粮食物流、储备和应急保障能力建设"的要求，在国家发展改革委和国家粮食局联合印发的《粮食行业"十二五"发展规划纲要》等规划的基础上，国家粮食局向国家发展改革委报送了《关于申请将〈"粮安工程"建设规划〉纳入国务院2013年专项规划审批计划的函》。同时，国家粮食局组织了"粮食流通事业科学发展成就及'粮安工程'建设规划展望图片展"，集中展示"十六大"以来粮食流通事业科学发展的新成就，重点描绘今后时期将全面实施的"粮安工程"建设方案。

12月7日，为全面贯彻落实《国务院关于加强食品安全工作的决定》、《国务院办公厅关于印发国家食品安全监管体系"十二五"规划的通知》精神，国家粮食局印发《国家粮食局关于全面贯彻落实〈国务院关于加强食品安全工作的决定〉的通知》，就切实做好粮食质量安全工作，从进一步健全粮食质量安全监管体制机制、加大粮食质量安全监管力度、落实粮食经营者的主体责任、加强粮食质量安全监管能力建设、完善相关保障措施、推动全社会广泛参与、加强粮食质量安全工作的组织领导等七方面，对保障粮食质量安全作出工作部署。

12月17日，国家粮食局召开局党组扩大会议，传达学习贯彻习近平总书记、温家宝总理、李克强副总理在中央经济工作会议上的重要讲话精神。会议结合粮食流通工作实际，提出贯彻落实中央经济工作会议精神的具体措施：一是把贯彻中央经济工作会议精神与深入学习贯彻党的十八大精神紧密结合起来；二是把贯彻中央经济工作会议精神与学习贯彻中央农村工作会议精神紧密结合起来；三是贯彻中央经济工作会议精神与谋划明年工作、做好当前工作紧密结合起来；四是把贯彻中央经济工作会议精神与切实转变工作作风紧密结合起来。

12月19日，国家粮食局召开全局处长以上领导干部会议，传达学习中央关于改进工作作风、密切联系群众的八项规定。会议要求：认真学习、深刻领会中央关于改进工作作风、密切联系群众的"八项规定"和实施细则的精神实质和重大意义；认真研究、抓紧制订国家粮食局贯彻落实"八项规定"的实施细则；局党组和局党组成员要率先垂范，各级领导干部特别是"一把手"要以身作则；贯彻落实"八项规定"要从现在做起、从眼前的工作生活实践做起。

12月24日，国家粮食局下发了《关于印发2012年度国有及国有控股粮食企业财务会计决算报表的通知》，扩大了粮食财会数据的采集面和采集量，由原来仅收集汇总省级粮食财会部门的数据，拓展为同步采集各省、市、县粮食行政管理部门直至基层国有粮食企业的财会数据，建立了全国各级粮食部门和13803户国有粮食企业的财会数据库，进一步提高粮食财务信息质量和分析水平，为国家粮食宏观调控和领导决策提供可靠依据。

12月25日，国家粮食局印发《国家粮食局关于深入学习贯彻党的十八大精神全面推进粮食流通事业科学发展的意见》。意见主要内容：一是充分认识学习贯彻党的十八大精神的重大意义，切实把思想统一到党的十八大精神上来；二是深刻领会全面准确把握党的十八大精神，切实增强贯彻落实的自觉性和坚定性；三是紧密联系实际，扎实推进粮食流通事业科学发展；四是加强组织领导，切实把深入学习贯彻党的十八大精神工作落到实处。

12月31日，全国国有粮食企业实现统算盈利78.02亿元，同比增加11.32亿元，增幅16.97%。其中，4家中央粮食企业统算盈利49.41亿元，同比增加6.94亿元，占全国利润总额的63.33%。地方国有粮食企业统算盈利28.61亿元，同比增加4.38亿元。27个省（区、市）实现了统算盈利，省级盈利面达到90%，其中北京、山东、江苏、广东、河北等10个省（市）盈利超亿元。

国家粮食局2012年度优秀软科学研究成果获奖项目名单

一等奖

项目名称：粮食流通产业安全政策研究
项目单位：国家粮食局政策法规司

项目名称：外资进入背景下国有粮食企业竞争力研究
项目单位：国家粮食局财务司

项目名称：我国粮食跨省物流体系构建初探
项目单位：国家粮食局科学研究院

项目名称：粮食流通成本控制与现代粮食物流体系建设研究
项目单位：南京财经大学

二等奖

项目名称：在粮食文化建设中充分发挥机关党组织作用的几点思考
项目单位：国家粮食局机关党委

项目名称：我国粮食质量安全体系研究
项目单位：中国粮食研究培训中心

项目名称：北京市粮食应急保障技术系统研究
项目单位：北京市粮食局

项目名称：建设粮食现代物流体系降低粮食流通成本研究报告
项目单位：黑龙江省粮食局

项目名称：关于完善粮食宏观调控机制的研究
项目单位：河南省粮食局

项目名称：关于建立广东粮食市场调控机制的研究
项目单位：广东省粮食局

项目名称：宁夏粮食流通管理立法的研究
项目单位：宁夏回族自治区粮食局

项目名称：我国粮食流通体制改革和粮食行业法制化研究——有关
　　　　　《粮食法（征求意见稿）》第三章的修改意见
项目单位：河南工业大学

三等奖

项目名称：外资粮商进入对我国粮食调控的影响研究
项目单位：国家粮食局办公室

项目名称：粮食流通产业的人才支撑体系研究
项目单位：国家粮食局人事司

项目名称：中国粮食企业如何实施走出去战略
项目单位：国家粮食局外事司

项目名称：完善中央储备粮委托检查工作的思考
项目单位：国家粮食局监督检查司

项目名称：成品粮应急储备仓建设相关问题研究
项目单位：国家粮食局流通与科技发展司

项目名称：我国新型粮食专业合作组织发展问题研究
项目单位：中国粮食研究培训中心

项目名称：建立政府与社会共保城乡低收入人群口粮安全的长效机制
项目单位：中国粮油学会　中国粮食经济学会

项目名称：推进山西省城镇化进程中粮食安全保障机制的研究与探索
项目单位：山西省粮食局

项目名称：完善辽宁省地方储备粮管理制度的研究
项目单位：辽宁省农村经济委员会（辽宁省粮食局）

项目名称：江苏省粮油仓储设施信息化建设探索与研究
项目单位：江苏省粮食局

项目名称：关于浙江省粮食安全行政首长负责制考核的实践和探索
项目单位：浙江省粮食局

项目名称：完善江西省粮食流通监督检查体制机制探析
项目单位：江西省粮食局

项目名称：山东粮食产业化发展问题研究
项目单位：山东省粮食局

项目名称：湖南粮油加工业发展战略研究
项目单位：湖南省粮食局

项目名称：四川省粮油加工发展战略研究
项目单位：四川省粮食局

项目名称：云南地方储备粮管理及应急创新研究
项目单位：云南省粮食局

项目名称：关于陕西粮食应急保障体系和长效机制研究
项目单位：陕西省粮食局

项目名称：基于农户储粮信息传感技术推进粮食涉农工作全面信息化
　　　　　的实施方案
项目单位：新疆维吾尔自治区粮食局

项目名称：外资进入与我国粮食供应链安全研究
项目单位：武汉轻工大学

国家粮食局2012年度
粮食工作优秀调研报告获奖名单

一等奖

调研报告题目：关于江苏省夏季粮油收购情况的调研报告
调研单位：国家粮食局调控司

调研报告题目：湖北省夏季粮油收购情况调查报告
调研单位：国家粮食局监督检查司

调研报告题目：河北、陕西国有粮食企业粮食收购贷款情况的报告
调研单位：国家粮食局财务司

调研报告题目：关于"北粮南运"包装和散粮铁路运输物流成本等有
　　　　　　　关情况的报告
调研单位：国家粮食局流通与科技发展司

调研报告题目：关于建立粮食安全有效机制的调研报告
调研单位：福建省粮食局

调研报告题目：关于稻米油资源开发利用的调研报告
调研单位：湖南省粮食局

调研报告题目：四川粮食供需缺口急剧加大　粮食安全应引起高度重视
调研单位：四川省粮食局

调研报告题目：关于有效整合资源，完善产业链条，做大做强我区
　　　　　　　代粮食流通产业的报告
调研单位：宁夏回族自治区粮食局

二等奖

调研报告题目：关于山东夏粮收购有关问题的调查报告
调研单位：国家粮食局调控司

调研报告题目：关于黑龙江色变玉米收购有关情况的调研报告
调研单位：国家粮食局调控司

调研报告题目：关于2012年小麦成本利润情况分析和2013年小麦最低
收购价格建议的报告
调研单位：国家粮食局政策法规司

调研报告题目：安徽、江苏两省2012年粮食库存检查工作调研情况的
报告
调研单位：国家粮食局监督检查司

调研报告题目：关于四川省粮食收购资金供应情况的报告
调研单位：国家粮食局财务司

调研报告题目：国家粮食局老干部情况调查报告
调研单位：国家粮食局离退休干部办公室

调研报告题目：关于河北省国有粮食企业主食产业化发展情况的调查
报告
调研单位：中国粮食研究培训中心

调研报告题目：关于部分粮食品种加工（灌装）费用的调研报告
调研单位：北京市粮食局

调研报告题目：实施三年振兴工程 推进企业科学发展
调研单位：河北省粮食局

调研报告题目：关于山西省朔州市粮食安全情况的调研报告
调研单位：山西省粮食局

调研报告题目：油菜籽"临储收购"与"补贴收购"的比较分析
调研单位：湖北省粮食局

调研报告题目：关于利用洋浦保税港区优惠政策开展粮食国际贸易
　　　　　　　的调研报告
调研单位：海南省粮食局

调研报告题目：完善粮食直补政策提高种粮农民积极性的调研报告
调研单位：四川省粮食局

调研报告题目：关于开展促进企业人才队伍发展及引进高层次人才
　　　　　　　调研工作报告
调研单位：陕西省粮食局

三等奖

调研报告题目：关于油茶产业发展有关情况的调研报告
调研单位：国家粮食局政策法规司

调研报告题目：以推进粮源基地建设为契机，加快构建北京粮食大
　　　　　　　流通的新格局
调研单位：北京市粮食局

调研报告题目：河北省成品粮应急储备建设情况调查
调研单位：河北省粮食局

调研报告题目：科学破解粮食安全"木桶效应"
调研单位：山西省粮食局

调研报告题目：关于县级粮食行政管理部门现状及其成因与对策
调研单位：山西省粮食局

调研报告题目：推进大米品牌建设　促进大米加工业发展
　　　　　　　——对我省大米加工业和大米品牌建设的调查
调研单位：吉林省粮食局

调研报告题目：关于江苏基本实现粮食流通现代化的调研报告
调研单位：江苏省粮食局

调研报告题目：加快推进安徽主食产业化发展的调查与思考
调研单位：安徽省粮食局

调研报告题目：发挥政治核心作用　推动企业改革发展
调研单位：江西省粮食局

调研报告题目：青岛市跨地区粮食流通平台建设前期研究
调研单位：山东省粮食局

调研报告题目：对粮食主产村的产销调查及启示
调研单位：山东省粮食局

调研报告题目：河南省粮食依法行政工作调研报告
调研单位：河南省粮食局

调研报告题目：关于民族地区省级储备粮管理有关问题的调研报告
调研单位：四川省粮食局

调研报告题目：关于阿坝州扶贫开发和综合防治大骨节病试点工作
　　　　　　　（2007～2012年）更换粮食项目总结报告
调研单位：四川省粮食局

调研报告题目：四川省广元市粮食局创建网上粮食流通监管模式的
　　　　　　　调查报告
调研单位：四川省粮食局

调研报告题目：陕西省杂粮产业发展调查报告
调研单位：陕西省粮食局

调研报告题目：对渭南市"放心粮油"工程建设的思考
调研单位：陕西省渭南市粮食局

调研报告题目：青海省粮油市场行情分析调研报告
调研单位：青海省粮食局

粮食行业统计资料

1.全国主要农作物播种面积（1978～2012年）

2.全国主要农作物产量（1978～2012年）

3.全国主要农作物单位面积产量（1978～2012年）

4.各地区粮食播种面积（2011～2012年）

5.各地区粮食总产量（2011～2012年）

6.各地区粮食单位面积产量（2011～2012年）

7.2012年各地区分季粮食播种面积和产量

8.2012年各地区分品种粮食播种面积和产量

9.2012年各地区油料作物播种面积和产量

10.2012年各地区粮油产量及人均占有量排序

11.人均主要农业产品产量（1978～2012年）

12.农产品生产价格指数（2005～2012年）

13.各地区农产品生产价格指数（2005～2012年）

14.城乡居民家庭平均每人主要食品消费量（1978～2012年）

15.城镇居民家庭购买主要食品数量（1957～2012年）

16.农村居民家庭主要食品消费量（1978～2012年）

17.居民消费价格指数（2005～2012年）

18.粮食成本收益变化情况表（1991～2012年）

19.2012年粮食收购价格分月情况表

20.2012年成品粮零售价格分月情况表

21.2012年粮食主要品种批发市场价格表

22.2012年国内期货市场小麦、玉米、早籼稻、大豆分月价格表

23.2012年美国芝加哥商品交易所谷物和大豆分月价格表

24.全国国有粮食企业主要粮食品种收购量（1978～2012年）

25.2012年国有粮食企业粮食收购情况统计表

26.全国国有粮食企业主要粮食品种销售量（1978～2012年）

27.2012年国有粮食企业粮食销售情况统计表

28.全国粮油进口情况表（1992～2012年）

29.2012年国有粮食企业粮食进口情况统计表

30.全国粮油出口情况表（1992～2012年）

31.2012年国有粮食企业粮食出口情况统计表

| 表1 | | 全国主要农作物播种面积（1978～2012年） | | | | |

单位：千公顷

年 份	粮食	稻谷	小麦	玉米	大豆	油料
1978	120587	34421	29183	19961	7144	6222
1979	119263	33873	29357	20133	7247	7051
1980	117234	33878	28844	20087	7226	7928
1981	114958	33295	28307	19425	8024	9134
1982	113462	33071	27955	18543	8419	9343
1983	114047	33136	29050	18824	7567	8390
1984	112884	33178	29576	18537	7286	8678
1985	108845	32070	29218	17694	7718	11800
1986	110933	32266	29616	19124	8295	11415
1987	111268	32193	28798	20212	8445	11181
1988	110123	31987	28785	19692	8120	10619
1989	112205	32700	29841	20353	8057	10504
1990	113466	33064	30753	21401	7560	10900
1991	112314	32590	30948	21574	7041	11530
1992	110560	32090	30496	21044	7221	11489
1993	110509	30355	30235	20694	9454	11142
1994	109544	30171	28981	21152	9222	12081
1995	110060	30744	28860	22776	8127	13102
1996	112548	31406	29611	24498	7471	12555
1997	112912	31765	30057	23775	8346	12381
1998	113787	31214	29774	25239	8500	12919
1999	113161	31283	28855	25904	7962	13906
2000	108463	29962	26653	23056	9307	15400
2001	106080	28812	24664	24282	9482	14631
2002	103891	28202	23908	24634	8720	14766
2003	99410	26508	21997	24068	9313	14990
2004	101606	28379	21626	25446	9589	14431
2005	104278	28847	22793	26358	9591	14318
2006	104958	28938	23613	28463	9304	11738
2007	105638	28919	23721	29478	8754	11316
2008	106793	29241	23617	29864	9127	12825
2009	108986	29627	24291	31183	9190	13652
2010	109876	29873	24257	32500	8516	13890
2011	110573	30057	24270	33542	7889	13855
2012	111205	30137	24268	35029	7172	13930

数据来源：国家统计局统计资料。

| 表2 | 全国主要农作物产量（1978～2012年） | | | | | |

单位：万吨

年份	粮食	稻谷	小麦	玉米	大豆	油料
1978	30476.5	13693.0	5384.0	5594.5	756.5	521.8
1979	33211.5	14375.0	6273.0	6003.5	746.0	643.5
1980	32055.5	13990.5	5520.5	6260.0	794.0	769.1
1981	32502.0	14395.5	5964.0	5920.5	932.5	1020.5
1982	35450.0	16159.5	6847.0	6056.0	903.0	1181.7
1983	38727.5	16886.5	8139.0	6820.5	976.0	1055.0
1984	40730.5	17825.5	8781.5	7341.0	969.5	1191.0
1985	37910.8	16856.9	8580.5	6382.6	1050.0	1578.4
1986	39151.2	17222.4	9004.0	7085.6	1161.4	1473.8
1987	40297.7	17426.2	8590.2	7924.1	1246.5	1527.8
1988	39408.1	16910.7	8543.2	7735.1	1164.5	1320.3
1989	40754.9	18013.0	9080.7	7892.8	1022.7	1295.2
1990	44624.3	18933.1	9822.9	9681.9	1100.0	1613.2
1991	43529.3	18381.3	9595.3	9877.3	971.3	1638.3
1992	44265.8	18622.2	10158.7	9538.3	1030.4	1641.2
1993	45648.8	17751.4	10639.0	10270.4	1530.7	1803.9
1994	44510.1	17593.3	9929.7	9927.5	1599.9	1989.6
1995	46661.8	18522.6	10220.7	11198.6	1350.2	2250.3
1996	50453.5	19510.3	11056.9	12747.1	1322.4	2210.6
1997	49417.1	20073.5	12328.9	10430.9	1473.2	2157.4
1998	51229.5	19871.3	10972.6	13295.4	1515.2	2313.9
1999	50838.6	19848.7	11388.0	12808.6	1424.5	2601.2
2000	46217.5	18790.8	9963.6	10600.0	1540.9	2954.8
2001	45263.7	17758.0	9387.3	11408.8	1540.6	2864.9
2002	45705.8	17453.9	9029.0	12130.8	1650.5	2897.2
2003	43069.5	16065.6	8648.8	11583.0	1539.3	2811.0
2004	46946.9	17908.8	9195.2	13028.7	1740.1	3065.9
2005	48402.2	18058.0	9744.5	13936.5	1634.8	3077.1
2006	49804.2	18171.8	10846.6	15160.3	1508.2	2640.3
2007	50160.3	18603.4	10929.8	15230.0	1272.5	2568.7
2008	52870.9	19189.6	11246.4	16591.4	1554.2	2952.8
2009	53082.1	19510.3	11511.5	16397.4	1498.2	3154.3
2010	54647.7	19576.1	11518.1	17724.5	1508.3	3230.1
2011	57120.8	20100.1	11740.1	19278.1	1448.5	3306.8
2012	58958.0	20423.6	12102.3	20561.4	1305.0	3436.8

数据来源：国家统计局统计资料。

表3　全国主要农作物单位面积产量（1978～2012年）

单位：公斤/公顷

年 份	粮食	稻谷	小麦	玉米	大豆	油料
1978	2527.3	3978.1	1844.9	2802.7	1059.0	838.6
1979	2784.7	4243.8	2136.8	2981.9	1029.4	912.7
1980	2734.3	4129.6	1913.9	3116.4	1098.8	970.0
1981	2827.3	4323.7	2106.9	3047.9	1162.2	1117.2
1982	3124.4	4886.3	2449.3	3265.9	1072.6	1264.8
1983	3395.7	5096.1	2801.7	3623.3	1289.8	1257.4
1984	3608.2	5372.6	2969.1	3960.3	1330.6	1372.5
1985	3483.0	5256.3	2936.7	3607.2	1360.5	1337.7
1986	3529.3	5337.6	3040.2	3705.1	1400.2	1291.1
1987	3621.7	5413.1	2982.9	3920.6	1476.0	1366.5
1988	3578.6	5286.7	2968.0	3928.1	1434.1	1243.3
1989	3632.2	5508.5	3043.0	3877.9	1269.3	1233.1
1990	3932.8	5726.1	3194.1	4523.9	1455.1	1479.9
1991	3875.7	5640.2	3100.5	4578.3	1379.5	1421.0
1992	4003.8	5803.1	3331.2	4532.7	1427.0	1428.4
1993	4130.8	5847.9	3518.8	4963.0	1619.1	1619.0
1994	4063.2	5831.1	3426.3	4693.4	1734.9	1646.9
1995	4239.7	6024.8	3541.5	4916.9	1661.4	1717.6
1996	4482.8	6212.4	3734.1	5203.3	1770.2	1760.7
1997	4376.6	6319.4	4101.9	4387.3	1765.1	1742.5
1998	4502.2	6366.2	3685.3	5267.8	1782.5	1791.0
1999	4492.6	6344.8	3946.6	4944.7	1789.2	1870.5
2000	4261.2	6271.6	3738.2	4597.5	1655.7	1918.7
2001	4266.9	6163.3	3806.1	4698.4	1624.8	1958.1
2002	4399.4	6189.0	3776.5	4924.5	1892.9	1962.0
2003	4332.5	6060.7	3931.8	4812.6	1652.9	1875.2
2004	4620.5	6310.6	4251.9	5120.2	1814.8	2124.6
2005	4641.6	6260.2	4275.3	5287.3	1704.5	2149.2
2006	4745.2	6279.6	4593.4	5326.3	1620.9	2249.3
2007	4748.3	6433.0	4607.7	5166.7	1453.7	2270.0
2008	4950.8	6562.5	4762.0	5555.7	1702.8	2302.3
2009	4870.6	6585.3	4739.0	5258.5	1630.2	2310.5
2010	4973.6	6553.0	4748.4	5453.7	1771.2	2325.6
2011	5165.9	6687.3	4837.2	5747.5	1836.3	2386.7
2012	5301.8	6776.9	4986.9	5869.7	1819.6	2467.2

数据来源：国家统计局统计资料。

表4	各地区粮食播种面积（2011～2012年）			

单位：千公顷

地 区	2011年	2012年	2012年比2011年增加	
			绝对数	%
全国总计	110573.0	111204.6	631.6	0.6
东部地区	24899.6	24977.1	77.5	0.3
中部地区	32421.0	32662.7	241.7	0.7
西部地区	34034.7	34217.6	182.9	0.5
东北地区	19217.8	19347.2	129.4	0.7
北 京	209.4	193.9	−15.5	−7.4
天 津	310.8	322.9	12.1	3.9
河 北	6286.1	6302.4	16.3	0.3
山 西	3287.9	3291.5	3.7	0.1
内蒙古	5561.5	5589.4	27.9	0.5
辽 宁	3169.8	3217.3	47.5	1.5
吉 林	4545.1	4610.3	65.2	1.4
黑龙江	11502.9	11519.5	16.6	0.1
上 海	186.3	187.6	1.3	0.7
江 苏	5319.2	5336.6	17.4	0.3
浙 江	1254.1	1251.6	−2.6	−0.2
安 徽	6621.5	6622.0	0.5	0.0
福 建	1226.8	1201.1	−25.7	−2.1
江 西	3650.1	3675.9	25.9	0.7
山 东	7145.8	7202.3	56.5	0.8
河 南	9859.9	9985.2	125.3	1.3
湖 北	4122.1	4180.1	58.0	1.4
湖 南	4879.6	4908.0	28.5	0.6
广 东	2530.4	2540.2	9.8	0.4
广 西	3072.8	3069.1	−3.7	−0.1
海 南	430.6	438.6	8.0	1.9
重 庆	2259.4	2259.6	0.2	0.0
四 川	6440.5	6468.2	27.7	0.4
贵 州	3055.6	3054.3	−1.3	0.0
云 南	4326.9	4399.6	72.7	1.7
西 藏	170.2	170.9	0.7	0.4
陕 西	3134.9	3127.5	−7.3	−0.2
甘 肃	2833.7	2839.4	5.8	0.2
青 海	279.4	280.2	0.8	0.3
宁 夏	852.4	828.3	−24.1	−2.8
新 疆	2047.5	2131.2	83.7	4.1

数据来源：国家统计局统计资料。

| 表5 | 各地区粮食总产量（2011～2012年） | | | |

单位：万吨

地　区	2011年	2012年	2012年比2011年增加	
			绝对数	%
全国总计	57120.8	58958.0	1837.1	3.2
东部地区	14315.6	14553.3	237.7	1.7
中部地区	17251.7	17734.9	483.2	2.8
西部地区	14776.5	15494.7	718.2	4.9
东北地区	10777.1	11175.0	397.9	3.7
北　京	121.8	113.8	−8.0	−6.6
天　津	161.8	161.8	−0.1	0.0
河　北	3172.6	3246.6	74.0	2.3
山　西	1193.0	1274.1	81.1	6.8
内蒙古	2387.5	2528.5	141.0	5.9
辽　宁	2035.5	2070.5	35.0	1.7
吉　林	3171.0	3343.0	172.0	5.4
黑龙江	5570.6	5761.5	190.9	3.4
上　海	122.0	122.4	0.4	0.4
江　苏	3307.8	3372.5	64.7	2.0
浙　江	781.6	769.8	−11.8	−1.5
安　徽	3135.5	3289.1	153.6	4.9
福　建	672.8	659.3	−13.5	−2.0
江　西	2052.8	2084.8	32.0	1.6
山　东	4426.3	4511.4	85.1	1.9
河　南	5542.5	5638.6	96.1	1.7
湖　北	2388.5	2441.8	53.3	2.2
湖　南	2939.4	3006.5	67.2	2.3
广　东	1361.0	1396.3	35.4	2.6
广　西	1429.9	1484.9	55.0	3.8
海　南	188.0	199.5	11.5	6.1
重　庆	1126.9	1138.5	11.6	1.0
四　川	3291.6	3315.0	23.4	0.7
贵　州	876.9	1079.5	202.6	23.1
云　南	1673.6	1749.1	75.5	4.5
西　藏	93.7	94.9	1.2	1.2
陕　西	1194.7	1245.1	50.4	4.2
甘　肃	1014.6	1109.7	95.1	9.4
青　海	103.4	101.5	−1.9	−1.8
宁　夏	359.0	375.0	16.1	4.5
新　疆	1224.7	1273.0	48.3	3.9

数据来源：国家统计局统计资料。

表6	各地区粮食单位面积产量（2011~2012年）			

单位：公斤/公顷

地 区	2011年	2012年	2012年比2011年增加	
			绝对数	%
全国总计	5165.9	5301.8	135.9	2.6
东部地区	5749.3	5826.7	77.3	1.3
中部地区	5321.1	5429.7	108.6	2.0
西部地区	4341.6	4528.3	186.7	4.3
东北地区	5607.9	5776.0	168.1	3.0
北　京	5815.7	5868.4	52.7	0.9
天　津	5207.1	5009.3	−197.8	−3.8
河　北	5047.0	5151.4	104.4	2.1
山　西	3628.5	3870.9	242.4	6.7
内蒙古	4292.9	4523.7	230.8	5.4
辽　宁	6421.5	6435.4	13.9	0.2
吉　林	6976.8	7251.2	274.3	3.9
黑龙江	4842.8	5001.5	158.7	3.3
上　海	6544.5	6523.6	−20.8	−0.3
江　苏	6218.5	6319.6	101.0	1.6
浙　江	6232.2	6150.8	−81.4	−1.3
安　徽	4735.3	4966.9	231.6	4.9
福　建	5484.2	5489.0	4.8	0.1
江　西	5624.0	5671.5	47.5	0.8
山　东	6194.2	6263.8	69.6	1.1
河　南	5621.3	5647.0	25.7	0.5
湖　北	5794.5	5841.6	47.1	0.8
湖　南	6023.8	6125.7	101.9	1.7
广　东	5378.3	5497.0	118.6	2.2
广　西	4653.5	4838.2	184.7	4.0
海　南	4366.9	4548.4	181.5	4.2
重　庆	4987.6	5038.7	51.1	1.0
四　川	5110.8	5125.1	14.3	0.3
贵　州	2869.9	3534.4	664.5	23.2
云　南	3867.9	3975.6	107.7	2.8
西　藏	5508.7	5553.7	45.0	0.8
陕　西	3811.0	3981.1	170.1	4.5
甘　肃	3580.5	3908.2	327.7	9.2
青　海	3699.2	3622.7	−76.6	−2.1
宁　夏	4210.9	4527.3	316.5	7.5
新　疆	5981.5	5973.2	−8.3	−0.1

数据来源：国家统计局统计资料。

表7			2012年各地区分季粮食播种面积和产量（一）		

单位：千公顷；万吨；公斤/公顷

地 区	全 年 粮 食 总 计			1. 夏 收 粮 食		
	播种面积	总 产 量	每公顷产量	播种面积	总 产 量	每公顷产量
全国总计	111204.6	58958.0	5301.8	27589.1	12993.7	4709.7
东部地区	24977.1	14553.3	5826.7	9259.2	5022.7	5424.5
中部地区	32662.7	17734.9	5429.7	10132.6	5262.7	5193.8
西部地区	34217.6	15494.7	4528.3	8133.5	2677.4	3291.9
东北地区	19347.2	11175.0	5776.0	63.8	30.9	4843.3
北 京	193.9	113.8	5868.4	52.2	27.5	5257.5
天 津	322.9	161.8	5009.3	113.1	55.8	4929.3
河 北	6302.4	3246.6	5151.4	2444.7	1353.1	5534.9
山 西	3291.5	1274.1	3870.9	709.0	261.1	3682.3
内蒙古	5589.4	2528.5	4523.7	0.0	0.0	
辽 宁	3217.3	2070.5	6435.4	63.8	30.9	4843.3
吉 林	4610.3	3343.0	7251.2	0.0	0.0	
黑龙江	11519.5	5761.5	5001.5	0.0	0.0	
上 海	187.6	122.4	6523.6	73.7	29.0	3934.3
江 苏	5336.6	3372.5	6319.6	2377.2	1143.5	4810.3
浙 江	1251.6	769.8	6150.8	177.9	62.5	3512.4
安 徽	6622.0	3289.1	4966.9	2458.6	1301.5	5293.7
福 建	1201.1	659.3	5489.0	88.6	34.3	3869.8
江 西	3675.9	2084.8	5671.5	61.9	9.2	1483.3
山 东	7202.3	4511.4	6263.8	3626.9	2179.9	6010.4
河 南	9985.2	5638.6	5647.0	5366.7	3186.0	5936.6
湖 北	4180.1	2441.8	5841.6	1348.5	447.4	3318.1
湖 南	4908.0	3006.5	6125.7	187.9	57.5	3060.3
广 东	2540.2	1396.3	5497.0	231.5	107.7	4652.1
广 西	3069.1	1484.9	4838.2	95.5	29.0	3036.6
海 南	438.6	199.5	4548.4	73.4	29.5	4015.8
重 庆	2259.6	1138.5	5038.7	515.5	154.2	2990.8
四 川	6468.2	3315.0	5125.1	1813.0	587.6	3241.0
贵 州	3054.3	1079.5	3534.4	989.8	222.0	2242.5
云 南	4399.6	1749.1	3975.6	1171.2	243.5	2079.1
西 藏	170.9	94.9	5553.7	0.0	0.0	
陕 西	3127.5	1245.1	3981.1	1286.7	472.5	3672.1
甘 肃	2839.4	1109.7	3908.2	965.3	323.8	3354.4
青 海	280.2	101.5	3622.7	0.0	0.0	
宁 夏	828.3	375.0	4527.3	201.3	64.9	3224.0
新 疆	2131.2	1273.0	5973.2	1095.2	580.0	5296.0

数据来源：国家统计局统计资料。

| 表7 | 2012年各地区分季粮食播种面积和产量（二） |

单位：千公顷；万吨；公斤/公顷

地 区	2. 早 稻			3. 秋 粮		
	播种面积	总产量	每公顷产量	播种面积	总产量	每公顷产量
全国总计	5764.9	3329.1	5774.8	77850.6	42635.1	5476.5
东部地区	1390.9	798.6	5741.7	14327.0	8732.0	6094.8
中部地区	3403.5	1959.8	5758.0	19126.6	10512.4	5496.2
西部地区	970.4	570.7	5881.0	25113.7	12246.6	4876.5
东北地区	0.0	0.0	0.0	19283.4	11144.1	5779.1
北 京				141.7	86.3	6093.6
天 津				209.8	106.0	5052.4
河 北				3857.7	1893.5	4908.4
山 西				2582.5	1013.0	3922.7
内蒙古				5589.4	2528.5	4523.7
辽 宁				3153.5	2039.6	6467.6
吉 林				4610.3	3343.0	7251.2
黑龙江				11519.5	5761.5	5001.5
上 海				113.9	93.4	8199.3
江 苏				2959.4	2229.0	7531.9
浙 江	110.7	66.8	6037.2	962.9	640.5	6651.4
安 徽	237.5	132.0	5557.0	3925.9	1855.6	4726.6
福 建	201.1	121.1	6020.4	911.5	504.0	5529.1
江 西	1389.5	800.2	5758.8	2224.5	1275.4	5733.5
山 东	0.0	0.0		3575.5	2331.5	6520.8
河 南	0.0	0.0		4618.5	2452.6	5310.4
湖 北	351.8	208.9	5937.7	2479.8	1785.5	7200.2
湖 南	1424.7	818.7	5746.5	3295.5	2130.3	6464.4
广 东	935.7	534.3	5710.5	1372.9	754.3	5493.9
广 西	929.8	544.9	5860.4	2043.8	911.0	4457.4
海 南	143.5	76.4	5326.4	221.8	93.6	4221.3
重 庆	0.0	0.0	0.0	1744.1	984.36	5644.0
四 川	1.1	0.7	6363.6	4654.1	2726.7	5858.7
贵 州	0.0	0.0	0.0	2064.5	857.5	4153.8
云 南	39.5	25.1	6352.8	3188.9	1480.5	4642.7
西 藏				170.9	94.9	5553.7
陕 西				1840.8	772.6	4197.1
甘 肃				1874.1	785.9	4193.5
青 海				280.2	101.5	3622.7
宁 夏				627.0	310.1	4945.8
新 疆				1036.0	693.0	6689.2

数据来源：国家统计局统计资料。

表8			2012年各地区分品种粮食播种面积和产量（一）			

单位：千公顷；万吨；公斤/公顷

地 区	一．谷 物			（一）稻 谷		
	播种面积	总 产 量	每公顷产量	播种面积	总 产 量	每公顷产量
全国总计	92612.4	53934.7	5823.7	30137.1	20423.6	6776.9
东部地区	22655.6	13610.1	6007.4	6517.9	4548.1	6977.9
中部地区	29002.5	16921.0	5834.3	12305.6	8145.7	6619.5
西部地区	25287.3	13047.5	5159.7	6880.9	4518.9	6567.2
东北地区	15667.1	10356.1	6610.1	4432.8	3211.0	7243.8
北 京	186.2	111.6	5991.2	0.2	0.1	6443.9
天 津	309.6	159.8	5159.9	14.6	11.2	7657.5
河 北	5863.4	3102.7	5291.7	85.9	49.8	5798.4
山 西	2776.9	1214.7	4374.1	1.0	0.6	5940.6
内蒙古	4068.0	2180.9	5361.0	89.3	73.3	8201.1
辽 宁	2995.4	1986.5	6631.8	661.8	507.8	7673.0
吉 林	4161.6	3221.7	7741.6	701.2	532.0	7587.5
黑龙江	8510.1	5147.9	6049.1	3069.8	2171.2	7072.8
上 海	180.7	120.1	6646.4	105.1	89.1	8481.3
江 苏	4955.9	3252.0	6561.9	2254.2	1900.1	8428.9
浙 江	1004.3	678.0	6750.4	832.6	608.3	7305.6
安 徽	5498.3	3123.3	5680.4	2215.1	1393.5	6291.1
福 建	880.2	524.2	5955.6	827.6	503.8	6087.2
江 西	3378.6	1992.8	5898.4	3328.3	1976.0	5936.9
山 东	6793.7	4285.8	6308.4	123.9	103.4	8345.8
河 南	9152.8	5431.4	5934.2	648.2	492.6	7599.2
湖 北	3702.8	2315.6	6253.7	2017.9	1651.4	8183.7
湖 南	4493.2	2843.2	6327.8	4095.1	2631.6	6426.3
广 东	2129.4	1208.8	5676.9	1949.4	1126.6	5779.1
广 西	2658.7	1396.5	5252.6	2057.6	1142.0	5550.2
海 南	352.0	167.1	4747.8	324.4	155.8	4801.5
重 庆	1305.4	799.1	6121.8	687.0	498.00	7248.9
四 川	4769.7	2741.0	5746.7	1997.8	1536.1	7689.0
贵 州	1829.1	820.1	4483.5	683.0	402.4	5892.5
云 南	3167.9	1436.5	4534.5	1082.9	644.6	5952.7
西 藏	163.8	92.2	5627.7	1.0	0.5	5567.0
陕 西	2587.1	1119.5	4327.0	123.3	87.4	7082.4
甘 肃	1963.1	837.1	4264.1	5.6	3.9	7019.7
青 海	163.5	61.9	3786.9	0.0	0.0	0.0
宁 夏	576.6	328.1	5690.3	84.3	71.3	8457.9
新 疆	2034.5	1234.8	6069.5	69.2	59.4	8574.3

数据来源：国家统计局统计资料。

表8	2012年各地区分品种粮食播种面积和产量（二）

单位：千公顷；万吨；公斤/公顷

地 区	（二）小 麦			其中：冬小麦		
	播种面积	总 产 量	每公顷产量	播种面积	总 产 量	每公顷产量
全国总计	24268.3	12102.3	4986.9	22513.7	11437.1	5080.1
东部地区	8468.3	4699.9	5550.0	8454.7	4695.3	5553.5
中部地区	9557.1	5112.2	5349.1	9556.2	5111.9	5349.3
西部地区	6026.1	2217.1	3679.1	4502.8	1630.0	3619.9
东北地区	216.9	73.2	3376.4	0.0	0.0	0.0
北　京	52.2	27.4	5257.9	52.2	27.4	5258.1
天　津	113.1	55.8	4929.3	105.1	52.3	4972.9
河　北	2410.0	1337.7	5550.9	2404.4	1336.7	5559.3
山　西	689.0	259.2	3761.8	688.5	258.9	3761.1
内蒙古	609.6	188.4	3091.0	0.0	0.0	0.0
辽　宁	6.8	3.2	4705.9	0.0	0.0	0.0
吉　林	0.0	0.0	0.0	0.0	0.0	0.0
黑龙江	210.1	70.0	3333.3	0.0	0.0	0.0
上　海	56.6	22.6	3983.8	56.6	22.6	3983.8
江　苏	2132.6	1048.8	4917.8	2132.6	1048.8	4917.8
浙　江	74.5	27.1	3638.1	74.5	27.1	3638.1
安　徽	2415.5	1294.0	5357.0	2415.5	1294.0	5357.0
福　建	2.5	0.7	2874.2	2.5	0.7	2874.2
江　西	11.9	2.3	1924.1	11.5	2.2	1937.2
山　东	3625.9	2179.5	6011.0	3625.9	2179.5	6011.0
河　南	5340.0	3177.4	5950.1	5340.0	3177.4	5950.1
湖　北	1065.5	370.8	3479.9	1065.5	370.8	3479.9
湖　南	35.3	8.6	2428.4	35.3	8.6	2428.4
广　东	0.9	0.3	3225.8	0.9	0.3	3225.8
广　西	1.5	0.2	1333.3	1.5	0.2	1333.3
海　南	0.0	0.0	0.0	0.0	0.0	0.0
重　庆	125.4	38.5	3066.3	125.4	38.5	3066.3
四　川	1234.1	437.0	3541.0	1225.4	434.8	3548.2
贵　州	259.8	52.4	2016.9	259.8	52.4	2016.9
云　南	442.2	88.3	1996.8	442.2	88.3	1996.8
西　藏	37.7	24.6	6512.1	28.3	18.4	6517.0
陕　西	1127.6	435.5	3862.0	1127.6	435.5	3862.2
甘　肃	833.9	278.5	3339.6	576.9	179.6	3113.0
青　海	94.2	35.2	3735.5	0.0	0.0	0.0
宁　夏	179.0	62.0	3463.7	0.0	0.0	0.0
新　疆	1081.0	576.5	5333.2	715.8	382.3	5341.3

数据来源：国家统计局统计资料。

| 表8 | 2012年各地区分品种粮食播种面积和产量（三） |

单位：千公顷；万吨；公斤/公顷

地 区	（三）玉 米			（四）谷 子		
	播种面积	总产量	每公顷产量	播种面积	总产量	每公顷产量
全国总计	35029.8	20561.4	5869.7	736.0	179.6	2439.7
东部地区	7108.6	4191.0	5895.6	172.9	47.1	2722.0
中部地区	6554.9	3571.5	5448.6	243.4	36.5	1497.5
西部地区	10684.7	5908.7	5530.1	223.1	54.1	2423.2
东北地区	10681.6	6890.2	6450.5	96.5	42.0	4347.5
北 京	132.0	83.6	6330.9	1.4	0.3	2193.3
天 津	179.3	92.5	5155.3	0.6	0.1	1454.5
河 北	3049.1	1649.5	5409.8	151.8	40.7	2680.1
山 西	1669.0	903.9	5415.7	206.8	31.2	1508.5
内蒙古	2833.7	1784.4	6297.1	142.4	40.8	2867.9
辽 宁	2206.7	1423.5	6450.9	52.0	16.5	3173.1
吉 林	3284.3	2578.8	7851.7	35.8	22.4	6269.4
黑龙江	5190.6	2887.9	5563.8	8.7	3.0	3464.4
上 海	3.8	2.5	6596.9	0.0	0.0	0.0
江 苏	418.9	230.2	5495.3	0.0	0.0	1485.0
浙 江	62.0	29.1	4700.7	0.0	0.0	0.0
安 徽	822.5	427.5	5197.4	0.1	0.0	4000.0
福 建	45.4	18.0	3970.9	0.1	0.0	3178.4
江 西	28.1	12.6	4484.8	1.1	0.3	2616.8
山 东	3018.1	1994.5	6608.6	18.7	5.9	3144.7
河 南	3100.0	1747.8	5637.9	35.4	4.9	1388.2
湖 北	593.3	282.6	4762.2	0.0	0.0	6666.7
湖 南	342.0	197.3	5767.5	0.0	0.0	0.0
广 东	172.5	79.7	4620.3	0.3	0.1	2333.3
广 西	580.5	250.6	4317.0	1.9	0.5	2631.6
海 南	27.5	11.3	4121.0	0.0	0.0	0.0
重 庆	468.4	256.3	5471.1	0.0	0.0	0.0
四 川	1371.1	701.3	5114.9	0.0	0.0	0.0
贵 州	775.2	342.3	4415.3	1.9	0.3	1783.8
云 南	1456.9	700.0	4804.7	0.3	0.0	1379.3
西 藏	4.4	2.6	6023.0	0.0	0.0	0.0
陕 西	1167.4	566.9	4856.1	60.1	10.2	1701.4
甘 肃	902.7	504.1	5584.5	11.7	2.1	1830.6
青 海	22.9	17.0	7410.6	0.0	0.0	0.0
宁 夏	245.9	191.2	7775.5	4.8	0.0	0.0
新 疆	855.7	592.1	6919.4	0.1	0.0	0.0

数据来源：国家统计局统计资料。

表8		2012年各地区分品种粮食播种面积和产量（四）			

单位：千公顷；万吨；公斤/公顷

地 区	（五） 高 粱			（六） 大 豆		
	播种面积	总产量	每公顷产量	播种面积	总产量	每公顷产量
全国总计	623.2	255.6	4100.9	7171.7	1305.0	1819.6
东部地区	22.3	6.3	2828.1	721.5	178.9	2479.4
中部地区	42.7	9.7	2265.2	1821.6	272.8	1497.6
西部地区	354.1	111.7	3153.6	1619.1	317.9	1963.2
东北地区	204.0	127.9	6268.5	3009.5	535.4	1779.1
北 京	0.3	0.1	3032.7	4.7	0.9	1880.8
天 津	1.9	0.3	1451.6	11.8	1.4	1216.2
河 北	14.0	3.8	2745.5	127.6	25.9	2032.1
山 西	28.7	6.2	2160.3	199.7	18.2	911.5
内蒙古	175.2	51.5	2937.9	616.7	122.0	1977.5
辽 宁	51.1	30.5	5964.8	115.8	31.2	2695.3
吉 林	126.8	82.8	6528.5	230.0	40.8	1775.6
黑龙江	26.1	14.6	5599.0	2663.8	463.4	1739.5
上 海	0.0	0.0		2.9	0.8	2752.6
江 苏	0.0	0.0	2500.0	210.5	55.3	2628.1
浙 江	0.0	0.0		88.5	25.2	2850.2
安 徽	1.0	0.2	2200.0	876.7	113.0	1289.0
福 建	1.3	0.5	3863.6	63.7	15.9	2493.3
江 西	5.1	0.6	1213.3	99.0	21.5	2168.3
山 东	4.8	1.6	3291.7	146.4	37.4	2556.7
河 南	2.6	0.2	852.7	460.5	78.1	1696.6
湖 北	2.4	1.1	4725.7	95.3	20.6	2157.2
湖 南	2.9	1.3		90.5	21.5	2371.3
广 东	0.1	0.0	4444.4	62.0	15.3	2460.1
广 西	2.6	0.7	2692.3	94.4	15.3	1621.0
海 南	0.0	0.0	1735.7	3.4	0.7	2185.1
重 庆	17.7	5.1	2880.2	99.2	19.6	1973.3
四 川	65.4	28.4	4350.0	223.1	51.9	2325.0
贵 州	62.2	16.1	2583.7	133.8	7.8	585.9
云 南	2.7	0.3	1222.2	127.1	26.9	2116.2
西 藏	0.0	0.0		0.2	0.1	3000.0
陕 西	8.0	2.7	3337.5	166.8	36.0	2158.9
甘 肃	7.3	3.8	5109.0	90.7	16.3	1798.6
青 海	0.0	0.0		0.0	0.0	
宁 夏	0.1	0.0	0.0	11.9	0.5	420.2
新 疆	12.9	3.2	2436.2	55.2	21.6	3901.9

数据来源：国家统计局统计资料。

| 表9 | 2012年各地区油料作物播种面积和产量（一） |

单位：千公顷；吨；公斤/公顷

地区	2011年			2012年		
	播种面积	总产量	每公顷产量	播种面积	总产量	每公顷产量
全国总计	13855.1	33067571	2386.7	13929.8	34367660	2467.2
东部地区	2520.1	7999026	3174.1	2487.2	8177057	3287.7
中部地区	6064.5	13984072	2305.9	6130.5	14613253	2383.7
西部地区	4484.8	8958655	1997.5	4551.5	9336270	2051.3
东北地区	785.6	2125819	2705.8	760.6	2241080	2946.6
北　京	4.9	13922	2852.9	4.5	13405	2958.3
天　津	2.2	6631	2960.3	1.9	5646	3003.2
河　北	453.1	1417786	3128.8	454.0	1428283	3145.7
山　西	150.0	187044	1247.2	145.9	195672	1341.5
内蒙古	717.0	1338765	1867.2	764.7	1450797	1897.1
辽　宁	392.0	1197565	3054.7	376.7	1208739	3208.9
吉　林	245.1	695563	2838.5	266.6	807183	3028.0
黑龙江	148.6	232691	1566.4	117.3	225158	1919.2
上　海	8.6	18647	2178.4	8.2	17313	2116.5
江　苏	552.3	1440526	2608.2	527.7	1469468	2784.8
浙　江	196.0	398538	2033.5	189.4	383010	2022.4
安　徽	878.3	2137502	2433.7	843.6	2276936	2698.9
福　建	112.5	274630	2440.3	113.6	280735	2472.1
江　西	732.4	1135852	1551.0	744.2	1170753	1573.3
山　东	806.7	3410001	4227.0	796.0	3509513	4408.8
河　南	1578.9	5323635	3371.7	1573.6	5695117	3619.1
湖　北	1429.6	3047171	2131.5	1501.5	3196621	2129.0
湖　南	1295.5	2152868	1661.9	1321.7	2078154	1572.3
广　东	343.3	918994	2676.6	352.2	966063	2743.0
广　西	202.7	501400	2473.9	217.4	544867	2506.8
海　南	40.4	99351	2458.6	39.7	103621	2608.3
重　庆	257.1	465073	1808.9	271.0	501142	1849.1
四　川	1232.8	2784476	2258.7	1249.7	2877615	2302.6
贵　州	536.1	788503	1470.7	547.5	873827	1596.0
云　南	342.3	607467	1774.7	343.3	628374	1830.5
西　藏	24.0	63515	2644.3	24.0	63310	2635.7
陕　西	300.8	589665	1960.1	302.3	603300	1995.7
甘　肃	351.1	635194	1809.1	336.4	670036	1991.6
青　海	167.9	332854	1982.1	164.4	352246	2142.6
宁　夏	88.7	184097	2076.7	88.4	180321	2040.2
新　疆	264.3	667647	2526.2	242.3	590436	2436.4

数据来源：国家统计局统计资料。

| 表9 | 2012年各地区油料作物播种面积和产量（二） | | | | | |

单位：千公顷；吨；公斤/公顷

地 区	其中：花 生			油菜籽		
	播种面积	总产量	每公顷产量	播种面积	总产量	每公顷产量
全国总计	4638.5	16691582	3598.5	7431.9	14007307	1884.8
东部地区	1743.7	6507574	3732.1	639.6	1502616	2349.4
中部地区	1715.0	6898197	4022.4	3914.7	6999403	1788.0
西部地区	654.0	1583134	2420.6	2876.7	5503295	1913.1
东北地区	525.8	1702677	3238.0	0.9	1993	2239.3
北 京	4.0	12400.4	3070.3	0.0	1.0	150.0
天 津	1.4	4595.0	3282.1	0.0	0.0	0.0
河 北	354.5	1269417	3580.5	19.0	29690	1564.4
山 西	9.3	20321	2188.8	4.2	6570	1574.9
内蒙古	16.7	31985	1913.0	270.7	306659	1132.7
辽 宁	359.6	1165335	3240.4	0.5	937	1952.1
吉 林	141.5	466895.0	3300.8	0.0	0.0	0.0
黑龙江	24.8	70447	2844.0	0.4	1056	2575.6
上 海	0.8	2046	2589.9	7.3	15120	2076.9
江 苏	95.9	360200	3756.0	421.3	1091272	2590.2
浙 江	18.5	53418	2882.3	165.6	320853	1938.0
安 徽	187.5	868553	4633.5	609.6	1343182	2203.4
福 建	100.3	262223	2613.5	11.9	16780	1411.6
江 西	160.7	448133	2788.4	551.9	687541	1245.9
山 东	787.1	3486528	4429.7	8.0	20823	2608.4
河 南	1007.1	4540254	4508.2	380.4	876064	2302.9
湖 北	239.8	743412	3100.1	1167.3	2300323	1970.6
湖 南	110.6	277524	2509.3	1201.3	1785723	1486.5
广 东	343.2	955209	2783.5	6.6	8077	1226.9
广 西	188.8	512906	2716.4	20.1	20068	1000.3
海 南	37.9	101537.2	2677.3	0.0	0.0	0.0
重 庆	58.3	113261	1942.0	204.6	377102	1843.5
四 川	262.0	648165	2474.3	981.4	2220860	2263.1
贵 州	41.0	78553	1915.2	497.0	781764	1573.1
云 南	48.8	74912	1536.6	281.2	534987	1902.5
西 藏	0.1	262	2018.1	23.9	63047	2639.1
陕 西	32.9	97614	2965.2	202.1	399403	1976.4
甘 肃	1.0	3996	4119.6	175.0	339294	1938.4
青 海	0.0	0.0	0.0	160.0	345316	2158.4
宁 夏	0.1	123	1808.8	1.2	2839	2379.7
新 疆	4.4	21356	4894.9	59.6	111956	1877.2

数据来源：国家统计局统计资料。

表9   2012年各地区油料作物播种面积和产量（三）

单位：千公顷；吨；公斤/公顷

地区	胡麻籽			向日葵籽		
	播种面积	总产量	每公顷产量	播种面积	总产量	每公顷产量
全国总计	317.9	390505	1228.5	888.5	2322655	2614.1
东部地区	37.1	30844	831.6	35.5	85080	2399.1
中部地区	60.5	72583	1200.1	45.8	73918	1614.7
西部地区	220.2	286929	1302.8	664.4	1786681	2689.3
东北地区	0.1	150.0	3000.0	142.9	376977	2638.0
北 京	0.0	0.0	0.0	0.4	974	2176.2
天 津	0.0	0.0	0.0	0.3	669	1967.6
河 北	37.1	30844	831.6	34.6	83173	2406.8
山 西	60.5	72553	1199.7	34.2	53261	1557.2
内蒙古	58.7	36682	624.7	398.6	1071035	2687.1
辽 宁	0.1	150.0	3000.0	8.1	20284	2498.0
吉 林	0.0	0.0	0.0	104.9	296928	2830.6
黑龙江	0.0	0.0	0.0	29.9	59765	2000.2
上 海	0.0	0.0	0.0	0.0	0.0	0.0
江 苏	0.0	0.0	0.0	0.1	181	2585.7
浙 江	0.0	0.0	0.0	0.0	0.0	0.0
安 徽	0.0	0.0	0.0	0.0	15	1153.8
福 建	0.0	0.0	0.0	0.0	60	1480.3
江 西	0.0	30.0	7500.0	0.4	573	1591.7
山 东	0.0	0.0	0.0	0.0	23	3285.7
河 南	0.0	0.0	0.0	5.4	11207	2063.9
湖 北	0.0	0.0	0.0	5.7	8831	1541.2
湖 南	0.0	0.0	0.0	0.0	31	775.0
广 东	0.0	0.0	0.0	0.0	0.0	0.0
广 西	0.0	0.0	0.0	3.5	5501	1571.7
海 南	0.0	0.0	0.0	0.0	0.0	0.0
重 庆	0.0	0.0	0.0	3.6	5553	1527.5
四 川	0.0	0.0	0.0	2.9	4043	1394.6
贵 州	0.0	30	4285.7	7.8	10526	1349.0
云 南	0.0	28	734.2	4.4	9418	2130.7
西 藏	0.0	0.0	0.0	0.0	0.0	0.0
陕 西	3.5	4114	1189.0	26.9	48272	1796.5
甘 肃	97.0	151208	1559.0	36.3	123647	3402.5
青 海	4.4	6884	1562.0	0.0	0.0	0.0
宁 夏	47.9	74025	1544.1	32.1	94272	2934.9
新 疆	8.7	13958	1607.9	148.2	414414	2796.5

数据来源：国家统计局统计资料。

| 表10 | 2012年各地区粮油产量及人均占有量排序 |

单位：万吨、吨、公斤

地 区	粮食产量		粮食人均占有量		油料产量		油料人均占有量	
	绝对数	位次	绝对数	位次	绝对数	位次	绝对数	位次
全国总计	58958.0		436.5		3437		25.44	
北 京	113.8	29	56	30	1	30	0.66	30
天 津	161.8	27	117	29	1	31	0.41	31
河 北	3246.6	8	447	12	143	9	19.66	17
山 西	1274.1	17	354	19	20	25	5.43	28
内蒙古	2528.5	10	1017	3	145	8	58.36	3
辽 宁	2070.5	13	472	8	121	10	27.56	11
吉 林	3343.0	5	1216	2	81	14	29.35	9
黑龙江	5761.5	1	1503	1	23	24	5.87	27
上 海	122.4	28	52	31	2	29	0.73	29
江 苏	3372.5	4	426	14	147	7	18.58	18
浙 江	769.8	23	141	27	38	21	7.00	26
安 徽	3289.1	7	550	7	228	5	38.09	5
福 建	659.3	24	177	26	28	23	7.52	25
江 西	2084.8	12	464	10	117	11	26.04	14
山 东	4511.4	3	467	9	351	2	36.33	6
河 南	5638.6	2	600	4	570	1	60.61	2
湖 北	2441.8	11	423	15	320	3	55.42	4
湖 南	3006.5	9	454	11	208	6	31.41	8
广 东	1396.3	16	132	28	97	12	9.16	24
广 西	1484.9	15	318	21	54	19	11.68	23
海 南	199.5	26	226	24	10	27	11.75	22
重 庆	1138.5	20	388	17	50	20	17.09	19
四 川	3315.0	6	411	16	288	4	35.69	7
贵 州	1079.5	22	311	23	87	13	25.14	15
云 南	1749.1	14	377	18	63	16	13.53	21
西 藏	94.9	31	311	22	6	28	20.73	16
陕 西	1245.1	19	332	20	60	17	16.10	20
甘 肃	1109.7	21	432	13	67	15	26.06	13
青 海	101.5	30	178	25	35	22	61.72	1
宁 夏	375.0	25	583	5	18	26	28.03	10
新 疆	1273.0	18	573	6	59	18	26.59	12

数据来源：国家统计局统计资料。

表11	人均主要农业产品产量（1978～2012年）					

单位：公斤

年 份	粮食	棉花	油料	糖料	水果	水产品
1978	318.7	2.3	5.5	24.9	6.9	4.9
1980	326.7	2.8	7.8	29.7	6.9	4.6
1985	360.7	3.9	15.0	57.5	11.1	6.7
1990	393.1	4.0	14.2	63.6	16.5	10.9
1995	387.3	4.0	18.7	65.9	35.0	20.9
1996	414.4	3.5	18.2	68.7	38.2	27.0
1997	401.7	3.7	17.5	76.3	41.4	25.4
1998	412.5	3.6	18.6	78.8	43.9	27.2
1999	405.8	3.1	20.8	66.5	49.8	28.5
2000	366.0	3.5	23.4	60.5	49.3	29.4
2001	355.9	4.2	22.5	68.1	52.3	29.8
2002	357.0	3.8	22.6	80.4	54.3	30.9
2003	334.3	3.8	21.8	74.8	112.7	31.6
2004	362.2	4.9	23.7	73.8	118.4	32.8
2005	371.3	4.4	23.6	72.5	123.6	33.9
2006	379.9	5.7	20.1	76.4	130.4	35.0
2007	380.6	5.8	19.5	92.5	137.6	36.0
2008	399.1	5.7	22.3	101.3	145.1	37.0
2009	398.7	4.8	23.7	92.2	153.2	38.4
2010	408.7	4.5	24.2	89.8	160.0	40.2
2011	425.2	4.9	24.6	93.2	169.5	41.7
2012	436.0	5.1	25.4	99.8	178.1	43.7

注：2003年起水果产量含果用瓜。
数据来源：国家统计局统计资料。

表12	农产品生产价格指数（2005～2012年）							

（上年=100）

指　标	2005年	2006年	2007年	2008年	2009年	2010年	2011年	2012年
农产品生产价格指数	101.4	101.2	118.5	114.1	97.6	110.9	116.5	102.7
农业产品	101.6	104.5	109.8	108.4	102.9	116.6	107.8	104.8
谷物	99.2	102.1	109.0	107.1	104.9	112.8	109.7	104.8
小麦	96.4	100.1	105.5	108.7	107.9	107.9	105.2	102.9
稻谷	101.6	102.0	105.4	106.6	105.2	112.8	113.3	104.1
玉米	98.0	103.0	115.0	107.3	98.5	116.1	109.9	106.6
大豆	94.2	99.2	124.2	119.7	92.3	107.9	106.3	105.7
油料	91.3	104.8	133.4	128.0	94.2	112.1	112.1	105.2
棉花	111.8	97.1	109.6	90.6	111.8	157.7	79.5	98.1
糖料	111.6	121.1	100.0	98.4	101.5	106.0	125.5	105.0
蔬菜	107.2	109.3	106.9	104.7	111.8	116.8	103.4	109.9
水果	107.4	111.4	101.3	101.4	107.0	118.9	106.2	103.9
林业产品	104.8	112.8	104.4	108.5	94.9	122.8	114.9	101.2
畜牧产品	100.5	94.3	131.4	123.9	90.1	103.0	126.2	99.7
猪（毛重）	97.6	90.6	145.9	130.8	81.6	98.3	137.0	95.9
牛（毛重）	101.7	100.6	117.5	123.6	101.0	104.7	108.1	116.8
羊（毛重）	101.7	101.8	121.0	118.8	101.1	108.7	115.7	107.8
家禽（毛重）	105.6	97.2	117.0	111.9	102.2	107.0	112.0	103.8
蛋类	106.4	96.0	115.9	112.2	102.8	107.5	112.6	100.5
奶类	99.6	102.9	106.2	125.5	91.6	115.3	108.1	103.9
渔业产品	104.7	103.9	108.1	111.2	99.0	107.6	110.0	106.2
海水养殖产品							111.5	101.0
海水捕捞产品							111.2	110.9
淡水养殖产品							109.5	106.8
淡水捕捞产品							103.7	107.2

数据来源：国家统计局统计资料。

| 表13 | 各地区农产品生产价格指数（2005～2012年） | | | | | | | |

（上年＝100）

地 区	2005年	2006年	2007年	2008年	2009年	2010年	2011年	2012年
全 国	101.4	101.2	118.5	114.1	97.6	110.9	116.5	102.7
北 京	103.5	99.1	114.4	112.3	98.3	106.5	110.7	104.73
天 津	103.4	103.4	107.8	107.1	103.0	110.2	105.0	105.25
河 北	102.5	100.2	116.2	109.0	99.7	115.1	110.9	100.66
山 西	103.5	100.2	113.0	109.2	100.4	110.2	111.0	101.34
内蒙古	103.2	103.6	114.9	111.0	99.8	111.4	112.8	104.72
辽 宁	101.5	105.8	116.6	109.8	102.9	110.6	114.2	106.6
吉 林	100.3	104.6	114.0	104.5	103.8	111.8	116.8	105.1
黑龙江	101.0	100.0	119.9	117.0	98.1	109.2	116.5	105.9
上 海	105.7	101.9	110.2	109.7	102.2	107.1	110.9	101.4
江 苏	100.3	99.9	112.6	114.3	99.9	108.8	112.1	103.7
浙 江	105.9	102.7	108.6	112.9	100.3	114.8	113.6	104.3
安 徽	98.7	99.3	114.1	114.7	99.1	110.8	112.8	102.9
福 建	103.9	102.7	112.6	110.7	98.0	111.5	113.3	102.7
江 西	100.5	101.4	115.0	114.2	96.8	107.5	114.3	103.5
山 东	102.9	103.4	114.0	112.5	101.2	118.8	109.7	102.5
河 南	100.7	100.9	117.7	115.0	99.1	112.5	111.5	102.9
湖 北	100.3	99.5	117.0	117.0	96.3	112.3	111.7	103.3
湖 南	99.5	100.7	130.6	126.7	90.6	109.9	121.9	100.2
广 东	103.5	102.6	109.7	113.9	95.0	107.6	112.4	103.4
广 西	100.0	106.8	121.5	113.0	89.3	107.6	124.5	99.4
海 南	102.2	105.6	104.7	112.5	101.9	107.9	115.3	103.3
重 庆	100.0	93.6	121.8	120.2	89.0	103.2	120.2	104.6
四 川	103.2	102.7	120.8	118.4	96.9	105.9	117.8	104.0
贵 州	101.8	101.4	113.0	115.5	96.1	106.7	120.3	104.3
云 南	104.0	106.6	117.5	115.5	96.5	112.5	117.9	110.7
西 藏								
陕 西	104.9	103.2	115.4	111.2	95.8	121.7	113.8	102.6
甘 肃	103.1	102.6	111.4	114.0	100.2	113.8	111.3	105.9
青 海	103.3	104.5	119.0	114.9	94.6	124.3	117.3	108.2
宁 夏	103.3	101.2	115.0	118.7	99.4	117.0	111.3	103.6
新 疆	108.3	98.4	114.7	119.8	92.9	131.5	103.7	103.2

数据来源：国家统计局统计资料。

| 表14 | 城乡居民家庭平均每人主要食品消费量（1990～2012年）（一） |

单位：公斤

指　标	1990年	1995年	2000年	2005年	2010年	2012年
城镇居民家庭						
粮食（商品粮）	130.72	97.00	82.31	76.98	81.53	78.76
鲜菜	138.70	116.47	114.74	118.58	116.11	112.33
食用植物油	6.40	7.11	8.16	9.25	8.84	9.14
猪肉	18.46	17.24	16.73	20.15	20.73	21.23
牛羊肉	3.28	2.44	3.33	3.71	3.78	3.73
禽类	3.42	3.97	5.44	8.97	10.21	10.75
鲜蛋	7.25	9.74	11.21	10.40	10.00	10.52
鲜奶	4.63	4.62	9.94	17.92	13.98	13.95
水产品	7.69	9.20	11.74	12.55	15.21	15.19
酒	9.25	9.93	10.01	8.85	7.02	6.88
鲜瓜果	41.11	44.96	57.48	56.69	54.23	56.05
农村居民家庭						
粮食（原粮）	262.08	256.07	250.23	208.85	181.44	164.27
蔬菜	134.00	104.62	106.74	102.28	93.28	84.72
食用植物油	3.54	4.25	5.45	4.90	5.52	6.93
猪肉	10.54	10.58	13.28	15.62	14.40	14.40
牛羊肉	0.80	0.71	1.13	1.47	1.43	1.96
禽类	1.25	1.83	2.81	3.67	4.17	4.49
蛋及制品	2.41	3.22	4.77	4.71	5.12	5.87
奶及制品	1.10	0.60	1.06	2.86	3.55	5.29
水产品	2.13	3.36	3.92	4.94	5.15	5.36
食糖	1.50	1.28	1.28	1.13	1.03	1.19
酒	6.14	6.53	7.02	9.59	9.74	10.04
瓜果及制品	5.89	13.01	18.31	17.18	19.64	22.81
坚果及制品		0.13	0.74	0.81	0.96	1.30

注：① 城镇居民主要食品消费量指全年购买的主要食品数量，不包括实物消费量。粮食是指大米、面粉等商品粮。
　　② 农村居民主要食品消费量指全年购买和自产自食的主要食物消费量。粮食是指小麦、玉米、稻谷、薯类、大豆等按原粮
　　　计算的粮食消费量。
　　③ 2008年以后的城镇水产品消费量只包括鱼虾，不包括其他水产品。
数据来源：国家统计局统计资料。

表14	城乡居民家庭平均每人主要食品消费量（1978～2012年）（二）					

单位：公斤/人

年 份	粮食		蔬菜		食用植物油	
	城 镇	农 村	城 镇	农 村	城 镇	农 村
1978		247.8		141.5		1.3
1980		257.2		127.2		1.4
1985	131.2	257.5	147.7	131.1	6.4	2.6
1990	130.7	262.1	138.7	134.0	6.4	3.5
1991	127.9	255.6	132.2	127.0	6.9	3.9
1992	111.5	250.5	124.9	129.1	6.7	4.1
1993	97.8	251.8	120.6	107.4	7.1	4.1
1994	101.7	257.6	120.7	107.9	7.5	4.1
1995	97.0	256.1	116.5	104.6	7.1	4.3
1996	94.7	256.2	118.5	106.3	7.7	4.5
1997	88.6	250.7	115.2	107.2	7.7	4.7
1998	86.7	248.9	113.8	109.0	7.6	4.6
1999	84.9	247.5	114.9	108.9	7.8	4.6
2000	82.3	250.2	114.7	106.7	8.2	5.5
2001	79.7	238.6	115.9	109.3	8.1	5.5
2002	78.5	236.5	116.5	110.6	8.5	5.8
2003	79.5	222.4	118.3	107.4	9.2	5.3
2004	78.2	218.3	122.3	106.6	9.3	4.3
2005	77.0	208.9	118.6	102.3	9.3	4.9
2006	75.9	205.6	117.6	100.5	9.4	4.7
2007	78.7	199.5	117.8	99.0	9.6	5.1
2008	63.6	199.1	123.2	99.7	10.3	5.4
2009	81.3	189.3	120.5	98.4	9.7	5.4
2010	81.5	181.4	116.1	93.3	8.8	5.5
2011	80.7	170.7	114.6	89.4	9.3	6.6
2012	78.8	164.3	112.3	84.7	9.1	6.9

注：城镇居民的蔬菜消费量为鲜菜。
数据来源：国家统计局统计资料。

| 表14 | 城乡居民家庭平均每人主要食品消费量（1978～2012年）（三） |

单位：公斤/人

年 份	猪牛羊肉		禽类		水产品	
	城 镇	农 村	城 镇	农 村	城 镇	农 村
1978		5.8		0.3		0.8
1980		7.7		0.7		1.1
1985	18.7	11.0		1.0	7.8	1.6
1990	21.7	11.3	3.4	1.3	7.7	2.1
1991	22.2	12.2	4.4	1.3	8.0	2.2
1992	21.4	11.8	5.1	1.5	8.2	2.3
1993	20.8	11.7	3.7	1.6	8.0	2.8
1994	20.2	11.0	4.1	1.6	8.5	3.0
1995	19.7	11.3	4.0	1.8	9.2	3.4
1996	20.4	12.9	5.4	1.9	9.3	3.7
1997	19.0	12.7	6.5	2.4	9.3	3.8
1998	19.2	13.2	6.3	2.3	9.8	3.7
1999	20.0	13.9	4.9	2.5	10.3	3.8
2000	20.1	14.4	5.4	2.8	11.7	3.9
2001	19.2	14.5	7.3	2.9	12.3	4.1
2002	23.3	14.9	9.2	2.9	13.2	4.4
2003	23.7	15.0	9.2	3.2	13.4	4.7
2004	22.9	14.8	6.4	3.1	12.5	4.5
2005	23.9	17.1	9.0	3.7	12.6	4.9
2006	23.8	17.0	8.3	3.5	13.0	5.0
2007	22.1	14.9	9.7	3.9	14.2	5.4
2008	22.7	13.9	8.0	4.4	11.9	5.2
2009	24.2	15.3	10.5	4.2	12.2	5.3
2010	24.5	15.8	10.2	4.2	15.2	5.2
2011	24.6	16.3	10.6	4.5	14.6	5.4
2012	25.0	16.4	10.8	4.5	15.2	5.4

数据来源：国家统计局统计资料。

| 表15 | 城镇居民家庭购买主要食品数量（1957～2012年）（一） |

单位：公斤/人

年　份	粮食	鲜菜	食用植物油	猪肉	牛羊肉	禽类
1957	167.2	109.1	4.2	6.7	1.2	1.2
1964	155.8	130.3	2.2			0.5
1981	145.4	152.3	4.8	16.9	1.7	1.9
1982	144.6	159.1	5.8	16.9	1.8	2.3
1983	144.5	165.0	6.5	18.0	1.9	2.6
1984	142.1	149.0	7.1	17.1	2.8	2.9
1985	131.2	147.7	6.4	17.2	3.0	3.8
1986	137.9	148.3	6.2	19.0	2.6	3.7
1987	133.9	142.6	6.4	18.9	3.1	3.4
1988	137.2	147.0	7.0	16.9	2.8	4.0
1989	133.9	144.6	6.2	17.5	2.7	3.7
1990	130.7	138.7	6.4	18.5	3.3	3.4
1991	127.9	132.2	6.9	18.9	3.3	4.4
1992	111.5	124.9	6.7	17.7	3.7	5.1
1993	97.8	120.6	7.1	17.4	3.4	5.2
1994	101.7	120.7	7.5	17.1	3.1	4.1
1995	97.0	116.5	7.1	17.2	2.4	5.8
1996	94.7	118.5	7.1	17.1	3.3	5.4
1997	88.6	113.3	7.2	15.3	3.7	6.5
1998	86.7	113.8	7.6	15.9	3.3	6.3
1999	84.9	114.9	7.8	16.9	3.1	6.7
2000	82.3	114.7	8.2	16.7	3.3	7.4
2001	79.7	115.9	8.1	16.0	3.2	7.3
2002	78.5	116.5	8.5	20.3	3.0	9.2
2003	79.5	118.3	9.2	20.4	3.3	9.2
2004	78.2	122.3	9.3	19.2	3.7	6.4
2005	77.0	118.6	9.3	20.2	3.7	9.0
2006	75.9	117.6	9.4	20.0	3.8	8.3
2007	78.7	117.8	9.6	18.2	3.9	9.7
2008	63.6	123.2	10.3	19.3	3.4	8.5
2009	81.3	120.5	9.7	20.5	3.7	10.5
2010	81.5	116.1	8.8	20.7	3.8	10.2
2011	80.7	114.6	9.3	20.6	2.8	10.6
2012	78.8	112.3	9.1	21.2	3.7	10.8

注：1994年禽类的购买量只包括鸡和鸭的购买量，不包括其他禽类及制品的购买量。
数据来源：国家统计局统计资料。

| 表15 | 城镇居民家庭购买主要食品数量（1957～2012年）（二） |

单位：公斤/人

年 份	鲜蛋	水产品	鲜奶	水果（瓜果）	酒
1957	3.3	7.6			2.5
1964	2.0	4.7			1.0
1981	5.2	7.3	4.1	21.2	4.4
1982	5.9	7.7	4.5	27.7	4.5
1983	6.9	8.1	4.6	27.1	5.3
1984	7.6	7.8	5.2	32.1	6.8
1985	8.8	7.8	6.4	36.5	8.0
1986	7.1	8.2	4.7	40.2	9.4
1987	6.6	7.9			9.9
1988	6.9	7.1			9.5
1989	7.1	7.6	4.2	38.8	9.0
1990	7.3	7.7	4.6	41.1	9.3
1991	8.3	8.0	4.7	41.7	9.5
1992	9.5	8.2	5.5	47.4	9.9
1993	8.9	8.0	5.4	38.9	9.7
1994	9.7	8.5	5.3	40.0	10.0
1995	9.7	9.2	4.6	45.0	9.9
1996	9.6		4.8	46.2	9.7
1997	11.1		5.1	52.1	9.6
1998	10.2		6.2	54.8	9.7
1999	10.9	10.3	7.9	54.2	9.6
2000	11.2	11.7	9.9	57.5	10.0
2001	10.4		11.9	59.9	9.7
2002	10.6	13.2	15.7	56.5	9.1
2003	11.2	13.4	18.6	57.8	9.4
2004	10.4	12.5	18.8	56.5	8.9
2005	10.4	12.6	17.9	56.7	8.9
2006	10.4	13.0	18.3	60.2	9.1
2007	10.3	14.2	17.8	59.5	9.1
2008	10.7	11.9	15.2	54.5	7.7
2009	10.6	12.2	14.9	56.6	8.0
2010	10.0	15.2	14.0	54.2	7.0
2011	10.1	14.6	13.7	52.0	6.8
2012	10.5	15.2	14.0	56.1	6.9

注：2008年、2009年水产品的购买量只包括鱼和虾的购买量，不包括其他水产品及制品的购买量。
数据来源：国家统计局统计资料。

表16			农村居民家庭主要食品消费量（1978～2012年）（一）					

单位：公斤/人

年 份	粮食	1.细粮	2.粗粮	食用油	1.植物油	2.动物油	蔬菜	食糖
1978	247.8	122.5	125.3	2.0	1.3	0.7	141.5	0.7
1979	256.7	139.4	117.3	2.4	1.5	0.9	131.2	0.8
1980	257.2	162.9	94.2	2.5	1.4	1.1	127.2	1.1
1981	256.1	172.4	83.7	3.1	1.9	1.2	124.0	1.1
1982	260.0	191.8	68.1	3.4	2.1	1.4	132.0	1.2
1983	259.9	196.3	63.6	3.5	2.2	1.3	131.0	1.3
1984	266.5	209.1	57.5	4.0	2.5	1.5	140.0	1.3
1985	257.5	208.8	48.6	4.0	2.6	1.4	131.1	1.5
1986	259.3	212.2	47.1	4.2	2.6	1.6	133.7	1.6
1987	259.4	211.4	48.0	4.7	3.1	1.6	130.4	1.7
1988	259.5	210.7	48.8	4.8	3.3	1.5	130.1	1.4
1989	262.3	213.5	48.8	4.8	3.3	1.5	133.4	1.5
1990	262.1	215.0	47.1	5.2	3.5	1.6	134.0	1.5
1991	255.6	213.8	41.8	5.7	3.9	1.8	127.0	1.4
1992	250.5	210.6	39.9	5.9	4.1	1.8	129.1	1.5
1993	251.8	221.0	30.8	5.7	4.1	1.6	107.4	1.4
1994	257.6	212.0	45.6	5.7	4.1	1.6	107.9	1.3
1995	256.1	210.7	45.3	5.8	4.3	1.6	104.6	1.3
1996	256.2	206.5	49.7	6.1	4.5	1.6	106.3	1.4
1997	250.7	208.9	41.8	6.2	4.7	1.4	107.2	1.4
1998	248.9	209.0	39.9	6.1	4.6	1.5	109.0	1.4
1999	247.5	206.2	41.3	6.2	4.6	1.6	108.9	1.5
2000	250.2	207.1	43.1	7.1	5.5	1.6	106.7	1.3
2001	238.6	199.7	38.9	7.0	5.5	1.5	109.3	1.4
2002	236.5	199.4	37.1	7.5	5.8	1.8	110.6	1.6
2003	222.4	192.5	29.9	6.3	5.3	1.0	107.4	1.2
2004	218.3	189.8	28.5	5.3	4.3	1.0	106.6	1.1
2005	208.9	181.8	27.1	6.0	4.9	1.1	102.3	1.1
2006	205.6	178.0	27.6	5.8	4.7	1.1	100.5	1.1
2007	199.5	173.8	25.7	6.0	5.1	0.9	99.0	1.1
2008	199.1	173.7	25.4	6.2	5.4	0.9	99.7	1.1
2009	189.3	165.2	24.0	6.3	5.4	0.8	98.4	1.1
2010	181.4	159.4	22.0	6.3	5.5	0.8	93.3	1.0
2011	170.7	151.8	18.9	7.5	6.6	0.9	89.4	1.0
2012	164.3	144.9	19.4	7.8	6.9	0.9	84.7	1.2

数据来源：国家统计局统计资料。

| 表16 | 农村居民家庭主要食品消费量（1978～2012年）（二） |

单位：公斤/人

年 份	猪牛羊肉	1.猪肉	2.牛羊肉	禽类	禽蛋及制品	水产品	奶及制品	酒
1978	5.8	5.2	0.6	0.3	0.8	0.8		1.2
1979	6.5	6.1	0.4	0.3	0.9	0.7		1.4
1980	7.7	7.3	0.5	0.7	1.2	1.1		1.9
1981	8.7	8.2	0.5	0.7	1.3	1.3		2.3
1982	9.1	8.4	0.7	0.8	1.4	1.3	0.7	2.7
1983	10.0	9.3	0.7	0.8	1.6	1.6	0.8	3.2
1984	10.6	9.9	0.7	0.9	1.8	1.7	0.8	3.5
1985	11.0	10.3	0.7	1.0	2.1	1.6	0.8	4.4
1986	11.8	11.1	0.7	1.1	2.1	1.9	1.4	5.0
1987	11.7	11.0	0.7	1.2	2.3	2.0	1.1	5.5
1988	10.7	10.1	0.7	1.3	2.3	1.9	1.1	5.9
1989	11.0	10.3	0.7	1.3	2.4	2.1	1.0	6.0
1990	11.3	10.5	0.8	1.3	2.4	2.1	1.1	6.1
1991	12.2	11.2	1.0	1.3	2.7	2.2	1.3	6.4
1992	11.8	10.9	1.0	1.5	2.9	2.3	1.5	6.6
1993	11.7	10.9	0.8	1.6	2.9	2.8	0.9	6.5
1994	11.0	10.2	0.8	1.6	3.0	3.0	0.7	6.0
1995	11.3	10.6	0.7	1.8	3.2	3.4	0.6	6.5
1996	12.9	11.9	1.1	1.9	3.4	3.7	0.8	7.1
1997	12.7	11.5	1.3	2.4	4.1	3.8	1.0	7.1
1998	13.2	11.9	1.3	2.3	4.1	3.7	0.9	7.0
1999	13.9	12.7	1.2	2.5	4.3	3.8	1.0	7.0
2000	14.4	13.3	1.1	2.8	4.8	3.9	1.1	7.0
2001	14.5	13.4	1.2	2.9	4.7	4.1	1.2	7.1
2002	14.9	13.7	1.2	2.9	4.7	4.4	1.2	7.5
2003	15.0	13.8	1.3	3.2	4.8	4.7	1.7	7.7
2004	14.8	13.5	1.3	3.1	4.6	4.5	2.0	7.8
2005	17.1	15.6	1.5	3.7	4.7	4.9	2.9	9.6
2006	17.0	15.5	1.6	3.5	5.0	5.0	3.1	10.0
2007	14.9	13.4	1.5	3.9	4.7	5.4	3.5	10.2
2008	13.9	12.6	1.3	4.4	5.4	5.2	3.4	9.7
2009	15.3	14.0	1.4	4.2	5.3	5.3	3.6	10.1
2010	15.8	14.4	1.4	4.2	5.1	5.2	3.6	9.7
2011	16.3	14.4	1.9	4.5	5.4	5.4	5.2	10.2
2012	16.4	14.4	2.0	4.5	5.9	5.4	5.3	10.0

数据来源：国家统计局统计资料。

| 表17 | 居民消费价格指数（2005～2012年） |

（上年=100）

项　目	2005年	2006年	2007年	2008年	2009年	2010年	2011年	2012年
居民消费价格指数	101.8	101.5	104.8	105.9	99.3	103.3	105.4	102.6
食品	102.9	102.3	112.3	114.3	100.7	107.2	111.8	104.8
#粮食	101.4	102.7	106.3	107.0	105.6	111.8	112.2	104.0
油脂	94.3	98.6	126.7	125.4	81.7	103.8	113.4	105.1
肉禽及其制品	102.5	97.1	131.7	121.7	91.3	102.9	122.6	102.1
蛋	104.6	96.0	121.8	104.3	101.6	108.3	114.2	97.1
水产品	105.9	101.2	105.1	114.2	102.5	108.1	112.1	108.0
菜	109.1	108.2	107.9	111.0	113.6	118.5	101.1	113.7
糖	104.0	111.2	101.6	104.0	102.5	108.3	111.2	104.2
茶及饮料	100.1	101.0	101.5	103.7	101.8	101.3	104.0	104.2
干鲜瓜果	102.2	117.9	102.2	110.8	107.1	114.6	115.9	100.1
液体乳及乳制品	100.9	100.9	102.7	117.0	101.5	102.8	105.1	103.2
烟酒及用品	100.4	100.6	101.7	102.9	101.5	101.6	102.8	102.9
#烟草	100.4	100.2	100.8	100.4	100.4	100.5	100.3	100.5
酒	100.6	101.2	103.5	107.5	103.4	103.6	106.7	106.3
衣着	98.3	99.4	99.4	98.5	98.0	99.0	102.1	103.1
#服装	98.1	99.0	99.4	98.3	97.8	99.1	102.4	103.3
鞋袜帽	98.3	100.2	99.0	98.2	97.8	98.2	100.7	102.3
家庭设备用品及维修服务	99.9	101.2	101.9	102.8	100.2	100.0	102.4	101.9
#耐用消费品	98.8	100.8	101.6	101.2	98.1	98.5	100.4	100.4
室内装饰品	99.5	100.0	100.3	100.2	99.7	99.9	101.0	100.8
家庭服务及加工维修服务	104.4	105.8	107.2	109.0	105.2	106.7	111.4	109.7
医疗保健和个人用品	99.9	101.1	102.1	102.9	101.2	103.2	103.4	102.0
医疗保健	99.5	100.2	102.1	102.2	101.4	103.3	102.9	101.7
个人用品及服务	100.8	103.2	102.1	104.4	100.8	103.0	104.4	102.6
交通和通信	99.0	99.9	99.1	99.1	97.6	99.6	100.5	99.9
交通	101.5	103.2	100.8	102.2	98.6	101.7	102.6	101.2
通信	96.6	96.4	97.1	95.6	96.3	97.3	97.5	98.0
娱乐教育文化用品及服务	102.2	99.5	99.0	99.3	99.3	100.6	100.4	100.5
文娱用耐用消费品及服务	93.8	94.2	93.1	92.3	90.6	94.3	93.7	94.5
教育	105.1	100.0	99.6	100.5	101.6	101.4	101.3	101.7
文化娱乐	101.2	101.0	101.0	101.3	102.5	101.0	101.1	101.3
旅游	99.6	103.1	102.3	101.1	97.5	104.9	103.8	101.7
居住	105.4	104.6	104.5	105.5	96.4	104.5	105.3	102.1
建房及装修材料	102.6	103.9	105.1	107.1	100.2	103.3	104.7	101.0
住房租金	101.9	102.7	104.2	103.5	101.6	104.9	105.3	102.7
自有住房	105.6	103.7	107.0	102.8	85.3	103.6	106.5	102.3
水电燃料	108.6	105.9	103.0	106.4	97.9	105.5	103.5	102.4

数据来源：国家统计局统计资料。

表18	粮食成本收益变化情况表（1991~2012年）

单位：元

年份	每50公斤平均出售价格				每亩总成本				每亩净利润			
	粮食平均	稻谷	小麦	玉米	粮食平均	稻谷	小麦	玉米	粮食平均	稻谷	小麦	玉米
1991	26.1	28.5	30.0	21.1	153.9	188.4	138.4	135.3	34.3	62.4	6.3	34.0
1992	28.4	29.3	33.1	24.3	163.8	192.3	149.3	150.6	44.0	67.7	21.2	42.3
1993	35.8	40.4	36.5	30.2	178.6	211.2	169.8	155.2	92.3	145.1	35.6	95.8
1994	59.4	71.2	56.5	48.2	239.4	298.1	213.2	206.7	190.7	316.7	82.3	173.3
1995	75.1	82.1	75.4	67.0	321.8	391.4	281.7	292.2	223.9	311.1	130.5	230.1
1996	72.3	80.6	81.0	57.2	388.7	458.3	359.5	351.2	155.7	247.5	92.9	123.8
1997	65.1	69.4	70.1	55.8	386.1	450.2	349.5	358.4	105.4	171.8	74.8	69.8
1998	62.1	66.9	66.6	53.8	383.9	437.4	357.5	356.6	79.3	155.9	−6.2	88.2
1999	53.0	56.6	60.4	43.7	370.7	425.2	351.5	337.2	25.6	75.8	−12.1	11.2
2000	48.4	51.7	52.9	42.8	356.2	401.7	352.5	330.6	−3.2	50.1	−28.8	−6.9
2001	51.5	53.7	52.5	48.3	350.6	400.5	323.5	327.9	39.4	81.4	−27.5	64.3
2002	49.2	51.4	51.3	45.6	370.4	415.8	342.7	351.6	4.9	37.6	−52.7	30.8
2003	56.5	60.1	56.4	52.7	368.3	419.1	339.6	347.6	42.9	94.9	−30.3	62.8
2004	70.7	79.8	74.5	58.1	395.5	454.6	355.4	375.7	196.5	285.1	169.6	134.9
2005	67.4	77.7	69.0	55.5	425.0	493.3	389.6	392.3	122.6	192.7	79.4	95.5
2006	72.0	80.6	71.6	63.4	444.9	518.2	404.8	411.8	155.0	202.4	117.7	144.8
2007	78.8	85.2	75.6	74.8	481.1	555.2	438.6	449.7	185.2	229.1	125.3	200.8
2008	83.5	95.1	82.8	72.5	562.4	665.1	498.6	523.5	186.4	235.6	164.5	159.2
2009	91.3	99.1	92.4	82.0	630.3	716.7	592.0	582.3	162.4	217.6	125.5	144.2
2010	103.8	118.0	99.0	93.6	672.7	766.6	618.6	632.6	227.2	309.8	132.2	239.7
2011	115.4	134.5	104.0	106.1	791.2	897.0	712.3	764.2	250.8	371.3	117.9	263.1
2012	119.9	138.1	108.3	111.1	936.4	1055.1	830.4	924.2	168.4	285.7	21.3	197.7

数据来源：国家发展改革委统计资料。

| 表19 | 2012年粮食收购价格分月情况表 |

单位：元/50公斤

月份	三种粮食平均	稻谷平均	早籼稻	晚籼稻	粳稻	小麦	玉米	大豆
1月	114.36	134.13	126.85	134.17	141.37	104.95	104.00	201.00
2月	114.85	134.72	127.43	134.98	141.76	104.89	104.94	201.74
3月	116.70	135.91	127.89	137.36	142.49	104.69	109.51	203.41
4月	118.22	136.51	128.14	138.38	143.00	106.00	112.17	204.75
5月	118.97	136.78	128.31	138.62	143.39	106.79	113.33	206.57
6月	118.56	136.68	128.58	138.38	143.08	105.26	113.74	206.72
7月	117.94	137.30	130.03	138.90	142.96	102.62	113.91	206.35
8月	119.35	137.95	131.32	139.04	143.49	104.21	115.90	215.00
9月	121.38	138.48	131.79	137.78	145.89	110.36	115.28	226.06
10月	120.13	138.93	132.02	137.44	147.34	111.31	110.15	228.51
11月	119.16	138.40	132.74	136.31	146.14	113.98	105.10	232.66
12月	119.32	137.56	132.74	135.51	144.44	117.21	103.19	231.78
全年平均	118.25	136.95	129.82	137.24	143.78	107.69	110.10	213.71

数据来源：国家发展改革委统计资料。

| 表20 | 2012年成品粮零售价格分月情况表 |

单位：元/500克

月份	标一晚籼米	标一粳米	标准粉	富强粉
1月	2.37	2.60	1.98	2.29
2月	2.38	2.61	1.99	2.30
3月	2.42	2.61	1.99	2.30
4月	2.44	2.62	1.99	2.31
5月	2.42	2.62	1.99	2.32
6月	2.42	2.62	1.99	2.32
7月	2.42	2.63	1.99	2.33
8月	2.43	2.65	2.01	2.33
9月	2.45	2.69	2.02	2.34
10月	2.46	2.72	2.02	2.34
11月	2.46	2.72	2.03	2.35
12月	2.47	2.71	2.05	2.37
全年平均	2.43	2.65	2.00	2.33

数据来源：国家发展改革委统计资料。

| 表21 | 2012年粮食主要品种批发市场价格表 | | | | | |

单位：元/吨

月份	三等白小麦	二等黄玉米	标一早籼米	标一晚籼米	标一粳米	三等大豆
1月	2098	2193	3699	4044	4228	4002
2月	2104	2187	3750	4037	4169	4018
3月	2121	2246	3805	4107	4206	4048
4月	2143	2294	3835	4096	4129	4088
5月	2170	2313	3847	4156	4125	4083
6月	2101	2381	3840	4123	4173	4091
7月	2094	2450	3820	4133	4206	4153
8月	2135	2495	3790	4082	4254	4375
9月	2205	2442	3794	4101	4336	4606
10月	2222	2319	3799	4136	4273	4539
11月	2269	2244	3827	4124	4228	4627
12月	2306	2259	3807	4097	4212	4562
全年平均	2164	2319	3801	4103	4212	4266

数据来源：国家发展改革委统计资料。

表22　2012年国内期货市场小麦、玉米、早籼稻、大豆分月价格表

单位：元/吨

月份	小麦1	小麦2	玉米	早籼稻	大豆1	大豆2	豆粕
1月	2130	2375	2323	2557	4321	4729	2898
2月	2162	2441	2421	2617	4463	4833	3094
3月	2163	2402	3244	2598	4509	4930	2432
4月	2079	2267	2430	2690	4539	4980	3423
5月	2115	2385	2367	2623	4240	4766	3237
6月	2158	2387	2447	2702	4351	4471	3459
7月	2176	2386	2513	2761	4651	4770	4184
8月	2250	2420	2494	2716	4858	4880	4591
9月	2378	2448	2341	2670	4847	4806	4225
10月	2321	2369	2329	2644	4730	4786	3768
11月		2403	2361	2657	4649	4819	3678
12月		2456	2320	2594	4724	5006	3840

注：1.小麦1为郑州商品交易所硬冬白小麦，小麦2为郑州商品交易所优质强筋小麦。
　　2.玉米为大连商品交易所玉米。
　　3.早籼稻为郑州商品交易所早籼稻。
　　4.大豆1为大连商品交易所国产大豆，大豆2为大连商品交易所进口大豆。
　　5.豆粕为大连商品交易所豆粕。
　　6.均为最近主力合约月末收盘价格，按整数四舍五入计算。
数据来源：国家粮油信息中心统计资料。

表23	2012年美国芝加哥商品交易所谷物和大豆分月价格表			

单位：美元/吨

品种	小麦	大米	玉米	大豆
1月	235	326	257	453
2月	231	302	249	452
3月	247	320	265	488
4月	239	336	246	549
5月	219	346	229	517
6月	226	311	230	491
7月	325	343	304	584
8月	331	352	319	604
9月	327	330	303	641
10月	315	331	296	559
11月	326	336	291	570
12月	297	342	285	547

注：1.各品种均为美国芝加哥商品交易所标准品。
　　2.按美元整数四舍五入计算。
　　3.均为最近主力合约每月中旬收盘价格。
数据来源：国家粮油信息中心统计资料。

表24　全国国有粮食企业主要粮食品种收购量（1978～2012年）

单位：贸易粮，万吨

年份	粮食合计	小麦	大米	玉米	大豆	其他
1978	5110.15	1176.80	1995.70	1046.65	216.00	675.00
1979	5925.00	1562.55	2200.95	1280.95	205.00	675.55
1980	5882.10	1396.10	2214.50	1357.75	296.50	617.25
1981	6255.50	1418.30	2421.05	1408.00	412.60	595.55
1982	7367.45	1933.60	2900.30	1427.40	401.65	704.50
1983	9879.55	2763.30	3312.40	2337.75	409.80	1056.30
1984	11165.85	3427.00	3858.10	2588.05	382.35	910.35
1985	7925.50	2666.10	3012.90	1374.20	503.30	369.00
1986	9453.20	2842.00	3258.70	2183.10	653.70	515.70
1987	9920.10	2816.20	3143.70	2848.60	609.70	501.90
1988	9430.40	2673.90	3185.90	2414.70	693.50	462.40
1989	10040.20	2855.50	3622.90	2587.70	620.00	354.10
1990	12364.50	3646.60	4316.00	3372.80	661.20	367.90
1991	11423.00	3392.45	3810.00	3338.40	582.20	299.95
1992	10414.35	3841.40	3272.60	2621.70	406.10	272.55
1993	9233.95	3373.10	2505.00	2469.95	606.20	279.70
1994	9226.41	3230.41	2697.60	2185.00	732.20	381.20
1995	9443.80	3125.00	3061.40	2435.60	522.50	299.30
1996	11919.80	3614.80	3382.15	4224.65	437.80	260.40
1997	11535.40	4600.20	3510.55	2692.15	515.20	217.30
1998	9654.50	2795.60	2562.00	3867.40	351.00	78.50
1999	12807.70	3863.30	3186.10	5425.10	246.60	86.60
2000	11695.10	4018.20	3327.30	4019.20	237.90	92.50
2001	11784.15	4437.85	2798.80	4128.20	326.80	92.50
2002	10826.25	4201.30	2189.60	4181.95	140.40	113.00
2003	9717.05	3682.00	2109.80	3702.45	120.30	102.50
2004	8919.45	3448.10	2138.05	3158.10	91.00	84.20
2005	11493.75	3745.20	2572.25	4529.90	506.00	140.40
2006	12256.50	6039.95	2153.45	3424.70	492.20	146.20
2007	10167.40	4733.15	1985.05	3008.30	321.45	119.45
2008	15470.88	6712.73	3604.84	4754.18	313.47	85.65
2009	15223.00	6833.95	2637.45	4988.45	653.00	110.15
2010	12406.00	6177.70	2135.95	3333.65	648.80	109.90
2011	11442.65	4650.40	2799.30	3428.10	465.65	99.20
2012	12363.50	4871.40	2574.40	4260.90	563.90	92.90

注：1978～2002年粮食购存数字按粮食年度统计，粮食年度是指当年4月1日至翌年3月31日。从2003年开始，粮食统计年度改为日历年度。年度数字均为国有粮食企业收购量。
数据来源：国家粮食局统计资料。

表25		2012年国有粮食企业粮食收购情况统计表					

单位：万吨

	原 粮	贸易粮	小 麦	大 米	玉 米	大 豆	其 他
全 国	13498.40	12363.50	4871.40	2574.40	4260.90	563.90	92.90
北 京	193.10	190.80	29.80	4.40	153.80	0.80	2.00
天 津	47.20	46.20	29.00	2.40	14.70		0.10
河 北	784.30	783.30	326.50	2.30	453.80	0.60	0.10
山 西	267.20	267.20	73.10	0.10	192.20	0.10	1.70
内蒙古	371.00	370.70	33.40	0.70	277.70	58.00	0.90
辽 宁	677.10	645.85	8.50	71.35	559.80	1.30	4.90
吉 林	739.80	695.10	0.10	101.70	514.30	75.30	3.70
黑龙江	1986.85	1722.10	45.50	596.90	703.40	369.50	6.80
上 海	69.50	53.90	13.00	37.40	0.60		2.90
江 苏	1407.05	1263.95	790.10	333.85	109.10	1.90	29.00
浙 江	103.00	72.25	5.20	65.85	1.00		0.20
安 徽	852.40	782.05	552.70	164.25	55.00	4.60	5.50
福 建	63.10	44.65	1.50	43.05	0.10		
江 西	432.50	306.30	1.50	294.40	10.30	0.10	
山 东	1144.80	1142.95	660.90	4.15	428.10	49.80	
河 南	1748.00	1738.45	1407.30	21.55	309.00		0.60
湖 北	406.70	350.15	200.40	132.05	16.90		0.80
湖 南	308.80	222.55	4.10	201.15	16.00		1.30
广 东	135.60	93.65	0.50	90.35	2.80		
广 西	119.80	85.55	3.80	80.05	1.70		
海 南	9.20	6.60		6.60			
重 庆	147.40	117.00	29.90	59.30	21.90	0.30	5.60
四 川	321.90	253.55	84.10	147.05	17.90		4.50
贵 州	45.50	35.90	2.80	21.90	3.80		7.40
云 南	89.20	73.95	7.90	34.85	28.70		2.50
西 藏	2.60	2.55	2.50	0.05			
陕 西	324.10	321.00	188.40	6.40	125.20	0.40	0.60
甘 肃	203.60	202.65	91.40	2.05	98.70	0.10	10.40
青 海	2.30	2.30	1.60				0.70
宁 夏	88.20	81.05	15.10	15.85	50.00	0.10	
新 疆	406.60	389.30	260.80	32.40	94.40	1.00	0.70

数据来源：国家粮食局统计资料。

表26　全国国有粮食企业主要粮食品种销售量（1978～2012年）

单位：贸易粮，万吨

年份	粮食合计	小麦	大米	玉米	大豆	其他
1978	5343.45	1869.50	1773.90	876.10	162.45	661.50
1979	5679.05	1940.30	1826.00	1067.90	179.80	665.05
1980	6416.80	2256.75	2014.30	1301.45	204.40	639.90
1981	7223.25	2563.50	2122.90	1622.25	239.00	675.60
1982	7710.40	2858.05	2289.45	1596.70	271.80	694.40
1983	8003.20	3005.90	2497.65	1458.50	288.75	752.40
1984	10417.85	3699.65	3438.50	1931.95	355.25	992.50
1985	8564.90	3078.50	3006.30	1328.10	322.90	829.10
1986	9347.70	3618.10	3243.90	1357.00	321.30	807.40
1987	9190.80	3643.30	3080.00	1423.80	355.50	688.20
1988	10091.00	3885.20	3038.00	1898.60	406.70	862.50
1989	8931.10	3521.80	2566.20	1846.10	346.50	650.50
1990	9033.30	3574.90	2770.50	1723.10	341.70	623.10
1991	10433.00	4085.00	3267.40	1046.30	1402.60	631.70
1992	9000.00	3247.00	3044.43	1637.30	256.80	814.47
1993	6700.30	2848.50	2128.50	1088.20	229.90	405.20
1994	7648.40	3328.20	2609.40	1121.30	234.00	355.50
1995	9264.20	3707.60	2896.80	1570.00	620.30	469.50
1996	7340.55	3090.25	2259.48	1346.72	356.80	287.30
1997	6830.65	2439.29	2042.94	1632.34	429.40	286.70
1998	6115.95	2137.10	1795.45	1648.50	348.60	186.30
1999	9353.25	3137.15	2420.90	3197.60	439.40	158.20
2000	12556.90	3961.88	3029.80	4718.50	645.50	201.20
2001	8528.70	3225.60	2155.60	2574.90	439.20	133.40
2002	12070.00	4733.00	3155.50	3551.50	510.20	119.50
2003	13453.70	5500.30	3559.05	3800.85	422.20	171.30
2004	11944.00	4640.60	3246.20	3574.50	309.30	173.40
2005	12138.30	4276.90	2556.75	4348.75	841.70	114.20
2006	12034.15	4246.10	2671.35	4133.20	847.60	135.90
2007	12958.25	5104.00	2896.00	3890.35	892.75	175.15
2008	15324.79	7352.83	3120.00	3985.40	755.91	110.65
2009	16693.18	7094.24	3054.12	5261.36	1145.71	137.75
2010	18911.25	7569.00	3047.63	6454.77	1662.90	176.94
2011	18922.45	7342.20	3609.45	5839.05	1992.20	139.55
2012	16829.40	6929.95	2970.75	4548.00	2188.10	192.60

注：1978～2002年粮食购销存数字按粮食年度统计，粮食年度是指当年4月1日至翌年3月31日。从2003年开始，粮食统计年度改为日历年度。年度数字均为国有粮食企业销售量。
数据来源：国家粮食局统计资料。

表27		2012年国有粮食企业粮食销售情况统计表					
							单位：万吨
	原 粮	贸易粮	小 麦	大 米	玉 米	大 豆	其 他
全 国	18154.70	16829.40	6929.95	2970.75	4548.00	2188.10	192.60
北 京	600.20	567.40	94.90	60.90	220.40	185.80	5.40
天 津	344.85	340.45	94.55	10.30	10.90	224.60	0.10
河 北	924.05	919.20	383.05	12.05	460.30	62.00	1.80
山 西	284.20	282.20	134.40	4.50	141.20	0.10	2.00
内蒙古	349.10	343.20	65.10	12.30	170.40	93.30	2.10
辽 宁	1020.45	979.00	33.35	95.25	645.20	191.80	13.40
吉 林	668.00	643.75	4.65	50.90	444.10	136.50	7.60
黑龙江	1550.10	1384.90	64.00	355.75	602.70	327.85	34.60
上 海	348.00	315.75	92.30	75.35	89.30	51.70	7.10
江 苏	2178.05	2021.10	1203.85	366.45	166.50	246.70	37.60
浙 江	365.10	298.35	67.50	143.95	80.30	3.80	2.80
安 徽	776.10	705.15	468.50	165.65	61.40	4.40	5.20
福 建	307.80	264.40	84.50	101.50	62.20	16.20	
江 西	485.00	352.70	9.40	308.55	33.70	1.05	
山 东	1331.90	1329.10	788.00	6.40	435.50	98.60	0.60
河 南	2071.15	2053.60	1785.60	43.60	209.50	12.40	2.50
湖 北	568.05	476.20	228.90	214.20	25.30	2.60	5.20
湖 南	391.00	312.40	42.75	183.55	82.90		3.20
广 东	806.75	705.50	199.20	215.10	148.00	140.60	2.60
广 西	442.80	405.90	33.60	86.30	28.80	257.20	
海 南	75.90	66.35	6.40	23.55	36.40		
重 庆	364.50	324.10	79.20	79.20	47.80	101.10	16.80
四 川	474.05	406.85	151.50	146.75	71.50	23.70	13.40
贵 州	77.25	62.00	17.00	34.30	5.40		5.30
云 南	186.05	149.50	22.05	84.75	38.20	0.10	4.40
西 藏	8.80	7.80	5.20	2.30			0.30
陕 西	448.75	438.70	304.65	22.15	106.90	2.50	2.50
甘 肃	211.70	208.65	128.80	7.15	59.90	0.10	12.70
青 海	19.00	18.70	17.60	1.00			0.10
宁 夏	78.10	67.95	24.60	20.45	22.70		0.20
新 疆	397.95	378.55	294.85	36.60	40.60	3.40	3.10

数据来源：国家粮食局统计资料。

全国粮油进口情况表（1992~2012年）

表28

单位：万吨

年份	粮食	谷物	小麦	大米	玉米	大麦	大豆	食用植物油
1992	1182	1152	1058	10	0	0	0	38
1993	16	1	1	0	0	0	0	24
1994	925	913	730	51	0	0	0	161
1995	2083	2036	1159	164	518	0	0	214
1996	1106	1078	825	76	44	0	0	163
1997	738	410	186	33	0	187	288	159
1998	742	382	149	24	25	152	319	113
1999	809	334	45	17	7	227	432	89
2000	1391	312	91	24	0	196	1042	41
2001	1950	344	74	27	4	237	1394	149
2002	1605	285	63	24	1	191	1131	266
2003	2526	208	45	26	0	136	2074	441
2004	3352	974	726	76	0	171	2023	529
2005	3647	627	354	51	0	218	2659	472
2006	3714	358	61	72	7	213	2824	581
2007	3731	155	10	49	4	91	3082	767
2008	4131	154	4	33	5	108	3744	753
2009	5223	315	90	36	8	174	4255	816
2010	6695	571	123	39	157	237	5480	687
2011	6390	545	126	60	175	178	5264	657
2012	8025	1398	370	237	521	253	5838	845

数据来源：国家发展改革委统计资料。

表29		2012年国有粮食企业粮食进口情况统计表					
							单位：万吨
	原 粮	贸易粮	小 麦	大 米	玉 米	大 豆	其 他
全 国	2274.20	2267.30	20.80	15.60	319.30	1907.80	3.80
北 京	189.60	189.60			7.90	181.70	
天 津	275.20	275.20	9.40		1.80	264.00	
河 北	39.60	39.60			3.00	36.60	
山 西							
内蒙古							
辽 宁	223.90	223.90			5.50	218.40	
吉 林	131.30	131.30				131.30	
黑龙江	3.70	3.70					3.70
上 海	45.80	45.80			5.00	40.80	
江 苏	366.80	366.30		1.30	17.80	347.10	0.10
浙 江	40.40	40.10	6.20	0.60	13.00	20.30	
安 徽	37.10	36.70		1.00	16.70	19.00	
福 建	26.60	25.60		2.40	15.40	7.80	
江 西	39.20	39.20			39.20		
山 东	77.80	77.80	3.00		12.00	62.80	
河 南	17.50	17.50				17.50	
湖 北	34.50	34.50		0.10	16.10	18.30	
湖 南	29.50	29.40		0.20	29.20		
广 东	196.90	192.80	2.20	8.70	48.10	133.80	
广 西	333.20	332.80		1.00	14.20	317.60	
海 南	5.00	5.00			5.00		
重 庆	101.90	101.90			11.10	90.80	
四 川	52.30	52.30			52.30		
贵 州	4.00	4.00			4.00		
云 南	2.40	2.30		0.30	2.00		
西 藏							
陕 西							
甘 肃							
青 海							
宁 夏							
新 疆							

数据来源：国家粮食局统计资料。

| 表30 | 全国粮油出口情况表（1992～2012年） | | | | | | | |

单位：万吨

年份	粮食	谷物	小麦	大米	玉米	大麦	大豆	食用植物油
1992	1391	1194	0	95	1034	0	0	6
1993	151	1	0	0	1	0	0	13
1994	1306	1088	11	152	874	0	0	27
1995	162	43	2	5	11	0	0	25
1996	135	68	0	27	16	0	0	
1997	878	788	0	94	662	1	19	71
1998	939	861	1	374	469	1	17	27
1999	840	721	0	271	431	1	20	9
2000	1452	1359	19	295	1029	0	21	11
2001	991	876	71	186	600	0	25	13
2002	1620	1482	98	198	1167	0	28	10
2003	2355	2195	251	260	1640	0	27	6
2004	620	473	109	90	232	0	33	7
2005	1182	1014	60	67	864	0	40	23
2006	774	605	151	124	310	1	38	40
2007	1169	987	307	134	492	12	46	17
2008	379	181	31	97	27	1	47	25
2009	328	132	25	78	13	1	35	11
2010	275	120	28	62	13	1	16	9
2011	288	116	33	52	14	1	21	12
2012	277	96	29	28	26	1	32	10

数据来源：国家发展改革委统计资料。

表31		2012年国有粮食企业粮食出口情况统计表					
							单位：万吨
	原 粮	贸易粮	小 麦	大 米	玉 米	大 豆	其 他
全 国	34.00	29.10	2.00	11.60	0.20	6.80	8.50
北 京							
天 津	0.20	0.20			0.20		
河 北							
山 西							
内蒙古							
辽 宁	1.50	1.10		1.10			
吉 林	1.70	1.70					1.70
黑龙江	0.20	0.20					0.20
上 海	0.30	0.30	0.30				
江 苏	4.80	4.80					4.80
浙 江							
安 徽							
福 建							
江 西	14.60	10.20		10.20			
山 东	0.20	0.20	0.20				
河 南							
湖 北							
湖 南							
广 东	1.90	1.80	1.50	0.30			
广 西							
海 南							
重 庆							
四 川							
贵 州							
云 南							
西 藏							
陕 西	8.60	8.60				6.80	1.80
甘 肃							
青 海							
宁 夏							
新 疆							

数据来源：国家粮食局统计资料。

表32　2012年全国国有粮食企业改革情况调查表

截至2012年11月30日　　　　　　　　　　　　　　　　　　　　　　　　　　　　　单位：个，人

省份及单位	1.企业数	2.改制企业数				3.粮食产业化龙头企业数	4.职工人数			5.粮食部门新增就业岗位		6.安置企业富余职工再就业人数			
		当年改制企业数		现有企业中已改制企业数			（1）小计	（2）在岗人数	（3）不在岗人数	当年数	1998~2012年	当年安置数		1998~2012年	
		小计	其中：股份制公司制	小计	其中：股份制公司制							小计	其中：粮食部门	累计	其中：粮食部门
总 计	14867	878	227	10251	3630	981	579841	380763	199078	8133	176248	10821	6750	1355199	830813
北 京	192	0	0	12	3	1	8884	7554	1330	7	2794	3	3	5909	5041
天 津	135	1	0	39	2	6	4252	2786	1466	104	610	50	50	6076	5590
河 北	442	199	49	318	179	53	26658	14305	12353	127	4517	229	37	98280	57214
山 西	812	3	0	168	97	27	28466	16098	12368	3	4319	25	15	11183	8418
内蒙古	254	13	11	219	33	16	6634	5711	923	59	2065	644	614	26946	9873
辽 宁	503	54	5	242	44	39	8362	6125	2237	151	3103	300	256	20608	19340
吉 林	111	0	0	44	0	4	5724	5662	62	0	0	0	0	26444	9094
黑龙江	710	8	0	567	479	21	33828	25307	8521	92	7384	490	209	115594	81740
上 海	208	0	0	132	94	4	8894	5689	3205	15	4642	91	29	16706	12687
江 苏	1465	85	19	1129	278	36	34818	22138	12680	486	33268	682	529	75686	50068
浙 江	250	0	0	250	0	19	10325	8413	1912	0	0	0	0	30862	17196
安 徽	717	9	1	607	136	60	33520	28401	5119	23	10240	30	23	50135	38033
福 建	484	24	0	196	37	24	9035	6624	2411	25	1653	0	0	16017	6024
江 西	1183	0	0	1183	46	37	33307	19721	13586	753	7490	695	483	53384	33457
山 东	756	19	2	750	321	72	62846	22561	40285	856	18514	846	667	93666	64542
河 南	1205	110	55	1183	865	61	89543	46271	43272	1205	22301	2737	1174	150692	102225
湖 北	426	77	31	257	52	28	14897	10098	4799	296	4860	500	217	157676	63523
湖 南	317	33	16	288	142	75	11510	8863	2647	187	3702	329	187	85498	51595
广 东	612	46	3	288	12	17	14586	10118	4468	251	3343	340	310	51791	26112
海 南	54	0	0	53	0	2	1029	968	61	21	486	27	27	4238	2392
广 西	794	48	0	479	13	11	9806	6917	2889	607	2244	504	483	10695	8260
四 川	663	29	17	484	163	125	15604	13590	2014	251	14116	508	459	73048	53008
重 庆	314	2	1	313	312	21	5484	4674	810	0	435	0	0	25518	18462
贵 州	306	14	1	191	21	42	10135	5024	5111	56	4560	49	48	12090	9917
云 南	249	16	0	197	59	42	6626	5188	1438	88	3001	50	50	10038	8848
西 藏	94	0	0	0	0	0	1275	1224	51	10	134	15	0	39	24
陕 西	360	17	8	275	113	53	12670	8439	4231	150	5269	479	439	75488	31392
甘 肃	190	30	8	157	92	10	7124	5167	1957	90	880	94	87	25097	18044
青 海	68	0	0	59	4	2	1073	795	278	0	207	0	0	4121	3774
宁 夏	103	28	0	67	0	15	1360	1055	305	0	90	380	0	4635	3755
新 疆	128	13	0	78	19	24	7794	6190	1604	142	1703	343	272	10504	7423
兵 团	55	0	0	13	1	6	1950	1950	0	1	87	40	10	2390	1260
中 储	502	0	0	0	0	6	27484	23969	3515	0	0	0	0	0	0
中 粮	137	0	0	2	2	21	17552	17394	158	1880	6545	33	25	661	89
华 粮	68	0	0	11	11	1	6786	5774	1012	197	1686	308	47	3484	2393

数据来源：国家粮食局统计资料。

表33　2012年全国国有粮食购销企业改革情况调查表

截至2012年11月30日　　　　　　　　　　　　　　　　　　　　　　　　　　　　　　单位：个，人

省份及单位	1.企业数	2.改制企业数				3.粮食产业化龙头企业数	4.职工人数			5.粮食部门新增就业岗位		6.安置企业富余职工再就业人数			
		当年改制企业数		现有企业中已改制企业数			（1）小计	（2）在岗人数	（3）不在岗人数	当年数	1998~2012年	当年安置数		1998~2012年	
		小计	其中：股份制公司制	小计	其中：股份制公司制							小计	其中：粮食部门	累计	其中：粮食部门
总　计	10348	574	137	7620	2650	746	423399	295815	127584	5661	121217	8028	6099	894193	580317
北　京	42	0	0	4	0	0	3583	2736	847	7	961	13	13	3443	3346
天　津	78	0	0	12	0	3	3162	2355	807	43	204	40	40	2388	1898
河　北	321	149	24	304	170	50	20682	13104	7578	93	4039	212	25	68525	42505
山　西	294	3	0	122	84	19	17661	11167	6494	3	4243	25	15	9708	7845
内蒙古	240	13	11	191	33	16	6472	5567	905	59	1979	644	614	23070	9461
辽　宁	371	50	4	200	30	24	6556	5388	1168	151	2921	291	247	17609	15724
吉　林	52	0	0	44	0	4	2549	2542	7	0	0	0	0	26152	7706
黑龙江	471	2	0	433	372	21	27801	21155	6646	87	6374	392	208	79071	62661
上　海	107	0	0	78	77	1	3421	2327	1094	5	896	60	15	6461	4458
江　苏	1186	78	19	919	131	31	24209	17540	6669	401	17342	622	476	53989	36825
浙　江	117	0	0	117	0	17	6987	6460	527	0	0	0	0	12997	6827
安　徽	607	6	1	487	129	54	30170	25267	4903	18	9068	27	19	30903	28975
福　建	231	15	0	89	30	12	6402	4719	1683	25	1330	0	0	11312	4805
江　西	895	0	0	895	26	30	27868	17431	10437	753	6437	695	483	31529	18317
山　东	512	17	2	497	229	25	36745	10844	25901	298	7163	580	371	53520	35030
河　南	700	0	0	700	560	50	66127	39472	26655	928	18567	1234	1035	66860	65050
湖　北	369	44	24	239	53	26	12786	8588	4198	292	3804	493	425	90350	36753
湖　南	256	19	15	243	132	71	9889	8023	1866	163	3042	186	163	72732	45099
广　东	490	46	3	254	11	17	12254	8046	4208	196	2597	228	204	40550	22344
海　南	48	0	0	48	0	2	1004	948	56	19	474	37	35	2264	1433
广　西	493	20	0	333	11	9	7149	6112	1037	372	1593	472	463	6736	6075
四　川	524	28	17	412	116	109	13745	12307	1438	214	12376	456	384	55981	40834
重　庆	207	2	1	206	205	21	4165	3974	191	0	281	0	0	18227	13236
贵　州	156	3	0	125	10	26	6521	4172	2349	63	3945	31	30	9224	7655
云　南	197	15	0	160	44	40	6150	4900	1250	88	2505	50	50	8704	7850
西　藏	86	0	0	0	0	0	992	982	10	7	74	15	0	39	24
陕　西	281	17	8	228	96	23	8335	6496	1839	121	3279	410	406	56865	22865
甘　肃	167	25	8	144	69	10	6809	4977	1832	90	880	94	87	23511	16406
青　海	55	0	0	49	3	1	795	711	84	0	207	0	0	2322	2316
宁　夏	75	9	0	19	13	0	1160	959	201	0	86	380	0	2372	1813
新　疆	108	13	0	68	16	18	6477	5421	1056	135	1576	314	268	6561	3967
兵　团	0	0	0	0	0	0	0	0	0	0	0	0	0	0	0
中　储	502	0	0	0	0	6	27484	23969	3515	0	0	0	0	0	0
中　粮	110	0	0	0	0	10	7289	7156	133	1030	2974	27	23	218	214
华　粮	0	0	0	0	0	0	0	0	0	0	0	0	0	0	0

数据来源：国家粮食局统计资料。

表34		2012年全国粮食仓储企业数量表				

单位：户

地区或单位	合计		分规模企业构成			
		其中非国有	2.5万吨以下	2.5～5万吨	5～10万吨	10万吨以上
全国总计	19229	7368	14289	2516	1523	901
北 京	108	21	53	17	21	17
天 津	71	13	33	9	11	18
河 北	638	227	388	115	82	53
山 西	621	41	534	38	26	23
内蒙古	868	620	621	125	84	53
辽 宁	1086	653	856	103	73	38
吉 林	1106	670	866	119	71	50
黑龙江	1265	590	831	211	147	76
上 海	111	41	74	16	6	15
江 苏	1402	380	1088	181	86	47
浙 江	179	45	83	31	42	23
安 徽	1036	391	647	240	99	50
福 建	761	174	661	61	23	16
江 西	1587	451	1394	114	54	25
山 东	1068	633	740	140	105	83
河 南	1876	287	1345	299	141	91
湖 北	891	483	658	118	74	41
湖 南	674	380	450	99	85	40
广 东	569	200	407	77	53	32
广 西	365	34	286	45	22	12
海 南	48	5	38	2	8	0
重 庆	127	36	87	15	15	10
四 川	754	237	543	121	71	19
贵 州	176	16	133	31	9	3
云 南	279	89	212	36	23	8
西 藏	95	6	94	1	0	0
陕 西	438	161	336	50	38	14
甘 肃	260	88	204	35	10	11
青 海	70	17	55	7	6	2
宁 夏	212	103	183	14	9	6
新 疆	488	276	389	46	29	24

注：2.5万吨以下不包括2.5万吨，2.5～5万吨包括2.5万吨，5～10万吨包括5万吨，10万吨以上包括10万吨。
数据来源：国家粮食局统计资料。

表35　2012年取得中央储备粮代储资格企业名单

单位：万吨

序号	企业名称	类别	取得资格仓/罐容	取得资格仓/罐号	证书编号	备注
	北京					
1	北京市房山南观粮食收储库	粮	4.6445	1、2（1）、2（2）、3-10	11002100-2	
2	北京市通州粮食收储库	粮	7.8305	4分库；5-18	11001400-4	
3	北京市顺义大孙各庄粮食收储库	粮	1.0818	主库区：34-37	11002300-2	
	天津					
4	天津市津南区八里台粮食购销有限公司	粮	3.4596	主库区：53-56	12003500	
	河北					
5	怀安县天丰省级粮食储备有限公司	粮	4.9	1-20	13012400-1	
6	大名县省级粮食储备库	粮	5.0338	1-11	13017900	
7	张家口大旺粮油贸易有限责任公司	粮	3	1-6	13018000	
8	清苑县省级粮食储备库	粮	2.8603	1-7	13018100	
9	河北中恒泰达粮油贸易有限公司	粮	29.4624	01-36	13018200	
10	保定市粮食局直属库	粮	1.0848	9-12	13003300-2	
11	河北省临西省级粮食储备有限公司	粮	3.1000	1-5	13018300	
12	河北柏乡国家粮食储备库	粮	3.4740	62-65	13002600-2	
13	涿州市金谷国有粮食储备有限公司	粮	2.9478	1-6	13018400	
14	唐山北环国家粮食储备库	粮	7.5928	1-8、11-18	13007600-1	
15	雄县方达粮食储备库	粮	5.1900	9-12	13014900-1	
16	遵化国家粮食储备有限公司	粮	0.7690	10-11	13011000-3	
17	保定市第二粮库	粮	3.0324	1-6	13018600	
18	定州市东亭粮食购销有限责任公司	粮	2.5175	1-4、13-14	13018700	
19	南和县金阳粮油有限责任公司	粮	3.4506	1-7	13018800	
20	河北省内邱省级粮食储备有限公司	粮	3.1132	5-6、11-16、26-31	13018900	
	内蒙古					
21	内蒙古牧王粮食物流有限责任公司	粮	3.0000	普通立筒仓1-10、钢板平房仓P2	15011500	
22	扎兰屯市兴盛粮贸有限责任公司	粮	4.8000	钢板平房仓5、10、21-23、钢立筒仓11-20	15011600	
23	乌兰浩特铁西国家粮食储备库	粮	8.0992	1-16	15001100-2	
24	通辽大华物流有限责任公司	粮	1.8227	15栋	15001200-2	
25	莫力达瓦达斡尔族自治旗国丰农副产品加工有限责任公司	粮	2.7900	钢板平房仓1-4	15011700	
26	莫力达瓦达斡尔族自治旗杜拉尔粮库	粮	2.7620	1-4	15011800	
27	内蒙古新蒙油脂股份有限公司	油	4.0600	XG1-6、ZG1-6、XG-7、DG1-2、DG3-4、ZG-7	15011901	
28	兴安盟兴安直属储备粮库	粮	3.9000	1-5	15012000	
29	内蒙古翁牛特国家粮食储备库	粮	3.2544	1-6	15012100	
30	内蒙古赤峰平庄国家粮食储备库	粮	2.6365	15-19	15000400-2	
31	呼伦贝尔市瀛海粮食物流有限公司	粮	3.5000	1号	15012200	
32	呼伦贝尔市根河森粮实业有限责任公司阿荣旗分公司	粮	4.2000	1-2	15012300	
33	呼伦贝尔绿宝实业有限公司	粮	3.9687	1-12、D5	15012400	
34	呼伦贝尔粮食收储库	粮	3.3747	1	15002200	
35	鄂伦春自治旗大杨树正元农副产品有限责任公司	粮	3.7321	1-2	15012500	
36	鄂伦春自治旗大杨树鑫源农付产品有限责任公司	粮	7.2358	1-2	15012600	
37	阿荣旗牧王粮食物流有限公司	粮	4.4394	1-2	15012700	
38	内蒙古蒙佳粮油工业集团有限公司	油	3.3	1-3；一分库1-8	15012801	

续表

序号	企业名称	类别	取得资格仓/罐容	取得资格仓/罐号	证书编号	备注
	辽宁					
39	沈阳南方谷物实业公司	粮	2.6484	P1—P3	21004400-3	
40	沈阳市第三粮食收储库	油	1.4	Y1—Y12	21004201-1	
41	大连经济技术开发区粮食工业储运公司	粮	2.9238	P3—P6	21008500	
42	盘锦鼎翔米业有限公司	粮	3.2000	P1—P4、T1—T6	21012600	
43	新宾满族自治县南杂木粮库	粮	2.9860	P2—P6	21009200	
44	朝阳县粮食局二十家子粮库	粮	2.7701	P1、P2、Q7—Q11	21012700	
45	北镇市五峰米业加工有限公司	粮	9.9000	p1—p3	21012800	
46	抚顺市中心粮库	粮	5.3658	P1—P6、T1—T18	21008100	
	吉林					
47	吉林粮食集团乾安让字粮库	粮	5.424	1—8	22012200	
48	舒兰市法特粮库	粮	2.0408	8—11号库	22010800-1	
49	舒兰市七里粮库	粮	2.7200	1—4号平房仓	22012300	
50	舒兰市天德粮库	粮	2.6736	1—5号仓	22012400	
51	四平荣盛粮食储备有限公司	粮	2.5000	一号、二号平房仓	22012500	
52	舒兰市吉舒粮库	粮	2.7925	13—17号标准仓	22010900-1	
53	吉林省东良粮食集团有限公司	粮	3.5000	1分库：10—12号	22012600	
54	吉林辉南国家粮食储备库	粮	2.9326	1—3、15—18	22010200-1	
55	华粮集团九台粮食中转库	粮	2.8000	1—3、12—17	22002370-1	
56	长春市直属东湖粮食储备库	粮	2.4736	9、11—13	22011000-1	
	黑龙江					
57	桦川县丰谷粮库粮食收储有限公司	粮	2.8000	1—11	23028400	
58	黑龙江省建三江农垦前进第二粮库有限公司	粮	2.5500	24—32	23021800-1	
59	黑龙江伊春南岔国家粮食储备库	粮	2.5000	47—51	23015500-3	
60	黑龙江省天仓粮油有限公司	粮	3.2628	1—6	23028500	
61	黑龙江省双鸭山市丰合粮食购销储备有限公司	粮	1.0000	A3—A4	23028600	
62	黑龙江省鹤岗市粮食局第四粮库	粮	3.0000	01—04	23028700	
63	龙江县红旗粮库有限公司	粮	6.2875	主库区：1—5；1分库：1—7	23028800	
64	富锦市二道岗粮库有限责任公司	粮	4.1600	1—26	23028900	
65	富锦市长安粮库有限责任公司	粮	2.8500	P1、P2	23029000	
66	抚远县浓桥粮库有限责任公司	粮	6.0000	3—6	23025800-1	
67	抚远县抚远粮库有限责任公司	粮	3.0000	1—2	23029100	
68	宝清县瑞达粮食购销有限责任公司	粮	2.544	1—16	23029200	
69	宝清县尖东粮食购销有限责任公司	粮	3.7600	1—28	23029300	
70	宝清县朝阳曙光粮食购销有限责任公司	粮	2.6000	普通平房仓1—10、钢板平房仓1	23029400	
71	拜泉县拜泉粮库有限公司	粮	3.2000	35—54	23001600-2	
72	尚志市一面坡长营粮库有限责任公司	粮	2.5000	A1—A2、B1—B2	23029500	
73	肇州光荣国家粮食储备库有限责任公司	粮	4.0100	20—24	23029600	
74	五常市牛家粮库	粮	5.0000	13—24	23005900-1	
75	通河县清河粮库有限责任公司	粮	2.5515	1—3	23029700	
76	通河县浓河粮库有限责任公司	粮	2.5000	1—4	23029800	
77	绥棱县第一粮库有限公司	粮	3.1000	31—32、38—39、43、44	23029900	
78	绥化市永安粮库有限公司	粮	2.6360	101—106、201	23030000	
79	双鸭山市军粮储备库	粮	3.0000	6—8	23030100	

续表

序号	企业名称	类别	取得资格仓/罐容	取得资格仓/罐号	证书编号	备注
80	集贤县太平粮食收储有限公司	粮	5.0000	6号库、7号库	23030200	
81	双鸭山市顺天粮食购销储备有限公司	粮	2.6400	1-24	23030300	
82	饶河县饶河粮库	粮	3.0000	21-22	23004500-2	
83	讷河市孔国粮库有限公司	粮	2.5	15	23030400	
84	萝北县萝北粮库	粮	3.1	1-18	23030500	
85	绿都集团股份有限公司	粮	6.64	主库区：（0-23）-（0-26）、（0-35）-（0-62）；1分库：（1-33）-（1-52）；2分库：（2-17）-（2-26）	23030600	
86	嘉荫国家粮食储备库有限责任公司	粮	4.8000	17-34、A、B、C	23023000-1	
87	绥滨县新建粮库有限公司	粮	2.5000	03-04	23030700	
	上海					
88	上海双凤骨明胶有限公司	粮	27.3600	1-68	31001400	
	江苏					
89	江苏丹阳西郊国家粮食储备库	粮	4.2529	西郊主库区26-31、3分库1-16	32003500-2	
90	沭阳县粮食购销总公司	粮	2.6816	主库区：1-10	32013200-2	
91	江苏盐城江海粮油收储有限公司	粮	1.6848	33-38	32015100-1	
92	盐城市禾丰粮油储备有限公司	粮	4.9210	1-14	32019700	
93	扬州粮食储运加工有限公司	粮	8.2209	1-27	32019800	
94	新沂市瓦窑粮油管理所	粮	5.2740	1分库：1-20	32009800-3	
95	响水县粮食购销总公司	粮	3.1240	1分库：1-20	32016600-1	
96	海门市海门港国家粮食储备库	粮	2.6370	1-10	32019900	
97	宜兴市芳庄国家粮食储备库	粮	4.6103	1-21	32020000	
98	盱眙县官滩国家粮食储备库	粮	2.9630	001-018	32020100	
99	沭阳县潼阳粮食储销有限公司	粮	2.6112	1-8	32020200	
	浙江					
100	杭州萧山粮食购销有限责任公司	粮	12.6680	2分库：P01-P16、Q01-Q09、T01-T08、X01-X03	33001100-2	
101	东阳市粮食收储有限公司	粮	4.2000	主库区：p01-p20	33003800	
	安徽					
102	安徽六安南门国家粮食储备库	粮	7.7760	1-24	34003700-2	
103	安徽省粮油储运公司	粮	1.4760	1分库8-15	34010900-3	
104	安徽淮北国家粮食储备库	粮	3.0000	1-6	34009300-1	
105	安徽怀宁省级粮食储备库	粮	2.5000	1-10	34012200	
106	肥东县白龙中心粮库	粮	2.8300	1-10	34012400	
107	南陵金谷粮油收储有限公司	粮	3.0500	5-8、11-14	34012500	
108	安徽滁州省级粮食储备库	粮	3.0000	1-6	34012600	
109	安徽涡阳北关省级粮食储备库	粮	4.4200	1-2、5-12	34009200-1	
110	马鞍山市粮食有限责任公司	粮	10.8450	1-30号	34007200-1	
111	休宁县粮食收储有限公司	粮	0.4820	1分库：39、40	34008700-2	
112	灵璧县王桥省级粮食储备库	粮	2.7678	1-6	34012700	
113	巢湖市军粮供应站	粮	5.4710	主库区：3-24；1分库：1-6	34012800	
	福建					
114	福建龙岩市新罗区国家粮食储备库	粮	2.7540	1分库A座1-4号仓、1分库B座1-6号仓	35003400	
	江西					
115	上饶市信州区粮食直属库	粮	3.1764	1-2、7-10	36010500-1	
116	都昌县粮食局第二直属粮库	粮	3.0000	1分库：21-23	36006500-1	

续表

序号	企业名称	类别	取得资格仓/罐容	取得资格仓/罐号	证书编号	备注
117	余干县粮食局瑞洪直属库	粮	2.5600	11-18	36013600-1	
118	江西盛态粮食实业有限公司	粮	3.0130	4-8	36017400	
119	江西三农粮油有限公司	粮	4.3200	1-8	36017500	
120	东乡县红星粮油有限责任公司	粮	3.4043	1-11	36017600	
121	九江市粮油总公司储备仓库	油	0.5000	①-④	36017701	
	山东					
122	梁山县粮食物流中心	粮	10.8000	1-24	37017100	
123	山东邹城国家粮食储备库	粮	4.7780	1-4、9-12、17-20、25-28、33-36	37014200-1	
124	山东省聊城市市级粮食储备库	粮	6.0000	1-26	37008900-1	
125	山东高密国家粮食储备库	粮	5.0220	1分库：1-21	37009400-3	
126	山东东阿国家粮食储备库	粮	2.5000	1分库：301-310	37005300-4	
127	陵县粮食畅通物流有限公司	粮	6.3728	01-16	37010500-2	
128	梁山县鲁南粮食购销中心	粮	3.6040	1-10	37017200	
129	菏泽远大粮食储备有限公司	粮	3.1638	1-6	37017300	
130	菏泽市粮油购销储运公司	粮	3.5448	1分库：10-16	37012300-2	
131	菏泽市粮食局直属军粮供应站	粮	3.6156	1-6	37017400	
132	山东良友储备粮承储有限公司	粮	4.7476	1分库21-26；3分库1-10	37005800-3	
133	青岛莱西市城区粮库	粮	4.9600	1-5、13-20	37017500	
134	济宁市第二粮库	粮	3.1654	1-12	37009000-1	
135	菏泽市粮油中转储备库	粮	3.2540	2分库：20-26	37002100-1	
136	菏泽良润粮食收储有限公司	粮	3.0132	1-6	37017600	
137	山东省高唐蓝山集团总公司	油	0.8950	01-06	37017701	
	河南					
138	长葛市鑫通粮食储备有限公司	粮	4.9000	1-22	41023200	
139	西平顺达粮油购销有限公司	粮	2.5084	1-12	41023300	
140	封丘县第一粮库有限公司	粮	2.9133	1-11	41023400	
141	河南永康绿色粮油贸易有限公司	粮	7.2717	1-9	41023500	
142	漯河市鑫泰粮食物流有限责任公司	粮	11.2373	1-20	41023600	
143	漯河市荣盛源粮油购销有限公司	粮	11.2128	主库区：25-26、1分库：1-9、11-14、18-22	41005100-2	
144	河南商丘国家粮食储备库	粮	1.5066	1分库：平11-平12	41005600-2	
145	河南省粮食储运公司	粮	12.1700	主库区7-13、16-17；一分库1-8	41023700	
146	河南省谷物储贸有限公司	粮	2.3935	1分库5-8	41011900-2	
147	新密市汇丰粮食贸易有限公司	粮	2.7788	7-10、15-19、28、29	41023800	
148	尉氏鑫旺河南省粮食储备有限公司	粮	2.5578	2-5、14、17、22、26	41023900	
	湖北					
149	湖北中旭粮油储备有限公司	粮	4.5	5-15	42012100	
150	湖北麻城黄金桥国家粮食储备库	粮	3.39	1-20	42007200-2	
151	湖北沙市泥港湖国家粮食储备库	粮	1.174	9-12	42005000-1	
152	公安县孟家溪国有粮食购销公司	粮	2.6912	1-10、13-19	42009500-1	
153	湖北老河口国家粮食储备库	粮	3.3	2P03-2P14	42007900-1	
154	荆州市油脂储备库	油	2.0000	1-9	42012201	
155	湖北佳富实业有限公司	油	3.2000	G13-G18	42012301	
156	湖北宏凯工贸发展有限公司	油	5.0000	OY01501-OY06506、OY07101-OY09103、OY10201-OY11202、OY12301-OY21310、OY22511-OY23512	42012401	

序号	企业名称	类别	取得资格仓/罐容	取得资格仓/罐号	证书编号	备注
157	仙桃市油脂储备公司	油	1.0250	1-11	42012501	
	湖南					
158	湖南天下洞庭屈原粮食购销有限公司	粮	3.1414	P1-P10	43010900	
159	湖南天泽农业发展有限公司	粮	4.8743	1-3、5-9	43011000	
160	湖南涟源国家粮食储备库	粮	3.8603	P3-P5、P9-P12、P15-P22	43011100	
161	湖南精为天粮油有限公司	粮	4.4639	主库区：0P4-0P10	43011200	
162	湖南永州下河国家粮食储备库	粮	2.9380	1、2、7-12	43003100-1	
163	株洲湘渌米业有限责任公司	粮	2.6365	11-15	43011300	
164	衡阳市金雁粮食购销有限公司	粮	3.0517	1-4、8、10、12	43011400	
	广西					
165	平果粮库	粮	7.9220	Q1-8、P9-21	45000900-1	
	重庆					
166	重庆市龙潭米业有限公司	粮	2.7328	0101-0124	50002300	
	四川					
167	四川彭州蒙阳省粮食储备库	粮	3.5160	主库区：1-9、23-25	51007100-1	
168	四川彭山凤鸣国家粮食储备库	粮	0.8307	主库40-41号、主库42号	51010800-2	
169	四川丹棱城关省粮食储备库	粮	2.9316	1-12	51010300-1	
170	自贡市大禾粮油产业发展有限公司	粮	2.6742	1-18	51015500	
171	巴中粮油总公司	粮	2.5652	主库区：0P1-0P8	51015600	
172	北川羌族自治县粮油供应站	粮	2.6370	1-10	51015700	
173	成都市粮油储备有限责任公司	粮	15.1872	3分库：1-47	51005900-2	
174	江安县粮油购销有限责任公司	粮	2.5674	主库区：1-11	51015800	
175	四川罗江国家粮食储备库	粮	0.5000	7-8	51003400-2	
176	四川天禾粮油有限公司	粮	2.9276	主库区：1-12	51015900	
177	梓潼县观义粮油收储站	粮	0.6228	38-39	51010200-1	
178	广元市军粮供应站	油	0.4099	Y1-Y3	51016001	
179	成都市新兴粮油有限公司	油	2.5556	1-12	51016101	
180	四川简阳国家粮食储备库	油	0.5172	0Y1-0Y6	51014401-1	
181	四川金堂赵镇国家粮食储备库	粮	1.3126	21-22、27	51010500-1	
182	旺苍县五峰省粮食储备库	粮	2.5304	主库区：1-8	51016200	
183	南江县粮油购销总公司	粮	2.5008	主库：0P1-0P8	51014900-1	
184	四川天禾粮油有限公司	油	0.3876	Y01-Y05	51016301	
	贵州					
185	遵义市粮油储备库	粮	2.5000	1-4	52003000	
186	黄平县粮食购销有限责任公司	粮	2.5000	1-18	52003100	
187	贵州省绥阳县粮库	粮	2.5000	1-8	52003200	
	云南					
188	昆明市粮油购销有限责任公司	粮	8.4	11-28	53001400-2	
189	个旧市大红屯粮食购销有限公司	粮	4.86	105-120	53003400	
190	昭通市粮食储备库	粮	2.6993	1、5-9	53003500	
191	昆明国家粮食储备有限公司	油	3.8474	15（西）、7-12（东）、16（西）、17（西）、18-27（西）	53003601	
	陕西					
192	宁强县羌州粮油有限公司	粮	3	1-9	61003300	

续表

序号	企业名称	类别	取得资格仓/罐容	取得资格仓/罐号	证书编号	备注
193	富平县合兴粮业有限公司	粮	5.044	11-32	61003400	
194	宁强县羌州粮油有限公司	油	0.35	1-5	61003300	
	甘肃					
195	景泰县油脂购销站	粮	2.66	1-8	62005500	
196	甘肃省山丹粮油储备库有限公司	粮	2.6226	P5-P12	62005600	
197	景泰县油脂购销站	油	1.6	1-6	62005500	
198	甘肃省山丹粮油储备库有限公司	油	0.7779	13-20	62005600	
199	甘肃省皋兰粮油储备库有限公司	粮	0.9782	P19、P20	62001600-2	
200	白银市白银区狄家台粮食专项储备库	粮	2.8074	1-6	62006000	
201	兰州花庄粮食储备库有限公司	粮	2.5544	20-23	62002600-3	
	黑龙江农垦					
202	黑龙江省九三物流有限公司	粮	5.8	钢板平房仓1-5	23000450	
203	九三粮油工业集团有限公司	油	5.5	主库区1-8#、3分库1-4#、4分库1-4#、	23000551	
	中粮集团有限公司					
204	中粮（郑州）粮油工业有限公司	粮	5.0200	P1-5	41001020	
205	中粮（成都）粮油工业有限公司	粮	10.4000	1s-5s、6b-11b	51001120	
206	中粮（成都）粮油工业有限公司	油	3.3000	Y1001—Y1009、Y2001—Y2006、Y3001—Y3004	51001221	
	中国华粮物流集团公司					
207	中国华粮物流集团烟筒山粮库	粮	2.7000	钢板浅圆仓1-3	22002570	
208	中国华粮物流集团吉林镇赉粮食中转库	粮	3.7000	1-5	22002670	
209	华粮集团大布苏粮食中转库	粮	2.7000	普通浅圆仓1-3	22002770	
210	中国华粮物流集团宋站粮库	粮	2.5900	钢板浅圆仓1-3、钢板平房仓24	22002870	
211	中国华粮物流集团佳木斯粮食中转库	粮	2.5600	27-34、39-46	23000870-1	
212	中国华粮物流集团东丰国家粮食储备库	粮	2.5000	15-23号平房仓	22002470-1	

数据来源：国家粮食局统计资料。

2012年中央储备粮代储资格变更企业名单

表36

单位：万吨、户

序号	企业原名称	资格类别	变更内容	变更后资格情况				备注
				证书编号	企业名称	仓（罐）容	仓（罐）号	
	北京							
1	北京市顺义上辇粮食收储库	粮	法定代表人变更					原证书不变
2	北京市顺义杨镇粮食收储库	粮	法定代表人变更					原证书不变
3	北京市通州粮食收储库	粮	法定代表人变更					原证书不变
4	北京市顺义大孙各庄粮食收储库	粮	仓号变更；仓容变更	11002300-2	北京市顺义大孙各庄粮食收储库	2.1654	1-22、25-28	原证书11002300-I-A作废，与新申请资格证书合并
5	北京市顺义铁匠营粮食收储库	粮	法定代表人变更					
	天津							
6	天津静海国家粮食储备库	粮	仓号变更	12000900-1-I-A	天津静海国家粮食储备库	57.9005	8、10、12、14、16、18-34、37-49	编号12000900-1-I证书作废
7	天津市静海古城粮食储备库	粮	法定代表人变更					
	河北							
8	雄县张岗国有粮食购销站	粮	企业名称变更	13014900-1	雄县方达粮食储备库	3.0474	1-8	原证书13014900作废，与新申请资格证书合并
	内蒙古							
9	内蒙古天山国家粮食储备库	粮	法定代表人变更					原证书不变
	辽宁							
10	沈阳南方谷物实业公司	粮	法定代表人变更					原证书不变
11	辽宁庄河国家粮食储备库	粮	法定代表人变更					原证书不变
12	沈阳东大粮油食品实业有限公司	粮	法定代表人变更；企业名称变更	21000420-A	沈阳香雪面粉股份有限公司	2.6400	1-5	原证书21000420作废
13	鞍山市第六粮库	粮	法定代表人变更					
	吉林							
14	吉林省金合粮库	粮	法定代表人变更					原证书不变
15	吉林省吉粮集团平安米业有限公司	粮	企业名称、法人代表变更	22004700-I-B	吉林省吉粮平安米业有限公司	4.7610	1-10	编号22004700-I-A证书作废
16	中国华粮物流集团九台国家粮食储备库	粮	法定代表人变更；企业名称变更；企业代码变更	22002370-1	华粮集团九台粮食中转库	2.7000	1-4号浅圆仓	原证书22002370作废，与新申请证书合并
	黑龙江							
17	杜尔伯特蒙古族自治县石人沟粮库有限责任公司	粮	法定代表人变更					原证书不变
18	杜尔伯特蒙古族自治县康泰粮库有限责任公司	粮	法定代表人变更					原证书不变
19	黑龙江省建三江农垦前进第二粮库有限公司	粮	法定代表人变更					原证书不变
20	黑龙江白山国家粮食储备库	粮	法定代表人变更					原证书不变
21	嫩江新良粮食收储有限公司	粮	法定代表人变更					原证书不变
22	黑龙江省建三江农垦前进第二粮库有限公司	粮	法定代表人变更					
23	宝清县双柳粮库	粮	法定代表人变更；企业名称变更；企业代码变更	23004100-I-A	宝清县天龙粮食购销有限公司	2.5000	主库区：1-12	原证书23004100-I作废
	上海							
24	上海粮油仓储有限公司	油	法定代表人变更					
	江苏							
25	江苏省盐城江海粮油收储有限公司	粮	部分仓房灭失	32015100-A	江苏省盐城江海粮油收储有限公司	3.9625	1-16、22-32	编号32015100证书作废

续表

| 序号 | 企业原名称 | 资格类别 | 变更内容 | 变更后资格情况 | | | | 备注 |
				证书编号	企业名称	仓（罐）容	仓（罐）号	
26	江苏省新海粮食储备直属库	粮	部分仓房灭失	32001100-A	江苏省新海粮食储备直属库	1.1654	主库区：013-014、019-022、037、055、056	编号32015100-I、32001100-1、32001100-2证书作废
27	江苏宝湖粮食物流中心有限公司	粮	企业代码变更					原证书不变
28	响水县粮食购销总公司	粮	法定代表人变更					原证书不变
29	南京市浦口区粮食购销公司	粮	法定代表人变更					原证书不变
30	江苏射阳国家粮食储备库	粮	法定代表人变更					原证书不变
31	丰县粮食局直属库1分库	粮	企业名称、法定代表人、仓号变更	32012600-1-A	丰县范楼粮食储备库	2.6112	1-6	编号32012600-1证书作废
32	盐城市盐都区大纵湖粮油管理所	粮	企业名称、法定代表人变更	32014300-A	江苏省华洋粮油收储有限公司	2.5300	1-31	编号32014300证书作废
33	宝应县廷柏粮库	粮	企业名称、代码、法定代表人变更	32002500-I-A	宝应廷柏粮库有限公司	6.5544	1-33	编号32002500-I证书作废
34	连云港苏垦商贸有限公司	粮	企业名称、代码、法定代表人变更	32017300-A	江苏省农垦农业发展有限公司东辛公司	2.5308	1-8	编号32017300证书作废
35	泰州市东风路粮库	粮	注销资格					原证书32007200-I作废
36	江苏昆山国家粮食储备库	粮	法定代表人变更；企业所有制性质由"国有"变为"全民所有制"					
37	徐州国家粮食储备库	粮	法定代表人变更					
38	江苏省新海粮食储备直属库	粮	仓号变更	32001100-B		9.2692	109-146	原证书32001100-1、32001100-2作废
	浙江							
39	龙游县粮食收储公司	粮	仓号变更	33000800-I		4.8080	1P1-1P30	原证书33000800作废，与延续申请证书合并
	安徽							
40	霍山县粮食收储有限公司	粮	企业名称变更	34002700-1-A	安徽霍山国家粮食储备库	3.7428	1-11	编号34002700-1证书作废
41	安徽槐祥工贸集团有限公司	粮	企业名称变更	34010300-A	安徽光明槐祥工贸集团有限公司	2.5412	1-6	编号34010300证书作废
42	安徽无为国家粮食储备库	粮	法定代表人变更；企业名称变更；企业代码变更；仓号变更	34010100-A	无为十里粮食储备有限公司	3.75	1-10	原证书34010100作废
	江西							
43	都昌县粮食局第二直属粮库	粮	法定代表人变更；仓容变更	36006500-A		3.8875	1-5、21-23	证书36006500-1、36006500-1作废
	山东							
44	济南第三粮库	粮	法定代表人变更					原证书不变
45	山东淄博东郊国家粮食储备库	粮	法定代表人变更					原证书不变
46	山东潍坊国家粮食储备库	粮	企业名称、法定代表人变更	37005500-I-A	潍坊国家粮食储备有限公司	12.4358	1-43、45-46	编号37005500-I、37005500-1证书作废
47	乳山市粮食储备库	粮	法定代表人变更					
	河南							
48	河南省粮工粮食储备库有限公司	粮	法定代表人变更					原证书不变
49	河南省粮油工业总公司	粮	企业名称、法定代表人变更	41020700-A	河南省粮油工业有限公司	3.8420	5-7、9-10	编号41020700证书作废
50	河南郑州兴隆国家粮食储备库	粮	法定代表人变更					原证书不变

续表

序号	企业原名称	资格类别	变更内容	变更后资格情况				备注
				证书编号	企业名称	仓（罐）容	仓（罐）号	
51	开封城南国家粮食储备有限责任公司	粮	法定代表人变更					原证书不变
52	临颍县龙堂粮食收储有限公司	粮	企业名称变更	41020200-A	漯河市军粮粮食储备有限公司	12.2339	1-28	编号41020200、41020200-1、41020200-2证书作废
53	河南许昌五里岗国家粮食储备管理有限公司	粮	法定代表人变更					
54	河南武陟国家粮食储备库	粮	法人代表人变更					
55	河南洛阳龙门国家粮食储备库	粮	企业名称、法人代表人变更	41001300-I-A	龙阳洛粮粮食有限公司	7.6427	1-42号	原证书41001300-I作废
	广东							
56	中山市储备粮管理有限公司	粮	仓号变更	44001600-A		4.8211	1P1-1P29	原证书44001600作废
	四川							
57	四川省犍为县粮油购销总公司	粮	法定代表人变更					原证书不变
58	乐山市沙湾粮油购销公司	粮	法定代表人、仓号变更	51015400-A	乐山市沙湾粮油购销公司	4.1462	主库区：1-12	编号51015000证书作废
59	四川遂宁国家粮食储备库	粮	法定代表人变更					原证书不变
60	四川遂宁仁里国家粮食储备库	粮	法定代表人变更					原证书不变
61	攀枝花密地国家粮食储备库	粮	法定代表人变更					原证书不变
62	四川峨眉山国家粮食储备库	粮	法定代表人变更					原证书不变
63	四川丹棱城关省粮食储备库	粮	仓号变更	51010300-1-A	四川丹棱城关省粮食储备库	2.5772	1分库：普通平房仓1-17；2分库：普通平房仓1-14	编号51010300-1证书作废
64	达州市中贸粮油总公司	油	仓号变更	51005101-I-A	达州市中贸粮油总公司	0.6000	15-17	编号51001800-1证书作废
65	四川省川粮米业股份有限公司	粮	法定代表人变更					
66	四川峨眉山国家粮食储备库	粮	法定代表人变更					
	云南							
67	水富县粮油购销公司	粮	法定代表人变更；企业名称变更；企业代码变更	53002800-A	水富县粮油购销储备有限责任公司			原证书53002800作废
	陕西							
68	西安西粮实业有限公司	粮	注销资格					原证书61001600-I作废
69	咸阳一〇二仓库（陕西咸阳国家粮食储备库）	粮	企业名称变更；法定代表人变更	61000700-I-A	陕西省储备粮咸阳直属库	12.2782	1-24	原证书61000700-I作废
70	西安西粮实业有限公司	油	注销资格					原证书61001801-1、61001801-I作废
	甘肃							
71	甘肃省武威南粮油储备库有限公司	粮	法定代表人变更					原证书不变
72	甘肃省武威南粮油储备库有限公司	油	法定代表人变更					原证书不变
	青海							
73	青海省大通粮食储备库	粮	仓容变更	63000200-1-I		0.9000	14-16	原证书63000200-I-A作废，与延续申请证书合并
	宁夏							
74	宁夏兴庆国家粮食储备库	粮	法定代表人、仓号变更	64000500-I-A	宁夏兴庆国家粮食储备库	3.8079	1-7、10-13	编号64000500-I证书作废
75	宁夏石嘴山国家粮食储备库	粮	法定代表人变更					原证书不变
76	宁夏惠农国家粮食储备库	粮	法定代表人变更					原证书不变

续表

序号	企业原名称	资格类别	变更内容	变更后资格情况				备注
				证书编号	企业名称	仓（罐）容	仓（罐）号	
77	宁夏平罗国家粮食储备库	粮	法定代表人变更					原证书不变
78	宁夏青铜峡国家粮食储备库	粮	法定代表人变更					原证书不变
79	宁夏灵武国家粮食储备库	粮	法定代表人变更					原证书不变
80	宁夏固原国家粮食储备库	粮	法定代表人变更					原证书不变
中粮集团								
81	临清中谷国家粮食储备库	粮	法定代表人变更					原证书不变
82	安徽中谷国家粮食储备库	粮	企业名称变更	34001510-1-A	中粮粮油安徽国家粮食储备库	19.6129	1-37	编号34001510-1证书作废
83	安徽中谷国家粮食储备库	油	企业名称变更	34003011-1-A	中粮粮油安徽国家粮食储备库	6.0209	1-6、7-17	编号34003011-1证书作废
84	安徽阜阳中谷国家粮食储备库	粮	企业名称变更	34002410-1-A	中粮粮油阜阳国家粮食储备库	8.2712	1-16	原证书34002410-1作废
华粮集团								
85	中国华粮物流集团农安国家粮食储备库	粮	企业名称变更		华粮集团农安粮食中转库	4.8000	1-5	编号22000400-I证书作废
86	中国华粮物流集团榆树粮库	粮	企业名称变更		华粮集团榆树粮食中转库	4.9000	平房仓1-5，浅圆仓6-8	编号22000170证书作废
87	中国华粮物流集团金山国家粮食储备库	粮	企业名称变更		华粮集团金山粮食中转库	3.9000	浅圆仓1-5	编号22000470证书作废
88	中国华粮物流集团德惠粮库	粮	企业名称变更		华粮集团德惠粮食中转库	3.7500	1-5	编号22001970-A证书作废
89	中国华粮物流集团九台国家粮食储备库	粮	企业名称、法定代表人变更		华粮集团九台粮食中转库	2.7000	浅圆仓1-4	编号22002370证书作废
90	中国华粮物流集团松原国家粮食储备库	粮	企业名称变更		华粮集团松原粮食中转库	5.7161	1-22	编号22002900-I证书作废
91	中国华粮物流集团三岔河国家粮食储备库	粮	企业名称变更		中国华粮物流集团扶余国家粮食储备库	4.0000	1-4	编号22008500-I证书作废
92	南通港粮食中转库有限公司	粮	企业名称变更；保管员变更；检验员变更	32004400-I-A	中国华粮物流集团南通粮油接运有限责任公司	7.2171	6-12号仓房	原证书32004400-I作废
93	中国华粮物流集团金山国家粮食储备库	粮	企业名称变更	22000470-A	华粮集团金山粮食中转库	3.9000	1-5号浅圆仓	原证书22000470作废
94	中国华粮物流集团农安国家粮食储备库	粮	企业名称变更	22000400-1-A	华粮集团农安粮食中转库	4.8000	1-5号浅圆仓	原证书22000400-1作废
95	中国华粮物流集团朝阳国家粮食储备库	粮	法定代表人变更					
96	中国华粮物流集团松原国家粮食储备库	粮	法定代表人变更；企业名称变更	22002900-I-A	华粮集团松原粮食中转库	5.7161	1-22号仓房	原证书22002900-I作废
97	中国华粮物流集团白平国家粮食储备库	粮	企业名称变更	22002600-1-A	中国华粮物流集团白城直属库	11.4900	1-14、16-33、37号仓	原证书22002600-1作废
98	中国华粮物流集团德惠粮库	粮	企业名称变更	22001970-B	华粮集团德惠粮食中转库	3.7500	1-5号钢板仓	原证书22001970-A作废
99	中国华粮物流集团三岔河粮食中转库	粮	企业名称变更	22008500-I-A	华粮集团三岔河粮食中转库	4.0000	1-4号浅圆仓	原证书22008500-I作废

数据来源：国家粮食局统计资料。

| 表37 | | | 2012年延续中央储备粮代储资格企业名单 | | | | |

单位：万吨

序号	企业名称	资格类别	延续资格情况			信息变更情况	备注
			证书编号	仓（罐）容	仓（罐）号		
	辽宁						
1	辽宁省大石桥高坎粮食储备库	粮	21009800-Ⅰ	4.3522	101-120、201-224、301-306、401-413、501-517、601-617、801-806		原证书21009800作废
2	丹东滨江国家粮食储备库	粮	21003000-1-Ⅰ	2.6942	P1-8、L9	法定代表人变更	原证书21003000-1作废
	吉林						
3	吉林龙井国家粮食储备库	粮	22010000-Ⅰ	2.5600	1-5号仓、山洞库		原证书22010000作废
	黑龙江						
4	黑龙江北安通北国家粮食储备库	粮	23020400-Ⅰ	2.7000	浅圆仓1-24、平房仓3号		原证书23020400作废
	上海						
5	上海粮油仓储有限公司	油	31000201-1-Ⅰ	5.0000	401-412	法定代表人变更	原证书31000201-1作废
	江苏						
6	南京市江宁区将军山粮食储备库	粮	32008200-1-Ⅰ	4.6104	1-15	企业名称变更	原证书32008200-1-A作废
7	连云港群鑫工贸有限公司	粮	32012500-Ⅰ	4.7630	1-13、15-22		原证书32012500作废
8	泰兴市粮食储备库	粮	32011700-Ⅰ	3.6918	1-14		原证书32011700作废
	浙江						
9	龙游县粮食收储公司	粮	33000800-Ⅰ	9.5060	1P1-1P30、0P1-0P20	仓号变更	原证书33000800、33000800-1作废
	安徽						
10	安徽和县国家粮食储备库	粮	34004300-1-Ⅰ	3.0640	1-5		原证书34004300-1作废
	福建						
11	宁化县粮食购销有限公司	粮	5002300-Ⅰ	2.5538	普通平房仓101-116，楼房仓117-122号		原证书35002300作废
	江西						
12	江西都昌国家粮食储备库	粮	36006600-Ⅱ	4.4220	001-025		原证书36006600-1、36006600-Ⅰ作废
13	江西万载国家粮食储备库	粮	36003500-Ⅱ	7.0698	2-5、7-20、22-25		原证书36003500-2、36003500-Ⅰ、36003500-1-Ⅰ作废
14	南昌中转粮库	粮	36009100-Ⅱ	4.1259	10号、13-16、18-25		原证书36009100-Ⅰ作废
15	井冈山市茨坪粮食购销公司	粮	36010600-Ⅰ	2.6919	主库区：普通平房仓1-9，钢板平房仓10；拿山1-9；龙市1-2、4-7、9、10、12、13		原证书36010600作废
	海南						
16	海南丰源油脂有限公司	油	46000701-Ⅰ	0.5606	01-05		原证书46000701作废
	四川						
17	南充市粮油购销储运公司	粮	51010400-Ⅰ	5.5620	1-20		原证书51010400作废
	青海						
18	青海省大通粮食储备库	粮	63000200-1-Ⅰ	2.2100	3-6		原证书63000200-1-A作废

数据来源：国家粮食局统计资料。

表38　2012年粮油加工业企业数汇总表

单位：个

项目类别	企业数量	按生产能力规模（吨/天）						
		30以下	30~50（含30）	50~100（含50）	100~200（含100）	200~400（含200）	400~1000（含400）	1000以上（含1000）
2008年	13681	2034	2162	4258	2761	1449	578	235
2009年	14471	1706	2099	4391	3296	1837	749	310
2010年	16457	1713	2062	4101	4236	2635	1198	429
2011年	18111	1967	2101	4325	4606	3016	1501	508
2012年	19330	2284	2063	4507	4771	3341	1714	558
其中：民营企业	17306	2018	1871	4145	4323	3020	1468	382
国有企业	1423	198	165	311	392	203	99	50
外资企业	601	68	27	51	56	118	147	126
一、稻谷加工业	9788	501	1437	3218	3017	1229	324	62
其中：民营企业	8917	452	1321	2987	2724	1103	284	46
国有企业	833	47	116	226	281	120	33	10
外资企业	38	2	–	5	12	6	7	6
二、小麦加工业	3292	280	215	552	748	883	507	107
其中：民营企业	2991	247	194	510	676	821	459	84
国有企业	254	33	20	42	70	51	30	8
外资企业	47	–	1	–	2	11	18	15
三、食用植物油加工业	1734	375	92	197	316	386	192	176
其中：民营企业	1486	324	82	181	292	352	157	98
国有企业	137	42	10	11	20	18	15	21
外资企业	111	9	–	5	4	16	20	57
四、玉米加工业	409	72	17	21	59	74	80	86
其中：民营企业	358	67	16	19	57	69	70	60
国有企业	16	3	1	2	1	1	4	4
外资企业	35	2	–	–	1	4	6	22
五、粮食食品加工业	1262	766	139	143	99	71	34	10
其中：民营企业	1058	667	111	112	78	58	24	8
国有企业	75	52	7	10	3	1	2	–
外资企业	129	47	21	21	18	12	8	2
其中：大豆食品加工业	54	39	5	6	3	–	1	–
其中：民营企业	51	36	5	6	3	–	1	–
国有企业	1	1	–	–	–	–	–	–
外资企业	2	2	–	–	–	–	–	–
六、杂粮及薯类加工业	308	120	28	46	41	42	25	6
其中：民营企业	270	105	23	41	37	40	22	2
国有企业	23	12	3	1	2	1	1	3
外资企业	15	3	2	4	2	1	2	1
七、饲料加工业	2445	170	135	330	491	656	552	111
其中：民营企业	2147	156	124	295	459	577	452	84
国有企业	80	9	8	19	15	11	14	4
外资企业	218	5	3	16	17	68	86	23
八、粮机设备制造业	92	–	–	–	–	–	–	–
其中：民营企业	79	–	–	–	–	–	–	–
国有企业	5	–	–	–	–	–	–	–
外资企业	8	–	–	–	–	–	–	–

数据来源：国家粮食局统计资料。

表39				2012年分地区粮油加工企业数量表						

单位：个

地区	合计	稻谷加工业	小麦加工业	食用植物油加工业	玉米加工业	粮食品加工业	其中：大豆食品加工	杂粮及薯类加工业	饲料加工业	粮机设备制造业
2008年	13681	7311	2819	1222	323	546	127	1256	77	
2009年	14471	7687	2786	1321	331	591	215	1457	83	
2010年	16457	8521	3027	1484	369	685	253	2035	83	
2011年	18111	9390	3224	1633	400	795	276	2306	87	
2012年	19330	9788	3292	1734	409	1262	308	2445	92	54
一、主产区	14465	7741	2381	1154	348	799	1726	84	42	232
河　北	677	40	292	46	71	29	40	155	4	
内蒙古	201	17	56	25	24	6	25	47	1	2
辽　宁	826	467	7	31	39	26	15	240	1	
吉　林	524	411	4	24	23	11	5	46		3
黑龙江	1791	1375	81	160	55	33	24	62	1	6
江　苏	1140	559	224	129	6	64	18	115	25	1
安　徽	1230	676	223	106	11	113	15	77	9	11
江　西	1667	1476		49	1	50	2	87	2	1
山　东	1302	56	566	124	54	98	19	383	2	1
河　南	1228	158	728	80	27	101	9	120	5	1
湖　北	1686	1116	119	188	19	92	27	98	27	6
湖　南	1378	1006	5	90	5	99	23	147	3	7
四　川	815	384	76	102	13	77	10	149	4	3
二、主销区	1888	936	120	175	8	226	409	6	8	8
北　京	96	19	12	5	1	22	1	36		
天　津	100	13	21	15	1	22	1	27		
上　海	185	51	5	12	2	80	1	32	2	4
浙　江	367	193	13	38	1	23	1	96	2	2
福　建	455	262	43	46	3	36	2	62	1	1
广　东	624	350	25	58		43	2	145	1	1
海　南	61	48	1	1				11		
三、产销平衡区	2977	1111	791	405	53	237	310	2	4	68
山　西	256	2	177	12	7	23	18	17		1
广　西	495	316	3	24	1	62	3	86		
重　庆	319	209	18	24	3	23	1	41		1
贵　州	255	166	5	39	4	22	3	16		
云　南	312	198	29	26		14	1	44		
西　藏	23	1	9	7			6			
陕　西	290	66	107	47	11	22	1	35	1	
甘　肃	214	3	120	24	6	20	18	23		
青　海	30		8	20				2		
宁　夏	267	105	68	25	9	34	15	10	1	2
新　疆	516	45	247	157	12	17	36			2

数据来源：国家粮食局统计资料。

表40　2012年粮油加工业年生产能力汇总表

单位：万吨

项目类别	合计	按生产能力规模（吨/天）						
		30以下	30~50（含30）	50~100（含50）	100~200（含100）	200~400（含200）	400~1000（含400）	1000以上（含1000）
一、稻谷加工业	30716	164	1288	5153	9371	7687	4274	2780
其中：民营企业	27070	147	1188	4784	8444	6867	3720	1921
国有企业	3241	17	100	355	881	775	428	686
外资企业	404	1		14	45	45	126	173
二、小麦加工业	20303	91	190	878	2528	5866	6743	4007
其中：民营企业	18020	82	171	812	2283	5465	6042	3165
国有企业	1393	9	18	66	238	329	424	310
外资企业	890		1		7	73	277	532
三、食用植物油加工业								
（一）油料处理	16076	69	72	300	983	2433	2483	9736
其中：民营企业	10305	60	63	264	903	2249	2233	4533
国有企业	1891	9	8	28	71	101	171	1503
外资企业	3880			8	9	83	80	3700
（二）油脂精炼	5101	73	89	338	680	847	1177	1896
其中：民营企业	2976	66	86	314	632	664	543	670
国有企业	542	6	3	21	30	102	100	280
外资企业	1584	1		3	18	81	534	946
（三）小包装油脂灌装	1606	44	42	105	150	305	375	585
其中：民营企业	792	40	36	89	124	206	122	175
国有企业	186	4	5	8	11	51	44	63
外资企业	629	1	1	8	15	48	209	348
四、玉米加工业	7592	16	21	49	245	637	1416	5209
其中：民营企业	5636	16	20	44	234	591	1243	3488
国有企业	394		1	4	3	16	68	302
外资企业	1563				8	31	104	1419
五、粮食食品加工业	2655.0	225.0	167.0	316.0	419.0	591.0	515.0	423.0
其中：民营企业	2168.0	196.0	138.0	256.0	334.0	507.0	377.0	361.0
国有企业	103.0	17.0	9.0	24.0	18.0	10.0	25.0	
外资企业	385.0	12.0	20.0	36.0	67.0	75.0	113.0	62.0
其中：大豆食品加工业	55	10	4	9	14	5	13	
其中：民营企业	50	10	4	9	14		13	
国有企业								
外资企业	5					5		
六、杂粮及薯类加工业	1156	34	26	79	135	279	342	262
其中：民营企业	872	31	20	71	121	258	296	75
国有企业	199	3	3	1	6	8	18	162
外资企业	85	1	3	7	8	14	29	25
七、饲料加工业	19125	69	122	572	1626	4602	8186	3948
其中：民营企业	15823	63	112	506	1509	4011	6592	3030
国有企业	631	4	6	39	55	93	264	170
外资企业	2671	2	4	27	62	498	1330	748

注：稻谷加工业、小麦加工业、食用植物油加工业、玉米加工业、大豆食品加工业的生产能力指年设计处理原料量；
粮食食品加工业、饲料加工业生产能力指年设计生产产品量；生产能力规模：稻谷加工业、小麦加工业、食用
植物油加工业、玉米加工业均按日处理原料的能力划分（除玉米加工业按300天计算，其他行业均按250天计算）；
粮食食品加工业和饲料加工业按日生产产品能力划分（按250天计算）。

数据来源：国家粮食局统计资料。

表41					2012年分地区粮油加工业年生产能力汇总表（一）						

单位：万吨

地区	处理稻谷	处理小麦	处理油料	其中：处理大豆	其中：处理菜籽	油脂精炼	其中：豆油精炼	其中：菜油精炼	灌装小包装油脂	大豆分离蛋白	大豆浓缩蛋白
2008年	16047	11600	7866			2729					
2009年	19424	12145	10979	6080		3386	1665			3509	23067
2010年	24339	15954	13064	7049	2563	3973	1660	853	853	123400	99103
2011年	28391	17786	15037	8106	2956	4495	1852	1146	962	65400	157834
2012年	30716	20303	16076	8021	3319	5101	2070	1284	1606	102655	91863
一、主产区	26323	16696	10960	5407	2585	3206	1286	944	884	102655	91863
河　北	116	1588	577	296	1	149	115	3	28	5010	42000
内蒙古	118	234	177	40	47	73	54	6	4		
辽　宁	1246	77	697	594	39	105	95	2	43		
吉　林	1331	29	307	258		93	84		8		
黑龙江	5262	283	1417	1361		190	164	3	33	14000	3000
江　苏	2196	2132	2147	1181	499	838	455	206	214		140
安　徽	3389	1860	474	27	266	152	13	78	25		
江　西	3850		137	2	22	67	6	8	9		
山　东	201	3750	1900	1260	51	536	193	29	95	77645	45523
河　南	637	5644	717	204	164	162	25	54	114		1200
湖　北	4239	674	1451	57	888	500	38	323	151	6000	
湖　南	2611	47	496	44	345	189	13	147	110		
四　川	1127	378	463	83	263	152	31	85	50		
二、主销区	2427	1142	2468	1838	222	1275	680	168	459		
北　京	178	151	13	5	8	20	19	1	11		
天　津	66	107	525	282		338	195	5	113		
上　海	164	44	103	93	3	125	78	33	94		
浙　江	561	121	348	260	23	109	56	18	18		
福　建	753	272	488	355	63	243	108	53	91		
广　东	653	439	991	843	125	440	224	58	132		
海　南	52	8									
三、产销平衡区	1967	2466	2651	780	516	621	104	172	260		
山　西	6	344	95	59	2	23	18	4	3		
广　西	607	37	724	563	133	99	44	53	41		
重　庆	369	61	88	64	17	47	10	2	62		
贵　州	270	17	119	1	43	40		24	17		
云　南	265	70	88	10	63	28	5	19	24		
西　藏		13	3								
陕　西	118	641	325	55	109	96	21	17	67		
甘　肃	6	464	93	1	30	27		18	17		
青　海		28	95		93	39		32	2		
宁　夏	201	161	20			4			11		
新　疆	125	630	1001	27	26	218	6	3	16		

数据来源：国家粮食局统计资料。

表41　2012年分地区粮油加工业年生产能力汇总表（二）

单位：万吨、台（套）

地区	处理玉米	处理杂粮	生产馒头	生产挂面	生产方便面	生产方便米饭	生产米粥	生产米粉/米线	生产速冻米面主食	生产杂粮主食	其他食品	加工饲料	粮机设备	加工大豆（食品用）
2008年	4530			308	151			176				7811		
2009年	4594	671		358	258			106	78			8264	395666	
2010年	5598	928		442	309			96	72			14605	463606	
2011年	7089	1006	26	513	371	3	33	109	106	230	177	17833	383087	
2012年	7592	1156	78	691	386	4	49	178	168	20	1027	19125	354059	55
一、主产区	6741	884	37	574	304	2	46	142	136	15	832	12905	334013	35
河　北	836	90	1	65	49			3	1		10	775	3132	
内蒙古	698	92							24	1		310	11	
辽　宁	334	36	1	4	9					1	10	1442	33	
吉　林	1239	6									1	452		2
黑龙江	967	252		9	9						27	446	300	8
江　苏	101	85		26	18			8	5		44	1107	182226	
安　徽	303	86	2	62	44		20	26	5	1	163	664	16068	8
江　西	15	4		21	1			23	1		18	1043	2605	
山　东	1567	58	9	69	33	1			1		84	2712	15146	9
河　南	485	8	22	144	115		1	25	84	6	73	832	8355	1
湖　北	58	71		72	13		19	8	1	6	226	764	93555	2
湖　南	27	75	2	56	7			47	6		121	1303	9480	4
四　川	111	21		46	6		6	2	8		55	1055	3102	1
二、主销区	46	32	9	22	56	2	1	21	24		162	3895	19585	18
北　京	2		2	1	1		1		1		18	198		
天　津	2	1	5	1	16						9	166		
上　海	11	1	2	4	1	1		2	7		37	128	3790	14
浙　江	5	2		3				4	2		18	600	14500	4
福　建	26	3		10	16	1		8	1		27	662	1250	
广　东		25		3	22			7	13		53	1961	45	
海　南												180		
三、产销平衡区	803	240	32	95	25		2	14	7	3	32	2325	461	3
山　西	133	11	3	7	1				5	1	2	205		
广　西		15		6	1			9			10	928		
重　庆	18	4		34	2						3	282		1
贵　州	1	5		10	1			1			1	97		
云　南				6				4				242		
西　藏		1												
陕　西	283	1	2	24	12		2				1	204	400	
甘　肃	35	64	1		1					2	5	112		
青　海												8		
宁　夏	162	133	25						1		3	67	61	2
新　疆	171	6		3	7						7	180		

数据来源：国家粮食局统计资料。

| 表42 | | 2012年分地区粮油加工产品产量情况表 | | | | | | | |

单位：万吨、台（套）

地区	大米	小麦粉	食用植物油	玉米加工产品	粮食食品	其中：大豆食品	杂粮及薯类	饲料	粮机设备
2008年	4783	5506	2294	3499	1006		119	4980	435196
2009年	5724	5527	2781	3524	1025		162	6356	412400
2010年	7295	7529	3154	3374	1047		300	10847	361194
2011年	8217	8509	3411	3520	1481		286	13500	400144
2012年	8882	9613	3975	3439	1967	43	311	14554	271719
一、主产区	7573	8261	2352	3050	1615	21	225	9444	257003
河　北	23	873	131	340	100		20	471	3141
内蒙古	8	68	14	247	1		12	233	11
辽　宁	233	35	141	103	20		12	851	33
吉　林	312	3	42	560	2	1	1	257	
黑龙江	1063	68	80	322	28	4	13	190	62
江　苏	747	1118	612	63	73		63	932	137307
安　徽	1193	994	114	166	271	8	21	474	12608
江　西	1003		49	2	39		2	930	2034
山　东	61	1862	460	934	125	2	30	2182	10336
河　南	193	2701	99	237	391		4	600	7488
湖　北	1558	357	358	19	296	1	19	523	76401
湖　南	837	26	148	18	182	3	20	1023	5268
四　川	342	156	104	39	87	2	8	778	2314
二、主销区	823	536	1111	17	276	18	29	3307	14285
北　京	32	68	10		9			158	
天　津	9	34	265		33		1	132	
上　海	53	24	147	8	53	13	1	122	3625
浙　江	165	66	59	1	18	5		448	9722
福　建	283	129	159	8	47		1	559	893
广　东	269	214	471		116		26	1712	45
海　南	12	1						176	
三、产销平衡区	484	815	513	370	77	3	57	1802	431
山　西	1	69	20	67	6		8	145	
广　西	139	23	168		15		1	811	
重　庆	91	14	52	4	9			201	
贵　州	76	5	21	1	9		3	71	
云　南	44	15	28		4			185	
西　藏		1						1	
陕　西	35	323	111	174	18			134	370
甘　肃	2	133	8	10	4		30	74	
青　海		8	9					4	
宁　夏	70	57	12	98	7	3	11	42	61
新　疆	26	167	84	16	5		3	135	

数据来源：国家粮食局统计资料。

表43		2012年分地区粮油加工企业主要经济指标情况表				
						单位：亿元
地区	工业总产值	工业增加值	产品销售收入	主营业务成本	利税总额	利润总额
2008年	9733.1	1264.4	9565.7		384.3	213.2
2009年	11183.1	1553.1	11098.2		450.3	311.9
2010年	15408.9	1994.8	15283.8		624.8	432.8
2011年	19171.9	2458.6	19189.3		743.4	489.1
2012年	22797.2	2981.3	22638.8	19900.8	884.9	585.8
一、主产区	16936.3	2345.8	16782.9	14736.8	689.7	457.4
河　北	1006.7	116.6	1028.6	930.4	49.6	29.9
内蒙古	327.2	70.1	309.5	261.5	27.4	18.1
辽　宁	738.0	89.0	730.6	645.2	22.9	12.2
吉　林	921.8	103.4	904.8	839.9	37.3	21.5
黑龙江	987.7	139.6	1026.5	886.9	23.6	15.7
江　苏	2097.2	285.6	2035.9	1881.9	78.2	43.3
安　徽	1603.4	186.7	1600.1	1453.7	58.3	42.9
江　西	836.3	78.0	824.3	755.0	21.9	16.8
山　东	2869.2	338.8	2885.6	2485.3	113.2	78.2
河　南	1671.8	202.7	1672.5	1424.8	71.2	48.7
湖　北	1978.0	449.1	1907.5	1550.6	83.8	61.1
湖　南	1064.9	142.0	1043.0	940.9	47.7	38.1
四　川	834.1	144.2	814.0	680.7	54.6	30.9
二、主销区	3614.4	364.6	3678.0	3238.5	127.9	81.3
北　京	123.9	17.2	136.3	117.0	6.4	4.9
天　津	476.6	44.0	494.7	442.2	25.9	14.0
上　海	330.8	42.4	384.5	268.6	12.1	7.5
浙　江	392.5	36.9	408.5	368.7	8.5	4.4
福　建	633.2	59.8	615.8	557.9	18.7	13.0
广　东	1604.1	160.1	1585.2	1435.5	55.5	36.9
海　南	53.3	4.2	53.0	48.6	0.8	0.6
三、产销平衡区	2246.4	270.8	2177.9	1925.5	67.2	46.9
山　西	170.5	26.3	178.3	156.8	7.8	6.6
广　西	649.5	78.2	644.8	591.2	15.5	11.0
重　庆	297.5	20.7	291.1	254.0	7.0	4.0
贵　州	104.6	13.7	101.8	89.1	3.8	3.0
云　南	121.2	11.9	123.9	108.7	3.0	2.6
西　藏	1.9	0.2	1.9	1.2	0.2	0.1
陕　西	391.4	44.1	355.2	311.7	12.1	8.7
甘　肃	94.3	11.4	91.1	83.0	2.3	1.7
青　海	12.6	2.0	12.6	10.7	0.4	0.4
宁　夏	162.6	29.3	142.5	114.0	8.7	6.0
新　疆	240.3	33.0	234.7	205.1	6.1	2.8

数据来源：国家粮食局统计资料。

表44   2012年全国粮食质量情况表

单位：个，%，克，克/升

粮食种类	地区	样品数	覆盖市、县数	出糙率	中等以上	整精米率 平均值	整精米率 其中≥50的比例	整精米率 其中≥44的比例	不完善粒
早籼稻	六省合计	595	59市167县	77.8	92	57.3	91	94	4.3
	江西	160	10市29县	77.9	94	55.9	90	93	4.7
	湖南	162	12市46县	78.2	93	58.9	94	98	3.8
	湖北	41	11市18县	77.3	90	60.1	88	93	4.3
	广东	82	10市32县	77.2	90	56.8	89	93	4.5
	广西	110	12市35县	78.0	93	56.0	88	92	3.9
	安徽	40	4市7县	76.8	93	58.4	93	93	4.6
中晚籼稻	八省合计	1620	92市368县	78.0	95	63.3	95	98	3.9
	安徽	195	8市29县	77.8	93	63.7	96	99	4.5
	江西	220	6市21县	78.3	97	64.2	96	98	3.2
	河南	89	1市8县	76.9	86	63.0	98	100	4.6
	湖北	280	16市50县	77.9	95	62.9	93	96	3.7
	湖南	310	14市74县	77.9	96	62.6	96	98	4.2
	广东	106	15市47县	78.9	96	67.3	99	99	3.2
	广西	120	14市48县	77.8	93	63.1	95	97	4.9
	四川	300	18市91县	78.3	99	62.1	94	97	4.1

粮食种类	地区	样品数	覆盖市、县数	出糙率	中等以上	整精米率 平均值	整精米率 其中≥61的比例	整精米率 其中≥55的比例	不完善粒
粳稻	五省合计	876	48市135县6分局	82.2	99	72.3	97	99	2.7
	辽宁	100	11市17县	81.5	98	71.8	98	100	2.4
	吉林	104	8市25县	81.1	98	69.8	97	99	3.1
	黑龙江	312	11市43县6分局	81.6	99	70.6	95	98	2.5
	江苏	300	13市43县	83.2	100	75.4	100	100	2.7
	安徽	60	5市7县	82.6	100	71.3	93	95	3.3

粮食种类	地区	样品数	覆盖市、县数	千粒重	容重	中等以上	不完善粒率	硬度指数	降落数值
小麦	9省合计	1957	89市416县	39.1	776	87	3.9	63	329
	河北	245	6市67县	37.6	789	98	2.7	65	353
	山西	42	7市19县	38.5	783	98	3.3	65	334
	江苏	220	13市42县	37.6	770	84	3.6	62	353
	安徽	245	8市25县	37.3	764	76	3.8	61	360
	山东	367	15市71县	38.9	780	92	2.8	62	378
	河南	610	18市105县	40.3	777	87	3.6	63	336
	湖北	66	6市23县	38.6	753	58	9.7	66	211
	四川	85	11市36县	44.4	761	73	10.5	53	224
	陕西	77	5市28县	40.7	787	95	3.7	66	279

续表

粮食种类	地区	样品数	覆盖市、县数	容重	中等以上	不完善粒率		淀粉含量	蛋白质含量
						总量	生霉粒		
玉米	九省合计	2441	100市474县8分局	732	99	2.9	1.2	72.8	9.3
	河 北	290	11市88县	737	100	2.7	0.7	72.1	8.6
	山 西	130	11市43县	743	100	1.2	0.3	71.6	9.1
	内蒙古	91	5市22县	708	92	3.1	1.5	74.9	8.9
	辽 宁	190	13市38县	751	100	2.0	1.3	74.8	9.4
	吉 林	360	8市33县	751	100	1.3	0.9	74.4	9.8
	黑龙江	385	12市54县8分局	715	99	3.0	1.6	74.0	9.5
	山 东	372	16市78县	725	99	3.9	1.4	71.5	9.1
	河 南	308	16市81县	729	100	4.5	1.9	71.6	9.2
	陕 西	315	8市37县	729	100	3.3	1.1	71.4	9.3

粮食种类	地区	样品数	覆盖市、县数	完整粒率	中等以上	损伤粒率		粗脂肪	粗蛋白
						总量	其中≤8		
大豆	2省合计	216	16市51县8分局	89.1	79	7.5	60	38.5	18.7
	吉 林	30	4市10县	95.4	100	3.6	100	38.4	18.7
	黑龙江	186	12市41县8分局	88.1	75	8.2	54	38.5	18.7

注：数据来源为国家粮食局2012年度全国收获粮食质量会检。

表45	2012年中央和地方储备粮质量与储存品质情况统计表					
地区	中央储备粮			地方储备粮		
	样品份数	质量达标率%	宜存率%	样品份数	质量达标率%	宜存率%
全国总计	496	98.3	99.4	251	92.9	99.0
北 京	10	100.0	100.0	7	100.0	100.0
天 津	13	100.0	100.0	4	100.0	100.0
河 北	23	100.0	95.4	13	100.0	93.5
山 西	18	100.0	100.0	11	100.0	90.2
内蒙古	16	80.0	100.0	6	100.0	100.0
辽 宁	26	100.0	100.0	9	100.0	100.0
吉 林	34	100.0	100.0	5	100.0	100.0
黑龙江	42	95.5	100.0	6	100.0	100.0
上 海	8	100.0	100.0	10	97.9	100.0
江 苏	21	100.0	90.5	10	100.0	100.0
浙 江	8	100.0	100.0	15	91.2	100.0
安 徽	18	100.0	100.0	8	92.7	100.0
福 建	6	100.0	100.0	10	85.9	100.0
江 西	32	90.6	100.0	6	50.0	100.0
山 东	32	100.0	100.0	17	100.0	100.0
河 南	17	100.0	100.0	9	100.0	100.0
湖 北	20	100.0	100.0	8	48.0	100.0
湖 南	22	100.0	100.0	6	100.0	100.0
广 东	6	89.3	100.0	16	71.1	100.0
广 西	7	100.0	100.0	14	100.0	100.0
海 南	10	100.0	100.0	5	87.3	100.0
重 庆	10	100.0	100.0	4	100.0	100.0
四 川	22	100.0	100.0	12	92.8	91.7
贵 州	9	100.0	100.0	5	99.7	100.0
云 南	7	100.0	100.0	6	100.0	100.0
西 藏	7	100.0	100.0	3	100.0	100.0
陕 西	11	100.0	100.0	10	100.0	100.0
甘 肃	12	100.0	100.0	6	81.0	100.0
青 海	9	100.0	100.0	3	100.0	100.0
宁 夏	5	100.0	100.0	2	100.0	100.0
新 疆	15	100.0	100.0	5	100.0	100.0

数据来源：国家粮食局标准质量中心统计资料。

表46	2012年发布粮油国家标准和行业标准统计表		
序号	标准名称	标准号	实施日期
1	粮油储藏 粮食烘干安全操作规程	GB/T 28668 – 2012	2012-11-1
2	小麦硬度指数标准样品	LS/T 1531.1 – 2012	2012-4-1
3	稻谷整精米率标准样品　粳稻	LS/T 15322 – 2012	2012-4-1
4	稻谷整精米率标准样品　籼稻	LS/T 15321 – 2012	2012-4-1
5	北方小麦粉加工精度标准样品　标准粉	LS/T 15112：3 – 2012	2012-4-1
6	北方小麦粉加工精度标准样品　特制二等	LS/T 15112：2 – 2012	2012-4-1
7	北方小麦粉加工精度标准样品　特制一等	LS/T 15112：1 – 2012	2012-4-1
8	粳米加工精度标准样品　一级	LS/T 15123：1 – 2012	2012-4-1
9	粳米加工精度标准样品　二级	LS/T 15123：2 – 2012	2012-4-1
10	粳米加工精度标准样品　三级	LS/T 15123：3 – 2012	2012-4-1
11	粳米加工精度标准样品　四级	LS/T 15123：4 – 2012	2012-4-1
12	南方小麦粉加工精度标准样品　标准粉	LS/T 15111：3 – 2012	2012-4-1
13	南方小麦粉加工精度标准样品　特制二等	LS/T 15111：2 – 2012	2012-4-1
14	南方小麦粉加工精度标准样品　特制一等	LS/T 15111：1 – 2012	2012-4-1
15	晚籼米加工精度标准样品　一级	LS/T 15122：1 – 2012	2012-4-1
16	晚籼米加工精度标准样品　二级	LS/T 15122：2 – 2012	2012-4-1
17	晚籼米加工精度标准样品　三级	LS/T 15122：3 – 2012	2012-4-1
18	晚籼米加工精度标准样品　四级	LS/T 15122：4 – 2012	2012-4-1
19	早籼米加工精度标准样品　一级	LS/T 15121：1 – 2012	2012-4-1
20	早籼米加工精度标准样品　二级	LS/T 15121：2 – 2012	2012-4-1
21	早籼米加工精度标准样品　三级	LS/T 15121：3 – 2012	2012-4-1
22	早籼米加工精度标准样品　四级	LS/T 15121：4 – 2012	2012-4-1
23	大米颜色黄度指数标准样品	LS/T 1533 – 2012	2012-4-1
24	粮油检验 稻谷整精米率测定 图像分析法	LS/T 6104 – 2012	2012-12-1
25	粮油检验 谷物及制品脂肪酸值的测定 自动滴定分析仪法	LS/T 6105 – 2012	2012-12-1
26	动植物油脂 过氧化值测定 自动滴定分析仪法	LS/T 6106 – 2012	2012-12-1
27	动植物油脂 酸值和酸度测定 自动滴定分析仪法	LS/T 6107 – 2012	2012-12-1
28	粮油检验仪器 自动滴定分析仪技术条件与试验方法	LS/T 3706 – 2012	2012-12-1
29	汤圆用水磨白糯米粉	LS/T 3240 – 2012	2012-12-1
30	豆浆用大豆	LS/T 3241 – 2012	2012-12-1

数据来源：国家粮食局标准质量中心统计资料。

表47　2012年粮食行业机构与从业人员情况年报表

填报单位：全国　　　　　　　　　　　　　　　　　　　　单位：人数、人；单位数、个

项目 甲	乙	粮食行业机构 机构总数 1	按层次划分 中央 2	省、自治区、直辖市、行署市 3	省辖市、自治州、行署市 4	县（市、区）及以下 5	从业人员 人员总数 6	其中：女 7	其中：少数民族 8	其中：中共党员 9	1.在岗职工 10	其中：企业经营管理人员 11	其中：专业经专业技术人员 12	其中：技术工人 13	按用工期限划分 长期职工 14	临时职工 15	2.其他从业人员 16	按层次划分 中央 17	省、自治区、直辖市 18	省辖市、自治州、行署市 19	县（市、区）及以下 20	按学历划分 研究生 21	大学本科 22	大学专科 23	中专 24	高中 25	初中及以下 26	按年龄划分 35岁及以下 27	36岁至45岁 28	46岁至54岁 29	55岁及以上 30
总　计	01	43185	694	704	4160	37627	1079218	311667	46113	249478	1037312	147153	122271	178786	963964	73348	41906	69540	52118	185124	772436	7182	95585	193304	185290	330924	266933	328166	408978	270600	71474
一、行政管理部门	02	2761	2	45	432	2282	45105	10932	3911	36426	44894	0	649	4616	44675	219	211	144	1988	8628	34345	1524	14377	18653	4848	4484	1219	5005	11848	21264	6988
二、事业单位	03	2843	9	157	627	2050	36909	13226	2540	19798	36467	0	11293	7679	35937	530	442	430	7095	7286	22098	1204	9447	11961	5155	6822	2320	8509	12468	12517	3415
三、企业	04	37581	683	502	3101	33295	997204	287509	39662	193254	955951	147153	110329	166491	883352	72599	41253	68966	43035	169210	715993	4454	71761	162690	175287	319618	263394	314652	384662	236819	61071
其中：国有及国有控股企业	05	14017	683	359	1298	11677	459049	139729	20370	137740	440458	89300	59912	80599	421587	18871	18591	68966	31117	73044	285922	2431	34088	88227	85884	148545	99874	116009	184528	127084	31428

注：
1. "单位总数"：指具有法人资格的独立核算单位。
2. "从业人员"：指在报告期期末的最后一天，在各级国家机关、政党机关、社会团体及企业、事业单位中工作，取得工资或其他形式的劳动报酬的全部人员。包括在岗职工、再就业的离退休人员、民办教师以及在各单位中工作的外方人员、兼职人员，借用的外单位人员，以及有工作岗位、但由于学习、病假产假（六个月以内）等原因暂时未工作的人员。不包括离开本单位仍保留劳动关系的职工。
3. "在岗职工"：指在本单位工作并由单位支付工资的人员。其中，长期职工是指用工期限在一年以上（含一年）的在岗职工，包括签订一年以内的劳动合同或使用期不超过一年的临时性、季节性用工，如临时招用的清洁工、司炉工等。
4. "企业经营管理人员"：指具体从事经营管理活动的人员。包括各级经理人以及具有经营管理职务（职称）从事专业技术管理工作的人员。
5. "专业技术人员"：指在企事业单位中从事专业技术工作的人员和具有专业技术职务、职称的工艺和技术。包括各级管理人员中从事经营管理、市场营销、资本运营、质量安全环保、法律事务、财务审计、生产管理、行政管理等业务工作的人员。
6. "技术工人"：指具有一定的专业知识，掌握一定的工艺和技术，能够独立使用工具、设备进行操作或生产加工的熟练工人。分为初级工、中级工、高级工、技师、高级技师五个等级。
7. "其他从业人员"：是指劳动统计制度规定不在在岗职工统计、但实际参加各单位工作并取得劳动报酬的人员。包括：聘用和留用的离退休人员、港、台方人员、聘用的外籍人员和领取补贴的人员（指主要由街道里再聘用到单位的劳动者或以劳动合同的形式为本年临时工错误正规教育的学习经历，不作为学历依据）、兼职人员和从事第二职业者。不包括领取报酬的在校学生；使用外籍劳工等。含全日制教育和在职教育、有国家认可的各类学校接受正规教育的学习经历，不作为学历依据。
8. "学历"：指国家认可的各类毕业证书。其中，研究生含博士研究生、硕士研究生。参加各种课程进修班学习获得结业证书的，不作为学历依据。

数据来源：国家粮食局统计资料。

表48

2012年粮食行业取得国家职业资格证书人员统计表

2012年1月1日～2012年12月31日

说明：总计行各职业大类小计为：粮油保管员 4532、粮油质量检验员 3425、粮油竞价交易员 123、制米工 143、制粉工 223、制油工 231。

职业等级 / 省份	合计	粮油保管员 初级	中级	高级	技师	高级技师	粮油质量检验员 初级	中级	高级	粮油质量检验师	高级粮油质量检验师	粮油竞价交易员	助理粮油竞价交易师	粮油竞价交易师	高级粮油竞价交易师	制米工 初级	中级	高级	技师	高级技师	制粉工 初级	中级	高级	技师	高级技师	制油工 初级	中级	高级	技师	高级技师
总计	8677	1894	1688	775	146	29	1558	1291	467	77	32	103			20	49	63		29	2		142	56	25		34	197			
北京	39	22					17																							
天津	86		24	20			10		5														27							
河北	96		52					44																						
山西	313	97	54				122	40																						
内蒙古	179	103					76																							
辽宁	632	305		19			264	44																						
吉林	650		28				213	122																						
黑龙江	543	203					258	51									27													
上海	46	23					23																							
江苏	683	129	169	68			129	124	39																					
浙江	191	49	17	80	45		82																							
安徽	562	102	92	67			7	47															54		25						
福建	82	61	11																											
江西	161		27	54			72										10													
山东	935	216	174	44	32		69	201	51	22												74	29				108			
河南	492	234	31				20	51	17													14					78			
湖北	457	103	106	14				153	26								26		29											
湖南	200	12	12	88				31	17							39														
广东	307		165				29	54								10														
海南																														
广西	301	90	109	27				21	15																					
四川	105		67					38																						
重庆	124	17	92	15																										
贵州	95	34	37					24																						
云南	88	11	64				9	4	6																					
西藏																														
陕西	70	27	12					31																						
甘肃	61		30				15																							
青海	12	4					8																							
宁夏	33						30																							
新疆	144	31	14	17			33	37	15																					
新疆生产建设兵团																														
中储粮总公司	748	21	87	172	66			115	254	54																				
中粮集团	174		29	5				35	6																	34	11			
华粮物流集团																														
国家粮食局	68				3	29			1	1	32																			

数据来源：国家粮食局统计资料。

表49	国民经济与社会发展总量指标（1978～2012年）（一）					
指　标	单　位	1978年	1990年	2000年	2011年	2012年
人口						
年末总人口	万人	96259	114333	126743	134735	135404
城镇人口	万人	17245	30195	45906	69079	71182
乡村人口	万人	79014	84138	80837	65656	64222
就业和失业						
就业人员	万人	40152	64749	72085	76420	76704
#城镇就业人员	万人	9514	17041	23151	35914	37102
城镇登记失业人员	万人	530.0	383.0	595.0	922.0	917.0
国民经济核算						
国内生产总值	亿元	3645.2	18667.8	99214.6	473104.0	519322.1
第一产业	亿元	1027.5	5062.0	14944.7	47486.2	52377.0
第二产业	亿元	1745.2	7717.4	45555.9	220412.8	235318.6
第三产业	亿元	872.5	5888.4	38714.0	205205.0	231626.5
支出法国内生产总值	亿元	3605.6	19347.8	98749.0	472619.2	527607.7
最终消费支出	亿元	2239.1	12090.5	61516.0	232111.5	259599.6
资本形成总额	亿元	1377.9	6747.0	34842.8	228344.2787	253524.2952
货物和服务净出口	亿元	−11.4	510.3	2390.2	12163.3	14483.8
固定资产投资						
全社会固定资产投资总额	亿元		4517.0	32917.7	311485.1	374675.7
城　镇	亿元		3274.4	26221.8	302396.1	364835.1
#房地产开发	亿元		253.3	4984.1	61796.9	71803.8
对外贸易和实际利用外资						
货物进出口总额	亿美元	206.4	1154.4	4742.9	36418.6	38667.6
出口额	亿美元	97.5	620.9	2492.0	18983.8	20489.3
进口额	亿美元	108.9	533.5	2250.9	17434.8	18178.3
外商直接投资	亿美元		34.9	407.2	1160.1	1117.2
财政和金融						
国家财政收入	亿元	1132.3	2937.1	13395.2	103874.4	117209.8
国家财政支出	亿元	1122.1	3083.6	15886.5	109247.8	125712.3
金融机构人民币各项	亿元	1155	13943	123804	809368	917555
存款余额						
金融机构人民币各项	亿元	1890	17511	99371	547946.69	629910
贷款余额						
主要农业、工业产品产量						
粮食	万吨	30476.5	44624.3	46217.5	57120.8	58958.0
棉花	万吨	216.7	450.8	441.7	658.9	683.6
油料	万吨	521.8	1613.2	2954.8	3306.8	3436.8
肉类	万吨			6013.9	7965.1	8387.2
原煤	亿吨	6.18	10.80	13.84	35.20	36.50
原油	万吨	10405	13831	16300	20288	20748
水泥	万吨	6524	20971	59700	209926	221000
粗钢	万吨	3178	6635	12850	68528	71716
发电量	亿千瓦小时	2566	6212	13556	47130.19	49377.68

数据来源：国家统计局统计资料。

表49	国民经济与社会发展总量指标（1978～2012年）（二）					
指　标	单　位	1978年	1990年	2000年	2011年	2012年
建筑业						
建筑业企业从业人员	万人		1011	1994	4311	3689.4
建筑业总产值	亿元		1345	12498	117734	135303
交通和邮电						
客运量	万人	253993	772682	1478573	3526319	3804034.9
货运量	万吨	248946	970602	1358682	3696961	4099400.3
沿海主要港口货物吞吐量	万吨	19834	48321	125603	616292	665245.0
邮电业务总量	亿元	34.1	155.5	4792.7	13379.2	15021.5
移动电话用户	万户		1.8	8453.3	98625.3	111216
固定电话用户	万户	192.5	685.0	14482.9	28511.5	27815
国内贸易和旅游						
社会消费品零售总额	亿元	1559	8300	39106	183919	210307.0
入境过夜旅游者人数	万人次	71.6	1048.4	3122.9	5758.1	5772.5
国际旅游外汇收入	亿美元	2.6	22.2	162.2	484.6	500.3
教育、科技、卫生.文化						
在校学生数						
#普通本、专科	万人	85.6	206.3	556.1	2308.5	2391.3
普通中学	万人	6548.3	4586.0	7368.9	7519.0	7230.2
普通小学	万人	14624.0	12241.4	13013.3	9926.4	9696
研究与试验发展经费支出	亿元			895.7	8610.0	10240.0
技术市场成交额	亿元		75	651	4764	6437.0
医院数	个	9293.0	14377.0	16318.0	21979.0	23005.0
医院床位数	万张	110.0	186.9	216.67	370.5	416
执业（助理）医师	万人	97.8	176.3	207.5843	246.6	261.6
图书总印数	亿册（张）	38	56	63	77	81.0
期刊总印数	亿册	7.6	17.9	29.4	32.7	34
报纸总印数	亿份	127.8	211.3	329.3	466.8	476

注：1.由于计算误差的影响，按支出法计算的国内生产总值不等于按生产法计算的国内生产总值。
　　2.2011年起，城镇固定资产投资数据发布口径改为固定资产投资（不含农户）。
　　3.本表价值量指标中，邮电业务总量2000年及以前按1990年不变价格计算，2001年起按2000年不变价格计算，2011年起按
　　2010年不变价格计算，其余指标按当年价格计算。
数据来源：国家统计局统计资料。

表50	2012年国民经济与社会发展速度指标（一）						
指　　标	2012年为下列各年%				平均每年增长%		
	1978年	1990年	2000年	2011年	1979~2012年	1991~2012年	2001~2012年
人口							
年末总人口	140.7	118.4	106.8	100.5	1.0	0.8	0.6
城镇人口	412.8	235.7	155.1	103.0	4.3	4.0	3.7
乡村人口	81.3	76.3	79.4	97.8	−0.6	−1.2	−1.9
就业和失业							
就业人员	191.0	118.5	106.4	100.4	1.9	0.8	0.5
#城镇就业人员	390.0	217.7	160.3	103.3	4.1	3.6	4.0
城镇登记失业人员	173.0	239.4	154.1	99.5	1.6	4.0	3.7
国民经济核算							
国内生产总值	2425.0	860.8	319.1	107.8	9.8	10.3	10.2
第一产业	456.4	239.3	164.8	104.5	4.6	4.0	4.2
第二产业	3812.2	1253.6	352.4	108.1	11.3	12.2	11.1
第三产业	3274.2	904.2	342.5	108.1	10.8	10.5	10.8
固定资产投资							
全社会固定资产投资总额		8294.8	1138.2	120.3		22.5	22.8
#城　　镇		11142.0	1391.3	120.6		23.9	24.4
#房地产开发		28347.3	1440.7	116.2		30.5	25.4
对外贸易和实际利用外资							
货物进出口总额	18734.3	3349.6	815.3	106.2	16.6	17.3	19.1
出口额	21014.7	3299.9	822.2	107.9	17.0	17.2	19.2
进口额	16692.6	3407.4	807.6	104.3	16.2	17.4	19.0
外商直接投资		3203.8	274.4	96.3		17.1	8.8
财政收支							
国家财政收入	10351.8	3990.7	875.0	112.8	14.6	18.2	19.8
国家财政支出	11203.4	4076.8	791.3	115.1	14.9	18.4	18.8
主要农业、工业产品产量							
粮　食	193.5	132.1	127.6	103.2	2.0	1.3	2.0
棉　花	315.5	151.6	154.8	103.7	3.4	1.9	3.7
油　料	658.6	213.0	116.3	103.9	5.7	3.5	1.3
肉　类			139.5	105.3			2.8
原　煤	590.6	338.0	263.7	103.7	5.4	5.7	8.4
原　油	199.4	150.0	127.3	102.3	2.1	1.9	2.0
水　泥	3387.5	1053.8	370.2	105.3	10.9	11.3	11.5
粗　钢	2256.6	1080.9	558.1	104.7	9.6	11.4	15.4
发电量	1924.3	794.9	364.2	104.8	9.1	9.9	11.4

数据来源：国家统计局统计资料。

表50	2012年国民经济与社会发展速度指标（二）						
指 标	2012年为下列各年%				平均每年增长%		
	1978年	1990年	2000年	2011年	1979~2012年	1991~2012年	2001~2012年
建筑业							
建筑业企业从业人员		365.0	185.0	95.8		6.1	5.3
建筑业总产值		10059.7	1082.6	116.2		23.3	22.0
交通和邮电							
客运量	1497.7	492.3	257.3	107.9	8.3	7.5	8.2
货运量	1646.7	422.4	301.7	110.9	8.6	6.8	9.6
沿海主要港口货物吞吐量	3354.1	1376.7	529.6	107.9	10.9	12.7	14.9
邮电业务总量	164913.4	36142.5	1173.0	112.7	24.3	30.7	22.8
移动电话用户		6178639	1315.6	112.8		65.1	24.0
固定电话用户	14446.2	4060.4	192.1	97.6	15.8	18.3	5.6
国内贸易和旅游							
社会消费品零售总额	13493.3	2533.8	537.8	114.3	15.5	15.8	15.0
入境过夜旅游者人数	8062.2	550.6	184.8	100.3	13.8	8.1	5.3
国际旅游外汇收入	19022.8	2255.6	308.4	103.2	16.7	15.2	9.8
教育、科技、卫生、文化							
在校学生数							
#普通本、专科	2793.6	1159.1	430.0	103.6	10.3	11.8	12.9
普通中学	110.4	156.0	97.0	96.1	0.3	2.0	−0.3
普通小学	66.3	79.2	74.5	97.7	−1.2	−1.1	−2.4
研究与试验发展经费支出			1143.3	117.9			22.5
技术市场成交额		8571.2	989.2	135.1		22.4	21.0
医院数	247.6	160.0	141.0	104.7	2.7	2.2	2.9
医院床位数	378.3	222.6	192.0	112.3	4.0	3.7	5.6
执业（助理）医师	267.4	148.4	126.0	106.1	2.9	1.8	1.9
图书总印数	214.9	143.6	129.2	105.1	2.3	1.7	2.2
期刊总印数	447.4	189.9	115.6	103.3	4.5	3.0	1.2
报纸总印数	372.5	225.3	144.5	101.8	3.9	3.8	3.1

注：本表价值量指标中，国内生产总值和邮电业务总量按可比价格计算，其他按当年价格计算，固定资产投资总额平均
每年增长速度按累计法计算。
数据来源：国家统计局统计资料。

广东省江门市新会区粮食局

新会粮食局成立于1950年3月，1958年7月周总理亲临新会视察粮食工作并作题词。在总理精神感召下，新会粮食人不断开拓进取、奋发有为，先后被评为全国商业工作先进单位、全国粮食系统精神文明建设先进单位、全国粮食系统基建管理先进单位、全省和全国粮食系统扭亏增盈先进单位、广东省先进集体、广东省多种经营工作先进单位、广东省"五一"劳动奖状获得单位、广东省粮食流通体制改革先进集体等光荣称号。在新时期工作中，围绕粮食调控管理、监督检查、基础设施建设、依法行政等领域不断改革与探索，形成自成特色的"粮食储备、物业管理、商业拓展、粮食文化"四大工作板块，为确保全区"军需民食"、粮油质量安全和价格稳定作出积极贡献。目前，下辖2家国有粮食公司、2家"放心粮油平价商店"（其中1家为"全国放心粮油进农村进社区示范工程示范销售店"）。建有粮食储备库点4个，总仓容10万吨（其中中心库仓容6万吨），配有计算机管理、电子粮情监测和环流熏蒸等先进系统。在粮食文化传承中独树一帜，出版有《风雨黄金路》粮食工作纪实文学作品，打造有"粮食60年工作展览"，拍摄有《粮路漫漫》粮食工作纪录片等。

单位地址：广东省江门市新会区会城知政中路12号

联系电话：0750—6612589

新会区中心粮食储备库鸟瞰图